헤겔연구 제28호

역사와 예술, 그리고 이성

윤병태 교수 회갑 기념 논총

* 이 학술지는 2009년도 정부재원(교육인적자원부 학술연구조성사업비)으로 한국학술진흥재단의 지원을 받아 출판되었음

헤겔연구 제28호

역사와 예술, 그리고 이성

윤병태 교수 회갑 기념 논총

한국헤겔학회 편

차례

1부 헤겔과 역사

2부 헤겔과 예술

3부 이성과 자기의식

4부 철학사적 문제들

5부 부록

발간사

보편을 향한 열정

- 존경하는 윤병태 교수의 회갑을 기념하며

임홍빈(한국헤겔학회 회장)

자신의 삶을 학문에, 그것도 철학에 헌신할 수 있다는 것은 이 시대의 드문 축복이자 모험이다. 온갖 형태의 천박한 기능주의와 반이성적인 질서들이 지배와 통제의 노래를 반복하는 이 지겨운 세계에서, 순수한 사유의 가능성을 추구하고, 자신의 내면으로부터 솟구치는, 보편을 향한 열정을 불태울 수 있는 철학자들은 이 시대의 '돈키호테'들이자, 일상적 삶에 정주하는 것이 허용되지 않는 '방랑하는 정신'이다. 무릇 모든 모험의 과정이 그러하듯, 철학의 여정은 우리를 끊임없는 회의와, 실존적 좌절, 실패로 이끌기도 한다.

그러나 시선을 돌려보면 우리 시대의 적지 않은 철학자들은 스스로를 이러한 모험과 좌절로 점철된 드라마의 주인공으로 여기지 않는다. 소위 '공무원 철학'이 그것이다. 영혼이 없는 상태에서 정보와 지식을 가공, 처리하는 정신의 노동자들과 함께, 스타를 갈구하는 대중들의 호기심과 허영심은 허다한 우상들을 만들어냈다. 아직도 유명세를 타고 있는 20세기와 21세기의 적지 않은 '철학자'들은 헤겔로 대표되는 사변철학을 힐난하고, 유린함으로써 스스로의 영리함을 뽐내거나, 자신의 명예를 높이는 데 상당한 성공을 거두었다. 누가 이를 부정할 수 있는가.

모든 존재와 가치들의 깊이에 대한 번민을 지적 사치로 단정해 버리는 일단의 철학자 아닌 '철학자'들이 평준화된 언어의 표면에서 이해가 가능한 세계와 그렇지 못한 세계의 경계를 일찌감치 확정한 후 편안한 자세로 잠들기 시작할 때, 사변의 광활하고도 심원한 세계는 모습을 드러낸다. 어두움과 빛이 교차하는 개념의 숲에서 우리는 방황하기도 하고, 혹은 운 좋게 새로운 사유의 지평을 열어 갈 수 있다는 막연한 희망에 사로잡히기도 한다.

철학사에 굵직한 족적을 남긴 철학은 결코 반박된 적이 없다는 헤겔의 통찰은 지식의 진보에 대한 허구적인 믿음이 지배하는 이 시대에 대한 의미 있는 경종이다. 시류와의 불화를 즐겨 택하고, 자신의 삶을 철학에 헌신한 철학자에게 더 이상 무슨 찬사나 축복이 필요하겠는가? 아직 이 땅에서 사변의 모험을 즐겨 감행하고 있는 모든 '돈키호테'들에게, 그리고 정주가 허락되지 않는 이 '지상의 모든 방황하는 신들'에게도 차가운 가을의 햇빛은 유감없이 내리 쏟아지고 있다.

제1부

헤겔과 역사

역사에서 새로운 것의 출현에 대한 헤겔의 행위이론적인 이해[1)]

유 헌 식

문제상황

1. 정신의 자유의지와 객관적 행위
2. 도덕적 행위와 인륜적 행위 그리고 역사에서 새로운 것의 산출 가능성
3. 주체적 행위의 양면성과 세계이성의 차후적인 인식

요약문

이 논문은 헤겔의 〈법철학〉과 〈역사철학〉을 연계하여 이해하면서 개인의 도덕적 의지 혹은 자유의 의지가 역사에서 새로운 것을 창출할 수 있는 근거일 수 있는 가능성과 그 의미론적 특성을 밝힌다. 헤겔에게서 정신의 행위는 의지의 주관적인 목적을 객관적으로 전환시키는 주체로서 이 과정의 최종 결과가 곧 세계사이다. 하지만 '역사적으로 새로운 것'의 출현 문제는 주관적인 목적으로 환원될 수 없으며 객관적인 세계정신의 논리에 의존한다. 역사에서 새로운 것의 창출에 주관적인 이성이 기여하지만 이것은 어디까지나 행위의 측면에 국한된 사항일 뿐 새로운 것의 실질적인 담지자는 세계이성의 몫이다. 여기서 헤겔의 이성 개념은 아포리아에 직면하게 된다. 헤겔에게서 이성은 개인의 합리적 행위의 토대이면서 동시에 실현되어야 할 목적이기 때문이다.

'아직 아닌 존재'와 '규범적인 진리기능'이라는 이성의 이중성은 헤겔의 주체 개념의 양면성에서 기인한다. 헤겔에게서 '주체'는 개별적인 의지와 보편적인 정신을 동시적으로 지시한다. 이러한 양상은 헤겔이 근대의 인륜성을 정초하기 위해 그리스의 객관적 인륜성과 칸트의 주관적 도덕성을 비판적으로 종합하여 주관적(주체

적) 인륜성으로 고양시킨 데에서 비롯한다. 헤겔이 주목하는 행위는 근대의 자유의지로서 그는 행위자의 주체적인 의지를 살리면서도 또한 이 의지 너머에서 작동하는 객관정신의 의지도 살려야 하는 이중의 목표를 겨냥한다. 이 목표의 실현을 이해하기 위해서는 무엇보다도 헤겔의 서술방식에서 나타나는 '사후정당화의 논리'가 언급되어야 한다.

인간의 합리적인 행위는 역사에서 새로운 것을 만든다. 그러나 새로운 것의 출현은 무에서 유의 창조가 아니라 이미 즉자적으로 존재하는 이성성의 발현이다. 이성의 추상적 이념은 인간의 실천을 통한 실현을 기다린다. 이 행위는 객관적인 이성성에 적합할 때에만 역사적으로 의미 있는 것이 된다. 역사에서 새로운 것은 특수한 정신과 보편정신의 이성적인 이념 간의 상호관계 혹은 통일(화해)을 통하여 발현된다. 그렇지만 이러한 일치의 내용은 미리 정해진 것이 아니라 역사의 진행 속에서 결과로서만 확인된다. 특수한 정신들은 비록 의식을 가지고 행위하지만 이 의식의 진리성은 오직 행위의 결과 속에서만 확인된다. 행위하는 자(주관정신)는 자신의 행위의 의미와 목표를 알지 못하고, 정작 행위를 아는 자(객관정신)는 행위하지 않는다. 시간의 차이에 따른 행위와 지식 간의 상호보완 속에서 '역사적으로 새로운 것'의 의미론적 지평이 열린다.

● 주요어 : 역사철학, 정신, 행위, 새로운 것, 자유, 의지, 도덕성. 인륜성, 세계사

문제상황

역사에서 새로운 것이 산출되는 데에서 행위는 어떤 의미를 지니나? 이 물음을 헤겔의 역사철학적 사유에 근거하여 살피고자 하는 것이 이 글의 목적이다.

헤겔에게서 정신은 목적 지향적으로 활동한다. 아리스토텔레스의 후예로서 그는 정신의 합목적적 활동을 '행위'로 규정하여 이를 정신의 본령으로 파악한다. "본질적으로 정신은 **행위한다.** 정신은 스스로를 자신의 실행(Tat)대상으로 삼으며 자신의 목적으로 삼는다"(G 99). 정신의 목적지향적 활동성은 정신의 노동행위(Arbeitshandlung) 일반으로 서술되어 그의 실천철학의 근간을 이룬다. 정신의 이

1) 이 논문은 2010년도 단국대학교 대학연구비의 지원으로 연구되었음.

러한 기본적 특성을 헤겔은 피히테의 실행행위(Tathandlung) 개념에 함축된 근원적인 자아의 행위적인 특성에서 끌어온다. 피히테가 주장하듯이 정신의 의식은 활동(Akt)에서만 확보된다.

역사에서 인간의 실천과 관련하여 정신의 이러한 활동성은 실천철학의 관점에서 볼 때 설득력이 약해 보인다. 지금 관건이 되고 있는 것은 정신의 지식활동(Wissensakt)이 아니라 개인들의 행위활동(Handlungsakt)인데, 근본적으로 정신의 행위는 정신의 지적인 활동으로 축소될 공산이 크기 때문이다. 헤겔 이후의 역사철학은 헤겔이 국가와 역사에서 '행위'로 파악한 것의 진정성에 이의를 제기한다. 헤겔의 실천철학이 행위의 철학이 아니라 신체성을 결여한 정신의 철학에 토대를 두고 있다는 것이다.[2] 반헤겔주위자들은 '정신의 행위'가 역사에서 지니는 의미 자체를 의문시한다. 헤겔의 역사철학에서 인간이 자신의 행위를 통해 역사를 산출할 수 있는 여지가 있는가? 이런 맥락에서 헤겔 좌파는 인간의 구체적인 행위를 역사의 주체로 삼아야 한다고 주장한다. 이 문제는 결국 헤겔이 실천철학을 이론철학에 종속시켰다는 비판으로 압축할 수 있다.[3] 헤겔의 실천철학에 대한 비판은 이러한 종속관계에 그치지 않고 헤겔이 역사적 행위를 파악하는 데에서 보이는 좀더 깊은 맥락을 겨냥한다. 특히 헤겔이 객관적인 **인륜성**을 주관적인 **도덕성**에 선행시킨다는 점, 인륜적 행위를 **과거지향적**으로 파악한다는 점 그리고 행위 일반을 **세계정신의 목적론적인 의지**에 귀속시킨다는 점 등은 헤겔의 행위이론이 '역사에서 새로운 것의 출현의 근거와 정당성'을 확보하는 데 부적절하다는 지적으로 이어진다.

헤겔의 실천철학에는 개별적인 행위가 역사에서 새로운 것을 산출하는 토대로 간주될 수 있는 여지가 있는가? 헤겔을 향한 이러한 일차적인 의혹에 맞서기 위해서는 해당 맥락을 바탕으로 다음과 같은 물음들이 진지하게 검토되어야 한다. 1) 헤겔은 의지와 행위의 관계를 어떻게 규정하고 있나? 2) 그는 인륜성에 대비되는 도덕적 행위의 자율성을 어떻게 평가하고 있나? 3) 그는 국가와 역사에서의 인륜

---

2) 행위에 대한 헤겔의 미흡한 이해를 지적한 최초의 인물은 치에츠코프스키(Cieszkowski)이다. "헤겔에게서 의지(Wille)는 사유의 특정한 방식에 지나지 않는데 이는 행위를 잘못 이해한 처사이다. 오히려 사유야말로 단순히 의지의 통합적인 계기인데, 사유는 **존재로 환원됨으로써** 비로소 의지와 행위가 되기 때문이다"(Cieszkowski, *Prolegomena zur Historiosophie*, Hamburg, 1981, 120). 이에 반하여 아렌트(H. Arendt)는 의지와 사유의 관계와 관련하여, 헤겔에게서 "사유하는 자아는 의지/욕구하는 자아를 통하여 구성된다"고 말한다(Arendt, *Vom Leben des Geistes*, München, 1979, 45).

3) 예나 시대의 〈실재철학〉과 〈인륜성의 체계〉를 근거로 노동 개념의 진리를 밝힌 청년헤겔을 지지하는 인물들은 여기서 예외에 속한다.

적 행위를 세계정신의 행위와 관련하여 어떻게 파악하고 있나?

1. 정신의 자유의지와 객관적 행위

헤겔의 국가-역사철학에 담긴 인륜적인 행위의 의미를 살피기 전에 기본적인 문제 상황을 드러내기 위해 먼저 '행위'의 합목적성의 구조에 눈을 돌리기로 한다.

헤겔의 실천철학에서 행위는 본질적으로 의지에 대한 규정(Willensbestimmung)에서 비롯한다. 행위는 곧 의지의 **현존재**다. "행위는 의지의 결과로서의 성과이다"(R § 118N). 의지는 "사유의 특수한 방식"(R § 4Z)으로서 "순수한 직접성의 요소를 포함하는데, 이는 **절대적인 추상성** 혹은 **보편성**의 무제한적인 무한성, 즉 자기자신의 순수한 **사유**"(R § 5)이다. 여기서 '의지규정'이란 의지가 자신의 직접성에서 벗어나는 행위이다. 자기에게서 벗어난다는 것은 자기자신을 어떤 특정한 것으로 정립하는 것으로서, 이를 통해 "**자아**는 현존재 일반으로 진입한다"(R § 6). 의지의 두 번째 계기인 이러한 정립행위는 자기의 추상적인 직접성을 부정하는 것이면서, 다른 한 편으로는 "첫 번째 것이 즉자적으로(잠재적으로) 지니고 있는 것을 밖으로 끌어내 정립하는 것"이다(R § 6A). 헤겔에게서 추상적인 부정태의 지양은 소극적인 자유의 부정이면서 동시에 적극적인 자유의 긍정이다. 이렇듯 의지는 항상 자기 안에 이미 지니고 있는 어떤 규정적인 것을 겨냥한다.

모든 특수자가 배제되는 소극적 자유를 부정한다는 것은 보편적 의지가 구체적인 의지로 이행하는 것이며 추상적인 자아가 자신의 현존재, 즉 법적인 현존재로 이행하는 것을 뜻한다. 의지/욕구하는 주체로서의 자아는 "그냥 단순히 욕구하는 것이 아니라 **구체적인 어떤 것**을 욕구한다"(R § 6Z). 이론철학에서 자유에 대한 지식으로 나타났던 것이 이제는 자유를 향한 의지로 전환된다. 자유를 향한 자아의 의지는 추상적인 의지의 자기 **제한**(부정)의 성격을 띠면서 결국 자기 구별화, 즉 보편자의 자기 특수화로 나타난다. 이는 무규정적인 자유에 머물고 있는 단순한 가능태를 현실태로 전환시키는 일이기도 하다.

무규정적인 의지가 규정적인 의지로 이행하는 것은 의지 자신의 세부적이고 구체적인 자기 규정으로서 이를 통해 주관성과 객관성의 대립이 지양되는 방향으로 운동이 진행된다. 의지의 무규정성은 의지가 자유롭지 않다(unfrei)기보다는 '추상적으로 자유롭다(abstrakt frei)'는 것을 뜻한다. 의지의 추상적 자유는 아직 구체적이지 못하기 때문에, 즉 의지가 모든 특수성을 배제해버렸기 때문에 지양되어야 한다. 의지는 처음에는 특수자의 구별태를 자기 안에 지니고 있지 않다. 의지 안의 특수자가 서로간에 무관심하게 방치되어 있는 한에서 추상적 의지는 "아직 이성적인 것에 적합하지 않다"(R § 8N). 추상적인 의지 안에서 특수자가 추상적인 보편에 종속될 경우 "보편적인 이성적인 것과 주관적인 의지의 대립"만이 드러날 뿐이다(같은 곳). 하지만 이러한 대립은 "의식이 아니라 의지의 내부"에서 나타난다. 다시 말해, 의지에 담긴 결여의식(Mangelbewußtsein)은 자기의식이 지닌 **형식적인** 의지 자체에서 비롯한다. 의지의 활동은 "자기의식의 활동"이다(같은 곳). 의지의 활동은 스스로를 대상화함으로써 추상적인 의지의 일면성이 지닌 결핍을 서술한다. 그럼으로써 의지의 추상적인 규정은 본질적으로 오성의 영역에 속하는 것으로서 참되지 않은 것으로 밝혀진다. 거기에는 의지의 **내용적인** 규정이 빠져 있기 때문이다. 의지의 내용적인 규정은 의지의 추상적인 규정을 부정하는 것이지만, 이는 단순히 주관적인 것의 추상성을 부정하는 것이 아니라 규정적 부정(bestimmte Negation), 즉 단순히 주관적인 것의 특정한 결함을 부정함으로써 자신의 내적인 목적을 구체적으로 규정하는 것이다. 의지가 행하는 이러한 규정적 부정의 과정은 『정신현상학』에서처럼 세계 안에서의 의지의 경험 과정이기도 하다. 자신의 내적인 목적 혹은 자유의 개념을 실현하기 위하여 의지는 자기자신을 객관적인 세계로 밀어넣는다. "자기의식으로서의 형식적인 의지는 주관적인 목적을 활동과 수단을 거쳐 객관적인 것으로 전환시키는 과정이다"(R § 8).

추상적 의지 안에 부정적으로 존재하던 배제된/추상화된 내용은 의지의 자기활동을 통하여 객관성을 띰으로써 자신의 단순한 주관성을 상실하게 된다. 추상적인 의지는 외적인 경험세계에 대해 무관심하게 머물러 있지 않고 그 세계와 이미 특정한 연관관계를 맺고 있지만 이 관계는 아직 분명하게 드러나지 않고 있다. 추상적 의지에서 특수한 내용이 배제되어 있다는 것은 객관적인 내용을 자기에게서 배제하는 것이 아니라 내용을 주관적인 의지로 종속시킨다는 것을 뜻한다. 주관적인 의지는 무규정적인 방식으로 내용을 자기 안에 지닌다. 따라서 규정의 운동근거를 의지는 자기 안에 지닌다. 주관적 의지가 객관적인 것과 부정적인 **관계**를 맺고 있는 한에서 그리고 자기의식을 통하여 이러한 부정적인 것을 반성하는 한에서, 의지는 그 관계를 다시금 부정하여 구체적인 관계를 획득하게 된다. 이에 따라 의지 규정의 내용은 직접적으로 "의지에게 **고유한 것**이고, 자기내로 반성된 특수한 것 일반"이 된다(R § 9). 의지의 이러한 내용은 그 자체로 "**목적**"과 다르지 않다. 목적은 "주관적인 것을 객관적인 것으로 전환시킨다는 점에서, 한 편으로는 겉으로 드러내려는 욕구를 지닌 주관적인 것이면서 동시에 구체적으로 실현된 것"이기도 하다(같은 곳).

의지는 반드시 자기자신의 합목적인 규정을 수반하며, 이는 다시 객관적인 것과의 합목적적인 관계를 자기 안에 수용해야 한다. 그런 한에서 의지는 "전제된 주체나 기체(基體)"가 아니다. "의지는 규정되고 지양되기에 앞서 이미 완성되어 있는 보편적인 것이 아니라 자기 내적으로 매개된 활동이며 자기 내로 복귀하는 운동인 한에서 의지인 것이다"(R § 7A). 주관적인 것이 객관적인 것으로 전환되는 자기매개 활동을 통하여 의지는 즉자적인 것에서 벗어나 대자적인 것이 된다. 즉자적인 의지 안에 직접적으로 존재하던 내용은 충동에 머물기 때문에 아직 규정되지 않은 잡다(雜多)에 지나지 않는다. 이 의지는 "결심하는 의지(beschließender Wille) 일반으로서만 현실적인 의지"가 된다(R § 12). 의지의 무규정성이 결심과 "선택"(R § 14)에 의해 지양될 때 비로소 법적인 주체의 자율성이 생겨난다. 이를 통해 무규정적인 내용은 특정한 모습을 갖춘다.

헤겔의 〈법철학〉에서 행위는, 의지가 직접적인 즉자존재를 규정하는 계기 가운데 하나이다. 행위는 의지의 주관적인 목적을 객관적인 것으로 변형시키는 주체로서 이 과정이 낳은 최종적인 결과가 곧 세계사이다. 의지와 행위간의 관계규정은 궁극적으로, 인륜적 체계가 역사로 전환하는 데에서 행위의 도덕성이 과연 그 토대로 기능할 수 있는가 하는 문제와 관련되기 때문이다.

행위는 "**주관적** 혹은 **도덕적인** 것으로서의 의지의 외화(外化)"(R § 113)이다. 즉자적으로 자유로운 의지는 주관적인/도덕적인 의지, 즉 행위 안에서 비로소 현실적이 된다. 행위에서 의지의 무규정성은 지양되어 유한한 현존재로 이행한다. 즉자적으로 자유로운 의지의 무한한 다양성은 자신의 구체적인 자유를 도덕적인 행위에서 찾는다. 이를 위해 의지는 스스로를 특정한 것으로 제한해야 한다. 의지/욕구하는 자아는 참된 주관성을 특정한 행위에서 얻는다. 의지의 직접성이 지양되고 나면 행위의 의지적인 규정에서 매개되지 않은 잉여가 남게 된다. 주관적인/도덕적인 행위는 객관적인 인륜성으로 이행함으로써 인륜적인 제도화의 토대가 된다는 점을 감안하면 다양한 인륜적 체계는 도덕적인 행위에서 산출된다고 가정할 수 있다. 하지만 이러한 가정이 설득력을 지니기 위해서는, 우선 즉자적으로 존재하는 의지가 남김없이 도덕적인 행위의 현존재 안에서 드러나야 하며, 다음으로 행위의 도덕성이 현존하는 제도의 인륜성으로 완전히 환원되지 않고 그 자신이 인륜적 체계를 제도화하는 주체이어야 한다. 앞에서 제기한 인륜적 체계 자체의 변화 가능성에 대한 물음, 즉 역사에서 새로운 것의 출현에 대한 물음과 관련하여 이러한 요청은 필수적으로 보인다. 이제 이러한 가정/요청을 헤겔의 객관정신론에서 검토해 보기로 한다.

2. 도덕적 행위와 인륜적 행위 그리고 역사에서 새로운 것의 산출 가능성

도덕적 행위, 즉 주관의 자율성은 새로운 인륜성의 토대로 파악할 수 있는가? 이 물음은 헤겔의 〈법철학〉을 역사철학적으로 읽어도 되는가, 하는 물음과 관련된다. 〈법철학〉에서 보이듯이 주관적 행위의 도덕성은 객관적 행위의 인륜성과 구별되며, 도덕적 의지로서의 행위는 인륜성으로 이행함으로써 비로소 보편적 가치를 인정받는다. 이러한 전환에는 칸트의 도덕성 개념에 대한 헤겔의 비판이 암시되고 있다. 칸트처럼 정언적 명법을 선천적인 것으로 요청하는 것은 형식적이고 공허하다. 또한 헤겔에 따르면 고대철학에서 나타나는 도덕적 행위와 인륜성의 직접적인 통일에는 주체성이 결여되어 있다. 행위에 대한 이들의 이해방식은 근대의 규범체계를 정당화하는 토대로 활용되기에 미흡하여 상호보완을 필요로 한다는 인식이다. 이런 의미에서 〈법철학〉은 한 편으로 근대의 규범적인 기초개념이 사용되는 맥락을 서술하면서, 다른 한편으로는 전통적인 규범적 규정을 비판적으로 검토한다.[4] 하지만 이 서술은 즉자적으로 존재하는 의지가 도덕적 행위의 주관성을 거쳐 객관적인 인륜성으로 이행하는 **발생론적인 서술**이 아니라, "즉자대자적으로 자유로운 의지의 이념이 전개되어 가는 단계적인 과정"에 대한 **구조분석**이다(R § 33). 이 전개과정에서 초점은 자유로운 의지의 역사성이 아니라 자유로운 의지의 근대적인 개념규정에 맞춰진다. 〈정신현상학〉의 정신 장에서 규범체계의 역사적인 전개과정이 다루어지고 있기는 하지만 그것은 인륜성에서 도덕성으로의 이행에서 드러나듯이 도덕성에 의해 추동된 전개가 아니라 고대의 인륜성 개념에 대한 비판적 반성일 따름이다. 따라서 〈정신현상학〉과 〈법철학〉에서 도덕성과 인륜성의 관계를 연속적인 선상에서 파악하는 일이 가능하다면, 이 관계는 고대의 인륜성이 중세에 잠재적으로 존재하던 근대적 도덕성을 거쳐 근대의 인륜성으로 진행하는, 규범체계의 세계사적인 전개과정으로 압축할 수 있다. 결국 헤겔은 칸트의 도덕성 개념과 고대의 인륜성 개념을 비판적으로 종합한 셈이다.

---

4) 이러한 생각은 앙게른(E. Angehrn)이, 법철학은 "사실성과 규범성의 이중성을 자기 안에 포함"하며, 결과적으로 "서술과 비판의 통일"로 파악한 점과 일맥상통한다(Angehrn, 1977, 177f.).

헤겔이 보기에 칸트가 말하는 개인의 도덕성의 원리는 "자유의 **기준**, 즉 자유에 대한 본래적인 개념적 **규정**"이어서, 거기에는 "개인적인 욕구와 자유의 현실적인 존재간의 일치는 외적이고 우연적인 것"으로 남아 있게 된다.[5] 나아가서 개인의 도덕성 원리는 보편적인 원리가 아니라 역사의 진행에서 나타나는 규범성의 한 계기에 지나지 않는다. 따라서 도덕성은 그 자체로 초역사적으로 타당한 것이 아니라 근대의 사회와 국가에서 나타나는 주관적인 자유에 국한해서만 유효하다. 헤겔이 도덕성 개념을 근대에 국한하고 자유에 대한 규정의 변증법적인 전개과정의 한 계기로 삼음에 따라 자유에 대한 모든 규범적인 규정은 역사성과 떼어놓고 생각할 수 없게 되었다.[6]

헤겔은 고대 그리스 세계의 직접적인 인륜성이 로마 시대의 추상적인 사법성(司法性)과 중세의 추상적인 도덕성을 거쳐 주관적 도덕성을 매개로 한 근대의 인륜성으로 이행하는 과정을 추상적인 규범적 규정에서 구체적인 규범적 규정으로의 개념적인 전개과정으로 파악한다. 이는 헤겔에게서 주관적 의지의 도덕성이 아니라 자유의 보편적 의지가 역사의 진보를 담보하는 근거로 작동하고 있다는 점을 시사한다. 주관의 도덕성은 칸트에게서처럼 초시간적이고 보편적으로 타당한 준거점이 아니라 자유의지가 역사에서 현상적으로 실현되는 과정의 한 계기에 지나지 않는다. 도덕적 행위는 규범적 행위 일반을 검증하는 척도가 아니라 근대사회에서 새로운 인륜성이 출현할 수 있는 이념적인 토대일 따름이다.

그렇다면 〈법철학〉에 따를 경우 도덕적 행위는 근대적인 인륜성이 구성되는 데 어떤 역할을 하는가? 알려져 있듯이 헤겔은 도덕적 행위의 주관성을 제도화된 인륜성의 주관성으로 지양한다. 칸트에게서 개인의 도덕적 가치와 행위는 법적인 근거로서 자유와 인륜성의 근대적 개념을 구성하기 위한 필연적 계기로 요청되면서, 주관의 자율성과 관련하여 관념론적 실천철학의 배경을 이루긴 하지만 그것이 국가의 이념적 토대가 되지는 않는다. 더구나 역사에서 새로운 것이 출현할 수 있는 가능성은 도덕적 행위에 의해 오히려 차단되었으며, 주관적/도덕적 행위의 자율성은 기존의 인륜성에 대항하는 데에서 아무런 위력을 발휘하지 못하였다. 〈법철학〉에서 도덕성에 대한 인륜성의 우위는 도덕적 행위가 역사에서 새로운 것을 가능하게 하는 추진력으로 작용할 수 없다는 사실을 함축하고 있다.

---

5) Angehrn, 1977, 211.

6) 헤겔에게서 "자유란 실재를 연속적인 과정 속에서 균등화하는 본질적인 규정이 아니다. 자유의 개념적인 규정은 그 자신을 실재적인 과정 속에서 성장시킨다"(Angehrn, 1981, 353). 그런 한에서 헤겔을 "역사주의의 아버지"라고 부를만 하다(Hösle, 1986, 138).

〈법철학〉의 도덕성과 인륜성 장에서 헤겔의 관심은 역사적으로 도덕성에서 인륜성을 도출하려는 것이 아니라 근대의 사회와 국가에서 도덕성과 인륜성의 개념적인 연관성을 비판적으로 서술하려는 데 있다.[7] 따라서 역사에서 새로운 것이 발생하는 양상을 살펴보기 위해서는 도덕성에서 인륜성으로의 이행에 눈을 돌리지 않을 수 없다. 사실 헤겔은 도덕성 개념을 근대의 지표로 드러내면서 이를 인륜성과 연계시킨다. 근대 국가의 출현은 주관적 행위의 도덕성에 토대를 두고 있다. "스스로를 충족시키고자 하는 주체/주관의 **특수성**에 따른 권리, 즉 **주체적 자유**의 권리는 **고대**와 **근대**를 구별하는 데에서 전환점 혹은 중심축을 이룬다"(R § 124A).[8] 여기서 헤겔은 한 편으로 도덕성의 근대적인 개념을 구해내면서, 다른 한 편으로 그 결함을 지적한다. 헤겔은 초기 저작(특히 〈Naturrechtsaufsatz(자연법논문)〉 453ff.)에서 뿐만 아니라 후기 저작에서도 칸트와 피히테의 도덕성 개념에 불만을 표시한다. 〈법철학〉에서 인륜성의 출현은 도덕적 행위의 추상적인 주체성이 타인과의 적극적인 관계, 즉 류적 존재로서의 개별적인 인간의 상호주관성으로 고양된 후에야 가능하다.[9] 근대 시민사회는 개인 상호간의 관계의 망으로서 추상적 주체성의 형태를 띤 도덕성을 규정적으로 부정한 결과이다.

도덕적 행위의 진리는 공동체적 삶의 인륜성에서 확보된다. 헤겔의 방법적 사유에서 객관정신은 개별적이고 주관적인 의지의 총합으로 환원되지 않는다.[10] 여기서 시민사회와 국가의 이원론이 생겨난다. 개인의 도덕적 행위는 어떻게 인륜성의 구성과 결부될 수 있는가, 하는 물음은 기본적으로 헤겔에게서 상호주관성을 도덕적 행위의 지양된 형태로 지니고 있는 시민사회의 논리가 국가의 논리와 엄격히 구별되는 데 따른 어려움과 관련된다. 국가는 개인의 도덕적 욕구와는 독립해서 수행되는 고유의 운동논리를 지니고 있어서,[11] 개인은 국가 안에서 혁신적으로 행위할 수 있는 권리가 없으며, 따라서 개인이 의식적으로 행할 수 있는 아무 것도 남아 있지 않게 된다.[12] 마르크스의 헤겔비판도 바로 이 점을 겨냥한다.

---

7) 〈정신현상학〉의 정신 장에 서술되어 있듯이 역사철학적으로 볼 때, 도덕성은 인륜성의 지양된 형태이다.

8) "(**주체**의 권리는) 기독교에서 언표되어 새로운 형태의 세계를 설명하는 보편적이고 현실적인 원리가 되었다." 그런데도 유대-기독교는 실정성에 고착되어 본래 기독교가 지닌 도덕적 원리를 제대로 담아내지 못하고 있다고 헤겔은 비판한다(같은 곳).

9) 이는 헤겔이 칸트와 피히테의 윤리학이 유아론적이고 무(無)사회적이라고 비판한 점과 관련된다. 이런 의미에서 회슬레는 헤겔에게서 비로소 상호주관성 개념이 나타난다고 적고 있다 (Hösle, Hegels System II와 "Eine unsittliche Sittlichkeit" 참조).

10) R § 29, 258 참조. 루소의 '일반 의지'의 원리에 반대하여 헤겔은, 루소에게서 "국가를 이루는 것은 교양을 갖춘 인식의 문제이지 민족의 문제가 아니다"라고 말한다(G 61).

> 헤겔은 어디에서나 자유로운 정신의 실현을 말하고자 하지만 실제에서 그는 자유와 대립해 있는 자연적 필연성을 통해 모든 곤혹스런 충돌을 해결한다. 그래서 특수자의 이해관계가 보편자로 이행하는 것도 의식적인 국가의 법이 아니라 의식에 반하여 나타나는 우연에 의해 매개된다. 그런데도 헤겔은 아무데서나 국가에서 자유의지의 실현을 보고자 한다!(여기에서 헤겔의 실체론적인 관점이 드러난다).[13)]

헤겔이 역사에서 개인적인 의식의 역할이 차지하는 비중을 지극히 축소시키기는 했지만 마르크스는 헤겔처럼 의식을 개인 차원에게서 공동체 차원으로 전환시킴으로써 출구를 찾는다.

> 헌법에 변화가 생기고, 인간이 의식적으로 행위할 수 있기 위해서는 – 그렇지 않을 경우 인간은 의식을 수반하지 않은 채 사태의 본성에 의해 행위하도록 강요된다 – 진보가 헌법의 원리가 되는 그러한 헌법의 운동, 즉 헌법의 실질적인 담지자인 민족이 헌법의 원리가 될 필요가 있다. 이럴 경우 진보 자체가 곧 헌법이다.[14)]

헤겔에게서 헌법은 "만들어지는 것으로 아니라 ... 만들어지는 영역을 넘어서 있는 신적이고 지속적인 것" 으로 간주된다(R § 273A).

헤겔이 '강력한 국가'를 주장한다고 할 때, 거기에서 "개별자는 이미 국가시민(Staatsbürger)으로서 자신의 주체성을 국가에게 반환해야만 한다".[15)] 도덕적 주체

---

11) "국가가 인격성으로 간주된다고 할 때 국가는, 인륜적으로 파악된 법적인 질서의 틀 안에서 행위하는 개인들로 통합된 인격체들에게서 그들의 고유한 가치를 박탈한다. 국가라는 형태의 저편에는 주체들에게 그들의 이성적이고 자기책임적이고 사회적으로 지향된 실천의 공간이 마련되어 있지 않다. 이는 국가가 이미 주체성의 모든 욕구와 요구를 대표하고 있기 때문이다"(Bubner 1984, 210).

12) 이 점은 헤겔이 헌법의 제정과 개정에 대해 언급하는 대목에서 특징적으로 드러난다. "우리가 '헌법을 만든다'고 칭하는 것은 법전을 만드는 것과 마찬가지로 역사에서 결코 일어날 수 없는 일이다. 하나의 헌법은 자신만의 고유한 전개과정에 부합해서만 생겨났을 뿐더러 필연적인 도야의 단계와 변천의 개념을 두루 거쳤던 것이다"(E § 540A). "헌법이란 즉자대자적으로 확고하고 타당한 토대여야 한다. 그렇기 때문에 순식간에 만들어져서는 안 된다. 헌법은 존재성을 띠는 것이지만 본질적으로 **생성되는 것**이다. 다시 말해 헌법은 도야과정 속에서 진보하는 것이다. 여기서 진보는 변화를 의미하지만 이 변화는 눈에 잘 띄지 않아서 변화를 감지하기는 어렵다. 따라서 어떤 상태의 발전적으로 형성되어 가는 과정은 눈에 띄지 않게 조용히 진행된다. 이런 방식으로 오랜 시간이 지난 후에야 하나의 헌법은 이전 것과 아주 다른 상태에 있게 된다"(R § 298Z).

13) MEW Bd. I, 259.

14) 같은 곳.

가 기존의 인륜성에 대항하여 자신의 권리를 주장할 수 있는 입지는 헤겔의 〈법철학〉에서 찾을 수 없다. 도덕적 행위 이전에 인륜성은 제도적인 형식으로서 이미 선취되어 있으며, 따라서 개인의 의지는 이를 추종하는 수밖에 없다.[16] 헤겔은 "근대 국가의 원리"를 "주체성의 원리가 개인적인 특수성의 독자적인 극단으로 완성되어가는 것"으로 특징짓고 있기 때문에(R § 260) 개인적인 자기정체성의 특수성은 국가적인 자기정체성의 보편성에 귀속된다. 개별자의 주체적인 자유에 대해 상대적으로 상위 단계인 국가의 주체성이 우선권을 지니고 있어서,[17] 개별자를 "개인과 집단"에 대해 보호할 수는 있으나 "국가의 초(超)권력" 앞에서 보호할 수는 없다.[18]

결국 근대 국가의 주체성이 행사하는 위력은 개인적인 주체성의 도덕적 행위가 아니라 국가의 헌법에 부합하는 인륜적 행위에게 주어진다. 근대 헌법의 규범적인 기준은 개인들의 합의된 의지 이를테면 계약관계가 아니라, "특정한 국가는 특정한 종교"(같은 곳)에서 나타나는 한에서 특정한 종교에 기반을 둔 국가의 객관적인 이념에 근거한다.[19]

국가의 절대적인 이성성이 개별자의 공동체적인 삶을 지배하는 종교적 인륜성에 근거할 경우, 국가 안에서의 도덕적 행위는 국가권력에 대항하여 어떠한 힘도 행사할 수 없다. 따라서 예를 들어, 전시(戰時)에 국가는 개인들이 스스로를 희생할 의무를 지도록 할 수 있다(R § 323f. 참조).

국가 간의 갈등에서는 "어떤 종류의 재판관도 있을 수 없으며"(R § 333A), 정의를 위한 보편타당한 척도도 없다. 모든 국가는 그때마다 다른 방식으로 종교적인 습속을 자신들의 정치적인 제도로 수용하기 때문에 누구도 해당 국가에게 다른 도

15) Angehrn. 1981, 350.

16) "인간의 행위와 추진력은 역사의 이해관계에서 아무 것도 기여할 바가 없다. 그것은 이미 인륜성의 형식 안에서 전적으로 규제되어 있기 때문이다(Bubner 1984, 209).

17) Habermas 1988, 53 참조.

18) "바로 여기에 '원자적인 개인의' 선거와 대의(代議)모델의 거부와 더불어 헤겔의 '자유성'의 결정적인 한계가 있다"(Siep 1992, 305).

19) 종교적 도덕성과 인간의 자유의지는 불가분한 관계에 있다. 객관적인 도덕성과 주관적인 감성(감각)의 통일은 종교의 개념들이 "(한 민족의) 행위와 사유방식"에 영향을 미친다는 사실을 지시한다(Hegel, Volksreligion und Christentum, 12). 따라서 도덕론으로서의 종교가 주체적 행위에 대하여 낯선 것이 아니기 위해서는 다른 종교에 기반을 둔 낡은 행위방식을 변화시키는 데 영향력을 행사해야 한다. 민족종교를 통한 새로운 인륜성의 확립은 헤겔에게서 무엇보다 개별적인 생명성의 회복과 연관되어 있는데, 헤겔은 이러한 생명성이 그리스 비극정신의 인륜적인 아름다움이 몰락하면서 사라진데 대해 아쉬움을 표한다. 헤겔에게서 객관적인 종교는 개인의 주관적인 의지와 더불어 근대 국가의 인륜적인 토대로 고양되어야 한다.

덕적 요구를 할 수 없다.[20] 국가 상호간의 관계에서 나타나는 "열정과 이해관계와 목적이라는 내적인 특수성의 유희" 안에서 "인륜적 전체 혹은 국가의 독자성은 우연에 맡겨진다"(R § 340). 세계사의 흐름은 특정한 국가의 인륜성에 위임될 수 없다. 오히려 세계사 자체가 재판관이 된다. 역사에서 한 국가의 흥망성쇠는 그 국가의 내적인 원리 자체에서만 찾을 수 없다. 거기에는 국가의 논리와는 다른 더 높은 차원의 논리, 즉 세계의 법정으로 활동하는 **세계사의 논리**가 필요하다.

세계의 법정에서 민족정신들의 유한성이 드러난다. 이 유한성을 측정하는 척도는 미리 확정된 준칙이 아니라 민족들간의 상호관계에서 비로소 생겨난다.

> **민족정신**의 제원리는 저마다의 특수성으로 인해 ... 제약된 성질을 띨 수밖에 없다. 상호관계를 이루고 있는 이들의 운명과 행위는 민족정신의 유한성을 드러내는 변증법으로서, 바로 여기에서 보편정신, 즉 **세계의 정신**이 무제약적인 것으로 스스로를 드러내보일뿐더러 자신의 권리를 ... **세계법정**으로서의 **세계사** 속에서 민족정신들에게 행사한다.[21]

여기에서 국가와 세계사 간의 긴밀한 연관성, 즉 민족정신의 인륜적 행위와 보편정신의 세계사적인 행위의 변증법적 관계가 나타난다. 세계사는 국가와 개별자의 관점에서 서술할 수 없다. 국가 안에서의 도덕적 혹은 인륜적 행위는 국가의 세계사적인 행위로 직역될 수 없다. 그 행위는 오직 세계정신, 즉 세계의 이성적인 이념과 관계하는 데에서만 역사적인 행위연관으로서의 세계사의 노동에 참여할 수 있다. 이에 따라 세계사에서 이성적이라고 인정되는 행위는 한 국가의 특정한 인륜성에서만 인정되는 행위와 구별되어야 한다.

> 국가 간의 관계에서 통용되는 원리들은 세계사 속의 그들의 관계에서 통용되는 원리와 구별된다. 여기에서는 오직 절대정신의 권리만이 통용되며, 정신의 보다 높은 원리를

---

20) 이런 의미에서 헤겔은 칸트의 영구평화론에 이의를 제기한다. "국가연합을 통한 영구평화라는 칸트의 구상은 국가들 간의 일치된 입장을 전제하는데, 이는 도덕적이나 종교적으로 혹은 어떤 이유와 고려사항에서든 항상 특수한 주권적 의지에 근거함으로써 결국 우연에 맡겨지는 셈이다"(R § 333A).

21) R § 340. 그런데 여기서 의아하게도 헤겔은 국가 개념을 별다른 설명 없이 바로 민족정신 개념과 같은 뜻으로 사용한다. 만일 〈법철학〉의 인륜성 장에 나타나는 '국가'를 '근대국가'로 이해한다면, 이러한 사용은 불합리하게 보인다. 물론 역사철학에서 언급하고 있는 '국가'는 근대국가뿐만 아니라 국가 일반이다. "세계사에서는 국가를 형성한 민족만이 언급될 가치가 있다"(G 56). 따라서 국가이론에서 역사이론으로 이행은 그 내용에서가 아니라 그 형식에서 이해해야 한다.

가능하게 하는 관계만이 고려의 대상일 수 있다. 그런데 어떤 국가도 이러한 권리를 지닐 수 없다.[22)]

역사적 행위의 타당성에 대한 요구는 개인의 도덕성이나 국가의 인륜성에서 도출될 수 없다. "세계사는 도덕성이 자기고유의 바탕으로 삼고 있는 지반보다 더 높은 지반 위에서 전개된다" (G(H) 171). 여기서 세계사적인 행위를 국가이론적으로 설명하는 데 따른 한계가 드러난다. 그래서 이제 행위에 대한 역사이론적인 이해로 넘어가지 않을 수 없다.

3. 주체적 행위의 양면성과 세계이성의 차후적인 인식

세계사가 실천철학의 주제로 부상하면 그 척도 자체도 바뀌게 된다. 〈법철학〉의 의미에서의 인륜성은 더 이상 역사적 행위의 기준일 수 없다. 그 기준은 이제 세계사의 논리에 따라 새롭게 설정되어야 한다. 세계사에서의 보편정신의 행위는 국가에서와는 다른 의미맥락을 지닌다. 주체적 행위 혹은 개별적 의지의 개념은 〈법철학〉에서와는 다른 방식으로 〈역사철학〉에서 재조명되어야 한다. 역사에서의 행위 기준은 국가의 원리가 아니라 세계사의 원리를 따른다. 개별자나 민족정신의 모든 행위가 보편정신의 세계사적인 전개에 유효하게 작용하지는 않으며, 세계사적인 이성성에 부합하는 국가나 민족의 이념에 걸맞게 이루어지는 행위만이 그 전개에 참여할 수 있다. 그래서 주관정신과 객관정신의 행위는 세계이성의 행위와 관계함으로써 역사에서 참된 위치를 점할 수 있게 된다. 그러한 행위만을 '역사적'이라고 부를 수 있으며, 그것만이 역사에서 새로운 것을 산출하는 데 기여할 수 있다.

정신은 행위하는 한에서 역사적이다. "정신의 역사는 그의 행위이다" (R § 343). 정신이 행하는 행위의 역사성이 곧 정신의 존재를 이룬다. 정신의 활동은 "스스로를 자기자신에 대해 펼치면서 파악하는 활동이다. 이러한 파악은 자신의 존재이며 원리로서, 이렇게 파악하는 행위가 곧 정신의 외화이며 이행이다. 이 행위의 결과를 새롭게 파악하는 정신, 다시 말해 외화에서 자기 내부로 향하는 정신은 자기를 극복한다는 점에서 앞서 파악된 단계보다 더 높은 단계의 정신이다" (같은 곳). 정신은 끊임없이 "자신의 원리에 새로운 규정을 부여"하는 한에서(G(H) 72), 오직 **자기**

22) G(H) 147.

혁신의 활동성으로서만 살아 있을 수 있다. 이러한 활동성은 "맹목적인 운명의 추상적이고 무(無)이성적인 필연성이 아니라 이성의 계기가 정신의 자유 개념에서 필연적으로 전개되는 것이다"(R § 342). 자유의 이념은 세계정신의 목적이다. 이 목적을 달성하기 위하여 세계정신은 자신의 직접성을 벗어나 자기자신의 의식으로 이행한다.[23] 정신이 이렇게 스스로를 자유롭게 하는 과정을 통하여 정신은 항상 새로워진다.

그런데 정신의 목적지향적인 자기실현에서 정신이 세계정신의 자기전개로서 역사에 출현하여 인간의 실천에 선행한다고 할 때, 인간의 행위를 통해 역사에서 새로운 것을 산출하는 문제는 애초부터 논외에 해당되는 것처럼 보인다. 이 경우 인간의 실천은 세계정신의 활동에 종속될 수밖에 없기 때문이다. 하지만 이 문제는 세계정신의 의지와 인간의 행위 간에 소위 '목적-수단'의 관계를 어떻게 이해할 것인가에 달려 있으며, 이는 보편정신과 행위하는 개인의 변증법적인 관계를 살펴보기 전에는 선불리 예단할 수 없다.

앞에서 암시했듯이 보편정신의 활동을 구체화시키는 것은 오직 특수한 정신의 주관적인 행위의 결과 속에서 **차후적으로만** 확인될 수 있다. 정신의 절대적인 구별성, 즉 시간 안에서의 정신의 절대적인 특수화를 거쳐서 정신은 다양한 역사적 형태, 즉 다양한 민족정신으로 스스로를 드러낸다. 정신은 이러한 구별성 혹은 다양성 안에서만 존속의 가치를 인정받을 수 있기 때문에 실제에서 정신은 '보편적'이라는 이름으로 특수자에게 실질적인 위력을 행사하지 않는다. 오히려 정신은 처음에는 특수자 안에서 움직이지 않고 존재하는 추상적 이념에 지나지 않는다. 인간의 인륜적 행위를 통하여 비로소 정신은 자신의 추상성에서 벗어나 구체성을 띠게 된다. "행위란 움직이지 않는 것을 움직이게 하며, 처음에는 가능태로만 닫혀 있던 것을 밖으로 드러냄으로써 의식되지 않던 것을 의식으로, 존재하지 않던 것을 존재로 연결시킨다"(PhG 347). 이렇게 볼 때 헤겔에게서 행위의 창조적인 활동은 카스토리아디스의 의미에서 '유에서 무의 창조'가 아니라,[24] 가능태를 현실태로 전

---

23) "세계사는 우연적인 어떤 의식적인 목적으로 시작하지 않는다. ... 세계사는 정신의 개념을 충족시킬 수 있는 보편적인 목적으로 시작한다. 즉자적으로, 즉 자연으로 존재하여 내적으로 이무런 의식을 지니지 않은 충동을 의식화시키는 작업이야말로 세계사가 일관되게 추진하는 일이다"(G(H) 86f.).

24) 카스토리아디스의 역사이론에 따르면 역사적 행위는 옛 것과 단절하고 극단적으로 새로운 것을 만들어내는 데에서 의미를 지닌다. "역사란 본질적으로 포이에시스(poiesis)이다. 즉 모방적인 창작이 아니라 인간의 행위와 생각/언어를 통하여 존재론적으로 새로운 것을 창조하여 발생시키는 활동이다"(Castoriadis, 1990, 13).

환시키는 일이다. 특수자 속에는 보편정신의 감춰진 이념이 작동하고는 있지만 그것은 선험적인 지배원리의 성격을 띠고 있지 않으며, 진행과정을 단순히 지켜보면서 인식하기만 하는, 전적으로 수동적인 성질의 것이다. '이성이 세계를 지배한다'는 말은 인간이 보편정신의 꼭두각시라는 뜻이 아니다. 그 말은, 세계가 자신의 이성성을 인간의 이성적인 활동을 통해 요구하는 데 따른 반성의 결과이다. 이는 인간의 이성적 활동이 세계의 숨겨진 이성, 즉 자유의 이념을 충족시키는 방식으로 나타난다.

> 우리가 원리, 최종목적, 규정 혹은 즉자적인 정신, 정신의 본성 혹은 개념이라고 부른 것은 단지 **일반적인 것** 혹은 **추상적인 것**에 지나지 않는다. 그것이 현실성을 띠기 위해서는 두 번째 계기가 추가되어야만 한다. 이것이 확증이고 실현인데, 이들의 원리는 다름 아닌 의지, 즉 역사 안에서의 인간의 활동 일반이다. 이러한 활동을 통하여 앞서 말한 개념, 즉 즉자적으로 존재하는 규정은 실재로 현실화된다.[25]

인간의 의지적인 활동은 정신의 즉자적인 규정을 대자적으로 만든다. "자연과 정신은 자기의식화된 의지가 시간 속에서 점차 구체적으로 형성하는 노동을 통하여 개방되고 투명해진다. 의식만이 열려 있는 것이고 신과 그 어떤 것이 스스로 드러날 수 있게 하는 것이다"(G 81f.). 주관정신의 행위를 통한 절대정신의 자기개시(開示)는 결코 즉자적으로 규정된 원리가 "갈등 없이 직접적으로" 전개되는 것이 아니라 "자기자신과의 치열하고 부단한 투쟁"을 거치면서 이루어진다(G 75f.). 이렇게 역사적 행위를 헤겔이 인간학적으로 파악한 것은 아리스토텔레스의 자연목적론에 나타나는 잠세태-현세태 모델과 본질적으로 구별된다. 자연과 달리 정신은 시간 속에서 분열되며, 이 분열상은 인간의 행위를 통해서만 극복될 수 있다. 시간 안에서의 정신의 자기모순, 즉 즉자적인 구별태로서의 정신이 자신의 대립태를 시간적인 유한자로서 자기 안에 포함하는 양상은 인간의 행위를 통하여 지양된다. 분열된 정신의 자기모순적인 현실은 인간의 의식적인 행위를 통해서만 지양될 수 있으며 또한 그에 대해서만 열려 있다.

정신의 즉자적인 개념의 실현은 반드시 인간의 활동을 필요로 한다. 인간의 개별적인 의지 자체가 실현의 원리이다.[26] 특정한 현존재에 대한 주체의 관심은 "주체의 무한한 권리로서 주체는 활동과 노동 속에서만 스스로 만족한다"(G(H) 82).

---

25) G(H) 81.

세계사에 대한 신적인 이성의 지배는 그것이 인간의 활동에 의해 매개되는 한에서만 가능하다. 이성 그 자체는 특수자를 넘어서는 선험적이고 보편적인 원리로 전제되어 있지 않으며 생성, 즉 보편자와 특수자의 상호관계 속에서 비로소 확보된다. 이 관계 자체가 곧 자유의 실현 원리이다. 이성은 이미 확정된 형성물이 아니라 항상 새로워지는 생명체이다. 이성은 인간에게 내재되어 있는 존재이다. 이러한 존재의 실현은 이성성이 평면적으로 드러남으로써가 아니라 인간의 이성적 행위와의 통일을 통하여 가능하며, 이러한 행위를 우리는 '역사적'이라 부를 수 있다. 결국 존재의 실현은 인간적 행위의 결과로서 인간은 "자기 힘에 부치는 힘겨운 노동"을 통하여 목적, 즉 "자유의 개념"을 산출한다(G 76). "직접적이고 자연적인 것의 관념성으로서의 자유는 직접적이고 자연적인 것으로서가 아니라 지식과 욕구를 단련하는 무한한 매개활동을 통하여 비로소 획득되어야 한다" (G 58f.).

세계사의 이성성으로서의 자유의 이념은 전제되어 있는 것이 아니라 역사의 흐름 속에서 비로소 알려지고 욕구되고 획득된다. "보편자는 특수자를 통하여 역사에 진입한다" (G(H) 85). 따라서 '이성이 세계를 지배한다'는 헤겔 역사철학의 테제는 일반적인 전제가 아니다. 그의 역사철학은 모든 곳에 존재하는 즉자적인 이성의 실존에서 출발한다. 바로 여기에 '즉자적으로 존재하는 이성'과 '이성의 실현' 간에 차이가 생긴다. 얼핏 생각하기에 즉자적인 이성의 이념은 원리로서 인간의 행위와는 독립하여 들키지 않게 숨어 있는 것처럼 보인다. 하지만 이성의 이념은 인간의 이성적 행위와 일치할 때 비로소 현실성을 띠게 된다. "본질적인 것은 주관적인 의지와 이성적인 의지의 통일이다" (G 55).

개인의 주관적인 의지는 이성의 사유원리에 적합할 때에만 현실을 추동하는 힘일 수 있다.[27] 특수자의 의지가 세계정신의 주관성에 일치하는 한에서만 즉자적인 이성은 대자적으로 된다. 행위는 단순한 가능성으로 전제된 이성의 목적만을 확증한다. 세계이성에 적합한 주관적 행위만이 보편적인 이념을 실현할 수 있기 때문에 참된 행위의 정립은 이성성이 전제되지 않고는 성립할 수 없으며, 그 반대도 참이다.[28] 여기서 역사적 행위를 통하여 산출되는 새로운 것은 즉자적인 이성 안에

---

26) 여기서 강조되어야 할 사항은 보편자 자신은 자기운동을 위해 미리 계획된 원리를 지니고 있지 않으며 인간의 행위목적에 준거해서만 참된 결과를 얻을 수 있다는 사실이다. "보편자는 특수자를 매개로 하여 현실로 진입해야 한다" (G(H) 85)는 헤겔의 말은 보편자 자신이 특수자를 수단으로 하여 현실에 자기를 모사한다는 뜻이 아니라 보편자가 **특수자와의 통일** 속에서 자신의 현실성을 획득한다는 뜻이다. "매개"라는 표현은 포퍼(K. Popper)가 『개방사회와 그의 적』에서 헤겔의 시각을 비판했듯이, 개별적인 행위가 정신의 보편적인 원리에 따라 역사에서 실현된다는 식으로 이해되어서는 안 된다.

이미 감춰져 있었던 것이며, 행위 자체는 그 안에 가능태로 존재하던 것에 단지 빛을 비출 뿐이다. 역사적으로 새로운 것은 미리 존재하는 이념에 이미 등록되어 있었던 것이다. 여기서 "그렇다면 결국 감춰진 즉자태의 단순한 전개인 것인가?"(Angehrn, 1981, 354)라는 물음이 의미있게 제기된다. 헤겔에게서 역사적 행위를 통한 새로운 것의 산출은 말하자면 '무에서 유의 창조'가 아니라 즉자적인 이성성의 의식화인 셈이다.[29] 따라서 헤겔이 "질적인 비약"(PhG 18)으로 표현했던, 새로운 것의 직접적인 현현(급작성)은 단지 그때그때의 의식에게만 해당될 뿐 이성 그 자체에게 해당되지는 않는다. 이성성이란 헤겔에게서 행위의 합리성이 적응해 가야 하는 연속체(ein Kontinuum)이다. 이성성에 적합한 합리적 행위만이 역사를 진행시킨다.

이러한 맥락에서 우리는 헤겔의 이성 개념이 지닌 아포리아에 직면하게 된다. 이성은 행위를 통하여 실현되어야 하는 목적이면서 동시에 합리적인 행위의 토대이기 때문이다. 이성은 어떻게 나중에 실현되어야 할 어떤 것이면서 동시에 현재적 행위의 진리기준일 수 있는가? 이성의 이러한 양면성, 즉 '아직 아닌 존재(Noch-nicht-sein)'와 '규범적인 진리기능(normative Wahrheitsfunktion)'은 헤겔의 "**주체** 개념의 양면성"에서 기인한다.[30] 행위하는 주체와 그 주체의 밑바닥에서 작동하는 주체를 헤겔은 각각 개별적인 인간과 보편적인 이념으로 표현되고 있다.

---

27) PhG 457 참조. 이는 헤겔에게서 욕구하는 충동에 비해 사유 혹은 반성이 우선권을 지닌다는 사실과 관련된다. 충동은 자기의식의 활동의 한 측면이긴 하지만 매순간에 '자의적'이라는 한계에 갇혀 있다. "어떤 이의 욕구의 충족은 다른 이의 욕구의 억압과 희생을 요구"(R § 16)한다고 할 때, 주관적인 충동은 항상 위협받지 않을 수 없다. 자의(Willkür)가 수반하는 위험은 "충동에 관계하는 반성"(R § 20)을 통해서만 예방할 수 있다. 충동에 "반성하는 의지"(R § 21A)가 수반하는 한에서만 그것은 이성적일 수 있다. 의지의 자기의식은 자의적이고 우연적인 충동을 이성적으로 몰고가는 '반성하는 활동'이다. 이러한 활동은 "의지 안에서 관철되는 사유"로서, "의지는 사유하는 지성으로서만 참되고 자유로운 의지이다"(같은 곳).

28) 여기서 드러나는 전제와 정립의 변증법적인 논리구조는 헤겔 〈논리학〉의 반성 논리에서 이미 입증되었다. 이 변증법에서 객관성의 '전제된 존재'는 주관성의 '정립하는 당위'와 통일된다(E § 234 참조).

29) 카스토리아디스는 그의 역사이론에서 헤겔 식의 '연속성'에 근거한 사유에 이의를 제기하면서, 역사를 동일성 논리와 집합 논리에 따라 구성하는 이론을 겨냥하여 거기에서는 '역사에서 진정으로 새로운 것'을 설명할 수 있는 공간이 없다고 비판한다(Castoriadis, 1990, 372ff. 참조).

30) Angehrn, 1981, 350 참조. 앙게른에 따르면 주체 개념의 양면성은 기본적으로 실체와 주체의 이중적인 의미관계에서 비롯한다. 즉 "주체 개념이 상위의 존재론적인 권위"를 지니면서 또한 주체와 실체가 필연적으로 상호보완 관계"에 있다는 사실이다(Angehrn, 1988, 171). 이러한 양면성은 헤겔의 국가-역사 이론에서 '보편정신의 주체적인 의지'와 '인간의 실천이라는 의미에서의 주체적인 행위' 사이의 차이로 나타난다.

지금까지의 논의에서 보편적인 이념은 인간의 역사적인 행위를 통해서만 자신의 추상성에서 벗어나며, 참된 행위의 기준은 행위하는 인간의 의식이 아니라 보편적인 이념의 이성성에 있다는 사실이 밝혀졌다. 여기서 확인되어야 할 것은 '의식을 수반한 행위'가 추상적인 이념을 구체적인 이념으로 이행시키지 않는다는 점이다.

> 세계사의 진행 자체, 다시 말해 진보로 파악된 흐름에서 주관적인 측면, 즉 의식은 역사의 순수한 최종목적, 즉 정신의 개념이 무엇인지 아직 알지 못한다. 바로 그런 이유로 역사의 목적은 의식의 욕구와 관심의 내용이 아니다. 그 목적에 대해 의식하지 못하지만 보편자는 특수자의 목적들 속에 있으면서 이들을 통해 스스로를 구체화시킨다.[31)]

행위하는 자는 자신이 무엇을 행하는지 알지 못한다. 행위하는 자는 자신의 행위가 이성적인지 아닌지 알지 못한 채 행위한다. 행위하는 인간은 그 행위의 역사적인 진리기준을 자신의 의식에서 찾지 않는다. 그들의 행위의 진리는 행위의 **결과**에서만 확인될 수 있다. 이는 '행위의 아이러니'라고 부를 만하다. 행위자의 주관적인 욕구가 행위의 이성성을 담보하지 않는다. 행위의 이성성은 오직 결과적으로만 확인될 수 있을 뿐이어서, 오직 객관적인 이성의 이념에 부합하는 행위만이 이성적인 것으로 판명된다. **즉자적으로 존재하는 이성성이 앞서 감춰져 있다고 해도 행위자 자신은 그 이성성이 자신의 행위의 결과 속에 나타나기 전까지는 그것이 무엇인지 알지 못한다.** 행위자는 자신의 행위가 이성적이기를 희망할 수 있을 따름이다. 행위자는 역사에서 새로운 것을 산출하면서도 새로운 것을 판단하는 기준은 본질적으로 행위자에게 있지 않고 전적으로 보편정신에 달려 있다. 행위자는 자신이 이미 알고 있는 기준에 따라 행위하지 않고 자신도 모르는 기준에 따라 행위할 뿐이다. 새로운 것의 맹아는 이미 와 있는데도 정작 행위자는 행위를 통해 그것이 매개되기 이전에는 그것이 어디에 있는지 알지 못한다. 합리적인 행위를 통하여 드러나는 새로운 것은 결국 즉자적으로 존재하는 이성적인 것의 현현이다. 하지만 이는 자연목적론에서처럼 이미 형태가 확정된 목적이 밖으로 드러나는 그런 양상을 띠지는 않는다.

인간의 합리적인 행위는 역사에서 새로운 것을 만든다. 그러나 새로운 것의 창출은 무에서 유를 창조하는 것이 아니라 이미 즉자적으로 존재하는 이성성이 실현

---

31) G(H) 87f.

된 것이다. 이성의 추상적 이념은 인간의 실천을 통한 실현을 기다린다. 이 행위는 이성성에 적합할 때에만 역사적으로 새로운 것을 산출한다. 역사에서 새로운 것은 이렇게 보편정신의 이성적인 이념과 특수한 정신 간의 상호관계 혹은 통일(화해)을 통하여 발현된다. 그렇지만 이러한 일치의 내용은 미리 확정된 것이 아니라 역사의 진행 속에서 결과로서만 확인된다.

세계사에 대한 헤겔의 서술에 따르면, 모든 행위가 역사의 진보에 기여하는 것은 아니다. 오직 이성의 이념에 적합한 행위만이 세계사의 견인차 역할을 할 수 있다. 하지만 이 이념은 미리 알려지지 않는다. 그래서 행위하는 인간들의 운명은, 그들이 결코 이성적인 길을 의식하여 역사를 조절할 수 없다는 데 있다.[32] 이들은 비록 의식을 가지고 행위하지만 이 의식의 진리성에 대해 확신하지 못한다. 행위의 진리는 오직 행위의 결과 속에서만 확인된다. 역사적으로 새로운 것은 인간행위의 의식적인 조종을 통하여 산출되지 않는다. "세계사에서 인간의 행위는 인간이 목적하고 성취하고자 하는 것과는 다른 것이 출현한다. 인간은 알고 욕구하고 자신의 관심을 실현시키고 하지만 자기 안에 있는 것과는 거리가 먼 것, 자신의 의식과 의도에 들어 있지 않은 것을 산출해 낼 따름이다"(G 42f.). 행위의 의도와 의도하지 않은 결과 사이의 차이는 좁은 의미에서 헤겔의 행위이론과 역사이론의 차이를 시사한다.

참고 문헌

헤겔의 저작들

헤겔(G.W.F. Hegel) 원전의 인용은 Suhrkamp 출판사에서 간행한 20권 짜리 헤겔 전집(E. Moldenhauer와 M. Michel 편집, Frankfurt/M. 1969ff.)을 바탕으로 한다.

Volksreligion und Christentum: "Fragmente über Volksreligion und Christentum(1793–1794)" (in: Bd. 1)
Naturrechtsaufsatz: "Über die die wissenschftliche Behandlung des Naturrechts, seine Stelle in der praktischen Philosophie und sein Verhältnis zu den positiven Rechtswissenschaften" (in: Bd. 2)
PhG: *Phänomenologie des Geistes* (Bd. 3)
L: *Wissenschaft der Logik I, II* (Bd. 5–6)
R: *Grundlinien der Philosophie des Rechts*(§ 뒤의 A와 Z는 각각 주해와 보론을 뜻 하 는 것으로 A는 헤겔이 Z는 그의 수강자가 기술한 것이다): (Bd. 7)
E: *Enzyklopädie der philosophischen Wissenschaften* (Bd. 8–9)
G: *Vorlesungen über die Geschichtsphilosophie* (Bd. 12)

그 외의 헤겔 저작

G(H): *Vorlesungen über die Philosophie der Weltgeschichte Bd. I, Die Vernunft in der Geschichte*, hrg. von J. Hoffmeister, Hamburg 1955ff.

다른 저작들

32) "인간은 자신들의 역사를 만들지만 역사를 완벽하게 통제하지는 못한다" (Bubner 1984, 25).

Angehrn, Emil(1977), *Freiheit und System bei Hegel*, Berlin.

____ (1981), "Vernunft in der Geschichte", in: Zeitschrift für philosophische Forschung(35).

____ (1988), "Die Ambivalenz der Moderne, Staat und Gesellschaft in Hegels Rechtsphilosophie", in: Hegel-Jahrbuch 1988.

Arendt, Hanna(1979), *Vom Leben des Geistes*, München.

Bubner, Rüdiger(1984), *Geschichtsprozesse und Handlungsnormen*, Untersuchungen der praktischen Philosophie, Frankfurt/M.

Castoriadis, Cornellius(1990), Gesellschaft als imaginäre Institution, Frankfurt/M.

Cieszkowski, August von(1981), *Prolegomena zur Historiosophie*, Hamburg.

Harbermas, Jürgen(1988), "Hegels Begriff der Moderne", in: Ders., *Der philosophische Diskurs der Mederne*, Frankfurt/M.

Hösle, Vittorio(1986), "Eine unsittliche Sittlichkeit", in: *Moralität und Sillichkeit*, hg. v. W. Kuhlmann, Frankfurt/M.

____ (1987), Hegels System 2 Bde, Hamburg.

Marx, Karl, "Kritik des Hegelschen Staatsrechts", in: MEW Bd. 1.

Popper, Karl R.(1945ff.), *The open society and its enemies* Vol. 2, Londen.

Siep, Ludwig(1992), *Praktische Philosophie im Deutschen Idealismus*, Frankfurt/M.

Die Entstehungszüge des geschichtlichen Neuen in der Handlungstheorie Hegels

Yoo, Heon-Sik

Zusammenfassung

Es handelt sich um die Möglichkeit, wie der Wille zur Moralität und Freiheit zum Grund der Entstehung des geschichtlichen Neuen wird, und um ihre Wirklichkeit, indem Hegelsche Rechtsphilosophie und Gechichtsphilosophie handlungstheoritisch in einem genealogischen Prozeß verstanden werden. Die Handlung ist es, die den subjektiven Zweck des Willens in die Objektivität umwandelt und das abschließende Resultat dieses Prozesses ist die Weltgeschichte. Doch ist das Problem der Entstehung des geschichtlichen Neuen nicht auf den subjektiven Zweck zu reduzieren, sondern hängt von der Logik der objektiven Weltvernunft ab. Zwar trägt die subjektive Vernunft zum Produzieren des geschichtliche Neuen bei, aber dies begrenzt sich auf die Handlungsebene und betrifft das substantielle Subjekt des Neuen nur die Weltvernunft. Hiermit stoßen wir auf eine Aporie der Hegelschen Konzeption der Vernunft, weil der Begriff Vernunft die Grundlage der rationalen Handlung des Individuums und zugleich der zu verwirklichende Zweck ist.

Diese Ambivalenz der Vernunft, d.h. ihr Noch–nicht–Sein und ihre normative Wahrheitsfunktion, kann man aus dert Ambivalenz des Subjektbegriffs Hegels ableiten. Das handelnde Subjekt und das ihm zugrundeliegende Subjekt werden von Hegel im allgemeinen als der individuelle Mensch und die allgemeine Idee gekennzeichnet. Diese doppelte Konstellation ergibt sich daraus, daß Hegel die griechische objektive Sittlichkeit und die kantische subjektive Moralität zur kritischen Synthesis erhoben hat. Als der freie Wille der Moderne hat der hegelsche Begriff Handlung die doppelte Aufgabe, zum einem den Willen der subjektiv Handelnden bedeutend macht und zum andern den darüberhinaus laufenden Willen des objektiven Geistes effektiv macht. Um diese zwei Ziele zu erreichen, ist die Logik des postfactum in der eigentümlichen Darstellung Hegels zu verstehen.

Die rationale Handlung des Menschen schafft das Neue in der Geschichte. Aber das Schaffen des Neuen ist keine Schöpfung ex nihilo, sondern die Verwirklichung der bereits ansichseienden Vernünftigkeit. Die abstakte Idee der Vernunft wartet auf ihre Verwirklichung durch die menschliche Praxis. Und diese Handlung bringt dann das geschichtliche Neue hervor, wenn sie der Vernünftigkeit gemäß ist. Das Neue in der Geschichte entwickelt sich eben in diesem Wechselbezug und somit durch die Vereinigung(Versöhnung) der vernünftigen Idee des allgemeinen Geistes mit der vernünftigen Handlung des partikulären Geistes. Dennoch ist der Inhalt dieser Übereinstimmung nicht vorherbestimmt, sondern erscheint im Gang der Geschichte nur als Resultat. Auch wenn der partikuläre Geist handelt sich mit Bewußtsein, wird ihre Wahrheit erst im Resultat seiner Handlung festgestellt. Der Handelnde(der subjektive Geist) selbst weiß nicht seine Bedeutung und Ziele, aber der Wissende(der objektive Geist) handelt sich nicht. Aus dieser gegenseitigen Kompensation von Handlung und Wissen, die sich im zeitlichen Abstand entwickeln, eröffnet sich der semantische Horizont des geschichlichen Neuen.

Stichwörter: das Neue, Geschichtsphilosophie, Geist, Handlung, Wille, Moralität, Sittlichkeit, Weltgeschichte

헤겔의 자연철학에서 '생명'의 형이상학적 의미[1)]

연 효 숙

요약문

이 글은 헤겔의 자연철학에서 '생명'의 문제를 철학적이고 형이상학적인 차원에서 집중적으로 살피고자 한다. 헤겔은 『예나시대의 체계기획』의 「정신철학」에서 의식의 활동적 측면의 세 계기의 마지막 단계로 생명을 놓는다. 이후 생명 범주는 『정신현상학』에서 '자기의식으로서의 생'으로, 『대논리학』의 「개념론」에서는 주관성과 객관성의 범주의 총합인 '이념'에서의 '생명'으로 나타난다. 헤겔은 당대 자연과학과 생물학의 과학적 성과를 상당 정도 참조한 것으로 보인다. 『철학적 학문들의 백과사전』의 「자연철학」에서 생명 범주는 '동물 유기체'로 구체화된다. 이 동물 유기체는 처음에 개별적이고 구체적인 주체성으로 나타나지만, 유적 과정 속에서 살아있는 보편성으로서의 개념으로 고양된다. 그리하여 헤겔은 모든 생명이 하나의 커다란 유기체적인 연결 고리 속에서 상호 연관되어 있으며, 종의 완성과 실현을 위한 목적론적인 기획이 자리하고 있다고 전제하고 있다. 이러한 헤겔의 생명과 유기체에 대한 생각이 현대 분자 생물학의 생명관과는 거리가 있는 것은 사실이다. 그러나 우리는 헤겔의 이러한 유기체적인 생명관과 자연철학을 통해 현대 시대에 새로운 생명 철학의 가능성을 모색할 수 있을 것이다.

● 주요어 : 자연철학, 목적론, 생명, 동물 유기체, 생명의 유적 과정

1. 헤겔에게서 생명의 문제

생명이란 무엇인가? 자연 속에 생명이 존재한다는 것은 어떤 의미를 지니는 것인가? 인간에게서 생명은 어떤 의미이고, 자연 속에 사는 인간에게서 생명은 어떻게 이해되고 있는가? 의식과 물질의 이원적 존재로서의 인간에게서 생명과 자연은 정신과 물질의 관계에서 볼 때 어떻게 이해될 수 있는가? 이러한 질문에 대해 근대 생물학과 자연과학은 어떠한 자연관을 모색했으며, 이러한 자연관은 여전히 유효한가? 특히 근대 기계론적 자연관을 비판하고 사변적인 목적론적 자연관으로 자연과 생명을 해석한 헤겔의 해석은 현대 시대에 어떤 의미가 있을까?

자연과 생명에 대한 근대 자연관의 해석은 베르그손의 『창조적 진화』의 문제의식을 통해 비판받았다. 베르그손은 『창조적 진화』에서 생명의 진화에 대한 생각을 개진하면서, 근대 시대에 만연되었던 기계론과 목적론 둘 다를 비판한다.[2] 베르그손은 이미 다윈의 진화론의 이론적 세례를 받은 사람으로, 진화론의 출현을 알기가 불가능했던 헤겔의 자연에 대한 목적론적인 견해를 매우 시대착오적인 것으로 비판한다. 현대 분자 생물학의 시각에서 모노는 『우연과 필연』[3]에서 생명체의 본성을 자연의 우연적인 변화와 교란의 질서로부터 탈선하여 변화에 저항하는 힘을 가진 특성을 지닌 것으로 보고 있다. 게다가 DNA의 이중나선 구조가 밝혀지고, 유전자와 세포의 구조가 밝혀진 분자 생물학의 시대에 모노의 생명체에 대한 생각은 근대 헤겔의 생명과 자연의 본성에 대한 생각과는 상당한 거리감을 갖고 있다.

---

1) 이 논문은 2006년도 정부(교육인적자원부)의 재원으로 한국학술진흥재단의 지원을 받아 수행된 연구임(KRF-2006-A00048). 또한 이 논문은 3차년도 연구 기획의 결과물임을 밝힘.

2) Bergson, H., *L'evolution créatrice*, 『창조적 진화』(2005), 황수영 옮김, 아카넷, 제 1장 생명 진화에 관하여, 기계론과 목적론을 넘어서는 베르그손의 견해를 경청할 필요가 있다.

3) Monod, J., *Le hasard et la nécessité*, 『우연과 필연』(2010), 조현수 옮김, 궁리, 제 7장 진화, 171쪽 이하의 논의를 참조할 것.

이처럼 현대 생물학 등에서 연구되는 생명에 대한 해명은 확실히 근대 18, 9세기의 자연과학과 생물학의 전제와는 확연한 차이를 보인다. 사정이 이럴진댄, 현대 시점에서 근대 시대 헤겔의 생명과 자연에 대한 자연철학적 탐구를 논의한다는 것은 어떤 의미를 지니는 것일까? 생명에 대한 구체적인 자연과학적인 연구가 눈부시게 발달하고 있는 현대적 상황에서 근대 시대 헤겔의 생명과 자연의 본성에 대한 연구는 우리에게 어떤 의미를 주는 것일까? 어차피 자연과학의 성과는 시간이 거듭할수록 무궁무진하게 발전하고 진화하게 마련이다. 다만 자연에 대한 개별 자연과학적 성과에서 가늠할 수 없는 생명과 자연에 대한 철학적, 형이상학적인 통찰과 그 의미에 대한 자리매김은 여전히 철학자의 몫[4]이 될 것이다.

이 글은 헤겔에서의 '생명'에 대한 철학적이고 형이상학적인 차원의 문제를 집중적으로 살피고자 한다. 그러나 동시에 근대의 자연과학 특히 생물학에 대한 헤겔의 이해가 어느 정도인지 가늠해 볼 것이다. 근대의 자연과학에 대한 헤겔의 이해가 생명과 자연에 대한 그의 자연철학적 성찰에 어떻게 반영되는지를 살피면서 헤겔에서 생명에 대한 철학적이고 형이상학적인 의미를 살피고자 한다. 물론 이러한 의미가 현대 시대에 유효하게 활용될 것이라는 기대를 갖기는 어려운 일이다. 그럼에도 불구하고 당시 근대의 생명과 자연에 대한 헤겔의 자연철학적 형이상학적 통찰을 검토함으로써, 현대사회에서 우리는 여전히 생명과 자연의 본성에 대해 지속적으로 자연철학적이고 형이상학적인 관심의 끈을 긴장감있게 가질 수 있을 것이다.

2. 헤겔 철학 체계에서 자연철학의 위상

헤겔은 초기 저작인 『예나 시대의 체계기획』의 '정신철학'에서 생명의 문제에 주목하여, 자신의 체계의 중심 범주에 '생명' 개념을 놓고 있다.[5] 이는 헤겔이 초기 저작인 이 '정신철학'에서 의식의 활동적 측면의 세 계기로 '기억', '노동(욕망)', 그리고 '가족(생명)'의 삼원적인 체계 구상에서 단적으로 찾을 수 있다. 이 기획에서

4) Richter, L.G., *Hegels begreifende Naturbetrachtung als Versöhnung der Spekulation mit der Erfahrung*, 『헤겔의 자연철학』(1998), 양우석 옮김, 서광사, 88~90쪽, 헤겔은 사유하는 존재로서의 인간이 본성상 자연철학자이며, 자연철학은 개념적 자연 고찰임을 부각시킨다.

5) Hegel, G.W.F.(1975), *Jenaer Systementwürfe, I, Bd 6*, (hrg), R.P. Horstmann, Felix Meiner Verlag, S. 282-302.

제일 마지막에 나타난 세 번째 계기인 '생명'이 의미하는 바는 무엇인가?

이 때의 생명 개념은 의식의 두 번째 계기인 '노동'의 계기가 절대적으로 외화된 것이다. 이를 헤겔은 구체적으로 인간의 남성, 여성의 양성(兩性)의 서로에 대한 독자적인 의식의 정립이라고 본 것이다. 그래서 세 번째 계기는 구체적으로 남, 녀 간의 절대적인 독자적, 대자적 관계에서 서로 직접적인 통일의 상태인 '사랑'으로 나타난다. 노동의 계기가 세 번째 계기로 이처럼 '사랑'의 단계로 이행하는 면은 현실에서는 더 구체적으로는 남, 녀 간의 관계 맺음인 '혼인'으로 나타난다. 헤겔의 '생명' 개념이 결코 추상적이고 이념적인 차원에서만 논의되는, 흔히 말하는 부정적인 의미에서의 사변적인 측면으로 보여지는 것이 아닌 것이 여기서 보다 분명하게 나타난다. 따라서 『예나시대의 체계기획』의 「정신철학」에서의 생명 개념은 '혼인'을 통한 '가족'의 성립을 보여 준 것이라 할 수 있다.

헤겔의 『정신현상학』에서의 '생(명)'(Leben) 개념은 자기의식 장에서 의식이 출현하는 과정[6]에서 형성된다. 욕망 일반으로 나타난 자기의식이 대상의 자립성을 경험하게 되면서 자신의 외부에 놓여 있는 절대적 타자성을 경험하게 된다. 그러면서 자기의식은 이 타자로서의 대상을 생(명), 살아 있는 것으로 관계를 맺게 된다. 자기의식이 자신의 타자로 발견한 것은 한갓된 지각의 감각적 대상이 아니라, 자기의식의 반성을 거친 생이 된다. 자기의식의 대상인 타자가 생으로 화한다는 것은, 자기의식이 욕망하는 것이 절대 타자로서 자기의식의 너머에 있는 것이 아닌, 자기의식과 관계 맺음의 가능성의 장에 들어 온다는 것을 의미한다. 이처럼 『정신현상학』에서 나타난 생(명)의 개념은 자기의식의 욕망 구조 속에서 타자와의 관계 맺음 속에 놓여 있다.

헤겔의 생명 개념은 인간 사회와 인간의 정신, 의식의 차원에서만 나타나는 것이 아니라, 생명의 근원적 차원, 혹은 존재론적이고 자연철학적으로 정초지워진 차원에서 보다 근본적으로 나타난다. 헤겔은 존재, 생명의 문제를 근대적인 사변적 자연철학의 목적론적 구상에서 완성시키는데, 이러한 차원이 가장 잘 구체화된 저작이 후기에 종합적으로 마련한 『철학적 학문들의 백과사전』[7]이다. 특히 이 저

---

6) Hegel, G.W.F.(1980), *Phänomenologie des Geistes, Gesammelte Werke, Bd.9*, (hrg), W. Bonsiepen. R. Heede, Felix Meiner Verlag, S. 104-105.

7) Hegel. G.W.F.,(1981), *Enzyklopädie der philosophischen Wissenschaften II*, Bd. 9. Frankfurt a. M, Suhrkamp Verlag, 이 저작 중에서 이 글이 집중적으로 논의하고자 하는 「자연 철학」은 국내 번역본인 『헤겔 자연철학 I』과 『헤겔 자연철학 2』(박병기 옮김, 나남, 2008)을 참고하였다. 이하 「자연철학」의 인용은 Enzy.,로 약기하였다.

작의 「자연철학」 부분에 나타난 생명에 관한 논의는 근대 자연과학의 기계론적인 자연 해석을 비판하고 그 차원을 넘어서는데 의의가 있다. 헤겔의 '목적론'적인 자연관, 존재론적인 해석은 그가 단순히 고대 그리스 아리스토텔레스의 '목적론적인 자연관'을 무비판적으로 계승한 것이 아니라, 생명의 의미를 고려한 의미에서 시도된 것이다. 따라서 헤겔의 「자연철학」에 자연철학의 이념을 살피면서 나타난 '생명' 개념의 변증법적이고 사변적인 의미를 천착해 보는 것이 좋겠다.

3. 헤겔에서 생명의 자연철학

1 헤겔의 자연철학의 이념

근대 철학의 자연 개념을 기초짓고 있는 것은 대체로 뉴튼의 기계론적 역학과 자연과학이라고 할 수 있다. 데카르트 역시 이러한 기계론의 철학적 함의를 논의하였다. 그 후 칸트는 뉴튼의 기계론적인 자연관을 철학적으로 일면 수용하기는 하지만, 생명과 유기체에 관해서는 기계론적인 생각을 일방적으로 적용하지는 않았다. 헤겔은 칸트의 『판단력 비판』[8]에서의 목적론과 유기체 개념을 비판적으로 수용했다. 헤겔은 근대의 기계론적인 자연 개념과 자연관이 살아 있는 생명, 유기체의 통일성을 설명하는데 한계가 있음을 간파했다.

헤겔의 생명에 관한 철학적 고찰에서는 생명을 규명하는 세계관 및 인간과 자연과의 근본적인 관계를 읽을 수 있다. 헤겔은 모든 생명이 하나의 커다란 유기체적인 연결 고리 속에서 상호 연관되어 있으며, 종의 완성과 실현을 위한 목적론적인 기획이 자리하고 있다고 전제하고 있다. 이러한 헤겔의 생각에는 인간이 자연을 정복하거나, 자연을 기계론적으로 해석하는 초기 근대 계몽주의적인 자연철학과 자연관에 대한 비판[9]이 들어 있으며, 우리는 헤겔의 이러한 유기체적인 생명관, 자연철학을 통해 새로운 생명 철학의 가능성을 모색할 수 있다.

헤겔의 '생명'(Leben) 개념의 존재론적이고 형이상학적인 기원은 무엇보다도 그의 『대논리학』의 범주의 이행 과정에서 찾을 수 있다. 헤겔의 존재 개념이 '생명'

8) Kant, I. *Kritik der Urteilskraft*, 『판단력비판』(1974), 이석윤 옮김, 박영사, 제2장, 제1편 '목적론적 판단력의 분석론'의 논의를 살펴 보면 될 것이다.

9) 이와 연관된 논의로는 연효숙(1999), 「헤겔의 사변적 자연철학과 목적론적 자연관」(『과학철학』, 한국과학철학회)을 참조할 것.

의 범주로 전화한 것은, 헤겔이 '객관성'의 개념을 기계론, 화학론, 목적론의 이행 과정으로 설명한 데서 유래한다. 『대논리학』의 3권인 '개념론'의 '이념' 부분[10]에서 '생명' 개념으로 존재론화하고 있는 과정이 어떻게 전개되는가를 살피는 것이 중요하다. 여기서 헤겔은 생명을 직접적인 이념의 대상으로 다루고 있다. 즉 생명은 자연에 있어서 최고의 단계를 형성하면서 즉자대자적으로 절대적인 보편성의 단계에 도달한 상태를 말한다. 생명은 자연에서 정신의 단계로 이행한 면에서 보면 자연적 생명이기도 하지만, 자연과 구별된다는 맥락에서는 정신의 생명이기도 하다.

자연과 생명을 설명할 때 헤겔은 근대의 기계론적인 도식과 모델로는 살아 있는 역동적인 생명의 힘을 설명할 수 없음을 간파하여, 기계론과 화학론의 모델을 둘 다 비판한다. 따라서 헤겔의 목적론적인 생명의 모델은 당시 성장하고 있던 근대 역학과 기계론적인 자연과학의 설명과 충돌할 수밖에 없게 되었다. 이는 마치 헤겔이 당대 자연과학의 성과를 간과하고 있는 듯이 보이지만[11], 헤겔은 당대 자연과학적 모델로는 생명의 생생한 힘을 설명할 수 없고, 오히려 변증법적인 운동의 과정을 통해 생명을 설명할 수 있다고 역설하였다.

헤겔은 자연철학이 목적론적인 고찰 방식에 따라 규정되어야 함을 강조한다. 그러나 이는 외적 합목적성이 아닌, 사물의 본성을 고찰해야만 하는 방식을 따라야 한다. 헤겔은 "참된 목적론적 고찰이 최고의 고찰로서, 자연을 그 고유한 생명성 속에서 자유로운 것으로 고찰하는 데 핵심이 있다"(Enzy., §245)라고 밝히고 있다. 이러한 헤겔의 생명 개념에는 고대 아리스토텔레스의 '가능태', '현실태'의 모델과 자연에 대한 목적론적 설명이 자리하고 있다. 자연에는 생명을 배태한 가능적인 형상이 있고 이러한 형상이 실제 자연계에서 현실화될 때 생명은 그 목적을 실현한다. 헤겔은 아리스토텔레스의 목적론적인 구상에 따른 생명의 현실화 과정을 도입한다.

헤겔 철학 전체에서 자연과 자연 철학이 차지하는 위상을 살펴 보면, 헤겔에게서 자연은 정신이 외화된 것이다. 헤겔에 따르면, "정신이야말로 자연의 진리이자 궁극 목적이고 이념의 참된 현실성"(Enzy. §251)이기 때문이다. 이러한 자연 철학

10) Hegel, G.W.F.(1981), *Wissenschaft der Logik, II, Gesammelte Werke, Bd.12*, (hrg), F.Hogemann. W. Jaeschke, Felix Meiner Verlag, S. 179-191.

11) 헤겔에게서 자연 철학은 경험적인 자연 철학과 구별되며, 또 자연 철학은 경험과학의 이론이나 방법론도 아니다. Dietrich von Engelhardt(1986), "Die biologischen Wissenschaften in Hegels Naturphilosophi" in *Hegels Philosophie der Natur*, (ed) R-P. Horstmann u. M. J. Petry, S. 123.

에 대한 생각은 당시 자연에 대해 누구보다도 관심을 가졌던 셸링과 낭만주의자들과 확연히 구별된다. 셸링은 "정신은 개별적 생산물 안에서가 아니라 – 즉 통합 안에서가 아니라 – 오히려 정신의 대립되는 활동성들의 무한한 분리 안에서 정신 자신의 직관을 갖게 된다고 주장해야만 한다(그 대립되는 활동성들은 오직 분리 자체를 통해서만 통합된다). 그러므로 우리는 모든 개별적 직관이 오직 가상적으로 개별적일 뿐이며, 본래 모든 개별적 직관 안에 전체 우주의 직관이 동시에 함축되어 있다는 것을 주장해야만 한다"[12]고 말한다.

이러한 셸링의 자연에 대한 정신의 태도를 헤겔은 비판한다. "자연철학의 이념은 여러 가지로, 아니 대부분이 외면적 형식주의로 변질되었고, 피상적 사상과 환상적 상상력을 위한 개념없는 도구로 전도되었다."(Enzy., Einleitung, Zusatz) 즉 헤겔이 보기에 셸링과 낭만주의자들은 자연을 감성이나 직관의 형식을 빌어 고찰하고자 했으나, 자연의 진정한 이념을 통찰하기 위해서는 개념을 통한 인식이 있어야 함을 헤겔은 강조하였다.

그렇다고 헤겔의 개념을 통한 자연철학의 방식이 개별 과학의 방법에 닿아 있는 것은 아니다. 헤겔이 자연을 고찰하는 방식은 당대의 개별 경험과학과 구별되는 것은 분명하다. 헤겔이 자연은 여러 단계들로 이루어진 하나의 체계로 고찰해야 함을 밝혔듯이, 자연을 한 단계에서 그 다음 단계로 이행하는 방식을 통해 하나의 체계로 꾸려질 수 있는 것을 보았다. 이는 개별 경험과학의 탐구방법과는 구별되는 헤겔의 고유한 자연철학적 고찰 방식이라 하겠다. 이러한 자연철학의 이념에 근거하여 자연 철학이 다루어야 할 가장 중요한 과제는 자연에서의 '생명'에 관한 고찰이 될 것이다.

2 생명과 진화론에 대한 헤겔의 자연철학적 견해

생명은 정신인가? 물질인가? 생명의 본성과 본질은 물질 차원에서 규명될 성질의 것인가, 아니면 물질의 차원에서 규명될 수 없는 어떤 신비한 비밀이 있는 것일까? 현대에서 생물학이 분자 생물학 등으로 발전되어 왔고, 생명의 비밀이 유전자 차원에서 규명되는 상황에서 생명의 본성이 정신이냐, 물질이냐 하는 질문은 무의미해 보일 수도 있다. 그러나 생명의 비밀이 자연과학, 특히 생물학과 의학의 차원

---

12) Schelling, F.W.J. *Idee zu einer Philosophie der Natur*, 『자연철학의 이념』(1999), 한자경 옮김, 서광사, 129~130쪽.

에서 규명되어야 할 것임에도 불구하고 여전히 생명의 비밀과 본성은 완전히 해명되고 있다고 보기 어렵다.

우리는 헤겔이 근대 시대에 생명의 문제를 어떻게 접근하고 풀어갔는지를 살핌으로써 생명 연구에 대한 현대 개별 과학의 눈부신 성과에도 불구하고, 생명 현상에 대한 다른 통찰을 얻을 수 있다. 헤겔이 당시 자연과 생명에 대한 자연과학적 연구 성과를 어느 정도 이해하고 수용했는지를 면밀히 검토하는 것은 이 글의 범위를 벗어난다. 그러나 그의 「자연철학」을 통해 자연과 생명에 대한 당시 연구 성과들을 자연철학적으로 어떻게 수용하고, 그의 이념에 변용했는지를 가늠할 수 있다.

헤겔의 「자연철학」에서 생명에 대한 규정이 본격적으로 가능한 곳은 지질학적 유기체, 식물적 유기체를 지나 동물적 유기체에 이르러서이다. 헤겔은 "생명은 개별적이고 구체적인 구체성으로서의 동물 유기체"(Enzy., §337)라고 주장하며, 지질학적 유기체는 생명이 바깥에 있을 뿐인 역학적 물리학적 자연의 총체성으로 본다. 또한 식물적 유기체 역시 개체가 살아 있지 않은 생명성에 불과하다고 본다.[13] 동물 유기체에 이르러서 비로소 살아 있는 것으로서의 생명에 대한 정의가 가능해진다.

헤겔에게서 물체가 생명을 지녔다는 것은 개체성이 자신의 직접적인 실존에 도달한 상태를 의미한다. 이러한 살아 있는 것은 항상 위험에 처하고 언제나 제 안에 타자를 갖지만, 이러한 모순을 견디어 내고, 모순을 해소시킨다(Enzy., §337, Zusatz). 생명이 아닌 비유기물은 모순을 갖지도, 모순을 해소하지도 않는다. 생명은 오성적 차원에서 파악될 수 없고 이성적인 차원에서만 파악될 수 있다. 이와 같은 생명에 대한 헤겔의 생각은 전적으로 사변적이다. 헤겔 스스로 생명의 지속적 행위는 '절대적 관념론'에 근거한다고 말하고 있다. 즉 헤겔에게서 "생명은 이념으로, 이념을 통해 생명은 주체가 되는 제 자신의 운동이다."(Enzy., §337, Zusatz)에서 보듯이, 생명은 정신적으로 파악된 이념이자 직접적인 실존에 도달한 것이다.

이러한 생명에 대한 헤겔의 견해는 당대의 자연과학, 특히 생물학의 성과를 어느 정도 반영한 것일까?[14] 헤겔이 오로지 자신의 철학적 체계에 기반해서만 생명과 자연의 변화에 대해 그야말로 관념적이고 지나치게 사변적인 견해를 표명한 것일

13) 식물 유기체에서 동물 유기체로 어떻게 이행해 가는가에 대한 헤겔의 논증은 매우 불충분해 보인다고 알려져 있다.(Enzy., §349, 『헤겔 자연철학 2』, 보충, 주 102번 참조)

14) 헤겔의 자연철학에서 생물학을 수용한 정황에 대해서는 Dietrich von Engelhardt, "Die biologischen Wissenschaften in Hegels Naturphilosophi" 제 2장을 참조할 것.(S. 122~124)

까? 아니면 헤겔 자신도 당대의 생물학의 성과에 귀를 기울이고, 이를 자신의 자연철학의 체계 형성에 반영한 것일까? 헤겔의 자연철학 중 특히 제 3편인 유기 물리학의 곳곳에서 헤겔이 당시의 발생학과 진화론의 성과를 어느 정도는 반영한 것으로 보인다.[15)]

서양 근대 18세기 후반과 19세기 전반에 생명에 대한 자연과학적인 연구의 추이는 대체로 박물학에서 생물학으로 이행하고 분화하는 과정에 있었다. 헤겔 당대는 자연과 생물에 대한 연구가 박물학의 고전적인 틀에서 벗어나 막 생물학으로 분화되고 특화되는 즈음이라고 할 수 있다. 새로운 과학의 대상이 출현하여, 더 이상 동식물은 단순히 자연적 물체로서 연구되지 않고, 특별한 종류의 조직화의 결과에서 비롯된 독특한 특성들을 부여받은 살아 있는 유기체로 연구되었다. 라마르크, 트레비라누스, 오켄 등은 이 새로운 과학을 '생물학'이라는 용어로 불렀다.[16)]

당시 생물학의 주요 논쟁은 진화론의 전신이라 할 수 있는 라마르크의 '생물변이설'의 직관과, 전통적인 신학적 가설에 토대를 둔 퀴비에의 '불변설' 간에 벌여졌다.[17)] 헤겔 당대에 다윈의 진화론의 계통에 맥이 닿아 있는 라마르크의 이론이 어느 정도 퍼진 듯하다. 그러나 헤겔은 생명, 진화에 대해 라마르크의 견해보다는 당시 프랑스에서 명성을 떨쳤던 퀴비에의 종불변설[18)]과 유사한 견해를 표명한다. 헤겔은 「자연철학」의 여러 곳에서 퀴비에의 불변설에 동의를 보냈다. 그도 그럴 것이 자연과 생명의 이해에 대한 헤겔의 생각은 전통 형이상학인 아리스토텔레스의 목적론에 닿아 있었고, 퀴비에의 불변설 역시 이러한 전통에 속한다고 보여지

---

15) 이에 대한 상세한 논의는 헤겔의 『자연철학』의 영역본인 *Hegel's Philosophy of Nature*(1970), (Petry, M.J.I(tr), Allen and Unwin LTD)의 주(notes)와 국내 번역본인 『헤겔 자연철학 2』의 각주 19번(44-45쪽)에서 많은 도움을 받을 수 있다. 여기서 옮긴이(박병기)는 헤겔이 생명체의 산출과 발생에 대해 당시 논쟁이 되고 있었던 '후성설'과 '전성설' 중 전성설을 받아 들이고 있다고 해설하고 있다. 헤겔이 받아들인 것으로 보이는 전성설이란, 완전한 유기체의 모든 부분은 배 속에 미리 형성되어 실존하며, 생식과정에서 전개되고 펼쳐질 뿐이라는 생각이다. 이 전성설은 아리스토텔레스의 가능태, 현실태의 원리에 가깝다고 할 수 있다.

16) Jacob, F. *La logique du vivant*, 『생명의 논리, 유전의 역사』(1994), 이정우 옮김, 민음사, 제 2장 147쪽. 물론 헤겔이 이러한 생물학의 출현 그리고 이들 자연과학자들의 성과를 자세하게 알고 있었는지를 확인하기는 쉽지 않다.

17) Foucault, M. *Les Mots et les choses*, 『말과 사물』(1995), 이광래 옮김, 민음사, 제 8장 노동, 생명, 언어 중 3절 퀴비에 절, 특히 322쪽을 참조할 것. 또 프랑수아 자콥의 『생명의 논리, 유전의 역사』, 제 2장 조직화 부분을 참조할 것.

18) 퀴비에는 진화론의 격렬한 반대자이다. 이와 연관된 자세한 논의는 박성관(2010), 『종의 기원, 생명의 다양성과 인간의 소멸의 자연학』, 그린비, 122쪽.

기 때문이다. 헤겔 사후 다윈의 진화론이 자연과 생명 이해에 주류로 등장한다는 면에서 보면 헤겔의 자연과 생명에 대한 이러한 이해는 낡아 보일 수 있다. 그러나 헤겔이 라마르크보다 퀴비에의 견해에 동조한 이유는 헤겔의 생명과 자연에 대한 전통 형이상학과 아리스토텔레스의 자연 목적론의 생각 때문으로 보여진다.

이제 "생명은 무엇인가? 생명의 본성(본질)은 무엇인가"라는 자연 철학적 질문은 "생명은 어디서 기원하는 것인가?"라는 진화론적 맥락의 질문과 연결될 수 있다. 헤겔 스스로가 이러한 생명의 기원에 대해 어느 정도 상세하게 당대의 자연과학적 지식을 습득하고 있었는지를 명확하게 알기는 쉽지 않다. 그러나 「자연철학」의 여러 부분에서 헤겔은 이에 해당하는 답변을 시도하고 있다.

헤겔은 "인간은 동물로부터 형성된 것이 아니고, 동물도 식물로부터 형성된 것이 아니다. 각각의 것은 한꺼번에 완전히 있는 그대로의 것이다. 그러한 개체에게서 진화가 있기도 하다. 개체는 처음에 태어났을 때는 아직 완전하지 않다. 그러나 개체는 이미 그것이 되어야 하는 모든 것의 '실재적 가능성'이다."(Enzy., §339, Zusatz)라고 말하고 있다. 이러한 헤겔의 언급은 분명 생명과 자연에서의 진화의 개념이 적용될 수 없음을 보이는 부분이다. 헤겔의 이러한 생각은 아리스토텔레스의 형이상학의 변화 원리인 가능태, 현실태[19]의 개념에 즉 생명의 모든 가능성은 그 씨앗에 다 담겨 있고, 그 씨앗이 싹이 터 현실화되는 원리에 닿아 있다고 볼 수 있다.

또한 헤겔이 자연을 연구하는 방식, 당시 자연과학, 생물학, 진화론에 대한 견해와 어떤 차이를 보이는지 알 수 있는 대목이 보인다. 헤겔은 "자연은 여러 단계들로 이루어진 하나의 체계로 고찰해야 한다. 하나의 단계는 다른 단계로부터 필연적으로 현출한다. 하나의 단계는 이 단계를 결과로서 산출한 그 단계의 가장 가까운 진리다."(Enzy., §249)라고 말한다. 그래서 "단계들을 이끌어 가는 변증법적 개념은 자연의 내면이다. 사유하는 고찰은 특히 예를 들어 동식물이 물로부터 이른바 '발생한다'거나 고등의 동물 유기체가 하등의 유기체로부터 발생한다는 것과 같은 막연하고 근본적인 표상에서 벗어나지 않으면 안된다."(Enzy., §249, Zusatz) 이 대목에서 우리는 분명히 헤겔이 자연의 발생과 체계에서 진화론과 현격히 다른 생각을 갖고 있음을 엿볼 수 있다.[20]

---

19) Aristoteles, *Metaphysica*, 『형이상학』(2007), 김진성 옮김, 이제이북스, 3권 6장, 혹은 9권, 6,7장의 잠재와 실현의 관계를 참조하면 좋을 것이다.

4. 헤겔 자연 철학에서 생명과 유기체

1 생명 범주로서의 유기체

헤겔의 자연 철학에서 '생명'에 대한 논의는 이제 생명 범주의 구현태인 '유기체'의 문제로 이행된다. 유기체 개념은 칸트의 『판단력비판』의 목적론적 판단력에서 유래한다. 칸트는 근대의 기계론적인 자연관을 비판하고, 자연 전체를 하나의 체계 속에서 합목적적으로 파악한다. 이 합목적적인 자연관을 통해서 자연 전체에 대한 총괄적인 반성에 이를 수 있다고 칸트는 보았다. 칸트는 이러한 자연관에서 자연 목적의 사물들을 유기적 존재자[21]들로 규정한다.

헤겔은 칸트의 자연에 대한 합목적성이 자연의 통일을 구하기 위한 규제적이고 통제적인 이념에 불과하다고 비판한다. 헤겔 철학에서의 생명과 자연에서의 목적론적 세계관은 칸트의 규제적인 이념으로서의 목적론의 범위를 넘어서서, 사변적이고 절대 관념론적인 성격을 띤다. 헤겔 철학 전 체계에서 볼 때, 유기체로서의 생명 범주는 논리학에서는 존재의 자기 규정과 자기 실현의 마지막 단계인 논리적 생으로, 자연 철학에서는 유기적 자연의 단계의 마지막 단계인 동물적 생으로, 그리고 정신 철학에서는 인간의 욕구와 노동의 대상으로서의 인간적 생으로 나타난다.[22]

흔히 우리는 자연에 있는 사물을 생명있는 것과 생명없는 것으로 나눌 수 있다. 생명이 있다는 것은 무엇을 의미하는가? 생명은 매우 개별적이고 덧없이 유한한 것인가, 아니면 생명은 힘과 연속성을 띠며 특수하고 개별적인 특성을 초월해서 보편성의 징표를 갖는다고 볼 수 있는가? 이러한 질문에 대해 우리는 어떠한 확정된 대답을 내리기는 매우 어렵다. 각 시대가 생명에 대해 어떤 이해 방식과 접근법을 가지고 있었는지에 따라 생명의 본성에 대해서 다양한 답이 가능할 것이다. 그렇다면 헤겔은 생명에 대해 어떤 특성을 부여하고 정의하였는가?

---

20) 헤겔은 자연의 단계 진행을 파악하는 두 형식인 진화(Evolution)와 유출(Emanation) 둘 다를 비판하고 거부한다. 진화의 설명 방식은 개념적 이해와 거리가 먼 양적 구별에 불과하다고 보았으며, 유출의 형식은 완전한 것에서 결여로의 진행으로, 두 진행 모두 일면적이고 피상적이며 목표가 분명하지 않다고 비판한다.(Enzy., §249, Zusatz)

21) Kant, I. 『판단력비판』, §65.

22) 이와 연관된 논의로는 윤병태(2005), 『삶의 논리: 헤겔 『대논리학』의 객체성과 이념론 분석』, 용의 숲, 특히 이 책의 257~272쪽에는 생명에 대한 자연철학적 논의를 전개하고 있다. 그 외 서정혁(2005), "헤겔 『대논리학』에서 '삶의 이념'과 '논리적 방법'", 『헤겔연구』도 참조할 것.

헤겔의 '생명'(Leben) 범주의 특성을 제대로 알기 위해서는 헤겔이 무엇보다도 심혈을 기울여 생명 개념의 성격을 규명하고자 한 『대논리학』에서의 이념 장의 '생명'에 관한 논의를 참조할 필요가 있다. 헤겔은 『대논리학』에서 무엇보다도 생명을 이념의 측면에서 먼저 정의하기를, "생명은 즉자대자적으로 절대적인 보편성"[23]이라고 규정한다. 이는 생명이 무엇보다도 영혼을 지녔음을 강조한 측면이다. 그러나 생명의 특성은 역시 자연 속에서 자연과 어떤 관계를 갖느냐가 가장 중요한 관건이 될 것이다.

헤겔은 생명의 출발점을 개별자로 삼으면서, 이러한 개별자로서의 생명을 스스로 그 자신이 타자이기도 하면서, 비생명적인 자연으로서의 객관성에 스스로 관계하는 것으로의 과정으로 파악한다.[24] 즉 헤겔에게서 생명은 처음에는 그저 객관성(자연)에 무관심한 태도를 보이며 그저 살아 있는 개체(das lebendige Individumm)에 불과할 뿐이다. 헤겔이 보기에 자연과의 관계에도 무관심한 이러한 개별자로서의 생명은 생명의 본질과 전혀 거리가 멀다. 자신이 살아 있음 자체도 인식하지 못한 초보적인 생명의 출발에 놓여 있는 무반성적 생명의 차원에 불과할 뿐이며, 자연은 그저 전제될 뿐이기 때문이다.

헤겔은 생명이 자신에게 전제되어 있는 객관성인 자연을 부정적으로 통일하고자 할 때, 그래서 자신이 자연을 지배할 수 있는 힘이자, 부정적인 통일을 실현시키고자 할 때, 개별적이고 개체적인 차원을 벗어나서 생명의 과정에 이르게 됨을 보인다. 이러한 차원에서 바로 생명은 자신의 개별화 차원을 지양하고 보편의 차원으로 고양됨을 보이게 된다. 보편의 과정은 개별자로서의 생명을 유(Gattung)의 차원으로 승화시키게 되고, 생명의 과정은 이제 보편의 차원인 '유의 과정'이 된다.

여기서 우리는 『대논리학』의 이념의 '생명' 장에 나와 있는 헤겔의 생명에 대한 정의를 통해 생명의 독특한 특성을 간파하게 되었다. 즉 개별적이고 개체적인 차원에서의 생명은 아직 살아 있다고 보기 어려우며, 보편성의 차원으로 고양됨으로써 생명은 자연 속에서 자신의 유적 과정으로 진행시키며 생명의 본성을 유지하는 것이다. 이러한 생명에 대한 이념적 차원의 설명을 헤겔의 자연 철학에 그대로 적용시키기는 어렵지만, 생명의 기본 이념은 자연 철학 속에서도 거의 유지되고 있음을 볼 수 있다.

그렇다면 헤겔의 이러한 생명의 이념이 자연철학에서는 구체적으로 어떻게 적

23) Hegel, G.W.F., *Wissenschaft der Logik II*, S. 181.
24) Hegel, G.W.F., *Wissenschaft der Logik II*, S. 182.

용되는지 또 생명의 범주가 무엇을 의미하는지 살펴 보기로 하자. 헤겔의 자연철학의 전체 구조는 역학, 물리학, 유기학(유기 물리학)이다. 여기서 생명 범주가 논해지는 위치는 이 구조의 마지막인 유기학이다. 유기학에서 비로소 유기체와 생명에 대한 논의가 가능해진다. 유기학에 와서 자연은 "비유기적 자연에서 유기적 자연으로 이행"(Enzy., §336, Zusatz)하면서, 비로소 생명과 유기체의 형태를 갖는다.

유기학으로 이행하면서 자연은 자신의 직접적인 실존인 생명에 도달하게 된다. 헤겔은 이 유기적 자연을 물체가 실질적인 총체성에 이른 단계, 자연의 최초의 관념성으로 고양된(Enzy., §337) 단계로 보았다. 이 유기적 자연은 지질학적 자연(유기체), 식물적 자연(유기체), 그리고 마지막으로 동물 유기체의 단계로 나누어진다. 이 중 생명의 고유한 정의에 걸맞는 것은 '동물 유기체'이다. 헤겔의 생명, 유기체의 개념의 의미를 제대로 알기 위해서는 이 마지막 단계인 동물 유기체를 헤겔이 어떻게 규정하고 있는지를 살펴 보는 것이 중요하다.[25]

지질학적 유기체의 생명이 보편적인 모습을 하고 있고, 식물 유기체로서의 생명이 특수한 형식적 주체성을 갖고 있다면, 동물 유기체는 개별적이고 구체적인 주체성을 지닌다.(Enzy., §337) 지질학적 유기체는 직접적일 뿐이어서 오히려 생명과 정의 주검, 즉 생명 없는 것이 된 역학적이고 물리학적인 자연의 총체성이다. 이와 구별되어 주관적 생명체인 식물적 자연은 그 개체가 아직 자신의 바깥에 존재할 뿐이다.

이러한 유기체들과 달리 동물적 유기체의 주요한 특성은 주체이다. 이 동물적 유기체는 살아 있는 것이자 자기 자신 안에 있는 주관적 유기체이고, 이 주관적 유기체가 비로소 진정한 생명을 지니며, 하나의 유기적 생명체이다. 이 유기적 생명체, 동물적 생명체가 헤겔에게서는 생명 개념에 대한 진정한 출발이 된다. 이처럼 생명의 본성을 유기체의 단위로 파악하고자 한 헤겔은 자연을 하나의 커다란 체계로 설명하고, 이 속에서 유기체로 조직된 한 통일된 이념으로서 생명으로 다루고자 했다.

헤겔의 유기체 개념의 미덕은 무엇보다도 개체적인 자연적 삶의 덧없음을 지적한 데 있다. 최고 영장류인 인간이 이성을 지니면서 자신의 삶을 일회적이고 소모적으로 해소해 버리는 것의 무의미를 헤겔은 지켜 내고자 했다. 나의 개체적 삶의 죽음은 재생산, 즉 출산을 통해 다른 보편적인 생명과 삶으로 매개된다. 그래서 헤

25) 이는 헤겔이 당대 자연과학의 다양한 학문적 성과와 어떠한 교감을 가졌는지, 이를 어느 정도 수용했는지를 가늠해 볼 수 있는 주요한 사항이기도 하다.

겔은 개체적인 삶으로 생명이 출발하지만, 보편적인 삶으로서의 유가 갖는 형이상학적 의미를 부각시키려고 했다. 즉 개체의 삶은 사라지더라도 보편적인 삶은 남는다는 것이다.

그러나 이러한 보편적인 삶을 강조한 헤겔의 유기체로서의 생명 개념은 여전히 전통 보편 형이상학의 구조에 기초하고 있기 때문에, 역설적으로 개인의 다양하고 차이나는 개체적이고 강도적인 생명의 다층적인 측면을 부각시키고 있는 현대의 상황에서 볼 때, 생명의 보편성을 지나치게 강조한 한계를 가지고 있다. 이에 따라 현대 철학의 비판으로부터 헤겔의 생명과 유기체 개념이 자유로울 수 없는 것은 사실이다.

유기체의 표상으로 대변되는 헤겔의 생명 철학은 현대 생물학과 현대 철학에서 비판의 표적이 된다. 베르그손은 『창조적 진화』에서 생명을 기계론도 목적론도 아닌, 생명의 비약과 창조적인 에너지의 진화로 규명하면서 근대적인 생명 이해를 넘어서고자 했다. 또한 현대 분자 생물학에서의 생명 연구를 생명 철학적으로 심화시킨 들뢰즈와 가타리는 근대의 '유기체' 개념으로는 생명의 잠재적이고 강도적인 역량을 포착할 수 없다고 이를 거부한다. 들뢰즈와 가타리는 예컨대 유기체는 단지 생명이 스스로를 제한하고 재발명하기 위해 스스로에 대립시키고자 만들어 낸 편의상의 발명품[26]에 불과하다고 비판한다.

이러한 현대 생물학과 현대 철학의 시각에서 볼 때 생명에 대하여 여전히 헤겔식의 '유기체'의 범주를 고수한다는 것은 무리일 수 있다. 그러나 헤겔의 자연철학에서 생명은 자연의 거대한 체계 속의 어떤 순환과 연속성의 특성을 보여 준다. 말하자면 헤겔 스스로가 언명했듯이, 생명의 '유적 과정'의 '보편성'을 강조했다는 것을 되새겨 볼 필요가 있다.

2 유기체의 유적 과정과 생명의 의미

흔히 우리는 생명은 개체(개별)인가? 보편인가? 하는 질문을 한다. 이 질문은 헤겔의 유기체 개념과 연관해서도 해명해야 할 중요한 문제이다. 헤겔은 '자연철학'과 '대논리학'에서 생명의 출발의 계기는 분명 개별자(개체)이지만, 이러한 개체로

26) Pearson, K. A., *Germinal life : The difference and repetition of Deleuze*, 『싹트는 생명-들뢰즈의 차이와 반복』(2005), 이정우 옮김, 산해, 88쪽. 들뢰즈와 가타리는 생명을 '유기체'의 개념으로 파악하기 보다는, 진정으로 강도적이고 강력한 생명을 파악하기 위해 탈유기적인 것으로 파악해야 한다고 역설했다.

성의 생명과 유기체는 보편성으로 매개되었을 때 그 진정한 의미가 드러난다고 보았다. 이는 곧 존재를 일(一)과 다(多)의 통일의 원리로 해명한 전통 형이상학이 헤겔의 자연철학에서도 여전히 적용되고 있음을 볼 수 있다. 헤겔의 동물 유기체의 유적 과정은 생명이 개별(개체)의 차원에서 보편으로 어떻게 매개되고 있는지를 여실히 잘 보여주고 있다.

지금까지 살펴 본 것에 따르면, 헤겔에게서 생명의 고유한 의미가 구체화되는 것은 지질학적 유기체, 그리고 식물적 유기체를 거쳐서 개체적인 실존이 드러나는 동물 유기체에서이다. 이 동물 유기체를 헤겔은 "살아 있는 보편성으로서의 개념"(Enzy., §352)으로 정의한다. 여기서 생명과 유기체를 살아 있는 보편성으로 보고자 하는 헤겔의 전형적인 관념론적인 생각이 단적으로 드러난다.[27] 헤겔은 생명있는 것은 자신을 생명있는 것으로 만듦으로서만 존재하며, 생명있는 것은 그 자체가 결과일 뿐인 선행하는 목적이라고 밝힌다. 이제 살아있는 보편성의 개념인 동물 유기체가 자연 속에서 자신의 생명을 존속시켜 나가는 과정을 살펴 보자.

동물 유기체는 첫째, 그 과정에서 자신을 오직 제 자신과 관계시키고 제 자신의 내부에서 자신을 자신과 결합시키는 개체적 이념으로 고찰해야 하는데(Enzy., §352), 이는 '형태'의 단계이다. 이 형태는 동물적 유기체(주체)가 단지 자신과 관계를 하고 있는 상태이며, 이를테면 자신을 자신과 관계시키고 자신을 신체화하는 유기체를 말하는 것이다. 이 단계에서 동물 유기체는 외부의 자연을 자신의 것으로 받아 들이는 감수성의 계기, 밖의 자극으로부터 반응하는 자극반응성의 계기, 그리고 외부와의 관계로부터 자신으로 부정적으로 귀환하여 자신을 산출하는 재생산의 계기(Enzy., §353)를 갖는다. 헤겔이 볼 때 동물의 몸이 개별적인 실존으로서의 주체가 되는 것은 신경체계로서의 감수성, 혈액체계로서의 자극반응성, 그리고 소화체계로서의 재생산의 세 계기의 체계를 작동시키면서 가능해진다.

살아 있는 본질적인 과정으로서의 형태인 동물 유기체는 이제 자신의 신체를 비유기적 자연의 수단으로 만들어 자신을 소진시킴으로써, 다른 신체에 대립해서 자신을 유지하는 과정을 가지는데, 이 과정의 결과 동물 유기체는 단순한 직접적인

27) 물론 이러한 헤겔의 살아 있는 보편성으로서의 개념인 유기체의 생각은 현대 생물학, 특히 분자 생물학의 전제를 받아 들이고 있는 들뢰즈류의 현대 구조주의 철학에서는 비판의 대상이자 극복해야 할 생명에 대한 생각이다. 들뢰즈는 유기체 중심의 생명에 대한 생각에서 벗어나 '기관없는 신체'로서의 생명을 말하는데, 이 기관없는 신체 개념은 탈유기체적 생각에 가깝기 때문이다.(Deleuze, G., Guattari, F., *L'anti-Oedipe*, 『앙띠 오이디푸스』(1994), 최명관 옮김, 민음사, 이 책의 제 1장 '기관없는 신체' 부분 참조)

자기감정에 이른다. 직접적인 자기감정을 통해 비유기적 자연인 타자를 자신과 관계시키는 이념의 단계에 이르는데, 이를 헤겔은 '동화'의 단계(Enzy., §352)로 말한다. 유기체는 이제 외재적인 것을 주관적인 것으로 정립해야 하고, 외면적인 것을 자신의 것으로 만들어야 하며, 자신과 동일화해야 하는 동화 작용을 하며, 비유기적인 것을 생명체의 목적으로 변형하는(Enzy., §357) 단계를 갖는다. 동물 유기체가 동화 작용을 한다는 것은 생명체가 내재적으로 갖고 있는 생명의 무의식적이고 창조적인 활동인 본능과 형성 충동, 욕구를 작동시킨다는 것을 의미한다. 욕구와 충동은 생명체의 내재적인 목적에 따라 설정되었음을 헤겔은 여기서 다시 한번 강조한다.[28)]

마지막으로 동물 유기체는 생명의 가장 고차적인 과정인 '유적 과정'에 와서 완성이 된다. 이 유적 과정은 보다 더 고차적인 과정으로, 즉 개별성과 보편성의 과정이자 개체가 유로서의 자신에 대항하는 과정(Enzy., §352, Zusatz)이다. 이 유적 과정은 개체의 자기 산출, 생산과 재생산, 그리고 개체성의 몰락인 죽음으로서의 자연사 그리고 유기적 자연의 완전한 몰락을 통해 정신이 출현하는 단계에서 완성된다.

이러한 과정에서 주목할 만한 점이 있다. 헤겔은 이러한 과정이 완전한 동물에서, 즉 '인간 유기체'에서 가장 완전하고 가장 명료하게 이뤄진다고 본다. 헤겔은 이러한 최고의 유기체인 인간 유기체에서 일반적으로 '보편적인 전형'이 현존하며, 이 전형에 근거해서 미발달한 유기체의 의미를 가늠해 볼 수 있다고 하였다. 헤겔이 인간을 최고도의 동물 유기체의 단계로 설정한 것에서 우리는 헤겔의 인간 중심주의적이자 이성 중심주의적인 사유의 일관된 생각을 엿볼 수 있다. 비록 이러한 인간(이성) 중심주의가 현대 사상의 관점에서는 비판과 극복의 대상이 되지만,[29)] 헤겔 스스로는 자신의 철학적 체계를 구축하는 과정에서 자연철학에서의 생명과 유기체의 의미를 가늠하는 데에서 여전히 일관된 체계를 형성하고 있다.

물론 헤겔의 자연 철학에서의 생명과 유기체의 의미는 당시의 자연과학, 특히

---

28) 헤겔은 이 부분에서 생명이 갖는 욕구와 충동의 내재적인 목적의 성격이 아리스토텔레스가 이해했던 생명체에 관한 근본 규정에 의거함을 밝히고 있다. 이러한 아리스토텔레스의 생명의 목적성에 대한 고찰이 근대에 거의 잊혀졌다가 칸트에 의해 다시 소생되었다는 것이다.(Enzy., §360)

29) 헤겔의 생명에 대한 사상이 현대 프랑스 과학철학자와 분자생물학자들, 예를 들면 깡기엠, 모노, 자콥 등에게는 비판의 대상이 되고 있는 것은 사실이지만, 헤겔의 생명 개념의 중요성은 간과할 수 없다고 하겠다.(D'Hondt, J.(1986) "Le Concept de la Vie, chez Hegel", in *Hegels Philosophie der Natur*, (ed) R-P. Horstmann u. M. J. Petry, p138~150 참조)

헤겔 사후에 본격적으로 발달하기 시작한 진화론의 관점에서 보면, 전통 형이상학적 관점을 고집스럽게 견지한, 다소 시대 착오적인 낡은 사상으로 보일 수 있다. 그러나 헤겔의 자연철학에서 나타나는 생명 사상의 의미는 개별 자연과학적 차원에서 경험적 증거를 통해 확증되는 차원을 넘어서 있는 것은 분명하다. 헤겔이 밝히고자 했던 것은 생명의 자연철학적 차원이며, 이는 자연 체계 내에 생명과 유기체가 갖는 개별과 보편의 관계 맺음이 유의미함에 있다. 그런데 이러한 헤겔의 개별자의 보편으로의 매개와 이행의 자연철학적 원리는 현대 철학과 과학에서 무엇보다도 비판의 핵심에 놓여 있다.[30] 물론 헤겔의 이러한 자연철학의 원리가 현대 과학과 생물학에 그대로 적용 가능할 지의 여부를 묻는 것은 무의미하다. 다만 헤겔은 근대 시대의 형이상학에 충실한 자연철학적 비전을 통해 생명과 유기체의 의미를 묻고자 했던 것이다.

그래서 헤겔의 자연 철학에서의 자연과 생명의 의미는 그 생명의 해소에서 나타난다. 즉 헤겔의 자연 철학에서의 생명의 의미는 생명의 목표로 예정된 죽음을 통해 궁극적으로 완성된다. 헤겔 철학 체계 전체에서 볼 때 자연철학은 개념적 차원의 논리학의 단계에서 시작되어, 정신철학으로 완성되는 그 중간 과정에 있다. 따라서 자연 체계 내의 생명과 유기체의 궁극적 의미는 자연에서 정신이 나타나는, 자연의 생명체의 완성인 죽음에 있다. 그래서 헤겔은 개별적인 것으로서의 생명체는 자신의 신체인 실재성에 익숙해짐으로써, 생명의 습관으로 죽는데, 이 생명체인 유기체는 대립없는 상태, 자신의 타자를 극복해 자신의 보편성인 유로 들어감으로써 비로소 자연의 죽음을 넘어선 정신이 나타난다고 본다.(Enzy., §375, Zusatz) 즉 죽어야 할 운명의 것은 이념인 보편적인 것이 자신에게 적합하지 않음으로써, 이러한 보편성으로 생명체가 자신을 완성시키는 것은 죽음이자, 동시에 보편성인 정신의 출현이다.

그래서 헤겔은 "자연의 목표는 제 자신을 죽이는 것이고, 직접적인 것, 감각적인 것이라는 자신의 외피를 돌파하는 것이며, 이러한 외면성으로부터 되젊어져서 정신으로 나타나기 위해 불사조로서 자신을 불사르는 것이다"(Enzy., §376)라고 말한다. 헤겔 체계 전개의 진정한 주체인 정신은 자연 상태에서 자신을 인식하지만, 이 상태는 자신의 본질인 보편성이 상실되어 있어, 이러한 보편성으로의 고양, 자연

---

30) 앞서 지적했듯이, 근대 자연 철학과 다른 차원의 생명 철학은 베르그손, 모노, 그리고 들뢰즈와 가타리 등에 의해 모색되고 있다. 이러한 논의는 Pearson, K.A., 『싹트는 생명-들뢰즈의 차이와 반복』에서 자세하게 살필 수 있다.

과의 진정한 화해가 이뤄질 때, 자신을 인식한다. 이렇게 볼 때 헤겔에게서 "자연과 자연의 필연성으로부터 해방되는 것이 자연철학의 개념"(Enzy., §376)이 된다.

이상과 같이 나타난 헤겔 철학 체계 내에서의 자연과 정신의 관계, 자연 철학의 이념(개념)에서 헤겔이 말하고자 했던 생명과 유기체의 의미를 우리는 어떻게 가늠해 볼 수 있을까? 헤겔의 자연철학은 논리학에서 정신 철학으로 이행해 가는 징검다리의 역할에 그치며, 이러한 의미에서 생명의 의미 역시 그 이행 과정 중에 있는, 한정적인 의미로만 평가되어야 할 것인가? 헤겔에게서는 정신의 완성 단계 이전의 자연의 의미만 있을 뿐이어서, 생명과 유기체의 의미 역시 부차적인 차원에만 그치는 것일까?

5. 헤겔의 자연철학에서 생명의 형이상학적 의미

지금까지 살펴 본 헤겔의 생명 개념과 자연철학은 우리 시대에 어떤 의미를 줄 수 있을까? 헤겔이 살았던 시기는 생물학이 막 발달한 시기였고, 헤겔이 당대의 자연과학의 연구 성과에 어느 정도 귀를 기울였는지 정확히 가늠하기는 어렵다. 그러나 헤겔의 자연철학의 작업이 당대 자연과학의 연구 성과를 종합하는 일은 아니기 때문에, 헤겔의 생명에 대한 자연철학의 의미와 평가는 다른 차원에서 행해져야 할 것이다.

물론 헤겔이 당대의 자연과학의 연구 성과와 추이에 좀 더 충실하게 귀를 기울였더라면 하는 아쉬움이 있다. 이는 철학자가 개별과학의 다양한 연구 결과에 귀를 막고 오로지 부정적인 의미에서 사변적인 사유에 몰두하는 것은 결코 권장할 만한 태도는 아닌 것으로 보여지기 때문이다. 이러한 점을 염두에 두면서 개별 자연과학의 작업과 구별되는 헤겔의 생명에 대한 자연철학적 성찰은 다음과 같이 우리에게 주요한 형이상학적 의미를 줄 수 있다.

우선 생명에 대한 연구에서 자연과학자의 작업과 철학자의 작업은 차원이 다를 수밖에 없다. 헤겔의 자연철학의 작업은 개별 경험과학의 성과를 추수한 것이 아니라, 생명과 자연에 대한 헤겔의 형이상학적인 태도를 나타내는 것이다. 물론 이러한 헤겔의 형이상학적 차원의 작업이 당대의 자연과학의 성과와 완전히 동떨어지거나, 이를 무시해도 좋다는 것을 의미하는 것은 아니다. 마찬가지로 생명에 대한 자연과학의 연구 태도는 자연철학의 성찰적 의미에 귀를 기울일 필요가 있다.

나아가 생명의 보편성에 대한 헤겔의 자연철학적 성찰은 개성과 다양성의 기호로 넘쳐나는 현대 사회에서 생명의 소중함에 대한 보편성의 지평을 마련해 줄 수 있다. 현대 사회에서 개체와 개별성의 삶이 강조되다 보면, 고독한 개인의 삶의 모습이 개인의 삶과 생명에 대한 경시 풍조로 이어질 수 있기 때문이다. 이에 헤겔의 유기체와 생명의 유적 과정의 의미를 통해 우리의 삶의 연속성과 유기체의 순환적인 흐름이 자연 속에 여전히 지속될 수 있음을 읽을 수 있다.

그러나 이와 같은 헤겔의 자연철학에서의 생명의 형이상학적 의미를 자칫 폐쇄적이고 독단적인 잣대와 척도로 고정화시킬 경우, 그 의미가 퇴색할 수 있다. 따라서 생명과 자연에 관심을 갖는 철학자는 진화하는 현대 자연과학과 생물학, 특히 분자 생물학 등의 연구 추이와 성과에 대해서 열린 태도를 지녀야 할 것이다. 또한 생명의 소중함의 보편성의 차원이 동물 유기체 중심주의, 나아가 인간 중심주의의 위계적인 자연 질서를 재생산하는 방식으로 작동되는 것을 차단하는 현명함도 지녀야 할 것이다.

참고 문헌

박성관(2010), 『종의 기원, 생명의 다양성과 인간의 소멸의 자연학』, 그린비.

서정혁(2005), 「헤겔 『대논리학』에서 '삶의 이념'과 '논리적 방법'」, 『헤겔연구』, 한국헤겔학회.

연효숙(1999), 「헤겔의 사변적 자연철학과 목적론적 자연관」, 『과학철학』, 한국과학철학회.

윤병태(2005), 『삶의 논리』, 용의 숲.

Aristoteles, *Metaphysica*, 『형이상학』(2007), 김진성 옮김, 이제이북스..

Bergson, H. *L'evolution créatrice*, 『창조적 진화』(2005), 황수영 옮김, 아카넷.

Deleuze, G., Guattari, F., *L'anti-Oedipe*, 『앙띠 오이디푸스』(1994), 최명관 옮김, 민음사.

D'Hondt, J.(1986) "Le Concept de la Vie, chez Hegel", in *Hegels Philosophie der Natur*, (ed) R-P. Horstmann u. M. J. Petry.

Engelhardt, D.(1986), "Die biologischen Wissenschaften in Hegels Naturphilosophi" in *Hegels Philosophie der Natur*, (ed) R-P. Horstmann u. M. J. Petry.

Foucault, M. *Les Mots et les choses*, 『말과 사물』(1995), 이광래 옮김, 민음사.

Hegel, G.W.F.(1975), *Jenaer Systementwürfe, I, Bd 6*, (hrg), R.P. Horstmann, Felix Meiner Verlag.

Hegel, G.W.F.(1980), *Phänomenologie des Geistes, Gesammelte Werke, Bd.9*, (hrg), W. Bonsiepen. R. Heede, Felix Meiner Verlag.

Hegel, G.W.F.(1981), *Wissenschaft der Logik, II, Gesammelte Werke, Bd.12*, (hrg), F.Hogemann. W. Jaeschke, Felix Meiner Verlag.

Hegel, G.W.F., *Wissenschaft der Logik, II, Gesammelte Werke, Bd.12*, 『대논리학 III』(1982), 임석진 옮김, 지학사.

Hegel. G.W.F.(1981), *Enzyklopädie der philosophischen Wissenschaften II, Bd. 9.* Frankfurt a. M, Suhrkamp Verlag.

Hegel. G.W.F., *Enzyklopädie der philosophischen Wissenschaften II, Bd. 9.Hegel's Philosophy of Nature*(1970), Petry, M.J.I(tr), Allen and Unwin LTD.

Hegel. G.W.F., *Enzyklopädie der philosophischen Wissenschaften II, Bd. 9.* 『헤겔 자연철학, 1, 2』(2008), 박병기 옮김, 나남.

Jacob, F. *La logique du vivant*, 『생명의 논리, 유전의 역사』(1994), 이정우 옮김, 민음사.

Kant, I. *Kritik der Urteilskraft*, 『판단력비판』(1974), 이석윤 옮김, 박영사.

Monod, J. *Le hasard et la nécessité*, 『우연과 필연』(2010), 조현수 옮김, 궁리.

Pearson, K. A., *Germinal life : The difference and repetition of Deleuze*, 『싹트는 생명-들뢰즈의 차이와 반복』(2005), 이정우 옮김, 산해.

Richter, L.G., *Hegels begreifende Naturbetrachtung als Versöhnung der Spekulation mit der Erfahrung*, 『헤겔의 자연철학』(1998), 양우석 옮김, 서광사.

Schelling, F.W.J. *Idee zu einer Philosophie der Natur*, 『자연철학의 이념』(1999), 한자경 옮김, 서광사.

The metaphysical meaning of 'life' in Hegel's Philosophy of Nature

Yon, Hyo-Sook

Abstract

I will try to show that the problem of a life is important in the philosophical and metaphysical dimensions for Hegel. Hegel considers the last step of the three moments in the consciousness as a life in *the Philosophy of Mind*. After that, the category of life is presented as a life of self-consciousness in *the Phenomenology of Mind*, as a life of idea in the theory of concept of *Science of Logic*, and as a life of nature in the philosophy of nature of *the Encyclopedia of philosophical Science*. We can see that Hegel at large refers to the result of natural science and biology at that time. The category of life is embodied as the animal organism in the *Philosophy of Nature of the Encyclopedia of philosophical Science*. An first, the animal organism appears an individual and concrete subjectivity, then it is enhanced as a concept of the living universality in the generic process. Hegel assumes that a life is connected each other in the chain of great organic link, and the teleological project is set for the accomplishment and realization. It is ture that the Hegel's view of life and organism is different from of the point of view of life in the contemporary molecular biology. However, I hope to find a possibility of a new philosophy of life through a Hegel's organic life of thought and philosophy of nature in our times.

keywords: philosophy of nature, teleology, life, animal organism, generic process of life

헤겔 역사철학에 있어 '동양적 전제주의'의 문제

이 동 희

요약문

이 논문은 헤겔이 역사철학에서 동양 세계를 근본적으로 규정한 동양적 전제주의의 개념을 중심으로 헤겔의 역사철학의 문제점을 다루고 있다. 헤겔은 '동양적 전제주의'의 규정으로부터 동양 세계의 미성숙성과 자기 발전에 대한 무능력, 따라서 동양세계는 정체된 세계라는 결론을 이끌어 냈다. 그러나 헤겔의 동양세계에 대한 이러한 규정은 동양세계 자체에 대한 규정이라기보다는 유럽과의 역사적 연관 속에서 규정된 것이라 할 수 있다. 왜냐하면 헤겔은 중국과 인도를 세계사의 대상에서 제외하였다가, 다시 유럽인의 입장에서 세계사의 맥락에 편입시켰기 때문이다. 헤겔이 동양적 전제주의의 전형으로 든 중국은 1인 황제만이 자유롭고 백성은 자유가 없으며 노예와 같은 세계이다. 그가 동양 세계를 이렇게 설명한 까닭은 모든 사람이 자유롭다는 것을 의식하는 서양세계를 설명하기 위한 중요한 전제였기 때문이다. 이런 점에서 볼 때, 헤겔의 동양세계에 대한 평가는 동양세계 그 자체에 대한 평가이기 보다는 유럽인의 역사적 관점에서 본 동양세계에 대한 평가로 볼 수 있다. 이 논문에서는 헤겔이 세계사의 시초를 찾기 위해 사용했던 자연지리적 환경론의 문제점과 동양세계에 대한 헤겔의 역사적 구성의 취약성과 동양적 전제주의 개념에 대한 비판적 검토를 통해 동양세계를 바라보는 헤겔의 관점과 입장이 유럽 중심주의적 세계관에 기초한 것이며, 동양세계에 대한 적대적이고 우월적인 시각이 반영되어 있는 점을 보여 주고자 했다.

● 주요어 : 세계사, 동양 세계, 동양적 전제주의, 세계사의 단초, 중국, 인도, 페르시아, 몽테스키외, 헤르더

I. 문제제기

칼 포퍼와 같은 과학철학자[1], 특히 프랑스 후기구조주의자들에 의한 공격과 더불어 거대한 담론인 헤겔의 역사철학도 그 의미를 상실한 것처럼 보였다. 그러나 1991년 소련의 붕괴와 잇따른 동구 사회주의권의 몰락은 그 의미가 다 된 듯한 헤겔의 역사철학에 대해 새로운 관심을 불러일으키는 계기가 되었다. 이러한 관심을 촉발시킨 것은 후쿠야마가 쓴 『역사의 종말 The End of History and the last Man』이었다.[2] 소련 붕괴후 그는 "자유민주주의"(Liberal Democracy), 즉 자본주의 체제가 인류가 도달해야 할 역사의 종착점이며, 이 체제 이후로 더 이상 새로운 사회는 출현하지 않을 것이며, 따라서 세계는 종말을 맞게 되었다고 주장했다. 그는 헤겔이 역사의 종말로 선언한 만인의 자유의 상태를 "자유민주주의"(Liberal Democracy), 다시 말해 자본주의 체제로 해석해 그것을 헤겔이 주장했던 바의 "역사의 종말"로 선언했다. 헤겔을 "자유주의자"로 그리고 헤겔이 역사의 종언으로 생각한 "만인의 자유"의 상태를 "자유민주주의"로 해석한 후쿠야마에 대해서는 반론이 있을 수 있다. 그러나 이러한 반론 이전에, 전제주의로부터 만인의 자유로의 역사의 진행이라고 하는, 후쿠야마가 정당하게 기초로 삼고 있는 헤겔의 역사철

1) K. Popper, *The poverty of historicism*, London ; New York : Routledge, 2002 참조.
2) F. Fukuyama, *The End of History and the Last Man*, Free PRESS, 1992 참조.

학의 구성이 실제 역사에서도 과연 타당한 것인가 하는 것을 따져 볼 필요가 있다.

잘 알다시피, 헤겔은 『법철학』[3]의 마지막 부분에 가서 세계정신에 따른 국가 형성의 진행과정을 설명한 뒤, 그것을 실제 역사를 통해 입증하고자 했다. 그래서 그는 세계사를 하나의 법정(ein Gericht)이라 선언하고, 세계사의 진행과정을 동양세계, 그리스 세계, 로마 세계, 게르만 세계로 진행해 가는 것으로 제시했다.

이러한 헤겔의 역사철학 구성에서 동양 세계는 세계사의 전제이자 출발점이었다. 헤겔은 세계사를 국가 단위로 고찰하면서 동양세계를 규정하는 국가적 원리를 동양적 전제주의로 규정했다. 동양 세계는 가부장적 자연적 공동체가 지배하고 있어 개인의 인격이나 권리에 기초한 개인적 자유가 없는 전제주의가 지배하는 그러한 세계이다. 그는 인도를 "신정적(神政的) 귀족정의 전제주의"로, 중국을 "가부장적 전제주의"라고 부른다.[4] 그는 이러한 동양적 전제주의라는 규정으로부터 동양세계의 정신적 미성숙, 스스로 발전할 수 있는 능력의 결여와 그에 따른 역사의 정체성을 수미일관하게 이끌어냈다. 이렇게 규정된 동양세계는 헤겔의 역사철학구성에서 세계사의 출발점으로 중요한 구성부분을 차지하며, 지리적으로는 동에서 서로, 정치적으로는 일인의 자유에서 만인의 자유로 진행되는 역사의 경로를 정당화하는 역할을 해왔다. 그런데 헤겔이 동양세계를 이해하기 위해 사용했던 이 동양적 전제주의의 개념은 과연 타당한 것일까? 그동안 헤겔이 사용했던 동양적 전제주의 개념에 대해서는 여러 가지 문제를 제기할 수 있다. 첫째, 헤겔의 "동양적 전제주의"의 개념은 그 자체 이론의 여지가 많은 개념이라는 것이다. 둘째, 헤겔은 아시아의 여러 지역들의 현실을 분석해 그것에서부터 "동양적 전제주의"의 특성을 찾아냈다기보다, 오히려 자신의 역사 구성을 위해 이론의 여지가 많은 "동양적 전제주의"의 개념에다가 아시아의 여러 지역들의 현실을 꿰맞추었다는 점이다. 이러한 점에서 본다면, 헤겔이 동양적 전제주의로부터 이끌어 낸 동양 세계의 정신적 미성숙과 스스로 발전할 수 있는 능력의 결여와 정체성에 대해 수긍하기 어려우며, 더 나아가서 헤겔의 역사 구성에 대해서도 물음을 던질 수 있을 것이다.

이러한 문제제기들과 더불어 이 글은 헤겔의 역사철학에서 동양세계에 대한 규정인 동양적 전제주의를 검토하고자 하며, 이러한 검토를 통해 동양세계(1인의 자유), 그리스 로마 세계(몇 사람의 자유), 게르만 세계(만인의 자유)로의 역사진행이라

---

3) G.W.F. Hegel, *Grundlinien der Philosophie des Rechts*, in : Werke, Bd. 7, Frankfurt/M, 1986, § 354 절 참조 〔이하 PhdR로 약호〕.

4) G.W.F. Hegel, *Vorlesungen über die Philosophie der Geschichte*, Bd.II, hrsg. von Lasson, Hamburg, 1988, 272쪽.

고 하는 역사의 발전에 대해서도 비판적으로 검토해 보고자 한다.

II. 세계사의 철학적 고찰 방식

헤겔은 역사에 대해 새로운 이해방식, 즉 철학적 고찰을 도입할 것을 주장한다. 역사 이해에 대한 이러한 주장을 살펴보기 위해서는 우선 그가 어떻게 역사를 분류하고 있는지 살펴 볼 필요가 있다. 그는 역사를 다루는 방식을 본래적인 역사(die ursprüngliche Geschichte), 반성적 역사(die reflektierte Geschichte), 철학적 역사(die philosophische Geschichte)로 구분하면서, 철학적 역사를 세계사에 대한 철학적 고찰로 규정했다.[5] 본래적인 역사는 헤로도토스 등과 같은 역사가들이 눈 앞에 현존하는 사건, 정세를 기록하고 작품화하는 사실 그대로 기술하려고 하는 역사이다. 반성적 역사는 역사가가 자신의 정신 속에 과거의 역사를 본래 있는 그대로 현현시키고자 하는 방식이다. 이에 반해 철학적 역사는 역사속의 궁극적 목적과 그 과정에 대한 사유적 고찰 (denkende Betrachtung)이외에 다름이 아니다. 세계사에 대한 철학적 고찰에 대해 헤겔은 이렇게 설명한다.

> "철학적 고찰은 우연적인 것을 멀리하는 것 이외에 어떤 다른 의도도 가지고 있지 않다. 우연적인 것은 외적인 필연성, 다시 말해 오직 외적인 주변상황이라고 할 수 있는 원인들에로 기인하는 필연성과 동일한 것이다. 우리는 역사 속에서 주관적 정신이나 심정의 목적이 아니라, 보편적 목적, 즉 세계의 궁극적 목적을 찾아 내야만 한다. 우리는 그것을 이성을 통해서 찾아내어야 한다. 이성은 어떠한 특수하고도 유한한 목적을 자신의 관심사로 만들지 않고 절대적인 목적을 자신의 관심사로 삼고 있다."[6]

헤겔은 세계사에 대한 철학적 고찰이 갖는 세계사의 관점을 또한 이렇게 설명한다.

> "그러므로 철학사적 세계사의 관점이란 많은 일반적 규정들을 모두 도외시한 채 유독

5) G.W.F. Hegel, *Vorlesungen über die Philosophie der Weltgeschichte*, Bd.1, Hamburg, 5Aufl. 1980, 4쪽.
6) 같은 책, 29쪽.

어떤 하나의 관점만이 추상적으로 적출되어진 것은 아니다. 철학적 세계사의 정신적 원리는 모든 관점의 통합적 원리인 것이다. 철학적 세계사는 제민족의 구체적이며 정신적인 원리와 그들 민족의 역사를 고찰하되 결코 그 중의 어떤 개별적 상황이 아닌 전체 속을 일관하는 하나의 보편적 사상을 다루어 나가는 바, 이와 같은 일반자는 우연적 현상 속에 속할 수도 없거니와 오히려 갖가지 특수성이 여기서는 단 하나의 중심점 속에 포괄되어야 하는 것이다."[7]

여기서 헤겔이 말하는 "전체속의 일관하는 보편적 사상"이란 세계를 지배하는 이성의 원리로 이해할 수 있다. 그는 철학적 역사를 온갖 무질서한 사건과 현상 속에서도 이성이 세계를 지배하며, 따라서 세계사도 이성적으로 진행된다고 주장하기 때문이다.[8] 역사에서 이성은 자기를 목적으로 하고, 자기를 현재화하면서 자기를 관철해 가고자 한다. 그러므로 역사에 대한 철학적 고찰은 이와 같은 역사에서의 이성의 운동을 포착하는 것이다. 역사에 대한 이러한 철학적 고찰이 필요한 이유에 대해 그는 이렇게 밝히고 있다.

"우리가 민족의 행복과 국가의 지혜, 개인의 덕을 희생으로 바치는 도살대로서 역사를 바라 볼 때 당연히 이 가공할 희생은 누구를 위해 치러지고, 어떤 최종목적을 위해 치러지는가 하는 의문을 떠올리지 않을 수 없다."[9]

헤겔에 따르면, 역사가 이성적으로 진행되어 왔다고 하는 것을 철학적으로 고찰하지 못한다면, 역사에서 벌어진 수많은 전쟁과 사건은 무의미한 '도살대' 또는 살육장의 의미 밖에 띨 수 없을 것이다. 그러므로 헤겔은 이러한 희생을 치루고서라도 역사가 이루고자 하는 것이 무엇이었던가 하는 질문을 던져야 하고 그에 대해 철학적으로 사유할 것을 주장한다. 헤겔은 역사에 대한 이러한 질문을 가지고 역사를 사유적으로 고찰할 때, 세계사를 관통하는 신적인 원리를 발견할 수 있다고 주장한다. 그가 주장하는 신적인 원리는 이성의 자기 실현이다. 이성의 자기 실현이라는 관점에서 보면, 역사 속의 불합리하고 무의미한 사건들은 새로운 의미를 띠게 된다. 왜냐하면 이성은 개인의 정열 및 욕망 등을 수단으로 삼아 자기 실현이

7) 같은 책, 32쪽.
8) 같은 책, 49쪽.
9) 같은 책, 80쪽.

라는 목적을 달성하기 때문이다. 헤겔은 그것을 유명한 말인 이성의 간계(List der Vernunft)로 정의했다. 역사에 대한 헤겔의 이러한 이해는 역사 속에서 '신의 섭리'가 진행되는 것과 같이 보편적 원리가 있다고 하는 보편사적 관점을 취하고 있다. 그런데 헤겔은 이성이 자기를 실현해 가는 무대인 세계사를 정신사적 지평에서 본다. 세계사 속에서 이성의 자기실현은 인간 정신이 자신을 어떻게 인식하는가에 달려 있기 때문이다. 헤겔에 따르면, 물체와 다르게 정신의 유일한 진리는 자유이다.[10] 헤겔에게는 정신이 자기가 자유롭다는 것을 인식해 가는 과정이 바로 세계사의 과정이며, 정신의 자유로운 실현이 세계사의 궁극목적이다. 따라서 헤겔은 이러한 궁극 목적을 향해 이성이 세계사를 지배해 왔다고 주장한다. 세계사에 대한 철학적 고찰은 그러한 이성의 과정을 필연성 속에서 인식해 내는 것이다. 그러므로 헤겔은 세계사를 이렇게 정의한다.

> "세계사란 자유 의식의 발전이다. 이 발전을 우리가 〔세계사적〕 필연성 속에서 인식해야만 하는 것이다."[11]

이와 같이 헤겔은 세계사를 인간 정신의 자유의 실현이라는 목적을 향해 발전해 가는 역사발전론적이고 목적론적인 입장을 취한다. 헤겔의 역사관에서 주의해야 할 것은 계몽주의적 역사관인 진보 개념과 구별되는 전개로서의 발전 (Fortschritt) 또는 전개(Entwicklung)의 개념이라는 것이다. 진보 개념은 계몽주의의 역사철학의 특징으로서 무한한 전진을 뜻하는 반면에, 발전 또는 전개로서의 개념은 유한하며, 자기 내적으로 완결적인 모습을 갖춘다. 맹아가 자라서 자기의 완전한 모양새를 갖추게 되면 그것으로 전개는 끝난다.[12] 또한 맹아 속에 이미 현실태에 대한 것이 잠재적으로 들어 있어, 이것의 실현이 곧 목적이 된다. 그러므로 맹아의 발전 또는 전개로서의 역사는 궁극 목적을 향해 가는 그 자체 완결된 구조이다. 이러한 역사 구조에서 목적을 향한 역사 발전은 필연적인 것으로 나타난다. 헤겔의 이러한 역사관은 헤르더의 영향을 받은 것처럼 보인다. 헤르더는 『인류의 역사철학에 대한 이념』[13] 에서 역사 발전의 목적을 인간성이 실현되는 과정으로 보았다. 헤르

10) 같은 책, 55쪽.
11) 같은 책, 63쪽.
12) 에밀 앙게른, 유헌식 역, 『역사철학』, 1997, 민음사, 144쪽.
13) J.G. Herder, *Ideen zur Philosophie der Geschichte der Menschheit*, Wiesbaden, 1972 참조.

더는 역사철학에서 목적론적 관념을 도입해, 자연 세계의 목적이자 역사의 목적이 인간성의 실현에 있다고 생각했다. 여기서 인간성의 실현은 인간을 이성적 존재로 만드는 것이다. 자연에서부터 발전해 간 역사 과정은 인간성의 실현에 이르러 정점에 달하게 된다. 헤르더 역시 역사를 발전론적 측면에서 전개해 그 과정을 필연적으로 설명하였다.

그런데 이러한 발전론적 역사관에서는 역사적 맹아, 다시 말해 역사적 단초(Anfang)는 매우 중요한 의미를 지닌다. 그것은 앞으로의 세계사의 필연적 전개와 관련이 있기 때문이다. 헤겔은 세계사 속에서 그러한 맹아가 될 만한 지역을 찾는다.

III. 헤겔 역사철학에서 역사적 단초의 조건들

세계사의 단초 문제는 역사의 맹아가 실현되는 과정이 바로 역사의 전개과정이고, 또한 그 실현이 목적이 되기 때문에 중요한 의미를 갖는다. 그러므로 헤겔은 세계사에 대한 사유적 고찰을 위해 역사의 맹아가 될 수 있는 세계사의 단초가 될 수 있는 지역을 찾는다. 역사는 이성이 자기 자신을 실현해 가는 과정에 다름 아니기에, 역사의 단초 역시 그러한 인식의 시작점에 놓여 있다.

> "이성적인 것(Vernünftigkeit)이 세계적인 존재 안에 나타나기 시작하는 곳, 이성적인 것이 아직도 단지 즉자적으로 가능성에 지나지 못한 곳이 아니고, 그러한 이성적인 것을 의식하고, 의지하고 행위 하려고 하는 곳을 역사의 단초로 삼을 때에야 철학적 고찰에 적합하며, 또한 그 이름에 걸 맞는다고 할 수 있다. 정신이나 자유가 전혀 유기적으로 존재하지 않는 상태, 즉 선악의 판단, 또 따라서 대체로 법률이라고 하는 것의 의식이 아직도 없는 미개하거나 연약한 몽매성은 그 자체 역사의 대상으로는 되지 않는다."[14)]

헤겔은 이러한 역사의 단초에 대한 생각에 따라, 세계사 속에서 역사의 단초에 어울릴 수 있는 지역을 고찰한다. 우선 역사의 맹아이자 단초가 될 수 있는 지역은 다음의 두 가지 전제 조건을 충족해야 한다. 첫째는 인간 정신이 자연에서 벗어 나 있는 곳이어야 한다. 둘째는 일반적 정신이 객관적으로 표현되어 있는 법률에 기반한 국가가 형성되어 있는 곳이다.

---

14) 같은 책, 162쪽.

우선 첫 번째 조건과 관련하여 헤겔은 인간 정신이 자연에서 분리될 수 있는 자연환경조건을 갖추고 있는 곳을 탐색한다. 그는 인간 정신이 자연과 분리될 때 비로소 자기 자신을 인식하고, 자기가 자유롭다는 의식을 가질 수 있다고 보기 때문이다. 자연환경이 너무 강해 자연과 분리되지 못한 그러한 상태의 정신은 원시인이나 미개인의 정신 상태처럼 인간 정신의 자의식을 기대할 수 없으며, 오로지 자연에 의존적일 수밖에 없다. 그러한 곳에서는 인간 정신에 기초한 문명이나 정신세계를 기대할 수 없다. 헤겔에게 세계사란 자연사가 아니며, 인간이 구축한 정신세계의 영역이기 때문이다. 그러므로 그에게 역사의 단초가 될 수 있는 지역은 인간 정신이 자연의 영향력에서 벗어 나 그 내면에서 자유를 획득할 수 가능성이 처음으로 주어지는 지역이다. 헤겔은 다음과 같이 말한다.

> "자연은 인간이 그의 자유를 획득하기위한 출발점이다. 그러나 이 자유의 획득은 자연의 힘에 의해서 방해되어서는 안된다."[15]

이와 같은 의미에서 헤겔은 자연의 힘이 너무 강해 자연의 영향력에서 벗어날 수 없는 한대와 열대지역은 세계사의 단초로서 적합하지 않다고 보고, 세계사의 고찰 대상에서 제외시켜 버린다. 이 지역에서는 가혹한 자연 조건 때문에 인간 정신이 자연성에서 탈피하기 어렵고 독자적인 정신세계를 구축하기 어렵다. 이에 반해 헤겔은 정신이 자연으로부터 벗어나 활동하기 좋은 지역으로 온화한 북반구의 온대를 꼽는다. 그는 세계사의 진정한 무대는 온화한 북반구의 온대, 즉 유럽적 지역에 있다고 주장한다. 그러나 이 지역은 역사의 단초라기보다는 오히려 역사의 종말에 가까운 지역이다.

헤겔은 두 번째 조건과 관련하여, 역사의 단초가 될 만한 지역을 찾고자 한다. 우선 그는 자기가 어떤 기준으로 세계사의 대상을 삼고 있는가를 밝힌다. 그가 세계사의 대상으로 삼고 있는 것은 구세계이다. 구세계는 아프리카, 아시아, 유럽 지역을, 신세계는 아메리카, 오스트레일리아 등 나중에 유럽인들에 의해 발견된 대륙을 뜻한다. 그는 세계사의 대상에서 신세계를 제외시키는데, 그 이유는 신세계가 전반적으로 자연의 의존상태에서 벗어나지 못했다고 보기 때문이다. 물론 멕시코나 페루와 같이 일찌감치 고대 문명을 이룬 국가들이 있지만, 그러한 문명은 "자연 그대로의 것" 이며 유럽인의 정신적인 문화에 접촉하자마자 소멸해 버리는 것이라

15) 같은 책, 190쪽.

헤겔은 폄하해 버리며, 세계사의 대상에서 제외해 버린다. 그는 유럽의 식민지였다 독립된 미국 등 북아메리카의 자유국가들에 대해서도 세계사의 대상에서 제외한다. 그 이유는 그들 나라들이 유럽의 연장선상에 있으며, 앞으로 이들 나라들은 아직 새롭게 진행될 '미래의 나라'에 속하기 때문이다. 이와 같이 헤겔은 세계사의 대상을 구세계로 한정하고, 이 구세계에서 역사의 단초가 될 만한 지역을 찾는다. 그는 구세계를 아프리카, 아시아, 유럽으로 구분한다. 그러나 이 구세계에서 가장 먼저 등장하는 아프리카 지역은 역사의 맹아가 자라나올 수 없는 조건이기에 세계사의 고찰대상이 되지 못한다. 앞에서 설명했듯이, 열대 지역의 아프리카는 정신이 자연성을 전혀 탈피할 수 없는 지역이기 때문이다. 헤겔은 아프리카에 대해서 이렇게 말을 한다.

> "우리들이 참다운 의미에 있어서 아프리카라고 말하는 것은 아직도 전연 자연적 정신의 영역을 탈피하지 않은 몰역사적인 것이고, 미개척적인 것이다. 따라서 그것은 단지 세계사의 입구에서 우선 소개해 두는 것으로 충분할 것이다."[16]

헤겔의 이러한 언급에 대해, 아프리카 대륙에도 높은 수준의 고대문명과 역사를 가진 이집트, 카르타고 등의 나라들이 있다고 반문할 수 있을 것이다. 그러나 헤겔은 이들 나라들이 아프리카 보다는 아시아와 유럽의 역사 속에서 그 의미를 띠는 것으로 파악한다. 실제로 헤겔은 이들 나라들을 동양세계에 편입해 다루었다. 헤겔은 아프리카는 이집트, 카르타고 등의 국가들을 제외한다면 몰역사적이며 하등 세계사의 고찰 대상이 되지 못한다는 것이다.

> "아프리카의 고찰은 이것으로써 그치겠는데, 또 위에 가서도 결코 그것에 대해서 언급할 생각은 없다. 왜냐하면 아프리카는 역사적 세계에는 속하지 않고 따라서 거기에는 운동과 발전은 발견되지 않기 때문이다."[17]

헤겔은 아프리카에 이어 아시아에서 비로소 역사의 맹아가 시작된다고 주장한다. 그러므로 그는 아시아를 세계사의 참된 무대라고 본다. 왜냐하면 아시아는 자연의 힘에서 탈피하기 시작해 정신의 빛이 처음으로 일어나는 지역이기 때문이다.

---

16) 같은 책, 234쪽.
17) 같은 책, 234쪽.

헤겔은 아시아에 대해서 이렇게 말을 한다.

> "아시아는 해가 뜨는 지역이다. 아시아는 아메리카의 서쪽에 위치한다. 구세계의 중심과 끝을 이루는 곳이 유럽이고, 그 유럽이 절대 서쪽이므로 아시아는 절대 동쪽이다. 아시아 속에서 정신의 빛이 일어났고, 그것과 동시에 세계사가 등장한다."[18]

헤겔은 정신의 활동을 위한 지반으로서 아시아의 지리적 조건을 언급한다. 그에 의하면, 아시아 대륙의 지리적 특성은 고지대, 평지, 그리고 바닷가로 분류될 수 있다. 고지대에는 유목이, 그리고 평지에는 농업과 수공업, 바닷가에서 상업과 해운업이 활발하다고 지적한다. 첫 번째 지역인 고지대의 유목적 활동에는 가부장제 독립 사회, 그리고 두번째 지역인 평지인 농업 활동에는 재산 및 지배와 예속의 관계가 널리 행해지는 사회, 그리고 세 번째 지역인 상업과 해운업 활동에는 시민적 자유 사회가 상응한다. 헤겔이 몽고를 예로 들고 있는 고지대의 유목적인 사회는 아직 국가 형성에 이르지 못한 가부장적 촌락사회로 보고 있으며, 아시아의 두 번째 지역에서 농업에 기반한 국가 형성이 일어난다고 본다. 동양의 이 문명국들은 중국, 인도 바빌로니아이다. 그러나 이들은 바다와 등지고 자기 내부에만 밀폐되어 있다. 세 번째 지역은 소아시아 지역으로 상업과 해운업이 발달하였지만, 이 지역의 원리인 시민적 자유사회는 이 소아시아 지역에서 실현되지 못하고, 이 지역과 연결되어 있던 그리스를 통해 유럽으로 넘어 가버렸다.

헤겔은 자연적 환경을 통해 역사의 맹아가 될 지역을 아시아 지역으로 선정했지만, 아시아 지역에서도 고지대를 제외하고, 농업활동이 지배하는 두 번째 지역인 중국과 인도를 세계사의 단초로 고찰하고 있다. 헤겔에 따르면, 이들 아시아 지역이 열대인 아프리카와 달리 정신이 자연성을 탈피할 수 있는 가능성을 지녔으며, 또한 오래전부터 국가를 형성하고 있기 때문이다.

이처럼 헤겔은 역사의 단초를 찾기 위해 지리와 기후적 자연환경을 중요한 조건으로 삼았다. 이것은 헤르더의 영향을 받은 것처럼 보인다.[19] 그러나 헤겔은 민족정신의 형성에 있어 자연환경을 중요하게 생각하지만, 헤르더와 다르게 역사를 국

18) 같은 책, 235쪽.

19) 헤르더에게 있어 자연환경 및 기후적 조건 등은 각 민족 각 민족, 각 개인이 가진 독특한 역사적 조건를 설명하기 위한 것이고, 각 민족의 다양성과 문화의 상대성을 인정하기 위한 것이었다. 그는 계몽주의와 같이 인간성을 실현하기 위한 역사의 길은 하나의 절대적이고 보편적인 형식으로 정해진 것이 아니고, 획일적인 역사 전개를 거부한다.

가의 형성원리와 더불어 설명한다. 헤겔은 "세계사에서는 하나의 국가를 형성한 민족들만이 언급될 수 있다"[20]고 언급하면서 국가를 형성한 민족들을 세계사의 대상으로 삼는다. 그는 정신의 이념인 자유의 실제적이고 현실적인 지반이 국가라고 보기 때문이다. 이런 의미에서 그는 아시아의 지역 중에서 두 번째 지역과 세 번째 지역인 동양세계의 국가들, 특히 중국과 인도 그리고 페르시아를 역사의 단초로 삼는다. 그러나 헤겔은 중국과 인도를 세계사의 단초로 설명하면서도, 진정한 단초가 되지 못한다고 본다. 왜냐하면 헤겔은 중국과 인도는 오로지 "즉자적으로 그리고 우리"[21], 즉 유럽인들을 위해서만 역사의 맥락 속으로 들어 올 수 있다고 주장하기 때문이다. 헤겔은 중국과 인도는 지리적 환경은 풍요했지만, 정신적 발육은 좋지 않았다고 평가한다. 대신 페르시아는 고지대와 평야의 성격을 자체 내에 계기로 가지면서 중국과 인도보다 더 높은 정신의 상태를 이루고 있다고 보기 때문이다. 그러므로 헤겔은 세계사의 본래의 시작을 페르시아의 역사로 규정한다.

> "발전의 원리는 역사와 더불어 시작하는 바이며, 그러므로 페르시아의 역사야말로 세계사의 본래의 시작을 이루는 것이다."[22]

헤겔이 이처럼 진정한 세계사의 단초를 페르시아로 언급하는 까닭은, 페르시아에서 정신이 "비로소 자연적인 것으로부터 탈각"하고, "자연적인 것으로부터의 〔정신의〕 해방"[23]이 보이며, 인간의 개인의 내면성, 즉 자기 자신에 대한 의식이 시작된다고 보기 때문이다. 그러므로 헤겔은 페르시아에 대해 이렇게 말을 한다.

> "페르시아 왕국에서 비로소 우리들은 역사의 관련 속에 발을 들여 놓게된다. 페르시아인은 최초의 역사적 민족이고, 페르시아는 지금은 없는 최초의 나라이다. 중국과 인도가 언제까지나 정체성을 지속하고, 오늘날에 이르기까지도 자연적인 식물적 생존을 영위해 오고 있는 데 반해서 이 나라는 시종 발전과 변혁에 마주쳤다. 그러나 이와 같은 발전과 변혁이야말로 역사적 상태를 의미하고 있다."[24]

---

20) G.W.F. Hegel, *Vorlesungen über die Philosophie der Geschichte*, In: Werke, Bd. 12, Frankfurt/M., 56쪽.〔이하 W12로 약호〕

21) G.W.F. Hegel, *Vorlesungen über die Philosophie der Geschichte*, Bd.II, hrsg. von Lasson, Hamburg, 1988, 415쪽.

22) 같은 책, 416쪽.

23) 같은 책, 416쪽.

24) 같은 책, 414쪽.

헤겔은 중국과 인도가 "정신의 발육이 부진"해서 "정신이 아직 대자적 존재, 자유, 내면성에 이르지 못하기 때문에"[25] 진정한 세계사의 단초가 되지 못하고, 페르시아 왕국이 세계사의 단초가 되어야 한다고 주장한다. 그러면 중국과 인도는 세계사에서 어떠한 위치를 차지하는 것일까? 헤겔은 "중국과 인도는 참다운 의미에서 아직도 세계사의 권외에 있다."[26]고 말을 한다. 왜냐하면 헤겔은 중국과 인도에서 어떠한 역사의 변화나 발전의 계기를 발견할 수 없다고 생각했기 때문이다. 그래도 그가 중국과 인도를 세계사 속에 편입시키는 까닭은 중국과 인도가 세계사의 진전을 이루는 계기들의 전제[27]를 갖고 있다고 보았기 때문이다. 다시 말해 중국에서는 국가공동체와 인도에서는 개인이라고 하는 두 계기들이 세계사의 전제로서 각각 등장했다고 본다.

이처럼 헤겔은 세계사의 단초에서 중국과 인도를 제외하고, 다시 세계사의 출발점에 편입시키는 모호한 태도를 지니고 있다. 이러한 점은 헤겔이 『법철학』에서 국가형성의 제 1원리이자 제 1단계로서 동양적 국가형성의 원리를 들고 있을 때에도 나타난다. 『법철학』에서 헤겔이 국가 형성의 제 1원리로서 '신정적 전체정치'와 '카스트 제도'를 언급하는 것을 보면 페르시아 보다 오히려 중국과 인도를 염두에 둔 것으로 보인다. 이런 점에서 본다면, 헤겔의 역사 구성에서 세계사의 단초로 삼은 페르시아와 『법철학』에서 헤겔이 말한 국가적 형성의 원리 사이에는 심각한 불일치가 발생하는 것으로 보인다.

헤겔이 세계사의 진행과정을 한 사람의 자유로부터 만인의 자유로 나아간다고 말을 할 때도, 앞서 언급한 세계사의 단초와 잘 맞아 떨어지지 않고 있다. 헤겔이 동양세계의 원리로 한 사람의 자유를 언급할 때, 그것은 중국을 염두에 둔 것으로 보인다. 왜냐하면 헤겔은 중국이 실체적, 즉 자연적 정신의 형태를 원리로 가지며, 이에 따라 황제 한 사람만이 자유로운 국가라고 말하기 때문이다. 헤겔은 이러한 점을 의식하고 중국은 전적으로 본래적 의미에서 동양적이라고 말을 하고, 중국으로부터 역사가 시작하지 않으면 안된다고 말을 한다. 그러나 이러한 역사의 단초에 대한 헤겔의 모호한 규정은 헤겔 역사철학 구성의 취약점으로 지적 될 수 있다.

---

25) 같은 책, 269쪽.
26) 같은 책, 275쪽.
27) 같은 책, 275쪽.

IV. 동양의 국가들에 대한 헤겔의 규정

헤겔은 세계사를 자유에 대한 의식의 발전이라고 천명하면서 왜 국가를 세계사의 단위로 설정해야하는 가에 대한 이유를 다음과 같이 설명한다.

> "국가란 개인이 공동의 세계를 알고, 믿고, 뜻하는 한 자유를 소유하고 누리는 현실의 장이다. 그러나 개인의 주관적 의지가 공동의지의 도움을 받아 자기 의지를 관철한다거나, 공동의지가 주관적 의지의 수단이 된다고 생각하면 안된다. 또한 주관끼리 서로의 자유를 제한하는 가운데서 저마다 작은 장소를 제공받아서 자기 나름의 만족감을 품는다는 것도 아니다. 공동의지로 존재하는 것은 오히려 법, 도덕, 국가이며, 그것이 바로 자유를 이루어 내는 적극적 현실이다. 한정된 자유는 특수한 욕망에 관계된 자의에 지나지 않는다."[28)]

헤겔에 따르면 종족이나 민족이 아니라 오직 국가만이 역사를 갖는다. 국가만이 자기의 공동체에 대해 명확하게 이해하고 이것을 제도 안에서 구현하기 때문이다. 그래서 국가의 발생은 역사이전단계(Vorgeschichte)에서 본래적인 역사로 이행하는 데 결정적인 전기를 이룬다. 그래서 헤겔은 『법철학』에서 국가형성의 원리를 네 가지로 단계별로 설명하고, 역사 속에 여러 형태로 존재해 왔던 국가들을 그 형성 원리에 따라 다음과 같이 고찰한다.

> "제 1의 원리는 정신이 *실체적* 〔즉, 자연적〕 정신의 형태를 원리로서 가지는 것이다. 제 2의 원리는 정신이 이 *실체적* 〔즉, 자연적〕 정신이 무엇인가를 아는 단계이다. 제 3의 원리는 자기가 무엇인지 자각하는 이 존재가 자신을 더욱 심화하여 *추상적* 보편성을 띠며, 객관적 세계와 대립을 하는 단계이다. 제 4의 형태의 원리는 정신의 이러한 대립이 전환하여 정신이 그 내면성에서 자기의 진리와 구체적 본질을 얻음과 동시에 객관성을 자기의 거처로 하고 그 안에서 화해하는 것이다."[29)]

이러한 국가 형성의 원리는 정신이 자연으로부터 탈피해 자기 자신을 의식하고,

---

28) G.W.F. Hegel, *Vorlesungen über die Philosophie der Geschichte*, Bd.I. hrsg. von Lasson, Hamburg, 1988, 111쪽.

29) PhdR, § 353.

그것을 객관화하는 과정과 맥락을 같이 한다. 헤겔은 이러한 관점에서 동양의 국가들이 제 1원리인 *실체적* 〔즉, 자연적〕 정신의 형태를 원리로 갖고 있다고 말한다. 동양의 국가들의 정신 형태는 자연에서 탈피하기는 했지만, 아직도 자연적 정신의 형태를 그 원리로 갖고 있다. 따라서 헤겔은 동양의 국가들을 세계사의 단초로 설명하고, 세계사의 유년기로 설정한다. 국가 형성의 제 2원리는 그리스인들이 발견한 인륜성과 '아름다운 개별성'의 시기에 해당한다. 그러나 이 단계에서의 자유는 노예계층을 기반으로 한 것이기에 한계가 있다. 셋째 단계는 정치적 보편성과 개인 각자의 추상적 자유가 대립하는 로마의 시기이다. 역사의 마지막 단계이자 네 번째 단계는 자유가 비로소 실현되는 유럽의 게르만족 국가들의 시기다.[30] 헤겔은 이러한 네 단계의 국가 원리들을 자유의 발전 단계에 따라 다음과 같이 설명하기도 한다.

> "첫째로 단지 한 사람만이 자유로운 것으로 알았던 동양의 형식을 발견하고, 그 다음으로는 몇 사람만이 자유로운 것으로 알았던 그리스와 로마 세계의 형식, 그리고 마지막으로는 모든 사람이 똑같이 자유롭고 인간은 선천적으로 자유롭다는, 우리 자신의 인식을 발견한다."[31]

헤겔은 이렇게 동양의 국가들을 "실체적 〔즉, 자연적〕 정신의 형태를 원리"로 갖는 국가로 설명하면서, 그 국가를 한 사람만이 자유로운 전제주의의 국가라고 규정한다. 헤겔이 사용하는 전제주의(despotism)라는 개념의 어원을 살펴 보면, 그 어원은 그리스어에서 나온 것이다. 이러한 어원에 따르면, 전제주의는 자연적 혈연관계로 이어진 가족관계가 국가 형성의 원리로서 중요한 의미를 지닌다. 그는 중국을 철저하게 가족관계에 기반한 가부장제 사회로 보고, 이러한 특성을 동양적인 것으로 규정했다.[32] 이에 따르면 중국은 국가라기보다 거대한 가족 사회이며 따라서 중국의 황제는 족장에 불과하다. 동양에서 발견되는 이러한 국가의 가부장적 지배 원리는 동양적 전제주의의 중요한 특징이 된다.

헤겔은 동양의 국가들을 특징짓는 이 동양적 전제주의를 또 다른 말로 '신정적

---

30) 헤겔이 여기서 언급하는 게르만국가는 당시 프로이센을 의미하지 않는다. 오히려 게르만 언어를 쓰는 유럽국가들을 통칭한다고 보는 것이 옳다.

31) G.W.F. Hegel, *Vorlesungen über die Philosophie der Weltgeschichte*: Bd.I, hrsg. von Lasson, Hamburg, 1988, 63쪽.

32) 같은 책.

전제주의'(Theokratie)라고도 규정한다. '신정적 전제주의'로 헤겔이 뜻하는 것은 무엇일까? 그것은 종교 체제가 곧 입법체제 또는 국가체제이며, 종교적 · 도덕적 명령이나 종교적 관습이 법률 또는 정의의 법이 되며, 종교의 수장이 곧 국가의 지배자인 사회이다.[33] 이러한 동양적 전제주의의 규정에 따라 헤겔은 중국과 인도를 신정적 전제주의 나라라고 부른다. 중국이 군주가 족장이자 하늘에 제사를 드리는 천자라고 하는 측면에서 신정적 전제주의라면, 인도는 종교적인 견지에서 카스트별로 구별된 계급사회가 확고한 신정적 귀족정치이다. 그러나 헤겔은 아시아에 속한 페르시아는 신정정체가 지배하지만, 신정적 전제주의라고 규정하지 않는다. 헤겔은 페르시아의 신정정체가 군주정체의 형태를 취하기 때문에 신정적 군주제(theokratischen Monachie)라고 정의한다.[34]

> "페르시아에서는 신정정체가 군주정체의 형태를 취한다. 군주정체란 그것의 구성분자가 그의 정점에 서는 한 사람의 원수에 통괄되는 정체인데, 그러나 이 원수를 절대적인 독재자로서 보지도 않거니와 또 전횡한 지배자로서 왕위에 오르고 있다고 보지 않고, 원수의 의지도 그의 신하가 준봉하고 있는 것과 같은 법률에 의해서 구속을 받도록 되어 있는 것과 같은 정체를 말한다."[35]

아시아의 주요 고대 국가들에 대한 헤겔의 이러한 규정을 보면, 순수하게 동양적 전제주의에 해당하는 나라는 중국일 수밖에 없다. 인도는 신정적 귀족정치로, 페르시아는 문자 그대로 전제주의로 보기 어렵기 때문이다. 이렇게 본다면 동양적 전제주의는 동양의 국가들 중 특히 중국을 규정하는 중요한 개념으로 좁혀 생각할 수 있다.

V. 중국의 '동양적 전제주의'에 대한 헤겔의 규정

헤겔은 "가족의 토대가 국가체제의 토대"인 중국의 국가형태는 전형적인 "가부장적 전제주의"이며, 하늘의 아들인 천자인 군주가 지배하는 사회인 '신정적 전제

33) PhdR, § 355.

34) G.W.F. Hegel, *Vorlesungen über die Philosophie der Geschichte*, Bd.II. hrsg. von Lasson, Hamburg, 1988, 272쪽.

35) 같은 책, 272쪽.

주의'이다. 헤겔은 이러한 동양적 전제주의의 특징으로부터 중국사회의 특성을 다음과 같이 규정해 놓고 있다. 첫째, 중국은 종교와 국가가 통일된 사회이다, 왜냐하면 천자라 불리는 황제가 자연종교의 우두머리이기 때문이다.[36] 둘째, 중국은 가부장적 가족의 위계질서가 지배하는 국가이다.[37] 셋째, 중국은 강제법이 지배하는 사회이다. 왜냐하면 법이 주관적 의지에 의해 지켜지지 않고, 전제주의라고 하는 외부의 강제적 힘에 의해 유지되기 때문이다.[38] 넷째, 중국은 절대적 평등의 사회이다. 그러나 이 절대적 평등은 유럽의 법률 앞의 평등과 재산 소유권의 평등하고 다른 것이다. 이 평등은 황제 이외에 백성은 모두 똑 같은 노예와 같은 지위를 가지고 있다는 점에서 평등하다고 보는 것이다.[39] 다섯째, 기술과 학문 모두 국가제도화가 되어 있다. 왜냐하면 중국에서는 본시부터 국가의 도움이 되는 것을 중요하게 생각하기 때문이다. 따라서 여기서는 학자 개개인의 참다운 학문적 관심이 발생할 수 없다고 본다.[40]

헤겔은 이렇게 전제주의가 지배하는 중국 사회의 여러 면모를 설명해 가는 가운데 두 가지 측면에서 중국을 다음과 같이 근본적으로 규정한다. 첫째, 중국의 역사는 정체된 역사이다. 둘째, 중국은 미성숙한 사회이며, 따라서 자율적으로 발전할 수 있는 능력이 결여된 사회이다.

첫째 사항과 관련하여, 헤겔은 중국에서는 "우리〔=즉, 유럽인들〕가 역사적이라 말할 수 있는 그러한 것을 영원히 되풀이 되어 나타나는 정체적인 것이 대체하고 있다."[41]고 말한다. 헤겔은 실제로 중국에서 오래 기록된 역사가 존재하고, 수많은 왕조가 교체되고 역사적 변화가 있었다는 점을 언급한다. 그러나 그는 중국의 역사를 볼 때, 그 원리는 황제 1인이 지배하는 전제주의 원리에서 벗어나지 못하고 있기 때문에 중국은 발전이 없는 정체된 역사라고 주장하는 것이다. 헤겔은 전제주의가 지배하는 사회에서 역사 발전의 새로운 계기인 시민의 주관적 자유, 내면적 자유의 계기가 등장하지 않는다고 보기 때문이다. 따라서 자유의 의식의 발전에서 볼 때, 중국의 역사는 정체된 역사라는 것이다.

둘째 사항과 관련하여, 헤겔은 중국에서 가부장적 전제주의가 지배하는 이상,

---

36) 같은 책, 322쪽 참조.
37) 같은 책, 289쪽 참조.
38) 같은 책, 142쪽 참조.
39) 같은 책, 307쪽 참조.
40) 같은 책, 313쪽 참조.
41) W 12. 147쪽.

중국은 정신의 미성숙으로부터 벗어날 수 없다고 본다. 왜냐하면 가부장적 사회에서는 황제가 아버지로서 모든 것을 결정하고 이끌고 나가고, 백성은 황제가 돌보아 주어야 하는 자식에 불과하기 때문이다. 따라서 이러한 정신을 가진 중국의 백성들은 어린아이처럼 미성숙할 수밖에 없으며, 스스로를 발전시켜 나갈 "자율적" 능력이 결여 될 수밖에 없다. 따라서 중국이라는 사회는 미성숙하며 이러한 미성숙으로부터 스스로 발전할 수가 없기에 중국의 역사는 정체될 수밖에 없다. 헤겔은 이렇게 전제주의가 지배하는 중국을 미성숙한 세계로 판정하면서, 세계사 속에서 중국의 운명을 예언하기도 했다.

> "아시아의 나라들이 유럽인들에게 종속되어야 하는 것은 아시아 나라들의 필연적 운명이다. 그리고 중국도 이러한 역사로부터 벗어날 수 없을 것이다."[42)]

앞서 살펴 본 바와 같이, 헤겔은 중국을 동양적 전제주의로 규정하면서 그로부터 중국역사의 정체성, 미성숙한 정신과 역사적 발전에 대한 무능력을 이끌어내고 있다. 그러나 헤겔이 중국을 근본적으로 규정하고 설명했던 동양적 전제주의의 개념에 대해서는 여러 가지 문제점이 제기될 수 있다.

VI. 헤겔의 동양적 전제주의에 대한 비판

헤겔의 동양적 전제주의 개념을 검토해 보면 여러 가지 문제가 발견될 수 있다. 첫째, 헤겔의 "동양적 전제주의"의 개념은 그 자체 이론의 여지가 많은 개념이라는 것이다. 또한 중국과 같은 거대한 제국을 황제 1인이 지배할 수 없기에, 동양적 전제주의의 사회가 될 수가 없다는 것이다. 둘째, 헤겔은 아시아의 여러 지역들의 현실을 분석해 그것에서부터 "동양적 전제주의"의 특성을 찾아냈다기보다, 앞에서 본 것처럼 자신의 역사 구성을 위해 이론의 여지가 많은 "동양적 전제주의"의 개념에다가 아시아의 여러 지역들의 현실을 꿰맞추었다고 할 수 있다. 셋째, 헤겔이 동양적 전제주의를 규정하기 위한 자연지리적 요소는 지금은 역사학계에서 더 이상 통용되지 않는 이론이다.

---

42) G.W.F. Hegel, *Vorlesungen über die Philosophie der Geschichte*, Bd.II. hrsg. von Lasson, Hamburg, 1988, 365쪽.

헤겔은 동양적 전제주의라는 개념으로 동양세계를 근본적으로 규정하고 중국 인도의 사회를 수미일관하게 설명했다. 그러나 몽테스키외가 처음 사용한 이 동양적 전제주의의 개념은 당시에도 많은 비판을 받았다. 몽테스키외는 『법의 정신』에서 이렇게 중국을 규정한다.

"그래서 중국은 전제국가이며, 그 원칙은 공포이다. 처음 몇몇 왕조시대에는 제국이 아직도 그다지 광대하지 않았으므로 혹은 그 정부가 다소 이 정신을 떠나고 있었을지 모른다. 그러나 현재는 그렇지 않다."[43)]

몽테스키외는 중국과 같은 거대한 토지를 가진 대제국은 권력은 항상 전제적이라고 말한다. 왜냐하면 그러한 토지를 경작해야 하기 때문에 그러한 제국에는 극도의 강제적인 노예제가 필요하다. 그는 이러한 노예제를 유지하기 위해 아시아에서 전제주의가 발달했다고 주장한다. 그러나 몽테스키외의 동양적 전제주의의 구성은 동양의 역사적 실재와 맞지 않는다. 중국과 같은 거대한 국가를 황제 1인이 다스리기는 쉽지 않기 때문이다. 중국과 같은 거대한 제국은 오히려 "관료" 지배의 사회였으며, 강력한 관료 제도가 작동하면, 황제는 허수아비에 불과할 때가 많았다.

몽테스키외가 동양적 전제주의를 통해 비판하고자 했던 것은 중국 그 자체가 아니라 프랑스 절대 군주의 이데올로기였다. 실제로 계몽주의 시대 당시의 중국열기(Chinoiserie) 속에서 번진 중국의 군주는 "계몽군주"로서 우상화되고, 프랑스 '전제 군주'와 동일시되는 경향을 나타냈다. 이러한 풍조에 대해 몽테스키외는 "중국의 계몽군주"를 동양적 전제주의로 비판했지만, 그 의도는 프랑스의 전제 군주에 대한 비판에 있었다고 할 수 있다.

그러나 헤겔은 몽테스키외의 이런 의도를 생각하지 않고, 동양적 전제주의 개념을 중국에다 적용했다. 이렇게 헤겔이 동양적 전제주의 개념을 통해 중국을 근본적으로 규정했던 까닭은 세계사의 전개에 있어 중국과 유럽의 국가 형성 원리를 대비적으로 설명하기 위한 것이라 볼 수 있다. 그러므로 헤겔의 중국에 대한 해석은 중국을 있는 그대로 해석했다기보다는 자신의 역사 구성의 틀에 맞추어 해석했다고 볼 수 있다. 이러한 점은 헤겔이 중국과 인도를 세계사의 대상에서 제외하면서도 다시 이들 나라들을 "즉자적으로 그리고 우리들을 위해서만" 역사적 관련 속

---

43) 몽테스키외, 신상초 역, 『법의 정신』, 을유문화사, 1983, 139-140쪽.

에 들어 올 수 있었다고 하면서 세계사 속에 편입시키는 데서도 드러난다. 이러한 점은 헤겔 역사 구성의 취약점을 말해 준다. 특히 헤겔의 취약점이 두드러지는 곳은 중국과 인도에서 세계사의 단초로 설정한 페르시아로 넘어가는 지점이다. 헤겔 역시 이러한 취약점을 의식하고, 그의 역사 철학적 구성을 "개념 안에서" 이루어진 것으로 특징짓는다. 그러므로 헤겔은 이렇게 말을 한다.

> "인도에서 페르시아로 넘어가게 만드는 이행은 그러므로 개념 안에서 있는 것이지, 외적인 역사적 맥락에서 있는 것이 아니다."[44]

그러나 헤겔이 이렇게 역사를 개념 속에서 구성하는 한, 헤겔은 독립적으로 병렬적으로 서 있는 지역 역사적 특수성을 순차적인 그때마다의 민족의 원리들로 바꾸었다는 비판을 벗어나기 어렵다. 잉게른이 지적한 것처럼, 헤겔은 역사의 불연속적인 혁신의 측면을 등한시하고, 이를 전개하는 연속성으로 덮어 버렸다고 할 수 있다.[45] 헤겔은 이렇게 역사를 순차적이고 연속적으로 파악하게 되면서, "역사의 이성(합리성)을 전개(발전)의 논리의 법칙성으로 환원" 되고, "이성의 요구는 이제 역사의 실천에서 역사의 자동진행으로 바뀌게 된다."[46] 이렇게 된다면 헤겔의 역사 철학은 역사철학적 가설에 의해 구성되는 것으로 남을 수밖에 없다.

헤겔이 동양세계를 규정하기위해 이용했던 지리적 자연적 환경 조건에 대해서도 비판이 제기된다. 헤겔은 자연지리적 환경 요인을 통해 세계사의 단위를 이루는 국가적 특성들을 설명했다. 이러한 설명방식은 역사가 매우 오랜 것이다. 그리스의 자연을 찬양해 다른 문화권과 구분을 하려고 했던 헤로도토스나 아리스토텔레스에서부터 시작해 몽테스키외의 자연환경 결정론, 그리고 헤르더의 역사철학에 까지 이어 내려온다. 헤겔 역시 정신과 관련하여 유럽이 이룩한 성과를 설명하고 비유럽 지역에서 왜 그러한 것이 불가능한 이유를 밝히기 위해 자연지리적 조건을 이용한 것으로 보인다. 그러나 자연지리적 환경이 역사에 미치는 의미에 대해서 오늘날 역사학계에서는 받아들이기 어렵다고 본다. 왜냐하면 문명의 발생이 일어났던 나일강이나 티그리스강의 경우 주변이 사막지역이고 황하 유역도 양자강에 비해 적은 혜택을 가진 것을 고려할 때 자연 환경론이 그러한 조건을 만들지

---

44) G.W.F. Hegel, *Vorlesungen über die Philosophie der Geschichte*, Bd.II. hrsg. von Lasson, Hamburg, 1988, 416쪽.

45) 에밀 앙게른, 유헌식 역, 『역사철학』, 1997, 민음사 144쪽 참조.

46) 같은 책, 144–145 쪽.

못하기 때문이다. 잘 알려진 것처럼 토인비의 주장에 따르면, 문명이 발생하는 중요한 요소는 자연 보다 인간의 역할이 중요하다.

헤겔이 사용했던 자연지리적 환경 조건에 기초한 설명 방식은 철저하게 유럽적 관점에 기인한 것이다. 자연지리적 특성을 통해 비유럽과 유럽을 구분하고, 그 다음에 유럽인의 역사적 창조능력을 강조하려고 하는 것이다. 이런 주장들은 많은 경우 사실과 맞지 않기도 하지만 역사의 설명방식으로는 적절하지 않다. 왜냐하면 유럽의 자연환경이 특별히 좋다는 주장도 사실과 맞지 않기 때문이다. 그리고 유럽인의 문화적 능력이 뛰어나다고 하는 주장도 독단적인 주장으로 증명되기 어렵다. 따라서 헤겔의 이런 주장들은 철저하게 유럽적 시각에서 만들어낸 매우 잘못된 편견의 산물이라고 할 수 있다.

VII. 결론

헤겔은 동양 세계를 규정하는 것을 '동양적 전제주의'로 보고 그로부터 동양세계의 미성숙성과 자기 발전에 대한 무능력, 따라서 동양세계는 정체된 세계라고 하는 결론을 이끌어 냈다. 이러한 동양적 전제주의는 게르만, 즉 서양 유럽 세계에서 실현되는 '만인의 자유'라고 하는 역사의 종착점과 항상 대비되어 나타난다. 다시 말해 1인 황제의 지배만이 있고 시민의 자유가 없는 동양 세계는 그 반대인 모든 사람이 자유하다고 하는 의식을 가진 서양세계를 설명하기 위한 중요한 전제이자 개념적 구성이다. 헤겔의 동양세계론은 이런 개념적 구성으로 볼 때 동양세계 그 자체에 대한 평가이기 보다, 유럽인의 역사 맥락에서 해석된 동양세계로 볼 수 있다. 중국과 인도로 대표되는 동양세계를 바라보는 이러한 헤겔의 관점과 입장은 유럽 중심주의적 세계관에 기초한 것으로 동양에 대한 적대적이고 우월적인 시각이 반영되어 있는 것처럼 보인다. 헤겔이 해석한 동양세계는 실제 역사의 동양세계라기보다 헤겔의 역사철학의 구성을 확증해 주기 위한 좋은 사례로서 기능한다고 볼 수 있다. 동양세계가 어떠한 의미를 갖는가는 헤겔이 "중국과 인도는 오직 즉자적으로(an sich) 그리고 우리 〔=유럽인들〕를 위해서만 역사의 맥락 속에 들어올 수 있다."[47]고 한 헤겔의 말에서도 확인된다. 헤겔의 역사적 해석과 구성은 동양

47) Hegel, *Vorlesungen über die Philosophie der Geschichte*, Bd.II, hrsg. von Lasson, 2. Aufl. Leipzig, 1923, 415쪽 (여기서 〔 〕는 필자의 해석).

세계의 미성숙성과 자기 발전에 대한 무능력, 따라서 동양세계는 정체된 세계라고 하는 것을 전제로 하는 것이다. 동양세계에 대한 이러한 규정은 유럽 사회와 대비하기 위한 유럽 중심주의의 자기 확인이라고 할 수 있을 것이다. 다시 말해 유럽 사회에서 동양사회를 자기들 좋은 대로 그려 놓고 서구사회를 설명하는 오리엔탈리즘의 개념이 여기도 적용되었다고 볼 수 있다.

이처럼 동양세계에 대한 헤겔의 역사적 고찰을 면밀하게 검토해 볼 때, 후쿠야마가 주장한 것처럼, 역사가 만인의 자유를 향해 진행하며, 만인의 자유가 실현되는 지점에서 역사의 종말이 이루어진다는 헤겔의 역사적 해석과 관점을 쉽게 받아들이기는 어려울 것이다. 오히려 헤겔의 세계사는 철저하게 유럽인의 입장에서 쓰여진 유럽 중심주의적 세계사라 할 수 있다.

참고 문헌

Hegel, G.W.F., *Vorlesungen über die Philosophie der Geschichte*, Stuttgart-Bad Cannstatt, 1971.

Hegel, G.W.F., *Vorlesungen über die Philosophie der Weltgeschichte*, Bd. I-II, Hamburg, 1988.

Hegel, G.W.F., *Grundlinien der Philosophie der Rechts*, Frankfurt/M., 1986

헤겔, 임석진 역,『역사에 있어서의 이성』, 지학사, 1980.

Fukuyama, Francis, *The End of History and the Last Man*, Free Press, 1992.

프랜시스 후쿠야마, 이상훈 옮김,『역사의 종말』, 한마음사, 1992.

에밀 앙게른, 유헌식 역,『역사철학』, 민음사, 1997.

송두율,『계몽과 해방』, 한길사, 1988.

송영배,『중국 사회사상사』, 한길사, 1986.

이동희,『헤겔과 자연』, 제우스, 2006.

헤르더, 강성호 역,『인류의 역사철학에 대한 이념』, 책세상, 2002.

Montesquieu, *De L'Esprit des Lois, Le Feuve*, 1816.

몽테스키외, 신상초역,『법의 정신』, 을유문화사, 1983.

Herder, J.G. *Ideen zur Philosophie der Geschichte der Menschheit*, Wiesbaden, 1972.

Gulyga, A.,*Johann Gottfried Herder*, Röderberg-Verlag, Frankfurt/M.,1978.

Rhie, Donghie, *Der in die Natur vesenkte Geist*, Peter Lang, 1996.

Merkel, R.F., *Herder und Hegel über China*, in : Sinica, Bd.XVII (1942), 5-26쪽.

Wilkins, B.T., *Hegel's Philosophy of History*, Cornell Univ. Press, 1974.

윌킨스, B.T., 최병한 역,『헤겔의 역사철학』, 서광사, 1995.

Wittfogel, K.A., *Die orientalische Welt*, Köln, 1962.

Wittfogel, K.A., "Hegel über China", in: *Unter dem Banner des Marxismus*, 5jg.(1931), H 3.

Das Problem des Begriffes des orientalischen Despotismus in der Hegelschen Geschichtsphilosophie

Rhie, Donghie

In diesem Aufsatz geht es um die Hegels Bewertung von der orientalischen Welt in seiner Geschichtsphilosophie. Er erklärt die orientalische Welt als den Anfang der Weltgeschichte. Das politische System, das diesem Anfang der Weltgeschichte entspricht, ist der orientalische Despotismus. Der orientalische Despotismus ist für Hegel der Leitfaden, den Orient zu verstehen. Mit diesem Leitbegriff des "orientalischen Despotismus" hat er in ausführlicher Studie die ganze asiatische Welt charakterisiert. Und dieser Despotismus erklärt für ihn die Tatsache, daß es seiner Meinung nach keine historische Entwicklung in Asien gab und gibt.

In bezug auf den Begriff des "orientalischen Despotismus" in der Hegelschen Geschichtsphilosophie ergeben sich aber zwei Problembereiche: 1. Die Frage nach der geschichtlichen Konstruktion Hegels ist zu stellen.Ein schwächer Punkt in der Konstruktion der Hegelschen Geschichtsphilosophie zeigt sich darin, daß er China und Indien aus der weltgeschichtlichen Entwicklung einerseits ausnimmt und sie dann mit europäischer Perspektive wieder in die Weltgeschichte einbezieht. 2. Der Begriff des "orientalischen Despotismus", womit Hegel die orientalsche Welt grundlegend bestimmt, ist ein umstrittener Begriff. Diesen Begriff hat Montesquieu zum erstenmal geprägt. Aber er sah sich entsprechender zeitgenössischer Kritik ausgesetzt. Ihm wurde vorgeworfen, daß seine "Konstruktion des orientalischen Despotismus" nirgendwo der historischen Realität im Orient entspräche. Er benutzt den Begriff des orientalischen Despotismus als eine 'ideologische Waffe gegen den französischen Absolutismus". Ohne Reflexion auf diesen Aspekt benutzt Hegel den Montesquieu-Begriff für die Konstruktion seiner Geschichtsphilosophie. Hegel kommt zu dem Begriff des orientalischen Despotismus nicht durch die Analyse der verschiedenen Gebiete Asiens, sondern trägt den vorgeprägten Begriffen die Realität Asiens heran. Hegels Bewertung der Orientalischen Welt reflektiert die Gesichtspunkt der eurozentrischen Weltanschauung.

Schlagwörter: Weltgeschichte, Orientalische Welt, Orientalischer Despotismus, China, India, Persia, Anfang der Weltgeschichte, Herder, Montesquieu

헤겔에서의 오리엔탈리즘을 넘어서

– 아시아에 대한 새로운 상상을 위한 불충분한 성찰

나 종 석

요약문

이글의 주된 문제의식은 헤겔의 오리엔탈리즘에 대한 비판적 성찰을 통해 동아시아의 새로운 가능성을 모색하는 것이다. 아시아에 대한 상상은 서구 근대성에 대한 치열한 성찰이 없이는 가능하지 않다고 필자는 생각한다. 그러므로 이 글에서 필자는 헤겔의 오리엔탈리즘을 실마리로 삼아 탈 근대적인 동아시아 담론과 구별되는 동아시아의 가능성을 상상하기 위한 사유의 단서를 모색해보고자 한다.

● 주요어 : 동아시아, 오리엔탈리즘, 헤겔, 역사철학, 서구 근대, 탈 근대

들어가는 말

1990년대 이후 한국의 지성사는 큰 변화를 겪었다. 1980년대의 소위 '사회과학의 시대'에 큰 영향력을 행사하던 마르크스 및 헤겔철학은 더 이상 사람들의 관심의 대상이 아니게 되었다. 1990년대 이후 마르크스주의를 대신하여 가장 강력한

영향력을 행사한 사조는 단연 포스트모더니즘이었다. 포스트모더니즘의 영향력이 주춤하고 있지만 그래도 그 영향력은 건재하다. 포스트모더니즘의 유행 혹은 유입으로 인해 근대성(modernity)에 대한 성찰이 크게 일어났다는 점은 포스트구조주의에 호의적이든 그렇지 않든 부정적으로 평가될 사항이 아니다.

근대성에 대한 성찰은 근대 국민국가 및 민족주의 그리고 진보사관 등을 비롯한 근대성의 핵심 개념들에 대한 회의 및 반성으로 이어지고 있다. 서양의 오리엔탈리즘에 대한 성찰 역시 이와 무관하지 않다. 서양의 오리엔탈리즘에 대한 비판은 동양 혹은 동아시아의 새로운 가능성에 대한 모색과도 긴밀하게 연결되어 있는 주제이다. 그리고 동아시아 내지 아시아에 대한 새로운 성찰에서 우리가 간과해서 안 될 점은 동아시아 및 아시아에 대한 상상이 제2차 세계대전 직전 및 대전 중에 일본 제국주의의 팽창과 침략전쟁을 정당화하는 이념으로 제시되었다는 점이다.[1] '근대의 초극'이라는 담론이 바로 그것이다. 물론 근대의 극복이라는 문제와 1935년에서 1945년 사이에 일본에서 진행되었던 '근대의 초극' 담론을 구별하는 것이 필요하다. 달리 말하자면 제2차세계대전기에 일본에서 융성한 '근대의 초극' 담론이 비록 일본의 군국주의와 제국주의를 정당화하는 이데올로기에 지나지 않았다는 것이 사실임에도, 근대의 문제를 해결하려는 과제는 여전히 그 중요성을 인정받고 있기 때문이다. 여기에서 우리는 근대성에 대한 성찰과 근대의 극복이라는 과제가 결코 만만치 않은 과제임을 깨닫게 된다. 우리가 서구 근대성의 비판적 성찰을 모색해야 한다는 점을 인정한다고 해도 그 성찰의 방향이 일본의 '근대의 초극'에서 나타난 것과 같은 대동아 사상으로 귀결되지 않도록 조심해야 하기 때문이다.

이 글에서 시도하고자 하는 과제, 그러니까 헤겔의 오리엔탈리즘 및 서구 중심주의적 사고방식에 대한 비판적 성찰은 이중의 어려움을 피해가고자 하는 것이다. 한편으로 우리는 서구 근대를 인류 역사가 지향해야 하는 보편적인 목적으로, 그러므로 비서구 세계가 따라 가야 할 목적으로 삼아야 한다고 주장하지는 않을 것이다. 물론 우리가 서구의 근대성의 원리 일반과 서구에서 진행된 근대적 원리의 구체적 구현으로부터 배우기를 멈추지 않아야 한다는 점도 부인할 수 없다. 그러나 이 글에서 필자가 취하는 태도는 서구 근대 문명의 장점을 인정하면서도 그 문명의 상대화를 도모한다는 점에서 서구 근대를 문명의 재현이자 대표로 설정하는 태도와는 사뭇 다르다. 다른 한편으로 우리는 서구 근대와의 비판적 대결이 동양

1) 히로마쓰 와타루, 『근대초극론』, 김항 옮김, 민음사, 2003, 7쪽 참조.

대 서양이라는 이원론적인 대립구도를 설정하는 관점으로 후퇴하지 않도록 애써야 한다. 동양의 정신문명 대 서양의 물질문명이라는 사고방식은 서구의 충격으로 인해 한국, 중국 그리고 일본이 풍전등화의 위기에 처했을 때 동아시아 3국에서 다양한 형태로 나타난 태도이기도 하다. 그것이 '동도서기(東道西器)'의 이름으로 '중체서용(中體西用)' 혹은 '화혼양재(和魂洋才)'의 이름으로 등장하든 이 사고방식에는 동양과 서양을 불변적인 문화권으로 보는 태도가 놓여 있었다. 그런데 이런 사고방식은 설득력이 없다. 게다가 이런 사고방식은 서양이 동양을 타자화하여 자신의 정체성을 인류 문명의 보편적 잣대로 상상하는 태도를 거꾸로 만든 것에 지나지 않는다. 즉 서구 근대 문명의 병폐들을 극복할 수 있는 동양 문명의 본래적인 우월성에 대한 확인은 서구와 동양의 이원적인 대립 구도를 그대로 온존시키고 있는 한계를 반복하고 있다. 그러므로 우리는 서양의 근대를 비판적으로 대결하면서 서양의 오리엔탈리즘을 거꾸로 전도시켜 서구를 폄하하고 동양을 우월한 문명으로 평가하려는 유혹을 견뎌내지 않으면 안 된다. 마찬가지로 근대화 및 문명화를 곧바로 서구화로 등치시키는 태도 역시 우리가 취할 올바른 자세라고 보기 힘들다.

이 글에서 시도하고자 하는 작업, 즉 헤겔의 오리엔탈리즘에 대한 비판적 성찰은 서구 근대성에 대한 비판과 동아시아의 새로운 가능성을 모색하는 작업이 어떤 방식으로 이루어져야 할 것인가에 대한 지적 모색이다. 21세기가 동아시아의 세기 혹은 중국의 세기가 될 것이라고들 말하지만 그 모습은 우리가 어떤 방식으로 아시아를 상상하는가에 달려 있다. 그리고 아시아에 대한 상상은 서구 근대성에 대한 치열한 성찰이 없이는 가능하지 않을 것이다. 이 글에서 필자는 헤겔의 오리엔탈리즘을 실마리로 삼아 서구 근대를 넘어 새로운 동아시아의 가능성을 상상하기 위한 사유를 모색해보고자 한다.

1. 헤겔의 동양에 대한 관점

근대의 역사철학은 유대-기독교의 종말론적인 역사관에 의존해 있다. 인류의 역사가 궁극적인 목적을 향해서 점진적으로 나아가고 있다는 의미에서의 역사에 대한 근대적인 철학적 해석은 기독교적인 신학적 역사개념의 전제 없이는 불가능한 것이었기 때문이다. 이런 점에서 헤겔 역시 기독교를 인류 역사의 발전에서 결정적인 전환점으로 이해한다. "오로지 신이 삼위일체로서 알려지는 한에서만 신은 정신으로서 인식된다. 이 새로운 원리는 세계사의 전회의 핵심(축)이다."[2]

헤겔은 기독교에 의해서 천명된 원리의 구체적 실현(세속화)의 과정에서 근대의 의미를 이해할 뿐 아니라, 기독교 원리는 인류 역사의 궁극적인 의미를 가능하게 하는 것이라고 생각한다. 헤겔은 역사철학이 기독교 신학의 원리를 철학적으로 재해석하고 있음을 자각하고 있었다. 그는 다음과 같이 말한다. "옛날부터 사람들은 이성과 종교, 종교와 세계와의 대립을 주장하고자 했다. 그러나 보다 상세하게 고찰해 보면, 이 대립은 실은 대립이 아니고 단지 구별에 지나지 않는다. 이성은 일반적으로 정신의 본성이고, 신적 정신 및 인간적 정신의 본질이다. 종교와 세계의 구별은 다음과 같은 구별에 지나지 않는다. 즉 종교 자체는 심정과 마음 안에 있는 이성이고, 신 안에서 존재하는 표상적인 진리와 자유의 전당이다. 이와는 달리 국가는 동일한 이성이 현실계의 지식과 의욕 안에서 존재하는 인간적 자유의 전당이다. 그리고 그 내용 자체는 신적인 내용이라고도 말할 수 있다. 그러므로 국가의 인륜은 종교의 근본원리를 실현하는 것이기 때문에, 국가에서의 자유는 종교에 의해서만 지지되고 확증된다. 따라서 역사의 임무는 종교가 인간 이성으로서 나타나게 하는 것, 즉 인간의 마음속에 살고 있는 종교적 원리가 세속적 세계의 자유를 산출하는 것임을 밝혀주는데 있다. 이러한 의미에서 내적인 마음과 외적인 현존재 사이의 분열은 지양된다. 그러나 이것을 실현시키기 위한 사명을 띠는 것은 다른 민족 혹은 다른 민족들, 즉 게르만 민족들이다."[3]

헤겔에게 기독교는 역사철학뿐 아니라 그의 철학 전체와 아주 밀접한 관련 속에 있다. 그는 기독교의 원리를 세계사에 결정적인 전환을 가져온 사건으로 해석하는데 그치지 않고 기독교에 의해 천명된 신과 정신의 동일성에 대한 사유를 자신의 전체 철학 및 역사철학의 근본원리로 받아들이기 때문이다. 물론 그는 기독교의 원리를 종교적인 방식으로서가 아니라 철학적인 의미로 받아들이고 있다. 헤겔은 참다운 학문의 목적을 "정신의 무한성"을 인식하는데 있다고 보면서 기독교가 "신의 인간화"(Menschwerdung des Gottes) 및 "신앙 공동체 안에서의 성령의 현존"에 대한 교리를 통해서 "정신을 그 절대적 무한성에서 개념적으로 인식"할 수 있게 했다고 주장한다.[4] 그는 이성과 종교를 서로 대립적인 것으로 파악하려는 관점을 거부함과 동시에 철학과 종교가 관심을 갖는 대상의 동일성을 강조한다. 즉 그에

---

2) 12, 386. G. W. F. Hegel, *Werke in zwanzig Bänden*, hg. v. E. Moldenhauer und K. M. Michel, Frankfurt 1969–1971. 헤겔 저작들은 이 전집에 따라서 인용됨. 이 때 권수와 쪽수가 함께 기입됨.(예를 들어 전집 7권 20쪽은 7, 20으로 표기함)

3) 12, 405.

4) 10, 10.

의하면 종교와 철학이 목표로 하는 것은 동일하게 신이다. 따라서 헤겔은 "신"을 "철학의 유일무이한 대상"으로 이해하면서 신에 대한 참다운 탐구를 "예배"로 규정한다.[5)]

독일 관념론, 특히 헤겔의 역사철학은 이성적인 것이 역사적 현실 속에서 실현되는 것을 필연적 과정으로 이해한다. 헤겔 이전의 프랑스 계몽주의나 칸트의 역사철학은 역사과정의 무한한 진보에 대한 신념을 공유했다. 이 진보에 대한 믿음, 혹은 역사에 대한 믿음 역시 근대성의 독특한 현상이지만, 이 믿음은 아직도 고전적인 철학적 전통이 추구하고자 한 이념인 보편적이고 영원한 것에 대한 인식의 가능성을 완전히 저버린 것은 아니다. 진보에 대한 믿음은 보편적으로 유효한 기준들이 존재한다고 믿는 한에서 철학의 전통과 일치한다. 그러나 인간의 삶과 사유의 역사적 제약성과 보편적인 이념에 대한 긍정을 양립 가능한 것으로 만들고자 시도한 사람은 헤겔이다.

헤겔의 역사철학은 역사의 과정 자체가 합리적이라는 것을 전제한다.[6)] 그의 역사철학적 전제에서 볼 때 정의로운 정치질서의 실현은 인류 역사의 궁극적인 목적이자 역사 자체가 그 의미를 획득할 수 있는 기초이기도 하다. 헤겔에 의하여 철학적 사유 자체가 역사성을 띠고 있다는 인식이 전면적으로 등장한다. 이제 사상은 시대정신의 표현으로 간주되고 철학사 자체가 철학으로 선언된다. 인간 존재 자체가 역사적 존재임이 천명된다. 역사는 존재를 해명하는 궁극적인 범주가 된다. 이런 점에서 헤겔은 역사적 사유의 발전에서 전환점을 형성하는 인물이다. 그럼에도 헤겔은 인간의 삶의 역사성에 대한 인식은 결코 보편적이고 절대적인 지식의 추구를 배제하지 않는다고 본다. 그는 인류의 역사를 절대자의 자기실현의 과정으로 이해하고자 했기 때문이다. 뒤에서 보다 상세하게 살펴보게 되겠지만 헤겔은 이성과 현실의 종합이 필연적이라는 생각, 달리 말하자면 이성이 인류 역사의 궁극적인 원리라는 생각을 전제한다.

헤겔은 이 자유 의식의 필연적인 과정에 상응하는 구체적인 역사의 진전과정을 세계사의 네 단계로 설정한다. 그것은 바로 동양 세계, 그리스 세계, 로마 세계 그리고 게르만 세계이다. 헤겔에 의하면 동양 세계는 인류의 역사의 서막을 알리고, 세계사의 성숙과 그 완성은 서양에서 이루어진다. 그는 말한다. "세계사는 동방에

5) 헤겔, 『종교철학』, 최신한 옮김, 지식산업사, 1999, 12쪽.
6) 헤겔 역사철학의 기본 이념에 대해서는 필자의 글, 「헤겔 역사철학의 근본 주장 및 그 의미에 대하여」, 『헤겔연구』 21, 2007, 11쪽 이하 참조.

서 서방으로 진행한다. 유럽이야말로 실로 세계사의 실마리이기 때문이다. 동방이라는 것은 그 자체로서 상대적인 것이긴 하나, 세계사에는 절대적인 의미에서의 동방이 존재한다. 지구는 구체를 이루고 있는데도 불구하고, 역사는 지구의 둘레를 원을 그리면서 되는 것이 아니고 오히려 역사는 일정한 동방을 가지며, 이 동방이 아시아이기 때문이다. 밖에 있는 자연의 태양도 여기에서 떠올라 서쪽으로 진다. 그 대신 보다 고귀한 빛을 발하는 자의식이라는 내적인 태양은 서방에서 출현한다. 세계사는 무제약적인 자연적 의지를 보편적인 것과 주관적인 자유로 가르쳐 길러주는 것이다. 동양은 단지 한 사람만이 자유라는 것을 알고 있었을 뿐이고, 지금도 여전히 그렇다. 이에 반해서 그리스와 로마의 세계는 약간의 사람이 자유라는 것을, 게르만의 세계는 모든 사람이 자유라는 것을 알고 있다. 따라서 우리들이 세계사에서 보는 첫 번째 형태는 전제정(Despotismus)이고, 두 번째는 민주정과 귀족정이고, 세 번째 형태는 군주정(Monarchie)이다."[7)]

동양의 전제정과 서양의 민주정을 대립시키는 관점은 고대 아테네와 페르시아 사이의 전쟁의 의의에 대한 헤겔의 해석에서도 잘 드러난다. 그는 다음과 같이 말한다. "요컨대 이 전쟁에서는 세계사의 관심이 저울질되었던 것이다. 한쪽에는 동양의 전제주의, 즉 한 사람의 군주 밑에 통일되어 있는 세계가 있고, 다른 쪽에는 분할된 데다 광대성으로나 힘으로나 빈약하지만 다른 자유로운 개성 때문에 발랄한 생명을 가지는 국가가 서서, 이 두 개가 서로 항쟁의 관계에 있었다. 그런데 이렇게 정신력이 물량을 압도한 본보기, 그것도 실로 만만치 않은 막대한 물량을 압도해버리고 찬란한 광휘를 발휘한 본보기는 아직까지 역사상에서 한 번도 볼 수 없었던 것이다."[8)] 이처럼 헤겔은 동양의 의미를 세계사의 초보적인 단계 구성에서의 역할에서 구한다. 그러므로 헤겔은 다음과 같이 말한다. "중국과 인도는 오직 즉자적으로 그리고 우리 (유럽인들 – 필자)에 대해서만 역사의 맥락 속에 들어올 수 있다."[9)]

세계사를 자유의식의 실현의 과정으로 이해하고, 이 역사의 출발을 동양으로 그리고 역사의 최고 정점을 서구에서 구하는 헤겔의 역사철학에는 당연히 세계의 원리로서의 정신에 대한 이론이 깔려 있다. 그는 "절대자"를 정신"으로 이해한다. 즉 정신으로서의 절대자는 "절대자에 대한 최고의 정의이다."[10)] 동양이 세계사에서

---

7) 12, 134. 헤겔, 『철학사 I』, 임석진 옮김, 지식산업사, 1996, 141쪽 참조.
8) 헤겔, 『역사철학강의』, 김종호 옮김, 삼성출판사, 1995, 250쪽.
9) Hegel, *Vorlesungen über die Philosophie der Weltgeschichte*, Band II–IV, Hamburg 1988, 415쪽.

출발점으로서만 의미를 지니는 것은 동양의 문명이 세계를 지배하는 궁극적 원리인 정신에 대한 초보적인 이해에 머무르고 있다는 가정 때문이다. 즉 헤겔은 동양의 정신을 정신이 자연 속에 몰입된 상태, 달리 말하자면 자연과의 실체적 통일 속에 있는 것으로 이해한다.[11] 그에 반해 그리스에서부터 서구 근대에 이르는 동안 서양은 무한한 주관성의 입장에 대한 철저한 자각의 상태에 이른다고 헤겔은 생각한다. 주관성의 철저한 자각은 회의주의를 철저하게 진행시키는 소피스트 및 소크라테스에게서 비로소 구체화되기 시작한다고 헤겔은 생각한다. 그러므로 헤겔은 다음과 같이 말한다. "동양에서도 정신이 출현한 것은 사실이지만, 그러나 그렇게 빚어진 상태란 여전히 주체가 인격으로서 존재하는 것이 아니라 객관적 실체에 휘말려서 부정당하거나 몰락해가는 것 뿐이다."[12] 이처럼 헤겔은 동양의 정치질서를 전제주의로 보고 이 정치질서와 상응하는 정신적 태도로서의 주체성의 자각에 대한 불철저성을 동양적 사유의 근본성격으로 이해한다. 그러므로 헤겔에 의하면 자유로운 정치체제를 그 자신의 필수적 조건으로 삼는 철학적 사유는 동양에서가 아니라 그리스 세계로부터 비로소 시작되었다. 이런 점에서 그는 "동양적인 것"을 "철학사에서 배제" 되어야 하는 것으로 판단한다.[13] 헤겔에 의하면 정신에 대한 정확한 인식에 입각하여 자유로운 정치질서와 학문 및 종교를 전개한 문명은 바로 고대 그리스 로마에 기원을 둔 서구의 문명이다. 그는 다음과 같이 말한다. "절대자는 정신이다. 이것은 절대자에 대한 최고의 정의이다. 이 정의를 발견하고 그 의미와 내용을 이해하는 것, 이것이야말로 모든 교양과 철학의 절대적 경향이었다고 말할 수 있다. 모든 종교와 학문은 이 지점을 향해 내몰렸다. 세계사는 오로지 이러한 내몰림으로 이해되어야 한다. 정신이라는 말과 표상은 일찍이 발견되었고, 기독교의 내용은 신을 정신으로 인식하게 해주는 것이다. 여기에서 표상에 주어진 것과 즉자적으로 본질적인 것을 정신 자신의 지반에 있어서, 즉 개념에 있어서 파악하는 일이 철학의 과제이다."[14]

헤겔은 동양이라는 범주를 통해 중국, 인도, 페르시아 그리고 이집트 문명을 포괄하고 있다. 그러나 여기에서는 주로 중국에 대한 헤겔의 입장만을 살펴보기로 하자.[15] 인도와 중국에 대해서 언급하면서 이 두 민족에게는 "자유개념에 관한 본

10) 헤겔, 『정신철학』, 박병기 · 박구용 옮김, 울산대학교출판부, 2000, 36쪽.
11) 헤겔, 『철학사 I』, 앞의 책, 201쪽 참조, 18. 176.
12) 같은 책, 138쪽.
13) 같은 책, 135쪽 및 139쪽.
14) 헤겔, 『정신철학』, 앞의 책, 37쪽.

질적 인식이 결여" 되어 있다고 강조한다.[16] 중국 문명이 자유에 대한 정확한 인식을 결여하고 있고, 그리하여 한 사람만이 자유로운 전제정치를 운영하게 되는 근본적인 이유는 무엇인가? 헤겔에 의하면 그 이유는 중국 문명이 바로 정신을 정신으로 파악하지 못하기 때문이다. 달리 말하자면 중국 문명의 정신은 정신적인 것과 자연적인 것을 명확하게 구별하지 않고 이 둘을 직접적인 방식으로 통일된 실체로 파악하는 태도이다. 중국 문명은 "내적인 것과 외적인 것" 그리고 "정신적인 것과 자연적인 것" 이 구별되어 있지 않은 문명이라는 것이다. 그러므로 헤겔은 중국의 문명의 성격을 "자연적 정신성" (natürliche Geistigkeit)의 문명으로 혹은 실체적 힘(die substanzielle Macht)이 지배적 원리로 작동하는 문명으로 이해한다.[17]

헤겔이 볼 때 중국 문명을 비롯한 동양 세계가 인간의 자유에 대한 정확한 이해가 결여되어 있는 궁극적 이유는 바로 이 문명이 실체적인 정신성에 기초를 두고 있기 때문이다. 이 실체적 정신성이 지배적인 문명은 결코 주관적인 자유를 알지 못한다. 그러므로 헤겔은 다음과 같이 말한다. "다음에 우리들은 위에 서술한 중국 역사의 근소한 자료를 기본으로 삼아 그에 일관하여 변하지 않는 국체의 정신을 고찰할 생각이다. 이 국체의 정신은 보편적인 원리로부터 생긴다. 보편적 원리란 바로 실체적 정신과 개체적인 것의 직접적인 통일이다. 그러나 그것은 실제로는 이 인구가 조밀한 국토에 번지고 있는 가족정신이다. 주관성의 계기, 바꾸어 말하면 개별적 의지를 전멸시키는 힘인 실체에 대한 개별적 의지의 자기반성의 면, 혹은 이 힘이 개별적 의지 자체의 본질로서 세워져 개별적 의지가 이 본질 안에서 자기를 자유로서 안다고 하는 면은 여기에는 아직 존재하지 않는다."[18]

중국 문명의 정신을 형성하는 데에 언어가 끼친 영향도 무시할 수 없다는 것이 헤겔의 생각이었다. 그는 중국의 상형문자가 중국 문명의 특성을 구성하는데 기여하고 있음을 다음과 같이 말한다. "중국민족의 상형 문자 언어는 단지 중국인의 정체된 정신 형성에 적합할 뿐이다. 이런 종류의 문자 언어는 더구나 한 민족 안에서 정신문화를 배타적으로 독점하고 있는 극소수의 몫일뿐이다. 동시에 음성언어의 형성은 자모표기의 습관과 밀접하게 연결되어 있고, 음성 언어는 오직 이 자모표기에 의해서만 그 음절의 규정성과 순수성을 얻는다."[19]

---

15) 헤겔, 『역사철학강의』, 앞의 책, 179쪽 참조.
16) 같은 책, 131쪽.
17) Hegel, *Vorlesungen über die Philosophie der Weltgeschichte*, 앞의 책, 268쪽 이하.
18) 헤겔, 『역사철학강의』, 앞의 책, 187쪽.
19) 헤겔, 『정신철학』, 앞의 책, 340쪽.

헤겔은 중국이 왜 필연적으로 전제정치를 통치의 원리로 받아들일 수밖에 없었던가를 바로 그 문명의 실체적 성격에서 구한다. "중국에 대해서는 헌법을 말할 수 없다. 왜냐하면 헌법이란 개인과 단체, 혹은 개인의 특수한 이해에 관해서 혹은 국가 전체에 관해서 어느 면에서도 독립적인 권리를 가지는 것으로 간주하지 않으면 안 되기 때문이다. 그런데 여기에서는 계기가 결여되어 있기 때문에 단지 기존 국가행정만을 논할 수 있을 뿐이다. 중국에는 절대적 평등의 나라가 있다. 〔……〕 그러나 중국에는 평등이 있다고 할지라도 자유는 없기 때문에 거기에 마땅히 생기는 통치형태는 전제정치이다. 우리들이 살고 있는 곳에서는 인간은 다만 법률 앞에서만 평등하고 재산의 소유면에서 평등함에 지나지 않는다. 그밖에도 자유가 우리들에게 있어서 존재해야 할 한에 있어서 인간은 보증받지 않으면 안 되는 많은 이해와 특수성을 갖고 있다. 그러나 중국에 있어서는 이들 하나하나의 이해도 그 자신으로서는 인정되지 않는다."[20]

앞에서 본 것처럼 헤겔은 중국의 전제정치, 실체성의 정신 그리고 가족관계에 기초를 둔 국가 사이의 상관성을 지적한다. 그리고 중국 문명의 특성을 지속성과 안정성의 문명이자 "공간의 나라, 비역사적인 역사"로 이해한다.[21] 달리 말하자면 중국을 비롯한 동양의 문명은 역사에서의 진보와 발전을 모르는 정체된 문명이라는 것이다.[22] 헤겔은 중국 문명의 성격을 다음과 같이 요약한다. "이상이 여러 가지의 점에서 본 중국 민족의 성격이다. 이 민족의 특징은 그들에게 무릇 정신에 속하는 모든 것, 즉 자유로운 인륜이라든가 도덕이라든가 심정이라든가 내적인 종교라든가 학문이라든가 또 본래적인 예술 등이 결여되어 있는 점에 있다. 황제는 항상 존엄과 아버지 같은 자애와 온정으로 인민을 대하지만, 인민은 자기 자신에 대해서는 극히 비굴한 감정만을 가질 뿐이고, 자신은 단지 황제 폐하의 권력의 수레를 끌기 위해서 탄생했다고 믿고 있다. 그들을 땅에 닿을 정도로 밀어붙이는 무거운 짐도 그들에게는 어떻게 할 수 없는 운명으로 생각되어 자기를 노예로 팔고 예속의 쓰디쓴 맛을 보는 것도 그들에게는 별로 무서운 일이 아니다. 복수의 수단으로서의 자살, 일상다반사로서 벌어지는 자식들을 버리는 행위 등도 자기 자신과 인간에 대해서 존경의 마음을 가지지 않는 증거이다. 그래서 거기에 신분의 구별이 없고 누구든지 최고의 지위에 오를 수 있다 하더라도, 이와 같은 평등은 내적인 인

---

20) 헤겔, 『역사철학강의』, 앞의 책, 191쪽 이하.
21) 같은 책, 171쪽.
22) 같은 책, 172쪽 참조.

간이 고투에 의해 얻은 것으로 의미를 갖는 것이 아니고, 오히려 그것은 아직 〔정신과 자신의 – 필자〕 구별에 아직 도달하지 못한 저급한 자기감정에 지나지 않는다."[23]

2. 헤겔의 오리엔탈리즘과 식민지주의

헤겔이 식민지 지배체제에 대해 어떤 생각을 했는지에 대해 명확한 평가를 하기에 충분한 자료는 없다. 물론 그에게 식민지 현상에 대한 인식이 없었던 것은 아니다. 그는 근대 자본주의 경제체제가 내적인 요구에 의해 식민지를 구할 수밖에 없다는 점에 대한 인식을 보여주었다.(7, 391) 그러나 제국주의를 통해 근대 서구의 국가와 민족들이 유럽 이외 전 세계로 팽창해 나간 시기는 19세기 후반기였다. 식민지의 초래가 필연적이라는 헤겔의 인식은 식민지를 정당화한 주장이라기보다는 식민지 현상에 대한 설명이라고 해야 타당할 것이다. 그리고 그는 스페인에 개입하여 스페인에 프랑스 혁명의 이념을 전파하려는 나폴레옹의 시도를 비판적으로 바라보았다. 이런 점에서 헤겔은 적어도 외국의 개입을 그 개입으로 인해 어느 한 나라에 소위 보다 더 낳은 문명(예를 들면 기독교 문명이나 민주주의)의 전파가 촉진된다는 점을 근거로 정당화하려는 시도에 대해 비판적이었다. 헤겔에 의해 개입에 대한 비판의 근거로 제시된 것은 그 나라의 역사적 조건에 대한 평가였다. 헤겔은 어떤 추상적인 원칙에 입각하여 한 사회를 전반적으로 변화시키려는 행동을 지나친 사회공학적인 태도로 생각했으며, 그것은 결코 성공하지 못할 것이라고 생각했다. 한 나라의 헌법과 인륜적 삶이 일정한 역사적 맥락을 통해 서서히 성장하면서 실현되는 것과 마찬가지로 이성적인 국가가 실현되기 위해서는 그것에 유리한 여러 전제조건들이 성숙되어 있어야만 한다고 헤겔은 생각했던 것이다. 그래서 스페인의 역사적 조건들이나 문화적 · 정치적 조건들이 프랑스 혁명의 이념을 수용할 정도로 성숙되어 있지 않다는 점을 들어 헤겔은 스페인에 인위적으로 프랑스식의 헌법을 수출하려는 시도를 비판했다.(7, 440)

그러나 인류의 역사, 즉 세계사를 자유의식의 진보의 과정으로 이해하면서 기독교 문명에 바탕을 둔 서구 유럽에서 비로소 세계사가 그 정점에 도달한다는 헤겔의 인식은 많은 부작용을 나을 수 있는 판도라의 상자와도 같은 것이었다. 물론 그

23) 같은 책, 204쪽. 12. 174.

의 이론이 함축하고 있는 폭력적이고 야만적인 배제작용의 측면에 대해 헤겔이 충분히 의식하고 있었다고 볼 이유는 없다. 그럼에도 그의 이론의 영향사를 보건데 그의 이론은 곧 바로 서구우월주의 및 비유럽 지역에 대한 야만적 태도의 양산을 정당화하는 가장 유용한 지적 담론의 하나가 되었다. 월러스틴은 다음과 같이 말한다. "민족주의는 적들에 대한 적대감에 의해 더욱 확고해졌다. 핵심부 국가들 대부분은 일부 이웃국가들이나 어떤 배경 등에 대한 적대감을 의식적으로 유포시켜 나갔다. 그러나 여기에는 다른 적대감 또한 존재하였고, 궁극적으로는 이것이 더 중요한 역할을 수행하였던 것으로 보인다. 다름 아니라 범유럽권 세계가 직면하게 된 나머지 세계에 대한 적대감이었다. 범유럽권을 제외한 세계에 대한 적대감은 머지않아 인종주의로 제도화되기에 이르렀고, '문명'이라는 개념의 전파 속에는 이 인종주의가 자리 잡고 있었다. 당시에는 이 '문명'은 복수가 아니라 단수로서 개념화되었는데, 세계체제를 경제적 · 정치적으로 지배하고 있던 범유럽 세계는 자신을 문명화 과정의 중심이자 절정이라고 규정하였던 것이다."[24)]

헤겔이 중국으로 대표되는 동아시아 문명을 가족주의, 전제정치, 자유의식의 결여 그리고 실체적 정신의 상관성 속에서 이해하면서 동양의 역사를 아무런 내적 진보나 발전이 없이 정체된 사회로 바라보는 관점은 유럽 중심적 오리엔탈리즘의 사고방식을 잘 보여준다. 더구나 서구 기독교 문명을 인간의 존엄성과 자유에 대한 자각을 이룬 세계사의 정점으로 바라보는 해석을 동양에 대한 이해와 비교해볼 경우에 헤겔의 정신철학 및 역사철학은 세계를 유럽 중심적으로 이해하는 관점임을 부정할 수 없다. 헤겔의 동양관은 유럽과 아시아를 이원적으로 대립하여 아시아를 미개의 문명으로 문명의 정점인 서구의 타자로 바라보고 있다. 오리엔탈리즘이란 개념은 에드워드 사이드가 세계적으로 확산시킨 학문용어이다. 오리엔탈리즘은 서양이 비서구 문화, 특히 동양을 '미개'하고 '후진적'이며 '야만적'이고 '원시적'이라고 평가하는 사유방식이자 지식체계를 의미한다.[25)] 사이드는 푸코의 권력-지식의 연계이론을 이어 받아 서구의 동양에 대한 사고방식의 영역에서 지배적인 권력에 의해서 우리의 의식이 어떻게 타자의 구성과 상호 연결되어 있는지를 그리고 그런 역사적 구성물인 우리-타자 의식을 자연스러운 것으로 만들어 내는지를 설득력 있게 보여준다. 사이드는 지식을 능동적으로 산출하는 권력의 생산성을 서구가 동양을 지배하기 위해 가공해 낸 동양에 대한 독특한 접근 방식을 '오리

---

24) 이매뉴얼 월러스틴, 『세계체제분석』, 이광근 옮김, 당대, 2005, 155쪽.
25) 에드워드 사이드, 『오리엔탈리즘』, 박홍규 역, 교보문고, 2008, 569쪽.

엔탈리즘'으로 명명하여 서구의 문화적 헤게모니를 비판하는데 창조적으로 적용하였다. 즉 서구의 동양의 지배는 날 것의 적나라한 폭력적 강제도 동원되었지만 그와 함께 문화적 헤게모니에 의한 지배의 정당성을 꾀하는 과정에서 동양에 대한 특수한 사유방식들을 만들어 유포시켰다는 것이다. 문화적 정체성의 문제가 어떻게 정치적 투쟁이자 학문적인 활동의 결과인지를 사이드는 다음과 같이 말한다. "비코가 우리에게 가르쳐 준 것처럼, 이 모든 것의 핵심은, 인간의 역사는 인간에 의해 만들어진다는 점이다. 영토를 지배하려는 투쟁은 인간 역사의 한 부분이고, 역사적 의미와 사회적 의미에 대한 투쟁도 그 역사의 한 부분이다. 비판적인 학자의 임무는 한 가지 투쟁을 또 다른 투쟁과 분리시키는 것이 아니라, 전자의 투쟁이 가지고 있는 압도적인 현실성과, 후자의 투쟁이 가지고 있는 명백히 이론적인 정교성 사이의 현저한 차이에도 불구하고 그것들을 연관 짓는 것이다. 내가 이런 일을 하는 방식은, 모든 문화의 발전과 유지가 서로 경쟁관계에 있고 '상이한 자아 alter ego'의 존재를 요구함을 보여주는 것이다. 정체성을 구축하는 것 – 동양이든 서양이든, 프랑스든 영국이든, 분명히 구별되는 경험의 집합적 보고인 이들 세계는 결국 하나의 구조이다 –은 그 실재성이 언제나 '우리'와는 다른 그들의 차이점을 연속적으로 해석하고 재해석해야 하는 반대항과 '타자'를 구축하는 것을 뜻한다. 각각의 시대와 사회는 '타자들'을 재창조한다. 그렇다면, 자아와 '타자'의 정체성은 정체된 것이기는커녕, 모든 사회의 개인들과 제도를 포괄하는 하나의 투쟁으로 벌어지는 매우 공들인 역사적, 사회적, 학문적, 정치적 과정인 것이다."[26)]

동양을 전제정치가 지배하는 사회로 그리고 노예적 복종도 기꺼이 받아들일 정도로 자유가 질식된 사회로 바라보는 헤겔의 동양에 대한 부정적 시각과 편견은 동양에 대한 서구인의 관점을 대변한다. 그러므로 고야스 노부쿠니의 다음과 같은 지적은 수긍할만한 것이다. "헤겔의 역사철학적인 '동양'의 기술이 유럽 근대의 성립과정에서 유럽인이 직면한 이질 동양에 대한 인식과 체험의 이론적이고 포괄적인 역사철학적 표상이라면, 그것은 유럽 근대문명에 기초한 동양관을 이론적인 포괄성을 가지고 대표하는 것이 된다."[27)] 헤겔의 동양관은 서구가 동양으로 침략해오는 과정에서 동양인들에게는 커다란 도전으로 다가올 수밖에 없었다. 동양이 진정으로 헤겔이 생각하는 것과 같은 사회라고 한다면 서구의 근대 문명의 세례를

26) 같은 책, 같은 쪽.
27) 고야스 노부쿠니, 『동아 · 대동아 · 동아시아–근대 일본의 오리엔탈리즘』, 이승연 옮김, 역사비평사, 2006, 73쪽.

받지 않고서는 결코 새로운 문명의 단계로 도약하거나 진보할 수 없는 사회임을 수용할 수밖에 없을 것이기 때문이다. 그리고 이런 태도는 자연스럽게 서구의 침략을 숙명적인 것으로 받아들이는 자세로 이어질 것이다.

고야스 노부쿠니에 의하면 헤겔의 동양관은 근대 서양을 문명의 모델로 설정하고 이 문명을 자신의 것으로 만들고자 했던 근대 일본의 동양에 대한 시각의 형성에 지대한 영향을 주었다.[28] 이는 일본 메이지 시대의 대표적인 사상가인 후쿠자와 유키치의 탈아입구(脫亞入歐)론에서도 등장한다. "나쁜 친구와 사귀는 사람은 함께 나쁜 친구가 되는 것을 면치 못한다. 우리는 마음 속으로부터 아시아 동방의 나쁜 친구를 거절해야 한다." 이런 주장과 더불어 후쿠자와 유키치는 1885년에 "서양문화를 취하여 오직 일본의 낡은 모습에서 벗어나야 할 뿐만 아니라, 아시아 전역에서 새롭게 한 기축(機軸)을 세워서 주의(主義)로 삼아야 할 것은 오직 탈아(脫亞) 두 글자에 있을 따름이다"라는 탈아론을 주장했다.[29] 그리고 문명과 비문명의 관계구조를 일본과 중국 및 조선과 같은 아시아 여러 나라와의 관계로 전이시키는데 결정적으로 기여한 후쿠자와 유키치의 탈아론은 헤겔의 역사철학적인 동양관을 재생산한 것으로 평가받는다.[30] 그리고 일본과 여타 아시아 국가의 관계를 문명국 대 비문명국의 대립구도로 설정한 후쿠자와의 입장은 후에 조선의 식민지 지배는 물론이고 중국대륙에서의 제국주의적 전쟁 행위를 정당화하는 입장으로까지 극단화된다. 달리 말하자면 제국주의 전쟁은 중국사회로 하여금 정체된 문명 상태에서 벗어나게 하여 자립적인 동아협동체 건설을 위한 개입이자 세계사적인 실천으로 정당화되었다.[31] 그러므로 고야스 노부쿠니는 다음과 같이 말한다. "헤겔의 역사철학이 구성한 전제와 정체의 왕국으로서의 동양상은 일본으로 하여금 중국 중심의 문명론적 동아시아 정치지도를 교체하게 했다. 일본은 '동양적 전제' '동양적 정체'라는 이름을 중국에 뒤집어씌우면서 중국을 문명의 중심적 위치에서 끌어내리고자 한 것이다. 유럽문명의 적장자임을 자인한 일본이야말로 동아시아의 새로운 문명론적 지도의 중심에 서지 않으면 안 되었던 것이다."[32]

헤겔의 동양관은 일본 제국주의가 동양 문명의 중심으로 자처하면서 조선을 강제 병합하고 조선의 식민지 상황을 정당화하는 논리로도 사용되었다. 많은 일본인

28) 같은 책, 63쪽 이하.
29) 같은 책, 64쪽 이하에서 재인용.
30) 같은 책, 68쪽.
31) 같은 책, 125쪽 참조.
32) 같은 책, 140쪽.

역사가들은 말할 것도 없고 일부의 한국 역사가들조차도 한국인은 스스로 발전할 능력이 없기 때문에 일본에 의한 조선의 한반도 강제병합과 식민지배는 정당화될 수 있다고 생각하였다. 지금은 탈민족주의 담론의 등장으로 인해 약간의 변화가 있지만 오랫동안 남한의 역사가들이 극복하고자 노력한 사관은 바로 일본의 식민지사관이었다. 주지하듯이 일본의 식민지사관은 다음 네 가지 특성으로 구성되어 있다. 즉, 첫째로 한국의 역사는 외세의 영향으로 발전해왔다는 타율성 이론, 둘째로 한국 사회는 정체되었다는 정체성론, 셋째로 당파성론으로 조선 시대의 사화와 당쟁에서 보듯이 분파주의가 한국의 정치 문화에 깊이 뿌리 내리고 있다는 진단 그리고 마지막으로 한국과 일본은 종족적으로 동일한 기원을 갖고 있으며 일본의 식민지는 고대의 한일 관계를 회복하는 것을 의미한다는 일선동조론이 바로 그것이었다.[33] 일본의 제국주의 침략 당시 일본의 역사가들과 이에 동조하는 일부 한국의 역사가들이 주장하는 한국의 정체성이론이나 타율성 이론은 헤겔의 동양에 대한 역사 인식과 크게 다르지 않다.

3. 인정투쟁과 새로운 아시아의 상상

헤겔의 역사서술에서 등장하는 근대 서구 문명의 우월성에 대한 강조와 별도로 헤겔의 인정투쟁이론과 자유의식에서의 진보로서의 세계사를 보는 입장은 어떻게 이해해야 할 것인가? 이 이론 역시 서구 식민지주의의 발로이자 제국주의적 침략 이론으로 치부해야 할 것인가? 이 물음은 쉽게 그렇다고 답변할 수 없는 문제이다. 헤겔의 인정투쟁이론은 서구 제국주의와 식민지의 민족해방투쟁의 역사를 해명하는 유력한 이론적 패러다임으로 이해될 수 있기 때문이다. 달리 말하자면 헤겔이 강조한 식민지 건설의 필연성에 대한 인식은 세계사의 과정이 식민지와 피식민지의 인정투쟁의 역사에 달려 있음을 함축하는 것으로 이해될 수도 있다. 주지하는 바와 같이 헤겔은 미래의 역사에 대한 당위적인 물음에 철학적 의미를 부여하지 않았다. 그의 소위 사변적 철학의 방법은 현실과 이성의 결합에 대한 인식, 그것도 지금까지 진행된 인류사의 사변적 성찰과 개념적 파악에 그 초점이 맞추어져 있

33) 핸리 임, 「근대적 · 민주적 구성물로서의 '민족': 신채호의 역사서술」, 『한국의 식민지 근대성-내재적 발전론과 식민지 근대화론을 넘어서』, 신기욱 · 마이클 로빈슨 엮음, 도면회 옮김, 삼인, 2005, 482쪽 참조.

다. 그러나 인정투쟁이 근대적인 인격적 주체성의 평등에 기반을 둔 합리적 국가의 형성사과 더불어 일정한 방식으로 종결되고 그 투쟁의 양식이 변형되는 것과 마찬가지로 국가들 상호간의 관계에서 생기는 전쟁을 뒤로 하고 국가들 상호의 관계를 평화적 방법으로 규율할 제도의 출현은 인정투쟁의 장에 달려 있다는 인식을 헤겔의 철학은 암시한다. 물론 이 때 우리는 F. 실러에게서 유래하는 "세계사는 세계법정이다"라는 명제를 통해 오로지 인정투쟁의 과정에서 승리하는 세력이 도덕적으로도 우월하다는 결론을 정당화하려는 것으로 오해할 필요는 없을 것이다.

특히 식민주의의 발생의 필연성을 근대 자본주의 사회의 전 지구적 차원의 팽창의 경향과 결부시켜 파악한 헤겔의 입장을 생각한다면, 헤겔의 오리엔탈리즘에 대한 종합적인 평가는 더욱 더 복잡해진다. 이 문제를 어떻게 극복할 것인지에 대한 구체적 대안을 헤겔은 제시하지 못했음을 우리는 알고 있다. 물론 헤겔의 인륜성의 철학이 현실 비판적이고 자본주의 시장사회의 문제를 해결할 수 있는 대안을 보여주고 있다는 점을 간과해서는 안 된다. 많은 학자들이 지적하듯이 그의 이론은 현재의 사회민주주의적인 경향을 선취하고 있음도 사실이다. 그러나 그가 빈곤의 문제를 해결하는 방안을 모색하면서 느낀 무기력에 대한 솔직한 고백을 우리는 또한 무시할 필요는 없다. 근대의 자본주의 사회가 그대로 방치되면 화해할 수 없는 부와 빈곤의 양극화를 초래하여 궁극적으로는 인간의 공동체를 와해시키고 말 것이라는 점을 철저하게 인식했던 헤겔 그리고 부와 빈곤의 대립을 근대 세계를 괴롭히는 문제임을 강조한 헤겔의 모습과는 달리 근대의 시장사회가 초래할 세계적 차원에서의 갈등에 대한 인식은 헤겔에게 거의 결여되어 있다. 실제로 근대세계의 진전과 더불어 형성될 식민지와 피식민지의 관계가 인정투쟁의 과정을 통해 보다 평등한 민주적 세계시민사회를 창출하는 것으로 귀결될 것인지 아니면 새로운 야만의 길로 들어가는 문을 열고 있는지에 대해 헤겔은 아무런 대답도 하고 있지 않다. 그러므로 헤겔의 식민지에 대한 생각을 어떻게 평가할 것인가에 대해서는 의견이 갈리는 것도 이상한 일은 아니다.[34] 예를 들어 펠진스키(Pelczynski)는 식민지 모국이 피식민지인들에게 보다 더 나은 수준의 문명화와 인륜적 삶을 가능하게 하는 경우에 헤겔의 원칙에 입각하여 식민지 지배가 정당화될 수도 있으리라고 언급했다.[35]

34) 나종석, 『차이와 연대』, 도서출판 길, 2007, 366쪽 이하 참조.

35) Z. A. Pelczynski, "The Hegelian conception of the state", *Hegel's Political Philosophy. problems and perspectives, A Collection of new essays*, edited by Z. A. Pelczynski, Cambridge 1971, 28쪽 각주 77 참조.

그러므로 헤겔의 오리엔탈리즘의 지적과 그것을 극복하려는 자세를 '근대의 초극' 이론이나 요즈음 유행하고 있는 포스트 모던적 태도로 오해할 필요는 없다. 나는 그런 오해를 피하기 위해 다음과 같이 말하고 싶다. 헤겔의 오리엔탈리즘을 극복해야만 한다는 것이 서구 근대가 이룩한 역사적 업적의 모두를 통째로 부정하고 동양이나 그 어떤 다른 문명에 서구 근대의 문명 패러다임을 극복할 수 있는 사상적 자원이 존재함을 긍정하는 식의 태도와는 아무런 관련이 없다는 점을 강조하고 싶다. 동양과 한반도의 역사가 보여주듯이 서구 근대가 세계사를 주도하는 역사적 흐름에 직면하여 우리는 식민지의 처절한 경험을 한 적이 있으며 그 경험에서 지금도 완전히 자유롭지 못하다는 것도 사실이다. 분단으로 인해 지연되고 있는 한반도에서의 자주적이고 근대적인 국민국가의 형성이라는 과제도 여전히 남아 있으며, 정신적 및 문화적 차원에서 식민주의의 유산을 비판적으로 극복하는 과제도 남아 있다.

그러나 동양의 서양이라고 자처하는 일본을 비롯한 서구 열강들의 위협에 직면해서 한국과 중국 등 아시아 국가들은 서구 근대를 거부하는 자세만을 보여준 것은 아니다. 우리의 역사만을 보더라도 한편으로 우리는 서구 근대의 역사적 성취를 우리의 것으로 소화하기 위해 엄청난 노력을 해왔다. 우리가 식민지의 경험에서 벗어나 자주적인 근대 독립 국가를 달성하고자 했던 것도 그렇고, 자유와 인권 그리고 민주주의를 향한 한국사회의 지속적인 투쟁의 역사도 그렇다. 그러므로 자유 시장경제 체제, 분단된 상황으로 인해 미완으로 남아 있지만 근대적인 국민국가 형성 그리고 자유와 민주주의의 실현이라는 지난 백여 년에 걸친 한반도의 역사는 헤겔의 역사철학의 이념과 원리적으로 다르지 않다고 볼 수 있다. 그가 세계사를 자유의식의 진보의 역사로 보고 그 역사가 기독교 문명에 기반을 둔 자유민주주의적 정치질서의 형성에서 일정한 절정에 이른다는 세계사의 철학을 제출한 것을 두고 우리는 당연히 그것이 안고 있는 오리엔탈리즘과 서구우월주의에 대해 문제 삼을 수는 있다. 그러나 헤겔의 오리엔탈리즘이 동양을 개돼지 취급했다는 식의 단언을 일삼는 것은 우리의 성찰에 아무런 도움을 주지 못한다. 물론 앞에서 보았듯이 헤겔은 동양인을 노예적 상황을 숙명적으로 받아들이고 인간의 존엄성에 대한 자각을 하지 못한 미성숙한 존재에 지나지 않은 것으로 본다. 그러나 그런 식의 태도, 그러니까 서구 우월주의는 동양인의 문명과 사회를 열등한 것으로 보았기 때문에 헤겔과 같은 오리엔탈리스트는 동양인을 개나 돼지만도 못한 존재로 취급했다는 식의 비판과 단정으로는 우리가 안고 있는 문제의 복잡성을 인식할 수도 없을 뿐만 아니라, 우리가 직면하고 있는 문제점들을 극복하는 노력에도 하등의 도움이 되지 않는다.

우리는 외세의 제국주의적 침략에 맞서 우리의 존엄성을 보존하고 인정받기 위해 죽음을 걸고 투쟁했던 역사에 대해 자부심을 가져야 한다. 아시아를 비롯한 여러 식민지 국가들의 반제국주의 민족해방 투쟁의 과정 속에서 서구가 자랑하는 인권과 민주주의 등의 보편주의가 얼마나 허구적이고 특수한 것이었는지가 여실히 폭로되었으며, 서양인들에게 모든 인간은 진정으로 존엄한 존재임을 자각하도록 만들었다. 달리 말하자면 헤겔이 동양인을 노예적 순종을 운명적으로 받아들이는 미성숙의 존재이자 동양의 문명을 노예제를 긍정하고 전제정치를 정당화하는 정신 상태에 매몰되어 있는 사회로 묘사했지만, 동양인들 역시 인간으로서 죽음을 걸고 자신이 자유로운 존엄한 존재임을 인정받고자 했다. 서구 근대의 편견과 오만은 이런 투쟁의 역사를 통해 교정되었으며 사실상 인간이 모두 평등한 존재로 존중받아 마땅함을 천하에 입증한 것은 다름 아니라 식민지 모국에 대한 피식민지의 일반 대중들이었다. 이렇게 실천을 통해 동양인들을 비롯한 비서구인들은 노예 상태를 죽음보다도 더 한 굴욕이자 치욕으로 받아들이는 자유로운 존재임을 보여주었다. 이를 통해 헤겔의 동양관은 일정부분 극복되었다.

그러나 식민지 지배로부터 벗어나 자립적인 독립 국가를 구성하여 민주주의와 자유를 실현하고자 한 피식민지 국가들의 반제국주의 투쟁의 역사는 근대 서구의 패러다임을 전적으로 극복한 것은 아니다. 그렇기 때문에 헤겔의 역사철학의 진리는 오히려 20세기 식민지 민족해방투쟁과 자유와 민주주의를 쟁취하기 위한 제3세계의 여러 민족들의 투쟁으로 인해 더욱 더 입증되었다는 역설적인 측면을 망각해서는 안 된다. 헤겔은 한편으로는 인간이 자유로운 존재로 인정되는 과정을 처절한 인정 투쟁의 과정으로 이해하면서도, 인간이라는 범주를 독특한 방식으로 왜곡한다. 앞에서 보았듯이 그는 동양인이나 아프리카인을 자유로운 인간이라기보다는 자유의식을 자각하지 못한 미성숙의 인간으로 보고 서구인만을 자각적인 의미의 인간으로 보고 있기 때문이다. 헤겔에게 인간은 서구인에 의해 대표되는 것이다. 하여간 헤겔에 의하면 인간이 자신의 자연적 직접성을 벗어나지 않는다면, 자유로운 의식을 획득할 수 없다. 달리 말하자면 인간은 자신의 삶을 걸고 자신이 자유로운 존재임을 입증해야만 한다는 것이다. 그러므로 자유는 생명을 건 인정투쟁의 결과이다. 헤겔은 다음과 같이 말한다. "따라서 자유는 자기 의식적 주체가 자기 자신의 자연성을 계속 존립하도록 하지도 않고, 다른 사람의 자연성을 용납하지도 않으며, 오히려 현존재에 대해서 무관심한 채 개별적이고 직접적인 행위에서 자유를 얻기 위하여 자신의 생명과 타인의 생명을 내걸 것을 요구한다. 따라서 자유는 오직 투쟁을 통해서만 획득될 수 있다. 자유롭다는 선언은 자유를 획득하기에 충분하지 않다. 인간은 이 입장에서 다른 사람과 마찬가지로 자기 스스로를 죽음의 위험 속으로 몰아넣음으로써만, 자유에 대한 자신의 능력을 입증한다."(10, 220)

우리는 서구 근대의 원리를 우리의 것으로 만들고 이를 더욱 더 높은 차원으로 끌어올리는 작업을 통해 비로소 헤겔의 오리엔탈리즘을 제대로 극복할 수 있을 것이다. 이를 위해서는 물론 더욱 더 진지하게 서구로부터 배우려는 자세를 갖추어야 한다. 상대방의 장점을 배우지 못하고서는 그를 극복할 방법이 없기 때문이다. 비유하자면 이렇다. 적진에 뛰어들어 적의 장수의 칼을 빼앗아 적장의 목을 베려는 용기와 기개가 없이는 안 된다는 것이다. 상대의 장수들은 만만치 않다. 소크라테스, 플라톤 그리고 아리스토텔레스는 물론이고 아우구스티누스 및 아퀴나스, 칸트와 헤겔 등 상대의 장수들은 하나같이 천지를 진동시키고도 남을 항우 못지않은 어려운 상대이다. 자신에게 결정적인 타격을 가한 상대방의 본성에 대한 철저한 파악, 상대방보다 더 상대방의 장점을 파악해야만 승산이 있다. 당연한 이야기이지만 적진에 뛰어드는 것은 패배와 좌절의 가능성을 배제하지 않는다. 적이 워낙 뛰어나서 그 위력 앞에 굴복할 수도 있을 것이다. 그렇지만 이런 모험을 하지 않고서는 도저히 적을 이겨낼 방도가 없다는 것이다. 그래서 나는 서구의 오리엔탈리즘에 대한 철저한 반대와 서구에 대한 철저한 배움의 자세는 양립될 수 있고 그러해야만 한다고 본다.

헤겔로 대표되는 동양관을 극복하는 작업은 서구 근대의 이념을 보편화시키는 작업으로 환원될 수 없다. 서구 열강의 제국주의 패권과 그에 저항하는 역사가 바로 서구 근대에 대한 저항이라는 측면도 아울러 갖고 있기 때문이다. 근대 동양 역사의 특수성은 바로 서구 근대에 대한 저항 속에서 서구 근대의 원리를 자기의 것으로 삼은 역설적 과정이라는 데에 존재한다. 그러나 이는 서구 근대의 원리를 마냥 추종하는 것으로 그치지 않는다. 서양의 제국주의적 침략에 대한 동양의 저항은 서구 근대의 모순과 한계들을 성찰하게 만들었을 뿐아니라, 유럽적 세계사를 극복할 수 있는 가능성을 만들고 있다. 이런 점에서 "동양에서의 저항으로, 동양은 계속 저항함으로써 유럽적인 것에 매개되면서 그것을 뛰어 넘는 비(非)유럽적인 것을 만들어 내고 있는 중"이라는 다케우치 요시미의 말은 상당히 중요하다.[36] 동아시아에 대한 새로운 상상은 서구 근대를 문명의 보편적 잣대로 간주하지 않으면

36) 다케우치 요시미, 『일본과 아시아』, 서광덕 · 백지운 옮김, 소명출판, 2006, 22쪽.

서 서구 근대를 부정하지 않는 이중적 자세를 견지하면서 서구 근대의 문명과 사유의 틀을 극복할 수 있는 성찰과 결부되어야만 한다. 그럴 때 우리는 동양에 대한 사유가 근대 일본이 자신의 제국주의적 팽창의 욕망을 정당화하는 것으로 귀결되고 만 불행했던 과거의 역사를 반복하지 않을 것이다. 그러므로 새로운 아시아를 상상하는 출발점은 서구 근대를 배우고 수용하는 자세가 서구 근대에 대한 맹목적인 추종으로 흐르지 않으면서도 다른 한편으로 서구 근대에 대한 저항이 동양의 국수주의적인 내지 폐쇄적인 자기 확인으로 경화되지 않는 주체적인 자세를 확고하게 하는 것이다. 우리는 다음의 요시미의 주장을 통해 이러한 문제의식을 좀 더 명료하게 사유할 수 있는 통찰을 얻을 수 있을 것이다. "서구의 우수한 문화 가치를 보다 대규모적으로 실현하기 위해 서양을 한 번 더 동양에 의해 다시 싸안아서 역으로 서양 자신을 이쪽에서 변혁한다는 이 문화적인 되감기 또는 가치상의 되감기에 의해 보편성을 이루어냅니다. 동양의 힘이 서양이 만들어 낸 보편적인 가치를 보다 높이기 위해 서양을 변혁합니다. 이것이 동과 서의 오늘날의 문제점이 되었습니다. 이것은 정치상의 문제인 동시에 문화상의 문제입니다. 일본인도 이러한 구상을 가지지 않으면 안 됩니다.

그 되감기할 때에 자신 속에 독자적인 것이 없으면 안 됩니다. 그것이 무엇인가 하면 – 그러한 것이 실체로서 존재한다고 생각하지는 않지만 – 방법으로서는, 다시 말해 주체 형성의 과정으로서는 있을 수 있지 않겠는가라고 생각합니다. 때문에 '방법으로서의 아시아'라는 제목을 붙이는 것입니다만, 그것을 명확히 규정하는 것은 저로서도 불가능한 일입니다."[37]

나는 동아시아에 대한 새로운 사유가 지향해야 할 바를 서구 근대 및 동양 전통의 이중부정과 이중긍정의 길로 설명한 바가 있다.[38] 서구 근대 및 동양 전통에 대한 이중의 '그렇다'와 이중의 '아니다'는 한편으로 서구 근대의 철저한 부정임과 동시에 그것의 철저한 긍정의 길을 걷는다는 것을 의미하는 것이며, 다른 한편으로 동양적 전통에 대한 철저한 비판임과 동시에 그것의 창조적 긍정의 길을 걷겠다는 것을 의미한다. 달리 말하자면 이중부정과 이중긍정의 길을 통해 동양과 서양이 서로 만나 서로를 철저하게 부정하고 긍정하면서 타자를 배타적으로 바라보는 관점을 극복해보자는 것이다. 동양과 서양의 동시 긍정 및 동시 부정을 통해 비

37) 같은 책, 168쪽 이하.

38) 나종석 · 권용혁 · 이진원, 「동아시아 공동체의 정체성 형성의 문제」, 『동아시아 공동체 논의의 현황과 전망』, 동북아역사재단 편, 2009, 320쪽 이하 참조.

로소 동아시아에 대한 새로운 상상력은 서구 근대의 파괴적 성격을 치유하고 그것이 초래한 위대한 성과를 한층 더 발전시키는 길을 가능하게 할 것이다.[39)]

나가는 말

21세기의 초두에서 현재 인류사회를 바라보면 서구 근대의 규범적 원리인 자유와 평등, 인권과 민주주의 등은 전체 인류사회의 보편적인 원리로 받아들여지고 있는 것처럼 보인다. 또한 서구 근대 문명의 또 다른 축을 형성했던 과학기술과 결부된 자본주의적 시장사회도 자신을 전 지구적 차원에서 관철시키고 있다. 물론 여전히 서구의 문명을 거부하는 이슬람 사회가 존재하고 있고 사회주의 및 공산주의를 내세우는 국가가 고립된 섬처럼 이 지구상에 존재하고 있다. 그렇지만 이런 사실들이 서구 근대의 사고방식과 삶의 원리들은 이제 인류사회의 전 영역에 걸쳐 자신을 관철하는데 성공했다는 점을 부인할 정도는 아닌 것으로 보인다. 이런 점에서 서구 근대의 원리는 세계사적인 승리를 구가한 것으로 보인다.

물론 서구가 자랑으로 내세우는 자유와 평등의 보편적 원리가 실현되는 과정을 되돌아보면 그것은 군사적 침략과 정복, 아메리카 대륙의 원주민 학살이나 아프리카 흑인의 노예화 그리고 경제적 수탈과 식민지 쟁탈전 등과 같은 야만적인 불법 행위를 수반했음을 도외시하면 안 될 것이다. 더 나아가 자유와 평등, 인권과 민주주의가 실현되는 과정에서 유럽 이외의 아시아, 아프리카 그리고 중동 지역의 국가와 사람들이 기여한 바를 망각해서는 안 된다. 유럽이 내세우는 보편주의가 참다운 보편주의가 아니라 침략의 도구이고 그들만의 보편주의에 머무르고 있음을 서구의 제국주의적인 식민지배는 여실히 보여주고 있다. 인권과 민주주의가 전체 지구적인 보편적 가치로 자리 잡아 가는 과정에서 유럽의 식민지배나 경제적 수탈이나 야만적 침략 등에 대해 목숨을 걸고 투쟁했던 비유럽 세계의 지난했던 노력이 결정적인 기여를 했다는 점을 인식하지 않는다면, 유럽 근대의 세계사적 의미는 제대로 파악될 수 없음은 자명하다. 서구 근대의 타자, 즉 서구 근대에 의해 문명에 대비되는 야만으로 낙인찍힌 비유럽인들, 동시에 경제적 착취와 약탈 그리고

39) 이런 태도는 동아시아를 '근대적응과 근대극복의 이중과제'라는 발상과 결합하여 사유하려는 백영서 및 창비 지식인의 문제의식과 궤를 같이 한다. 백영서, 『동아시아의 귀환: 중국의 근대성을 묻는다』, 창비, 2000, 7쪽 이하 참조.

식민지 피지배의 노예적 굴종을 강요당했던 이들의 목숨을 건 끊임없는 투쟁과 저항의 몸짓이 없었다면, 인권과 민주주의는 전체 인류의 참다운 보편주의가 아니라 서구 유럽의 가치에 머무르고 말았을 것임에 틀림없다.

민주주의와 인권을 중심으로 하는 담론은 서구 근대의 정신적 원리를 구성하고 있다. 그러므로 이는 서구 근대성의 원리를 중심으로 해서 세계사를 보는 관점에서 완전히 벗어나 있지는 않다. 그러나 이는 서구 근대의 원리나 서구 근대의 길을 근대성의 유일하고도 절대적인 패러다임으로 삼는 태도를 긍정하는 것과는 다르다. 왜냐하면 우리는 서구 근대 문명의 전 지구적 관철이 성공했음에도 불구하고 그것이 위기에 처했음을 진지하게 받아들이기 때문이다. 주지하듯이 서구 근대 세계를 지탱하는 과학기술 문명, 자본주의적 시장경제 체제, 인권의 중시 및 정치적 자율성에 기반을 둔 민주주의 등은 고대 그리스 및 기독교 문화를 배경으로 한다. 여기서 상술할 수 없지만 근대 자연과학의 발생은 물론이고 개인의 인격적 존엄성에 대한 자각이 서구의 기독교 신학을 매개로 해서 비로소 가능했다는 점은 분명하다.[40] 이처럼 서구 근대의 규범적 원리로 간주되는 자유와 평등의 원리는 자연과 인간의 철저한 대결, 그것도 자연에 대한 인간의 지배원리에 기반을 두고 있다. 헤겔의 용어로 표현하자면 정신은 자연의 진리인 바, 자연으로부터의 구별이 없이는 정신의 알갱이인 자유의식이 실현될 수 없다는 것이다. 그리고 자연을 지배의 대상으로 파악하는 근대의 자연관은 세계를 초월적인 신에 의해서 창조된 질서로 보고, 이 질서 내에서 오로지 인간만이 신의 형상대로 창조된 존재임을 강조하는 기독교의 세속화 과정의 산물이다. 이런 신학적 인간관이 근대에서의 세속화의 과정을 거치면서 자연이 아무런 내재적인 가치를 지니지 않는 에너지나 물질의 덩어리로 이해되는 태도를 산출했음은 주지하는 바이다. 마찬가지로 인간을 유일한 신의 형상으로 창조된 존재로 보는 기독교의 전통에 입각하여 인간의 독특한 가치와 존엄성이 강한 긍정을 부여받게 된 것도 부인될 수 없는 사실이다.

그러나 서구 근대 문화는 개인의 자유와 존엄성을 자연과 인간의 대립 속에서 구하면서 인간을 철저하게 고립된 존재로 생각하게 만든다. 달리 말해 인간은 자연의 질서에서 뿐만 아니라 역사적 및 사회적 세계로부터도 벗어난 존재로 이해되면서 인간의 삶을 의미 있게 해줄 수 있는 가능성의 조건들, 즉 삶의 의미 있는 지평들을 해체하는 결과를 초래한다. 그 결과 서구적인 근대의 인간은 이 세계에서

40) 이에 대해서는 나종석, 「회슬레의 환경철학에 대하여」, 『헤겔연구』 12, 2002, 216쪽 이하 참조 바람.

점점 더 삶의 의미를 구하기 어렵게 된다. 간단하게 말하자면 세계에서의 삶의 긍정을 구하기 어렵게 된다는 것이다. 자연을 철저하게 유용한 도구적인 재료에 지나지 않는 것으로 보고 이와 더불어 역사적 및 사회적 세계로부터 격리된 자아를 긍정하는 서구 근대의 인간관은 타인과의 모든 사회적 관계를 수단적인 것으로 만들어 버리는 결과를 가져온다. 이는 인간의 삶을 철저하게 순간적인 쾌락과 물질적인 만족에만 몰두하게 할 뿐, 그 이외의 모든 것들에 대해 무관심하고 무덤덤하게 만드는 것으로 귀결된다. 그리하여 찰스 테일러가 적절하게 지적하듯이 개인들의 삶에서 개성은 사라지고 획일화와 평준화된 삶만이 결정적인 의미를 지니게 된다. 테일러는 이런 현상을 서구 근대 문화가 개탄스러울 정도로 "자기에만 몰두하는" 개인들을 양산한 문화적 결과로 이해한다.[41] 이처럼 서구 근대는 인간의 삶에서 과거에서 미래로 이어지는 세대간의 지속성 및 연대의식을 부식시키며, 자연에 대한 파괴적인 태도를 양산할 뿐만 아니라 우정이나 사랑 등의 경험적 사례에서 보는 타인과의 긍정적인 관계 맺음의 가능성을 차단함으로써 인간을 철저하게 사소한 물질적인 쾌락이나 안락함에 만족하게 하는 동물의 상태로 전락시키는 위험성을 보여준다.

나는 위기에 처한 서구 근대성을 극복하는데 동양의 문화 및 정신적 전통이 긍정적인 역할을 할 것이라고 생각한다. 달리 말하자면 동양의 전통문화가 서양 근대의 여러 문제점들을 변증법적으로 극복할 수 있는 사상적 자원으로 재해석되어야 한다고 본다. 이를 위해서는 서구 근대와 동양의 전통문화 사이의 유사성에 주목하는 것도 중요하지만[42], 서구 근대의 장점을 철저하게 수용하면서도 그것이 보여주는 자연과 인간의 적대적 관계, 지나친 개인주의 그리고 평등의 이념 속에 놓여 있는 획일화와 평준화의 경향을 극복할 수 있는 가능성을 동양의 전통사상에서 구하는 것도 중요하다. 앞에서 언급했듯이 서구 근대의 자아 중심적 개인주의는 자연의 고유한 의미뿐만 아니라 인간의 삶의 유의미한 지평으로 소중히 간직되어야 하는 역사적 및 사회적 세계의 고유성을 파괴하는 위험성을 동반하고 있다. 그런데 유학의 천인합일 사상[43]이나 가족중심의 세대 사이의 연대의식은 협소한 자

41) 찰스 테일러, 『불안한 현대사회』, 송영배 옮김, 이학사, 2001, 13쪽.

42) 동아시아의 국가들이 보여주듯이 동양의 문화적 전통은 서구의 민주주의 및 인권 그리고 과학기술을 수용할 수 있는 조건들을 풍부하게 지니고 있었다. 중국 및 한국을 비롯한 동아시아 여러 국가들이 근대화의 과정에 일정하게 성공한 것은 동아시아 문화전통의 힘에 기인하는 바도 크다. 이런 점에서도 헤겔의 동양관, 즉 동양을 역사적으로 진보나 발전이 존재하지 않는 정체된 문화로 보는 입장이 일면적임이 드러난다.

아 중심적 태도로 인해 위기에 처한 서구 근대의 문제점을 극복할 수 있는 단초를 제공하는 것으로 보인다. 예를 들어 헤겔이 자연적인 것과 정신적인 것의 구별을 결여하는 "자연적 정신성"(natürliche Geistigkeit)의 문명으로 규정한 동양의 문화는 서구 근대의 자연과 정신의 지배 및 피지배의 관계를 극복할 수 있는 정신적 자원의 보고로 재해석될 수 있을 것이다. 또한 정치사회 조직도 가족의 원리를 중심으로 해서 이해하는 동양의 전통은 연고주의 문화 등을 초래하여 개인의 자율성을 억압할 수 있다는 점에서 폐단이 없진 않으나, 자연적 혈연관계를 중심으로 하는 동양적 사고방식의 자연스러운 발로이다. 그리고 사회조직을 가족이라는 자연적 인간관계를 위주로 해서 이해하는 동양의 전통적 태도는 서구 근대의 자아 중심적인 세계관이 파괴하는 세대들 사이의 관계 및 인간과 자연 사이의 상생적 관계를 재구성하는데 기여할 수 있는 중요한 사상적 자원으로 재해석될 수 있을 것이다. 가문의 지속적 발전을 위해 많은 사람들이 보여주었던 희생의 정신에서 가족을 위해 개인을 희생시키는 행위를 미화하는 이데올로기만을 발견하는 것도 동양의 전통에 대한 일면적인 태도에 지나지 않는다.

인간의 삶이 의미 있기 위해서는 인간들 사이의 대칭적이고 평등한 관계의 확보 못지않게 비대칭적 관계와 결부된 덕목들과 감수성도 요구된다. 배려, 책임 그리고 헌신 등과 같이 상호성의 틀을 넘어서 있고, 그리하여 보편화될 수 없는 덕목들은 의미 있는 삶을 인간에게 가능하게 해주는 버팀목의 하나로 긍정되어야 한다.[44] 그런데 이런 비대칭적 관계들 그리고 인간이 스스로 형성한 것이거나 선택하지 않은 것이면서도 인간의 의미 있는 삶을 가능하게 하는 영역들에 대해 열린 태도는 상호 대칭적이고 수평적인 관계만을 중요시하는 서구 근대의 정신에 의해 해체되어 온 것들이다. 겸손함이나 약자에 대한 책임감이나 연대감 등 인간의 수많은 덕목들은 자연적인 관계를 전제로 해서만 양육될 수 있다는 점을 망각해서는 안 된다. 정신의 자율성이 자연에 대한 지배에 의해서만 가능하다는 것은 편견이다. 정신의 자율성은 정신의 타자, 예를 들어 자연과 생명 그리고 신체를 매개로 해서만 비로소 제대로 구체화될 수 있다는 생각은 헤겔에게서도 그리 낯선 사유는 아니다. 그러나 그가 동양의 정신문명을 자연적이고 실체적인 정신성에 매몰된 것으로 치부하고 정신의 자유를 자연에 대한 인간의 대립과 자립성 속에서만 온전히 실현

43) 동양 문명에서의 천인합일의 사상에 대해서는 위잉스, 『동양적 가치의 재발견』, 김병환 옮김, 동아시아, 2007, 84쪽 참조 바람.

44) 근대성(현대성) 비판의 맥락에서 동양의 정신문명을 서구 근대성의 원리와 변증적인 방식으로 종합하려는 시도는 별개의 글을 통해 더욱 전개시킬 생각이다.

될 수 있다고 보는 서구 근대성의 원리에 여전히 사로잡혀 있음을 보여준다. 동양의 정신은 지나친 자아 중심적 사유방식을 초래하여 커다란 위기에 직면한 서구의 가치체계를 성찰할 수 있는 풍부한 사상적 자원을 지니고 있다. 이런 생각들은 헤겔 및 서구의 전통 형이상학과의 비판적 대결을 통해 레비나스가 새롭게 추구한 타자의 철학과도 공명하는 바가 있음은 물론이다. 레비나스는 다음과 같이 말한다. "아이와의 관계, 다시 말해, 힘으로서가 아니라 출산성으로서의 타자와의 관계로 인해 우리는 절대적 미래 또는 무한한 시간과 관계를 맺게 된다."[45)]

서구 근대의 원리가 21세기에도 지속될 수 있으리라는 보장이 없다. 그 만큼 서구 근대는 진보적인 성격과 함께 자기 파괴적인 모습을 보여주고 있다. 즉 서구 근대는 위기에 처해 있다. 우리는 그것을 생태계 위기, 전 지구적 차원에서의 부와 빈곤의 대립, 대량살상무기의 확산 등에서 찾아볼 수 있다. 이들 문제들은 전 지구적인 해결을 요하는 것들로 어느 한 국가나 어느 한 지역의 노력으로 해결될 수 없는 것들이다. 우리는 서구 근대성의 내적 모순에 대한 인식을 결여해서는 안 된다. 그러므로 서구 근대의 승리가 역사의 종말인지 아닌지의 여부는 앞으로 인류가 당면한 여러 문제들을 어떻게 대처해 나가는지에 달려 있다. 지금까지의 성찰을 바탕으로 해서 이 글에서 우리는 서구 근대와 전통적인 동양 사상의 변증법적 매개가 취해야 할 기본 입장을 확인하는 것으로 만족할 수밖에 없다. 그것은 다음과 같이 요약될 수 있을 것이다. 서구 근대의 계몽주의적 장점, 예를 들어 개인의 자율성과 인격의 존엄성에 대한 철저한 자각 그리고 평등하고 자유로운 시민들의 공동의 결정으로서의 정치적 자율성의 이념에 대한 명확한 인식을 인간과 자연의 상생적 관계, 역사적·사회적 세계의 지속성과 안정성을 보장하는 전통, 그리고 그 자연적 토대에 대한 자각을 강조하는 동양의 장점을 종합하는 것이 서구 근대의 위기를 극복하는 아시아의 사상의 사상적 기초가 되어야 한다는 것이다. 21세기의 새로운 인류 역사를 모색하는 과정에서 서구 근대에 의해 상처받으면서도 생사를 건 투쟁을 통해 인간성을 회복했던 비유럽인들의 역사를 회고해본다면, 비유럽인 그 중에서도 특히 동양인들이 보다 창조적이고 적극적인 역할을 수행했으면 하는 바람은 또 다른 형태의 자민족중심주의의 발로라고만은 볼 수 없을 것이다.

45) 강영안, 『타인의 얼굴: 레비나스의 철학』, 문학과지성사, 2009, 159쪽에서 재인용. 강영안도 후손을 통해 열리는 미래의 시간이 갖는 중요성에 대한 레비나스의 강조와 자손을 통해 영생의 꿈을 추구하는 유교전통 사이의 유사성을 강조한다. 같은 쪽 참조.

참고 문헌

강영안, 『타인의 얼굴: 레비나스의 철학』, 문학과지성사, 2009.

고야스 노부쿠니, 『동아 · 대동아 · 동아시아-근대 일본의 오리엔탈리즘』, 이승연 옮김, 역사비평사, 2006.

나종석, 「회슬레의 환경철학에 대하여」, 『헤겔연구』 12, 2002.

_____, 「헤겔 역사철학의 근본 주장 및 그 의미에 대하여」, 『헤겔연구』 21, 2007.

_____, 『차이와 연대』, 도서출판 길, 2007.

나종석 · 권용혁 · 이진원, 「동아시아 공동채의 정체성 형성의 문제」, 『동아시아 공동체 논의의 현황과 전망』, 동북아역사재단 편, 2009.

다케우치 요시미, 『일본과 아시아』, 서광덕 · 백지운 옮김, 소명출판, 2006.

백영서, 『동아시아의 귀환: 중국의 근대성을 묻는다』, 창비, 2000.

에드워드 사이드, 『오리엔탈리즘』, 박홍규 역, 교보문고, 2008.

이매뉴얼 월러스틴, 『세계체제분석』, 이광근 옮김, 당대, 2005.

위잉스, 『동양적 가치의 재발견』, 김병환 옮김, 동아시아, 2007.

핸리 임, 「근대적 · 민주적 구성물로서의 '민족': 신채호의 역사서술」, 『한국의 식민지 근대성-내재적 발전론과 식민지 근대화론을 넘어서』, 신기욱 · 마이클 로빈슨 엮음, 도면회 옮김, 삼인, 2005.

찰스 테일러, 『불안한 현대사회』, 송영배 옮김, 이학사, 2001.

헤겔, 『역사철학강의』, 김종호 옮김, 삼성출판사, 1995.

_____, 『철학사 I』, 임석진 옮김, 지식산업사, 1996.

_____, 『종교철학』, 최신한 옮김, 지식산업사, 1999.

_____, 『정신철학』, 박병기 · 박구용 옮김, 울산대학교출판부, 2000.

히로마쓰 와타루, 『근대초극론』, 김항 옮김, 민음사, 2003.

Hegel, *Werke in zwanzig Bänden*, hg. v. E. Moldenhauer und K. M. Michel, Frankfurt 1969–1971.

Hegel, *Vorlesungen über die Philosophie der Weltgeschichte*, Band II–IV,

Hamburg 1988.

Pelczynski, Z. A., "The Hegelian conception of the state", *Hegel's Political Philosophy, problems and perspectives, A Collection of new essays*, edited by Z. A. Pelczynski, Cambridge 1971.

Beyond Hegel's Orientalism

Na, Jong-Seok

Abstract

In this article the author tried to reflect Hegel's orientalism critically. The critical confrontation with Hegel's orientalism is connected closely with seeking for a new possibility of east-asia. It is true that a new imagination of east-asia is not possible without radical reflections on the western modernity. But the author differs with those who assume that a new imagination of east-asia is possible, if we break with the western modernity. Therefore this article is aimed at providing a theoretical clue to overcome postmodernism-oriented east-asia discourse.

keywords: east-asia, orientalism, philosophy of history, Hegel, western modern, post-modern.

역사 발전에서 혁명(가)의 역할

– 칸트와 헤겔에 대한 아렌트 논의에 기초하여

이 정 은

요약문

이 글은 기술 발달이 인류의 생존 자체를 위협할 만큼 심각한 상황에 이르렀기 때문에, 20세기 후반의 새로운 세대가 진보에 대한 희망을 철저하게 상실했으며, 그로 인해 급격한 변화와 발전을 야기하는 혁명(가)에 대해 회의적 태도를 취하고 있는 아렌트의 정치 철학에서 혁명 의미, 혁명 원동력과 혁명 주체가 어떻게 개진되는지를 탐구하는데 일차 목적을 둔다.

분석 과정에서 아렌트는 혁명에 관한 칸트와 헤겔의 주장을 중요하게 도입하고, 그들의 역사 철학과 혁명을 활용하면서 고유한 대안을 도출한다. 그러므로 세계사에 결정적 변화를 낳은 프랑스 혁명과 미국 혁명에 대해 칸트와 헤겔이 어떤 반응을 보이는지, 왜 이중적 태도를 취하는지, 혁명(가)의 역할이 역사 발전에서 어느 정도 비중을 차지하는지를 아렌트 해석에 견주어 살펴보는 것을 이 글의 궁극 목적으로 삼는다.

그리고 미래 예측이 불투명한 상태에서 미래의 희망을 찾기 위해, 칸트와 헤겔의 역사 원동력 및 역사 주체를 혁명 원동력 및 혁명 주체와 연결하여 탐구하고, 기술 발달에 따른 문제를 타개하는 주체를 찾아나가려고 한다.

● 분야 : 역사 철학, 정치 철학
● 주요어 : 혁명(가), 연속 혁명, 도덕성, 기술 발달, 인류 생존, 인류 공멸, 미래 희망

1. 서론 – 발상

이 글의 발상은 두 가지에 기인한다. 첫째는『공화국의 위기』에서 아렌트가 이제는 더 이상 '혁명가'가 없다[1]고 단언하는 데서 받은 충격 때문이다. 이 책의 출판년도는 1972년이지만, 과학 기술 발전이 인류 미래에 어떤 영향을 미칠지에 대한 예측이 현 시점에도 상당히 통찰력을 발휘하기 때문에 혁명(가) 관련 발언도 시사성을 지닌다고 생각한다. 둘째는『칸트정치철학강의』에서 역사 발전 및 역사 완성(종말)과 관련하여 칸트와 헤겔을 비교하는 내용을 곱씹어 볼 필요가 있다는 생각 때문이다. 아렌트는 역사의 항구적 발전을 주장하는 칸트에게는 역사의 완성이 없지만, 헤겔에게는 역사의 완성이 있다고 하면서 이들의 역사적 주체를 대비시키는데, 칸트는 '인류 자신' – 인간 종으로서 인간의 잠재력 계발 – 을, 그에 반해 헤겔은 '절대 정신'을 주체로 제시한다는 것이다. 최종 단계에서 철학자가 절대 정신을 파악한다고 해도, 헤겔의 주체는 절대 정신[2]이라고 주장한다. 이에 뒤이어서 아렌트는 칸트와 헤겔의 역사적 주체에 대해 좀 더 확대된 설명을 하기는 하지만, 1822년부터 헤겔이 5번에 걸쳐서 행한 강의와 초고에 기초하여 출간된『역사철학강의』에 따르면 헤겔을 단순화한 것처럼 보인다.

역사 철학에서 역사는 해석의 차이인지 아니면 전개의 필연성(a priori)[3]을 지니는지? 역사를 인간이 이성적으로 인식하는지 아니면 역사 자체가 이성적으로 전개되는지[4]가 문제시되며, 이때 대립 항 모두 역사 전개의 동력 내지 주체와 맞물려있

1) 한나 아렌트(김동식 역),『공화국의 위기』, 도서출판 두레, 1979, 249쪽. 아렌트는 혁명이 자신의 법칙에 따라 자유롭게 진보하던 혁명의 시대가 끝났음을 주장하기 위해 F. Borkenau의 글을 인용(168쪽)하고 있으며, 미래 혁명의 선행조건인 '진정한 혁명가 집단'이 현재로는 더 이상 존재하지 않는다고 말한다.
2) 한나 아렌트(김선욱 역),『칸트정치철학강의』, 푸른숲, 2002, 116쪽.

다. 역사는 일상성 가운데서 급격한 변동을 야기하는 사건에 의해 발전이 가속화되기 때문에, 세계사적 변화에는 가끔 혁명이 동반된다. 근현대시기로 넘어올수록 인간다움을 실현하는데 사회-정치적인 면에서 혁명 비중은 높아진다.

그럼에도 불구하고 더 이상 혁명가가 없다고 아렌트가 단호하게 주장하는 근거는 무엇인가? 도대체 혁명(가)의 의미가 무엇이기에 그러한가? 미래에 대한 낙관과 비관이 극단적으로 교차하는 21세기 우리에게 혁명(가)의 가능성은 없는가? 혁명(가)도 역사의 동력 내지 주체로서 가치를 지니므로 충격과 단순화를 해소하기 위해 역사 발전과 혁명(가)의 관계를 살펴볼 필요가 있다.

칸트와 헤겔은 프랑스 혁명을 포함하여 다양한 혁명을 겪은 철학자들이라서 역사 발전과 혁명의 관계를 진지하게 고민했다. 물론 칸트와 헤겔의 철학에서 혁명(가) 논의가 대단한 비중을 차지하는 것은 아니다. 그러나 아렌트는 행위자와 관찰자를 구분하면서 이들을 활용하는데, 혁명의 행위자와 관찰자 구분은 역사의 행위자와 관찰자 구분과 맞물리며, 역사 발전의 동력과 주체도 재고하도록 만든다. 아렌트는 '정치 행위에서 상호 주관성과 공공성'이라는 자신의 핵심 테제를 논증할 때도 관찰자를 부각시킨다. 그래서 이 글에서는 『혁명론』, 『공화국의 위기』, 『칸트 정치철학강의』에서 나타나는 혁명(가) 관련 논의를 칸트와 헤겔의 관점을 교차시키면서 전개하려고 한다.

여기에서 미리 밝힐 점은 칸트와 헤겔에게 혁명가는 역사의 주체는 아니라는 점이다. 역사 발전의 동력을 구체화하다 보니, 행위자와 관찰자의 관계가 문제가 되고, 그들 모두에게서 혁명(가)의 해석이 관심꺼리로 부상한다는 점이다. 그러나 혁명(가) 차원과 달리, 급격한 변화를 야기하는 또 다른 형태인 전쟁과 전쟁 영웅은 이들에게 중요하게 다뤄진다. 이를 통해 칸트의 역사 철학의 목표는 세계 평화의 실현이고, 헤겔은 세계정신으로서 자유의 실현이라는 점이 밝혀진다.

---

3) G. W. F. Hegel, *Vorlesungen ueber die Philosophie der Geschichte, in: Georg Wilhelm Friedrich Hegel Werke*, Bd, 12, Frankfurt a/M.: Suhrkamp Verlag, 1986, S. 20. 임석진 역, 『역사에 있어서의 이성』, 지학사, 1987. 김종호 역, 『역사철학강의』, 삼성출판사, 1993. 앞으로 인용은 VPG로 약칭한다.

4) G. W. F. Hegel, VPG, S. 20. 헤겔은 여기에서 "철학이 동반하는 유일한 사상은 이성이 세계를 지배한다는, 따라서 세계사도 이성적으로 진행된다는, 이성의 단순한 사상이다."라고 주장한다.

2. 혁명의 목표와 의미 – 혁명 정신과의 대립

논의를 시작하려면 '혁명'의 의미와 목표가 무엇인지를 먼저 살펴봐야 한다. 아렌트는 『혁명론』에서 프랑스 혁명과 미국 혁명을 분석하면서 혁명의 지향점과 결과가 만들어내는 혁명의 세계사적 의미를 밝힌다.

일반적으로 혁명의 목표와 구체적 실현 내용은 – 당대 사회에는 결핍되어 있는 측면을 겨냥하기 때문에 – '새로움'을 배태한다. 18세기 혁명에서 새로움으로 부상한 것은 '자유'이며, 정치적 변화와 공공 업무에 대한 참여를 동반하는 '자유의 실현'이다. 아렌트가 보기에 이 요구를 분명하게 구현하는 혁명은 미국 혁명[5]이다. 신세계는 자원이 풍요로웠기 때문에 미국 혁명에서 중요한 기폭제가 된 것은 빈곤 같은 경제 문제가 아니라, 구나 읍(township)에서 자치를 실현하고자 하는 지역주의 행태들이다. 소위 꼬뮌(commune)처럼 평의회(council)에 기초하여 주정부를 형성하며, 궁극적으로 주정부와 연방정부간의 권력견제를 제도화하여 '자유가 출현할 공간'[6]을 창출하는 것이 목표였다. 그래서 '지역 자치에 대한 경험', '자유롭게 공공 업무에 참여하는 경험'이 혁명을 전면화하는 결정적 요소가 된다.

그러나 혁명 이후에 혁명의 이론적, 사상적 정립보다는 경험을 중시하는 태도가 보편화되면서 – 미국 혁명이 지닌 – 자유 이념의 가치를 세계사적 의미로까지 고양시키지는 못한다. 더군다나 자유를 보장하는 헌법과 제도의 '항구성과 안정성'에 초점을 맞추다 보니, 새로운 혁명을 용인할 수가 없어서 '연속 혁명'의 가능성을 차단하는 딜레마[7]에 빠진다. 이 딜레마가 『혁명론』에서 '건국'과 '혁명 정신'에 대한 설명을 야기한다. 만약 혁명 목표가 건국이라면 "혁명 정신은 새로운 것을 시작하는 정신일 뿐만 아니라 항구적이고 지속적인 것을 시작하는 정신"[8]이다. 이때 '항구적 제도'를 만드는 것은 '새로운 시작'을 요구하는 '혁명 정신'과 자연스럽게 충돌하게 된다. 혁명 정신이라고 해도 '건국'과 '건국 이후'간의 차이를 구분해야

---

5) 한나 아렌트(홍원표 역), 『혁명론』, 한길그레이트북스, 2004, 102쪽.

6) 앞의 쪽.

7) 아렌트는 이런 딜레마를 『공화국의 위기』에서는 '시민불복종' 문제를 통해 노정한다. 오늘날 미국 내 법학자의 주요 난제는 '시민불복종'을 "법은 범법을 정당화하지 못한다."(『공화국의 위기』, 도서출판 두레, 1979, 62쪽)는 것과 양립시켜야 하는 것이라고 한다. 미국은 항구적 제도를 변화시킬 가능성으로서 연속 혁명은 거부하지만, 그 정신을 담아내는 시민불복종을 분명하게 허용함으로써 딜레마를 해소한다고 한다.

8) 한나 아렌트(홍원표 역), 『혁명론』, 한길그레이트북스, 2004, 361쪽. 미국에서 딜레마를 일찍 간파한 사람으로 제퍼슨이 대표적이다.

하는 문제가 생긴다.

미국 혁명과 달리, 프랑스 혁명에서 – 비록 자유와 평등 그리고 루소의 공화제적 정치 체제가 혁명의 이념이라고 해도 – 혁명의 기폭제는 자유가 아니라 인민의 굶주림과 빈곤[9]이다. 혁명 진행 과정에서 혁명가의 고민거리로 부상하는 것도 '인민의 빈곤과 복지' 문제이다. 그러다 보니 은연중에 '자유를 포기'[10]하고 자유 이념과는 다른 방향으로 나아가게 된다. 프랑스 혁명이 지닌 결함은 혁명 과정에서 단적으로 드러난다. "혁명 정부와 입헌 정부 사이의 구별에 관한 로베스피에르의 당혹스럽고 자포자기적인 이론을 생산"[11]하는 과정을 살펴보면, 그는 혁명 초기 때와 달리 점차적으로 꼬뮌의 활동을 제한하면서 자유 이념에서 일탈하는 모습을 보여준다. "공적 견해를 형성하는 지속적인 제도를 공화국의 구조로 건설하는 방법을 알고"[12] 있는 것은 오직 미국 혁명뿐이라고 아렌트는 생각한다.

제도와 혁명 정신의 충돌을 해결하기 위해, 프랑스는 차후에 여론(의견)을 지속적으로 반영하는 국민투표를 활용하여 제도와 여론의 무제약적 지배를 양립시키려고 노력한다. 미국 혁명은 권력 간의 견제를 실현하는 정부 형태와 '정치적인 것'에 관심을 갖는 반면에, 프랑스 혁명은 빈곤과 복지 같은 '사회적인 것'에 치우치게[13] 됨에도 불구하고, 차후에 사상적 정립에 초점을 맞추어 의미를 부여하는 것은 프랑스이기 때문에 혁명의 세계사적 파급 효과는 – 혁명 과정에 실제로 적용된 내용과 달리 – 미국 혁명이 아니라 프랑스 혁명이 낳게 된다.

프랑스 혁명은 당대 지식인들을 상당히 고무시킨 역사적 사건이다. 프로이센의 헤겔조차 자유의 나무 아래에서 춤추게 하고 헤겔과 칸트 모두 혁명 과정에 대한 소식을 초조하게 기다리게 한 사건이다. 그런데도 프랑스 혁명이 자유 이념을 제대로 구현하지 못했다고 아렌트가 주장하는 이유는 무엇인가?

혁명에 대한 인민의 폭발적 참여가 '빈곤' 때문이라는 것보다 더 중요한 이유가 있는데, 그것은 '혁명의 의미'에 대한 당대의 전제 때문이다. 그 전제가 암묵적으로 혁명 내용에 영향을 미치고 있기 때문이다. 우리는 혁명이 늘 '새로움'과 연관된다고 생각하지만, 그러나 기대하는 '새로움'과 달리, 당대에는 오히려 '복구'[14]

---

9) 앞의 책, 136쪽. 그 이후 내용을 계속해서 참고하라.
10) 앞의 쪽.
11) 앞의 책, 361쪽.
12) 앞의 책, 356쪽.
13) 앞의 책, 146쪽.
14) 앞의 책, 115쪽.

의 의미를 담고 있었다. 혁명은 원래 "천체 궤도의 운행이라는 코페르니쿠스의 표현을 통해 자연과학에서 점차 중요해진 천문학 용어"[15]이다. 천체 궤도는 인간과 상관없이 독자적으로 움직이는 '별들의 회전'이기 때문에, 회전 운동의 모델에 따르면 혁명은 '반복 운동' 내지 '순환 운동'으로 규정된다. 천문학 용어를 정치 현상에 그대로 적용하면, 혁명의 의미는 "하늘의 별들이 이미 정해진 노선을 따라 운행하는 것과 마찬가지로, 몇 가지 알려진 정부 형태 역시 유한한 존재인 인간들 사이에서 영원히 반복적으로 순환"[16]하는 것이다. 그러므로 '정부 형태의 순환'을 야기하는 복구가 혁명의 의미가 된다.

반복되는 요소를 복구하는 것은 결국 '과거의 복구' 내지 '과거로의 회귀'이기 때문에, 18세기에 복구할 과거는 '절대군주정'을 염두에 둘 수밖에 없다. 프랑스 혁명과 미국 혁명 모두 "초기에는 적어도 절대군주정의 전제 또는 식민 정부의 권력 남용으로 교란되고 침해된 구질서를 복원해야 한다고 확신했던 사람들이 일정한 역할을 했다."[17] 그러므로 '절대군주정의 해체'가 아니라 흔들리는 절대군주정의 이전 모습을 복구한다는 것이 혁명에 훨씬 더 어울리는 의미가 된다. 건국 정신과 혁명 정신에 따르면 새로움에 대한 기대, 아직 실현되지 않은 자유에 대한 열망이 혁명을 급진주의로 몰아갈 것 같은데, 혁명의 고전적 의미에 따르면 오히려 복고주의 내지 보수주의로 나타난다. "구질서를 종식시키고 새로운 세계의 탄생을 촉진하는 과정의 행위자라는 이념은 혁명이라는 용어의 원래 의미에서 가장 멀리 이탈한 것"[18]이 된다.

그러므로 '혁명'에서 새로움을 추구한다면, '혁명의 의미'와 '혁명의 정신'을 구분하는 일이 필요하다. "참신성을 확보하려는 이러한 근대적 열망은 혁명 정신으로부터 세심하게 구분"[19]되어야 하기 때문에, '새로운 것에 대한 열의'를 조심스럽게 진단할 필요가 있다. 실제로 혁명 과정과 혁명의 세계사적 의미를 부여하는 과정에서 복고가 혁명의 의미로 고착될 수 없다는 자각이 동반되기는 하지만, 혁명의 의미에 대한 갱신이 필요하다.

혁명의 의미와 목표가 – 기대와 달리 – 프랑스 혁명에서 굴절된 면을 보여주듯이, 근대 혁명을 모두 아울러서 나타나는 또 하나의 굴절은 '자유의 의미'의 굴절

---

15) 앞의 책, 113쪽.
16) 앞의 책, 114쪽.
17) 앞의 책, 116쪽.
18) 앞의 책, 114쪽.
19) 앞의 책, 112쪽.

이다. 아렌트는 정치 행위에서 실현할 자유와 평등의 의미를 희랍의 이소노미(isonomy)로 거슬러가서 설명한다. 희랍에서 자유는 "지배받지 않는 조건 아래서 시민들이 함께 생활하는 정치 조직, 지배자와 피지배자를 구분하지 않는 정치 조직의 한 형태로 이해되었다."[20]. 자유는 '비지배'로 규정되며, 평등 또한 비지배를 통해 실현되는 것이다. 그러므로 아무리 민중의 지배라고 해도, 민주정 또한 '비지배'를 벗어나기 때문에 '이소노미를 위배'하는 것이 된다. 희랍의 도시국가는 평등을 실현하기 위해 '자유민의 상호 작용'을 철저히 보장하는 현실 국가이다. 강력한 법과 권력을 만들어낸 로마제국조차 권력을 견제할 권위를 도입하려고 했으며, 그래서 원로원 제도를 통해 이소노미적 자유에 동참한다. 이런 자유가 점차 망각되지만, 미국은 '제도와 연속 혁명 간의 충돌'을 해소하는 과정에서 '권위를 도입'하고 '상실되는 권력과 권위'간의 균형, '제도와 권위'간의 균형을 실현하려고 한다. 미국은 로마제국의 원로원을 상원에, 사법부의 대법원[21]에 반영하는 방식으로 나아간다.

지금까지 혁명의 목표와 본래 의미를 이해했는데, 이제 혁명의 세계사적 의미를 발굴하기 위해 혁명의 원동력과 주체에 대한 논의로 넘어가 보자.

3. 혁명의 원동력? 역사 발전의 원동력? –도덕성인가?

혁명의 원동력을 찾기 위해 철학사를 거슬러 가면 다양한 논의가 철학자들 안에서 나타난다. 가장 비근하게는 맑스처럼 사회 구성체가 지니는 생산력과 생산관계의 내적 모순일 수도 있고, 프랑스 혁명과 관련지어 루소가 내세운 연민[22]이나 동정[23]일 수도 있다. 그 동력이 무엇이든지 간에, 역사 전체를 일관되게 꿰뚫는 원리와 원동력을 추구하듯이, 혁명을 일관되게 꿰뚫는 원동력도 기대하게 된다.

아렌트가 『공화국의 위기』에서 혁명을 언급하면서 주목하는 것은 전쟁, 폭력, 혁명을 이슈화하는 서구의 새로운 세대가 원자폭탄 경험자의 자녀들이라는 점과, 그들이 1960년대 학생 운동을 촉발시켰다는 점이다. 이러한 운동의 촉발제는 가공할만한 폭발력을 지니는 과학 기술이며, 기술 발전이 낳은 변화를 비판하는 과정

20) 앞의 책, 96쪽.
21) 앞의 책, 제6장을 전체적으로 참고하고, 특히 319쪽 앞뒤 내용을 보라.
22) 앞의 책, 172쪽.
23) 앞의 책, 169쪽.

에서 '도덕적 동기'[24] 내지 '정치적 동기'가 당연히 중요하리라고 예상된다. 그러나 학생들의 내면에는 도덕적–정치적 동기보다는 과학 기술을 창출해내는 '과학자와 상아탑의 결탁', 즉 '학원에서 이루어지는 과학자와 학자의 결탁'[25]이 더 근본적인 비판 대상으로 등장한다.

학생 운동을 펼치는 새로운 세대는 과학에 대한 믿음을 상실했고, '과학에 대한 믿음의 위기'는 '진보에 대한 믿음의 위기'와 내적으로 일치한다. 그래서 새로운 세대에게 '과학의 진보'는 '인류의 진보'가 아니라 '인류의 종말'이라는 등식을 지니게 된다. 1960년대 학생 운동을 주도하는 "새로운 세대가 '30대 이상'보다 세계의 종말 가능성을 더 크게 느끼는 것이 당연한 것은 그들이 보다 젊어서가 아니라 그들에게 이것이 세상에서 처음이자 결정적 경험이었던 까닭"[26]이다. 게다가 이제는 기술 발전이 낳은 파괴력이 강대국과 약소국의 구분을 그다지 의미 없는 것으로 만들 정도로까지 심각해지고 보편화되었다. 설상가상으로 이른바 '원자탄 그늘에서 자란 세대들'은 "현대적 군사작전이 없다면 불가능한 민간인의 대량학살에 관하여 배웠기"[27] 때문에, 역사 발전을 위한 의식적 추동력이 실효성이 없다고 판단한다.

결국 '도덕적 동기'는 기술 발전에서도 역사 진보에서도 중요하지 않은 요소가 되면서 혁명(가)의 원동력과 주체성 면에서도 그 의미가 퇴색한다. 과학 기술 발전에 따른 이러한 현대적 진단은 '도덕화'를 역사 발전의 동력으로 삼은 칸트와 분명하게 배치된다. 칸트에게 역사 발전은 사회화, 문화화, 문명화이지만 동시에 도덕화[28]이기도 하기 때문이다.

그러나 칸트에게 인간 본성은 '굽은' 나무와 같아서, 아무리 노력해도 인간은 완전히 '곧은' 나무로 성장할 수는 없다. 역사가 도덕화를 겨냥한다고 해도, 인간 본성이 굽어 있기 때문에 칸트에게 역사는 '선 자체의 전개'가 될 수 없다. 역사 발전은 도덕성과 선 자체를 추구하는 데서 나온 것이 아니라, 오히려 본성의 구부러짐으로서 이기심이 작용하는 과정에서 나타난 결과이다. 인간은 이성적이어도, 전적으로 이성적으로만 행동하지 않고 감성과 욕망의 지배도 받는 존재이기 때문에,

24) 한나 아렌트(김동식 역), 『공화국의 위기』, 도서출판 두레, 1979, 149쪽.
25) 앞의 책, 151쪽, 252쪽을 보라.
26) 앞의 책, 136쪽.
27) 앞의 책, 132쪽.
28) I. Kant(이한구 역), 「세계시민적 관점에서 본 보편사의 이념」, 『칸트의 역사철학』, 서광사, 1992, 37쪽 참고. 칸트는 "도덕성의 이념은 문화에 속한다."고 주장한다.

자연은 인간의 욕구가 충돌할 때 '인류의 모든 능력을 계발'시키면서 도덕화를 낳는 전략을 사용하게 된다. 소위 '반사회적 사회성'과 '전쟁'[29]이 역사를 발전시키고 도덕화를 야기하는 근본 장치가 된다.

반사회적 사회성을 통해 역사를 발전시키는 '자연의 계획'은 도덕의 부재를 오히려 도덕화의 근간으로 반전시키기 때문에, '헤겔의 이성의 간지'에 비견되는 '칸트의 자연의 간지'이다. 아렌트는 '자연의 간지'를 '역사의 간지' 내지 '역사의 책략'[30]으로 지칭한다. 자연의 간지의 궁극 목적은 개인이 자유롭게 계몽되어 공화제적 법을 지니는 시민사회, 더 나아가 전 세계가 한 국가로서 세계시민사회(세계국가)[31]에 도달하는 것이다. 세계 국가는 『영원한 평화를 위하여』를 고려한다면 '세계 평화의 실현'을 목표로 삼고 있다. '세계 평화'는 반사회적 사회성과 전쟁이라는 '반-평화적 행위'를 통해 이루어진다.

칸트와 달리, 헤겔은 도덕성을 역사 발전과 연결하지는 않는다. 역사가 도덕적 교훈을 목표로 편찬된다고 해도 역사는 도덕과 다르기 때문이다. 즉, "민족과 국가의 운명, 그것들의 관심(이해관계), 그것들의 상태, 그것들의 얽힘(분쟁)은 (도덕적인 것과는 – 필자 보충) 다른 분야이다."[32]. 세계사는 "도덕성이 본래 거주지로 삼는 사적 심정, 개인의 양심, 개인의 고유한 의지와 개인의 행위 방식보다도 더 높은 지반을 지니기"[33] 때문에, 세계사를 도덕의 거주지로 보아서는 안 되며, 도덕성은 세계사의 지반이 될 수 없다. 헤겔에게 역사 발전은 자유의 실현이며, 자유가 이성의 이념이다. 세계사에서 "자유의 자기의식은 사유하는 이성이며, 자유는 사유와 뿌리가 하나이다. 동물은 사유하지 않고 인간만이 사유하듯이, 인간만이, 그리고 사유하기 때문에 인간만이 자유를 지닌다."[34]는 맥락에서 헤겔에게 역사는 이성 자체의 전개이다.

그러나 역사에서 이성 내지 정신이 지닌 이념을 실현하려면 '수단'이 필요하다. 왜냐하면 자유는 정신의 원리이면서 궁극 목적이지만, 그 자체로는 일반적이고 추상적인 원리라서 내면적 원리에 그치기 때문이다. 내면적 원리를 실현하기 위해,

---

29) 앞의 글, 29쪽과 34쪽 이하를 계속 참고하라.

30) 한나 아렌트(김선욱 역), 『칸트정치철학강의』, 푸른숲, 2002, 112쪽.

31) I. Kant(이한구 역), 『영원한 평화를 위하여』, 서광사, 1992, 35쪽 이하를 참고하라. 이 책에서 칸트는 '세계공화국', '세계시민법'과 같은 용어를 사용한다. 그리고 「세계시민적 관점에서 본 보편사의 이념」(앞의 책, 40쪽)에서는 '세계시민적 상태'라는 표현을 즐겨 사용한다.

32) G. W. F. Hegel, VPG, S. 20.

33) G. W. F. Hegel, VPG, S. 90.

34) G. W. F. Hegel, VPG, S. 95.

즉 자유를 외면화하기 위해 수단이 작용한다. 정신의 내면적 원리를 실현하려면 '인간의 활동'이 필요하고, 활동을 위한 '의지'가 요구된다. 헤겔은 이러한 의지의 구체적 추동력을 '원리를 활동시키는 욕망, 충동, 경향, 정열'[35]로 간주한다. 이념을 실현하려면, 정신의 본성에 해당되는 내면적 원리뿐만 아니라 인간의 욕망과 충동이라는 실현 수단(실현 원리)이 동시에 작용해야 한다.

이때 욕망과 충동은 그저 소소한 욕망과 충동이어서는 안 된다. 거기에 자신의 목숨을 걸만큼 집중성과 절대성을 지녀야 한다. 자신과 관련이 없는 것이 아니라 욕망을 야기할 만큼 이해관계를 지니는 것이라면, 수단은 추상적인 '관심(이해관계) 일반'이 아니라 '어떤 것에 대한 관심(이해관계)'[36]이라고 할 수 있다. 자신과 연관되는 이해관계를 위해 목숨을 걸만큼의 집중력을 보이는 욕망을 헤겔은 '정열'로 특화한다. "사람들이 더불어 지니거나 지닐 수 있는 모든 다른 관심과 목적을 무시하고, 개인 안에 내재하는 혈관의 모든 의지를 걸어서, 이러한 목적에 그의 모든 욕구와 힘을 집중시킬 때"[37] 우리는 그것을 '정열'(Leidenschaft)이라고 한다. 그러므로 세계사를 거론할 만큼 큰 사건을 일으키려면 반드시 정열이 필요하다. '세상의 어떤 위대한 일도 정열 없이는 실현될 수 없다'[38].

역사의 진보를 이룰만한 '이념과 정열의 합작품'이면서 '이념과 정열을 매개'하는 것을 헤겔은 궁극적으로 '국가의 인륜적 자유'[39]로 귀결시킨다. 그러나 지역공동체도 아니고, 한 국가도 아니고, 몇몇 국가도 아닌 '세계사 전체'를 아우르는 하나의 정체성을 설정해야 하는 상황이기 때문에, 이성은 발전의 수월성을 확보하려고 칸트의 자연의 간지처럼 '영웅의 정열'을 이용하는 꾀[40]를 부린다. 영웅이 자신의 이해관계를 충족시키기 위해 벌이는 행위는 소소한 사건처럼 보여도 세계사적 사건이기 때문에 행위 과정에서 영웅에게 도덕성을 요구하는 것은 마땅치 않다. 세계사적 반향을 일으킬 만큼 급격한 변화를 창출하다 보면, 많은 생명을 짓밟고 가는 일도 발생하기 때문이다. 알렉산더, 케사르, 나폴레옹처럼 세계사적 전환을 야기한 사람들이 사용한 방법이 전쟁이라는 점을 감안하면, "세계사적 행동과 그

---

35) G. W. F. Hegel, VPG, S. 36.
36) G. W. F. Hegel, VPG, S. 37.
37) G. W. F. Hegel, VPG, S. 37-8.
38) G. W. F. Hegel, VPG, S. 38.
39) 앞의 쪽.
40) 세계정신과 영웅의 관계를 이성의 간지로 설명하는 내용에 대해서는 유헌식, 『역사이성과 자기혁신』(철학과 현실사, 2009), 제2장을 참고하라.

완수자들에게 도덕적 요구를 하는 것은 적절하지 않다."[41]고 본다. 이것은 헤겔이 도덕을 무시하기 때문이 아니라, 세계사 자체가 '도덕성'과는 그리고 '도덕과 정치가 구별되는 영역'과는 다르기[42] 때문이다. 국가관계에서 자신의 이해관계를 관철시키고 인격적 독립성을 인정받는 과정에서 전쟁이 불가피하게 발생한다. 게다가 전쟁 이후의 역사 전개를 분석하면, 헤겔에게 전쟁은 역사 전개의 인륜적 계기[43]로 나타난다. 전쟁이 인륜적 계기로 사후 분석되는 상황이라서 도덕성을 역사 발전의 동력으로 적극적으로 들여올 수 없게 된다.

그렇다면 헤겔은 무엇을 본 것인가? 혁명의 의미가 복구라고 할 때, 복구해야 할 원형이 무엇인지를 고려하면, 헤겔은 도덕성보다는 권력이, 권력을 실현하는 제도와 법이, 제도와 법을 통일시키는 정치 체제가 중요하다. 소위 공화제적 법과 제도에 기초하는 정치체가 자유를 실현하는 기반이라는 맥락에서 도덕성으로만 함몰되지 않는 – 자유의 – 지평을 염두에 두고 있다. 헤겔이 『법철학』의 목표를 '도덕성'을 지양[44]하는 '인륜성'으로, 가족과 시민사회를 거쳐서 완성되는 '인륜적 국가'로 삼는 것도 이와 연관된다. 세계사적 사건을 일으키는 과정에서 수많은 사람들의 목숨이 낙엽처럼 쓰러지기 때문에, 역사를 도덕성으로 환원시킬 수 없듯이, 혁명도 도덕성과는 다른 측면을 지닌다.

혁명과 도덕적 동기의 관계를 좀 더 알아보기 위해 이제 혁명 주체에 대해 살펴보자.

4. 혁명 주체 – 세계사적 역사 발전에서 개인과 혁명가

프랑스 혁명에 대한 칸트와 헤겔의 반응은 역사적 변화에 대한 흥분과 기대를 그대로 반영한다. "(마치 흄이 젊은 시절의 칸트를 독단의 잠에서, 그리고 루소가 청년기의 칸트를 도덕의 잠에서 깨운 것처럼) 미국 혁명, 그리고 더욱이 프랑스 혁

41) G. W. F. Hegel, VPG, S. 91.
42) G. W. F. Hegel, VPG, S. 91 참고.
43) 헤겔의 전쟁관에 대한 간략한 소개는 다음을 참고하라. G. W. F. Hegel, *Grundlinien der Philosophie des Rechts*, in: *Georg Wilhelm Friedrich Hegel Werke* Bd. 7, Frankfurt a/M.: Suhrkamp Verlag, 1986, S. 490f. 임석진 역, 『법철학』, 한길그레이트북스, 2008을 참고했다. 앞으로 인용은 GPR로 약칭한다. 헤겔은 전쟁 발생의 불가피성을 주장하지만, 전쟁 옹호론자는 아니다.
44) G. W. F. Hegel, GPR, S. 286f.

명이 칸트를 소위 정치적 잠에서 깨웠던"[45] 것이 칸트를 미력하나마 도덕 철학에서 '정치 철학'으로 이행시키는 촉발제가 된다.

그렇다고 칸트가 혁명에 무조건 찬성한 것은 아니다. 아렌트는 "프랑스혁명에 대한 거의 무한한 찬탄과 프랑스 시민의 혁명에의 참여에 대한 이와 비슷한 무게의 반감 사이에서 일어난 당혹감이 그의 말년에 칸트 자신 속에서 전면에 등장하게 된다."[46]고 주장한다. 혁명이 낳는 긍정적 결과는 도덕화를 야기하는 역사의 진보로, 헌법에 기초하는 공화제적 시민사회로 이어지기 때문에, 제도 변화를 위해 혁명이 상정될 수 있다. 그러나 혁명이 전개되는 과정에서 폭력이 동반되고 도덕성을 침해하기 때문에, 칸트는 혁명의 가치에도 불구하고 '혁명 수단'이 '도덕성'을 견지하지 않으면 안 된다는 점을 강조한다.

헤겔도 "'프랑스 혁명을 항상 찬란한 태양의 등장'이나 '새벽' 등과 같은 비유"[47]를 들어 묘사한다. 프랑스 혁명에 담긴 자유의 정신과 공화제는 오랫동안 헤겔의 주 관심사[48]가 될 뿐만 아니라, 『역사철학강의』에서 자유를 실현하는 공화제적 헌법을 마련하는 근간이 된다. 하지만 『법철학』에서 빈곤을 논하는 대목에서 빈민과 천민[49]을 구분하고 천민을 자기 스스로 노동하여 생존하고자 하는 의지가 없는, 즉 자존감이 없는 자로 비판하듯이, 대중(민중)에 대해서도 이중적 태도를 취한다. 그들은 신의 소리를 내는 자들이지만, 한편으로는 판단력이 없이 비난만 일삼고 도착 증세를 일으키는 무지한 자[50]이기도 하다는 것이다. 혁명적 대중도 그러하다. 청년 헤겔은 도덕 종교를 주장하는 로베스 삐에르의 영향을 받아 칸트적 이성 종교 내지 도덕 종교를 중심으로 『예수의 생애』[51]를 재구성하는 데까지 나아가지만, 이와 반대로 『정신현상학』에서 혁명이 공포 정치로 전락하는 것을 비판하는 계기가 되기도 한다.

혁명에 대한 칸트와 헤겔의 평가는 – 역사 발전의 동력에 대한 주장과 달리 – 그들 모두 도덕성과 관련된다. 그러나 이들이 혁명에 대해 긍정적 태도를 취하는 것

---

45) 한나 아렌트(김선욱 역), 『칸트정치철학강의』, 푸른숲, 2002, 51쪽.
46) 앞의 책, 96쪽.
47) 앞의 책, 115쪽.
48) 이에 대해서는 정대성, 「프랑스혁명과 청년헤겔–신학론집의 정치학적 해석」(『헤겔연구』, 제24호, 한국헤겔학회, 2008)을 참고하라.
49) G. W. F. Hegel, GPR, S. 389–400.
50) 앞의 책, S. 484f.
51) 이에 관해서는 다음을 참고한다. G. W. F. *Hegel, Hegels theologische Jugendschriften*, Hrsg. von Nohl, H. Tuebingen, 1907. 정대성 역, 『헤겔의 종교론집』, 한들출판사, 2001.

은 '도덕성'보다는 혁명이 '미래의 씨앗'을 포함한다는 점 때문이다. 미래 가능성은 우연적 사건을 '필연적 사건'으로, '세계사적 사건'으로, '이성의 전개'인 '자유의 실현'으로 고양시키기 때문이다. "칸트에게서 이야기나 사건의 중요성은 그 종국에 존재하지 않고, 미래를 위한 새로운 지평을 여는 데 존재한다. 프랑스 혁명이 그토록 중요한 사건이 된 것은 프랑스 혁명이 미래 세대에 대해 주는 희망 때문이다."[52].

혁명에 거는 기대와 희망이 있을 때, 사람들은 혁명에 동참하게 된다. 혁명에 동참하는 이유를 아렌트는 연민, 동정, 도덕적 동기, 정치적 동기, 과학 기술을 둘러싼 학자들의 결탁에 대한 비판으로 제시하지만, 칸트가 특히 '혁명에 공감하는 무리들'에 주목한 점을 놓치지 않고 있다. '혁명에 공감하는 무리들'은 – 비록 칸트가 "정치철학에 대해 쓰지 않았다."[53]고는 하지만 – 칸트 말년에 사회적인 것과 정치적인 것을 의식하면서 정치 철학의 가능성을 시사하는 데서 등장한다. 아렌트는 이들을 서양 철학사에 등장하는 '관조하는 관찰자'와는 '다른 의미의 관찰자'로 변형시켜서 혁명 주체에 대한 논의로 발전시킨다.

그렇다면 혁명 주체는 누구이고 혁명가는 어디에 위치하는가? 혁명 주체는 '행위자'와 '관찰자'로 나뉘며, 관찰자는 – 마치 아리스토텔레스의 지성적 직관처럼 '관조하는 관찰자'가 아니라 – '혁명을 조망하는 역사가와 철학자'이다. 후자는 역사 내지 혁명에 대한 사후정리자로서 관찰자이다. 아렌트는 『공화국의 위기』 뿐만 아니라, 『칸트정치철학강의』를 통틀어서 이들을 행위자, 혁명가(사후행동), 역사가와 철학자(사후정리)로 다시 세분한다.

혁명에 실천적으로 직접 참여하는 자는 '행위자'이다. 행위자는 다시 '대중 참여자로서 행위자'와 '혁명가로서 행위자'로 구분된다. 혁명가는 혁명을 주도하는 사람이라기보다는 권력 상실과 폭력 확산을 쭉 지켜보다가 '사후 행동'을 하는 자 내지 사후 견인자이다.

행위자와 혁명가 이외에 '관찰자'는 '사후정리자'로서 역사가와 철학자인데, 칸트는 이를 '학자'로 지칭한다. 칸트는 「계몽이란 무엇인가에 대한 답변」에서 "계몽을 위해서는 자유 이외의 다른 어떤 것도 필요하지 않다."[54]고 하면서 이성을 '공적으로 사용하는 자유'와 '사적으로 사용하는 자유'로 나누어서 설명한다. 칸트에

52) 한나 아렌트(김선욱 역), 『칸트정치철학강의』, 푸른숲, 2002, 115쪽.
53) 앞의 책, 34쪽.
54) I. Kant(이한구 역), 「계몽이란 무엇인가에 대한 답변」, 『칸트의 역사철학』, 서광사, 1992, 15쪽.

게 시민들은 자신이 속해 있는 공동체의 제도와 의무를 '사적인 자유'를 사용하여 반드시 수행해야 한다. 그러나 "현재의 제도가 갖고 있는 결함들에 대해 자유롭고 공개적으로, 즉 저술을 통해 비판하도록 허용할 수"[55] 있어야 하는데, 이때 비판은 '공적으로 사용하는 자유'를 통해서 가능하다. 이러한 자유를 사용하는 것을 칸트는 '학자의 자격'으로 통칭한다. 그러나 학자가 비판의 자유를 행사할 때 비판을 경청하는 자가 있어야 한다. 그러므로 공적인 자유는 "한 사람의 학자로서 독자 대중 앞에서 이성을 사용"[56]하는 자유이며, 학자는 소위 '독서대중'[57]과 공감대를 이룰 때 의사소통을 실현할 뿐만 아니라 비판의 실효성도 창출할 수 있다. 만약 학자가 없다면 비판이 불가능하다. 그러나 만약 학자의 비판을 공감하는 독서대중이 없다면, 학자의 주장은 공공성을 만들어낼 수 없다.

공공성을 만들어내는 '독서대중'은 달리 말하면 '혁명에 공감하는 자'이다. 혁명 공감자는 '혁명 참여자'는 아니니다. '행위자'도 아니고 '혁명가'도 아닌 '관찰자'이다. '공감하는 독서대중'은 '학자'는 아니지만 학자와 상호성을 만들어내는 '관찰자'이다. 칸트에게 혁명을 잊을 수 없는 것으로 만드는 것은 혁명에 공감하면서도 실제로 참여하지는 않는 관찰자들이다. '행위자가 아니라 갈채를 보내는 관중들'[58]이다. 독서대중이, 즉 혁명에 공감하면서 갈채를 보내는 관찰자 대중이 '공공성'을 견인하면서 정치적인 것을 완성시키기 때문이다.

혁명에 공감하는 자들은 박수를 취면서 '기쁨'을 느끼게 된다. 이때 "그들의 공감은 단지 (일종의 - 필자 보충) '관조적 기쁨과 비활동적 기쁨'에서만 일어날 것"[59]이다. 혁명에 '공감'하지만 직접 참여하지는 않기 때문에 박수치면서 공감하는 자는 '이해관계'에서 벗어나 있다. 이해관계에서 벗어나 있다는 점에서 공감자들은 혁명에 '무관심적 관심'을 투사하고 있다. 무관심적 관심은 '특정한 이해관계를 벗어나' 있지만 동시에 '기쁨을 동반'하는 것이라서 '인류의 일반적 특성'이 될 수 있다. 그래서 박수치는 관찰자, 즉 비참여자로서 관찰자 대중이 혁명적 사건의 의

55) 앞의 글, 18쪽.
56) 앞의 글, 16쪽.
57) 한나 아렌트(김선욱 역), 『칸트정치철학강의』, 푸른숲, 2002, 120쪽.
58) 앞의 책, 122쪽.
59) 앞의 책, 48쪽. "칸트의 말년에 핵심적인 역할을 한 사건으로서 그로 하여금 매일 대단히 조급하게 신문을 기다리게 만들었던 사건인 프랑스 혁명에 대한 그의 최후의 입장이 이러한 단순한 관찰자의 태도에 의해 결정되어졌다는 것이다. 이러한 관찰자의 입장이란 '게임에는 직접 관여하지 않으며' 단지 '간절한 염원을 가진 열정적인 참여자'로서만 그 게임을 따라가는 것을 말한다."(앞의 쪽).

미를 발견한다. 무관심성은 '이해관계에 따른 편파성을 극복'할 수 있어서 '인간성의 도덕적 특성'[60]을 만들어내며, 갈채를 통해 공감하는 대중들은 인류의 일반적 특성으로서 도덕성을 견지한다. 이런 식으로 나아간다면, 아렌트처럼 관찰자 대중의 무관심적 관심을 '관찰자의 사유양식'[61]으로까지 발전시킬 수 있다.

칸트는 기본적으로 혁명이 '도덕성'을 견지할 때 '미래 가능성'을 담지하며 역사 발전이 가능해진다고 생각한다. '미래 혁명' 시도자들은 그들이 사용하는 "수단이 도덕성과 일치하는 조건에서만 달성될 수 있는 이념에 머물러 있다."[62] 그렇다면 혁명도, 혁명 수단도 도덕성과 일치하는 조건에서만 흥분과 공감을 야기하기 때문에 지독한 독재자, 전제정치를 하는 군주뿐만 아니라 일반인도 궁극적으로 도덕성이 결핍된 "혁명에 의하여 자신의 권리를 추구할 수는 없다."[63]

혁명과 도덕성을 연결하는 칸트의 주장에서 두드러지는 개념은 관찰자, 공감, 갈채, 기쁨, 비활동, 무관심적 관심이다. 특히 후자는 이해관계를 벗어나기 때문에 인간의 일반성, 그래서 '인간성의 도덕성'을 보유한다고 할 때, 칸트는 무관심적 관심으로 모아지는 연결고리들을 쾌를 동반하는 '미감판단'을 통해 유기적으로 설명한다. 무관심적 관심[64]은 칸트의 『판단력비판』에서 미감판단을 위한 전제조건이다. 어떤 대상을 무심하게 바라볼 때 마음 안에 감정이 생기는데, 이 감정을 개념화하려고 상상력이 작동하고, 이에 '반성적 판단력'이 개입하여 무언가를 간취하려고 하는 과정에서 쾌가 발생하면서 미감판단이 이루어진다. 대상을 무심하게 바라보는 것은 무관심적 관심이며 여기에서 쾌가 생겨난다. 쾌를 느끼는 순간 미감판단이 일어나며, 사람들은 이때 감탄사를 내뱉는다.

'미감판단을 하는 감탄자'는 이해관계를 벗어나서 '혁명에 공감하는 관찰자 대중'에게 견주어진다. 그래서 아렌트는 칸트가 정치 철학을 저술하지 않는 대신 "미적 판단력 비판에 주의를 기울이는 것"[65]으로 나아갔으며, 원래는 '도덕적 취미 비판'[66]을 쓰려고 기획했다고 주장한다. 도덕적 취미 비판은 아렌트가 보기에 이해관계를 벗어나는 무관심적 관심 때문에 '편파성을 극복'하며 나 이외에 '타인을 고

60) 앞의 쪽.
61) 앞의 책, 97쪽.
62) I. Kant, 『학부간의 논쟁』, 재인용.
63) 앞의 쪽.
64) I. Kant, *Kritik der Urteilskraft*, Hrsg. von K. Vorlaender, Hamburg: Felix Meiner Verlag, 1974, S. 42을 참고하라. 최재희 역, 『판단력비판』, 박영사, 1974. 앞으로 인용은 KU로 약칭한다.
65) 한나 아렌트(김선욱 역), 『칸트정치철학강의』, 푸른숲, 2002, 122쪽.

려하는 태도'를 동반한다. 이런 요소를 지니는 미감판단은 타자지향적 공공성을 도출할 여지를 지닌다. 미감판단이 가능한 이유를 칸트는 미를 판단하는 선험적 원리가 있으며, 그것을 『판단력비판』에서 공통 감각(sensus communis)[67]을 통해 설명한다. 아렌트는 칸트의 논의를 확장시켜서 공통 감각을 나와 동일하게 타인도 대상을 아름답게 판단하는 원리라고 하는데 그치지 않고, 타인과의 관계를 즉, 사회적 공감대를 형성하는 것이라고 주장한다.

칸트의 무관심적 관심은 사교성과 공공성을 보증하는 능력이며, 타자 지향적 공공성을 확립하는 '상호 주관성'의 근간이 된다. 궁극적으로 타자 관계를 확장시키는 '사유 양식'[68]이기도 하다. 그러므로 『판단력비판』의 무관심적 관심에서 작용하는 상상력과 반성적 판단력은 타인의 판단에 귀를 기울이고 공감하면서 합의를 이루어내는 '불편부당성'[69]의 산실이다. 나의 판단만큼 타인의 판단을 고려하고, 그 타인의 범위를 점차 확장시켜서 공공성을 확대하는 사유 양식이다. 미감판단에서 작용하는 상상력과 반성적 판단력은 사유 활동에서는 정신의 확장[70]을, 정치 철학적으로는 공공성과 보편성의 확대를, 궁극적으로 상호 주관성의 확장을 가능케 한다.

그러므로 혁명에 공감하는 자는 '관찰자'[71]이면서 동시에 '미감판단자'이다. 이러한 혁명 관찰자는 혁명 내지 역사 행위 자체에 "관여하지 않기 때문에, 행위자에게는 숨겨져 있는 신 또는 자연의 이러한 계획을 지각할 수 있다."[72] 이에 기초하여 혁명 관찰자를 칸트의 역사 철학의 목표와 연결하면, 세계평화를 실현하고자 하는

---

66) 앞의 책, 132/3쪽. 그러나 칸트의 『판단력비판』에서 미감판단과 선 자체는 관계가 없다. 만약 도덕성과 연결하는 아렌트의 칸트 해석을 받아들이려고 한다면, 선 자체가 아니라 '이해관계'가 없는 '무관심성'을 의미하는 것으로 해석해야 한다.

67) I. Kant, KU, S. 79.

68) 아렌트는 타인을 고려하지 않는 반성 능력의 부재, 사유의 부재가 얼마나 심각한 문제를 야기하는지를 『예루살렘의 아이히만』(김선욱 역, 한길사, 2009)에서 논증한다. 이와 관련하여 졸고, 「지금 이곳에서 우리는 어떤 얼굴의 주체인가—배제와 배려를 넘어서」(『문학동네』, 제17권 제2호, (주)문학동네, 2010)도 참고하라.

69) 한나 아렌트(김선욱 역), 『칸트정치철학강의』, 푸른숲, 2002, 92쪽.

70) 관찰자로서 학자와 대중은 공통 감각을 통해 타인과의 공감대를 확장시킨다. 관찰자 대중은 '정신의 확장', '사유의 확장', '타자관계의 확장', '공동체성의 확장', '보편성의 확장'을 계속해서 견인해내는 자들이 된다.

71) 이성을 공적으로 사용하는 자유를 지닌 학자와 독서대중이 불편부당성을 통해 세계평화를 실현할 수 있도록 철학의 자유보다는 '언론과 출판의 자유'(앞의 책, 87쪽 참고)가 보장되어야 한다.

72) 앞의 책, 108쪽.

세계국가의 세계시민은 '세계관찰자'로 반전될 수 있다. 반사회적 사회성과 전쟁을 수행하는 행위자에게는 숨겨져 있는 자연의 계획, 자연의 간지를 세계관찰자는 지각할 수 있다.

관찰자는 미감판단자이기 때문에 작품을 만드는 '천재'가 아니라 자연이나 예술작품을 감상하는 자들이다. 마치 독서대중처럼 자연미와 예술미를 무관심하게 바라보고 판단하면서 쾌를 느끼고 박수를 치는 관객이다. 이러한 관찰자들은 '혁명가'는 아니다. 혁명에 참여하지도 않고 혁명가도 아니지만, '공감'하고 갈채를 보내는 무관심적인 독서대중이 '도덕성 심화'와 '미래 희망 여지'를 만들어내는 것이다. 이들은 정신(nous)만을 발휘하여 감각계 저편을 관조하는 철학자가 아니라, 감각 세계에서 발생하는 구체적 혁명에 공감하는 관찰자이기 때문에, 현상계인 감각계에서 진행되는 역사 전개와 밀접하게 관련된다. 공감하고 박수치는 관찰자들에게서 자연의 간지, 역사의 간지가 파악되며, 인간이 만들어가는 역사의 진보도 논의될 수 있다. 그렇다면 역사의 발전 법칙을 논증할 때의 헤겔은 – 감각계와 이데아계를 분리하는 플라톤과 그 속에서 노정되는 이원론적 원리를 극복하기 때문에 – 칸트보다도 더 관찰자 대중을 부각시킬 가능성을 지닌다. 관찰자 대중을 부각시킨다면, 헤겔에게 그들의 역할은 학자에 대비되는 칸트의 독서대중보다도 더 확장될 수 있다.

5. 새로운 세기의 혁명가는 가능한가? – 칸트와 헤겔의 혁명(가)

'공감하는 관찰자'라는 맥락에서 혁명 동력과 혁명 주체를 향해 접근해 간다면, '학자와 독서대중 또는 미감판단자'는 도덕성을 견지하는 관찰자들이기 때문에 이들은 어떤 면에서 혁명가보다도 더 중요한 사람들이다.

그렇다면 아렌트가 혁명(가)의 부재를 단언할 때의 혁명가도 그러한가? 그녀에게 "혁명가란 거리에 방치된 권력을 알아보고 언제 그들이 그것을 주울 수 있는지를 아는 사람이다."[73] '거리에 방치된 권력'을 한데 모아내려면 '권력의 의미', '권력에 대한 안목'을 지니고서 집단적 조직을 이루어야 한다. 그러나 이때 아렌트는 "무장봉기 자체가 혁명으로 이어진 경우는 결코 없다."[74]고 주장한다. 방치된 권력

73) 한나 아렌트(김동식 역), 『공화국의 위기』, 도서출판 두레, 1979, 249쪽.
74) 앞의 쪽.

을 주시하면서도 무장봉기가 아닌 방식이라고 한다면, 그녀에게는 역사적 혁명가 레닌조차 혁명을 주도했다기보다는 추이를 지켜보면서 사후 행동을 한 것이 된다.

단지 행위자도 아니고 단지 관찰자도 아닌 '최고로 이상적인 혁명가'가 되려면, 행동하는 혁명가이면서 동시에 관찰자일 때 혁명의 의미를 제대로 살려낼 수 있다. 혁명가이면서 철학자이고, 행동가이면서 비활동적 공감자라는 두 축이 필요하다. 그러나 행동가이면서 동시에 조망자이기는 쉽지 않기 때문에 사후 정리까지는 아니더라도 진정한 혁명가의 수준만이라도 요구되며, 이를 위해 최소한의 자격 조건을 갖춰야 한다.

아렌트는 '새로운 세기의 혁명가'는 '현실에 대해 정확한 분석을 하는 자'라고 천명한다. 왜냐하면 베트남 전쟁 전후로 미국무성과 국방성에서 국제 관계를 용이하게 다루기 위해 비밀리에 정보를 조작했을 뿐만 아니라, '대학이나 다른 두뇌집단에서 정부로 옮겨온 사람들'이 "게임이론과 체계분석에 숙달되어 있어서 모든 외교적인 문제를 그들 자신의 방법대로 해결하려고"[75] 했으며, 그 과정에서 현실 분석이 뒤틀리게 되었기 때문이다. 미국무성은 과학자들을 고용하여 세계 정치 흐름을 이른바 과학 이론처럼 모델화하고, 그 모델에 현실을 맞추려고 했는데, 이론을 미리 만들고 현실을 이론에 꿰어 맞추는 행태는 이론을 현실보다 우위에 두는 결과를 낳는다. 이론과 현실이 괴리되는 과정에서, 각종 모델들은 궁극적으로 예상하기 어려운 현실 파괴력을 낳게 된다.

그래서 아렌트는 현실을 정확하게 분석하고 미래 사회에 걸맞게 대안을 제시하기 위해 1) 이론적 불모성 극복, 2) 분석의 우둔함 극복, 3) 행위 속에서 즐거움을 느끼는 것(실천적 즐거움)[76], 4) 도덕에 대한 천착, 5) 기술 발달 등을 모두 고려할 것을 주장한다.

혁명가라면, 1960년대 미국과 전 세계 학생운동의 촉발제인 '도덕적 동기'와 '과학자와 상아탑 학자의 결탁'[77]을 특별히 주시해야 한다. 그러나 과거에 어떤 동기가 작동했든지 간에 이제 도덕적 동기는 결정적이지 않다. 학생들 사이에서 공감대를 형성하는 것은 기술 발달이 낳은 무기에 대한 경험과, 이에 동반되는 '인류 공멸'과 '공멸에 대한 두려움'이기 때문이다. 그러므로 미래에 대한 조망은 '인류의 생존 자체'를 중심에 놓게 하며, 생존에 대한 총체적 위협 상황에서 인류가 공존

75) 앞의 책, 15쪽.
76) 앞의 책, 250쪽을 참고하라.
77) 앞의 책, 149쪽과 151쪽을 보라.

할 수 있도록 기술 발달에 대처하는 방법을 고민하게 만든다.

과학에 대한 믿음의 상실은 인류 진보와 역사 발전에 대한 믿음을 상실하는데 그치지 않고 인류 생존을 위협하여 실제로 종말을 낳는다는 사실과 연관되기 때문에, 역사 발전의 원동력과 주체도 혁명의 원동력과 주체도 도덕성으로만 접근할 수는 없는 상황이다. 혁명(가)에(게) 중요한 것은 행위이지만, 행위는 궁극적으로 혁명(가)의 의미를 구현함으로써 완벽해질 수 있는데, 이때 그 의미가 미래 가능성, 미래 희망과 관련되어야 한다면, 그에 반해 현대의 기술 발달에 의해 예견되는 미래가 생존을 위협하는 공멸 가능성으로 간주된다면, 미래 혁명가는 지금까지의 혁명과는 달리 – 빈곤이나 자유와 달리 – 인류의 생존 자체를 건드려야 한다.

인류 생존을 담보하려면 과학 기술과 그 파급 효과에 대해 천착해야 한다. 그러나 현대 과학 기술이 만들어낸 것에 변화를 일으키려면 결국 인간에 대한 이해, 인간성에 대한 기대를 저버린 채 진행할 수는 없다. 칸트는 마지막 순간까지 이런 측면을 놓치지 않았다. 그는 인간을 중심에 놓고서 타인 지향성과 공공성을 확보하는 데로 나아간다. 혁명에 대한 관심이 비판기 이전에는 나타나지 않으며 심지어 헌법과 제도에 관한 관심도 그다지 두드러지지 않지만, 칸트는 프랑스 혁명을 경험하면서 – 『판단력비판』이나 『영원한 평화를 위하여』를 통해 – 정치적인 것에 대한 논의를 가시화한다. 혁명에 관심을 갖는 것은 행복 실현이라는 인간의 희망을 구현할 수 있는 문제, 즉 인간성에 의존하는 미래 가능성 때문이며, 그 희망을 현실화시키는 인간성은 '도덕성'에 기초해서 이루어진다고 본다.

그러나 칸트는 한편으로는 정치 개선 및 보다 나은 사회를 실현하기 위해 인간 심성의 변화나 연속 혁명이 필요하다고 생각하지 않는다. 반사회적 사회성이 더 좋은 사회를 만들고 선과 도덕성을 심화시킨다는 자연의 간지 때문일 수도 있지만, 결정적으로 중요한 것은 인간 중에는 악마적 악을 지닌 인간은 없다[78]고 보기 때문이다. 달리 말하면 칸트는 악인조차도 "도둑질이 보편법칙이 되기를 원하지 않는다."는 것이다. 역사 철학에서처럼 타인과의 관계 내지 타인 지향성을 실현하고, 미감판단에서처럼 상호 주관성과 공공성을 확장하는 데로 나아가서 정치적인 것을 견인해내는 것도 악마적 악인으로까지 전락하지는 않는 인간성에 대한 기대

78) 칸트에게 악마적 악인은 없다. 1. 칸트는 원죄를 인정하지 않는다. 2. 그러나 인간은 굽은 나무이다. 3. 굽은 나무라는 것은 근본적으로 악하다는 것이 아니라 악으로의 성향이 있다는 것이다. 4. 근본악을 지닌다. 5. 악은 자기 파괴적이다. 칸트의 악 개념에 관해서는 졸고, 「감성과 이성의 관계를 통해 본 칸트의 악 개념」(『시대와 철학』, 제19권 3호, 사단법인한국철학사상연구회, 2008)을 참고하라.

가 있기 때문이다.

혁명이 역사 발전과 연관되며 '미래 가능성'을 열어놓는다는 점을 헤겔은 『역사철학강의』에서 다른 방식으로 표현한다. 18세기 미국 혁명과 프랑스 혁명의 추이를 지켜보면서, 헤겔은 '현실 국가와 현실 정부'가 새롭게 나타나는 것은 "신분(계급)의 구별이 이미 존재하고, 빈부차가 아주 극심해지고, 민중이 지금까지의 방식으로는 더 이상 그들의 욕망을 만족시킬 수 없는 관계가 생길 경우"[79]라고 한다. 만약 그런 욕망을 충족시킬 수 있는 배수구가 있다면 혁명은 등장하지 않았을 것이다. 헤겔 당시에 보편화된 욕망과 시대 변화에 비추어 보면 욕망 충족 배수구는 '식민이라는 자연적 배수구'이다. 그래서 헤겔은 프랑스 혁명을 다음처럼 평가한다. "만일 게르마니아의 대삼림이 여전히 남아있었다면, 프랑스 혁명은 발생하지 않았을 것이다."[80].

그렇다면 넓은 대평원을 지니는 아메리카는 프랑스 혁명 같은 것이 일어날 수 없다. 헤겔은 아메리카를 분석하면서 남아메리카 공화국은 '오로지 무력'에만 의존하며, 그들의 "전 역사는 지속적인 혁명의 역사"[81]라고 비판한다. 그는 "모든 변화가 무력 혁명에 의해 구축된다."[82]는 점이 남아메리카의 특징이며, 북아메리카와 구분되는 지점이라고 주장한다.

왜 이런 구분이 생겨나는가? 여기에서 헤겔의 초점은 무엇인가? 헤겔은 북아메리카는 '식민화된 것'이고, 남아메리카는 '점령당한 것'이라고 규정하면서, 북아메리카의 고유성은 그들을 식민화한 유럽의 '프로테스탄트교'[83]에 좌우된다고 한다. 가톨릭과 달리 프로테스탄트주의는 타인의 심정을 고려하고, 개인 상호간의 신뢰를 보편화하기 때문에, 식민화된 북아메리카는 원자적 개인주의에도 불구하고 다른 지역과 비교할 수 없는 탁월한 결과를 만들어낼 수 있었다는 것이다.

탁월한 결과는 산업 융성이나 인구 증가보다는 '시민적 질서와 확고한 자유'이며, '공화제적 헌법(공화제)'[84]을 낳는 자유이다. 북아메리카는 대통령도 4년마다 선출하고 재산도 보호하고 조세도 면제해주는 '탁월한 제도', 그리고 이와 더불어 타인의 심정을 고려하고 신뢰하는 '탁월한 주관성'이 작용하여 자유를 실현할 높

79) G. W. F. Hegel, VPG, S. 113.
80) 앞의 쪽.
81) G. W. F. Hegel, VPG, S. 111.
82) 앞의 쪽.
83) G. W. F. Hegel, VPG, S. 112.
84) 앞의 쪽.

은 가능성을 지닌다. 즉, 상호 인정을 야기하는 제도를 만들어낸다. 이러한 공화제는 유럽과 비교할 수 없는 북아메리카의 특징이며, 그래서 북아메리카는 미래의 나라[85]가 된다. 당시 북미 역사는 아직 구체적으로 전개되지 않은 상태라서 역사철학에서 북미를 제외하고 있음에도 불구하고, 헤겔은 북아메리카를 미래의 나라로 규정한다.

식민에 대한 헤겔의 발상은 『역사철학강의』에서 북미의 발전이 식민에 기인한다는 것뿐만 아니라, 『법철학』에서 시민사회의 빈곤 문제를 해결하는 대안으로 무역과 식민을 거론하는 곳에서도 나타난다. 당대 사회가 지니는 시대적 한계가 헤겔에게도 고스란히 반영되고 있기 때문에, 헤겔의 주장을 걸러서 받아들일 필요는 있다. 그러나 식민에 의해 보편화되는 것은 '자유'이며, 자유를 실현하는 기반으로서 '프로테스탄트교의 반향'을 적극적으로 밀고나가는 것 그리고 '타인을 고려'하고 그 고려를 현실화하는 '제도'를 마련하는 데서 유럽과 비교할 수 없는 북아메리카의 탁월함이 형성된다. 자유를 실현할 제도가 중요하다면 혁명보다는 식민이, 그리고 식민화가 동반하는 공화제가 더 중요하다. 달리 말하면 헤겔에게 국가를 형성하고, 국가 조직을 이끌어가는 것은 "도야된 인식(계몽된 지성)의 일이지 민중의 일은 아니기"[86] 때문에, 여기에서 혁명의 영향력은 약화된다. 만인의 동의, 다수가 결정권을 가지는 식의 자유[87]보다는 대의제에 기초하는 자유가 중요하기 때문에, 제도를 형성하는 과정에 모든 인민이 참여할 필요는 없다는 것이다. 그래서 헤겔에게 남미의 무력 혁명 내지 연속 혁명은 의미가 퇴색한다.

프랑스 혁명의 기폭제는 인민의 빈곤이라는 아렌트 분석이 헤겔과 일맥상통하는 면이 있기는 하다. 그러나 헤겔이 경제 문제를 프랑스 혁명의 핵심으로 간주하는 것은 아니다. 프랑스 혁명의 정신을 담아내려는 노력은 역사 철학으로까지 이어지며, 남아메리카의 무력 혁명과 연속 혁명을 헤겔이 비판적으로 조명하면서 공화제적 헌법과 자유를 혁명 목표로 삼는 것도 프랑스 혁명의 정신을 이어받은 것이기 때문이다.

---

85) G. W. F. Hegel, VPG, S. 114.

86) G. W. F. Hegel, VPG, S. 61.

87) 이것이 루소와 헤겔의 차이이다. 헤겔에게 국가 정체는 대의제에 기초하므로 – 각 개인의 의지가 보편 의지와 동일시되는 루소와 달리 – 개별 의지와 보편 의지간에도 위계적 차이가 고려된다. 역사에서 자유를 실현하는 동력으로서 역사적 영웅을 제시하는 것도 이와 관련된다. 그에게 헌법에 기초하는 제도는 군주정이며, 만인의 자유가 실현되는 정체는 – 민주정이 아니라 – 군주정인 것도 대의제를 견지하는 태도와 맞물려 있다. 헤겔에게 민주정은 만인이 자유로운 것이 아니라 몇 사람만이 자유로운 정체이다.

혁명을 통해 무엇을 실현할 것인가? 타인의 심정을 고려하는 타인 배려적 태도, 그것을 반영하는 공화제적 법, 서로 견제하는 권력을 통해 자유를 실현하는 것이다. 더 나아가 국제 관계에서 타국을 인정하고, 타국의 구성원을 상호 주관적 구조로 진입시키는 것이다.

6. 결론 – 인류 공존을 위해 무엇이 필요한가?

혁명 의미를 과거 정체의 복구로 간주한다면, 칸트에게는 계몽군주 프리드리히 2세가 이끄는 사회이면서 동시에 정치와 도덕이 일치하는 시민사회일 것이다. 이때 중요한 것은 정치도 역사 발전도 혁명도 도덕화를 야기해야 한다는 점이다. 그러나 칸트의 시민사회와 세계국가는 공화제이기 때문에, 칸트도 혁명의 원래 의미인 복구 내지 과거로의 복귀에서 일탈하고 있다. 혁명 경험을 통해 관심사가 도덕철학에서 정치 철학으로 이행하지만, 도덕이 현실 정치에서 실제로 실현될 수 있는 것은 아니라는 점을 칸트도 알고 있다. 도덕과 정치의 간극이 현실적으로 그리고 지속적으로 잔존하는 데서 도덕화를 통한 제도와 세계국가 실현을 '도덕적 취미 비판'이라는 착상으로 압축하는 것이 그의 최선이다.

이와 달리 헤겔은 산업 융성을 기반으로 공화제적 법과 제도를, 그리고 제도가 갖는 정치 권력을 어떻게 현실화할지를 고민한다. 청년 헤겔은 로베스 삐에르의 도덕 종교에 천착하면서 혁명과 도덕성의 관계를 중시한다. 그러나 역사 진보는 자유 실현이고, 자유 실현은 공화제적 법을 지니는 인륜적 국가를 통해서라고 할 때, 인륜성은 도덕성을 지양함으로써 가시화된다. 혁명이 제도화를 통해 자유 실현이라는 미래 가능성을 추구할 때, 도덕성은 세계사에서 계기로 나타나지만 전면화할 수는 없다.

그렇다면 현재 인류가 처해있는 '인류 공멸이라는 인류 생존에 대한 위협'을 타개하기 위해 우리는 무엇을 해야 할까? 공존을 위한 노력은 인간에게 달려있다. 그리고 인간을 비집고 들어가서 공멸을 막아내는 제도적 장치를 세계사적으로 마련하지 않는다면, 아무 것도 기대할 수 없는 상황이다. 인류 미래를 위해 앞으로 혁명가는 공멸을 막아낼 수 있는 자, 기술 발달의 가공할만한 폭력을 막아낼 수 있는 자여야 한다. 그것은 한 국가이면서 동시에 모든 국가에 영향을 미치고, 한 개인이면서 세계 시민적 영향력을 발휘할 수 있어야 한다.

세계사적 역사 발전을 주장하는 헤겔이 궁극적으로 도달하는 곳은 칸트의 세계

국가 같은 하나의 국가 내지 하나의 인격이 아니다. 헤겔은 『법철학』에서 칸트의 세계공화국을 하나의 인격이라고 비판하면서, 각 민족 국가는 독자적 정체성을 지니는 세계사[88]를 겨냥하기 때문에 하나의 단일 국가로 통합되는 칸트의 세계국가는 오히려 폭력적이라고 생각한다. 동일성 안에 차이가 있듯이, 다양한 국가의 독자성과 인격성이 정립되고 그것을 상호 인정하는 가운데 대안이 마련된다고 본다.

칸트의 역사적 주체는 인간 내지 인류의 잠재적 능력의 계발이고, 헤겔의 역사적 주체는 절대정신이며 철학자가 사후에 절대정신을 파악하는 것이라는 아렌트 구분에도 불구하고, 세계사는 국가 간 경계를 지니고서, 국가 간 갈등과 신뢰를 어떻게 쌓을지를 여전히 고민하는 상황이다. 타국과의 관계와 타국에 대한 배려를 상호 주관성처럼 확장시킬 수 있느냐가 여전히 관건이다.

헤겔의 세계사적 절대 정신은 하나의 인격은 아니기 때문에 상호 작용 가능성을 더 많이 지니기 때문에, 그래서 칸트보다도 더 현실적 대안이 될 수 있다. 그러나 기술 발달의 가공할 폭력 앞에 서있는 우리는 칸트의 세계국가인가, 헤겔의 세계사적 민족국가인가라는 양자택일이 그리 의미 없는 상황으로 진입했다. 여전히 잔존하는 국가 간 경계 속에서도 경계가 약화되는 세계사적 현상이 혁명 원동력 및 혁명 주체 형성에도 영향을 미치고 있다.

이 속에서 미래 혁명가는 어떤 모습의 주체일까? 플라톤은 정치인이면서 철학자이지만, 정치인과 정치에서 벗어나서 한가로이 진리를 파악하는 철학자를 대립시킨다. 그러나 헤겔은 역사 철학에서 회고와 전진의 동시성이라는 중층적 구조를 논하면서 이성 자체를 사후에 회고적으로 읽어내면서도 동시에 전진하는 근거를 만드는 자[89]를 염두에 둔다. 무엇보다도 중요한 것은 역사 철학의 영웅은 이성의 간지에 이용당하지만 동시에 이성을 파악하는 자라는 점이다. 개념적 파악이 아니라 직관적 파악이기는 하지만, 이성의 목표에 이용당하면서도 이성의 목표가 자신의 목표와 연관되는 점을 읽어내는 자이다. 세계 이성을 직관적으로 파악하면서 동시에 실천적 행위를 하는 자이기 때문에, 행동가이면서 관찰자이고, 혁명가이면서 철학자로 진입할 수 있다.

헤겔의 역사적 주체는 한 국가도 아니고 민족정신도 아닌 '하나의 개인'이다. 개

---

88) G. W. F. Hegel, GPR, S. 497ff.

89) 현재 한국 사회에서 철학자의 시대 조망과 관련하여 헤겔이 어떤 의미를 지닐 수 있는가에 대해서는 다음의 글도 참고하라. 졸고, 「한국현상 촛불시위에 관한 철학적 고찰」(『시대와 철학』, 사단법인한국철학사상연구회, 제14권 2호, 2003)과 「미네르바의 올빼미는 새 시대의 눈인가?」(『시대와 철학』, 사단법인한국철학사상연구회, 제20권 1호, 2009)를 보라.

별적 주체이면서 세계사적 미래 지향성을 만드는 영웅이다. 개별적 주체이지만 특별한 주체라서, 한 국가나 세계국가의 대변자라기보다는 '다양한 국가' 가운데서 일국의 개인으로서 초국가적 행위를 하는 '초국가적 개인'이다. 그렇다면 칸트가 국제연합에서 국가 대 국가의 관계를 넘어서서 하나의 세계국가로 진입할 때 발생하는 행위 주체의 딜레마 – 세계국가의 제도 및 계약의 주체는 국가인가 개인인가 – 를 극복할 수 있다. 칸트의 세계국가에서 나타나는 주체의 모호성은 헤겔 역사철학에서 개별적 주체인 하나의 영웅이 모든 민족 국가의 발전을 인도하는 세계사적 개인으로 주제화할 수 있다.

기술 발전이 – 강대국이냐 약소국이냐를 막론하고 – 어디에서든 인류 공멸을 야기할 수 있게 된 현대 사회에서 공멸을 막아내는 주체는, 이제는 비록 영웅이 아니어도, 개인이기만 하면 된다. 소위 현상계의 관찰자적 요소를 심화시킬 수 있는 자로서 독서대중과의 공감 가능성을 확대시키는 자이다. 바꾸어 말하면 '학자와 공감하는 대중'이다. 그들이 '영웅과 공감하는 대중'이 될 때이고, 영웅과 공감하는 개별 주체인 이들이 세계사적 영웅에 버금가는 위치를 만들어 낼 때이다. 한 개인이면서 국가를 아우르는 자, 국가 관계 속에서 초국가적으로 움직이는 자이다.

인류 공멸을 막아낼 새로운 주체를 다시 정리해 보자. 행동가이면서 관찰자인 자, 행동하는 개인이면서 자연의 간지를 파악하는 자, 행동가이면서 학자와 공감하는 독서대중, 행동하는 영웅이면서 도덕성을 도입하는 자, 인류 공멸을 막는 도덕성을 국제간 이해관계를 반영하는 제도로 관철시키는 자. 이런 연결항 속에서 상호성을 만드는 자이다. 개인이면서 세계적이고, 개별 주체이면서 열정 이상의 도덕적 직관을 지니는 자들이다. 개인적이면서 세계적이다. 개별적 행위를 함에도 불구하고 세계적 파급 효과를 낳는 자들이다.

현재 우리는 누구라도 국가 간 경계를 넘나드는 네트워크 구조 속에 살고 있다. 그러므로 혁명적 변화도 네트워크를 통해 만들어낼 수 있는 시대이다. 누구라도 인류 공멸을 야기할 수 있으며, 그렇듯이 누구라도 인류 공멸을 막아낼 수 있는 구조 속에 있는 것이 아닌가?

참고 문헌

유헌식, 『역사이성과 자기혁신』, 철학과 현실사, 2009.

이정은, 「한국현상 촛불시위에 관한 철학적 고찰」, 『시대와 철학』, 제14권 2호, 사단법인한국철학사상연구회, 2003.

_____, 「감성과 이성의 관계를 통해 본 칸트의 악 개념」, 『시대와 철학』, 제19권 3호, 사단법인한국철학사상연구회, 2008.

_____, 「미네르바의 올빼미는 새 시대의 눈인가?」, 『시대와 철학』, 제20권 1호, 사단법인한국철학사상연구회, 2009.

_____, 「지금 이곳에서 우리는 어떤 얼굴의 주체인가?–배제와 배려를 넘어서」, 『문학동네』, 제17권 제2호, (주)문학동네, 2010.

정대성, 「프랑스혁명과 청년헤겔–신학론집의 정치학적 해석」, 『헤겔연구』, 제24호, 한국헤겔학회, 2008.

Arendt, H(김선욱 역), 『예루살렘의 아이히만』, 한길사, 2009.

_____, (김동식 역), 『공화국의 위기』, 도서출판 두레, 1979.

_____, (홍원표 역), 『혁명론』, 한길그레이트북스, 2004.

_____, (김선욱 역), 『칸트정치철학강의』, 푸른숲, 2002.

Kant, I(이한구 역), 『칸트의 역사철학』, 서광사, 1992.

_____, 『영원한 평화를 위하여』, 서광사, 1992.

_____, *Kritik der Urteilskraft*, Hrsg. von K. Vorlaender, Hamburg: Felix Meiner Verlag, 1974. 최재희 역, 『판단력비판』, 박영사, 1974.

G. W. F. Hegel, *Hegels theologische Jugendschriften*, Hrsg. von Nohl, H., Tuebingen, 1907. 정대성 역, 『청년 헤겔의 신학론집』, 인간사랑, 2005.

_____, *Grundlinien der Philosophie des Rechts*, in: *Georg Wilhelm Friedrich Hegel Werke Bd. 7*, Frankfurt a/M.: Suhrkamp Verlag, 1986. 임석진 역, 『법철학』, 한길그레이트북스, 2008.

_____, *Vorlesungen ueber die Philosophie der Geschichte*, in: *Georg Wilhelm Friedrich Hegel Werke Bd. 12*, Frankfurt a/M.: Suhrkamp Verlag, 1986. 임

석진 역, 『역사에 있어서의 이성』, 지학사, 1987. 김종호 역, 『역사철학강의』, 삼성출판사, 1993.

The role of revolution(ist) in the development of history

—on the basis of Arendt's commentary about Kant and Hegel's philosophy

Lee, Jeong-Eun

Abstract

This essay aim to seek for the meaning of the revolution and the revolutionary subject in Arendt's system of political philosophy in comparison with Kant and Hegel's philosophy of history and theirs viewpoint of revolution(ist).

She asserts that it is impossible to bring about revolution in future and there is no longer revolutionist for the present level of technological advance. Therefore, I want to suggest that there is an alternative left and to assert that it remains in the possibility of the revolution(ist).

keywords: Revolution, Revolutionist, Continual Revolution, Morality, Technological Improvement, Existence of Mankind, Fall of Mankind, Hope on Future

청년 헤겔의 유기체론이 갖는 정치철학적 의미

정 대 성

요약문

청년기 헤겔의 정치적 사유를 이끈 것은 유기체론이었다. 그의 고대연구, 기독교 비판 등은 모두 이러한 관점에서 재구성할 수 있다. 그의 유기체론은 한편으로는 '개인'이라는 근대의 위대한 발견을 주도한 자유주의, 즉 원자론적 개인주의에 대한 비판을 담고 있지만, 개인의 출현을 가져온 근대의 역사성에 대한 몰이해도 전제한다. 그가 고대세계를 당대의 개인주의의 대안으로 제시한 것, 그리고 기독교를 근대의 이데올로기로 본 것은 그 증거들이다. 하지만 근대의 출현의 역사적 필연성을 인식한 이후 그는 초기의 유기체론을 버리고 변증법으로 나아간다. 변증법은 개인과 전체를 각각 독자적 힘을 가진 것으로 이해한다는 점에서 유기체론과 구별된다. 이 글은 그의 초기 유기체론을 그의 다양한 연구들을 통해 밝히고 있다.

● 주요어 : 유기체론, 인륜적 총체성, 분열, 공화주의, 자유주의, 루소, 객관종교, 주관종교

I. 들어가는 말

청년기 헤겔의 저작이 정치적 관점에서 쓰였다고 하는 철학자들이 이미 많이 있다. 루카치는 이러한 해석을 주도한 인물인데, 그는 청년기 헤겔의 '신학적' 저술이 종교적 이유에서가 아니라 '정치적' 이유에서였다고 말하면서, 당시까지 청년 헤겔의 관심이 종교문제 그 자체에 있었다고 한 딜타이와 그 계승자들을 "반동적 신화"의 창시자들이라고 비난한다.[1] 또한 Ch. 얌메는 헤겔이 김나지움시기에도 고대 그리스에 관심이 있었지만, 그때는 순수하게 지적 관심에서 그랬다고 한다면, 철학적 훈련을 받기 시작한 대학시절 이후 그리스 종교를 정치적 관점에서 보게 되었다고 보고한다.[2]

이 글 역시 청년헤겔의 종교연구, 고대연구 등이 정치철학적 관점에서 쓰였다는 이런 관점에 동의하기는 하지만, 헤겔이 청년기에 개인과 사회, 부분과 전체의 조화를 담보해 내는 정치공동체를 유기체론에 근거하여 설명한다는 입장을 개진할 것이다. 이때 유기체론이란 근대에 적어도 두 가지 입장과 구분된다. 하나는 기계론적, 원자론적 사유이고, 다른 하나는 변증법적 사유이다. 만년의 헤겔 사유를 특징짓는 변증법적 사유는 기계론적 입장과 유기체적 입장을 종합하고자 한 시도로 간주될 수 있다. 변증법적 사유는 기계론이 말하듯이 개인이 독자적 힘을 가지고 있어서 언제나 전체와 긴장 관계에 있지만, 유기체론이 말하듯이 개인의 정체성은 바로 그 공동체에서만 형성될 수 있다고 한 점에서 양자의 종합이라 할 수 있다. 정치철학적 관점에서 보자면 개인은 국가로 환원될 수 없고, 국가도 개인으로 환원될 수 없지만, 양자는 존립하기 위해 서로를 필요로 하는 것으로 해석할 수 있을 것이다.

헤겔이 정치적 문제에 관심을 두게 된 것은 그의 일생의 철학적 과업에 속하는 인륜성(Sittlichkeit), 혹은 인륜적 총체성(sittliche Totalitaet)의 구축 때문이다. 인륜성 혹은 인륜적 총체성은 인간이 필연적으로 관계 맺을 수밖에 없는 공동체의 다수가 받아들이는 규칙을 표현하기 위해, 혹은 개인의 사유와 행위가 공동체적 습속과 일치한다는 사실을 표현하기 위해 사용된다. 인륜성이 공동체의 역사성과 사회성을 강조한다는 점에서 개인에게 공동체의 그런 특수성을 고려하지 말고 보편적 행위자일 것을 요구하는 도덕성과 구별된다. 그래서 그는 "인륜태는 모든 생명

1) G. Lukacs, 김재기 옮김, 『청년헤겔』, 동녘, 1986, 53쪽.
2) Ch. Jamme, *Positivität*, in: *Historisches Woerterbuch der Philosophie*, Bd. 7.

체가 그러하듯 … 특수자와 보편자의 동일성이다"[3]고 말한다. 헤겔이 인륜성을 강조한다는 것은 그가 인간을 공동체에서 떼어 내어 추상적으로 연구하는 것이 아니라 인간 삶의 구체적 조건에 대해 관심이 있었다는 것을 의미한다. 헤겔은 말년에 인간이 필연적으로 관계하는 그런 종류의 인륜적 공동체를 가족, 시민사회 그리고 국가로 정식화 한다.

따라서 인륜적 총체성의 구축이란 말은 부분과 전체, 혹은 개인과 사회가 조화를 이루는 공동체, 특히 청년헤겔에게는 *정치*공동체의 실현을 말한다. 그리고 헤겔은 총체성과 대비되는 개념을 '분리'(Trenung) 혹은 '분열'(Entzweiung)이라 한다. 분리 혹은 분열은 개별자와 전체가 대립의 관계에 있는 상태를 의미하며, 전체는 단지 부분의 총합일 뿐 그 이상의 것을 의미할 수 없다고 한다. 이런 생각은 원자론적 세계관의 전형을 이룬다. 원자론적 세계관은 세계를 구성하는 최종적, 궁극적 원소를 개별자로 보며, 전체는 이 부분들의 양적 합으로 이해하는 경향을 말한다. 이런 점에서 헤겔의 목표인 인륜적 총체성의 구축이란 원자론적 세계관에 기초하고 있는 근대의 자유주의적 국가관에 대한 비판을 담고 있다고 할 수 있다.

실제로 헤겔은 예나시기의 한 글에서 "독일은 더 이상 국가가 아니다"라고 말하는데[4], 초창기 사유를 집약적으로 표현하는 이 문장은 자유주의적 국가관, 헤겔의 텍스트에 따르면 개인주의적 국가관을 겨냥하는 것으로 해석할 수 있다. 자유주의자들은 국가 혹은 정치로부터 간섭받지 않을 개인의 자유를 최고의 가치로 여긴다. 따라서 국가의 역할은 개별자의 보호, 특히 개별자의 생명과 재산의 보호에 국한되어야 한다. 이러한 영역을 넘어서는 역할, 예컨대 공동체 전체의 안녕을 위해 국가가 사적 삶에 개입하는 것은 최소한으로만 허용되며, 따라서 구성원의 삶에 직·간접적으로 개입하는 복지제도나 가부장적 정치체는 국가에 너무 많은 권한을 부여함으로써 개인의 자유를 침해한다는 이유에서 자유주의자들에 의해 철저히 거부된다. 이런 점에서 자유주의자들에게 국가는 '필요악'이며, 개인과 국가는 이질적인 것으로서 서로 분리되어 있다고 할 수 있다. 정치와 같은 공적 삶에 관심을 두지 않고 오로지 경제적 행위와 이와 연관된 사적 삶에만 관심을 두는 자유주의적인 국가를 헤겔은 더 이상 국가라고 칭하지 않은 것이다. 따라서 "독일은 더 이상 국가가 아니다"는 헤겔의 문구는 사적 삶의 보호에 국한된 정치체, 그리고 사

3) G. Hegel, *Über die wissenschaftlichen Behandlungsarten des Naturrechts, Werke in zwanzig Baenden*, Frankfurt/M., 1986 (=TW), Bd. 2 S. 521.

4) G. Hegel, TW, Bd. 1, S. 461.

적 삶이 보장되는 한에서 정치적 삶에 무관심한 정치체, 즉 공동체 전체의 안녕에 무관심한 국가 구성원을 용인하는 정치체를 진정한 정치체로 인정하지 않는다는 것이다. 왜냐하면 그것은 전형적인 분리와 분열의 형상이기 때문이다. 바로 이런 관점에서 헤겔은 당시의 독일을 국가로 인정할 수 없었다.[5]

그렇다면 개인과 사회의 조화를 이룬 상태란 무엇인가? 헤겔의 철학적 발전은 이 질문에 대한 대답의 방식의 차이로 구분할 수도 있을 것이다. 청년기 헤겔도 다양한 변화를 겪는다. 예컨대 베른시기에는 칸트주의적 요소가 많이 나타나는데 반해, 프랑크푸르트시기에는 낭만주의적 요소가 많이 나타나기도 한다. 그런 작은 변화들을 추적하는 것도 중요하지만, 이 글에서는 개인과 사회의 생동적 관계에 대한 설명방식의 차이를 보이는 것으로 그 구분을 시도하고자 한다. 먼저 헤겔은 일생동안 한 번도 개인주의적 관점에 선 적이 없다는 사실을 강조해야 한다. 즉 그는 전체를 부분들의 단순한 합 이상의 것으로 보았다. 하지만 개인과 전체가 생동적으로 조화를 이루는 정치공동체에 대한 상은 청년기와 성숙기에 상이한 모습을 취한다. 청년기 헤겔은 유기체적 관점에서 그 관계를 해명하고자 한데 반해 성숙한 헤겔은 변증법적 방법으로, 그렇게 말해도 된다면 기계적-유기체적 방법을 긍정적으로 통합한 방법으로 그 관계를 해명한다. 이 글은 초기 헤겔의 입장이 유기체적 관점에 있었음을, 그리고 그 구체적 형태가 어떤 것인가를 밝히는데 국한될 것이며, 변증법적 관점에 대해서는 필요한 정도만큼만 다룰 것이다.[6]

II. 유기체적 세계관

헤겔의 유기체적 관점이 명확하게 드러나는 시기는 프랑크푸르트시기이다. 유기체론이 극복의 대상으로 생각하는 기계론은 부분과 전체의 관계를 정교한 부품과 정밀하게 조립된 시계의 관계로 비유한다. 전통적인 목적론에 대립하여 근대

5) 만년의 헤겔 역시 자유주의 국가관에 비판적이다. 그렇다고 근대의 개인주의적 가치를 무의미한 것으로 여기지는 않는다. 이에 대해서는 이재성, "헤겔의 정치철학. - 헤겔은 자신의 국가철학을 어떻게 정당화 시키는가", 『헤겔연구』 제 21호, 86쪽 이하 참조.

6) 유기체적 관점은 계몽에 대항한 낭만주의자들의 입론이다. 헤겔이 유기체적 관점에 서 있다는 것은 그가 낭만주의의 영향을 아주 많이 받고 있음을 의미한다. 물론 그렇다고 그를 낭만주의자로 직접 해석하는 데는 언제나 조심스럽다. 이때에도 그는 자연적 삶 보다는 사회적 삶에 관심이 더 있었기 때문이다. 이에 대해서는 정대성, "'반성문화'에 대한 청년 헤겔의 비판과 '화해하는 이성' 개념", 『헤겔연구』 제14호, 177쪽 이하 참조.

자연과학이 채택한 이러한 기계론적 입장에 따르면 자연의 모든 운동은 각 구성요소의 필연적인 인과관계에 의해 설명될 수 있다. 심지어 생명체의 생명현상까지도 물리학적, 화학적 방법에 의해 설명하고자 한다. 이러한 설명방식이 사물의 운동의 메커니즘, 즉 운동이 어떻게 발생하고 진행하는 가를 보여주는 데는 큰 성공을 거두었으나 운동 그 *자체*를 설명하는 데는 한계를 갖는다. 예컨대 이 방법은 생명현상을 분석하여 설명하는 데는 많은 도움을 주지만, 생명(삶) 그 자체를 이해하는 데는 한계를 갖는다는 것이다.

역사적으로 프랑스 계몽의 운동은 자연과학의 기계론적 해명 방식에 큰 영향을 받아, 모든 생명현상, 사회현상, 인문현상까지도 기계론에 의해 설명하고자 하였다. 따라서 여기서 가장 중요한 인식기능은 분석하고 계산하는 오성, 반성이다. 하지만 낭만주의자들은 전체라고 하는 것은 그렇게 부분으로 분석한다고 해서 총체적으로 이해될 수 있는 것이 아니라고 한다. 전체는 부분들의 합으로 이뤄지지만, 그렇게 종합된 전체는 그런 종합 이상이라는 것이다. 이런 관계를 설명하기 위해 이들은 유기체를 모델로 하여 설명하였다. 유기체의 각 부분은 유기체 전체와의 관계에서만 생명력을 얻고 의미를 가질 수 있다. 유기체의 각 지체들을 붙여 놓는다고 해서 살아 있는 존재가 되지는 않는다. 유기체는 그 부분들의 합이지만 동시에 그 이상이다. 유기체의 이러한 특성을 존재 전체, 자연 전체를 이해하는 데로 확장하는 것이 바로 유기체론이다. 이런 유기체적 관점에서 가장 중요한 인식기능은 전체를 파악하는 능력인 직관이나 감성인데, 바로 그 전체는 기계론의 핵심 인식기능인 오성과 반성의 분석과 계산에 의해서는 포착될 수 없는 것이기 때문이다.

헤겔은 프랑크푸르트시기에 명시적으로 생명체, 혹은 유기체를 세계의 설명 모델로 받아들인다.[7] 그의 이 시기 가장 중요한 개념이 삶(Leben)이라는 것은 아주 중요한 그 징후이다. 특히 소위 〈1800년 체계단편〉으로 알려진 그의 글은 유기체적 세계관을 기술하는 것으로 읽힐 수 있다. 이 저작은 일반적으로 헤겔 초기의 변증법적 사유의 최초의 뛰어난 정식화를 보여주는 것으로 간주된다. 하지만 여기서 헤겔이 삶의 다양성을 유기체의 관점에서 다뤄야 한다고 강조하는 것에 주목해야 한다.[8] 그는 이 글에서 전체의 일부를 이루는 다양한 것들이 독자적인 것으로도 다

7) 헤겔이 명시적으로 유기체론에 입문하게 된 이유는 분명하지 않다. 하지만 시대의 지적 분위기 그 시대 자신의 철학적 사유에 지대한 영향을 미친 셸링의 유기체적 자연관을 생각해 본다면 그 외적 증거들은 충분하리라 본다. 셸링의 유기체론에 대해서는 조영준, "셸링 유기체론의 생태학적 함의", 『헤겔연구』24, 특히 285이하 참조.

8) Hegel, G. W. F., 정대성 옮김, 『헤겔의 신학론집』, 인간사랑 2005(=『신학론집』), 663쪽 참조.

뤄져야 하지만 더 근본적으로는 전체와의 관계에서 다뤄져야 한다는 것을 말한다. "개별성 개념은 무한한 다양성과의 대립과 동시에 그것과의 결합을 자기 안에 포함하고 있다."[9] 그래서 그는 무한자인 삶은 "결합과 비결합의 결합"[10]이라고 한다. 일반적으로 전형적인 변증법의 초기 형태로 간주되는 이 공식은 – 사실 형식적으로는 전형적인 변증법적 공식이다 – 사실은 그 내용상의 측면에서 보면 유기체적 관점임이 드러난다. 외관상 독자성과 통일성을 동시에 고려하는 것으로 보이는 이런 진술들은 그가 존재 전체, 자연 전체를 유기적 전체로 보아야 한다고 주장하는 곳에서 그 의미가 확연히 드러난다. "다양성이면서 동시에 통일인 유일한 유기적 전체는 자연이다. 다양성으로서의 자연은 조직, 즉 개별자들의 무한한 다양성이며, 통일로서의 자연은 분리되어 있으면서 통일되어 있다."[11]

이런 유기체론의 입장에서 보면 부분은 전체를 위해 봉사해야 하는 것으로 나타난다. 청년헤겔이 유기체론의 입장에 서 있다고 하는 것은 그가 비록 이성, 주체성, 자율성, 도덕성 등 근대의 계몽의 중심 개념들을 사용하고 있을 때조차(특히 베른시기) 언제나 사유하고 행위하는 개별 주체가 전체와 생동적인 연관성을 가져야 한다고 강조하는 데서 찾을 수 있다. 이것은 그가 이 시기 계몽보다는 자기실현, 자기표현 등에 방점을 두는 낭만주의에 더 가까이 있음을 의미하기도 한다. 그가 인륜적 총체성의 역사적 범례로 고대 그리스사회를 취하는 것, 당시의 기독교를 객관종교, 혹은 실정종교로 비판하고(그것이 전체와의 유기적 관계를 강조하는 공적 종교가 아니라 개별자의 안녕만을 추구하는 사적 종교에 불과하기 때문이라는 것), 민중종교의 프로젝트를 전개하는 것, 계몽을 받아들일 때도 오성적 사유에 이끌리는, 그래서 과학의 중요성을 강조하는 프랑스 계몽이 아니라 종교를 계몽의 중요한 수단으로 여기는 레싱의 계몽주의에 이끌린 것, 그리고 낭만주의에 영향을 준 루소의 사유에 이끌린 것 등은 이런 관점에서 읽힐 수 있다.

9) 『신학론집』, 664쪽.

10) 『신학론집』, 667쪽.

11) 『신학론집』, 665쪽. 자연을 전체로 보는 이러한 생각은 스피노자를 연상시킨다. 하지만 스피노자가 자연을 하나의 거대한 기계로 보는 점에서(이런 점에서 그는 전형적인, 더 나아가 극단적인 합리론자다) 자연을 유기체로 보는 헤겔과 구분된다. 따라서 그의 자연 전체성 개념은 스피노자에게서 왔다고 하기보다 낭만주의에서 왔다고 해야 할 것이다.

III. 계몽에 대한 비판과 루소의 공화주의 이념

베른시기 헤겔의 중심 개념은 계몽주의에서 영향을 받은 바 크다. 앞서 말한 바와 같이 이성, 자율성, 도덕성, 주체성 등 베른시기 핵심 개념들은 사실 계몽의 핵심 개념이기도 하다. 프랑크푸르트 시기는 이 개념에 더해 삶, 생동성, 사랑 등의 개념이 중심 위치를 차지하면서 다분히 낭만주의의 중요한 개념들이 전면에 등장하면서 계몽과 명시적 거리를 취한다.

그러나 그가 계몽의 언어를 사용할 때조차 그는 인간의 특정한 인식능력, 즉 오성만을 강조하는 프랑스 계몽주의의 원자론적 기계론에 입각하지 않고 다분히 인간의 유기적 전체성을 강조하는 독일 계몽주의, 특히 레싱의 작업에 이끌렸다. 그래서 그는 이미 아주 초기부터 원자론적 기계론과는 거리를 두고 있었다. 그가 계몽의 인식기능인 오성을 비판하는 이유를 다음과 같이 말한다. "오성의 계몽은 영리하게 만들기는 하지만 더 좋게 만들지는 않는다. 덕도 영리함으로 환원된다면, 혹은 인간이 덕 없이 행복해 질 수 없다는 사실을 인간에게 계산해 보인다면, 그런 계산은 궤변과 차가움으로 인해 행위의 순간에 효력을 발휘하지 못할 것이며, 결코 삶에 어떤 영향도 줄 수 없을 것이다."[12] 그리고 종교를 대하는 계몽의 한계를 분명하게 말한다. "계몽적 오성의 한 가지 일은 객관적 종교를 인지하는 것이다. 하지만 만약 인간을 고양하고 인간을 위대하고 강한 심성의 소유자로, 고귀한 감정의 소유자로, 결단력 있는 자립적인 사람으로 교육해야 할 경우, 오성의 힘은 큰 역할을 수행하지 못한다. 동시에 오성의 산물, 객관종교 역시 이 일에서 큰 비중을 차지하지 못한다."[13]

계몽에 대한 이런 불신에도 그는 독일 계몽, 특히 레싱의 작업에는 깊은 관심을 보였다. 레싱은 자신의 작업의 목표를 여타의 계몽처럼 '인간의 도덕적 교화'에서 찾았다. 여기서 도덕적으로 교화된 인간이란 스스로 사고하고 판단하며 행동할 수 있는 전인적 인간을 말한다. 이때 전인적 인간은 단순한 지적 성장을 통해서만 이뤄지는 것이 아니라 인간의 감성적 측면 역시 성장할 때 도달할 수 있다고 한다. 여기서 우리는 독일의 계몽이 지성의 진보보다 윤리성의 진작에 관심이 있음을 볼 수 있다. 레싱이 인간의 심성의 형성에 중요한 역할을 하는 종교를 인간성의 완성을 위한 중요한 기구로 간주하는 이유는 바로 여기에 있다. 이것은 프랑스 계몽주

12) 『신학론집』, 38쪽.
13) 『신학론집』, 45쪽.

의가 계몽의 목표를 종교로부터의 탈피와 이성적, 지적 진보의 일차성을 강조하여 급속히 유물론으로 이행해 갔던 것과는 구별된다.[14] 특히 청년 헤겔이 자주 인용하는 레싱의 『현자 나단』은 계몽된 종교의 모습, 진정한 종교인이 가져야 할 자세 등을 보여준다.

『현자 나단』의 주인공 나단은 헤겔이 생각하는 종교의 이상을 구현하고 있는 인물이다. 헤겔은 교리에 대한 신학적 해석에 얽매인 종교는 매우 자주 신학으로 오인되어 믿음의 심성을 차가운 인식과 말의 향연으로 변화시키며, 타종교와의 차이를 밝히는 데 주력할 뿐이다. 이런 종교에서는 종교의 진정한 목적인 도덕성, 인간성의 구현이 큰 주목을 받지 못한다. 만일 종교가 그런 교리의 문제가 아니라 마음의 문제에 관심을 갖는다면 종교 간의 차이는 그리 중요하지 않을 것이라고 한다. 헤겔이 인용하는 "저를 당신들에게 기독교인으로 만드는 것, 바로 그것이 당신들을 나에게 유태인으로 만듭니다"[15]라는 나단의 말은 종교를 오성이나 인식의 문제가 아니라 마음의 문제로 보기에 가능한 것이라는 것이다. 이때 마음이란 종종 모순적으로 보일 수 있으며, 그래서 오성이나 회상에 의존하는 교리체계들과 대립된다. 헤겔은 레싱을 통해 사람이 종교적이면서 동시에 이성적일 수 있으며, 이성적이면서 감성적일 수 있다는 사실을 배웠다.[16]

우리는 이러한 입장에서 헤겔이 베른시기에 칸트에 적어도 표면상으로는 우호적이었다가 프랑크푸르트시기에 칸트에 대한 적대적 비판자로 변한 사실을 이해할 수 있다. 그가 베른시기에 도덕성에서 인간의 주관적 생동성의 전형을 본 것은 칸트의 영향이었던 것 같다. 특히 『단순한 이성의 한계 내에서의 종교』는 헤겔이 칸트를 접한 첫 작품으로 알려져 있다.[17] 이 작품에서 칸트는 '종교적 광기', '물신신앙', '성전신앙' 등 종교의 부정적 특성을 설명하기 위해 '규약성'(Statutarität) 개념을 사용한다.[18] 규약신앙은 인간의 자발성을 저해하는 비이성적 종교라는 것이다. 청년 헤겔은 종교의 이런 특성을 설명하기 위해 객관종교, 내지 실정종교의 이

---

14) 프랑스 계몽주의를 대표하는 사람들로는 돌바하, 디드로, 볼테르 등을 들 수 있는데 이들은 반종교적 태도와 과학의 진보를 주창하였다. 이런 점에서 종교의 계몽적 성격을 강조하는 독일의 계몽주의와는 차이가 난다. 루카치는 이런 현상을 당대 독일 사회의 후진성에서 찾는다. 종교의 힘을 무시할만한 물적 토대가 아직 갖춰져 있지 않았다는 것이다.

15) 『신학론집』, 34쪽 재인용.

16) 강순전, 『헤겔의 정신현상학』, 삼성출판사 2006, 14쪽.

17) 카우프만은 자신의 저서 *Hegel. A Interpretation*(Garden City, New York 1978)의 "칸트와의 관계" 장에서 이 사실을 보고하고 있다.

18) 특히 단순한 『이성의 한계 내에서의 종교』의 제 3장과 4장에서 이 문제를 다룬다.

름으로 비판하는데, 그 세세한 비판의 내용은 칸트의 그것과 많이 닮아 있다. 이런 점에서 기독교에 대한 그의 최초의 비판은 칸트에 빚지고 있다고 할 수도 있다.

하지만 칸트의 색채가 가장 많이 드러나는 이 시기에도 우리는 헤겔이 칸트와 합치할 수 없는 요소들을 발견할 수 있다.[19] 그 요소는 칸트가 이성중심의 사유를 한데 반해, 헤겔은 낭만주의의 영향을 받고 있다는 관점에서 재구성 될 수 있다. 무엇보다 헤겔은 오성이나 이성을 "차가운 추상"[20]으로 비판하고 있는데, 이러한 비판은 성숙한 헤겔이 칸트를 비판할 때에도 사용하는 것이다. 이것은 칸트의 종교론에서 칸트에 입문한 헤겔이 『단순한 이성의 한계 내에서의 종교』의 철학적 지위를 아직 정확히 파악하고 있지 못하다는 한 증거일 수 있다.

하지만 칸트가 말하는 주관성, 자율성 등의 개념이 이성, 혹은 오성과 긴밀한 연관이 있다는 사실을 인지한 후인 프랑크푸르트시기에는 계몽을 비판하던 그 화살을 칸트에게도 그대로 겨냥한다. 베른시기 헤겔과 칸트의 철학의 차이는 다음과 같이 요약될 수 있을 것이다. 첫째, 칸트의 주체가 원자적 개별자에 초점이 맞춰진데 반해 헤겔의 주체는 다분히 공동체적이다.[21] 공동체적이란 말은 역사적-사회적 조건 아래 있는 주체, 전체와의 관련 속에 있는 주체를 함축한다. 두 번째 차이는, 근본적으로 첫 번째 것과 연관이 있는데, 칸트의 종교철학에서 핵심으로 등장하는 '근본악'(radikal Bōses)에 대해 헤겔이 아무런 관심을 보이지 않은 것에서 추론될 수 있다. 칸트는 인간의 이성적 자율성을 방해하는 것으로 인간의 자기애나 경향성 등을 드는데, 이 요소들은 인간을 자유롭게 하는 것이 아니라 감정과 욕망의 노예로 만든다고 한다. 그런데 도덕법을 따르지 않으려는 이런 악의 특성이 자연적 존재로서의 인간에게 내재해 있기에 그는 이러한 악을 인간의 타고난 자연적 경향으로 간주한다.

하지만 헤겔은 악을 인간 본성에 거주하는 것으로 보지 않고, 즉 인류학적, 혹은 심리학적 차원에서 악을 다루지 않고, 제도적 차원에서 후차적으로 형성되는 것으로 간주한다. 즉 악의 문제는 개인의 도덕적 문제라기보다는 역사적-사회적 현상

---

19) 청년 헤겔에게 칸트의 영향이 큰지 루소의 영향이 큰지를 따지는 것은 무의미할 수도 있다. 차라리 풀다가 하듯 "칸트와 루소의 결합이 헤겔이 작업하려던 최초의 계획이었다"고 말하는 것이 속편할지 모른다. (풀다 저, 남기호 역, 『헤겔. 생애와 사상』, 용의 숲, 2010, 52쪽). 하지만 본 연구에서는 청년 헤겔이 칸트보다는 루소에 친화적이었다는 입장을 견지할 것이다.

20) 『신학론집』, 111쪽.

21) 슐테는 "단수의 그리고 찾아내기 어려운 주체성의 수수께끼가 칸트에서는 결정적인 것이다"라고 말하는데, 이것은 칸트의 주체성의 개인주의적 특성을 보여준다. G. Schulte, *Immanuel Kant*, Frankfurt/M. 1991, S. 10.

이라는 것이다. 이러한 생각은 특히 루소에게서 기인하는데,[22] 루소는 악과 선사이의 선택의 문제에서 악의 문제가 발생하는 것이 아니라, 인간 상호간의 관계에서 발생한다는 입장을 갖는다.(즉 악은 자연 속에 있는 것이 아니라 사회와 더불어 생겨났다. 예컨대 사유재산의 형성은 동시에 악의 존재를 만들었다.) 헤겔이 이미 초기부터 제도적 차원의 문제를 고려의 대상으로 삼은 이유는 바로 이런 상황에 놓여있다. 악의 문제로부터 우리는 칸트의 주체가 이미 완성된, 혹은 이미 갖춰진 존재로 등장하는 데 반해, 헤겔의 주체는 관계 속에서 형성되는 존재임을 추론할 수 있다.

칸트에 대한 명시적 비판은 프랑크푸르트시기부터 나타난다. 그는 이 시기에 칸트의 도덕성을 "개별자의 보편자에의 종속, 보편자에 대립하고 있는 개별자에 대한 보편자의 승리"[23]라고 말한다. 이것은 보편성을 지향하는 이성이 특수한 개인의 욕구를 추구하는 자연적 경향성에 대해 절대적 우위를 차지해야만 도덕성이 형성될 수 있음을 말한다. 이런 점에서 칸트철학은 여전히 이성과 경향의 분리와 이성에 의한 자연의 지배를 정당화하는 실정성의 형태를 극복하지 못한다고 한다.

> "이러한 길〔칸트의 길-필자〕을 통하여 우리는 실정성을 단지 부분적으로만 제거 할 수 있을 뿐이다. 물론 퉁구스족의 샤만 … 내지는 무굴 제국의 사람들과 … 자기 자신의 의무율에 복종하는 사람 사이에는 차이가 있긴 한데, 그 차이는 '전자가 스스로 노예가 된 반면, 후자는 자유롭다'[24]는 점에 있는 것이 아니라, '전자는 자신의 밖에 있는 주인을 섬기는 반면, 후자는 자신 속에 있는 주인을 섬긴다'는 점에, 따라서 후자는 자기 자신의 노예라는 점에 있다. 충동, 성향, 병리적인 사랑, 감성 등, 이러한 특수자에게 보편자는 필연적으로 그리고 영원히 낯선 것, 객관적인 것이다. 파괴할 수 없는 실정성은 그대로 남아 있게 된다. 실정성은 지양되지 않는다."[25]

---

22) 청년기 신학논집에서 루소에 대한 직접적 언급은 거의 없다. 기껏 세 번 정도 언급되고 있는데, 그것도 공화제와 직접적으로 연관된 내용이라기보다 고귀한 도덕의식을 지향하는 사람들이 긍정적으로 추구하는 인물로 묘사되고 있다. 그럼에도 불구하고 많은 연구자들은 루소와 헤겔을 정치적 관점에서 연결하고 있다. 루소와 청년헤겔의 연관성에 대해서는 국제 헤겔연맹에서 편집한 『루소, 혁명 그리고 청년헤겔』(*Rousseau, die Revolution und der junge Hegel*, Stuttgart 1991)이 대표적이다. 특히 부르주어(B. Bourgeois)의 「청년헤겔과 도덕과 정치에서 루소적 연관성」(Der junge Hegel und das Rousseausche Verhaeltnis von Moral und Politik)은 이 문제를 잘 보여준다.

23) 『신학론집』, 495쪽.

24) Kant, *Die Religion innerhalb der Grenzen der bloßen Vernunft*, IV, 2, § 3 참조.

25) 『신학론집』, 530쪽.

이러한 평가를 진지하게 받아들인다면 우리는 헤겔이 이미 청년기 시절부터 칸트보다는 루소의 입장에 더 가까이 있었음을 알 수 있다. 그가 이 시기에 '공화국' 혹은 '공화주의'라는 개념을 자주 언급한다는 사실에서도 그런 흔적을 발견할 수 있다. 사실 헤겔이 김나지움 시기에 『고백록』을 읽었다는 보고는 있지만, 『에밀』이나 『사회계약론』을 읽었는지는 확실치 않다.[26] 그렇다 할지라도 그가 멘델스존 등을 통해 우회적인 방식으로 루소의 정치적 종교 개념에 익숙해 있었고, 공적 삶을 위한 계몽, 문화, 정치 등에 대한 루소의 새로운 규정을 내면화 하고 있었음은 의심의 여지가 없다.[27] 헤겔에 의해 일생동안 '세계사적 전환'으로 평가받은 프랑스혁명의 이념이 루소에게서 기원한다는 것은 잘 알려져 있다. 루소가 주창한 자유와 평등 이념은 공화국을 목표로 혁명을 수행했던 로베스피에르를 포함한 프랑스혁명의 지도자들의 나침반이 되었다.[28] 그런데 루소가 주창한 공화주의는 영국에서 전개된 개인주의적 사회계약이론과 분명한 차이를 가지고 있었다. 이러한 사실은 그가 계몽주의에 속해 있으면서도 삶, 생명, 자연, 사랑 등 낭만주의적 색채를 가진 개념으로 당대의 계몽주의자들과 거리를 취하였고, 동시에 첨예한 갈등에 빠졌다는 사실과도 무관하지 않다.[29]

루소에게서 공화국(republik)은 자유와 평등이라는 근대의 가치를 가장 잘 구현할 수 있는 정치체를 의미한다. '공동의 재산'(common wealth)이라는 어원적 의미를 갖는 이 공화국 개념은 적어도 두 가지 형태의 국가를 비판의 표적으로 삼는다. 첫째는 국가가 특정한 개인, 예컨대 왕이나 특정한 신분의 소유물이 아니라는 의미를 함축한다. 즉 이 개념은 신분제적인 구체제 국가 개념에 대한 비판이다. 둘째, 이 개념은 국가가 전체의 이익보다는 개별자의 이익을 우선시하는 근대 자유주의 국가 개념에 대한 비판을 담고 있기도 하다. 자유주의 국가이론가들은 기본적으로 신분제를 극복의 대상으로 본다는 점에서 진일보한 정치이론을 제시하지만, 국가를 공익보다는 사익을 보호하는 기구로 간주함으로써 최소주의 국가형태를 지향하게 되었다. 즉 국가는 공권력을 사적인 개인의 권리를 보호하는 데만 사용되어

---

26) K. Rosenkranz, K., *G. W. F. Hegels Leben*, Berlin 1844, S. 13.

27) 주 22번의 논문집 *Rousseau, die Revolution und der junge Hegel*, S. 143이하 참조.

28) 루소 전문가인 워클러는 다음과 같이 말한다. "프랑스혁명의 지도자들이 정치적 실천과 이론을 일치시키려는 운동을 폈을 때 그들이 가장 먼저 동지의식을 발견한 곳은 루소의 사상이었다." R. Wokler, 이 종인 역, 『루소』, 서울 시공사, 2001, 15쪽.

29) 그를 계몽주의자들의 백과사전편찬의 필진으로 이끈 사람은 디드로이다. 하지만 루소가 문명과 학문의 전개에서 어두운 측면을 강조하는 반면, 디드로는 그것을 해방의 동인으로 여긴다. 역사에 대한 루소의 이런 회의주의적 성향은 결국 둘 사이를 갈라놓는다. 위의 책 참조.

야 할 뿐 추상적인 인민전체를 위한다는 미명하에 개인의 권리를 침해하는데 사용해서는 안 된다고 한다.

루소는 국가가 개인의 사적인 권리를 보호하는 장치로 끝날 때 나타날 수 있는 심각한 사회문제, 예컨대 공동체의 분열현상을 일반의지 이론에 입각하여 비판하며, 따라서 사적 권리의 핵심인 소유권을 상당 정도로 제한해야 한다고 본다. 루소가 사유재산의 해악을 비난하는 근거는 이러한 공동체구성원들의 유기적 연관을 가능하게 할 평등이 지나친 부의 집중으로 파괴될 수 있다는 데 있다. 그는 돈에 의한 시민의 예속관계가 발생하지 않을 정도의 부만을 인정했다.

사적 삶에 엄격한 제한을 가하는 루소의 이러한 공화주의적 사유는 청년헤겔의 사유를 이끄는 한 핵심이 되었다. 기독교에 대한 비판과 고대 그리스 도시국가에 대한 갈망 등, 그의 초기 사상은 루소의 이러한 사상, 즉 통일성과 전체를 지탱하는 이념에 대한 성찰과 깊은 연관이 있다.[30] 그는 사적인 이익에 매몰되어 있는 당대의 시대정신의 원형을 기독교에서 보고 있으며, 기독교정신이 서양에 들어오면서 그리스와 로마의 공화주의가 그 힘을 상실했다고 진단한다. 이러한 그의 생각은 기독교를 비판하고 소위 민중종교를 기획하는 데로 나아간다.

IV. 고대의 공공종교와 사적인 기독교

헤겔이 루소의 공화주의에 열광한다는 것은 그가 공공성에 깊은 관심을 가지고 있다는 징후이다. 그리고 당시의 사회가 공공성과는 전혀 관련 없는 사회였다는 비판의식과도 연관이 있다. 그리고 그는 그런 공공성을 저해하는 가장 중요한 기제는 기독교라고 생각했다. 그의 기독교 비판과 고대 사회에 대한 열광은 바로 이

30) 헤겔에게 깊은 감명을 준 것으로 알려진 G. 포르스터의 『니더라인 여행기』(Ansichten vom Niederrhein)에 대한 독해 이후 그는 다음과 같은 짧은 노트를 남기는데, 이것은 그가 전체의 이념, 즉 공공성에 그 핵심이 있는 공화주의에 깊은 열정을 가지고 있음을 보인다. "공화국에는 사람들이 그것을 위해 살아가야 할 이념(理念)이 있고, 군주국에서는 사람들이 항상 개별자를 위해 산다. … 공화국에서는 존재해야만 하는 이념을 이야기하고, 군주국에서는 현존하는, 그리고 사람들이 만들지 않은 이상, 즉 신을 이야기한다. 공화국에서 위대한 정신의 소유자는 그의 모든 힘들, 즉 육체적이고 도덕적인 모든 힘들을 자신의 이념에 몰입시키며, 그의 전체 작용영역은 통일을 이룬다. 자신의 이상에 헌신하는 경건한 기독교도는 신비적 몽상가이다. … 공화주의자의 이념은 그의 모든 고귀한 힘들이 참된 노동 속에서 자기의 만족을 발견하는 그런 류의 것이다. 반면 몽상가의 만족은 단지 상상력에 의한 속임수일 뿐이다." 정대성, 416 각주 61.

런 문제의식에서 나온다.

청년헤겔이 활동하던 19세기로의 세기의 전환기에 유럽에서는 고대사회에 대한 관심이 큰 흐름을 형성하고 있었다. 이 운동은 자유와 자율성 등의 이념과 결합되어 있었는데, 사회적 진보나 유토피아에 대한 추구가 그 배경으로 자리하고 있었다. 당대의 많은 사상가들은 그러한 이념을 담지한 정치, 종교, 문화 그리고 인간상의 전범을 고대에서 찾을 수 있다고 보았다. 이러한 생각의 배후에는 기독교에 기초한 당대의 사회가 인간의 총체적, 생동적 삶을 장려하지 못한다는 반성이 놓여 있다. 즉 당시의 사회가 전체를 위한 정치적, 공적 삶을 무시하고 오로지 사적 삶에만 몰두하게 함으로써 전체와 개인 사이의 생동적이고 긍정적인 결합을 배제하고 있다는 것이다.

청년헤겔은 시대의 이런 경향에 깊이 세례 받았다. 그도 역시 당대의 파편적 개인주의, 전체와 부분을 가르는 이런 분열주의를 넘어서서 양자를 생동적으로 연결할 수 있는 모델을 고대 그리스에서 본 것이다. 그는 심지어 인간의 자유를 공적 영역으로부터의 간섭의 배제로 이해하여 사적 삶에서만 자유를 추구하는 당대의 사회적 분위기(즉 기도교적 세계관과 자유주의적 국가관)를 "인간에 대한 경멸"[31]이라 칭하면서 이런 분리를 대체할 대안적 표상인 그리스의 부상을 기쁨으로 맞는다.

> "유럽의 정신이 실제 삶에서, 그리고 입법과정에서 이러한 분리를 인식하고 그리스의 참다운 감정을 배울 수 있게 되기까지 수 세기를 기다려야 했다."[32]

이렇듯 고대에 대한 헤겔의 분석은 기독교적, 근대적 사회를 대체할 새로운 이상형의 추구에서 나왔으며, 고대종교와의 비교 속에서 "근대 기독교의 결핍을, 즉 기독교가 사적 종교임"[33]을 통찰할 수 있게 되었다.

1. 종교의 본성과 현실의 종교

헤겔이 정치공동체를 말하면서 기독교와 같은 종교에 관심을 갖는 이유는 종교가 인간의 심성에 광범위하게 영향을 미친다고 보았기 때문이다. 신학이 오성에

31) 『신학론집』, 343쪽.
32) 『신학론집』, 343쪽(약간 수정 번역함).
33) G. Rohrmoser, *Subjektivitaet und Verdinglichung*, Guetersloh 1961, S. 26 참조.

기초하여, 특정한 체계를 추구하는데 반해, 종교는 마음의 일에 포괄적으로 영향을 미친다는 것이다.[34] "종교의 힘은 인간적 성향의 모든 가지에 퍼져서 … 도처에서, 하지만 간접적으로 작용한다. 종교의 힘은 인간적인 힘을 유쾌하게 즐길 때, 혹은 고귀한 행위를 수행하고 인간의 사랑이라는 보다 부드러운 덕을 연습할 때 … '간접적으로' 작용한다. … 종교의 힘은 영혼을 자유롭고 개방적으로 발전하게 하며, 영혼이 추구하는 것을 위축시키지 않는다."[35]

이렇듯 헤겔은 종교가 사회의 분열과 분리를 넘어 인륜적 공동체를 이상적으로 통일시키는데 가장 적합한 기구일 수 있다는 점에서 종교를 탐구의 핵심으로 삼는다. 따라서 종교에 대한 그의 관심은 현실적인 인륜적 총체성을 위한 도구적 관점에서 이지, 내세와 현실도피 등 개인적 안위를 위한 관점에서가 아니라는 점이 강조될 필요가 있다. 그에 의하면 "종교에 대한 충동"은 "환상을 통해 미, 즉 신 속에서 주관과 객관을 통일시키려는 충동"으로서, 종교적 행위는 "사태가 전개되어 가는 과정 속에서 필연적으로 분리되어야 했던 것을 다시 통일하고자 갈구하며, 현실에 더 이상 대립되지 않은 완벽한 통일체를 이상 속에서 서술하고자 한다."[36]

그렇다고 해서 모든 종교가 이런 이상을 실현할 수 있게 하는 것은 아니다. 그가 소위 민중종교의 프로젝트를 통해 보여주듯 기독교와 같은 당대의 종교는 인간의 마음을 협소하게 만드는데 일조할 뿐이다. 헤겔은 기독교가 혐오스런 근대의 삶의 담지자이며, 따라서 근대적 삶의 분열에 책임이 있다고 생각했다. 그는 당대의 기독교와 같은 유의 종교를 "객관종교"라고 불렀는데, 이것은 "주관종교"와 대비되는 것이다. 따라서 헤겔에 따르면 기독교는 객관종교인데, 왜냐하면 객관종교는 "회상과 입술에 의존하는 죽은 신앙에 만족하며, 그래서 선한 심성과 선한 행동을 억제하는 결과를"[37] 가져오기 때문이다. 이 종교가 "역사적, 합리적 인식"[38]에 전적으로 의존한다는 점에서 객관적 체계로서의 종교이기만을 원할 뿐이며, 이런 점에서 "마음에 관심을 가지며, 우리의 감성에, 우리의 의지의 본분에 영향을 미치는"[39] 주관종교와 구분된다. 헤겔은 이 양 종교의 차이를 다음과 같이 구체적으로 말한다.

---

34) 『신학론집』, 33쪽.
35) 『신학론집』, 32쪽 이하.
36) 『신학론집』, 54쪽이하.
37) 『신학론집』, 115쪽.
38) 『신학론집』, 26쪽.
39) 상동.

"주관종교는 자연이라는 살아 있는 책이다. 자연에서는 식물, 곤충, 새와 동물들이 서로 맞붙어서 각자 살아가며, 즐긴다. 그들 모두는 섞여 있으며, 도처에서 모든 종류의 생물이 함께 모여서 살아간다. 이에 반해 객관종교는 자연 교사의 조그마한 생물 진열장이다. 자연교사는 곤충들을 죽이고 식물을 말리며, 동물들을 박제하거나 화주 속에 보존하여 자연 안에 분리되어 있는 모든 것을 분류하여 단 *하나의* 목적에 따라 배치한다. 이때 자연은 무한하게 다양한 목적을 단 하나의 친숙한 끈으로 얽어 매진다."[40]

따라서 객관종교는 "차가운 이성"으로부터 인도된, "말많은" 도그마를 신격화한 물신신앙을 요구한다.[41] 베른시기의 사유가 가장 잘 드러나는 소위 〈기독교의 실정성〉에서는 이런 물신신앙을 실정적 믿음이라는 말로 설명한다. 즉 실정적 신앙에서 신앙인은 자신의 자율성이나 도덕성에서 신앙의 본질을 보는 것이 아니라 낯선 권위나 계율에 자신을 종속시킴으로써 개인의 사적인 삶을 위해 필요한 것들을 얻어낸다. "실정적 신앙은 헤겔이 신성이라고 표현하는 가장 내적인 인간 본성을 하늘나라로 던져 버림으로써 인간 자신과 소외되어 버린다." 헤겔이 이러한 종교를 비판하는 이유는 이 종교가 전체를 위한 이념, 혹은 인륜적 총체성을 추구하는 어떤 이상에도 관심이 없고 오로지 영생이나 이 땅에서의 안락 등과 같은 개인의 사적 삶에만 관심을 보이기 때문이다. 그래서 그는 실정적 신앙을 극복하기 위해 "하늘나라에 내 던져버린 보물들을 인간의 재산으로 … 반환청구"해야 한다고 한다.[42]

2. 고대의 종교

헤겔이 시대의 분열을 치유하기 위한 전범을 과거에서 차용한다는 점은 역사적 필연성의 사유를 필요로 하는 변증법적 사유에 아직 도달하지 못했다는 것을 보여주는 하나의 징표이다. 그가 추구하는 것은 오로지 생동적이고 활동적인 인륜적

40) 『신학론집』, 29쪽.

41) 베른시기 말에 쓰인 시 〈엘로이시스〉에서 그는 진리와 지혜를 말과 도그마로 완전히 드러내려 하는 시도를 비난하며 다음과 같이 말한다.
"탐구자가 추구하는 건 / 호기심에서 나온 것일 뿐, 그에게서 / 지혜에 대한 사랑을 찾을 수 없다네. / 지혜를 정복하려 탐구자들은 말(言)들을 채굴하네, / 그대의 고귀한 뜻이 그 말들에 각인되어 있기라도 하듯이! / 헛되도다! 그들이 붙잡은 건 먼지와 재일 뿐, / 이 안에서 그대의 삶 그들에게는 결코 되돌아오지 않으리." 『신학론집』, 421쪽 이하.

42) 『신학론집』, 343쪽.

총체성이었다. 그리고 그것을 가능하게 하는 가장 중요한 기구는 주관종교였으며, 주관종교가 효력을 발휘하던 유일한 시기를 고대로 간주함으로써 그는 고대에 대한 환상적 채색작업을 할 수 있게 되었다. 그에 의하면 고대 그리스에서는 전체로서의 이념과 개인의 자유가 서로 조화를 이루고 있었다고 한다. 청년 헤겔이 고대에 부여한 특징은 민족의 완벽한 자기통제와 자립성, 공공성, 전체라는 이념 등이 그것이다. 이것들이 바로 근대의 세계관과 철저히 구분되는 자유로운 공화국의 특성이라는 것이다.

헤겔은 민족의 이런 자유와 자기활동성이 비객관적(objektlose), 비실정적 주관종교를 만든다고 한다. 종교의 비객체성이란 어떤 것도 객관적으로 서술되지 않는다는 것을 의미하는 것이 아니라 어떤 것도 영원한 것, 확고한 것으로 화석화되지 않는다는 것을 의미한다. 그런데 기독교는 결코 변화될 수 없고 변화되어서도 안 되는 객관적 도그마의 영원성을 말하며, 그런 한에서 이 도그마는 인간에게 내면화될 수 없는 영원히 낯선 것으로 머문다. 헤겔은 객체화되지 않는 종교의 특성과 더불어 주체의 자기활동성도 강조한다. 그에 의하면 주체의 자기활동성은 주체의 객체화와 객체화된 것의 주체로의 회귀를 가능하게 하는 주체의 능력을 의미한다. 이때 객체성이 주체성과의 관련성 속에서만 의미를 가질 수 있다는 그의 생각은 앞서 말한 바와 같이 변증법적 사유의 단초를 보이는 것 같기도 하지만, 더 구체적으로 말하자면 유기체적 관점에서 그러는 것이다.

객체성에 대한 이러한 시각은 특히 고대인의 일상생활을 묘사하는 가운데 잘 드러난다. 그들의 일상적 삶에서 중요한 것은 공공성이었지만, 그렇다고 해서 그것이 개인의 자유와 자립성을 훼손하는 것은 아니었다는 것이다. 예컨대 헤겔은 그리스의 축제와 중세의 축제를 비교하는데, 헤겔은 그리스의 축제는 "일상적인 삶으로의 회귀"(즉 공적 업무로의 복귀)에 초점이 맞춰졌다면 중세에서 축제는 "개별적인 정신 이상증세로부터 총체적인, 항구적인 정신의 파멸로 발전한다"고 말한다.[43] 이러한 그의 묘사가 사실과 얼마나 부합하는지는 이 글에서 별로 중요하지 않다. 중요한 점은 그가 고대 그리스의 특징을 개인의 가장 사적인 삶이 공적인 삶과 언제나 연결되어 있다는 것이다. 그가 기독교를 비판하는 이유는 기독교가 공적인 문제에 관심을 두지 않고 오로지 사적인 안위만을 추구한다는 것이다.

헤겔에게서 개인의 삶이 공적인 삶과 얼마나 상호작용에 놓여 있느냐 하는 문제

43) TW, Bd. 1, S. 437f. 그리고 『신학론집』 107이하에서도 이와 유사한 비교를 한다.

가 공화주의와 근대 개인주의를 가르는 기준이 된다. 그리고 그런 개인주의적 사유는 근대에 형성된 것이 아니라 로마의 공화정이 몰락한 이후, 즉 기독교 세계와 더불어 형성되었다는 것이다. 헤겔에 따르면 근대 개인주의에는 공적 요소들이 결여되어 있다. 전체의 이념, 공공성이 더 이상 국가의 업무와 상관없게 될 때 국가의 최고의 임무는 "시민들의 재산을 보호"하는 것에 국한된다. 헤겔에 따르면 이러한 상태는 실정적 종교의 산물로서 인간성의 부패에 다름 아니다. 이에 반해 그리스에서 "시민의 재산의 보호"는 법률의 핵심을 이루지 않는다고 한다. 고대는 심지어 재산 문제를 방기하기까지 한다고 한다.

> "근대 국가에서 국민의 대부분의 권리와 관계있으며, 입법의 전체 내용을 규정하는 핵심은 재산의 안전이다. 재산에 대한 권리는 우리 시대의 모든 정부가 우선적으로 염려하는 것이며, 우리의 국가의 자랑이다. 하지만 이러한 엄격한 재산권이 고대의 몇몇 자유로운 공화국에서는 보호되지 않았다. 라케데모니아 헌법에서 재산과 산업의 안전은 거의 고려되지 않은 … 거의 잊힌 지점이었다."[44)]

고대에 재산권이 이처럼 방기된 이유는, 헤겔에 따르면, 부의 불평등의 심화가 사회의 유기적 총체성을 파괴한다는 데 있다. 앞의 인용에 덧붙여 그는 다음과 같이 말한다.

> "몇몇 시민들의 비교할 수 없을 만큼의 부가 헌법의 가장 자유로운 형태에 얼마나 위협이 되며, 또한 자유 그 자체를 파괴할 수 있는지를 역사는 아테네의 페리클레스와 로마의 세습귀족, 그리고 플로렌스의 메디치가의 예에서 잘 보여준다. 한 공화국을 지속적인 형태로 보존하는데 있어서 얼마나 많은 것이 엄격한 재산권에 의해 희생되어야 했는지를 탐구하는 것은 아주 중요한 탐구일 것이다."[45)]

프랑크푸르트시기에도 헤겔은 재산의 문제를 사회의 유기적 총체성이라는 관점에서 고찰한다. 그리스의 법률은 "법이 없다면 발생하게 될지 모를 불평등으로 인해 가난한 자들의 자유가 위협받게 되고, 또 그들이 정치적인 파괴상태로 떨어질지도 모른다는 사실에서 유래한다."[46)] 재산권과 관련한 유약한 법으로 인해 그

---

44) TW, Bd.1, S. 439.
45) TW, Bd.1, S. 439.

리스에서 발생한 재산 강탈까지도 헤겔의 눈에는 그리스적 삶의 아름다움으로 보였다.

루소의 공화주의의 영향을 느끼게 하는 이 글에 이어 헤겔은 공화국의 이념이 사라졌을 때 나타나는 직접적 현상 중 하나는 전쟁의 참여에 대한 기피현상을 든다.[47] 전쟁 혐오의 이유는 전쟁이 개인의 "고요하고 한결같은 향유"와 반대되는 것이며, 결국 고통으로 끝나고 또 심지어 자신의 최고의 가치인 자신의 삶을 잃는 것으로 끝날 수 있기 때문이라고 한다. 스스로 수족을 절단하면서까지 전쟁에의 참여를 거부했던 로마인들의 태도는 바로 이런 공화적 정신이 사라졌다는 것을 의미한다는 것이다.[48] 이외에도 헤겔은 사랑과 죽음, 내지 자살에 대한 태도, 전쟁에 대한 태도와 영웅숭배의 차이 등을 분석하면서 그리스와 기독교적 세계관의 차이를 보여준다.

헤겔에 따르면 공적인 행위를 모두 사적인 행위를 위한 보조수단으로 보는 것, 정치적 행위를 경제적 이익을 위한 장치로 보는 것을 공화주의의 몰락의 징후들로 본다. 공적 관계를 사적 관계의 보호를 위한 것으로 보는 이런 정치체는 하나의 '국가기계'(Staatmaschine)일뿐이다. "정치적 자유가 완전히 소멸함과 동시에 국가와 관련된 모든 관심은 사라졌으며, … 삶의 목표는 다소간의 평안함이나 사치와 더불어 일상의 빵을 습득하는 데 국한" 된다.[49] 고대에 대한 청년헤겔의 이러한 서술과 판단은 주관적이고 편파적인 것으로 보인다. 하지만 이러한 서술에서 중요한 것은 그의 의도를 발견하는 것이다. 그는 인간의 삶의 목적을 완성할 수 있기 위해 조국과 자유에 대한, 즉 공화국에 대한 관심이 있어야 하고, 개인이 사적인 이익에만 관심을 보이는 것은 속류시민성의 표시로 읽는다.

V. 나오는 말 : 유기체적 세계관의 한계와 변증법으로의 길

지금까지 이 글은 청년헤겔의 종교연구, 고대연구 등이 인륜적 총체성을 구현하기 위한 정치적 의도에서 쓰였으며, 그것도 유기체론에 근거한다는 입장을 개진하였다. 유기체론이란 특히 원자론적 기계론과 구별된다. 원자론적 기계론이 전체를

46) 『신학론집』, 482쪽.
47) 『신학론집』, 380쪽 이하.
48) 『신학론집』, 380쪽.
49) 『신학론집』, 380쪽.

부분들의 합으로 이해하는 데 반해 유기체론은 전체를 부분들의 합 그 이상으로 본다. 유기체론이 생물학적 모델이라면 기계론은 물리적, 화학적 모델이라 할 수 있다.

일반적으로 근대 세계는 고대와 중세의 유력한 공동체이론인 유기체 이론을 비판하고 개인의 삶의 우선성을 강조하는 원자론적 개인주의를 발전시켜왔다. 이 이론을 전개하는데 있어서 근대 역학적 세계관이 큰 역할을 했음은 주지의 사실이다.[50] 하지만 개인의 자유에 대한 지나친 강조, 혹은 공적 장치로부터 간섭받지 않을 사적 자유의 영역에 대한 강조는 오늘날 부와 권력의 편중을 통한 공동체의 와해를 가져왔다는 지적을 받는다. 이런 상황은 공적 삶과 사적 삶의 관계해명을 정치철학의 가장 중요한 과제로 만들었다.

공적 삶과 사적 삶은 모든 영역에서 엄밀하게 구별되는 것은 아니지만, 공적 삶은 대체로 국가의 구성원인 개인이 국가라는 정치체 그 자체를 위해 살아가는 삶, 즉 '시민으로서의 삶'을 의미하며, 사적 삶은 개인이 공적인 업무와 상관없이 자기 자신만을 위해 살아가는 삶, 즉 '인간으로서의 삶'을 의미한다는 점에서 서로 구분될 수는 있다.[51] '시민으로서의 삶'을 지나치게 강조할 경우 사적 삶의 침해, 예컨대 재산권의 엄청난 제약이나 인권에 대한 경시 등이 뒤따를 수 있으며, '인간으로서의 삶'을 강조할 경우 공동체의식의 결여와 더 나아가 공동체의 파괴가 예상될 수 있다. 현대의 정치이론에서 공화주의는 전자를, 자유주의는 후자를 강조하는 경향이 있다.[52]

그렇다면 이 양자를 균형 있게 조화시키는 것이 문제가 될 것이다. 헤겔은 초기에 그 방식을 유기체론에 입각하여 설명하고자 하였다. 그가 비록 개인의 자유를 말하고 있기는 하지만 개인의 자유를 정치공동체 안에서만 추구한다는 점에서 근대의 위대한 발견인 '개인'에 대한 고려가 희석되는 느낌이다. 사실 청년기 헤겔은 근대의 역사적 의미, 혹은 근대 탄생의 필연성을 주목하지 못했다. 그 근거로 그가 근대의 이데올로기적 기원을 기독교에서, 기독교의 사적 종교의 특성에서 본 것을

---

50) 최초의 근대 정치철학자에 속하는 홉스는 자신의 저서『리바이어던』을 바로 이런 물리학의 모델에 근거하여 저술하였다.

51) 참조. 벤하비브의 『타자의 권리』(2008 철학과 현실사)와 상탈 무페의 『민주주의의 역설』(인간사랑 2008)은 관점이 다르긴 하지만, 개인과 국가에 대한 이러한 문제의식이 오늘날 어떤 방식으로 제기되는지를 보여준다.

52) 오늘날 정치철학은 이 양자를 어떻게 조화시킬 것인지가 가장 중요한 관심사이며, 소위 자유주의와 공동체주의로 대표되는 구미의 논쟁은 이 문제를 가장 중요한 해명의 과제들 중 하나로 두고 있다.

들 수 있다. 근대가 종교로부터의 해방의 과정이라고 하는 일반적 역사인식과 비교한다면 헤겔의 역사인식은 특이하다.[53] 그런데 개인은 언제나 전체 속에서만 규정되어야 하는가? 그렇다고 한다면 그것이야 말로 전체주의는 아닌가? 사실 전체주의를 경험한 현대는 전체주의에 대한 모든 종류의 흔적을 지워나가고자 했다. 유기체론은 그 대표적인 것으로 간주되었는데, 예컨대 한나 아렌트는 유기체주의가 갖는 전체주의의 위험성을 말한다.

사실 루소의 공화주의 역시 그 의도와는 다르게 자주 전체주의라는 오명을 들었다. 예컨대 토크빌이 자유주의의 관점에서 공화주의를 강도 높게 비판한 것을 알고 있다. 이 비판이 편파적일 수는 있지만 루소식의 공화주의, 즉 사적 삶에 대한 지나친 간섭은 근대의 위대한 발견을 과소평가하는 것으로 비칠 수도 있다.

전체의 독자성 뿐 아니라 개인의 독자성을 인정하는 것은 또 다른 해결책이 될 것이다. 사실 헤겔은 역사의 필연성에 대한 인식, 즉 근대세계의 원자론적 개인주의의 발생의 불가피성을 인식한 이후 초기의 유기체론에 입각한 자신의 정치이론을 버리고 변증법적 방법으로 나아간다. 변증법적 사유는 개인과 전체가 모순적 관계이지만, 그래서 언제나 긴장 관계를 갖지만, 개인은 바로 그 공동체에서만 자신의 정체성을 형성할 수 있다는 점에서 성립한다. '모순관계'란 하나가 다른 하나로 흡수될 수 없다는 것을 의미하는 것으로 근대 기계론의 개인의 독립성을 강조하는 측면이 있고, '공동체 안에서의 정체성 형성'이란 유기체적 관점을 반영하는 것으로 보아야 할 것이다. 따라서 변증법적 사유는 기계론적 입장과 유기체적 입장의 종합, 단순한 양적 종합이 아니라 질적인 종합으로 보아야 할 것이다. 그것은 개인은 국가로 환원될 수 없고, 국가도 개인으로 환원될 수 없지만, 양자는 존립하기 위해 서로를 필요로 한다는 것을 의미할 것이다. 오늘날 어떠한 국가도 훼손해서는 안 된다는 보편적 인권의 문제는 개별자가 전체에로 흡수 될 수 없는 부분이 있음을 보여주며, 인간이 자기의 실현을 위해 특정한 정치공동체를 필요로 한다는 것은 국가의 중요성을 보여준다. 그런데 이 양자는 현실적 상황에서 긴장과 모순관계에 있다는 것을 안다.

사실 헤겔의 변증법적 사유를 이러한 방식으로 해석할 때에야 오늘날도 그 생산성을 유지할 수 있을 것이다. 헤겔 자신의 변증법이 이 문제의 해명에 성공을 거두었는지는 해석의 여지와 의문의 여지가 있다. 왜냐하면 그는 모순의 지양을 말하

53) 테일러는 그의 유명한 책 『헤겔』에서 바로 이 점을 지적한다. Ch. Taylor, *Hegel*, Cambridge Uni. Press 1975, Part I, Ch. II 참조.

는데, 그 지양태의 구체적 모습이 어떤 것인지의 문제는 해석의 여지를 남기기 때문이다.[54] 이 문제를 해명하는 것은 이 글의 영역을 넘어 서는 것이다.

54) 헤겔사상의 분석의 어려움은 어쩌면 변증법의 모순 개념을 어떻게 이해할 것인가와 연관이 있을 것이다. 모순은 하나로 합치될 수 없는 두 항의 극단적 형태이다. 그러나 헤겔은 지양 개념을 통해 이 둘을 화해시키고자 한다. 이런 방식의 변증법적 운동은 이후에 많은 변증법주의자들의 비판이 되는데 소위 '부정의 변증법'주의자들은 헤겔을 긍정의 변증법을 말하는 자로, 즉 진정한 의미의 모순 개념을 사용하지 못하는 것으로 비판한다. 예컨대 헤겔이 사회-국가관에서 사회에서 국가로의 이행을 올바로 설명하지 못하는 이유가 바로 여기에 있다는 것이다. "헤겔의 체계성에 준해 볼 때 그가 시민사회로부터 국가로의 이행을 성공적으로 규명하지 못하고 있고, 또 그럴 수도 없다는 점을 드러내고 있다." G. 륄러, 원준호 역, "헤겔의 시민사회와 국가의 구별에 관한 새로운 숙고", 『헤겔연구』 제9호, 240쪽.

참고 문헌

Bourgeois, B., "*Der junge Hegel und das Rousseausche Verhaeltnis von Moral und Politik*", in *Rousseau, die Revolution und der junge Hegel*, Fulda, Horstmann(Hg.), Stuttgart 1991.

Hegel, G. W. F., 정대성 옮김, 『헤겔의 신학론집』, 인간사랑 2005(=『신학론집』).

Hegel, G. W. F., *Werke in zwanzig Baenden* (E. Moldenhauer/K. M. Michel(Hg.) Frankfurt/M., 1986 (=TW)).

Hegel, G. W. F., *Gesammelte Werke*(=GW), Hamburg.

Jamme, Ch., *Positivität*, in: *Historisches Woerterbuch der Philosophie*, Bd. 7.

Kant, *Die Religion innerhalb der Grenzen der bloßen Vernunft*, Hamburg 2004.

Kaufmann, W., *Hegel. A Interpretation*, Garden City, New York 1978.

Lukacs, G., 김재기 옮김, 『청년헤겔』1, 2, 동녘출판사, 1986.

Rohrmoser, G., *Subjektivitaet und Verdinglichung*, Guetersloh 1961.

Rosenkranz, K., *G. W. F. Hegels Leben*, Berlin 1844.

Schulte, G., *Immanuel Kant*, Frankfurt/M. 1991.

Taylor, Ch., *Hegel*, Cambridge Uni. Press 1975.

Wokler, R., 이 종인 옮김, 『루소』, 서울 시공사, 2001.

강순전, 『헤겔의 정신현상학』, 삼성출판사 2006.

G. 괼러, 원준호 역, "헤겔의 시민사회와 국가의 구별에 관한 새로운 숙고", 『헤겔연구』 제9호, 한길사.

샹탈 무페, 『민주주의의 역설』(이행 역), 서울 인간사랑 2008.

세일라 벤하비브, 『타자의 권리』(이상훈 역), 서울 철하과 현실사 2008.

이재성, "헤겔의 정치철학. - 헤겔은 자신의 국가철학을 어떻게 정당화 시키는가", 『헤겔연구』 제 21호, 용의 숲, 2007, 6.

정대성, 「'반성문화'에 대한 청년헤겔의 비판과 '화해하는 이성' 개념」, 『헤겔연구』, 제 14호, 용의 숲, 2003.

조영준, "셸링 유기체론의 생태학적 함의", 『헤겔연구』 제24호, 용의 숲, 2008.

풀다, 『헤겔. 생애와 사상』(남기호 역), 용의 숲, 2010.

Die politisch-philosophische Bedeutung des Organismus beim jungen Hegel

Jeong, Dae Seong

Zusammenfassung

Der Organismus liegt im politisch-philosophischen Denken des jungen Hegel zum Grund. Seine Studie ueber die Antike und seine Kritik des Christentums lassen sich in diesem Gesichtspunkt rekonstruieren. Hegel setzt sich durch die organistische Lehre mit dem liberalistischen, atomistischen Individualismus auseinander, der das moderne Individuum hervorhebt. Aber mit diesem Kritik musste er den geschichtlichen Sinn der Moderne vernachlaessigen. Die Antike als Alternative zu nehmen und das Christentum als grundliegende Ideologie der Moderne anzusehen etc. sind Zeichen dieses Gedankens. Mit der Erkenntnis der geschichtliche Notwendigkeit verlaesst (der reife) Hegel den Organismus und wendet sich in die Dialektik, die das Individuum sowie Totalitaet gleichwichtig behandelt.

keywords: Organismus, sittliche Totalitaet, Trennung, Republikanismus, Liberalismus, Rousseau, objektive Religion, subjektive Religion

제2부

헤겔과 예술

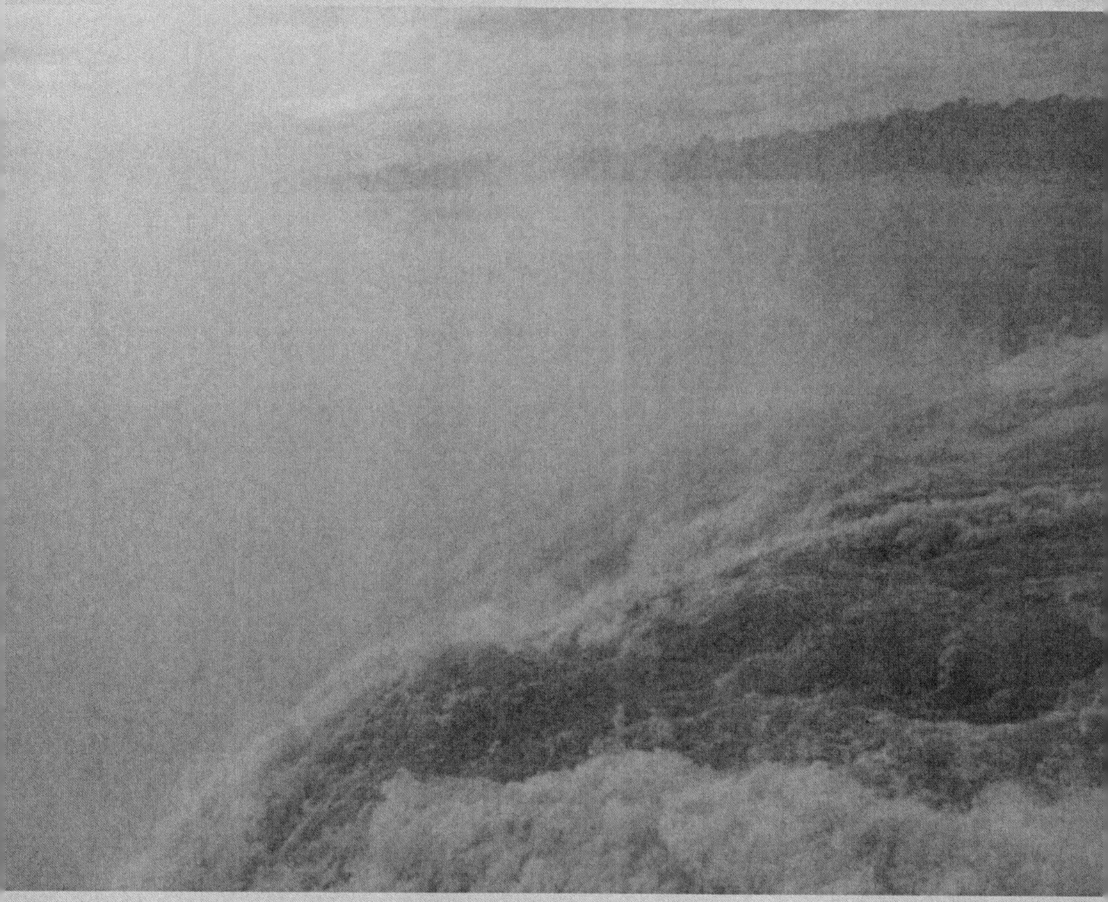

헤겔의 ‘산문(Prosa)’ 개념과 그 의미 연구

권 정 임

요약문

일반적으로 헤겔은 ‘예술의 종말’을 선포한 고전주의자로서 낭만주의를 비롯해 근대의 사회적 상황과 예술 전반을 비판적으로 평가한 것으로 알려져 있다. 하지만 베를린 미학강의들에 담겨있는 헤겔의 사유를 섬세하게 추적하면 근대 예술에 대한 그의 다양한 숙고들이 파악된다. 본 연구는 근대 예술에 대한 헤겔의 숙고들을 무엇보다 근대의 시대적 상황과 예술의 특성에 대한 그의 규정들에 있어서 핵심이 되는 ‘산문(Prosa)’ 개념을 중심으로 하여 살펴본다. 이를 위해 본 연구에서는 먼저 시와 대립적이지 않았던 산문의 본래적 의미와 18/19세기에 점차 예술일반의 형식으로 산문의 요구가 확장되었던 상황들을 헤겔 사유의 형성맥락으로 살펴본 후, 헤겔에서의 “산문(Prosa)” 혹은 “산문적(prosaisch)”이라는 개념의 의미를 여러 문맥에서 분석하여 근대 예술에 대한 그의 입장을 고찰한다.

헤겔에 있어서 ‘산문’ 혹은 ‘산문적’이란 ‘이분적인 것’, ‘오성적인 것’, ‘일상적이고 범속한 것’, ‘세속적인 것’, ‘자연적인 것’, ‘우연한 것’, 또는 ‘사유가 지배적인 것’, ‘역사적 서술’ 등 매우 여러 가지 의미를 지니며, 이 용어로 헤겔은 특정한 상황이나 예술형식을 부정적으로도 서술하지만, 반드시 부정적인 의미에서가 아니라 단순히 그 상황이나 대상의 고유한 특성을 가리키기도 한다. 뿐만 아니라 헤겔은 본 연구에서 예시되듯이, 산문적 특성을 지닌 당대의 예술들, 특히 셰익스피어의 작품들과 17세기 네덜란드 풍속화, 소설 양식, 객관적 유머로서의 괴테의 <서동가요>를 긍정적으로 평가하면서 이러한 예술들을 통해 근대 정신성에 부합하는 새로운 예술형식의 가능성을 시사한다.

이렇게 볼 때 헤겔에게서 보이는 '산문' 혹은 '산문적'이라는 표현은 무조건 부정적인 평가로 여겨져서는 안 되며, 오히려 이 개념은 헤겔의 미학 체계에서 낭만적 예술형식의 마지막 단계(유머)의 주관화된 정신성과 외적인 것의 분리로 인한 '예술의 와해(Auflösung der Kunst)' 앞에 놓인 예술의 존립 가능성을 진단하는 데 중요한 관건이 됨을 알 수 있다. 이러한 견해에서 본 연구는 '산문' 형식이 헤겔적 의미의 '예술의 종말' 이후 및 헤겔 이후의 근, 현대의 새로운 예술 형식으로서 의미를 가진다는 것과, 또한 '산문'은 헤겔 철학 내에서 예술에서 철학으로 이행할 수밖에 없는 것으로 보이는 논리적 필연성에 의해 예술이 단순히 와해됨으로 끝나는 것이 아니라 '예술'과 '철학'을 결합하는 형식으로서 예술의 지속적인 존립을 담보하면서 새로운 가능성을 보여주는 개념이라는 것을 밝혀본다.

나아가 본 연구에서 분석된 산문의 여러 가지 의미들은 증대하는 주관성으로 인해 내용과 형식의 극단적인 분리와 표현의 파편화를 보이는 근대 및 현대 예술의 특성들을 포괄하는 것으로, 오늘날의 예술을 산문적인 것으로 총괄하여 이해할 수 있게 한다. 따라서 '산문' 혹은 '산문적인 것'은 현재 주로 "알레고리"와 "숭고"로만 이해되고 있는 파편적이고 주관성이 강한 현대예술의 특성을 규정하는 또 하나의 핵심적 개념이라고 할 수 있으며, 헤겔이 규정하는 산문은 예술에서 철학으로의 이행 속에 있는 예술형식이자 사유의 예술적 형식이어서 오늘날 예술의 철학화와 철학에 대한 요구를 충족할 수 있기 때문에 이 개념과 더불어 우리는 오늘날에 있어서의 헤겔 미학 혹은 예술철학의 의미를 새로이 조명해 볼 수 있다.

● 주요어 : 범속함, 산문, 산문적인 것, 사유, 시, 우연성, 이분성, 일상성, 예술의 종말, 예술철학

I. 서론 – 헤겔의 '산문' 개념 연구의 필요성

헤겔 미학은 고대 그리스에서 예술의 최고점이 도달되었고 그 이후는 '예술의 종말' 시대임을 표명한 '고전주의(Klassizismus)'로 간주되면서 오늘날 그 가치가 미미한 영역으로 여겨지고 있다. 하지만 헤겔 미학에 대한 이러한 이해는 매우 단편적이며, 헤겔이 시사한 '예술의 종말' 이론이나 근대 예술에 대한 그의 복잡한 논의맥락을 면밀히 분석하지 않았기 때문이라 할 수 있다. 헤겔의 사유를 섬세하게 추적하면 이와 달리 근대 예술에 대한 헤겔의 다양한 숙고들이 파악된다.

본 연구는 헤겔이 '예술의 종말' 이론을 토대로 전개한 근대 예술에 대한 논의를 무엇보다 '산문(Prosa)' 개념을 중심으로 하여 살펴본다. 이를 위해 본 연구에서는 먼저 근대 예술의 특성과 이 예술의 지반이 되는 시대상황에 대한 헤겔의 규정들에 있어서 핵심이 되는 "산문(Prosa)" 혹은 "산문적(prosaisch)"이라는 개념의 의미를 여러 문맥에서 분석하여 근대 예술에 대한 헤겔의 입장을 고찰하고, 이를 바탕으로 헤겔이 의미하는 '산문'이 근대의 새로운 예술형식으로 정초될 수 있다는 것과 또한 그 특성을 살펴볼 때 '산문'은 현대예술 전반에 대한 이해의 기초가 될 수 있음을 밝혀보고자 한다.

헤겔에 있어서 '산문' 혹은 '산문적'이란 '이분적인 것', '오성적인 것', '일상적이고 범속한 것', '세속적인 것', '자연적인 것', '우연한 것', 또는 '사유가 지배적인 것', '역사적 서술' 등 매우 여러 가지 의미를 지니며, 이 용어로 헤겔은 특정한 상황이나 예술형식을 부정적으로도 서술하지만, 반드시 부정적인 의미에서만이 아니라 단순히 그 상황이나 대상의 고유한 특성을 가리키기도 한다. 따라서 헤겔에게서 보이는 '산문' 혹은 '산문적'이라는 표현을 무조건 부정적인 평가로 여겨서는 안 된다. 오히려 이 개념은 헤겔의 미학 체계에서 낭만적 예술형식의 마지막 단계(유머)의 주관화된 정신성과 외적인 것의 극단적인 분리로 인한 '예술의 와해(Auflösung der Kunst)' 상태에서 맞이하는, 고대 그리스 이후 또 한 번의 '예술의 종말' 앞에 놓인 예술의 존립 가능성을 진단하는 데 중요한 관건이 된다.

이러한 견해에서 본 연구는 '산문' 형식이 헤겔적 의미의 '예술의 종말' 이후 및 헤겔 이후의 근, 현대의 새로운 예술 형식으로서 의미를 가진다는 것과, 또한 '산문'은 헤겔 철학 내에서 예술에서 철학으로 이행할 수밖에 없는 것으로 보이는 논리적 필연성에 의해 예술이 단순히 와해됨으로 끝나는 것이 아니라 '예술'과 '철학'을 결합하는 형식으로서 예술의 지속적인 존립을 담보하면서 새로운 가능성을 보여주는 개념이라는 것을 밝혀본다. 이와 같이 도출될 결론들은 나아가 '철학하는 예술(Philosophizing Art)'과[1] 더불어 예술에 대한 철학적 사유, 즉 '예술철학'이 – 헤겔도 이미 시사한 바와 같이 – 필수적이 되고 있는 오늘날에 있어서의 헤겔 미학 혹은 예술철학의 의미를 새로이 조명할 수 있게 한다.

이러한 시도는 부분적으로 P. 스쫀디의 연구에서 이루어진 바가 있다. 스쫀디는 기존에 출간된 헤겔 미학에 대한 아쉬움을 표하면서,[2] 이 판본에 따르면 근대에서 '사유와 반성'이 예술을 능가하여 예술은 '와해'라는 종국을 면치 못하는 것처럼 보이지만 헤겔은 "결코 자신의 시대에서 조차 예술의 진전을 간과하지 않았다" 고[3] 확신한다. 스쫀디는 헤겔 미학은 예술에 대한 추상적 사유만이 아니라 작품들과 역사를 구체적으로 고찰하는 "실재변증법(Realdialektik)" 에[4] 기초한 역사철학의 일종이기 때문에 그런 것이 가능하다고 본다.

그러나 그는 그럼에도 불구하고 헤겔이 "철학의 관점에 묶여 결코 발을 내딛지 못했던" 바들이 있다고 보고, "그 일보를 내딛는 것", 즉 "역사화를 향한 진전이자 더욱이 예술과 이념상의 개념을 역사적으로 실현시키기 위한 진전" 을 하도록 하는 것이 "우리가 해야 하는 일" 임을 주지시킨다. 이와 같은 입장에서 스쫀디는 헤겔 미학 내의 낭만적 예술형식의 마지막 부분은 단순히 '예술의 와해'를 주제로 하는 것이라기보다는 오히려 "헤겔 이후 시대의 예술에 대한 진술로서 흥미로울 뿐 아니라, 헤겔 이후 시대의 예술과 예술철학을 위한 단초로서 중요하다는 것" 을[5] 숙지하며, 무엇보다 헤겔이 근대 사회 및 예술의 특성으로 규정한 '산문' 개념으로써 헤겔 시대와 그 이후의 예술의 가능성을 적극적으로 규명하고자 하며 오늘날 헤겔 미학에 대한 연구의 필요성을 강력히 시사한다.

또한 국내에서도 헤겔의 '산문' 규정에 대한 새로운 해석을 통해 헤겔 미학 내에서의 산문의 의미, 혹은 근대에 있어서 예술의 의미와 새로운 예술의 가능성을 헤겔의 예술철학적 사유 내에서 찾아보고자 한 연구들이 있다. 「시문학과 산문 비교

---

1) Arthur. C. Danto, *Philosophizing Art. Selected essays*, 정용도 역, 『철학하는 예술: 예술작품의 철학적 특성』, 미술문화 2007 참조.

2) 스쫀디는 호토가 편집하여 1835년과 1842년에 1, 2판을 출간한 헤겔 미학에 관해, 호토는 "읽을 만한 책(ein lesbares Buch)" 을 만드는 것을 중요시했지, "헤겔 미학 성립의 재구성" 이나 "헤겔의 수고의 비판적 전집본" 을 만드는 것은 안중에 없었음을 지적한다(Peter Szondi, *Poetik und Geschichtsphilosopie I: Antike und Moderne in der Ästhetik der Goethezeit. Hegels Lehre von der Dichtung*, Frankfurt am Main: Suhrkamp 1971, S. 277).

3) P. Szondie, *Poetik und Geschichtsphilosopie I*, S. 303.

4) 같은 책, S. 295.

5) 같은 책, S. 462.

와 철학과 예술의 관계」(2001)에[6] 관한 논문은 헤겔이 시와 산문을 '상상력'과 '사변적 사유'라는 특성으로 구분하면서 산문을 평가 절하한 것으로 보지만, 예술에 대한 헤겔의 논의구조에 따르면 산문이 예술에서 철학으로의 전환 내지는 시문학과 철학의 매개점이 된다는 측면에서 산문의 의미를 환기시킨다.

다른 한편 「헤겔과 낭만주의 – 17세기 네덜란드 풍속화를 중심으로」(2007)란 논문은 "헤겔 미학은 미완성으로 우리에게 여전히 열려 있는 논의를 가능하게 하는 보고로 남겨져 있다"는[7] 전제에서, 헤겔이 시민사회를 규정한 '산문성'과 '자유로운 주관성'의 특성을 모두 아우르는 예술로 '네덜란드 풍속화'를 예로 들며 이 예술에 대한 헤겔의 긍정적인 평가를 바탕으로 낭만적인 근대에서 헤겔이 요구하는 예술의 가능성을 논증한다. 이 논증은 헤겔 미학이 단지 "예술의 종료"만이 아닌, 현실의 일시성에 대한 "예술의 승리(Triumph der Kunst)"도 동시에 보여주고 있다는 것, 그리하여 근대에서 예술의 계속된 진전을 다루고 있음을 시사한다.

본 연구는 이러한 선행연구들을 토대로 하되, 헤겔에게 있어서 '산문(성)' 개념이 단지 근대 시민사회와 예술을 부정적으로 평가한 용어라기보다는 개별성과 보편성, 혹은 내용과 형식의 분리가 주를 이루는 '특정한' 사태와 상황에 대한 고유한 특성규정으로 이해하며, 이를 규명하기 위해 먼저 헤겔의 다양한 논의 맥락에서 추출되는 산문 개념들을 보다 구체적으로 분석한다. 그런 후 산문에 대한 헤겔의 규정들을 통해 근대 예술에 대한 헤겔의 고찰이 오늘날에도 타당성이 있으며, 현대예술 이해에서 중요한 기초가 되고 있음을 밝혀보고자 한다.

II. 18/19세기 시문학 이론에서 '산문' 개념

본 장에서는 헤겔의 규정들을 살펴보기에 앞서 헤겔의 산문 규정의 성립배경과 맥락을 이해하기 위해 산문 개념의 일반적 정의와 특히 18/19세기에 전개되었던 산문에 대한 여러 입장들을 알아본다.

먼저 사전적 의미를 살펴보면, 산문(Prosa)은 라틴어 '프로르수스(prorsus)' 또는 '프로자 오라티오(prosa oratio)'에서 유래된 것으로 원래 '직설적인 말(geradeaus

---

6) 이정은, 「시문학과 산문 비교와 철학과 예술의 관계」, 『헤겔과 근대예술』(『헤겔연구』 제10호), 한국헤겔학회편, 철학과 현실사 2002, pp. 159-187.

7) 이진석, 「헤겔과 낭만주의 – 17세기 네덜란드 풍속화를 중심으로」, 『미학』 제52집(2007년 12월), pp. 315-338, 특히 p. 315와 p. 317.

gerichtete Rede)', 즉 '있는 그대로의 말(schlichte Rede)'을 뜻하며, 다른 한편으로는 "각운, 시구, 리듬에 의해 구속되지 않은 언어형식"을[8] 뜻한다. 이러한 의미의 산문은 통상 이와는 반대의 의미를 가지는 '시(Poesie)'와 대립적인 것으로 간주되며, 이와 함께 산문은 시와 더불어 시문학의 두 가지 장르로 분류되기도 한다. 그리고 이로부터 파생된 형용사인 '산문적(prosaisch)', 혹은 '시적(poetisch)'이라는 용어는 예술작품을 평가할 때 긍정적 의미와 부정적 의미를 뜻하는 은유적 평가용어로 사용되기도[9] 한다. 하지만 고대의 용법에서 '시적인 것'은 "가능한 것과 표상할 수 있는 것의 영역"을 가리키고, '산문적인 것'은 "현실적인 것, 일상적인 것, 변경될 수 없는 것의 영역"을[10] 가리키는 것으로 구분되면서 '산문'과 '산문적인 것'이 반드시 '시'와 '시적인 것'에 가치적으로 대립되는 개념이라기보다는 단지 고유한 특성을 가진 영역으로 구분되었음을 알 수 있다.

뿐만 아니라 산문 '프로자(Prosa)'는 '프로-베르자(Pro-versa)'로, 본래 운문 '베르스(Vers)'와도 가까운 의미를 가지고 있음을 알 수 있다.[11] 시와 산문의 구분은 단지 '말'과 '글', 즉 '말함'과 '말해진 것'의 분리에 의한 것이며, 의사전달과 정보전달의 측면에서 각기 독자적인 수행을 할 수 있게 하는 것일 뿐이다. 즉 이러한 구분을 통해 '말해진 것', 혹은 '글'로서의 산문은 시와 연관된 낭송 내지 구술적 표현의 한계를 넘어서 의사소통의 측면에서 또 다른 시적인 차원을 자신의 고유한 형상화 대상으로 할 수 있게 된 것이다. 이와 같이 산문의 어원적 의미와 시와의 본래적 관계에서 구분되는 의미들을 살펴볼 때 산문은 시에 대해 열등하고 가치가 낮은 영역이 아니라 시문학 분야의 독자적인 영역으로서 근, 현대에서도 그 긍정적

---

8) *Duden. Deutsches Universal Wörterbuch A-Z*, 2. völlig neu bearbeitete und stark erweiterte Auflage, hrsg. und bearbeitet von Wissenschaftlichen Rat und den Mitarbeitern der Dudenredaktion unter der Leitung von Günther Drosdowski, Mannheim/Wien/Zürich: Dudenverlag 1989, S. 1188.

9) '산문적'과 '시적'이란 용어가 특정한 가치를 표하는 의미론적인 공시어(Konnotation)로 사용되게 된 것은 전자가 "각운적이지 않은(ungereimt)"이란 말과, 후자가 "정조가 풍부한(stimmungsvoll)"이라는 용어와 유사한 것으로 인식되면서 그렇게 된 것으로 볼 수 있다(*Duden. Deutsches Universal Wörterbuch A-Z*, S. 1161).

10) Karlheinz Barck, "Prosaisch-poetisch", in: *Ästhetische Grundbegriffe*. Bd. 5, hrsg. von K. Barck u.a., Stuttgart/Weimar: J. B. Metzler 2003, S. 87-112, 특히 S. 87. 같은 논문, S. 88 참조.

11) 운문 'Vers'와 산문 'Pro-versa'('Prosa')는 '앞으로'와 '뒤로'의 이중적 의미를 지닌 '베르주라(die Versura)'에서 분화된 것으로, 'Vers'는 '뒤로'를, 'Pro-versa'('Prosa')는 '앞으로'를 뜻하는 것일 뿐, 어떤 차등적 구분에 의한 것이 아니라는 것이다(Giorgio Agamben, *Idee der Prosa*, übers. von D. Leupold und C.-C. Härle, München/Wien: Hanser 1987, S. 23 f 참조).

기능의 확장 가능성을 어원적으로 보유하고 있음을 알 수 있으며, 다음 장에서 보게 되는 바와 같이 이러한 가능성은 근대 예술에 관한 헤겔의 사유에서도 찾아 볼 수 있다.

산문의 고유한 특성과 독자적인 가치에 대한 숙고와 인정은 19/20세기에 이르러 더욱 확장되며, 근대의 주관화된 정신성을 표현하기에 시보다 산문이 더 적합한 표현형식이라고 보는 19/20세기 논의들의 단초와 확장 근거를 헤겔에게서 찾아볼 수 있다. 하지만 기존의 연구에서는 헤겔을 고전주의자로 간주하며 시와 산문에 대해서도 헤겔이 고전주의적 규범시학을 기초로 하고 있다고 본다.[12] 18세기에 전개된 고전주의 규범시학(Regelpoetik)은 시적 텍스트를 제작하는 방법을 연구하되 시대를 초월한 규범을 찾고자 하며, 시문학에서 각 장르들을 위계적으로 배열하는 것이 특징이다.[13] 이러한 고전주의 시문학에서는 형식에 속박된 시구언어로서의 '시'와 리듬적 요소로 제한된 수에 따라 규칙을 이룰 뿐 형식에 속박되지 않는 언어로서의 산문이 전적으로 대립적 관계로 인식되며, 가치상 '시'가 산문보다 우위를 차지한다. 특히 괴테는 바이마르 고전주의 시기 때, 시와 산문을 엄격하게 구분하면서 "시적인 산문(poetische Prosa)"이란[14] 형식 자체를 거부하며, 클롭스톡 역시 "더 높은 시(höhere Poesie)"라는 개념으로 산문에 대한 시의 절대적 우위를 주장한다.[15]

그러나 18세기는 고전주의자들의 시와 산문의 이와 같은 엄격한 구분과 가치 우월화에도 불구하고 프랑스를 비롯해 독일에서도 "시와 더불은 가치논쟁에서 산문을 공공연하게 유리하게 했던 최초의 세기"로,[16] 이때부터 수사학과 시학에서 시

12) 대표적으로 J. 쿠진스키와 W. 하이제가 그러한 입장을 보인다. 이들은 헤겔이 시적 상태에만 가치를 두고 이 상태가 지속되기를 계속 추구하며, 산문은 무조건 비판한다고 본다(Jürgen Kuczynski/Wolfgang Heise, *Bild und Begriff. Studien über die Beziehungen zwischen Kunst und Wissenschaft*, Berlin: Aufbau-Verlag 1975, S. 214). P. 스쫀디 역시 헤겔을 고전주의자로 여기지만 후기 미학강의들에서는 역사에서 계속 구체화되어야 하는 이념상의 실현 문제를 관건으로 하며 오늘날 시문학 분야에서 헤겔 미학에 대한 지속적인 연구의 필요성을 강조한다.

13) 고대로는 아리스토텔레스의 시학을 이러한 규범시학으로 들 수 있으며, 18세기 독일 문예학에서는 빙켈만, 클롭스톡, 괴테와 쉴러의 - 질풍노도 이후의 - 후기 작품들이 고전주의 경향을 띤다고 할 수 있겠다.

14) "Brief von W. Goethe an Schiller (25. 11. 1797)", in: E. Staiger(hg), *Der Briefwechsel zwischen Schiller und Goethe*, Frankfurt a. M.: Insel 1977, ^{3}1987, S. 499.

15) K. Barck, "Prosaisch-poetisch", S. 92.

16) Werner Krauss, *Grundprobleme der Literaturwissenschaft. Zur Interpretation literarisher Werke. Mit einer einem Textanhang*, Reinbeck bei Hamburg: Rowohlt 1968, S. 44.

와 산문의 장르 간 경계가 유보되고 '시적 산문'이 계몽적인 사유를 위한 하나의 새로운 쓰기 방법으로 주도권을 갖기 시작했다. 이미 쉴러가 이 시기에 "시적 정조와 산문적 정조 간의 특이한 유동(sonderbares Schwanken)이 생겨남"을 감지하였고,[17] 클롭스톡의 '더 높은 시'라는 개념을 통해 공식화 되었던 시와 산문의 구분은 산문도 '감정', '심적 세계'를 표현하는 언어가 될 수 있다는 주장들과 더불어 파기되기 시작했던 것이다. 뿐만 아니라 클롭스톡이 당시 프랑스인들이 시적언어와 산문적 언어를 구분하지 않음을 꼬집으면서 그들이 썼던 산문을 "사회의 산문(Prosa der Gesellschaft)"으로[18] 표현한 개념은 후일 낭만주의와 헤겔에 있어서 시민사회를 나타내는 특정한 의미의 용어로 발전하게 되었다.

시와 산문의 고착된 우월관계의 파기는 18세기 후반, 19세기 초에 낭만주의 문예이론가들에 의해 확산되었는데, 그러함에 있어 장 파울, 노발리스와 특히 F. 슐레겔이 핵심적인 역할을 했다. 장 파울은 시에 반드시 시구들이 본질적일 필요는 없다고 보며 '시적인 것'의 범위를 확장한다. 그는 '소설'을 "유일하게 허용된 시적 산문"이라고 보며, 이에 대한 이론을 정초하였다.[19] 노발리스는 클롭스톡에 의해 주창된 '더 높은 시'란 개념에 대립적으로 "무한적인 것의 낭만적 시(romantische Poesie des Undendlichen)"의 구상을 발전시켰다. 그는 이 시를 "확장된 시(erweiterte Poësie)"라고 부르며, "더 높은 측량술의 원칙들이 하위 부문들의 원칙에 관여하듯이" 이 시는 원래 '더 높은 시'에 속하는 것이라고 본다.[20]

F. 슐레겔에게서는 산문이 더욱 적극적으로 규정된다. 그는 시적인 것과 산문적인 것의 차이는 "미적 혁명"의 추동력이라고 여기며, 이 미적 혁명의 두 가지 "필수적인 요청"인 "미감적 힘"과 "도덕성"이 "소설이라는 산문(Prosa des Romans)" 속에서 "예술"로 실현된다고 보았다.[21] 그는 소설을 "학문과, 따라서 예술과 결합된 시"라고 보며, 그렇기 때문에 소설은 "산문이자 시의 시"라고[22] 규정한다. 슐레

17) "Brief von Schiller an Goethe (20. 10. 1797)", in: E. Staiger (hg), *Der Briefwechsel zwischen Schiller und Goethe*, S. 488.

18) K. Barck, "Prosaisch-poetisch", S. 93.

19) Jean Paul, *Vorschule der Ästhetik, nebst einigen Vorlesungen in Leipzig über die Parteien der Zeit (1804)*, hrsg. von Josef Müller, Leipzig: Felix Meiner 1923, S. 259.

20) "Brief von Novalis an A. W. Schlegel (12. 1. 1798)", in: Novalis, *Werke und Briefe*, hrsg. und mit einem Nachwort versehen von Alfred Kelletat, München: Winkler 1953, S. 665-670, 특히 S. 669.

21) Friedrich Schlegel, "Über das Studium der Griechichen Poesie (1795/96)", in: *Kritische Friedrich Schlegels Ausgabe*, Bd. 1, hrsg. von Ernst Behler, Parderborn/München/Wien: Schönigh 1979, S. 217-367, 특히 S. 271.

겔은 또한 "무엇이 본래 산문인지, 아직 어느 누구도 말하지 않았다"고 통념을 부정하면서 "시에서처럼 자연산문과 예술산문이 있으며", "운율이 없는 시(〔괴테의 빌헬름〕 마이스터)와 운율적인 산문(〔레씽의〕 나탄)"이 있다고 하고,[23] "모든 π〔시〕는 산문이어야 하며, 그리고 모든 산문은 시이어야 함"을 주장한다. 그에게서 "모든 산문은 낭만적이며",[24] 근대의 본성이 된다.

슐레겔은 이와 같이 모든 시적 표현을 산문의 일종으로 보지만 시와 산문의 특성상의 차이를 인정한다. 시는 직관, 감정, 형상에 관계되며 힘차고 풍부한 표현을 위한 단어들을 선호하는 반면, 산문은 규정적이며 세부적인 것을 다루는 개념들을 우선시하는 것으로 파악된다.[25] 슐레겔은 이와 같은 시와 산문의 차이를 대립적으로 설정하기보다는 이러한 특성의 산문적 언어와 시적 언어를 번갈아 사용함으로써 예술과 학문을 종합하는 하나의 새로운 시의 가능성을 주창한다. 슐레겔은 그러한 시를 "진보적 보편시(Progressive Universalpoesie)"라고 부른다. 이 시는 "시와 산문, 독창성과 비판, 예술시와 자연시를 한편으로는 혼합하고, 한편으로는 융합하며", "시를 생동적이고 사교적이게 하고, 삶과 사회를 시적으로 만들고자" 하는 낭만적 시로 규정된다.[26]

슐레겔의 '진보적 보편시'는 하나의 종합적인 산문으로 근대의 산문적 상태에 대한 은유적 말하기가 되는데,[27] 이러한 슐레겔의 생각은 - 물론 시와 산문의 통합 요청에서는 다른 점도 있지만 - 근대 예술의 '역사적' 형식으로서의 산문에 관한 헤겔의 사유에 직접적 영향을 준 것으로 보인다. 스쫀디는 19세기 초엽, F. 슐레겔이 고전주의를 극복함으로써 전개되기 시작했던 "미래의 시학(die zukünftige Poetik)을 시문학의 역사철학(Geschichtsphilosophie der Dichtung)"으로[28] 보며 그

---

22) F. Schlegel, "Fragment zur Poesie und Litteratur. II. und Ideen zu Gedichten" (1800-01), in: *Kritische Friedrich Schlegels Ausgabe*, Bd. 16, S. 339-360, 특히 S. 354.

23) F. Schlegel, "Fragmente zur Poesie und Litteratur" (1797), in: *Kritische Friedrich Schlegels Ausgabe*, Bd. 16, S. 83-190, 특히 S. 134.

24) 같은 논문, S. 136.

25) "산문과 시의 차이는 시가 〔대상을〕 묘사하고, 산문은 단지 〔대상을〕 알려주고자 하는 데 있다. 〔…〕 묘사되는 것은 무규정적인 것(das Unbestimmte)인데, 그렇기 때문에 모든 묘사는 무한적인 것(das Unednliche)이며, 알려질 수 있는 것은 단지 규정적인 것이다. 모든 학문이 추구하는 것은 무규정적인 것이 아니라 규정적인 것이다"(F. Schlegel, "Lessings Gedanken und Meinungen", in: *Kritische Friedrich Schlegels Ausgabe*, Bd. 3, S. 46-102, 특히 S. 48).

26) *Athenaeum. Eine Zeitschrift von A. W. Schlegel und F. Schlegel*, neu hrsg. von Fritz Baader, Berlin: Pan Verlag 1905, S. 51.

27) 슐레겔은 "산문은 근대의 고유한 본성이다(Prosa ist die eigentliche Natur der Modernen)"고 한다(F. Schlegel, "Über das Studium der Griechichen Poesie", S. 257).

정점을 헤겔 미학에서 찾고, "프리드리히 슐레겔에게서 등장하는 추한 것과 산문과 같은 매우 중요한 개념들은" "헤겔의 근대 예술 서술에 기초가 되며 그를 멀리 넘어서게 하는 개념들이다"고[29] 확신한다.

이렇듯 슐레겔에게서 발로되어 헤겔에게서 정점에 이르게 된 역사철학적 산문 개념은 이후 독일 내의 예술에 대한 역사적, 문화비판적 논의들의 전개에 중요한 기점이 된다. 간략하게 살펴보면, 이러한 경향은 먼저 K. 막스에게서 볼 수 있다. 그는 "허구(Fiktion, 소설)는 산문의 시(Poesie der Prosa)인데, 18세기의 산문적 본성에 상응하는 것이다"고[30] 하며 근대의 산문적 성격과 예술의 특성을 진단한다. 또한 헤겔주의자 Th. 문트 역시 "문법적 자연상태들"이 산문에서 극복되었다고 보며 산문을 언어역사적으로 규정한다. 즉 문트는 산문 개념을 "산문의 산문적인 것(Prosaisches der Prosa)"이란 용어로 강화시키며, "구술적 산문(Klingprosa)" 혹은 "글로 쓰여진 산문(geschriebene Prosa)"으로서의 언어는 모든 시대와 문화의 시적 언어에 내재하는 경향으로 본다. 따라서 그는 글로 쓰여진 산문이 형성되는 것은 "예술적 법칙에 의한" 것임에도 불구하고 당시 독일에서는 산문이 현실적 삶의 언어와 분리되어 대립된 상황을 개탄하면서 운율형식에 얽매인 시적인 언어로부터의 "산문의 해방"을 촉구하고 현실적 삶의 언어를 바탕으로 한 산문을 독자적인 의미에서의 예술로 파악하고자 했다.[31]

이와 같이 헤겔 당대의 논의들에서 '시와 산문의 통합'을 통한 산문 확산의 필요성을 강조하는 측면은 헤겔의 사유와 다른 면이라고 할 수 있으나, 근본적으로 '산문'을 근대의 필연적 산물로 보는 역사철학적인 측면과 소위 '예술의 종말' 이후 근대에서 산문을 통한 예술의 문화적 및 역사적 기능을 피력하는 측면은 — 본 연구에서 밝히고자 하는 — 헤겔 사유의 계승으로 볼 수 있다.

---

28) P. Szondie, *Poetik und Geschichtsphilosopie I*, S. 133.

29) 같은 책, S. 147.

30) Karl Marx, "Das Philosophische Manifest der historischen Rechtschule" (1842), in: *Marx-Engels-Werke*, Bd. 1, hrsg. vom Institut für Marxismus beim Zentralkomitee der Sozialistischen Einheitspartei Deutschlands u.a., Berlin: Dietz 1956, S. 78-85, 특히 S. 79.

31) Theodor Mundt, *Die Kunst der deutschen Prosa. Ästhetisch, literaturgeschichtlich, gesellschaftlich* (1837), Göttingen: Vandenhoeck & Ruprecht 1969, S. 18, 47, 117, 65, 65, 49.

III. 헤겔의 '산문' 개념의 다양한 의미들

앞서 살펴본 바와 같이 '산문'은 일반적으로 '시'에 대립되는 개념으로 규정될 수 있다. 헤겔에서도 근본적으로 그러한 의미로 파악되지만, 그에게서 산문은 "운문(Vers)이 아닌 모든 것이다"고 할 정도로 매우 다양한 의미를 지니며, "또한 언어적-양식적 개념 이상의 것이다".[32] 그러므로 다음에서는 헤겔 사유의 전체 맥락에서 그가 의미하는 '산문' 개념의 다양한 의미들을 분석해 보고, 이를 바탕으로 근대 예술에 대한 그의 규정들에서 산문이 어떠한 의미를 지니는지, 그리고 이 개념이 헤겔 이후의 근대 및 현대 예술을 규정하고 이해하는 데 중요한 관건이 되는 단초들이 무엇인지를 제시하고자 한다.

미학강의를 포함한 헤겔의 전체 사유 맥락에서 파악되는 산문의 의미는 크게 네 가지로 분류될 수 있다. 첫째, 이분적인 것 혹은 오성적인 것을 가리키는 의미, 둘째, 일상성, 범속성, 자연적인 것, 순박함과 같은 의미, 셋째, 외적인 것과 우연성의 의미, 넷째, 사유적인 것, 의식적인 것의 지배를 가리키는 의미이다. 그 외에도 역사 혹은 역사서술, 차갑고 평이함, 무가치한 것, 비자립적이고 의존적인 것, 제약적이며 유한한 것 등의 의미가 있다. 이러한 의미들은 문맥에 따라 별도로 사용되기도 하지만 결국은 근대의 사회 및 정신, 예술의 특성을 규정하는 통합적 의미의 구성요소들이 된다. 그러므로 위의 각 의미들이 어떠한 문맥에서 언급되는지를 살펴봄으로써 헤겔이 산문 개념으로써 규정하는 근대 사회와 정신, 예술의 특성들을 잘 이해할 수 있을 것이다.

① 이분적인 것 혹은 오성적인 것

우선 가장 널리 알려져 있는 헤겔의 산문 개념의 의미로서 '이분적인 것(das Getrennte, das Entzweite)', 혹은 '오성적인 것(das Verständige)'을 들 수 있다. 헤겔은 이미 초기 그의 사변철학(Spekulative Philosophie)을 형성할 무렵, 칸트의 주객이분적 사유방식을 오성적이라고 비판한 바 있다.[33] 사변철학은 이성을 그 대상으로 하는데, 이성이 주관과 객관의 이분을 변증법적으로 지양하며 극복해가는 능력이라면, 오성은 단지 이분의 영역에만 머무는 협소한 인식능력으로 규정된다.

---

32) P. Szondie, *Poetik und Geschichtsphilosophie I*, S. 488.

33) G.W.F. Hegel, *Differenz des Fichteschen und Schellingschen Systems der Philosophie (1802)*, 임석진 역, 『피히테와 셸링 철학체계의 차이』, 지식산업사 1989 참조.

따라서 헤겔에 있어서 '오성적'이라고 하는 표현은 '이분적 분리' 상태를 가리키는 것이 된다. 이후 '이분적' 혹은 '오성적'이라는 용어는 인식론적 영역을 넘어 특정한 역사적 상황의 특성을 서술할 때 흔히 사용되는데, 헤겔은 이러한 상황을 '산문(Prosa)' 또는 '산문적(prosaisch)'이라고 칭한다.[34)]

헤겔은 이러한 의미에서의 산문적인 상태를 이미 로마 시대에서 발견한다. 로마 시대는 "대자적인 유한성의 의식이" "그리스 정신의 평정한 자유"와 "아름답고 조화로운 시"에 대립하여 "산문"이 되며, 이와 함께 "유한한 것이라는 요소"와 "오성의 추상", 그리고 "추상적 인격"이 가족 내에 "무정서적, 무정신적 일자"만 "추상적 보편성"에서 정립하게 된다는 것이다.[35)] 그러나 헤겔은 로마 시대의 이러한 시대적 상황을 그리스 시대 보다 발전한 정신의 결과로 본다. 즉 그리스 시대는 정신성이 "그것의 기쁨과 쾌활함, 향유" 속에 있었지만 "이 아름다운 인륜성"은 "아직 정신의 심오함에는 이르지 못했다"는 것이다. 헤겔은 정신이 더 심오하게 되려면 "인간에 대한 고된 훈육"을 통해 "추상적인 보편적 개별성"을 거쳐야 한다고 보며, "자유로운 정신"은 로마 시대에서 더 발전하게 된다는 것이다. 하지만 로마 시대는 "국가의 목적에 개인들이 그들의 인륜적 삶에 있어서 희생되어지며", 이로써 "보편적인 것", 내지 "보편적인 추상적인 것"과 "추상적인 경직된 주관"이라는 두 측면, 즉 "정치적인 보편성 그 자체"와 "자기 자신 속에 있는 개인의 추상적 자유"라는 두 요소가 이분되어 "대립"을 이루게 된다.[36)]

이와 같이 '자연상태'에서 '법의 상태'로 이행하면서 이미 로마 시대에 '(국가)사회'가 성립되었지만 이와 더불어 보편성과 개별성의 대립이 발생하는데, 이러한 대립은 근대 시민사회에서 더욱 강화된다. 근대의 '시민사회'는 '의지의 특수화(Besonderung des Willens)' 단계에 속함으로써 보편적 인륜성이 상실되거나 결여되는 특성을 띠며, 두 가지 원리, 즉 "특수성"과 "보편성"의 원리에 의해 규정된다.

---

34) 이러한 측면에서는 산문의 의미에 흔히 대조적으로 사용되는 용어인 '시(Poesie)' 내지 '시적(poetisch)'이라는 것은 "특수한 것이 대자적으로 자유로워야만 하면서도 어떤 내적 연관을 지니며" "추상적 오성의 통일성이 아닌, 생동적이고 영혼이 가득 찬 통일성"을 갖춘 것을 의미한다(G.W.F. Hegel, *Vorlesungen über die Philosophie der Kunst. Berlin 1823. Nachgeschrieben von Heinrich Gustav von Hotho*, hrsg. von Annemarie Gethmann-Siefert, Hamburg: Felix Meiner Verlag 1998; 『헤겔 예술철학. 베를린 1823년 강의. H. G. Hotho의 필기록』, 한동원. 권정임 역, 미술문화 2008, Ms. 255. 이하 *Hotho 1828*, 수고 쪽수로 표기).

35) G.W.F. *Hegel*, *Vorlesungen über die Philosohie der Geschichte*, Bd. III: *Die griechische und die römische Welt*, hrsg. von Georg Lasson, Hamburg: Felix Meiner [5]1988, S. 674.

36) 같은 책, S. 661 f.

특수성의 원리는 누구나 자신의 욕구 내지 사적인 관심을 만족시키려고 함으로써 작용하는 것이고, 보편성의 원리는 누구나 "인격 일반"으로 인정받음으로써 작용한다.[37] "인격(Peroson)"은 "법(Recht)에서"의 인간에 대한 규정이라면, "욕구의 측면에서 인간은 우리가 사람이라 부르는 것"인데,[38] 전체로서의 사람은 이성적인 존재이면서 또한 욕구를 가지는 존재를 가리킨다. 헤겔은 근대는 특히 인간의 이러한 욕구가 "매우 개별화되고"(*RP*, § 190, S. 184), 다양화되는 시대라고 본다. 이러한 측면에서 헤겔은 근대 시민사회를 "욕구의 체계"(*RP*, § 188, S. 181)로 규정한다.

욕구의 다양화는 곧 "단순한 욕구가 여러 측면에서 작게 분화되는 것"(*RP*, §. 190, S. 184)을 의미하는데, 이와 함께 욕구를 충족시키는 "수단들도 특수화되어야만 하는"(*RP*, §. 191, S. 184) 것은 당연할 것이다. 헤겔은 욕구의 충족이 타자의 욕구들에 의해 조건지워진다는 것에서 "욕구의 사회적 의미"를 찾으며, "욕구들이 개별화되면 될수록, 그 욕구들은 다른 욕구들과 더 많은 연관성을 가지게 되고"(*RP*, §. 192. S. 185), 타자와의 관계에서 독립적이지 못하게 됨을 파악한다. 또한 그는 특수자의 "욕구를 만족하기 위한 조건은 다른 사람들의 자유이며, 그것도 보편타당한 방식에 의한 것"(*RP*, § 186, S. 179)이어야 한다고 본다.[39]

이와 같이 개인들의 욕구 충족은 다른 사람들의 자유와 관계되며, 개인은 다른 자들의 욕구도 만족시켜주어야 하는 의무감을 갖는다. 그러므로 인격으로서의 개인은 자신의 욕구 충족을 법적으로 보장받으면서도 동시에 법에 의해 제약을 받고 법과 대립화되기도 한다. 왜냐하면 법은 개인들의 "본래의 인격성"을 보장해야 하

---

37) Miguel A. Guisti, *Hegels Kritik der modernen Welt. Über die Auseinandersetzung mit den geschichtlichen und systematischen Grundlagen der praktischen Philosophie*, Würzburg: Königshausen und Neumann 1987, S. 128, 135 f. M. 귀스티는 헤겔이 "분열(Zerrissenheit)"과 "소외(Entfremdung)"만 반영하는 계몽주의와 주체형이상학의 역사적 의미를 통찰한 것에 "그의 시대파악의 독창성"이 있다고 본다(M. A. Guisti, 같은 책, S. 12).

38) G.W.F. Hegel, *Die Philosophie des Rechts. Vorlesung von 1821/22*, hrsg. von Hansgeorg Hoppe, Franfkfurt am Main: Suhrkamp Verlag 2005, § 190, S. 183(이하 *RP*, 절과 쪽수로 표시).

39) 물론 욕구의 실질적인 만족은 노동을 통해서 가능하다. 그렇기 때문에 헤겔은 근대 시민사회에서는 "욕구, 노동, 생산의 전체 체계"인 경제적 체계구조가 확립되고 (RP, § 189, S. 183), 욕구가 다양할수록 노동도 다양해지며 노동의 세분화에 따라 개인의 역할도 '원자화된다(atomisiert)'고 본다. 노동분업적 협동관계로서의 시민사회의 특성에 관해서는 Georg Ahrweiler, *Hegels Gesellschaftslehre. Marburger Beiträge zur Philosophie und Gesellschaftstheorie*, Darmstadt un Neuwied: Hermann Luchterhand Verlag 1976, S. 93-97 참조.

고 "파당들(Parteien)을 위한 것이어야" 하지만, 또한 "공중 일반을 위한 것이어야" 하기 때문이다(RP, §. 224, S. 208). 그러므로 헤겔이 말하는 근대사회의 이분성은 욕구의 다양화와 분화에서 비롯된 것이며, 마침내 개인으로서의 특수자와 공적인 법, 국가로서의 보편자가 대립되는 현상을 가리킨다. 이처럼 법에 근거한 근대 시민사회에서는 "보편자가 특수자를 통해 현상하고, 특수자에게서 자신의 실재성과 자신의 근저를 가지지만"(*RP*, § 182, S. 177), 여기서 보편성은 개인의 특수한 관심의 만족을 위한 수단으로서만 현상하면서 보편성과 특수성의 통일은 단지 "가상"이기만 하고 실제로는 양자의 분리가 일어난다.[40] 헤겔은 "분리된 요소들을 대립 상태에 머물게 하는 분리적 사유 활동"을 "오성"이라 칭하고,[41] 이러한 근대 시민사회의 상태를 미학강의에서는 '산문적 상태'로 규정한다.

미학강의에서 헤겔은 먼저 인간의 실천적 삶에서 오성적 산문 상태가 형성될 수밖에 없는 필연성을 고찰한다. 즉 인간은 "개별적으로 특수화된(partikularisiert) 자연물"로써 자신의 "현존재를 단지 치장만 하는 것이 아니라 보존하기도 해야" 하기 때문에 "여기서 노동과 궁핍 및 유한성에 대한 인간의 종속이 시작되며, 여기에 산문, 곧 오성이 자리한다"고(*Hotho 1823*, Ms. 97) 말한다. 뿐만 아니라 헤겔은 예술의 시작과 관련하여서도 오성적 의식에 의한 산문상태가 성립하게 되는 과정을 분석한다. 그는 신화를 최초의 예술작품으로 보는데, 이와 같은 예술의 "시초에는 실체적인 것을 위해 있고 해설만이 유일하게 예술"이지만 "산문이 들어오면서 고찰방식도 달라지게 된다"고 보며 이러한 산문적 상황이 마침내 개인의 주관성이 강하게 작용하는 근대사회의 특성이 되는 것을 다음과 같이 서술한다.

> "세계를 관찰하는 산문은 오성적이고 외적인 관찰이며, 인간은 대자적으로 이미 자유롭다는 사실을 전제한다. 이러한 분리가 아직 일어나지 않을 때에는 인간이 자연의 방식과 정신의 자유로운 방식사이의 중간에 속해 있다. 절대적 자유와 절대종교와 더불어 비로소 본래적인 산문이 나오게 된다. 왜냐하면 산문에는 개체의 자유로운 주관성이 속하기 때문이다"(*Hotho 1823*, Ms. 113).

이와 같이 이분과 이를 바탕으로 하는 오성적 측면으로 이해되는 산문의 의미는

40) 헤겔이 규정하는 근대시민사회를 근대인의 '특수성' 개념으로 설명하는 연구로는 Alfred Schaefer, *Die Macht der Tendenz in Hegels Rechtsphilosopie*, Berlin: Berlin Verlag 1990가 있다.

41) M. A. Guisti, *Hegels Kritik der modernen Welt*, S. 136.

구약성서에서 묘사되는 신과 인간의 대립적 관계와[42] 고대 오리엔트 상징적 예술의 내용과 형식의 부적합성에[43] 대한 서술 맥락에서도 보인다. 예로 헤겔은 이솝우화에서 "산문이 두드러지는 것"을 지적하는데, 여기서 산문이란 "개념이 아직 자신의 형식에 내재적이지 않았다"는 것을 의미하며, 이러한 상태에서는 "삶의 산문"이 지배적이라고 한다.[44] 상징적 예술형식에 대한 이러한 규정은 무엇보다 상징적 예술형식 가운데 '의식적 상징'으로 분류되는 '비유적(vergleichend)' 예술표현에 관한 것이다. 하지만 이에 대한 헤겔의 서술에서 예시되는 작품들은 사실 - P. 스쫀디는 이를 시대착오적이라고 지적하지만 - 근대문학 작품들로, 대부분 셰익스피어 작품들이다. 이를 선두로 하여 헤겔은 낭만적 예술에서는 내용(사상)과 형식(표현)의 이분적, 따라서 산문적 특성이 더욱 첨예하게 됨을 분석하고 이를 근대사회와 예술의 특성으로 규정한다.

근대 낭만적 예술은 내면화된 주관성이 그 원리가 되면서 외적 표현과 분리가 일어나는데, 헤겔은 이를 "형태에 대해 지배자인 주관성을 표현"하기 위해 필요한 것으로 상징적 예술형식에서의 분리와 대립보다 "더 고차적 종류의 대립"으로 (*Hotho 1823*, Ms. 163) 규정한다. 내용과 형식의 이러한 분리 및 대립은 다른 한편 외적 형식에 대한 사유의 지배를 나타내는 것이기도 하다. 헤겔은 이러한 근대 예술의 이분적이며 산문적 특성의 시초를 고대 로마시대의 '풍자시(Satyer)'에서 찾는다. 그는 로마 시대의 풍자시에는 "어떤 가치 내용이 현전하는데, 이 내용은 앞에 놓여있는 부패한 세계에 대해 대립적으로 관계한다"고 본다. 즉 이 풍자시에서

---

42) "하나님은 모든 것을 지배하는 주인이며, 자연물은 일자의 현재가 아니라 무기력한 우연적 사실들일 뿐이다. 이것은 이미, 주인에 반해 가상이기만 한 것, 주인을 단지 현현하게만 하는 것인 자연 사물과 본질 간의 분리라는 산문적인 관계이다"(*Hotho 1823*, Ms. 130).

43) 상징적 예술에서도 특히 내용과 형식이 양극화되는 마지막 단계를 헤겔은 다음과 같이 서술한다: "이 결합은 실로 총체성이다, 하지만 그 양 측면은 아직 서로 스며들어 있지 않으며, 오히려 자체적으로 정립되어 있다. 이 관계는 보다 산문적이며, 비본래적인 예술형식만 제공한다"(*Hotho 1823*, Ms. 130 f). "양 측면들이 아직 서로를 완전하게 관통하지 않고 의미가 자신에 대해서 정립되어 있으므로, 그리고 표현이 상징적인 것, 즉 의미에 부적합한 것으로서 인식되어 있기 때문에 이 관계는 보다 산문적이며, 이러한 예술형식은 부속적이다"(*Hotho 1823*, Ms. 131).

44) G. W. F. Hegel, *Vorlesung über Ästhetik. Berlin 1820/21. Eine Nachschrift. I. Textband*, hrsg. von Helmut Schneider, Frankfurt am Main: Peter Lang Ascheberg 1995 (*Hegelnianer. Studien und Quellen zu Hegel und zum Hegelianismus*, Bd. 3), Ms. 84 (이하 *Ascheberg 1820/21*와 수고 쪽수로 표시). 헤겔이 우화를 "산문적"으로 규정짓는 이유는 "거기에는 일반적 명제와 그것의 설명(Exposition)의 상호분리가 지배적이기 때문이다"(*Ascheber 1820/21*, Ms. 236).

는 "미의 통일성을 붕괴시키는 것이 주된 것" 이며, 그래서 "우리는 한편으로는 추상적 사유, 추상적 의지, 덕을, 다른 한편으로는 나쁜, 무사유적인 현실을 가지게 된다"는 (*Hotho 1823*, Ms. 164) 것이다.[45]

이와 같이 헤겔은 "주관성의 정신적인 것과 직접적인 현존재의 이분"을 고대에서 근대로의, 고전 예술에서 낭만적 예술로의 "이행 원리"라고 보며, 이 풍자시는 "객관적 참의 부조화(Dissonanz der objectiven Wahrheit)"를 포함하고 있기 때문에 "순수한 시적 형식이 아니다"고 한다. 풍자시의 형식에서 정신적인 것은 "주관적인 것으로 내재적이며 특정한 내용들을" 가지지만 "외적인 현존재와 분리되는데", 이로써 생겨나는 "고상한 정서"와 "부패한 것"의 관계, 즉 정신적인 것과 외적인 현존재의 대립을 헤겔은 "산문적 성질(자연)"의 것이라 규정한다.[46] 그리고 이러한 이분적인 성질을 가진 "산문적인 것은 유한성의 외면성의 오성범주들의 관계에 따른 것"이 된다.[47]

② 일상성, 범속함, 자연적인 것, 순박함

다음으로는 일상적 삶의 범속함, 자연적인 것, 순박함으로 규정되는 산문의 의미를 분석해 본다. 이 의미들은 유사한 성격의 것으로, 반드시 주관에 대립적인 측면을 뜻하는 것은 아니고 단지 의식화 이전의 상태, 직접성의 성격을 가리킨다고 볼 수 있다. 헤겔은 이러한 의미로 어떤 대상이나 상황의 특성을 규정하기도 하며, 때로는 예술작품들에 담긴 표현방식을 말하기도 한다.

먼저 어떤 대상이나 상황의 범속함과 자연적인 성질을 가리키는 의미의 산문은 이상(das Ideal)이 현실 속에서 구체화되는 과정을 설명하는 데서 보인다. 헤겔은

---

45) 이에 대한 대표적인 예로 헤겔은 아리스토파네스의 희극을 들며, 또한 호라티우스의 풍자시는 "우리에게 그 시대 관습의 생생한 일례를 제공한다"며 긍정적으로 보며, 반면 루시안의 풍자시는 "가끔 형태들의 한갓된 외면성에서 수다스럽게 머물러 있어서 이로 인해 지루해진다"고 꼬집는다(*Hotho 1823*, Ms. 164). 이렇게 볼 때 헤겔이 로마 풍자시나 근대 낭만적 예술의 산문적 성격을 무조건 비판하는 것은 아니다. 오히려 이러한 특성을 역사적으로 발전하는 정신의 산물로 보며, 산문적 형식도 잘 이루어진 경우와 지루함만 주며 잘못 이루어진 경우를 구분하여 고찰한다.

46) *Ascheberg 1820/21*, Ms. 114. 헤겔은 풍자시에는 "언제나 가치내용(Gehalt)이 있긴 하지만, 이것은 자신의 현존재로 나아가지 않는 것"이라 하며, "이러한 사유는 산문적이다"라고 한다. 그는 이러한 특성을 가진 로마 세계를 "추상적 오성이 지배하는" 세계로 규정한다(같은 곳).

47) *Aestethik nach Prof. Hegel im Winter Semester 1828/29* (Ms. Jagellonische Bibliothek, Krakau), Blatt 143 (이하 *Libelt 1829/29*와 수고 쪽수 혹은 면수로 표기).

"이상은 모든 측면에 따라 이러한 제약된 존재(Bedingtseyn)의 방식 속으로, 범속한(gemein) 삶의 산문 속으로 들어간다"고 하며(*Ascheberg 1820/21*, Ms. 58) 일상 삶의 '범속함'을 산문으로 표현한다. 이러한 범속함, 일상성, 세속성을 산문으로 표현하는 것은 신화를 파악하는 방식에서도 언급된다. 헤겔은 신화 속의 형상을 받아들이는 방식으로 두 가지를 구분하는데, 하나는 신화의 형상의 "배후에 더 많은 뜻이 있을 것이라는" 생각과 또 하나는 형상 그대로의 일상적 의미로만 받아들이는 경우인데, 후자를 "순전히 산문적"이라고 칭한다(*Hotho 1823*, Ms. 110).[48] 또한 고대 상징적 예술형식의 작품인 〈사쿤탈라〉에서 (사쿤탈라와 왕의) '평범하고 일상적인' 관계를 "순전히 산문적"이라고 표현하기도 한다(*Hotho 1823*, Ms. 124).

작품의 소재가 되는 사물이나 상황의 범속함은 셰익스피어의 작품들과 네덜란드 풍속화에 관한 서술에서 핵심이 된다. 헤겔은 셰익스피어의 등장인물들이 우리에게 "범속한 삶 속에 직접적으로 있는 그대로의 것으로 서술된 것이라면", 그들은 "비록 순수한 자연적 본질(존재)들로 현상할 수 있을 것이긴 하지만, 어떠한 것도 〔이 보다〕 더 산문적이지 않았을 것이다"고(*Ascheberg 1820/21*, Ms. 127) 하며 작품 속에 묘사된 대상들의 성격을 규정한다. 또한 17세기 네덜란드 풍속화에서도 헤겔은 "범속한 대상들"에서 위대한 화가가 탄생하는데, "왜냐하면 네덜란드 미술은 높은 교회 대상들에서 회화의 산문으로 이행했기 때문이다"고 하며, 범속함과 산문적인 것을 동일시한다. 온갖 일상적인 대상들을 소재로 하는 이러한 네덜란드의 풍속화에서 헤겔은 근, 현대에 지배적인 "예술의 산문(Prosa der Kunst)"으로의 필연적인 "이행"을 본다(*Ascheberg 1820/21.* Ms. 191 f).[49]

헤겔은 다른 한편 산문으로써 '자연적인 것'을 의미하기도 한다. 그는 "자연적인 것은 산문이다"(*Libelt 1828/29*, Ms. 52)고 하기도 하고, 고대 상징적 예술형식에서 "자연 속에 있는 타자는 보편적인 자연 위력인데", 이러한 자연 위력을 헤겔은 "산문적인 자연위력"이라고 말하며 고전예술에서 정신적인 것과 통일을 이루는

48) 헤겔은 신화를 실증적 역사의 입장에서 보는 것을 반대하고 크로이처와 같이 한 민족의 의미체로 보는 것이 타당하다고 생각한다: "크로이처는 그의 신화론에서 고대의 모든 표상들을 일상적인 의미에서 섭렵했던 것이 아니라 그것들에서 한층 심오한 의미를 추구했으며, 그 의미를 이성적인 것으로 받아들였다. 〔…〕 우리는 표상들을 아는 것에 머물러 있을 수 있으며, 그 표상들을 우화로서 산문적으로 취할 수 있다. 그렇게 한다면 우리는 공허한 지식을 가지게 된다"(*Hotho 1823*, Ms. 110).

49) 헤겔은 이와 같이 주로 범속한, 즉 산문적인 대상을 다루는 셰익스피어의 작품들과 네덜란드 풍속화이지만 이 작품들에서 근대에 필수적인 예술적 표현의 성공적 실현을 보면서 긍정적으로 평가한다(자세한 서술은 본고의 제 IV장 참조).

자연적인 것을 이것과 구분한다(*Hotho 1823*, Ms. 150).

다음으로는 헤겔이 시나 예술작품에 담긴 표현방식의 일상적이며 평범함을 산문으로 규정한 경우를 볼 수 있다. 헤겔은 예술이 사건을 다룰 때 "시작부터 전부 상술하는 것은 산문이 할 일"이며, "처음부터 시작하는 것"은 "한갓 자연적인 경과일 뿐"이지 예술의 관심사가 아니라고 한다. 이와 같이 서술의 "과정이 단순히 자연적인 과정인 한, 이 과정은 산문에 속하며 예술에서는 지루하게 된다"(*Hotho 1823*, Ms. 83)고 하며 표현방법에서의 범속함을 산문적이라고 특성짓는다.

또한 마찬가지 맥락에서 헤겔은, 예술가는 사람들과 그들의 삶 속의 실체적인 것을 표현해야 하지만 "범속한 삶속에 있는 그대로", 즉 "그들의 상이한 관계들을 단지 산문으로 표현해서는 안 된다"고 한다. 그렇게 되면 사람들은 "순전히 이러한 외적인 관계들에서의 외적인 현상들만 파악할 것"이기 때문이라는 것이다. 여기서 산문이란 "자연적인 표현(natürlicher Ausdruck)"을 말한다. 헤겔은 시인, 예술가가 범속한, 산문적인 삶을 대상으로 하는 것을 탓하는 것이 아니라 그러한 삶 속에 있는 내적인 것을 표현할 때 단지 자연적인 묘사만 해서는 안 되고 내적인 것과 외적인 것을 잘 엮어야 함을 강조하며, 여기에 진정한 예술가의 독창성이 있고, 또한 이러할 때 "예술작품의 참된 객관성"이 가능하다고 본다(*Ascheberg 1820/21*, Ms. 69).[50)]

③ 외적인 것, 우연성

50) 헤겔은 이러한 입장에서 괴테의 〈베를리헹엔의 괴츠〉는 너무 "삶의 외적 현상만"(*Ascheberg 1820/21*, Ms. 69), "직접적인 현실만"(Ms. 68) 서술한 좋지 못한 예로 제시하며, 내적인 것, 실체적인 본질은 "자연적 표현에 의한 범속한 삶"에서만 진술되지 않음으로 예술가는 실체성과 외면성을 잘 엮어야(flechten) 함을 거듭 주장한다. 더불어 그는 이렇듯 너무 자연적 묘사(객관성)에 치우쳐도 안 되지만 또한 예술가의 "주관적 표현"도 금물이며, "사실 자체"가 표현되어야 한다는 것을 강조한다(*Ästhetik nach Prof. Hegel. 1826. Anonym* 〔Ms. Stadtbibliothek Aachen〕, Ms. 70; 이하 *Aachen 1826*과 수고 쪽수로 표시). 헤겔은 이와 같이 자연적 과정의 묘사에 치우친 표현방식을 산문이라고 하지만, 또한 "우리가 보통 아쉬워하는 주관성"도 "일상의 통속적인 산문"이라고 보면서 "예술에서 우리는 바로 이러한 주관성으로부터 자유롭게 벗어나야 한다"(*Hotho 1823*, Ms. 104)고 본다. 예로 헤겔은 코체부의 경우, "온갖 것을 담고 있는 일상성을 표현했기 때문에 큰 성공을 거두었지만" 주관성의 통속적 산문을 벗어나지 못한 점을 문제시 한다. 또한 아이러니, 주관성만이 지배적인 낭만주의자들의 시를 헤겔은 "가장 범속하며 중요치 않은 산문"이라 비판하고, 이러한 성격의 F. 슐레겔의 시 역시 "단지 범속한 산문"으로 규정한다(G. W. F. Hegel, *Philosophie der Kunst. Vorlesung von 1826*, hrsg. von A. Gethmann-Siefert, Jeong-Im Kwon und Karsten Berr, Frankfurt a. M.: Shurkamp 2005, Ms. 25; 이하 *Pfordten 1826*과 수고 쪽수로 표시).

헤겔은 '우연성', 직접적이고 '외적인 것'도 산문으로 규정하며, 이러한 특성을 주로 낭만적 예술형식인 근대 문학과 예술작품에서 추출해 낸다. 하지만 그는 '외적인 것'으로의 산문의 특성을 부분적으로는 상징적 예술형식에서도 발견한다. 헤겔은 "산문적인 것"이란 "단지 직접적인 것에만 포함되는" 것이며 "하나의 새로운 시작은 처음에 이러한 외적인 것을 가지는" 것이라고 하며 예술의 시작으로서의 상징적 예술형식에서 이러한 특성을 찾는다. 여기서 보게 되는 "외면성에 따른 예술의 표상들은 그 자체 외적인 것이거나 혹은 산문적이며, 역사적인 것(Historisches)"으로(*Libelt 1928/29*, Bl. 54a) 규정된다.

낭만적 예술에서는 내적인 것(정신적인 것, 사상, 심정 등)을 시적으로 형태화할 때 취해지는 일상적이고 사소한 것에까지 이르는 모든 가능한 대상의 '외면성'에서 산문적 성격을 규명한다. 헤겔은 근대의 "낭만적인 것에는 모든 대상들이 자리를 가지고 있다"고 보며, "심정이 자신에게서부터 나오고, 외면성에서 자신을 형태화해야 한다면 이 외면성은 최고의 영역도 저토록 가장 저급한 자리를 갖게 될 정도로 지리멸렬해진다"고[51] 하며(*Hotho 1823*, Ms. 183), 그것의 산문적 특성을 시사한다. 헤겔은 이러한 대상들 혹은 소재들은 "전적으로 산문적이며 외적인 객관적인 자연"이 되면서 근대 예술에서 단순한 "자연의 모방"이 들어오게 되는 현상을 설명하며, "이러한 산문적인 것, 전적으로 외적인 것은 때로는 그 자체로 다뤄지기도 하고, 때로는 더 높은 소재를 위한 주변을 형성하기도 하는" 것에서 이러한 산문적인 것이 가진 의미를 찾는다(*Pfordten 1826*, 55 f).[52]

헤겔은 낭만적 예술의 또 다른 특성으로 '우연성'을 들면서 이것 역시 산문 혹은 산문적인 것으로 규정한다. '우연성'은 헤겔이 근대의 새로운 예술형식("특수한 예술형식")으로 보는 소설(Roman)에 등장하는 주인공들의 성격에 관한 서술에서 언급된다. 이 주인공들은 주관성이 보편성과 객관적 삶의 세계와 대립을 이루는 근대 국가적 상황에서 자신의 의지를 온전히 실현하지 못하고 제약성을 띠는 특성을 갖는다. 헤겔은 이러한 특성을 "주관성의 형식주의"라고 칭한다. 소설은 이러한 주인공들을 다루는데, 헤겔은 "소재의 완전한 우연성"과 "모든 산문적인 소재가 여기에 속하는" 것을 소설의 특성 가운데 하나로 들며, 이러한 것은 "속된, 우연한

51) "우리는 셰익스피어 속에서 기사, 영웅과 숙녀, 그리고 아래로는 시종과 광대들에 이르기까지의 서술을 본다. 〈햄릿〉에서는 보초들에게까지 내려간다. 기독교적인 것에 황소와 당나귀에 이르기까지 내려가듯이 말이다"(*Hotho 1823*, Ms. 183).

52) 또한 G. W. F. Hegel, *Philosophie der Kunst oder Ästhetik*, hrsg. von A. Gethmann-Siefert/B. Collenberg-Plotnikov, München: W. Fink 2007, Ms. 282 f 참조.

객관성과 자신의 우연성 속에서 나타나기를 원하는 주관성" 으로 다뤄진다고 한다 (*Hotho 1823*, Ms. 183).[53)]

④ 사유적인 것, 의식적인 것의 지배

다음으로 살펴볼 '사유적인 것', '의식적인 것'의 지배로서의 산문 규정은 근대의 시대상황과 예술의 특성 규정에 있어 중요한 측면이다. 또한 이 의미들은 일차적으로 산문의 주관과 객관, 사유 및 의식과 그것의 표현의 '이분적' 특성을 기초로 하는 것이다. 다만 이러한 분리 가운데 사유와 의식의 측면이 지배적이어서[54)] 작품이 설명적이고 서사적 성격이 강한 것을 '산문' 혹은 '산문적'으로 규정하는 것이다. 따라서 이러한 산문의 의미는 자연히 교훈시, 철학적 서술 등이나, 의미의 추상성이 강한 예술작품들에서 찾아 볼 수 있다.

주지하다시피 헤겔은 표현과 분리된 사유와 의식의 지배를 먼저 상징적 예술형식에서 보며, 보다 발전한 정신의 내면화와 주관화에 따른 사유와 표현의 또 다른 분리를 낭만적 예술형식에서 서술한다. 따라서 사유와 의식의 지배로서의 산문의 의미는 먼저 상징적 예술형식과 관련된 규정들에서 살펴볼 수 있다. 특히 상징적 예술형식의 세 번째 단계에서는 의미와 표현이 확연히 서로 분리되는 현상이 나타나는데, 여기서 "신은 그 자체 더 이상 의미가 아니라 이미 〔범속한〕 형태(Gestaltung)"가 되면서, 즉 "영혼이 신체를 관철하지 못한 채로 있게" 됨으로써 "의미와 표현이 〔각기〕 대자적이 되는" 결과가 생겨난다. 헤겔은 이러한 분리는 '의미'가 "어떤 추상적 사유(ein abstracter Gedanke), 보편적 표상"이기 때문이라고 보며, 이러한 현상을 "산문의 시작"이라고 규정한다(*Ascheberg 1820/21*, Ms. 82).

마찬가지로 상징적 예술형식인 '수수께끼'도 의미와 형식의 분리에 기초하는데, 특히 여기서 의미가 "주관적인 것, 단순한 표상들, 추상적인 주관"이기 때문에 헤겔은 수수께께를 "매우 산문적"이라고 특성짓는다(*Ascheberg 1820/21*, Ms. 87). 또한 표현보다는 내용이 중심적인 교훈시(Lehrgedicht)도 "내용"이 "산문적인 어떤 것"이며, 여기서 예술이나 미, 시는 "외적인 단편적 장식"에(*Pfordten 1826*, Ms.

---

53) 헤겔은 장 파울의 작품에서 내용의 '범속함'과 표현의 '우연성'을 "산문적"이라고 특성지우며, 지나친 우연성을 비판적으로 평가한다: "장 파울은 가장 유명한 유머작가이며, 천재적인 유머를 지녔다. 단지 내용이 너무 자주 산문적이며 평범한 것에 근접한다. 표현(Aeußerung)은 전적으로 우연한 것으로서 거기에 있으며, 이러한 최고의 우연성으로 인해 객관적인 것이 손해를 본다" (*Ascheberg 1820/21*, Ms. 129).

54) "사유의 형식들, 종교의 범주는 산문적이다. 이러한 사유와, 사유의 견지에서 의식의 우세는 산문적이다" (*Libelt 1828/29*, Ms. 32).

42a) 불과하게 되는 것으로 서술된다.

사유 및 의식과 표현의 분리는 '주관성'을 원리로 하는 근대 낭만적 예술형식에서 더 첨예하게 된다. 헤겔은 낭만적 예술에서 도달된 "최고의 단계에서 예술은 자기 자신을 넘어 산문이 되고 사유가 된다"고 (*Hotho 1823*, Ms. 39) 하며 근대 예술의 산문적 특성을 규정한다. 헤겔은 이러한 산문의 사유 및 의식의 지배적 특성을 논하면서 단순히 사유만을 본질로 하는 학문과는 다른 예술의 본질을 분명히 하기도 한다. 즉 예술은 "생산적 상상력"을 본질로 하는 것인데 반해, "자유로운 사유는 모든 자연적인 것으로부터 추상되며, 자연적인 방식으로는 요동하지 않는다" (*Hotho 1823*, Ms. 19)는 것이다. 따라서 예술에서의 정신적 활동은 학문의 "순수한 사유 또는 추상적인 사유와도 관계가 없고, 정신적이고도 감각적인 제작 방식과 형식 속에 담겨 있어야 하며", "미리 이해된 산문적 사유를 형상적인 것으로 형식화하는 것, 추상적 반성의 가장자리에 장식과 겉치레로서 붙이는 것은 좋지 못한 시[예술]이리라"는 입장을 보인다(*Hotho 1823*, Ms. 18).[55)]

헤겔은 시와의 비교에서도 산문의 특성을 고찰하는데, 이 경우 사유의 일면인 '추상적인' 특성이 주로 논의된다. 헤겔에 의하면 "시와 산문은 모두 유한한 것, 외적인 것을 서술할 수" (*Ascheberg 1820/21*, Ms. 66) 있으나, 중요한 것은 "현실의 규정성, 개별화"이다. 이것은 시와 산문을 구분하게 하는 것이기도 하다. 헤겔은 서술의 표면적인 것, 외적인 것을 형성하는 것이 낱말인데, "산문은 낱말을 추상적 표상 속에서 포착하고", "추상적 표상의 구체화는 우리에게 떠넘긴다"고 한다. 산문은 예로, 학살, 죽음, 행복감 등을 말할 뿐, 이에 대한 구체적인 표상들은 만들지 않는다는 것이다. 반면 시는 "우리에게 이러한 추상적인 표상들의 내적인 것을 개별화된 개체성과 규정성에서 눈앞에 떠오르게" 하며, 그래서 "우리에게 실제로 학살, 행복감을 그려준다"고 한다(*Ascheberg 1820/21*, Ms. 67).

헤겔은 또한 역사적으로도 시와 산문의 관계를 살펴본다. 그는 "시는 고래부터 인류의 스승이었고", "시대적으로는 산문보다 더 오래되었다"고 본다. "왜냐하면 산문은 사고(Gedanke)가 대자적으로 정립되었거나, 추상적인 것이 감각적인 것 자체로부터 결렬되었을 때, 표상이 분리되어 나와 직접적인 것의 현존재에 대립하여 구성되었을 때에 있게 되었고, 그러한 것에 속하기" 때문이라는 것이다

55) 하지만 헤겔은 그럼에도 근대 예술의 산문적, 즉 사유가 지배적인 특성을 인정하며 이를 토대로 한 예술의 가능성의 꾸준히 탐색한다. 이에 대해서는 자세한 논의는 본고의 제 IV장 참조.

(*Ascheberg 1820/21*, Ms. 231). 이러한 고찰은 사유가 우세한 근대에서 '산문' 혹은 산문적 표현이 필연적일 수밖에 없다는 사실을 시사하는 것으로 볼 수 있다.[56)]

⑤ 그 외 의미들

위에서 살펴본 산문의 의미 외에도 헤겔은 '역사' 및 '역사서술'을 산문 혹은 산문적으로 규정하는데, 이러한 규정은 먼저 로마시대 역사서술에 대한 헤겔의 고찰에서 찾아 볼 수 있다. 그는 로마 시대에 형성된 "국가가 비로소 역사의 산문(Prosa der Geschichte)에 적합하게 되었을 뿐 아니라 이것 자체를 만들어내는 내용을 더불어 수반한다"고 본다. '역사의 산문'이란 "역사이야기(Geschichtserzählung)"를 의미한다. 헤겔에 따르면, 다스림에 있어서의 명령들이 주관적인 것과는 달리 "국가로 고양되는 공동체는 계명, 법칙, 보편적이고 타당한 규정들을 요구하며", 행위들과 주어진 사태들에 대한 강연과 관심을 생성해내는데, "기억의 여신(Mnemosyne)"이 이러한 것들에 국가의 현재 형태와 상태의 영구적인 목적을 위해 "지속적인 추모를 끼워 넣도록 추동되어 있다"고 한다.[57)] 이것은 다름이 아니라 회상을 통한, '산문'으로서의 역사쓰기의 필요성을 말하며, 이러한 것이 국가시대에서 가능하게 되었다는 것이다.

헤겔은 또한 "역사적 예술과 언어 예술"을 "자유로운 예술", 즉 시적 예술에 속하지 않고 산문적인 것으로 규정한다. 이러한 견지에서 헤로도투스의 역사서는 "오성적 전체이며, 추상물이지, 주관적인 참다운, 개별적인 통일이 아니기 때문에" 자유로운 예술에 속하지 않는다고 단정한다. 이와 함께 헤겔은 "산문적이 되게 하는 것은 역사가 쓰여진 방식과 방법이 아니라 내용"이며, "역사를 단지 시적으로 다루는 것이 시를 만들어 내는 것이 아니라, 사태 자체가 여전히 시적인 것이어야만 한다"고 강조한다(*Ascheberg 1820/21*. Ms. 233). 이러한 헤겔의 산문 개념은

---

56) 헤겔은 근대의 산문은 "형상적인 표현(bildlicher Ausdruck)으로 가득한데", 이것은 "사유의 위력을 직관적으로 만들기 위한" 하나의 방식이며, "소재와 표상의 다양성에서 타당하게 되기 위한" 방식이라고 한다(*Ascheberg 1820/21*, Ms. 238). 헤겔은 이러한 것의 예를 장 파울에게서 찾는다. 장 파울에게서는 "스스로를 타당하게 하는 주관적 정서가 동떨어져 있는 대상들을 끌어들이고, 그것의 한 측면을 원래 이것이 전혀 속하지 않는 사유의 원환을 위해 찾아내서 그것에다 강제력을 발휘한다"고 본다. 헤겔은 또한 "이것을 어떤 보다 근대적인 것"이다고 한다. 그는 이런 "형상화된 표현(gebildeter Ausdruck)"과 사유가 지배적인 현상을 고대 로마인들, 특히 호라쯔(Horaz)와 버질(Virgel)에게서도 발견한다(같은 곳).

57) G. W. F. *Hegel, Vorlesungen über die Philosophie der Geschichte*, Bd. I: *Die Vernunft in der Geschichte*, hrsg. von Hoffmeister, Hamburg: Felix Meiner 1994, S. 164.

역사의 기술이 비록 자유로운, 즉 시적 예술은 아니지만 역사철학, 따라서 '산문적' 예술이 될 수 있는 새로운 전망을 열어놓게 되었으며, 심지어 역사, 철학적 사유 자체를 성찰의 대상으로 하면서 서사적 성격이 강화되고 있는 현대예술 이해를 위한 중요한 단초를 제공한다.

이 외에도 헤겔은 쉴러와 괴테의 초기 작품들이 "대부분 차갑고 평이하게 산문적이라"(*Hotho 1823*, Ms. 9)고 하며 '차갑고 평이함'을 산문의 특성의 하나로 시사한다. 그리고 "즉자 대자적으로 무가치한 것", "이것들을 내세우는 것이 바로 공허한 산문"이라고 규정하고, "악마는 지극히 산문적인 인물"이라고 (*Hotho 1823*, Ms. 86) 예시한다. 또한 헤겔은 비자립적인 것, 의존적인 것, 제약적인 것, 유한한 것을 산문적이라고 칭한다. 특히 "욕구의 체계"로 규정되는 근대 시민사회에서 욕구의 만족이 목적이 될 때 "개체는 그 자신에 대해 자유로운 것이 아니라 의존성으로서" 현상하는데, 헤겔은 이러한 "의존성"에는 "우리가 산문적인〔무미건조한〕 삶과 의식으로 간주하는 모든 것, 즉 자신으로부터 규정되지 않고 타자에 의해 정립되고 규정된 모든 것이 속한다"고 (Hotho 1823. Ms. 68) 하며, 산문의 또 다른 특성을 보여준다.[58]

위에서 살펴 본 바와 같이 본 장에서는 헤겔이 사용하는 산문이라는 용어의 여러 가지 의미들을 그의 사유의 전체 맥락에서 분석해 보았다. 분석을 통해서 파악되는 산문의 의미들은 서로 연관이 있으며, 특히 헤겔이 근대의 시대적 정황과 예술을 특성으로 규정하는 '산문'의 복합적인 의미를 구성하는 요소들이 된다. 뿐만 아니라 앞에서 분석된 산문의 여러 가지 의미들은 근대의 시대적 정황과 예술의 본질을 예리하게 반영하며,[59] 근대에서의 예술의 의미와 계속된 가능성 여부에 대한 헤겔의 입장과 숙고들을 가늠할 수 있게 하는 토대가 된다. 그러므로 다음 장에서는 분석된 산문의 의미들을 근거로 하여 무엇보다, 소위 말하는 '예술의 종말' 이후의 예술의 계속된 진전 방향과 산문적인 근대에서 요구되는 새로운 예술형식

58) 이와 유사한 맥락에서 헤겔은 근대의 "개인은 유한한 세계로, 특정한 장소와 행위의 시간으로, 〔…〕 우연적 관계들의 양상 등 다양하게 구별되는 모든 것으로 들어선다"고 하며, "이러한 측면은 이상적인 것이 범속한 삶의 산문과 접촉해 있는 측면"으로 이와 같이 개인으로서의 주체에게 나타나는 "매우 범속한 현실, 즉 온갖 측면에서 제약된 것"도 역시 산문적인 것으로 의미한다(Hotho 1823, Ms. 94).

59) 이렇게 볼 때 헤겔의 산문 개념은 시적인 것에 대한 요구와 더불어 현실을 비판하는 개념으로만 보기보다는(J. Kuczynki/W. Heise, *Bild und Begriff*, Berlin 1975, S. 214), 스쫀디와 같이 역사철학적 개념으로 이해하는 것이 바람직하다.

에 대한 헤겔의 사유를 집중적으로 살펴본다.

IV. '예술의 종말' 이후 새로운 예술형식으로서 산문

근대 사회와 예술의 산문적 특성은 살펴본 바와 같이 보편성과 개별성, 국가와 개인의 분리, 주관적 정신성의 우세에 따른 사유와 표현의 이분성, 그리고 이로 이한 예술의 소재와 대상의 일상성, 범속함과 다른 한편으로의 사유와 의식의 지배를 들 수 있다. 헤겔은 일차적으로 이러한 근대를 "절대자를 표현하는 최고의 단계로서의 예술을 한 단계 넘어"(*Hotho 1823*, Ms. 5) 있는 시대라고 언표하며 소위 말하는 '예술의 종말'의 시대임을 시사한다. 이러한 헤겔의 예술의 종말은 기존의 연구들에서 주로 고전적 예술의 조화미의 종결이라는 좁은 의미로 해석되어 왔고, 이러한 견지에서 헤겔 미학은 고전주의로 낙인찍히기도 했다. 하지만 헤겔이 시사한 '예술의 종말'은 '진리 매개의 기능'과 연관이 있으며, 특히 '진리'를 매개함에 있어서 예술의 한정성을 의미하는 것으로 봐야 한다.[60)]

또한 무엇보다도 헤겔은 근대에서 예술은 '보편적 진리의 매개'에서는 한정성을 지니지만 근대 예술은 한층 더 발전된 정신의 표현이라고 보며 그 특성과 의미를 탐구한다. 즉, 헤겔은 고대 그리스 예술에서 도달된 최고의 '(보편적인) 진리 매개 기능'은 그 당시 고대 동방에서 지배적이었던 추상적인 사유를 벗어난 인류의 의식에 대하여 유효했던 것이며, 또한 내용과 형식의 조화미는 단지 '한정적인 미'일 뿐임을 지적한다. 뿐만 아니라 그는 그리스 예술은 인간의 형태로 신적인 것을 적절하게 묘사했지만 진정한 의미에서 인간중심적인 예술이 아니며, 보다 '정신적'이고 "더 고차적인 예술"은 근대의 낭만적 예술형식에서 가능하다고 본다. 낭만적 예술형식에서는 역사적으로 더욱 발전한 정신이 그 내용이 되며, '신인(Gott-Mensch)' 예수를 통해 참다운 인간중심적인 사유가 가능해졌다는 것이다.

근대에서의 이러한 '신인'으로서의 신은 스스로를 "보면서, 즉 자신을 알면서 인간형태로 현상"하는 신이며, "이런 인간형태는 전체 세계와 연관되어"(*Hotho 1823*, Ms. 167) 있기 때문에 헤겔은 근대에서는 인간 삶의 모든 다양성이 예술의 소

60) 헤겔이 의미하는 진리 매개의 기능에 있어서 근대 예술의 한정성은 두 가지 측면에서 살펴볼 수 있다. 하나는 매개되는 진리의 '보편성'의 측면이고, 다른 하나는 진리를 매개하거나 정신적인 것을 표현함에 있어서 '질료적' 한계의 측면이다. 이에 대한 상세한 서술은 A. Gethmann-Siefert, *Ist die Kunst tot und zu Ende? Überlegungen zu Hegels Ästhetik*, Erlangen/Jena: Jenaer Universität Verlag 1994와 졸고 「헤겔의 '예술의 과거성' 이론 해석」, 『미학 · 예술학연구』 제 3/4집, 한국미학예술학회 편집, 미술문화사 1994, pp. 5-22 참조.

재가 됨을 파악하고 예술의 새로운 양상에 고유한 정신철학적인 의미를 부여한다.[61] 이렇게 볼 때 헤겔이 '예술의 종말'을 의미하는 바는 특정한 관점에 한정된 것이며, 결코 고대 그리스 미술을 모든 면에서 최고로 평가하는 고전주의자가 아님이 분명하다.[62]

미학강의들에서 보이는 역사상 여러 시기의 예술들에 대한 헤겔의 관심은 이처럼 단지 '형식적 조화미'에 있는 것이 아니며, 발전하는 정신에 따른 예술의 고유한 방식(직관, Anschauung)에 의한 진리 매개의 기능이다. 그러므로 근대 낭만적 형식의 예술들에 대한 그의 관심도 여전히 '진리 매개'에 관한 것이며, 특히 더 이상 보편적이지 않은 진리를 매개함에 있어서의 예술의 한정성과, 다른 한편 정신의 심화된 주관화에 의해 내용을 오롯이 담아내지 못하는 그 매체적 한정성에도 불구하고 근대에서 가능한 예술의 기능과 의미에 관한 것이었다. 이러한 사실은 헤겔이 무조건 근대 예술을 부정적으로만 평가하고, 특히 낭만적 예술의 후기 형식들에서 "예술의 와해"를 지적하면서 제 2의 예술의 종말을 단언하고 진리의 매개는 결국 종교와 철학의 영역으로 넘어갈 수밖에 없음을 논한 것으로 보는 주장들의 일면성을 반증하는 것이기도 하다.

사실 헤겔은 주관성과 객관성, 사유와 표현, 소재의 역사성과 제작의 당대성이 적절하게 어우러지도록 만드는 것을 예술가의 '진정한 독창성'과 예술작품의 '참다운 객관성'이라고 말하며 이를 지속적으로 요구하고 있다. 그러면서 그는 '주관성'이 지배적인 당대 낭만주의 예술을 비판하기도 했다. 그러나 그럼에도 헤겔은 역사 내에서 '자신을 알아 가는(sich wissend)' 정신이 발전하면서 변화된 근대의 산문적 상황을 표현할 수 있는 새로운 예술형식의 필요성을 인정하며, 더구나 긍정적으로 실현 가능한 경우를 당대의 예술에서 예시하고 있다.[63] 헤겔이 예시하는 예술들은 '예술의 종말' 이후의 새로운 예술의 가능성으로 볼 수 있는 것으로 세익

---

61) 헤겔은 예술가의 활동성은 "실체적인 것", 즉 민족정신들에 내재되어 역사적으로 의식의 다른 대상이 되는 것들을 "예술을 통해 의식할 수 있도록 해주는 것일 뿐"이라고 하며, "근세의 개인이 그런 대상[마리아]을 표현한다면 그것은 개인이 자신을 의식하게 되는 참다운 방식이 아니다"고 한다(*Hotho 1823*, Ms. 188). 또한 그는 "예술은 특정한 시대에 결부되어 있으며 하나의 정부, 한 개인이 예술의 황금시대를 일깨울 수 없다. 전체적 세계 상태가 이에 속하는 것이다"고(Ms. 190) 하며 근대 예술의 고유한 의미를 시사한다.

62) P. 스쫀디는 헤겔의 "1817/1819년 하이델베르그 미학강의는 고전주의에 기초하며 낭만주의 예술을 경멸하는 경향이 강하고", 후기 사유에도 고전주의가 남아있긴 하지만 "헤겔 미학 자체 내에서" 근, 현대의 새로운 예술의 가능성을 찾을 수 있음을 확신한다(P. Szondie, *Poetik und Geschichtsphilosopie I*, S. 90).

스피어의 작품들을 비롯하여, 네덜란드 장르화, 근대의 '특수한 예술형식'으로서 소설, '객관적 유머'로서의 괴테의 〈서동가요 *West-östlicher Divan*〉을 들 수 있다. 다음에서는 헤겔이 이 예술들을 어떻게 논하며, 어떠한 측면에서 긍정적으로 평가하고 있는지 살펴본다.

① 셰익스피어 작품들

먼저 셰익스피어의 작품들은 헤겔이 규정한 산문의 의미들 가운데 '역사적인 것', '이분성'으로 인한 등장인물들의 '개별적 특수성(Partikularität)', '우연성', 대상의 '일상성' 혹은 '범속함'을 특성으로 한다. 헤겔이 분석하듯이, 셰익스피어의 작품은 영국의 '역사적인 것'을 소재한 작품들이 많다. 이런 경우 역사 자체가 이미 산문적이며, 시대적 특수성을 가짐으로 이를 서술할 때도 너무 소재의 시대적 상황에 충실하거나 서술의 '직접성'에 치우쳐 '객관성'이 강하게 되어 좋지 못한 작품이 될 가능성이 크다. 그러나 셰익스피어의 작품들은 '산문적인' 역사적인 것을 다루면서도 당대의 시대성에 맞게 잘 구성한 독창적인 작품들로 예시된다 (*Hotho 1823*, Ms. 100, 105 비교).

또한 헤겔이 말하는 셰익스피어 작품의 탁월성은 무엇보다 등장인물들의 '개별적 특수성(Partikularität)'과 대상의 '일상성' 혹은 '범속함'을 다룸으로써 근대 상황과 인간의 본질을 잘 보여주고 있다는 데 있다. 헤겔은 근대 예술에는 "인간의 가슴 속에 우세한 것이 연계적으로(in den Zügen) 서술되어야만" 하는데, "이와 함께 다른 사물들과의 착종들이 등장하고, 산문의 분야, 즉 개별적 특수화(Partikularisation)의 정황들이 등장한다"고 본다. 그리고 이러한 "개별적 특수화"들은 "고요 속에서 현상"하는 기독교 신(예수)의 내부에서 나온 결과라고 한다 (*Libelt 1928/29*, Ms. 66). 헤겔은 셰익스피어 작품에는 이러한 근대적 상황과 인물의 특성들이 그들 행동의 구체적인 전개를 통해 매우 잘 표현되어 있다고 본다.[64)]

63) P. 스쫀디는 헤겔이 근대 시민사회와 예술에는 고전적인 "전형적인 시문학"이 "탈출구가 되지 못한다는 것"을 인식하고 새로운 형식과 방향으로 예술이 계속된 진전하는 필연성을 시사했다고 본다: "헤겔 사후(특히 프랑스와 러시아에서) 사실주의 소설과 그리고 그 이후 20세기 이르러 문학이 사라지기보다는 계속 표명되고 있으며 이는 변종된 탈출구라기보다는 계속되는 어떤 과정처럼 보인다. 이런 방향을 알아내기 위해서는 필연적으로 다시 한번 헤겔의 논리적 설명을 파악해야 할 필요가 있다"(P. Szondie, 앞의 책, S. 413).

64) *Hotho 1823*, Ms. 180 참조. 셰익스피어에 대한 헤겔의 높은 평가에 대해서는 Emil Wolff, "Hegel und Shakespeare", in: *Vom Geist der Dichtung*, hrsg. von Fritz Martini, Hamburg: Meiner, 1949, S. 129-179 참조.

이러한 인물들의 행동을 서술함에 있어서는 "우연성" — 산문의 의미 가운데 하나로 분석된 — 이 본질을 이루는데, 헤겔은 이를 고대 비극과는 다른 근대 비극의 특성으로 규정한다. 근대 비극에는 개별적으로 특수화된 관심들, 예로 '사랑'과 같은 것이 대립되며, "충돌은 특정한 개인이 그의 사랑을 다른 강제들 하에 있는 또 다른 우연적인 것에다 던짐으로써" 발생하고 이로 인해 "여기에 우연성이 들어오게 된다." 헤겔은 이러한 구조 속에 있는 개인이 추구하는 목적의 "내용은 특수한 종류의 것"이고, "방해물 역시도 특수한 방식으로 나타나며, 우연성이 들어오는" 것을 "근대 비극의 특성"으로 규정한다. 이러한 비극의 결말 역시 "우연적"이라고 한다(*Hotho 1823*, Ms. 285). 헤겔은 셰익스피어 작품이 "내면적인 필연성"을 이러한 "우연적인 외면성을 통해" 매우 효과적으로 실행되게 한 것을 높게 평가한다(*Hotho 1823*. Ms. 286: 예로 〈햄릿〉과 〈로미오와 줄리엣〉).

헤겔은 셰익스피어 작품들에는 고전 예술에서는 허용되지 않았던 대상의 일상성과 범속함도 근대적 상황에서 (실존하는 인간의 행동을 통해) 이념상을 실현하기 위해 필수적인 것으로 묘사된다는 데 그의 작품들의 탁월함을 인정한다. 대상의 일상성과 범속함은 주관화된 정신의 내면화로 인해 예술에서 내용과 형식이 분리되고 각기 그 자체 대자적으로(für sich) 되면서[65] 생겨난 새로운 현상이다. 이와 함께 "산문적인 것은 때로는 대자적으로 다뤄지고, 때로는 더 지고한 가치내용, 소재를 위한 정황을 만들어낸다"(*Aachen 1826*, Ms. 152).

헤겔은 "범속한 것이 이렇게 또한 영예롭게 되는 것이 낭만적인 것의 특성"이라고 하며, "근대 시들과 회화들 속의 이러한 정황, 즉 외적인 실존의 저급한 조건들 또한 고찰되어지는 것이 이러한 것과 연관되어 있으며"(*Aachen 1826*, Ms. 152), 이와 함께 "시 예술은 중하층 신분들의 일상적 상태에 대한 장면들을 수용하게" 된다고[66] 보는데, 특히 "셰익스피어에서와 같은 근대 드라마들에서 주요인물들이 동시에 그들의 전체 가사활동과 더불어 묘사되는 것이 이런 것에 속한다"고 한다.

---

65) "여전히 실체적인 영역 속에서 스스로를 지탱하는 낭만적 예술에서 이미 외면성이 등장하며, 내밀성이 외면성에 대해 하등 상관없는 것으로 나타나면서 이 외면성은 의당 내면적인 것에 적합하지 않게 된다. 속된 외면성은 와해 속에서 자체적으로 자유롭게 된다. 예술이 대상성의 측면에 따르면, 있는 그대로의 대상들의 서술 쪽으로 나아가며, 다른 한편으로는 유머 쪽으로, 주관적 견해에 의한 모든 실체적인 것의 치환 쪽으로 이행한다"(*Hotho 1823*, Ms. 184).

66) 헤겔은 디드로가 이런 분위기를 소개했고 (디드로의 「사생아」[1757], 「도르발과 나」, 「극시론」〔1758〕, 「디드로 극장」〔1759〕), 그리고 괴테와 쉴러가 이런 분위기를 "타당하게 만들었으며 코체부와 이플란트에게 길을 열어주었다"고(*Hotho 1823*, Ms. 184) 한다.

즉 셰익스피어에게서는 시종, 하녀, 방패무기 등이 "그것들의 범속한 방식"으로 표상된다는 것이다(*Aachen 1826*, Ms. 152). 이러한 헤겔의 서술들은 근대의 산문적 상황을 예술적으로 잘 표현한 경우를 예시하는 것으로,[67] 범속한 삶을 다루는 예술이 곧 범속한 예술은 아님을 시사하며 근대에서 미적(자유로운) 예술의 지속적 가능성을 보여준다.

② 네덜란드 풍속화

헤겔이 17세기 네덜란드 풍속화(Genremalerei)를 논하는 맥락 역시 내용과 형식이 분리되는 산문적 근대의 예술 상황이다. 특히 낭만주의 예술형식의 후기 단계에서 내용과 표현이 극단적으로 분리되어 예술에서 외적인 것의 '와해'와 외적인 것의 '모사'의 양립 현상이 나타나는데, 전자는 유머(Humor)로 발전하며, 후자는 사실적 회화, 특히 네덜란드 풍속화의 특성을 이룬다.

유머의 경우는 소재가 어떤 가치내용도 담지 않으며 "주체의 자의에 의해 사용되어 실제로 갈피를 못 잡게" 된다. 이렇듯 "유머는 소재의 형태가 되고자 하는 모든 것의 와해를 통해 예술가의 주관성을 표현하기" 때문에 "관심이 내용 자체에 빠져들지 않으면서 나타나는 현현의 예술일 뿐"이다. 헤겔은 이러한 상태를 "우리 시대 예술일반의 상태"라고 하며, "낭만적인 것은 정신적인 자기-내-존재인데, 이에 반해 세상사는 아무 것도 아닌 것으로 정립되어 있다"고 근대적 예술상황을 진단한다(*Hotho 1823*, Ms. 187 f).

한편, 네덜란드 풍속화에서도 소재와 내용, 이성적 판단(Besonnenment)은 각기 자유롭게 된다. 특히 여기서는 "소재가 외적으로 되어 결과적으로 예술은 소재가 그것에는 하등 상관없는 자유로운 주관적인 숙련성이 된다". 헤겔은 이런 경우에 예술은 "어떤 대상이 이루어질지라도 현현의 예술(Kunst des Scheinens)"이라고 보며, "이것이 근대적 상태 일반이며, 소재와의 관련에서는 속박되어 있지 않은 추상적인 숙련성"이라고 규정한다(*Hotho 1823*, Ms. 189).

---

67) 헤겔은 예술은 특수한 것이 구체적으로 다뤄져야 하기 때문에 보편성이 강한 역사나 고착적인 관계의 공무원, 고위관직자들에 대한 서술은 예술의 대상이 될 수 없으며, 또한 작품에서 개체들은 전체의 지체로서 통일성을 이루어야 하지만 이를 합목적성에 따라서만 고찰하면 오성적이고 산문적이 된다고 본다. 하지만 중요한 것은 산문적 대상들을 개인의 특수한 관심과 목적, 이를 실행하기 위한 구체적인 상황과 관계들을 전체와의 유기적인 통일성을 이루게 서술하되, 이를 "무의도적으로 현상되게" 함으로써 시적 표현이 가능함을 시사한다(*Hotho 1823*, Ms. 255 f).

헤겔은 이러한 특성을 가진 네덜란드 풍속화의 등장 배경을 당시 네덜란드의 정치적, 종교적 개혁을 통해 설명한다. 즉 17세기 네덜란드는 스페인의 압정의 "세속적인 지배"와 구교의 "정신적인 지배"로부터 자유롭게 되면서 "정치적 자유, 호구지책, 모든 것을 자체적으로 시민적 덕과 청교도적 경건성을 통해 획득하였고", "속된 현실성 속에서 스스로 만족할 줄 아는 원칙"이 성립되어서 "네덜란드 화파는 현재성의 표현에서 뛰어나다"고 한다(*Hotho 1823*, Ms, 186). 이와 함께 예술에도 "산문적인 것이 들어오게" 되어 "가장 범속한 가족관계들, 동물들, 식물들, 청소, 장식, 옷감, 도구류, 유리컵, 오두막들의 전적으로 외적인 것"이 다뤄진다. 이러함에 있어 헤겔이 높이 평가하는 것은 모든 범속한 대상들을 표현하는 예술가들의 "놀라울만한 기량"이며, 예술은 "자연의 매우 놀라운 것, 그 자체 우연한 것"을 포착하며, 순간적인 현존재를 고정시킨다는 것이다(*Aachen 1826*, Ms. 152). 이와 함께 헤겔은 네덜란드 장르화를 "일시성에 대한 예술의 승리(Triumph der Kunst)"로(*Hotho 1823*, Ms. 186) 규정한다.[68]

헤겔은 네덜란드 풍속화에 묘사된 대상들은 비록 "우리의 지고한 감각을 만족시킬 수 없지만, 자세히 고찰하면 우리는 이와 화해하게" 되는데, 우리는 대상 자체에서가 아니라 "화가의 무한한 기술(Kunst)"에서 만족한다고 본다. 즉 여기서 중요한 것은 더 이상 대상이 전달하고자 하는 의미도 아니요, 신적인 것의 표현도 아니며, 우리는 단지 "화가들이 그린다는 것을 이해하고 있음을 인정해야 한다"는(*Hotho 1823*, Ms. 186) 것이다. 이와 더불어 헤겔은 근대에서 예술이 실체적인 내용을 다루지 않지만 "단지 표현이 아름답다는 형식적인 법칙"만으로도 (*Hotho 1823*. Ms. 189) 우리에게 "미적인 것의 향유(Genuß des Schönen)" 대상으로서 의미가 있을 수 있다는 것을 예시하며[69] 근대 예술의 새로운 가능성을 시사한다.

---

68) 이진석은 헤겔이 근대에서 예술의 종말 뿐 아니라 다른 한편 네덜란드 장르화에서 "예술의 승리"도 언급하며 근대 예술의 긍정적 실현 가능성을 보여줌을 논증한다(이진석, 「헤겔과 낭만주의 - 17세기 네덜란드 풍속화를 중심으로」, 『미학』 제52집 〔2007년 12월〕, pp. 315-338 참조),

69) "미적인 것의 향유"는 칸트의 미적 무관심성을 통한 도덕적 선의 성찰과 같은 맥락에서 이해할 수 있다. 이에 대한 더 상세한 논증은 A. Gethmann-Siefert, "Die Kritik an der Düsseldorfer Malerschuhle bei Hegel und den Hegelianern", in: *Düsseldorf in der deutschen Geistesgeschichte (1750-1850)*, hrsg. von G. Kurz, Düsseldorf 1984, 2263-288과 "Hegel über Kunst und Alltäglichkeit. Zur Rehabilitierung der schönen Kunst und des ästhetischen Genusses", in: *Hegel-Studien*. 28 (1993), S. 215-265 중, S. 234 ff, 그리고 졸고, 「헤겔의 네덜란드 장르화 해석」, 『미술사학보』. 제 13집. 미술사학연구회. 서울: 미술문화사 1999 (2000. 3월), pp. 37-58. 참조.

③ 소설

헤겔은 소설(Roman)을 근대 산문적 상황과 삶을 표현하는 "특수한 예술형식" 으로 (*Hotho 1823*, Ms. 182) 규정한다.[70] 이는 낭만주의 시대에 등장한 새로운 예술형식으로, 소설에서 다뤄지는 것은 법률적 체제를 기반으로 하는 국가라는 객관적이며 보편적인 세계 속에서의 개인적 의지와 행위의 제약성, 혹은 파편화된 개인들의 특수한 관심과 목적, 그리고 그러한 것들의 좌초, 범속한 삶 같은 것, 산문적인 것들이다. 단편적인 기사도 소설(Novellen)들은 무엇보다 주로 시대착오적인 영웅적 개인을 다루는데, 헤겔은 그 중 〈돈키호테〉에서 낭만적인 것이 최고도로 구현된 것으로 본다. 그는 여기서는 "조롱되는 것이 동시에 가장 아름답게 표상되어 있다" 고 (*Hotho 1823*. Ms. 182) 하며, 근대 산문적 상황이 미적으로 잘 표현된 것으로 본다.

특히 장편 소설(Roman)은 근대 시민사회의 인간의 삶과 행동 일반을 대상으로 하는 것이다. 기사도 소설이 "국가의 더 높은 질서로 변환하는 외면적인 현존재의 우연성" 을 지반으로 한다면, 장편 소설은 "인륜적 삶이 더 이상 자의에 의거하지 않는" (더 높은 법률체계의) 확고한 지반을 가지며, 여기서는 "기사도에 결여되어 있는 모든 관계들이 확고하다". 이러한 소설의 지반 범위는 "개인 일반의 개별적으로 특수한 관심" 과 "개인들이 세계 내에서 취하는 입장" 으로 이루어진다. 소설에서는 "개인의 심정의 관심이 얘기되는데", 이 개인들은 "자유로운 주체로서 객관적인 세계 속에서 자신을 알고 있는 개인" 으로 (*Hotho 1823*, Ms. 182), "그가 실현하고자 계획하는 자신의 이상들인, 자신을 향해서나 혹은 세계 내에서의 자신의 활동을 향해 만드는 자신의 계략들과 자신의 망상의 대조 속에서 나타난다" (*Hotho 1823*, Ms. 183).

이와 같이 소설은 근대 개인들의 특수한 관심과 그들의 목적, 그리고 이를 실현하고자 함에 있어서의 여러 가지 책략, 충돌들을 다루는데, 헤겔이 소설의 보다 특징적인 것으로 보는 것은 "소재의 완전한 우연성" 이며, 또한 "모든 산문적인 소재가 여기에 속한다" 는 것이다. 즉 "범속한, 우연한 객관성과 자신의 우연성 속에서 나타나기를 원하는 주관성" 이 그러한 산문적인 소재로 다뤄진다는 것이다. 소설

70) F. 슐레겔도 "소설은 학문과 결부된 시이며, 따라서 예술과의 결부에서도 그러하다. 따라서 〔소설은〕 산문과 시의 시이다" 라고 하며 근대에서 새로운 예술형식으로서의 소설의 중요성을 주장한다(F. Schlegel, "Fragment zur Poesie und Literatur. II. undIdeen zu Gedichten", S. 354).

은 주인공인 개인이 — 쉴러의 〈군도 *Räuber*〉에서 볼 수 있듯이 — "세계를 위해 선을 실행하고, 자신의 이상과 사랑을 충족시키기를 원하지만", 그는 요지부동한 현실과의 투쟁 속에서 좌절하고 결국, "개인이 세계를 다르게 만드는 것이 아니라 오히려 개인이 따끔히 맛보고야 정신 차리며 객관적인 것에 따르게" (*Hotho 1823*, Ms. 183) 되는 근대적 상황을 표현하는 근대의 "특수한 예술형식"으로 규정되는 것이다.[71)]

④ 객관적 유머

앞의 네덜란드 풍속화에 관한 부분에서 언급되었듯이 낭만적 예술형식의 마지막 단계에서 내용과 형식의 극단적 분리의 한 양상이 외적인 것의 '와해'이다. 이것은 외적인 것이 내면성을 표현하는 것과는 전혀 무관하며, 예술가의 자의에 의해 아무 것이나 선택되어 사용되는 것을 말한다. 헤겔은 '유머'를 이러한 특성을 본질로 하는 예술로 규정한다.

> "여전히 실체적인 영역 속에서 스스로를 지탱하는 낭만적 예술에서 이미 외면성이 등장하며, 내밀성이 외면성에 대해 하등 상관없는 것으로 나타나면서 이 외면성은 의당 내면적인 것에 적합하지 않게 된다. 속된 외면성은 와해 속에서 자체적으로 자유롭게 된다. 예술이 대상성의 측면에 따르면, 있는 그대로의 대상들의 서술 쪽으로 나아가며, 다른 한편으로는 유머 쪽으로, 주관적 견해에 의한 모든 실체적인 것의 치환 쪽으로 이행한다" (*Hotho 1823*, Ms. 184)

이와 같이 유머에는 예술가의 주관성이 지배적이지만 이 역시 "단지 파편적인 어떤 것"에 불과하고, 이를 표현하는 소재도 "전적으로 외적인" 것일 뿐이어서 의미가 "주관적인 방식으로"만 해소된다(*Libelt 1828/29*. Bl. 101a). 헤겔은 이러한 유머에는 풍부한 정신성이 보유되어 있지만 이것은 아무런 객관성도 갖지 않으며 우연적인 것에 불과하게 된다고 비판한다. 그는 이러한 종류의 유머를 '주관적 유머'로 규정하며, 대표적으로 장 파울의 작품들을 예로 든다.

하지만 헤겔은 시문학은 "완전한 예술"이며, "시의 가장 지고한 내용은 이념인

---

71) P. 뷔르거는 헤겔의 근대 주체를 서술하는 것을 부정적으로만 규정한 것이 아니라 보며, 이를 표현하는 소설의 역할과 기능을 긍정적 입장에서 분석한다(Peter Bürger, *Prosa der Moderne*, unter Mitwirkung von Christa Bürger, Frankfurt a. M.: Suhrkamp 1988, S. 20 f 참조).

데, 이 내용을 시는 다른 예술들과 공동으로" 갖지만 시문학이 "공동체, 즉 개별적 특수성(Partikularität)에 속하는 한, 시는 모든 개별적 특수성들 속으로 들어갈 수" 있기 때문에 시문학은 "이제 정신적인 것, 자신의 자유로운 형태에 있는 인간적인 것 일반을 내용으로 갖는다"고 보며(*Aachen 1826*, Ms. 191), 이를 효과적으로 표현할 수 있는 유머의 새로운 형식의 가능성을 제시한다. 헤겔은 이러한 새로운 형식의 유머를 괴테의 〈서동가요〉에서 발견하고, 이를 "객관적 유머(objektiver Humor)"라고 명한다(*Libelt 1828/29*, Bl. 101a, 102a).

객관적 유머에서는 의미가 단순히 예술가의 주관성에만 머물지 않고 비록 파편적일 것이지만 외적 대상 속에 내밀화됨으로서 객관 세계와의 관계가 성립된다. 그러므로 여기서는 대상에 대한 주관의 관계방식과 태도가 중요하게 되는데, 대상과의 관계는 "대상을 정신적 상상력으로써 유쾌하게 형성하며, 자유로우나 자의적이지 않게 그 대상 속에서 활동함"으로써 가능하게 된다. 따라서 객관적 유머는 대상에 관한 단순한 진술이 아니라, 주관적 표상이 "대상 속에 내밀화" 되면서 "심의가 자기 속으로 귀환함"을 보여주는 것이다.

이 작용은 단지 대상에 대한 주관적 감응이 아니라 "자유로운 상상력"으로써 대상에 관여하는 "자유로운 방식"이다 (*Libelt 1828/29*, Bl. 102). 그렇기 때문에 헤겔은 객관적 유머의 특성으로 상상의 "풍요로움(Uppigkeit)"과 심정의 "유쾌함(Heiterkeit)"을 들며, 내면 속에 빠진 병적인 주관적 유머의 주관성과 구분하고 근대에서 바람직한 예술형식으로 예시한다.[72] 뿐만 아니라 이러한 자유로운 상상은 다름 아닌 시의 성찰적 특성을 내포하는 것으로, 예술이 시에서 철학으로 이행하되 단순히 철학에 의해 지양되어 버리는 것이 아니라, "사유의 산문"이라는 예술형식으로 발전하는 필연성을 보여주는 것이다. 따라서 H. -G. 가다머는 "낭만적 예술형식의 와해는 전적으로 예술적 에너지를 자유로이 방출하는 것이며, 실체적 내용의 과거성들로부터의 완전한 해방"을 의미하는데 괴테의 〈서동가요〉가 그러한 시이며, '객관적 유머'는 "우리의 현재와 이 현재의 미래에 대한 기대"에[73] 부합하는 예술형식임을 확신한다.[74]

---

72) 헤겔의 객관적 유머 개념에 관한 숙고의 중요성에 대해서는 Otto Pöggeler, "Hegel und Heidelberg", in: *Hegel-Studien*. 6 (1971), S. 65-133, 특히 S. 65 ff 참조.

73) Hans-Georg Gadamer, "Die Stellung der Poesie im System der Hegelschen Ästhetik und die Frage des Vergangenheitscharakters der Kunst", in: A. Gethmann-Siefert und O. Pöggeler(hg), *Welt und Wirkung von Hegels Ästhetik*, Bonn: Bouvier 1986, S. 213-223, 특히 S. 218, 221, 223.

살펴본 바와 같이 헤겔은 근대의 이분적인 산문적 상황을 날카롭게 분석하였으며 이에 따른 예술과 표현형식 변화의 필연성을 인식했음을 볼 수 있다. 위에 제시된, 근대에서 가능한 예술형태들에 대한 헤겔의 예시들은 헤겔이 산문적 세계 자체를 비판한 것이 아니라 이를 적절한 시적 형식으로 표현하지 못했음을 비판한 것임을 보여주며, 나아가 '시적 표현' 자체가 현대에는 '산문적 형식'으로까지 확장되는 필연성을 시사한다.[75] 뿐만 아니라 헤겔은 베를린의 마지막 미학강의에서 "낭만적인 것이 나타나는 여타의(andern) 형식들은 다양한 산문이다"고 (*Libelt 1828/29*, Bl. 90a) 규정하고 낭만적인 것의 모든 영역을 산문으로 확장하면서 이후 현대예술의 산문적 본질과 전개방향을 정신철학적 및 역사철학적 관점에서 정확하게 예단한 것으로 볼 수 있다.

V. 결론 — 현대예술 이해의 기초로서 헤겔의 산문 개념

여러 가지 의미를 내포하고 있는 헤겔의 산문 개념은 현대예술의 방향을 제시하였을 뿐 아니라 특히 포스트모던적 현대예술의 특성과 본질을 반영함으로써 현대예술을 이해하는 데 중요한 기초를 제공한다. 이를 크게 두 가지 측면에서 논할 수 있는데, 하나는 산문의 의미들로 분석된 '이분성', '일상성', '범속함', '우연성', '사유 및 의식의 지배' 등의 현상이 현대예술에서도 주된 특성이 된다는 것과, 다른 하나는 특히 헤겔이 규정하는 산문의 사유적 특성 내지 사유의 산문적 특성이

74) 한동원은 헤겔이 1826년 강의 때까지는 낭만적 예술형식에 대한 비난을 계속했지만, 1828/29년 강의에서는 '객관적 유머'를 예로 '산문적인 것'에서도 우리의 만족이 가능하다는 것과 이와 더불어 "예술의 새로운 가능성"을 보여준다는 것을 논증한다(한동원, 「베를린 시대 헤겔미학의 전개에 관하여」, 『미학 · 예술학연구』 제26집〔2007년 12월〕, pp. 209-235, 특히 p. 222 ff 참조).

75) 물론 헤겔은 시적 표현와 산문적 표현을 엄밀하게 구분하며 낭만주의자들과 같이 양자의 통합을 통한 산문의 확장을 주장하지 않는다: "산문이 시적 표현을 가진다면 그러면 산문은 생선도 육류도 아닌 어떤 것을 줄 것이다" (*Ascheberg 1820/21*, Ms. 239). 그럼에도 헤겔은 시대적으로 고대 양식은 보다 시적이고, 근대 양식과 취향은 산문적이라고 본다. 그는 산문은 언어(표현)의 빈곤에 기인한다고 하지만, 무조건 산문이 잘못된 양식이라고 보는 것은 아니다. 고대에서도 호머(Homer)나 페르시아 시인 페르두지(Ferdusi)의 산문적 작품의 경우에서와, 근대의 쉴러의 산문의 경우를 예로 들면서, 산문이 "풍부한 은유(Metapher)"를 사용함으로써 "생동적"이 될 수 있는 가능성을 보여준다(*Ascheberg 1820/21*. Ms. 89, 90).

현대예술에서 요구되는 예술에 대한 철학과 예술의 철학화에 대한 논의의 단초가 된다는 것이다.

먼저 헤겔은 낭만적인 것, 특히 유모어와 아이로니에서 "객관적인 것의 와해"가 일어나면서 우리는 "예술작품의 종말(Ende des Kunstwerks)"을 맞이했다고 한다. 이것은 모든 것이 "형식적인 것"이 되고, "대상적인 것의 와해"가 일어남을 의미한다. 하지만 헤겔은 여기에 "가장 최근 시대의 예술의 입장이 있다"고 하며 예전과는 다른 새로운 예술현상의 도래를 잘 파악하고 있다. 이러한 맥락에서 그는 "예술가와 예술은 그들의 시대에 속해" 있기 때문에 근대의 예술가와 예술은 "과학과 철학과 함께" 해야 하며, 소재만이 아니라 "효과방식(Wirkungsweise)"을 생각해야 함을 촉구하고, "예술의 진전(Fortschritt der Kunst)은 특정한 형태화들로부터 해방되었다"는 데에서 새로운 시대의 예술의 징후를 선취했다(*Aachen 1826*, Ms. 129).

또한 헤겔은 "예술은 현존재가 즉자대자적인 것으로 있어야 하는 개념에 적합한 한에서 이 현존재의 진리를 나타내는 것을 목표로 삼는다"(*Hotho 1823*, Ms. 71)고 일관성 있게 주장하는데, 여기서 "적합함"이란 단순히 고전주의적인 내용과 형식의 형식적 조화만을 가리키는 것이 아니다. 근대에서 내용(개념)과 형식(표현)의 적합함이란 오히려 양자의 "부적합함"을 통해 이루어짐을 의미한다. 즉 근대의 주관적 정신성은 고전예술에서와 같은 인간적 형태로 표현될 수 있는 한도를 넘었기 때문에 "이제 소재는 내면성을 표현하지 않고", "외면적인 것이 〔내면성에〕 만족스럽지 않은 것임을 함께 표현해야" (*Hotho 1823*, Ms. 168) 한다는 것이다.[76] 이와 함께 외적인 것은 내면성에 대해 "언제나 이종적인 질료"이기만 하고, "개별적으로 특수하게 나타날 정도로 자유로와서" "아름답지 않게 현상해도 되게" (*Hotho 1823*, Ms. 169) 된다. 예술의 이러한 현상은 헤겔이 '산문' 혹은 '산문적'이라는 용어로 규정지었던 여러 특성들에 상응한다. 따라서 근대의 새로운 예술의 현황과 특성은 크게 "산문적"이라고 할 수 있으며, 이 규정이 담고 있는 여러 특성들은 현대 예술에서 더욱 첨예하게 나타난다. 근대 예술에서도 이러한 요소들을 볼 수 있지만 무엇보다 합리성, 주지주의, 조화미를 부정하며 전개된 포스트모던 예술에는 이러한 현상들이 더욱 본질적 측면을 이룬다.[77]

---

76) 이에 따라 근대에는 '미적인 것'의 와해가 필연적이 된다(Helmut, Schneider, "Hegels Theorie der Komik und Auflösung der schönen Kunst", in: *Jahrbuch für Hegelforschung*. Bd. 1 〔1995〕, S. 81-110 참조).

다른 한편, 현대예술에는 일상성의 도입과 함께 오히려 개념성이 강해지고, 제도적 특성, 해석 및 이론 등의 '비전시적인(unexhibitionable)' 특성들이 예술의 새로운 본질로 대두되면서 예술은 이제 철학적 사유를 요구하고, 나아가 예술 자체가 철학을 하기에 이르렀기도 했다.[78] 이러한 현대예술의 상황에 대한 선취도 헤겔의 사유에서 볼 수 있는데, 헤겔은 1823년 미학강의에서 낭만적 예술에서 도달된 "최고의 단계에서 예술은 자기 자신을 넘어 산문이 되고 사유가 된다"고 (*Hotho 1823*, Ms. 39) 하며, 마지막 부분에서는 "예술은 우리에게 과거적인 것(Gewesenes)"이지만 여전히 "신적인 것〔참다운 것〕을 표현하는 본질적인 방식의 하나"임을 명시하고, 다만 "우리는 이 형식〔예술〕을 이해해야만" 하며 (즉 직관만 해서는 안 된다는 것), 이제는 예술에 대한 "사유가 필요함"을 (*Hotho 1823*, Ms. 289) 주장한다.[79] 여기서 주목할 것은 예술이 사유 혹은 철학에 의해 단순히 지양되어(aufgehoben) 버리는 것이 아니라 예술 자체의 사유적 특성의 강화와, 사유 혹은 철학을 통한 예술이라는 새로운 성격의 예술이 등장하는 필연성에 대한 시사이다. 이러한 예술은 다름 아닌 '산문'으로[80] 현대예술의 일상성, 파편성, 개별적 특수성 등을 포괄하면서,[81] 다른 한편 철학적 사유를 본질로 하는 것이다.

'사유의 산문'에 대한 이와 같은 헤겔의 숙고는 현대 사상가들에게서 연속성을 보인다. W. 벤야민은 "산문적인 것"을 "예술의 원리로서의 성찰이 가장 최고로 각

---

77) 포스트모던 예술의 구체적인 현상에 관해서는 Welsch, Wolfgang, "Tradition und Innovation in der Kunst. Philosophische Perspektiven der Postmoderne", in: *Zeitschrift für Ästhetik und allgemeine Kunstwissenschaft*. Bd 30/1 (1985), S. 79-100; Ihab Hassan, "Postmoderne heute", in: Wolfgang Welsch(hg), *Wege aus der Moderne. Schlüsseltexte der Postmoderne-Diskussion*, Weinheim: Acta Humanoria 1988, S. 47-56 참조.

78) G. 디키의 '예술제도론', A. C. 단토의 '브릴로 박스', '예술의 종말 이후', '일상적인 것의 변용', '철학하는 예술' 등 참조요.

79) 헤겔에게서 예술의 종말은 곧 예술철학의 시작이라고 보는 입장에 대해서는 Dieter Jähnig, "Der Zusammenhang zwischen dem Ende der Kunst und dem Beginn der Kunstwissenschaft bei Hegel", in: *Zeitschrift für Ästhetik und allgemeine Kunstwissenschaft*. Bd 34/1 (1989), S. 82-89 참조.

80) E. 고일렌은 "예술의 종말은 예술의 과정"인데, 이 과정은 "예술과 철학 사이를 지나간다"고 하며 시문학의 철학적 특성과 예술의 지양이라고 하는 철학의 시문학(예술, 특히 산문으로서)의 특성을 강조하며 상호의존성을 명시하고, "예술의 종말은 이론적인 것"일 뿐임을 주장한다(E. Geulen, *Das Ende der Kunst*, S. 39).

81) J. -F. 리오타르는 포스트모던적 현대의 상황을 수많은 미시서사들의 등장으로 인한 거대서사의 종말로 규정한다(J-F. Lyotard, *La Condition postmoderne*, Paris: Edition de Minuit 1979, p. 63 참조).

인된” 것이라고 하고, 낭만주의 비평가들이 “비평의 매체”로서 “산문”에 “전적으로 긍정적으로 가치를 부여한 것”을 높이 평가한다. 그는 시 작품에 반해 객관성을 담보로 하는 “비평의 정당성”은 “그것의 산문적인 본성”에 있다고 하고, 또한 “비평은 각 작품에서 산문적인 것의 핵심을 서술하는 것”이라고[82] 보며 산문적인 것을 본질로 하는 비평과 예술철학의 완전히 새로운 토대를 인식했다. M. 푸코 역시 근대와 더불어 문자의 우위가 공고되었고, “세계의 산문”은 이를 해독하기 위한 읽기의 고유한 기술을 요구한다고[83] 보며 현대 예술의 산문적 특성과 이를 이해하기 위해 필요한 철학적 사유의 측면을 시사한다. 또한 J. 데리다는 ‘시와 산문’의 대립명제에서 파생되었던 ‘언어와 사유’의 분열을 무화시켰다. 그는 산문에 대한 우리의 생각은 선적인 알파벳 문자의 도입과 함께 오래 지속되어온 ‘손’(쓰기/사유)과 ‘눈’(읽기) 간의 차이에 대한 고정관념에 의한 것임을 파악하고, 역사적으로 구분된 시와 산문, 언어 예술과 사유적 학문을 ‘매체전이적’으로 통합하는 것으로의 산문 개념을 성찰하게 했다.[84]

이와 같이 헤겔이 다양한 의미로 규정한 ‘산문’은 근대 뿐 아니라 현대의 예술 상황과 특성을 포괄하는 개념이며, 오늘날의 예술을 산문적인 것으로 총괄하여 이해할 수 있게 한다.[85] 따라서 ‘산문’ 혹은 ‘산문적인 것’은 현재 주로 “알레고리”와 “숭고”로만[86] 이해되고 있는 파편적이고 주관성이 강한 현대예술의 특성을 규정하는 또 하나의 핵심적 개념이라고 할 수 있겠다. 또한 이 개념은 예술과 사유를 통합하는 본질을 내포하고 있음으로 개념성, 사유적인 측면이 강한 오늘날의 예술에 적합한 표현방식으로 이해되며, ‘참다운 것’을 매개함에 있어서 ‘감각적 매체’를 기초로 함으로써 예술이 갖는 한계로 인한 ‘예술의 종말’ 이후에도 계속되는 새로운 예술의 가능성으로서의 의미를 지닌다고 하겠다.

---

82) Walter Benjamin, “Der Begriff der Kunstkritik in der deutschen Romantik” (1920), in: W. Benjamin, *Gesammelte Schriften*. Bd. I-1, hrsg. von R. Tiedemann und H. Schweppenhäuser, Frankfurt a. M.: Suhkamp 1991, S. 7-122, S. 103, 109).

83) M. Foucault, *Les mots et les choses*, Paris: Gallimard 1966, S. 53, 58.

84) J. Derrida, *Was ist Dichtung?*, Französisch-deutsch, übers. von A. Garcia Düttmann, Berlin: Aufbau 1990, S. 408, 112 참조.

85) 로만 야콥슨은 헤겔을 “모든 시대의 가장 현명한 문화학자”로 이해하고 “유럽 근대의 문화적 산문(die kulturelle Prosa)”이라는 개념과 해명의 근거를 헤겔철학에서 찾을 수 있다고 본다(W.-D. Stempel[hg], *Text der russischen Formalisten*, Bd. 2: *Texte zur Theorie des Verses und der poetischen Sprache*, München: Fink 1972, S. 30 참조).

86) 진중권, 『현대미학강의. 숭고와 시뮬라크르의 이중주』, 아트북스 2003 참조.

참고 문헌

I. 헤겔 원전

G. W. F. Hegel, *Vorlesung über Ästhetik. Berlin 1820/21. Eine Nachschrift. I. Textband*, hrsg. von Helmut Schneider, Frankfurt am Main: Peter Lang 1995.

_____, Hegel, *Vorlesungen über die Philosophie der Kunst. Berlin 1823. Nachgeschrieben von Heinrich Gustav von Hotho*, hrsg. von Annemarie Gethmann-Siefert, Hamburg: Felix Meiner Verlag 1998 (『헤겔 예술철학. 베를린 1823년 강의. H. G. Hotho의 필기록』, 한동원. 권정임 역, 미술문화 2008).

_____, *Ästhetik nach Prof. Hegel. 1826. Anonym* (Ms. Stadtbibliothek Aachen).

_____, *Philosophie der Kunst. Vorlesung von 1826*, hrsg. von A. Gethmann-Siefert, Jeong-Im Kwon und Karsten Berr, Frankfurt a. M.: Shurkamp 2005.

_____, *Philosophie der Kunst oder Ästhetik (1826)*, hrsg. von A. Gethmann-Siefert/B. Collenberg-Plotnikov, München: W. Fink 2007.

_____, *Aestethik nach Prof. Hegel im Winter Semester 1828/29* (Ms. Jagellonische Bibliothek, Krakau).

_____, 『미학 강의』, 서정혁 역, 지만지고전천줄 2008.

_____, G. W. F. *Hegel, Vorlesungen über die Philosophie der Geschichte*, Bd. I, II, hrsg. von Hoffmeister, Hamburg: Felix Meiner 1994.

_____, *Die Philosophie des Rechts. Vorlesung von 1821/22*, hrsg. von Hansgeorg Hoppe, Franfkfurt am Main: Suhrkamp Verlag 2005.

II. 2차 문헌

Agamben, Giorgio, *Idee der Prosa*, übers. von D. Leupold und C.-C. Härle, München/Wien: Hanser 1987.

Athenaeum. Eine Zeitschrift von A. W. Schlegel und F. Schlegel, neu hrsg. von Fritz Baader, Berlin, Pan Verlag 1905.

Barck, Karlheinz, "Prosaisch-poetisch", in: *Ästhetische Grundbegriffe*. Bd. 5, hrsg. von Karlheinz Barck u.a., Stuttgart/Weimar: J. B. Metzler 2003, S. 87-112.

Benjamin, Walter, "Der Begriff der Kunstkritik in der deutschen Romantik" (1920), in: W. Benjamin, *Gesammelte Schriften*. Bd. I-1, hrsg. von R. Tiedemann und H. Schweppenhäuser, Frankfurt a. M.: Suhkamp 1991.

Bürger, Peter, *Prosa der Moderne*, unter Mitwirkung von Christa Bürger, Frankfurt a. M.: Suhrkamp 1988.

Derrida, Jacques, *Was ist Dichtung?*, Französisch-deutsch, übers. von A. Garcia Düttmann, Berlin: Aufbau 1990.

Foucault, Michel, *Les mots et les choses*, Paris: Gallimard 1966.

Gadamer, Hans-Georg: "Die Stellung der Poesie im System der Hegelschen Ästhetik und die Frage des Vergangenheitscharakters der Kunst", in: A. Gethmann-Siefert und O. Pöggeler(hg), *Welt und Wirkung von Hegels Ästhetik*, Bonn: Bouvier 1986, S. 213- 223.

Gethamnn-Siefert, Annemarie, "Die Kritik an der Düsseldorfer Malerschule bei Hegel und den Hegelianern", in: *Düsseldorf in der deuschen Geistesgeschichte (1750-1850)*, hrsg. von G. Kurz, Düsseldorf 1984, S. 263-288.

_____ , "Hegel über Kunst und Alltäglichkeit. Zur Rehabilitierung der schönen Kunst und des ästhetischen Genusses", in: *Hegel-Studien*. 28(1998), S. 215-265.

Giusti, Miguel A., *Hegels Kritik der modernen Staat. Über die Auseinandersetzung mit de geschichtlichen und systematischen Grundlagen der praktischen Philosophie*, Würzburg: Königshausen & Neumann 1987.

Hassan, Ihab, "Postmoderne heute", in: Wolfgang Welsch(hg), *Wege aus der Moderne. Schlüsseltexte der Postmoderne-Diskussion*, Weinheim: Acta

Humanoria 1988, S. 47-56.

Jähnig, Dieter: "Der Zusammenhang zwischen dem Ende der Kunst und dem Beginn der Kunstwissenschaft bei Hegel", in: *Zeitschrift für Ästhetik und allgemeine Kunstwissenschaft*. Bd 34/1 (1989), S. 82-89.

Lützler, Paul Michael, "Geschichteschreibung und Roman. Aspekte ihrer Interdependenzen", in: *Zeitschrift für Ästhetik und allgemeine Kunstwissenschaft*. Bd 30/1 (1985), S. 138-157.

Mundt, Theodor: *Die Kunst der deutschen Prosa. Ästhetisch, literaturgeschichtlich, gesellschaftlich* (1837), Göttingen: Vandenhoeck & Ruprecht 1969.

Pöggeler, Otto, "Hegel und Heidelberg", in: *Hegel-Studien*. 6 (1971), S. 65-133.

Schlegel, Friedrich, *Kritische Friedrich Schlegels Ausgabe*, Bd. 1, 3, 16, hrsg. von Ernst Behler, Parderborn/München/Wien: Schönigh 1979.

Schneier, Helmut, "Hegels Theorie der Komik und Auflösung der schönen Kunst", in: *Jahrbuch für Hegelforschung*. Bd. 1 (1995), S. 81-110.

Szondie, Peter, *Poetik und Geschichtsphilosopie I: Antike und Moderne in der Ästhetik der Goethezeit. Hegels Lehre von der Dichtung*, Frankfurt a. M.: Suhrkamp 1971.

Welsch, Wolfgang, "Tradition und Innovation in der Kunst. Philosophische Perspektiven der Postmoderne", in: *Zeitschrift für Ästhetik und allgemeine Kunstwissenschaft*. Bd 30/1 (1985), S. 79-100.

Wolff Emil, "Hegel und Shakespeare", in: *Vom Geist der Dichtung*, hrsg. von Fritz Martini, Hamburg: F. Meiner 1949, S. 129-179.

이정은, 「시문학과 산문 비교와 철학과 예술의 관계」, 『헤겔과 근대예술』(『헤겔연구』 제10호), 한국헤겔학회편, 철학과 현실사 2002, pp. 159-187.

이진석, 「헤겔과 낭만주의 - 17세기 네덜란드 풍속화를 중심으로」, 『미학』 제52집〔2007년 12월〕, pp. 315-338.

한동원, 「베를린 시대 헤겔미학의 전개에 관하여」, 『미학 · 예술학연구』 제26집(2007년 12월), pp. 209-235.

Untersuchung zu Hegels Begriff der 'Prosa' und ihrer Bedeutung

Kwon, Jeong-Im

Im allgemeinen wird so bekannt, dass Hegel als ein Klassizist mit der Feststellung der These vom Ende der Kunst die gesellschaftliche Situation sowie Kunst der Moderne, bzw. die romantische Kunst kritisch bewertet hat. Aber wenn man Hegels Gedanken in den Berliner Ästhetikvorlesungen sorgf?ltig verfolgt, lassen sich seine verschiednen Überlegungen zur modernen Kunst auffassen. In der vorliegenden Arbeit werden sie insbesondere in bezug auf den Begriff der 'Prosa' betrachtet, der der Kernbegriff der Hegelschen Bestimmung der Gesellschaft und Kunst der Moderne ist. Methodisch werden in dieser Arbeit zunächst als Ausbildungskontext des Hegelschen Denkens die eigentliche Bedeutung der Prosa, die nicht der Poesie gegenüber stand, und die Situation des 18. und 19. Jahrhunderts, in der sich allmährlich die Forderung zur Prosa als der Kunstform überhaupt erweiterte, dargestellt. Im Anschluss daran wird Hegels Gesichtspunkt über die moderne Kunst durch die Analyse der verschiednen Bedeutungen der Prosa bzw. des Prosaischen bei ihm untersucht.

Bei Hegel bedeutet die Prosa bzw. das Prosaische 'das Entzweitete', 'das Verständige', 'das Gemeine', 'das Weltliche', 'das Natürliche', 'das Zufällige', 'das Herrschende des Denkens' und 'die geschichtliche Darstellung' usw. Und mit diesem Terminus stellt Hegel zwar bestimmte Situation und Kunstform im negativen Sinne dar, aber nicht immer so, sondern zeigt er damit auch den eigentümlichen Charakter einer Situation oder eines Gegenstands. Zudem deutet er auf die Möglichkeit der der modernen Geistigkeit entsprechenden neuen Kunstform hin, indem er die prosaischen Künste seiner Zeit wie Shakespears' Werke, Niderländische Genremalerei, den Roman und Goethes 'West-östlichen Divan' als den objektiven Humor einschätzt, wie sie in der vorliegenden Arbeit exemplifiziert worden sind.

So gesehen, darf man Hegels Kennzeichnung der Prosa bzw. des Prosaischen nicht unbedingt als die negative Bewertung verstehen, sondern es zeigt sich, dass dieser Begriff die Erschliessung auf die weitere Möglichkeit der vor der 'Auflösung' stehenden Kunst der Moderne gibt. In dieser Hinsicht wird in der vorliegenden Arbeit erhellt, dass die Form der Prosa die Bedeutung als eine neue Kunstform der Moderne nach dem 'Ende der Kunst' sowie nach der Hegelschen Zeit, und zwar als eine Kunst und Philosophie verbindende Kunstform hat.

Ausserdem lassen die hier analysierten verschiedenen Bedeutungen der Prosa die gegenwärtige Kunst, die die Polarisierung des Inhalts und der Form durch zunehmende Subjektivität und damit die Partialität in der Darstellung zeigt, als das Prosaische umfassend verstehen, denn die Prosa enthält solche Züge dieser Kunst. Damit gilt die Prosa bzw. das Prosaische neben dem Begriff der 'Allegorie' und der 'Erhabenheit' als ein Kernbegriff für die Bestimmung der subjektivierten und partialisierten gegenwärtigen Kunst. Auch, weil die von Hegel bestimmte Prosa eine Kunstform im Übergang von der Kunst zur Philosopie, besser gesagt, eine künstlerische Form des Denkens ist und sie somit die Philosophierung der Kunst und die Erforderung der Philosophie in der Kunst der Gegenwart durchführen kann, kann man mit dem Begriff der Prosa die aktuelle Bedeutung der Hegelschen Ästhetik oder Philosophie der Kunst erneut schätzen.

keywords / Kernwort

Alltäglichkeit, das Entzweite, das Gemeine, das Prosaische, Denken, Ende der Kunst, Philosophie der Kunst, Poeise, Prosa, Zufälligkeit

플라톤의 '예술가 추방론'에 대한 헤겔의 해석

서 정 혁

요약문

철학과 예술 사이의 오래된 불화의 역사에서, 플라톤의 '예술가 추방론'은 예술의 죽음을 알리는 대표적인 선언으로 이해되어 왔다. 그리고 이 플라톤의 '예술가 추방론'에 못지않게, '예술이 이미 지나가 버린 과거지사'일 뿐이라는 헤겔의 주장은 플라톤의 '예술가 추방론'을 최종적으로 승계하면서, 예술에 대한 철학의 승리, 감성적이며 심미적인 직관에 대한 개념적 · 사변적 사유의 승리를 알리는 깃발로 간주되어 왔다. 즉, 플라톤으로부터 헤겔에 이르는 철학에 의한 예술의 종속화는 헤겔에 의해 결정적으로 심화되고 공고화된다는 것이 일반적 해석이다. 그런데 이 같은 해석이 정당한지 여부를 알기 위해서는 과연 헤겔 자신이 플라톤의 '예술가 추방론'을 어떻게 수용하고 해석하고 있는지를 구체적으로 검토해 보아야 한다. 그리고 이러한 검토는 다음과 같은 과정으로 진행될 수 있다.

우선, 플라톤이 주장한 '예술가 추방론'의 핵심 의미가 무엇인지를 간략히 살펴본다. 이러한 검토를 통해 '예술가 추방론'은 모방에 대한 플라톤 자신의 비판적인 관점, 그리고 교육적이고 도덕적인 측면에서 시인들에 대한 부정적인 인식에 기초해 있음을 알 수 있다.

그 다음으로, 플라톤의 '예술가 추방론'을 헤겔이 구체적으로 어떻게 수용하고 해석했는지를 살펴본다. 헤겔은 '예술가 추방론'이 플라톤 혼자만의 발상에서 비롯된 것이 아니라, 시대적인 맥락에서 자연스러운 것이었다고 해석한다. 즉, 이전에 아무런 의심 없이 숭배되던 신들이 플라톤 시대부터 진지하게 고찰되기 시작하면서, 신들을 표현하는 예술 자체가 바로 종교이기도 했던 단계에서 벗어나, 예술이 상대화되고 역사적으로 제한적인 성격을 가지게 된다는 것이다. 그래서 헤겔에 의하면 플라톤은 엄밀히 말해 예술이나 시를 추방한 것이 아니라, 예술이 더 이상 신과 같은 절대적인 역할을 할 수 없다는 것을 보여 준 것이다. 이러한 논의를 통해 왜 헤겔이 플라톤의 '예술가 추방론'을 자신의 『미학 강의』에서 '고전적 예술형식'이 해체되고 '낭만적 예술형식'이 도래하는 과정에서 서술하고 있는지도 이해 가능하다.

마지막으로, 위와 같은 헤겔의 해석이 구체적으로 어떤 의미를 지니며, 그것이 과연 정당한가 여부를 검토해 본다. 헤겔은 『미학 강의』뿐만 아니라 『정신현상학』을 비롯한 여타의 저술들에서도 플라톤 철학과 그의 '예술가 추방론'을 역사적인 관점에서 해석하고 있고, 이러한 해석의 관점은 의식의 발전 과정이라는 정신사적인 맥락에 기초해 있다. 그래서 헤겔은 플라톤이 자기 시대의 한계를 절감하면서 실체적인 것을 강조하였고 의식과 학문의 발전에 기여했다고 긍정적으로 평가하면서도, 근대의 낭만적 예술형식 이후에 본격적으로 도래할 정신의 주관성을 아직 구체화하지는 못했다고 그 한계를 지적하기도 한다. 이러한 해석의 관점에 철저히 기초해 있기 때문에, 헤겔은 플라톤 자신이 했던 것처럼 '예술가 추방론'을 모방이나 교육적 · 도덕적인 관점에서 전혀 논하고 있지 않다. 이 점에서 헤겔의 해석은 플라톤 철학에 내재적인 해석이 되지 못한다는 비판이 가능하다. 그러나 이러한 비판의 가능성에도 불구하고, 위와 같은 검토를 통해 우리는 플라톤의 '예술가 추방론'에 대한 헤겔의 해석이 플라톤으로부터 헤겔에 이르기까지 철학에 의한 예술의 종속화를 심화시키는 데 구체적으로 어떻게 기여했는가를 확인할 수 있다.

● 주요어 : 예술가 추방론, 철학, 예술, 플라톤, 헤겔, 고전적 예술형식, 낭만적 예술형식, 주관성, 가벼운 놀이, 진지함

1. 머리말

플라톤은 예술을 철학적 논쟁의 마당에 끌어들인 장본인이다. 또한 '철학과 시 사이의 오래된 불화(diaphora)'[1]의 역사에서 보자면, 플라톤은 철학 편에 서서 이상 국가로부터 유해한 예술을 추방해 버린 예술의 '최대의 적'으로 간주된다.[2] 왜냐하면 '예술이 진리를 담을 수 없거나, 아니면 모든 진리는 예술 밖에 있다'는 플라톤의 주장은 시를 비롯한 예술에 부차적인 것이 아니라 '결정적인' 죽음의 선언일 수밖에 없기 때문이다.[3] 그리고 '예술의 종언'을 통해 우리는 플라톤이 자연스럽게 그의 적자인 헤겔과 만나는 자리를 예상할 수 있다. 왜냐하면 플라톤의 '예술가 추방론'[4]에 못지않게 '예술이 이미 지나가 버린 과거지사'[5]라는 헤겔의 선언은 예술보다 우위에 있을 수밖에 없는 철학의 최종적인 자기정당화 선언으로 해석되어 왔기 때문이다. 그렇다면, 과연 헤겔은 플라톤의 '예술가 추방론'을 어떻게 수용하고 있으며, 정말 플라톤의 적자로서 그 계보를 이어가고 있는가?

그런데 사실상 플라톤에 관한 내재적 연구에만 한정하더라도, 플라톤이 『국가』 편에서 제기한 '예술가 추방론'의 위치와 의미에 관해 플라톤 연구자들 사이에서도 여러 가지 해석들이 분분하다. 예를 들면 『국가』 편에서 '예술가 추방론'과 직접 관련되는 부분은 2권과 3권, 그리고 10권인데, 이 중에서 특히 『국가』 편 10권의 예술에 관한 논의가 『국가』 편 전체의 논의와 일관성 있게 전개되고 있는가라는 문제에 대해서만 해도 연구자들 사이에 해석이 다르기 때문이다.[6] 그런데 본 논문의 목적은 플라톤 철학 내에서 '예술가 추방론'이 지니는 의미를 검토해 보는 데 있지 않다. 이에 대한 논의는 별도의 연구가 진행되어 왔고 앞으로도 더 진전된 연

---

1) 국가, 607b.

2) F. Nietzsche, *Zur Genealogie der Moral, Nietzsche Werke, Kritische Gesamtausgabe*, Vol. VI-2, Walter de Gruyter Verlag, 1968. 김정현 옮김, 『선악의 저편 · 도덕의 계보』, 책세상, 2002, 529쪽.

3) A. Badiou, 장태순 옮김, 『비미학』, 이학사, 2010, 11쪽, 35-36쪽 참조.

4) 주지하다시피, 엄밀히 말하자면 플라톤이 추방하려고 했던 것은 예술가 일반이 아니라 호메로스나 헤시오도스와 같은 시인들이고, 이 점에서 '예술가 추방론'보다는 '시인 추방론'이라는 용어가 더 적절할 수도 있다. 그러나 본 논문에서는 예술, 종교, 철학이라는 헤겔의 철학 체계를 고려하고, 그리고 철학과 예술의 관계에 대한 논쟁사에 주목하는 입장에서 '예술가 추방론'이라는 용어로 통일하여 사용하고자 한다.

5) Ästhetik1, 25쪽. 두행숙1, 40-41쪽. 본 논문에서는 특히 헤겔의 『미학 강의』의 경우, 원서와 번역서들을 '참고문헌'에 표기된 '약어'로 병기하여 인용하였으며, 번역의 경우 필자가 경우에 따라서 번역문을 수정하여 인용했음을 밝혀 둔다.

구 결과들이 있을 것으로 기대한다. 본 논문에서 다루고자 하는 중심 문제는 '플라톤 철학 자체'가 아니라 '플라톤에 대한 헤겔의 해석'이다. 그중에서도 특히 예술 철학 또는 미학의 관점에서 헤겔이 '예술가 추방론'을 어떻게 수용하고 해석했으며, 그러한 수용과 해석이 헤겔의 철학 체계 및 문제의식과 어떤 관련이 있는지를 밝히는 것이 목적이다.

구체적으로 헤겔은 『미학 강의』에서 '고전적 예술형식'에서 '낭만적 예술형식'으로 넘어가는 부분에서 플라톤의 '예술가 추방론'에 대해 다음과 같이 직접 언급하고 있다.

> "이념상이 이렇게 갈가리 찢어짐은 이미 이전의 것에서부터 확증되었다. 크세노파네스, 플라톤은 신들의 이야기에 대해 노하게 되었다. 플라톤은 시문학(Poesie)이 신들을 유한화하는 데로 가장 많이 경도되어 있다는 이유로 시문학을 〔이상국가에서〕 추방했다. 이 외면성은 사유와 보편자에 모순된다. 그래서 존재해야 하는 것과 현존으로 드러난 것 사이에 대립이 생기는 것이다."[7)]

이러한 언급과 관련하여 우리는 구체적으로 두 가지 질문을 제기할 수 있다. 첫째, 왜 헤겔은 플라톤의 '예술가 추방론'을 고전적 예술형식의 중심부에서 논하지 않고 낭만적 예술형식으로 이행하는 단계에서 거론하고 있는가? 이 질문에 적절한 답변을 토대로 해서 다음과 같은 두 번째 질문이 가능하다. 플라톤의 '예술가 추방론'은 헤겔의 미학 또는 철학 체계에서 어떤 의미를 지니는가? 본 논문은 헤겔의 『미학 강의』뿐만 아니라 플라톤의 '예술가 추방론'과 관련 있는 헤겔의 다른 문헌들도 고려하여 이 같은 질문에 대한 적절한 답변을 헤겔 자신에게서 모색해 봄으

---

6) 비교적 10권이 『국가』 편 전체와 일관된 내용으로 전개되고 있다고 보는 입장에 대해서는 다음을 참조하기 바란다. W. Jaeger, *Paideia* I, Oxford, 1965, 358쪽 이하. E. A. Havelock, *Preface to Plato*, Cambridge Mass., 1982, 3쪽 이하. 이에 비해 10권이 부록처럼 덧붙여진 인상을 주며, 『국가』 편 전체의 내용과 일관되지 않는 것으로 보는 입장에 대해서는 다음을 참조하기 바란다. J. Annas, *An Introduction to Plato's Republic, Oxford*, 1982, 355쪽. R. L. Nettleship, *Lectures on the Republic of Plato*, London, 1968, 340쪽. F. M. Cornford, *The Republic of Plato*, London, 1975, 321쪽. 더 나아가 심지어 플라톤의 주장은 예술이나 시에 관한 왜곡된 견해를 담고 있다고 보는 대표적인 입장으로는 J. A. Elias, *Plato's defence of Poetry*, Albany, 1984, 13쪽 참조. 시와 예술에 관한 플라톤의 논의에 관련된 국내 연구 문헌으로는 다음을 참조하기 바란다. 서승원, 「플라톤의 시와 예술에 대한 비판-국가 제10권을 중심으로」, 『서양고전학연구』, 제6집, 한국서양고전학회, 1992, 61-95쪽 참조.

7) Hotho, 176-177쪽. 권정임, 262쪽.

로써, 플라톤과 헤겔 사이의 오래된 '친화' 관계의 구체적인 정체가 무엇인지 살펴보고자 한다.

2. 플라톤의 '예술가 추방론'의 의미

플라톤이 '예술가 추방론'을 직접 거론하고 있는 대표적인 곳은 『국가』 편 제10권이다. 잘 알려져 있다시피, 여기서 플라톤은 화가의 예를 들어 주로 '모방'의 관점에서 '예술가 추방론'을 피력하고 있다. 즉, 화가가 그린 침대의 그림은 '참으로 있는 것'도 '제작물'도 아니며, 제작물에 대한 단순한 모방물일 뿐이라는 것이다.[8] '참으로 침대인 것의 참된 침대 제작자'는 신이며, 이 침대를 원형으로 실제 침대를 제작한 장인(dēmiourgos)이 목수인 반면, 화가는 무엇을 실제 제작하지는 않고 제작물들의 겉모습(phainomena)을 그대로 재현하는 모방자(mimētēs)일 뿐이며, 서사시인이나 비극작가도 이 점에서 예외가 아니라는 것이 플라톤의 주장이다. 화가와 마찬가지로 시인들도 참된 존재에서 세 단계나 떨어져 있는 겉모습만을 보여주기 때문에, 실재 자체에 대한 올바른 지식을 전혀 지니고 있지 못하다는 것이다. 다음과 같은 언급은 '모방'에 대한 플라톤의 부정적 시각을 단적으로 드러내 준다.

> "……모방자는 자기가 모방하는 것들에 대해 언급할 가치가 있는 것을 아무것도 알지 못한다는 것, 이 모방은 일종의 놀이(παιδιά)이지, 진지한 것(σπουδή)은 못 된다는 것, 그리고 비극시에 관여하는 사람들이, 이암보스 운율로 짓건 서사시 운율로 짓건 간에, 모두가 최대한으로 모방적이라는 것을 말일세."[9]

여기서 플라톤은 모방을 중심 문제로 부각시킴으로써 암암리에 예술의 본질 자체를 문제 삼고 있다. 즉, 모방을 수단으로 하는 예술은 '가벼운 놀이'일 수는 있지만, 무거운 주제들을 진지하게 다룰 능력은 없다는 것이다. 정의가 무엇인지, 그리고 정의로운 국가는 어떠해야 하며, 그러한 국가를 다스리는 자는 어떤 사람이어야 하는지 등과 같은 물음은 그 자체가 무겁고 진지한 물음들이고, 그래서 예술에게는 걸맞지 않은 물음들이다. 물론 플라톤은 예술을 무조건적으로 부정하거나 추

---

8) 국가, 597a-597e.
9) 국가, 602b.

방하려고 하지는 않는다. 왜냐하면 즐거움을 위한 시와 모방이 훌륭한 국가에 그들이 존립해야만 하는 어떤 논거를 제시할 수만 있다면, 그러한 시와 모방을 흔쾌히 받아들이겠다고 플라톤은 분명히 밝히고 있기 때문이다.[10] 그러나 플라톤적 관점에서 볼 때 '과연 예술이 스스로 자기 존립의 논거를 제시할 수 있는가'라는 물음에 대해서는 회의적일 수밖에 없다. 왜냐하면 플라톤은 앞서 언급한 바처럼 모방에 관한 '형이상학적 논변'과 아울러 '윤리적인 논변'을 통해 자신의 '예술가 추방론'을 더욱더 강화하고 있기 때문이다.[11]

플라톤은 『국가』 편 전반에서 정의로운 국가가 성립하기 위해서는 '훌륭하고도 훌륭한' 국가 지도자를 양육하고 교육하는 일이 무엇보다도 중요하다고 생각한다.[12] 그리고 이들의 몸과 마음을 다듬기 위한 교육으로 필수적인 것이 체육과 시가(mousikē)라고 주장한다. 그런데 여기서 시가는 즐기면서 하는 가볍고 자유로운 예술 활동이라기보다 훌륭한 국가의 실현을 목표로 하는 목적의식적 활동이며, 그래서 신중하고 힘겨운 진지한 활동이다. 적어도 플라톤이 이상적인 국가 내로 수용하는 예술은 가벼운 놀이로서의 예술은 아닌 것이다. 이런 관점에서 플라톤은 다음과 같이 말한다.

> "만일에 재주가 있어서 온갖 것이 다 될 수 있고 또한 온갖 것을 다 모방할 수 있는 사람이 우리의 이 나라에 와서 몸소 그런 자신과 자기의 작품을 보여 주고 싶어한다면, 우리는 그를 거룩하고 놀랍고 재미있는 분으로서 부복하여 경배하되, 우리의 이 나라에는 그런 사람이 없기도 하지만, 그런 사람이 생기는 것이 합당하지도 않다고 말해 주고서는, 그에게 머리에서부터 향즙을 끼얹어 준 다음, 양모로 관까지 씌워서 다른 나라로 보내 버릴 걸세. 한편으로 우리 자신은 이로움을 위해서 한결 딱딱하고 덜 재미있는 시인과 설화 작가를 채용하게 되겠는데, 이런 사람은 우리한테 훌륭한 사람의 말투를 모방해 보여 주며, 이야기를 함에 있어서도, 앞서 우리가 군인들을 교육하는 데 착수했을 때, 처음에 우리가 법제화했던 그 규범들에 의거해서 할 걸세."[13]

---

10) 국가, 607c 참조.

11) 실제로 플라톤 자신은 모방에 관한 '형이상학적 논변'과 '윤리적 논변' 사이의 상호관계에 대해서는 상세히 논하고 있지 않다는 비판도 가능하며, 이 문제는 회화와 시문학 사이의 비교가 적절한지 하는 문제와도 연관된다. J. Moss, "What is Imitative Poetry and Why is It Bad?", *The Cambridge Companion to Plato's Republic*, ed. by G. R. F. Ferrari, Cambridge Univ. Press, 2007, 415–416쪽 참조.

12) 특히 국가, 376c 이하 참조.

13) 국가, 398a–b.

훌륭한 국가를 세우고자 하는 분명한 목적의식에서, 플라톤은 '한결 딱딱하고 재미도 없지만' 이상적인 국가의 실현에 '이로운' 예술을 선택한다. 그래서 플라톤은 훌륭한 국가를 이끌어 나갈 사람들은 '자유의 일꾼(dēmiourgos eleutherias)'으로서 원칙적으로 이 국가를 구현하는 일에만 종사하고 모방과 같은 다른 일에는 관여할 필요가 없다는 이상 국가 실현의 일차적 원칙과 더불어, 만일 모방을 한다고 하더라도 "이들에게 어울리는 것들을, 즉 용감하고 절제 있고 경건하며 자유인다운 사람들을, 그리고 이와 같은 모든 것을 바로 어릴 때부터 모방해야 한다."라는 부차적 원칙을 제시한다.[14] 이러한 점에서 플라톤의 '예술가 추방론'은 그의 교육론 및 도덕론과 맞물려 논의될 수밖에 없는 것이다. 특히, 플라톤이 호메로스나 헤시오도스의 작품에서 표현된 신에 관한 서술을 비판적인 관점에서 고찰할 때, 이 같은 점은 잘 드러난다. 플라톤은 마치 화가가 어떤 것을 전혀 닮지 않게 그리는 상황처럼 시인들이 신들과 영웅들을 제대로 묘사하지 못하는 상황을 제시하면서, 이상 국가에서 왜 시인들이 설 자리가 없는지를 정당화하려고 한다. 플라톤은 정의로운 국가를 실현하고자 할 때에는 '규범(typos)'에서 벗어난 이야기들을 허용해서는 안 된다는 점을 강조하면서, '신들의 이야기(theologia)에 대한 규범'이 무엇인가라는 아테이만토스의 질문에 소크라테스를 통해 다음과 같이 답한다.

> "아마도 이런 것들이라고 할 수 있겠지. 누군가가 신과 관련된 이야기를 지을 경우에는, 그가 서사시로 짓든 서정시 또는 비극시로 짓든 간에, 언제나 신을 신인 그대로 묘사해야만 된다는 것일 것 같네."[15]

플라톤에 의하면, 신은 '가장 선하고'[16] '단순하며 그 무엇보다도 자신의 본모습에서 벗어나지 않으며'[17] '신이야말로 그리고 신에 속하는 것들이야말로 진정 모

---

14) 국가, 395b–c. 앞서 언급한 『국가』 편 10권에서 '모방'이 모든 시 또는 예술에 해당된다면 플라톤은 모든 시와 예술을 이상 국가에서 추방하는 것이 되고, 이것은 이상 국가에서 시가 교육이 필요하다는 이 부분의 주장과 충돌하는 것이 아닌가라는 의문이 제기될 수 있다. M. N. Partee, *Plato's Poetics: The Authority of Beauty, Salt Lake City*, 1981, xi 참조. 그러나 플라톤은 『국가』뿐만 아니라 『법률』 편에서도 시가 교육의 중요성을 반복해서 강조하고 있으므로(법률, 665a, 672d), 우리가 '모방'이라는 의미를 좋은 의미와 나쁜 의미로 구분한다면, 플라톤의 주장들 사이에 충돌은 발생하지 않을 것이다. 서승원, 앞의 글, 67쪽 이하 참조.

15) 국가, 379a.

16) 국가, 379b.

17) 국가, 380d.

든 면에서 가장 훌륭하다.'[18] 신이 신인 한에서 '각각의 신은 저마다 가능한 한에 있어서 최대한으로 아름다우며 훌륭해서, 언제나 단순하게 자신의 모습으로 남아 있다.'[19] 그래서 '신은 말과 행동에 있어서 전적으로 단순하며 진실하여 자신을 바꾸지도 남들을 속이지도 않는다.'[20] 그런데 호메로스나 헤시오도스 같은 시인들은 신을 이 같은 본래적인 모습 그대로 묘사하지 않았다는 것이다. 신들끼리 서로 싸우고 음모를 꾸미는 모습을 보여 주고 나쁜 일들의 원인이 마치 신인 것처럼 묘사함으로써, 이 시인들은 신들의 본래적인 모습을 왜곡하고 있다는 것이 플라톤의 핵심 주장이다.[21] 하지만 플라톤에 의하면 "신 안에는 거짓된 시인이 있지 않다."[22]

이상의 논의에서 알 수 있는 것처럼, 플라톤의 '예술가 추방론'은 교육 및 도덕의 문제를 포괄하는 정치철학적 문제의식과 밀접하게 관련되어 있다. 즉, 『국가』편 전체를 놓고 볼 때, 플라톤의 '예술가 추방론'은 정의롭고 훌륭한 국가를 건설하는 문제의 맥락에서 일관되게 전개된다. 따라서 단순히 즐거움을 위한 가벼운 예술은 추방하지만, 이상 국가의 실현에 도움이 되는 진지한 예술은 수용하겠다는 플라톤의 관점은, 예술이 우리의 삶 속에서 지닐 수 있는 다양한 의미들을 상당 부분 포기하는 조건에서만 유효할 수 있는 것으로 비판받을 수도 있다. 왜냐하면 플라톤이 이상 국가 속에서 허용하려는 예술은 다채롭지도 않고 단순한 색채와 형태, 지속적이고 일관된 성격을 지닌 것들뿐이며, 반면에 우리가 흔히 '위대한 문학'이라고 부르는 작품들은 복잡하고 다채로우며 그 내용에 있어서도 풍부하고 여러 가지 상황 변화를 담고 있는 경우가 대부분이기 때문이다.[23]

3. 헤겔의 '예술가 추방론' 해석

플라톤의 '예술가 추방론'에 대한 헤겔의 직접적인 언급은 그리 많지 않다. 앞서 『미학 강의』에서 언급한 인용문은 그중 대표적인 부분이다. 헤겔은 이 구절을 '고전적 예술형식'에서 '낭만적 예술형식'으로 이행하는 자리에서 직접 거론하고 있

18) 국가, 381b.
19) 국가, 381c.
20) 국가, 382e.
21) 국가, 377a–381e 참조.
22) 국가, 382d.
23) J. Moss, 앞의 글, 442쪽 참조.

는데, 이러한 언급이 어떤 의미를 지니는지에 대한 헤겔 자신의 직접적인 해명은 없다. 그러면 『미학 강의』뿐만이 아니라 '예술가 추방론'과 관련이 있는 다른 저서들에 등장하는 헤겔의 언급을 토대로, 헤겔이 '예술가 추방론'을 어떻게 수용하고 해석하고 있는지 살펴보자. 헤겔은 플라톤의 '예술가 추방론'과 관련하여 『철학사 강의』에서 다음과 같이 좀 더 자세하게 언급하고 있다.

> "통치자의 도야는 〔폴리스의〕 토대로서 전체의 가장 중요한 부분에 속한다. 그러나 이 도야는 학문과 보편적이며 절대적인 것을 알려 줌으로써 존립할 수밖에 없다. 여기서 보편적이며 절대적인 것의 학문이 바로 철학이다. 그래서 플라톤은 종교, 예술, 학문과 같이 개별적인 도야 수단을 두루 거쳤다. 특히 플라톤은 얼마나 시가와 체육이 그러한 수단으로 허용되어야 하는지에 대해서 말했다. 그러나 호메로스와 헤시오도스와 같은 시인을 플라톤은 자신의 국가로부터 추방해 버렸다. 왜냐하면 플라톤은 신에 관한 그들의 표상이 신에게 어울리지 않는다고 생각했기 때문이다. 왜냐하면 그 당시부터 제우스와 호메로스의 역사들에 대한 믿음을 고찰하는 데 있어서 진지하고 신중해지기(Ernst zu werden) 시작했기 때문이다."[24)]

여기서 헤겔은 상기한 플라톤의 『국가』 편의 내용을 염두에 두면서, 시인들의 신에 관한 표상이 신 자체에 적합하지 않다는 사실을 다분히 '역사적인 관점'에서 논하고 있다. 즉, 플라톤이 호메로스와 헤시오도스와 같은 시인을 자신의 국가에서 그처럼 단호하게 추방하려 한 이유는, 그 당시 신에 관한 일반적인 상황 변화에 기초한다는 것이다. 좀 더 자세히 말하자면, 이전에는 신들에 관한 이야기로 아무런 의심 없이 받아들여졌던 것들이 '진지하고 신중하게 고찰되기' 시작한 상황이 도래했고, 이 같은 상황 변화 속에서 제기된 것 중의 하나가 바로 플라톤의 '예술가 추방론'이라고 헤겔은 해석하고 싶어 하는 것이다. 이런 이유로 '예술가 추방론'과 관련하여 헤겔은 플라톤뿐만 아니라, 플라톤 이전의 사람들, 즉 크세노파네스(Xenophanes)와 헤라클레이토스(Heraklits), 솔론(Solon) 등의 비판도 염두에 두고 있다. 예를 들어, 헤겔은 1820년 '철학사 서론'에서 다음과 같이 언급하고 있다.

> "소위 신화들과 종교들이 지니고 있는 민족의 표상들과 철학 사이의 반목과 투쟁은 오래된 현상이다. 그 전에 모세와 예언가들이 좀 더 근본적인 종교의 입장에서 이미 행한

---

24) TW19, 122쪽.

바 있고, 그 후에는 플라톤이 마찬가지로 말한 바 있듯이, 크세노파네스도 호메로스와 헤시오도스에 관해, 그들이 인간의 세계에서조차 수치스러운 일 모두를 신들에게 부과했다고 주장하고 있다."[25]

남아 있는 기록에 의하면, 이미 플라톤 이전에 크세노파네스는 "호메로스와 헤시오도스가 있을 수 있는 모든 법도에 맞지 않는 신들의 행동들을 최대한 이야기하면서"[26] "가사자들은 신들이 태어나고 자신들처럼 옷과 목소리와 형체를 갖는다고 생각하지만"[27] "신들과 인간들 가운데 가장 위대한 하나인 신은 형체도 생각도 가사자들과 조금도 비슷하지 않다."라고 비판적인 주장을 펼친 바 있다. 신에 관한 이 같은 주장은 플라톤의 생각과 맥을 같이한다. 또한 로고스를 강조한 헤라클레이토스도 호메로스와 헤시오도스를 다음과 같이 비판하고 있다.

> "대부분의 사람들을 가르친 자는 헤시오도스이다. 그들은 그가 가장 많이 안다고 알고 있다. 낮과 밤도 알지 못하는 그가. 그것들은 하나인데도."[28]
>
> "호메로스는 경연(agōn)에서 쫓겨나고 두들겨 맞을 만하다. 그리고 아르킬로코스도 마찬가지이다."[29]

이 같은 언급들을 고려하여 헤겔은 '예술가 추방론'을 단지 플라톤이라는 한 철학자만의 입장으로 한정하여 이해하지 않고, 시대적이며 역사적인 맥락 하에서 이해하고자 한다. 『미학 강의』에서 플라톤의 '예술가 추방론'이 '고전적 예술형식'의 해체 과정에 소개된 것도 이러한 역사적 맥락을 토대로 이해해야 한다. 그리고 이처럼 예술을 역사적 관점에서 해석하려는 시도는 이미 헤겔 자신의 고유한 미학적 관점에 친근한 것임을 상기할 필요가 있다. 왜냐하면 잘 알려져 있듯이, 헤겔의 『미학 강의』의 주요 골격은 세 가지 예술형식, 즉 상징적, 고전적, 그리고 낭만적 예술형식으로 이루어지며, 이 형식들은 각기 개념과 실재 사이의 관계에서 '추구하기(Erstreben)', '도달하기(Erreichen)', '뛰어넘기(Überschreiten)'라는 특징적 과정으로 전개되는데, 고대 그리스의 신상으로 대표되는 고전적 예술형식을 초월하

25) GW18, 86쪽.
26) DK, 21장 단편 12. 단편, 205쪽.
27) DK, 21장 단편 14. 단편, 205-206쪽.
28) DK, 22장 단편 57. 단편, 225쪽.
29) DK, 22장 단편 42. 단편, 226쪽.

여 그 통일성이 해체되는 과정에 '예술가 추방론'은 속하기 때문이다. 이러한 헤겔의 '역사적 해석'이 지니는 의미는 고전적 예술형식으로부터 낭만적 예술형식으로의 이행 과정에서 드러나는 특징을 헤겔 자신이 어떻게 파악하고 있는가를 밝힘으로써 좀 더 잘 이해될 수 있다.

헤겔에 의하면 고전적 예술형식은 예술의 내용이 그것에 적합한 형식으로 온전하게 표현되어 완성된 단계이다.[30] 그리고 헤겔은 내용과 형식이 온전히 들어맞는 이념상의 대표격으로 고대 그리스의 신들을 표현한 조각을 든다.[31] 헤겔은 신을 인간의 모습으로 형태화한 조각을 통해 아름다움의 개념이 정점에 달하며 미적인 영역이 완성된다고 본다.[32] 이처럼 고대 그리스에서는 예술을 통해 신이 창조됨으로써, 종교는 곧 예술이며 예술이 곧 종교가 된다. 그러나 헤겔에 의하면 고전적 예술형식은 온전한 예술이기는 하지만, 그 전체 범위는 역사적으로 제한되어 있다. 왜냐하면 고전적 예술형식은 신처럼 절대적인 내용을 인간의 개별적 육체와 같은 감성적이며 유한한 형식으로 표현하기 때문이다.[33] 헤겔은 신들을 특수한 개체성을 지닌 것으로 표현하는 고전적 예술형식은, 무한성을 지녀야 하는 신들에게 우연성과 유한성을 부여하는 것이며,[34] 이로 인해 신은 '절대적인 필연성'과 '자기 고유의 자기규정'을 지니지 못한다고 비판한다.[35] 고전적 예술형식이 해체되면서 낭만적 예술형식으로 이행하는 과정은, 예술이 더 이상 개념과 실재의 온전한 합치에 집착하지 않고 그 상태를 초월하여 좀 더 순화된 개념의 주관성을 확보함으로써 진행된다. 고전적 예술형식과는 달리 낭만적 예술형식은 더 이상 아름다운 조화를 지향하는 단계가 아니라, 절대적 내면성과 주관의 무한성을 우선시하는 단계다. 그래서 예를 들면, 기독교와 같은 계시종교를 통해 잘 드러나듯이 여기서는 신의 내용도 개념적으로 순화되고, 낭만적 예술에서 절대적 주관성은 그 개념에 맞는 외적 현존을 구하지 않고 오직 '사유에게만' 자신의 길을 열어 보인다.[36] 헤겔에 의하면 낭만적 예술형식을 통해 예술에게는 신의 정신적인 의식을 감각적인 외물로 표현하는 것이 아니라 주체 속에서 직관하도록 하는 새로운 과제가 주어지는 것이다.[37]

---

30) Ascheberg, 41쪽. 서정혁, 70쪽. Hotho, 36쪽. 권정임, 112쪽.
31) Ästhetik2, 49쪽. 두행숙2, 237쪽.
32) Hotho, 179쪽. 권정임, 265쪽. Ästhetik2, 127-128쪽. 두행숙2, 319-320쪽.
33) Ästhetik2, 30-31쪽. 두행숙2, 217쪽. Ascheberg, 42쪽, 서정혁, 72쪽.
34) Ästhetik2, 107쪽. 두행숙2, 299쪽.
35) Ästhetik2, 111쪽. 두행숙2, 302쪽.
36) Ästhetik2, 130쪽. 두행숙2, 322쪽.

이 같은 논의를 통해 고전적 예술형식으로부터 낭만적 예술형식으로의 이행 과정에서 드러나는 대표적인 특징으로 '감각적인 외면성의 지양'을 들 수 있다. 이러한 이행의 특징과 관련해서 본다면, 헤겔은 플라톤의 '예술가 추방론'을 이성의 '보편적이고 무한한' 내용을 위해서 '감각적 직관과 표상'을 점차 지양하는 과정의 중심점으로 규정하고 있는 것이다.[38] 그리고 헤겔은 이 이성이 플라톤의 정신적 세계를 넘어서 로마 기독교적 세계로 진입한 상태에 있다고 생각한다. 이 점에서 플라톤의 '예술가 추방론'은 헤겔에게는 감각적인 외면성과 여전히 결부되어 있는 기존 종교에 대한 비판을 의미하기도 한다. 그렇기 때문에 헤겔은 '예술가 추방론'을 플라톤이 그렇게 했던 것처럼 소크라테스 이전의 신화에 대한 비판과도 결부시킬 뿐만 아니라, 또한 유대교의 우상숭배 금지와도 결부시키고 있는 것이다.[39]

이처럼 감각적 직관과 관련되어 있는 종교에 대한 비판은 바로 종교의 본질에 대한 변화된 생각에 기초한다. 그리고 이 비판은 변화된 종교에서는 이제 예술이 더 이상 최고의 역할을 담당할 수 없다는 '역사적 인식'을 반영한다. 헤겔은 『세계사 철학 강의』(1822/23)에서 다음과 같이 말한다.

> "플라톤이 예술과 시문학(Poesie)을 추방하기를 원했다고 말하는 것은 우스꽝스러운 일이다. 〔이제〕 예술에 의해 최고의 것으로 표상되는 것, 그것은 바로 절대자로 인정되어야 하는 것인데, 바로 이것을 플라톤은 추방해 버린 것이지, 예술과 시문학을 추방한 것은 아니다. 플라톤은 예술을 추방한 것이 아니라, 오히려 단지 예술이 더 이상 신의 역할을 못하도록 했을 뿐이다."[40]

이처럼 헤겔에 의하면 플라톤은 '예술가 추방론'을 통해서 예술과 예술가 자체를 추방한 것이 아니라, 예술의 절대적 위치를 상대화한 것이다. 헤겔은 '예술가 추방론'을 플라톤이라는 철학자 한 사람에 의해 기획된 일회적인 사건으로 받아들

37) Ästhetik2, 131쪽. 두행숙2, 323쪽.

38) Orrin F. Summerell, "Kunstkritik und Totalitarismus. Hegel über Platons Verbannung der Dichtung", *Hegels Ästhetik. Die Kunst der Politik–Die Politik der Kunst*, 1. Teil, hrsg. von A. Arndt, K. Bal & H. Ottmann, Berlin: Akademie Verlag, 2000, 38쪽.

39) GW18, 86쪽.

40) G. W. F. Hegel, *Vorlesungen über die Philosophie der Weltgeschichte*, Berlin 1822/23, Nachschriften von K. G. J. von Griesheim, H. G. Hotho & F. C. Hermann Vitor von Kehler, hrsg. von K. H. Ilting, K. Brehmer & H. N. Seelmann, Hamburg: Felix Meiner Verlag, 1996, 384쪽.

이지 않는다. 거기에는 훨씬 더 본질적이고 중요한 이유가 잠재해 있다고 본다.[41) 헤겔의 시선에는 이미 플라톤이 '예술가 추방론'을 주장한 때부터 예술은 생동적인 현재성을 점점 더 상실해 가고 있었으며, 화려하게 꽃피운 예술의 절정은 단지 과거로만 기억되기 시작했다고 할 수 있는 것이다.

4. '예술가 추방론'의 철학사적 의미와 한계

그러면 앞서 논의된 내용을 『정신현상학』을 중심으로 좀 더 구체적으로 살펴보고, 헤겔이 생각한 플라톤의 역사적 의미와 그 한계에 대해 살펴보자. 『미학 강의』 이전에 헤겔의 저작물 중 예술에 체계적 의미를 부여한 대표작을 꼽으라면, 『정신현상학』을 빼놓을 수가 없다. 주지하다시피 『정신현상학』은 의식이 대상적 사물과의 대립적 관계를 순차적으로 지양해 나가는 '의식의 경험의 학문'이자, 의식의 발전 단계를 체계적으로 서술한 "의식의 학문적 역사"이다. 이 『정신현상학』에서 특히 예술과 밀접한 관련이 있는 부분은 '종교' 장이다. '종교' 장은 자연종교, 예술종교, 계시종교라는 세 부분으로 이루어져 있고, 이 중 헤겔은 특히 '예술종교'의 마지막 부분인 '정신적 예술작품'에서 플라톤의 '예술가 추방론'을 염두에 두면서 다음과 같이 말한다.[42)]

"이러한 운명으로 인해 천상계의 신들의 수가 감소하고 개체성과 본질과의 사려 없는 혼합, 즉 그로 인해 본질의 행위가 일관성이 없고 우연적이고 품격도 갖추지 않은 것으로 나타나는 그러한 혼합 상태는 사라져 간다. 단지 피상적으로만 본질에 의지하려는 개체

41) 헤겔과 입장은 상반되지만, 플라톤과 아리스토텔레스 시기부터 이미 위대한 예술이 종언을 고하기 시작했다고 보는 하이데거의 입장도 유사한 맥락에서 이해될 수 있다. "그리스에서 미학이 처음 시작되는 것은, 위대한 예술 그리고 또한 그와 동반 관계에 있는 위대한 철학이 자신의 종말에 이르는 바로 그 시기이다. 이 시기, 이 플라톤과 아리스토텔레스의 시대에, 철학의 형태적 발전 일반과 더불어 예술과 관련된 앞으로의 모든 물음에 대하여 그 시야를 한정하게 될 기초 개념들이 주조된다." M. Heidegger, Nietzsche: *Der Wille zur Macht als Kunst, M. Heidegger Gesamtausgabe*, Bd. 40, Frankfurt am Main: Vittorio Klostermann, 1985, 93쪽.

42) '예술가 추방론'이 『정신현상학』의 '예술종교'의 마지막 부분과 '계시종교'가 시작되기 바로 직전에 위치한다는 사실은, 『미학 강의』에서 '고전적 예술형식'으로부터 '낭만적 예술형식'으로 이행 과정과 『정신현상학』의 '예술종교'로부터 '계시종교'로의 이행 과정을 상호 비교 가능하게 한다.

성은 비본질적인 것이다. 그러한 비본질적인 표상의 추방이 바로 고대의 철학자들이 요구한 것인데, 이 추방은 이미 비극 일반에서 시작된다. 왜냐하면 개념으로부터 실체의 분할이 지배적이 되고, 따라서 개체성은 본질적인 것이 되며 규정들도 절대적인 성격들이 되기 때문이다."[43]

여기서 헤겔은 플라톤 식의 '예술가 추방론'을 '비극적인 것'이 지니는 의미와 관련하여 이해하고 있다. 비극적 자기의식은 "단 하나의 최고 위력", "부동의 운명의 통일성"만을 알고 인정한다.[44] 수많은 특수한 신성들과 결부되어 있는 서사적 자기의식과 달리, 비극적 자기의식은 낯선 것이 아니라 자기 고유의 것으로 드러나는 단 하나의 운명의 위력 속에서 자신을 인식한다. 헤겔은 이처럼 비극을 통해 수많은 신들로부터 정신이 벗어나서 해방되는 과정은 역사의 중심점이 '예술종교'에서 '계시종교'로 넘어가는 과정이며, 그것은 또한 의식이 지향하는 방향이라고 생각한다. 이 때문에 여기서 언급되고 있는 '예술가 추방론'도 의식의 발전 단계를 반영하며, '예술종교'의 마지막 부분에서 의식은 '계시종교'로 이행하는 과도적 단계에 있다.[45] 『정신현상학』에서 '예술가 추방론'에 대한 이 같은 헤겔의 해석은 앞서 소개한 『미학 강의』의 구절과 유사한 맥락에서 이해 가능하다. 헤겔이 볼 때, 플라톤은 예술종교가 더 이상 신에게 적합한 실존을 부여할 수 없기 때문에 예술종교는 신적인 내용을 현실적으로 표현할 능력이 없다고 생각했다. 그래서 '예술가 추방론'을 통해 플라톤은 고대 그리스의 인륜성 속에 나타나기 시작한 '주관성'의 원리를 소개한 사람으로 헤겔에 의해 재평가되는 것이다. 헤겔은 『엔치클로페디』(1830)에서 플라톤에 관해 다음과 같이 지적하고 있다.

"플라톤에게 있어서는 그 당시 한편으로는 기존 종교와 헌법 사이에, 그리고 다른 한편으로는 자기의 내면성을 겨우 의식하게 된 자유가 종교 및 정치적인 상태에 대해 갖는 꽤 깊은 여러 가지 요청들 사이에 등장했었던 분열에 대한 인식이 한층 더 확실하게 떠올랐다. 플라톤은 참다운 헌법과 국가 생활은 이념과 영원한 정의처럼 절대적으로 보편적인 원리들에 좀 더 깊숙이 그 기초를 두고 있다는 생각을 하고 있었다. 이 원리들을 알고 인식하는 것은 확실히 철학의 사명이요, 철학이 해야 할 일이다. … 그리스 철학은 오직

43) GW9, 396쪽. 정신현상학2, 294쪽.
44) GW9, 396-397쪽. 정신현상학2, 294쪽.
45) Orrin F. Summerell, 앞의 글, 37-38쪽.

> 그의 종교에 대립하는 것으로만 정립될 수 있었고, 사상의 통일 및 이념의 실체성은 환상의 다신교, 시작(Dichten)의 명랑하고 천박한 농담(die heitere und frivole Scherzhaftigkeit)에 대해서 오직 적대적 관계를 취할 수밖에 없었다."[46]

이 같은 언급을 고려할 때, 헤겔이 플라톤의 '예술가 추방론'을 '철학과 예술 사이의 오래된 불화(diaphora)'[47]라는 역사적 맥락을 반영한 대표적인 사례 중 하나로 간주하고 있다는 점이 분명히 드러난다. 훌륭한 국가의 실현은 기존의 예술로 표현된 종교에 의해서는 불가능하고, 이념과 보편적 원리, 다시 말해 철학에 기초해야 한다는 생각이 플라톤의 '예술가 추방론'을 추동하는 결정적 동기라고 헤겔은 보고 있다. 『미학 강의』에서도 헤겔은 플라톤이 대상들을 특수성이 아닌 보편성에서, 즉 좀 더 심오한 방식으로 그 유와 절대적 실재 속에서 인식해야 한다고 최초로 요구하고, 참된 것은 개별적으로 선한 행위나 진실한 견해, 또는 아름다운 인간들이나 예술작품이 아니라 선, 미, 진 그 자체가 참된 것이라고 말했다고 주장하고 있다.[48] 그러나 헤겔은 이처럼 플라톤 철학을 긍정적으로 평가해 주면서도, 동시에 플라톤 자신이 벗어날 수 없었던 한계도 지적하는 것을 잊지 않고 있다. 헤겔은 플라톤의 한계를 다음과 같이 지적한다.

> "플라톤은 사유하는 자기 동시대인들 모두와 함께 민주주의의 이 타락 상황과, 그 원리의 결함을 인식하면서 실체적인 것을 강조하기는 했지만, 그의 국가 이념에 주관성이라는 무한한 형식을 구상할 수는 없었다. 이 주관성은 플라톤의 정신 앞에서는 여전히 감추어져 있었던 것이다. 따라서 그의 국가는 그 자체로 주관적인 자유가 없는 것이다."[49]

여기서 헤겔은 '예술가 추방론'을 통해 드러난 플라톤의 문제의식이 정치적 관점으로 충분히 체계화되거나 실현되지 못했다는 점을 플라톤의 역사적 한계로 보고 아쉬워하고 있다. 『미학 강의』에서도 헤겔은 마찬가지의 견해를 피력하고 있다. 즉, 플라톤은 이념을 "참된 것, 실체적인 것, 구체적인 보편자"로 내세우기는 했지만, 그러나 그의 이념은 아직도 "이상적이지 않으며 현실적이지도 대자적이지도 않고, 여전히 즉자적으로만 존재한다."[50]는 것이다. 플라톤은 이념이야말로

---

46) GW20, §552.(537-539쪽)
47) 국가, 607b.
48) Ästhetik1, 39쪽. 두행숙1, 57쪽.
49) GW20, §552.(539-540쪽)

유일하게 참된 보편자이자 구체적인 보편자라고 역설하기는 했지만, 그 이념 자체는 아직 '진정한 구체자'가 되지 못했으며, '아직 현실화되지 않았고', '현실성이 없고 현실 밖에 존재하며', '스스로 존재하는 대자적인 주관성'에까지 이르지 못했다고 헤겔은 그 한계를 지적한다.[51] 헤겔에 의하면 "이념은 현실성으로 이행해 가야 하며, 그 개념에 맞는 현실적인 주관성을 띠고 이념적으로 스스로를 위해 존재할 수 있을 때 비로소 진정한 현실성을 획득한다."[52] 또한 '형이상학의 창시자인 플라톤'은 아름다움을 구체적으로 파악하지 못하고 추상해 버렸다고 헤겔은 비판한다. "왜냐하면 플라톤적 이념에 유착되어 있는 무내용성은 오늘날에 와서 우리들의 정신이 지닌 더 풍부한 철학적인 욕구를 충족시켜 주지 못하기 때문이다."[53] 이처럼 헤겔은 자신의 시대에 아름다움의 이념을 좀 더 심오하게 구체적으로 파악해야 할 것을 요구하면서 아름다움을 이해하는 플라톤적인 방식을 "추상적이며, 철학적 사고의 겨우 시작 단계에 있는 것"으로 파악하고 있다.[54]

사실상 정신에 관한 헤겔의 철학적 관점에서 볼 때, 이처럼 헤겔이 지적하는 플라톤의 한계는 플라톤 자신만의 한계가 아니라 플라톤이 속한 그 시대 자체의 한계라고 할 수 있다. 왜냐하면 앞선 논의에 따르면 헤겔은 결국 '예술가 추방론'을 '감각에 제한되어 있는 종교의 과거성'을 스스로 의식하고 있는 절대지의 도야 과정의 한 계기로 해석하고 있기 때문이다.[55] 헤겔의 관점을 엄격히 적용한다면, 플라톤은 애초부터 도시국가를 소생시킬 수도 없었다. 왜냐하면 도시국가의 전성기는 이미 흘러가 버린 과거일 뿐이기 때문이다. 동시에 플라톤은 새로운 사회를 건설할 틀도 구체적으로 마련할 수가 없었다. 왜냐하면 새롭게 등장한 주관성을 구체화할 만큼 아직도 시대정신이 충분히 성숙하지 않았기 때문이다. 따라서 플라톤

---

50) Hotho, 73쪽. 권정임, 154쪽.

51) Ästhetik1, 191쪽. 두행숙1, 207쪽.

52) 같은 곳. 헤겔에 의하면 실제로 존재하는 차이들은 '부정적 통일로서의 주관성'에 의해 설정되고 증명된다. "이념과 현실 양쪽의 차이들을 설정하고 그 차이들을 다시 극복하는 부정적 통일로서의 현실이 바로 이념과 현실의 통일이다. 이념은 오직 이러한 〔주관적〕 활동 속에서만 긍정적인 대자성을 띠면서 자기에게 관여한다. 그럼으로써 그것은 무한한 통일이자 주관성으로 머문다. 따라서 미의 이념도 본질적으로는 현실적인 존재 안에서 구체적인 주관성으로 머물면서 개별성으로 파악되어야 한다."(Ästhetik1, 191-2쪽. 두행숙1, 208쪽) 헤겔은 이 같은 주관성이 철학사에서 근대 이후에 철학적으로 체계화된다고 생각하며, 그 시기에 해당하는 것이 미학에서는 낭만적 예술형식의 시기이다.

53) Ästhetik1, 39쪽. 두행숙1, 57-8쪽.

54) 같은 곳.

55) Orrin F. Summerell, 앞의 글, 39쪽.

이 성취한 철학적 업적은 불가피하게 고대 그리스의 문화와 정신에 초점을 맞추고 있으면서도 동시에 후속하는 문화와 정신의 발전에 대한 방향을 함축하고 있는 것이다.[56] 플라톤의 '예술가 추방론'에 대한 헤겔의 해석도 바로 이러한 관점에 초점이 맞춰져 있으며, '예술가 추방론'은 헤겔에게 플라톤 철학 자체를 여전히 제약하고 있는 '은유적 의식'을 극복하기 위한 메타포의 역할을 하는 것이다.[57]

5. 맺음말

이상과 같은 의도에서 헤겔은 '예술가 추방론'을 해석하고 있기 때문에, 정작 플라톤 자신은 중요하게 논의하고 있는 예술의 두 가지 측면이 헤겔의 해석에서는 부각되지 않고 있다는 비판이 가능하다. 그중 하나는 예술이 교육적으로나 도덕적으로 유해한 측면이며, 다른 하나는 예술이 개별적 사물들을 모방하는 측면이다. 플라톤 자신은 시인들이 선하고 아름다운 삶을 꾸려 나가는 데 결정적인 기여를 하는 데 반대했다. 또한 플라톤은 예술의 본질을 개별적인 존재물의 기만적인 외양에 기울어져 있는 모방으로 규정했다. 그러나 헤겔은 '예술가 추방론'을 논하면서 이 두 가지 측면을 거의 고려하지 않고 있다. 그 이유로는 대략 다음과 같이 두 가지 측면을 짐작해 볼 수 있다. 우선, 헤겔은 절대정신의 왕국으로서 예술을 플라톤처럼 교육적이며 도덕적인 차원에서 다루지 않았다는 점을 들 수 있다. 본래 플라톤이 의도했던 교육적이며 도덕적인 측면은 앞서 논의한 것처럼 헤겔에게 있어서는 사변적이고 형이상학적인 측면으로 바뀌었으며, 플라톤의 '예술가 추방론'은 "의식과 학문 발전에 대한 고대의 기여"로 해석된다.[58] 그리고 둘째로, 헤겔에 따르면 예술작품에서 나타나는 아름다움의 형태는 개별 사물의 모방이 아니라 이

---

56) R. B. Ware, "Freedom as Justice: Hegel's Interpretation of Plato's Republic", *Metaphilosophy*, Vol.31, No.3, 2000, 296쪽 참조.

57) Orrin F. Summerell, 앞의 글, 39쪽.

58) 그래서 신에 관한 논의에서 호메로스를 교육적이며 도덕적인 이유에서 비판하는 플라톤과는 달리 헤겔은 호메로스를 정말 독창적인 예술가였다고 칭송한다. 그리고 헤겔에 의하면 "예술의 참된 독창성은 예술가가 모든 우연한 특수성들을 이용해도 자기 멋대로 공허한 자의에 끌려가지 않게 특수성들을 잘 짜 맞출 때 나온다. 그때 예술가는 자기의 대상에서 우러나온 천재적인 영감에 이끌려 사상을 참되게 완성하고 그 속에서 참된 자아를 드러낸다. 그러므로 사실 예로부터 아무런 매너리즘을 갖지 않는 표현법이야말로 진정 유일한 위대한 작품이었다."(Ästhetik1, 385쪽. 두행숙1, 425쪽)

념의 현시(Manifestation)이다. 이 점에서 헤겔은 예술에서 자연의 모방 원리에 원론적으로 반대의 입장을 견지한다.[59] 그러나 앞서 살펴본 것처럼, 플라톤은 예술에서 모방에 대해 부정적인 입장을 취하면서도, 동시에 부차적인 원칙으로 '용감하고 절제 있고 경건하며 자유인다운 사람들을 모방하는 것'에 대해서는 호의적이다.[60]

이 같은 검토를 통해 헤겔이 플라톤의 '예술가 추방론'을 자기 입장에서 나름대로 재해석하고 있음을 명확히 이해할 수 있다. 헤겔은 '예술가 추방론'을 교육적이고 도덕적인 측면이나 모방과 관련하여 플라톤 철학에 대해 내재적인 관점에서 해석하고 있지 않다. 플라톤은 특히 『국가』 편에서 예술을 교육적·도덕적인 이유에서나 존재-인식론적 이유에서 폴리스에서 추방하고자 하였지만, 오히려 헤겔은 이 같은 플라톤의 의도를 예술의 정신적 지양의 과정에서 나타나는 중요한 표지로만 해석하고 있는 것이다.

지금까지 우리는 헤겔이 『미학 강의』뿐만 아니라 여타 자신의 저작들에서 플라톤의 사상을 이 같이 일관되게 수용하고 변형하여 해석하고 있음을 살펴보았다. 이처럼 비록 헤겔의 플라톤 해석에는 헤겔의 주관적 해석이 강하게 작용하고 있음을 부인할 수는 없지만, 그럼에도 불구하고 헤겔에 의해 재해석된 플라톤의 '예술가 추방론'은 시와 철학, 예술과 철학의 관계를 논하는 데 유의미하며 중요한 단초를 제공한다. 왜냐하면 플라톤의 배후에 잠재해 있는 역사적 의미를 '예술가 추방론'의 해석에 적용하면서, 헤겔은 '예술가 추방론'을 자신이 의도하고 있는 예술과 철학 사이의 체계적 관계와 결부시키려 하고 있기 때문이다. 그중 두드러진 특징 하나는, 헤겔의 플라톤 해석에 의해 플라톤과 헤겔 자신의 관계가 철학사적으로 더욱 공고화되고 있다는 점이다.[61] 그리고 이러한 공고화 작업으로 인해 플라톤 이후부터 헤겔에 이르기까지 철학에 대한 예술의 종속 관계가 더 심화되어 왔다는 주장도 이해 가능하다. 예술은 더 이상 진리를 담을 수 없는 가벼운 놀이일 뿐이라

59) Orrin F. Summerell, 앞의 글, 39쪽 참조. 이러한 관점에서 보면, 오히려 헤겔은 『미학 강의』에서 플라톤이 『파이드로스』와 『향연』 등에서 논의한 아름다움 자체에 관한 이론을 따르고 있는 것으로도 해석 가능하다. 『파이드로스』, 250d-251b, 『향연』, 210e-212a 참조.

60) 이러한 의미에서 『법률』 편의 입법자는 가장 아름답고 선한 삶의 모방자들이다. 왜냐하면 그들은 그러한 삶에 참여하고 그것을 분유하고 있기 때문이다. 이미 『국가』 편에서도 이러한 점들이 드러난다. 국가, 401c, 472d 참조. 그리고 '분유(μέθεξις)'와 '모방(μίμησις)'이라는 용어는 모두 공통적으로 우주적 질서가 개별 존재자 속에서 현시된다는 것을 표현해 준다는 점도 참조할 필요가 있다. H.-G. Gadamer, "Kunst und Nachahmung", *Ästhetik und Poetik, Gesammelte Werke*, Bd.8, Tübingen: 1993, 34-35쪽 참조.

는 플라톤적 인식은, 헤겔을 통해 진지한 철학적 사유의 도움 없이는 예술이 불가능하다는 체계적 결론에 이르게 된다.

61) 김상환의 다음과 같은 주장은 이러한 맥락에서만 제대로 이해될 수 있다. "헤겔은 표면적으로 예술의 존엄성을 플라톤적 비난으로부터 옹호하는 것 같이 보이지만, 결국 플라톤적 종속관계를 심화시키고 있다. 플라톤적 예술 이해를 극복한다기보다 오히려 철저화하고 그 극단에까지 몰고 가는 것이다. 헤겔의 예술철학은 예술의 존엄성을 인정하고 그것이 누렸던 영광을 애도하는 예식을 통하여 예술 속에 꿈틀거리는 저항과 반발의 충동을 잠재우고 있다. 그 뒤에 오는 것은 예술의 완전한 마비, 즉 죽음이다. 예술은 추방되는 것이 아니라 죽임을 당하는 것이다." 김상환, 『예술가를 위한 형이상학』, 민음사, 1999, 162쪽.

참고 문헌

1. 1차 문헌

헤겔

Hegel. G. W. F., *Gesammelte Werke*, in Verbindung mit der Deutschen Forschungsgemeinschaft, hrsg. von der Reinische-Westfälischen Akademie der Wissenschaften, Hamburg, 1968ff.(=GW)

_____, *Theorie Werkausgabe in zwanzig Bänden*, Redaktion von E. Moldenhauer & K. M. Michel, Frankfurt am Main, 1969ff.(=TW)

_____, *Vorlesungen über die* Ästhetik I, in TW13, 1970.(=Ästhetik1)

_____, *Vorlesungen über die* Ästhetik II, in TW14, 1970.(=Ästhetik2)

_____, *Vorlesungen über die* Ästhetik II, in TW15, 1970.(=Ästhetik3)

_____, *Vorlesungen über die* Ästhetik, *Berlin 1820/21.* hrsg. von H. Schneider, Frankfurt am Main: Peter Lang, 1995.(=Ascheberg)

_____, *Vorlesungen über die Philosophie der Kunst, Berlin 1823 Nachgeschrieben von Heinrich Gustav Hotho*, hrsg. von Annemarie Gethmann-Siefert, Hamburg: Felix Meiner Verlag, 1998.(=Hotho)

_____, *Vorlesungen über die Philosophie der Weltgeschichte*, Berlin 1822/23, Nachschriften von K. G. J. von Griesheim, H. G. Hotho & F. C. Hermann Vitor von Kehler, hrsg. von K. H. Ilting, K. Brehmer & H. N. Seelmann, Hamburg: Felix Meiner Verlag, 1996.

_____, 권정임 · 한동원 옮김, 『헤겔 예술철학』, 미술문화, 2008.(=권정임)

_____, 박병기 옮김, 『헤겔의 자연철학2』, 나남, 2008.

_____, 두행숙 옮김, 『헤겔미학I』, 나남출판, 1996.(=두행숙1)

_____, 두행숙 옮김, 『헤겔미학II』, 나남출판, 1996.(=두행숙2)

_____, 두행숙 옮김, 『헤겔미학III』, 나남출판, 1996.(=두행숙3)

_____ , 서정혁 옮김, 『미학강의』, 지만지고전천줄, 2008.(=서정혁)
_____ , 임석진 옮김, 『철학사I』, 지식산업사, 1996.(=철학사)
_____ , 임석진 옮김, 『정신현상학1』, 한길사, 2005.(=정신현상학1)
_____ , 임석진 옮김, 『정신현상학2』, 한길사, 2005.(=정신현상학2)

플라톤

Platon, *Platon Werke in Acht Bänden Griechisch und Deutsch*, hrsg. von G. Eigler, Darmstadt: Wissenscaftliche Buchgesellschaft, (=PW)
_____ , 박종현 역주, 『플라톤의 법률』, 서광사, 2009.(=법률)
_____ , 박희영 옮김, 『향연–사랑에 관하여』, 문학과 지성사, 2003.(=향연)
_____ , 박종현 역주, 『플라톤의 국가 · 정체』, 서광사, 1997.(=국가)
_____ , 조대호 역해, 『파이드로스』, 문예출판사, 2008.(=파이드로스)

기타

Die Fragmente der Vorsokratiker, Erster Bd. griech. u. dt. v. H. Diels, hrsg. von W. Kranz, Zürich, Berlin 1964.(=DK)
『소크라테스 이전 철학자들의 단편 선집』, 김인곤 외 옮김, 아카넷, 2005.(=단편)
F. Nietzsche, *Zur Genealogie der Moral, Nietzsche Werke, Kritische Gesamtausgabe*, Vol. VI–2, Walter de Gruyter Verlag, 1968.
김정현 옮김, 『선악의 저편 · 도덕의 계보』, 책세상, 2002.
Heidegger, M., Nietzsche: *Der Wille zur Macht als Kunst, M. Heidegger Gesamtausgabe*, Bd. 40, Frankfurt am Main: Vittorio Klostermann, 1985.

2. 2차 문헌

Annas, J., *An Introduction to Plato's Republic, Oxford*, 1982.
Cornford, F. M., *The Republic of Plato*, London, 1975.
Elias, J. A., *Plato's defence of Poetry*, Albany, 1984.
Gadamer, H.–G., "Kunst und Nachahmung", *Ästhetik und Poetik, Gesammelte Werke*, Bd.8, Tübingen: 1993.
Havelock, E. A., *Preface to Plato*, Cambridge Mass., 1982.
Jaeger, W., *Paideia* I, Oxford, 1965.
Moss, J., "What is Imitative Poetry and Why is It Bad?", *The Cambridge Companion to Plato's Republic*, ed. by G. R. F. Ferrari, Cambridge Univ.

Press, 2007.

Nettleship, R. L., *Lectures on the Republic of Plato*, London, 1968, 340쪽. F. M. Cornford, *The Republic of Plato*, London, 1975.

Partee, M. N., *Plato's Poetics: The Authority of Beauty, Salt Lake City*, 1981.

Summerell, Orrin F., "Kunstkritik und Totalitarismus. Hegel über Platons Verbannung der Dichtung", *Hegels Ästhetik. Die Kunst der Politik–Die Politik der Kunst*, 1. Teil, hrsg. von A. Arndt, K. Bal & H. Ottmann, Berlin: Akademie Verlag, 2000.

Ware, R. B., "Freedom as Justice: Hegel's Interpretation of Plato's Republic", *Metaphilosophy*, Vol.31, No.3, 2000.

Badiou, A., 장태순 옮김, 『비미학』, 이학사, 2010.

김상환, 『예술가를 위한 형이상학』, 민음사, 1999.

서승원, 「플라톤의 시와 예술에 대한 비판–국가 제10권을 중심으로」, 『서양고전학연구』, 제6집, 한국서양고전학회, 1992.

G. W. F. Hegel's Interpretation of Plato's Exile of Artists

Seo, Jeong-Hyok

Abstract

In the long history of disharmony(diaphora) between philosophy and art, Plato's exile of artists has been understood as a representative declaration that was the expression of art's death. Similarly, Hegel's claim that art is only the past has been regarded as a final victory of philosophy over art. It is a general Interpretation that Hegel strengthened the subordination of art to philosophy from Plato to Hegel himself. But it depends on the investigation into Hegel's interpretation of Plato's exile of artists whether this general interpretation is right. This investigation goes as follows;

First of all, we have to investigate the key point of Plato's exile of artists. In this investigation we can know that Plato's exile of artists is based on the criticism of imitation in poetry from the standpoint of education and morality. However, not only in *Aesthetic* but also in the other writings, Hegel never considered this critical standpoint of Plato's himself. Rather, Hegel interpreted the exile of artists from the standpoint of the development of history and consciousness. For this reason, it is possible that Hegel's interpretation of Plato's exile of artists is not immanent in Plato's philosophy.

In spite of this limitations it becomes very clear that in fact Hegel himself strengthened the subordination of art to philosophy definitively by his own interpretation. Hegel regarded the exile of artists not as Plato's own idea but as a result that promptly meets the needs of that period. According to Hegel's claim, from the period when Plato lived it became possible that Gods were seriously considered. This serious consideration means the development of philosophical thought. In Hegel's opinion, before the times of Plato art itself was religion, because art created and manifested gods for itself, for example as ancient sculpture did. But in the time of Plato this situation had changed, and then art was no longer absolute like gods, but relative. For this reason, Hegel pinpointed Plato's exile of artists in transition from classical art form to romantic art form, and he interpreted it from his own philosophical viewpoint.

keywords: exile of artist, philosophy, art, Plato, Hegel, classical art form, romantic art form, subjectivity, light play, seriousness

예나 초기 헤겔의 '비극적 사유'

조 창 오

요약문

이 논문은 1800년경부터 헤겔이 구상했던 '비극적 사유'의 모델을 밝힘으로써 한편으로는 헤겔의 전체 철학을 세부적인 발전사적인 측면을 고려하지 않은 채 "변증법"이라는 개념으로 이해하는 방식을 비판하며, 다른 한편으로는 헤겔의 사유의 발전을 "사변적 변증법"이라는 철학적 체계라는 특정한 목표를 먼저 세운 후에 목적론적으로 서술하는 것을 비판하고자 한다. 이 예나 초기 헤겔 사유의 고유성은 헤겔이 초월적 직관과 반성적 사유를 '비극적인 것'이라는 개념을 통해 통합하려는 데에 놓여 있다. 이 '비극적 사유'는 프랑크푸르트 시기부터 이어져온 비극에 대한 헤겔의 문제의식에서부터 발전사적인 방식으로 밝힐 수 있다. 우리는 '비극적 사유'와 '변증법적 사유'를 구별함으로써 『자연법 논문』과 『정신현상학』에서의 비극의 이론의 차이점에 대해 서술할 수 있다. 동시에 '비극적 사유'에서 전개된 헤겔의 비극적인 것의 이론은 『정신현상학』에서 헤겔이 보여준 비극의 다차원적인 읽기의 근본토대를 제공해준다.

● 주요어 : 비극, 비극적인 것, 비극적 사유, 변증법, 변증법적 사유

헤겔 철학의 발전과정을 보면 우리는 그의 철학이 어떤 일관된 체계보다는 여러 번의 단절과 사유실험으로 가득 차 있는 것을 볼 수 있다.[1] 이 글은 바로 이러한 여러 사유실험들 중에 헤겔이 예나 초기에 구상했던 '비극적 사유'의 모델을 다루고자 하는데, 이는 예나 후기에 고안된 '변증법적 사유'와 구별된다. 일반적으로는 이 두 사유의 모델을 구별하지 않고, "변증법"이라는 일반적인 개념으로 이 둘을 서술하려는 경향이 있다.[2] 하지만 이 경우 예나 초기에 구상되었던 헤겔의 독자적 사유가 간과될 수 있는 위험이 있다.[3] 이 글은 어떻게 헤겔이 '비극적인 것'에 대한 철학을 구상하게 되었는지를 프랑크푸르트 시기로부터의 발전사적 관점에서 고찰해보고자 한다. 이를 통해 우리는 한편으로는 예나 초기의 비극 해석의 고유한 측면을 살필 수 있고, 다른 한편으로는 『정신현상학』에서의 그리스 비극에 대한 두 가지 읽기방식을 이해할 수 있게 된다. 이를 위해 1장에선 헤겔의 비극적 사유의 근본적 동기를 밝히며, 2장에선 프랑크푸르트 시기에서의 헤겔의 비극 개념을, 3장에선 예나 초기 '비극적 사유'를, 그리고 마지막으로는 『정신현상학』에서의 비극의 두 가지 읽기 방식에 대한 해석을 제시할 것이다.

1. 헤겔의 비극적 사유 도입의 동기

니체가 칸트의 이성비판 속에서 근대 속에서의 비극적 사유의 시초를 발견한 것은 결코 우연이 아니다.[4] 칸트의 이성비판을 통해 인간은 자신의 한계를 발견하게

---

1) 현재 헤겔의 체계의 완결성에 대한 많은 비판적 논의들이 이루어지고 있다. 예를 들면 G.W.F. Hegel, *Die Philosophie der Geschichte*, hrsg. von K. Vieweg, München 2005의 피벡의 서론 및 E. Rózsa, *Versöhnung und System. Zu Grundmotiven von Hegels praktischer Philosophie*. München 2005.

2) 심지어는 프랑크푸르트 시기의 "사랑" 개념에도 "변증법"을 '적용'하는 경우도 있다 (A. Elsigan, *Sittlichkeit und Liebe*, Oldenbourg 1972).

3) 예나 초기의 "실체형이상학"을 헤겔 고유의 체계로 주장하는 이가 뒤징이며 (*Schellings und Hegels erste absolute Metaphysik (1801-1802). Zusammenfassende Vorlesungsnachschriften von Ignaz Paul Vitalis Troxler*, Köln 1988), 그의 주장은 최근 연구 성과에서도 뒷받침되고 있다 (*Die Eigenbedeutung der Jenaer Systemkonzeptionen Hegels*, hrsg. von H. Kimmerle, Berlin 2004).

4) 소크라테스에 의해 도입된 낙관주의가 칸트에 이르러 자신의 한계를 경험하게 된다. 이 "논리적 인식"의 한계의 경험이 바로 "비극적 인식"의 시초를 이룬다. F. Nietzsche, *Die Geburt der Tragödie, in: Sämtliche Werke*. Kritische Studienausgabe in 15 Bänden, hrsg. von G. Colli und M. Montinari, Bd. I, Berlin/New York 1980. 101, 111쪽.

된다. 이 한계경험이 바로 '비극적인 것'의 사태로 규정되며, 이로부터 '비극적인 것'의 이론이 철학사에 처음부터 도입된다.[5] 물론 이전에도 비극이라는 예술적 형태에 대한 이론은 존재했다.[6] 이 이론들은 이 형식이 이미 주어진 것을 전제한 후에 이를 분석하는 것을 주목적으로 삼는다. 이러한 비극이라는 형식에 대한 기술적 이론과 달리 칸트 이성비판 이후에 도입된 '비극적인 것'의 철학은 이 형식 자체의 존재가능근거에 대해 질문한다. 이 철학은 비극이라는 형식의 주어져 있음을 자명한 것으로 파악하지 않으며, 이 형식 자체를 가능케 하는 '비극적인 것'이라는 개념을 파악하여, 이로부터 형식으로서의 비극의 가능성 및 그 내용을 도출한다.[7]

'비극적인 것'이란 사태는 칸트의 이성비판이 가지는 근본적인 아포리아에서 발견된다. 칸트는 자기의식의 기능을 지성 개념의 초월적 연역을 통해 설명한다.[8] 이 자기의식의 기능을 통해 칸트는 지성 개념의 객관성의 정당성을 보여준다. 자기의식의 기능이란 분석적 통일과 종합적 통일을 가리키는데.[9] 분석적 통일이란 직관의 형식 속에 주어진 표상들이 "나는 생각한다"라는 생각과 결합해 있다는 공통적인 특질을 지닌다는 점과 관계한다. 나는 수많은 표상들을 머리 속에 가지고 있지만, 나는 수많은 표상들(비아)이 아니라 이 모두로부터 스스로를 구별하는 '나'이다. 이러한 나의 부정적/ 분석적 통일을 통해 나는 내가 가지는 표상들이 '나'의 표상임을 확증하게 된다. 이에 반해 자기의식의 종합적 통일이란 나의 표상들을 법칙적 개념을 통해 서로 이어주는 것을 가리킨다. 나의 개념들은 "나는 생각한다"와 결합해 있는 표상들을 일정한 법칙적 관계 속으로 이끈다. 이 관계를 통해 표상들은 종합적으로 통일된다.

칸트는 이러한 자기의식의 기능에 대한 기술을 통해 지성 개념의 정당성, 즉 개념이 가지는 객관성을 보여준다. 하지만 도대체 어떻게 이 자기의식의 기능이 가능한지 여부는 "연역" 속에서 물어지지 않는다. 이 물음은 사실상 사유 그 자체의 한계로 '경험'된다. 왜냐하면 이 가능근거에 대해 묻자 마자, 이미 나는 이 묻는 행

---

5) Szondi, *Versuch über das Tragische, in: Schriften I*, Frankfurt a. M. 1978. 스쫀디는 셸링의 『철학적 편지』를 비극적인 것의 철학의 시초로 해석한다.

6) 대표적으로는 아리스토텔레스의 『시학』을 들 수 있다. 비극에 대한 이론사에 대해선 G. George Steiner, *The Death of Tragedy*, 1961; rpt., New Haven 1996 참조.

7) '비극 Tragödie'와 '비극적인 것 Tragik'의 상관성에 대한 여러 이론들 중 헤겔은 '비극적인 것'이라는 역사적 경험이 비극이라는 예술적 형태의 전제가 된다는 입장을 취한다. 이 이론들에 대해선 Chr. Menke, *Tragödie und Spiel*. In: Akzent 43 (1996) 3, 210-225쪽 참조.

8) 이 논문에선 일반적인 번역어 "오성" 대신 "지성"이라는 표현을 사용한다.

9) 이에 대해선 D. Henrich, *Identität und Objektivität. Eine Untersuchung über Kants transzendentale Deduktion*, Heidelberg 1976.

위를 통해 자기의식의 가능근거를 이미 전제했기 때문이다. 즉 내가 사유한다는 것은 항상 자기의식의 기능을 사용한다는 것이고, 따라서 이미 항상 이 기능의 가능 근거를 그것이 인식될 수 있든 없든지 간에 전제한 셈이다. 하지만 과연 인간이 사유하는 자로서, 즉 이 기능의 가능 근거를 이미 항상 전제하는 자로서 이에 대해 질문할 수 있는가? 이에 대해 칸트는 이 질문이 던져질 수 있음을 사유하지만, 동시에 이 질문에 대한 대답을 거부한다. 왜냐하면 이는 바로 인간 자신의 한계와 관련되기 때문이다.[10)]

이러한 칸트의 아포리아가 '비극적인 것'의 사태로 규정되는데, 이것이 1800년 이전까지의 셸링, 횔덜린, 헤겔의 사유발전을 특징짓는다.[11)] 이들에게 가장 중요한 물음은 반성적 구조 속에 갇힌 인간의 사유의 유한성과 연관된다. 사유는 자기를 포함한 모든 것을 대상화/ 사물화하여, 항상 주체와 객체가 분리된 구조를 생성한다. 이 구조 속에 갇혀 있기 때문에 인간의 사유는 관념론 아니면 실재론, 비판주의 혹은 독단주의라는 대립적 양항 속에서 끊임 없이 선택할 수밖에 없다. 즉 인간은 이 대립적 구도를 넘어서는 전체를 사유를 통해 파악할 수 없다. 이들에게 이 반성적 구조는 인간에 의해 산출된 구성물인 반면, 이 구조를 뛰어넘으면서 이 구조를 가능케 하는 것은 전체로서의 "절대자" 혹은 "존재"이다.[12)]

이 절대자는 반성을 선행하기 때문에 반성적 구조를 통해 파악될 수 없음에도 불구하고, 이 구조를 가능케 한 근거로 전제된다 (혹은 논리적으로 요청된다). 이것이 칸트가 남겨놓은 아포리아의 내용이라면 이들은 이 절대자가 "지적 직관" 혹

---

10) 이에 대해선 Frank, *Eine Einführung in Schellings Philosophie*, Frankfurt a. M. 1985, 38쪽 이하. 프랑크에 따르면 이미 칸트는 자기의식의 가능근거로 "지적 직관"을 전제하지만 이에 대한 인식가능성을 부정한다.

11) 초기 셸링의 '비극적인 것'의 철학에 대한 한 시도로 예를 들면 L. Hühn, "Die Philosophie des Tragischen. Schellings "Philosophische Briefe über Dogmatismus und Kriticismus" ", in: *Die Realität des Wissens und das wirkliche Dasein. Erkenntnisbegründung und Philosophie des Tragischen beim frühen Schelling*, hrsg. von J. Jantzen, Stuttgart-Bad Cannstatt 1998, 95-128쪽.

12) 특히 셸링 (이하 셸링 인용은 F.W.J. Schelling, *Historisch-kritische Ausgabe im Auftrag der Schelling-Kommission der Bayerischen Akademie der Wissenschaften*, hrsg. von J. Jantzen, Th. Buchheim, W. G. Jacobs und S. Peetz. Stuttgart. 1976ff (=셸링))은 『편지』 (=»*Philosophische Briefe über Dogmatismus und Kriticismus (1795)*", 셸링 3권) 속에서 칸트의 물음, '선험적 종합판단이 어떻게 가능한가'를 "어떻게 절대자는 자기 바깥으로 나와 세계를 자신에 대립정립 시킬 수 있는가?" (『편지』, 78)로 해석한다. 이 해석을 헤겔은 그대로 받아들인다 (G.W.F. Hegel: *Gesammelte Werke*, hrsg. von der Rhein.-Westf. Akademie der Wissenschaften. Hamburg 1968ff (= 헤겔) 4권, 327쪽).

은 '믿음'이라는 형태로 직접적으로 경험될 수 있다고 주장한다.[13] 이 지적 직관이라는 경험 속에서 인간은 자신을 잊고, 절대자와 하나가 되는 순간에 빠져든다. 하지만 이 순간 뒤에 이 경험에 대한 추후적 의식을 통해 인간은 자신이 직접적 경험을 했음을 인지하게 된다. 이 추후적 반성은 또 다시 이 직접적 경험을 객체화하기 때문에 이 경험 자체를 왜곡시키지만, 동시에 이 사태를 인간의 의식 속으로 끌어들인다.

이 "지적 직관"은 의식의 구조를 넘어서면서 이 구조 자체를 가능케 하는 근거로 파악된다. 하지만 이 근거가 파악되지 않은 채 남겨진다면, 인간의 의식을 통한 모든 행위는 자신의 근거를 잃게 된다. 여기서 인간은 앎의 근거를 확보하고자 이것을 알고자 한다. 그렇다면 의식적 반성 속에 있는 인간이 저 직접적인 경험이라는 "지적 직관"과 어떤 방식으로 관계 맺을 수 있는가? 반성적 구조 속에 갇힌 이성은 이 직접적인 경험이 자신의 한계라는 사실을 인식하게 된다. 왜냐하면 이성은 이 반성적 구조 자체를 넘어설 수 없기 때문이다. 하지만 이성은 어떠한 인식적 한계도 인정하지 않는다.

그래서 이성은 이 "지적 직관" 자체를 의식적 반성의 구조 속에서 파악한다. 이 파악을 통해 "지적 직관"은 주체와 객체라는 대립 구도 속으로 해체된다. 하지만 이 "지적 직관"은 이성이 해체한 대립 구도와 동일하지 않지만 이 대립 구도가 절대자의 자기 분화로 해석된다.[14] 여기서 이성은 자신이 이룩한 대립구조 속에 기반한 절대자의 반성적 인식을 지적 직관 자체와 대립시킨다. 이 대립이 바로 '비극적인 것'의 사태를 구성한다. 즉 한편으로는 초월적[15]인 것의 경험이, 다른 한편으로는 이 초월적인 것이 내재화된 형태인 반성적 인식이 이성 속에서 대립을 형성한다. 이 '비극적인 것'의 기본적인 구조란 바로 "지적 직관"이라는 직접적 통일과 이를 반성적 형태로 구조화한 대립이 양항으로 존재하면서 이 둘이 다시금 대립의 구조 속에 위치하는 것을 가리킨다. 물론 헤겔, 횔덜린이 파악한 '비극적인 것'이

---

13) 이 경험에 대해서 셸링은 『편지』 속에서 구체적으로 서술한다 (『편지』, 87 이하). 인간은 지적 지관, 즉 "자기 직관"에 대한 특별한 "능력"을 지닌다. 헤겔은 프랑크푸르트 시기에 『믿음과 존재』에서 절대자가 믿음의 의식적 형태 속에 체험될 수 있지만 (G.W.F. Hegel, *Theorie-Werkausgabe in zwanzig Bänden*. Hrsg. von E. Moldenhauer und K.M. Michel, Frankfurt a.M. 1969, 1권 (=헤겔초기저작) 251쪽), 예나 시기부터는 셸링과 함께 '직관'될 수 있다고 주장한다.

14) 이 해석은 횔덜린과 노발리스의 피히테 비판과 관계된다. 이에 대해선 *Selbstbewußtseinstheorien von Fichte bis Sartr*, hrsg. und mit einem Nachwort versehen von Manfred Frank, Frankfurt am Main 1991, 449쪽 이후 참조.

15) 이 용어에 대해선 18주 참조.

란 단순히 이러한 구조에 불과한 것이 아니라 이 구조 자체를 실현하고, 완성하는 "운동", '살아있는 것'이다. 즉 근원적인 통일이 자기 바깥으로 나와 자신을 세계와 대립 정립시키는 사태가 첫 번째 단계라면, 이 통일과 대립의 대립이 다시금 지양되어 통일로 향하는 것이 두 번째 단계를 형성하며, 이 두 단계적 운동이 '비극적인 것'의 개념이다. 이러한 개념을 홈부르크 시기의 횔덜린은 『엠페도클레스의 죽음』을 통해, 프랑크푸르트 시기의 헤겔은 예수의 생을 통해 서술하고자 했다.[16)]

2. '비극적 사유'의 형성

헤겔은 『기독교 정신과 그 운명』에서 예수와 유대민족 간의 갈등을 서술했다. 예수가 바로 첫 번째 단계의 비극적 운동을 이해하고, 그래서 두 번째 단계의 운동의 도래를 주장하는 반면, 유대민족은 반성적 의식의 입장을 고수한다. 이 민족의 시조인 모세의 생으로부터 헤겔은 유대 민족의 정신적 태도와 근대적 정신의 생성을 서술한다.[17)]

모세는 자기 생의 보존이라는 이기적 목적을 위해 삶의 연관관계로부터 벗어났으며 (고향 우르를 떠남), 이렇게 분리된 생 속에서 자연 및 타인의 위협으로부터 자신의 생을 안전하게 만들기 위해, 자연 및 타인을 지배하기로 결심한다. 이 지배는 그가 새로운 신을 요청함으로써 가능해진다. 즉 이 요청된 신은 (여기서 헤겔은 칸트의 실천이성의 실천적 요청을 비판한다) 세계의 지배자이며, 그가 이 신을 섬기기에 세계는 바로 그의 지배 아래 오게 된다.[18)] 하지만 이 신은 추상적 이념에 불과하며, 이 이념 아래 포섭되는 모든 것들은 "사유된 것", 즉 지배되는 것으로 정립

16) 이 "지적 직관"이라는 사태를 비극이라는 예술적 형식 속에서 파악하는 이가 셸링이다 (『편지』 1장과 10장). 셸링은 비극이 역사 속에서 이 "지적 직관"을 파악한 첫 번째 형식으로 해석한다 (『편지』, 87쪽). 이 비극을 통해 인간에겐 "독단주의"와 "비판주의"라는 철학, 즉 '비극적인 것'이라는 사태를 해석하는 철학이 가능해졌다. 셸링이 비극이라는 형태의 역사적 한계에 대해 언급한 것에 반해 횔덜린과 헤겔은 비극을 절대자의 현상방식으로 규정한다 (Chr. Jamme: *»Ein ungelehrtes Buch" Die philosophische Gemeinschaft zwischen Hölderlin und Hegel in Frankfurt 1797-1800*, Bonn 1983 (= Hegel-Studien/ Beiheft 23) (= 이하 『횔덜린과 헤겔』), 69, 182쪽.

17) 이 논문은 『기독교 정신과 그의 운명』(헤겔초기저작, 274-418쪽 = 이하 『기독교정신』) 중 1799/1800 사이에 쓰여진 두 번째 작성본을 중심 대상으로 한다 (이 구별에 대해선 『횔덜린과 헤겔』 또는 J. Yorikawa, *Hegels Weg zum System. Die Entwicklung der Philosophie Hegels 1797-1803*. Frankfurt a. M. 1996 참조).

된다. 모세의 생을 지배하는 이러한 "분리"의 동기는 그의 종교적 태도를 지배한다. 그의 신은 명령하며 그는 이에 복종한다. 이러한 주인 · 노예 관계를 다시 모세는 자신과 세계의 관계로 전이시킨다. 계몽을 통한 자연 및 타인의 지배의 동기를 헤겔은 바로 이러한 모세의 생으로부터 도출하며, 이 생의 토대는 바로 실천이성의 신 존재 요청 속에 놓여 있다. 모든 것의 주인으로 군림하는 이념으로서의 신은 모든 현실적인 것을 지배한다. 현실은 "탈마법화" 되어 죽어버린 사물이 된다. 이 사물은 자신의 구원을 오직 요청된 신 속에서 찾을 수 있다. 이 분리 및 지배의 사유의 형태가 바로 헤겔이 비판한 '반성적 사유'이다. 이 사유는 "전체적 인간의 통일성"을 이성과 경향성의 대립으로 해체하며, 이성에 의한 경향성의 지배를 주장한다(헤겔초기저작, 300).

유대 민족은 통일성을 잃어버린 상태에서 신의 지배를 무조건 따르는 "실정적 믿음"을 가진다. 이 실정적 믿음은 반성적 사유의 한 결과로 파악된다. 즉 무한한 신과 유한한 인간을 분리시키고, 인간 속에서도 이성과 경향성을 분리시키고, 지배관계를 구축한다. 이 반성적 사유에 머무르는 한 유대민족에게 '비극적인 것'의 경험은 불가능하다.

이에 반해 인간의 통일적 존재에 대한 "직관"을 가지는 예수는 반성적 의식, "실정적 믿음"이 전체인 것을 부분들로 분리시켜 지배관계를 구축하는 것을 비판한다. 예수는 "신의 직관", 즉 통일 · 분리 · 복귀라는 신의 비극적 운동에 대한 자신

---

18) "이 끔찍한 현실에서 벗어나기 위해 인간은 이념들 속에서 위안을 찾는다 (dieser schauderhaften Wirklichkeit zu entfliehen, suchten die Menschen in Ideen Trost)" (헤겔초기저작, 295쪽). 베른 시기 헤겔의 칸트의 실천이성의 요청수용과 관련해서는 K. Düsing, "Die Rezeption der Kantischen Postulatenlehre in den frühen philosophischen Entwürfen Schellings und Hegels", in: *Das älteste Systemprogramm*. Hrsg. von R. Bubner. Bonn 1973 (Hegel-Studien. Beiheft 9). 53-90쪽. 프랑크푸르트와 예나 시기 헤겔은 실천이성의 이념들의 요청 자체를 부정하고, 그 대신 "생"에 대한 믿음 혹은 "초월적 직관"을 요청의 자리에 놓게 된다 (『차이논문』 속에서의 "transzendentale Anschauung"은 예를 들면 "선험론적 직관"으로 해석될 수 없다. 왜냐하면 여기서의 'transzendental'은 중세 시기부터 이어져 온 이 용어의 용례, 즉 존재자에 대한 존재론적인 규정, 즉 주관-객관과 관계하기 때문이다 (*Historisches Wörterbuch der Philosophie*, hrsg. von J. Ritter, K. Gründer, G. Gabriel, 13 Bände, 1971-2007 Basel, "transzendental" 항목 (10권 1358-1438). 이에 반해 예를 들면 셸링의 『das System des transzendentalen Idealismus』에서의 'transzendental'은 "선험론적"으로 해석될 수도 있는데, 왜냐하면 이는 객관적인 자연의 존재에 관한 것이 아니라 인식 주체의 선험적 원칙에 관한 인식방식을 가리키기 때문이다. 이 'transzendental'의 인식론적 개념과 존재론적 개념 모두를 칸트는 섞어 쓰고 있으며, 칸트 이후 철학에서 이 용어는 이러한 다의성을 바탕으로 하고 있다. 이 논문에선 '임시적으로' 이 두 용어 중 "초월적"이란 용어를 선택했다.

의 '믿음'을 '반성적 사유'에 대립 정립시킨다 (같은 책, 386). 여기서 반성적 사유는 예수의 직관과 비교해볼 때 유한한 혹은 상대적 통일로 파악된다. 즉 유대민족이 요청한 사유 자체인 신에 의한 현실적인 것의 통일은 진정한 통일이 아니다. 왜냐하면 사유와 현실은 상호 대립관계 속에 놓여 있고, 따라서 어느 한 쪽에 의한 다른 쪽의 지배가 결코 진정한 둘의 통일이 될 수 없기 때문이다. 이 상대적 통일에 대해 헤겔은 예수의 생에 대한 "믿음", "사랑"을 통한 비극적 운동을 진정한 통일로 표현한다.

이 "믿음"과 상대적 통일을 헤겔은 비극적 운명으로서의 형벌과 법적 형벌의 비교를 통해 설명한다 (같은 책, 304 이하). 법적 형벌이 규정하는 범죄란 법이라는 보편자에 대립하는 하나의 현실적인 행위를 가리킨다. 이 행위는 보편자에 의해 다시금 형벌을 통해 다스려져야 한다. '이에는 이, 눈에는 눈'이라는 법칙에 따라 법이라는 보편자는 범죄를 저지른 이에게 자신이 한만큼 복수해줌으로써 이 범죄라는 예외적 특수자를 제거한다. 이에 반해 운명으로서의 형벌이 규정하는 범죄란 생의 연관관계 ('함께 삶') 속에 있던 인간이 이 생의 범주에서 떠나는 것을 가리킨다. 운명으로서의 형벌은 떠나간 이가 다시 '함께 삶' 속으로 돌아오도록 만든다. 이 "생"에 대한 직관 내지 믿음에 따르면 범죄라는 행위는 보편자에 대립하는 특수자가 아니라 오히려 생이라는 전체로부터 어느 특정 부분만을 분리시켜 절대화하는 것을 의미한다. 예를 들면 맥베스는 자신의 이기적 욕망을 위해 친구를 죽인다. 하지만 진정한 인간이란 이처럼 자신의 욕망 혹은 보편적인 이성만을 절대화하는 게 아니라 이 둘의 조화를 욕구한다. 맥베스의 죄란 바로 이 "전체적 인간의 통일성"을 해체해 부분만을 절대화한 데에 놓여 있다. 그에게 죽임을 당한 친구가 비극적인 운명으로 현상한다. 이 운명은 죽임을 당한 친구의 생이 자신의 생과 다르지 않다는 것을 알려주며, 이를 통해 맥베스가 '함께 삶'으로부터 스스로를 분리시켰고, 그래서 다시금 '함께 삶'으로 복귀해야 한다는 것을 알려준다.

헤겔은 예수의 생을 비극의 모델을 통해 서술하면서 이를 근대 사회 속에 실현된 실정적 법체계와 대립시킨다. 하지만 이 믿음을 바탕으로 한 비극적 행위는 실정적 법체계와 추상적으로 대립할 뿐만 아니라, 이 체계 아래에 포섭되어 처벌된다. 이 행위가 "희생"의 의미를 획득하려면 예수의 죽음이 이 실정적 법체계와 비극적인 생의 운동 사이를 매개해주어야 한다 (같은 책, 401, 408 이하). 하지만 이 유대인의 법체계와 예수가 직관한 생의 비극적 운동 간의 매개의 결여 때문에 헤겔은 예수의 "사랑"에 의한 현실의 극복시도를 실패한 것으로 평가한다 (같은 책, 402쪽). 고대 그리스 시대에는 이 비극의 모델을 통한 사회 구성이 가능했다. 왜냐하면 여기엔 상상력에 의해 창조된 신에 대한 공통적 믿음이 있었고, 이 믿음이 사회적 형식 속에서 실현되어 있었기 때문이다. 하지만 이러한 사회적 통합기능으로서의 믿음의 형식이 과연 근대 사회 속에서도 유용한가? 하지만 헤겔이 보기에 현실로부터 유리된 "아름다운 영혼" 예수의 행위는 "숭고"하지만, 그가 표현하고자 한 "생"은 "죽음"의 왕국에 의해 지양되어버렸다.[19]

그리스 비극 속에서 믿음을 통한 운명과의 화해의 형식은 근대 사회 속에서 더 이상 유효하지 않은 것으로 판단된다. 왜냐하면 그리스 사회가 헤겔이 보기에 예술과 정치, 종교의 동일성을 바탕으로 한 반면, 근대 사회는 반성의 보편화를 통해 지식과 믿음의 분리가 이미 사실적으로 존재하기 때문이다.[20] 믿음을 바탕으로 한 종교와 반성적 지식을 바탕으로 정치적 체계는 분리되어 있다. 예수가 믿음을 바탕으로 한 비극적 행위는 실정적 법체계로부터 추상적으로 분리된다. 따라서 헤겔에게 중요한 것은 바로 이 그리스 비극 개념 속에 표현된 '비극적인 것'의 역사적 경험을 근대 사회 속에서 직접적으로 재발견하는 게 아니라 (왜냐하면 이 경험은 이미 과거적인 것이기 때문이다) 오히려 이 그리스 시대의 역사적 경험이 현재적

19) 이 부분에서 쉴러의 비극이론에 대한 비판이 숨겨져 있다 (A. Gethmann-Siefert, *Die Funktion der Kunst in der Geschichte. Untersuchungen zu Hegels Ästhetik* (Hegel-Studien. Beiheft 25). Bonn 1984, 90-111쪽). 우리는 이 "아름다운 영혼"의 비극론에 대한 비판을 발렌슈타인 해석 (헤겔초기저작, 618-620쪽) 속에서도 발견할 수 있다. 이 발렌슈타인 또는 예수에게 붙여지는 공통 명칭인 "아름다운 영혼"은 『인륜성의 체계』에 따르면 생의 최종적 결과가 모든 규정들을 부정할 수 있는 순수한 자유를 지닌 개인이다. 프랑크푸르트 시기 한때 이상으로 간주되던 이 "아름다운 영혼"은 추상적인 단계에 있는 한 개인으로 비판된다 (헤겔 5권, 304, 309이하). 그는 모든 현실 속에 있는 규정들을 절대적으로 부정할 수 있는 "가능성"이다. 그는 단순히 "살아있음의 인정"의 관계 속에 있다. 하지만 이 관계가 의미하는 바는 단순히 그가 하나의 "인격"으로 살아갈 수 있다는 것에 대한 인정, 즉 살아있을 수 있는 가능성의 인정이다. 하지만 이 인정관계는 모든 규정들을 추상하고 있다. 이 인정관계 속에서 그가 죽임을 당할 수도 있고, 혹은 다른 이와 계약 관계를 맺을 수도 있고, 혹은 정치적 관계 속에 있을 수도 있다. 즉 이 인정관계는 이 모든 규정들의 가능성이면서 동시에 부정이다. 이 생 개념이 지닌 추상성 때문에 "순수한 자유"를 지닌 개인은 범죄로 나아갈 수밖에 없는 필연성을 자체 내에 지닌다.

20) 이 계몽에 의한 믿음과 지식의 분리가 바로 헤겔이 『가장 오래된 체계기획』에서 비판하는 대상이다. 새로운 상상력에 의한 새로운 종교의 건설이 이 분리의 극복에 의해 이루어져야 한다. 이 기획의 유일한 비판본은 *Mythologie der Vernunft. Hegels »ältestes Systemprogramm des deutschen Idealismus«*, hrsg. von Chr. Jamme und H. Schneider, Frankfurt am Main 1984이다. 이 기획의 저자 논란에 대한 해석사에 대해선 J. Yorikawa, *Hegels Weg zum System. Die Entwicklung der Philosophie Hegels 1797-1803*, Frankfurt am main 1996, 20-29쪽. 새로운 종교의 요구가 베른, 프랑크푸르트 시기 헤겔의 유일한 생각이라는 점에서 필자는 이 기획을 헤겔의 것으로 간주한다.

맥락에서 어떻게 수용될 수 있는지를 사유하는 것이다.[21] 그리스 비극 속에서 발견할 수 있는 "생"의 운동의 직관은 근대적인 반성적 문화와의 매개 속에서 고찰되어야 한다. 이 직관은 그것이 절대자와 관계하는 것이라면 실정적 법체계와 추상적으로 대립하는 게 아니라 이 체계를 포함해야 하며, 이 속에서 현상해야 한다. 이 매개의 형태가 바로 지식과 믿음의 종합, "비극적인 것의 철학' 또는 "인륜 속의 비극"이다.[22]

3. "인륜 속의 비극" — 비극의 해석학적 개념

헤겔은 그리스 시대의 비극이 "인간성의 역사" 속에서 "지적 직관"의 표현이라는 셸링의 명제를 받아들인다.[23] 이를 통해 초기 낭만주의자들의 물음, 즉 비극이 근대라는 상황 속에서 다시 가능한가에 대해 부정적인 태도를 보인다. 프랑크푸르트 시기에 횔덜린과 함께 이에 대한 가능성을 탐구했던 헤겔은 예수의 생에 대한 서술에서도 볼 수 있듯이 그리스 비극의 형식이 근대적 상황 속에서 그대로 재현되는 것이 불가능하다고 생각한다. 이점에서 쉴러의 『발렌슈타인』은 "비극적인 것"의 서술이지만, 그것의 온전한 서술은 못 된다.[24] 횔덜린이 『엠페도클레스의 죽음』을 쓰려는 시도를 비판하면서 헤겔은 믿음과 지식의 분리를 극복하기 위해 그리스 비극 속에서 표현된 '비극적인 것'의 역사적 경험에 대한 해석학적 개념을 발

21) 그리스 시대의 "미"가 과거적이라는 헤겔의 생각은 이미 『기독교 정신과 그 운명』에서의 예수에 대한 비판 및 『1800 체계단편』(헤겔초기저작, 426쪽, 예술작품의 "가장 완전한 완성은" "행복한 민족들에서만 가능하다". "분리"를 사실적으로 가지는 "불행한" 민족들은 완전한 "이 단계에 도달할 수 없다"), 『차이논문』(헤겔 4권, 14쪽, "최고의 미적인 완전성은" "어느 단계의 문화에까지만" 가능하다)에서 이미 발견할 수 있다. 물론 이것의 의미가 예나 후기 체계 이후의 "예술의 과거성 테제"와 동일시되어선 안 된다.

22) 이 단편에서의 "믿음"은 프랑크푸르트 시기의 '믿음'과 근본적으로 구별되어야 한다. 프랑크푸르트 시기의 '믿음'이 야코비의 그것과 가깝다면 (순수한 감정으로서의 믿음) 이 단편에서의 믿음은 종교적 형식, 즉 내적 감정뿐만 아니라 이것의 객관화, 즉 예술작품 및 이것의 통일인 종교적 제전을 포함한다. 그럼에도 불구하고 예나 초기까지의 "초월적 직관"은 야코비의 "믿음" 논의의 영향 아래 있는 것으로 판단되어야 한다. H-J. Gawoll, "Von der Unmittelbarkeit des Seins zur Vermittlung der Substanz", in: *Hegel-Studien* 33, hrsg. F. Nicolin und O. Pöggeler, Hamburg 1998, 133-151쪽.

23) 이에 대해선 셸링의 『편지』(앞의 주 16 참조. 비극은 지적 직관의 "모방"이며, 독단주의와 비판주의는 이 모방의 실천이다)와 그의 초월적 관념론의 체계 참조(셸링, 9-I권, 288쪽 이하. 여기서 셸링은 인간의 역사를 비극적인 것의 실현으로 서술한다).

전시킨다.

이 비극의 해석학적 개념을 헤겔은 "인륜 속의 비극"으로 정식화한다. 이 표현 속에 내포된 의미란 바로 프랑크푸르트 시기부터 부정적으로 바라본 믿음과 지식의 분리를 어떻게 극복할 것인가라는 질문의 답변을 포함한다. 이 극복의 방법으로 헤겔은 부정적 "변증법"을 도입한다.[25] 예나 초기 헤겔은 "회의주의", "변증법"의 개념을 도입하면서 인간의 지성을 앞서가면서 이미 사실적으로 "존재"하는 것으로 "요구"되는 절대자의 "직관"을 반성적 사유와 종합 시키는 "사변"이란 개념을 새롭게 구상한다. 이 "사변"은 절대자를 의식의 형태 속에서 구성하는 것을 가리킨다 (헤겔 4권, 16쪽). 하지만 예나 초기 헤겔은 아직 "사변적" 또는 "긍정적" 변증법, 즉 "규정적 부정"을 통한 "자기관계적 부정성"의 개념을 구상하고 있지 않았다.[26] 이 사변은 한편으로는 반성을 선행하는 절대자에 대한 "초월적 직관"을 전제하면서, 다른 한편으로는 이 직관을 반성적 대립의 형태 속에서 구성하는 반성 혹은 지성을 지닌다. 이 반성이 이 직관과 독립적으로 작동할 때는 직관을 무의식적인 방식으로 두 개의 대립항으로 분리시키면서 하나를 다른 하나에 의한 지배관계로 구성한다. 하지만 이 반성이 부정적 "변증법"의 형태가 되는 것은 그것이 오직 자신의 개념을 직관과의 관계 속에서 파악할 때이다. 반성은 이 직관을 의식하게 되면서 자신이 대립하는 양자 중 하나만을 지배적 위치에 놓은 것에 대해 반대의 경우도 타당하다는 것을 알게 된다. 예를 들면 반성은 이성과 경향성 가운데 이성을 지배자로 정립시킨다: '선보다 정의가 우선이다'. 하지만 반성이 직관을 의식하게 되면 자신이 지배관계 속에 정립한 이 양쪽 모두 동등한 것이라는 것을 알게 되며, 그래서 반대의 지배관계, 즉 '정의보다 선이 우선이다'는 명제도 동등한 정

24) 쉴러는 칸트의 "숭고" 이론을 자신의 비극이론에 응용했다. 죄 없는 주인공이 자연의 반목적성 때문에 고난을 받지만, 이성을 통해 합목적성에 대해 반성하는 주인공은 내면 속에서 승리한다. 하지만 헤겔이 보기에 그리스 비극은 내면의 승리가 중요한 게 아니라 유한한 규정을 지닌 주인공이 '전체'에 대한 직관을 통해 자신의 유한성을 인식하고 이 한계를 인정함으로써 (즉 고난을 당함으로써) 다시금 전체의 생의 운동에 참여하는 것이다.

25) "논리학"은 유한한 지성의 개념들의 끝없는 증명의 연쇄인 부정적 "변증법"으로서 이 변증법은 자신의 완성을 오직 절대자의 직관을 전제로 해서만 갖게 된다. 완성이란 바로 유한한 규정 혹은 명제들이 이율배반을 통해 자기 해소되는 것이다. 이 논리학 또는 부정적 변증법은 절대자의 자기서술인 "형이상학"으로의 도입기능을 담당한다. 이에 대해선 Düsing, *Das Problem der Subjektivität in Hegels Logik*. Hegel-Studien, Beiheft 15, Bonn 1984 (=이하 『주관성』)과 M. Baum, *Die Entstehung der Hegelschen Dialektik*, Bonn 1986 참조.

26) 후기의 "변증법"에 대해선 서정혁, 헤겔의 『대논리학』에서 "삶의 이념"과 "논리적 방법", 『헤겔연구』, 제17호(고양: 동과서, 2005) 197-225쪽.

도로 타당하다 (이것이 바로 회의주의적 혹은 부정적 변증법적 대립이다). 그래서 자신이 파악한 이 대립하는 양자는 결국 자신이 해소할 수 없는 모순 혹은 이율배반으로 나아가게 된다. 결국 반성은 직관의 통일을 전제하면서 자신이 이율배반 속에서 스스로 해소될 수밖에 없다는 것을 알게 된다. 이러한 반성의 의식적인 자기부정을 통한 무의식적 "초월적 직관"의 간접적 "요청" (GW 4, 27 이후)이 부정적 "변증법"이다. 이 변증법은 1804/05년에 도입한 "사변적" 변증법과 달리 모순되는 계기들의 절대적 부정을 요구하며, 이 부정되는 계기들의 단계적 부정을 통해 긍정적 통일이 산출되는 게 아니라, 오히려 이 계기들은 이 "통일"과 분리되어 있다.[27)]

헤겔은 이 부정적 변증법을 자신이 베른 시기부터 지녀온 비극의 개념규정과 관련하여 발전시켰다. 이 시기의 부정적 변증법은 반성적 사유의 의식적인 자기부정에만 그친다. 이것이 절대자에 대한 간접적 서술 혹은 절대자의 서술인 "형이상학"을 예비하는 입문인 "논리학"의 내용이라면, 이에 반해 '비극적 사유'는 어떻게 긍정적 통일이 의식의 형태 속에서 서술될 수 있는지를 보여준다.[28)] 이 절대자의 서술은 다시금 반성적 대립, 즉 부정적 변증법의 형식을 취하게 되는데, 왜냐하면 직관 그 자체는 서술 불가능하며, 이 직관은 오직 이 대립의 자기 부정의 형식을 통해서 간접적으로만 서술될 수 있기 때문이다.[29)]

이 직관과 상대적 통일인 실정적 믿음의 대립은 앞에서 서술했던 '비극적인 것'의 기본골격을 형성한다. 이 '비극적인 것'에 대한 사유를 '비극적 사유'라 부를 수 있다면, 이에 대한 반대모델이 바로 '반성적 사유'이다. 두 사유 모두 하나의 통일

---

27) 이 둘의 관계에 대해선 『주관성』 150쪽 이후. 예나 초기의 부정적 "변증법"은 헤겔이 아직 절대자를 "실체"로만 파악하고, 이를 "주관성"과 통합시키지 않은 상태에서 고안해낸 방법으로, 이는 "실체형이상학"의 틀 내에서만 작동 가능하다. 이점에서 부정적 "변증법"은 예나 초기 헤겔의 고유한 방법 개념으로 간주해야 한다. 하지만 헤겔이 이 방법을 그가 "포텐츠"란 용어를 사용한다는 이유에서 셸링으로부터 받아들였다고 주장하는 견해가 많다. 예를 들면 H. Schnädelbach, *Hegels praktische Philosophie. Ein Kommentar der Texte in der Reihenfolge ihrer Entstehung*, Frankfurt am Main 2000, 76–81쪽, Schmidt, *Hegels System der Sittlichkeit*, Berlin 2007, 박병기, "헤겔과 태양계 유기체론", 헤겔연구, 제19호 (고양: 동과서, 2005), 87-88쪽.

28) 이 시기의 체계는 총 4부분으로 나뉜다: 1. 논리학 및 형이상학, 2. 자연철학 3. 정신철학, 4. 종교 및 예술철학 (『절대적 본질의 이념…』, 헤겔 5권, 263-264쪽).

29) 그래서 뒤징은 이 시기 "논리학"을 1. 형이상학으로의 입문인 부정적 변증법, 2. 형이상학, 즉 절대자의 서술의 구성부분으로 나눈다 (Dusing, "Idealistische Substanzmetaphysik: Probleme der Systementwicklung bei Schelling und Hegel in Jena", in: *Hegel-Studien*. Beiheft 20, 1980, 32쪽).

을 목표로 삼는다는 점에서 공통점을 가진다. 반성적 사유가 통일적 전체를 상호 대립하는 두 항으로 분리시킨 후, 이 둘 중 어느 하나로 다른 하나를 포섭 내지 지배케 함으로써 통일을 달성한다면, 여기서 통일은 상대적인데, 왜냐하면 대립하는 두 항 중 어느 것도 이 둘의 통일이 될 수 없으며, 만약 된다고 한다면 이는 하나에 의한 다른 하나의 지배일 뿐이며, 진정한 대립의 해소가 아니기 때문이다. 이에 반해 '비극적 사유'는 통일적 전체가 반성적 사유를 통해 해체되어, 대립되는 두 항으로 분리된 후 형성된 상대적 통일을 다시금 전체적 통일에 대한 "직관"과 대립시켜서, 상대적 통일이 전체적 통일을 부분으로 쪼개어 어느 하나만을 절대화시킨 것이고, 이는 필연적으로 이율배반으로 나아갈 수 없기 때문에, 상대적 통일이 담고 있는 대립의 부정적 해소를 통해 이 대립이 이미 전제하고 있는 전체적 통일에 대한 직관으로 되돌아가는 과정을 서술하는 것이다. '비극적 사유'는 이미 존재하는 "초월적 직관"에 대한 '반성적 사유'의 자기 소멸 및 "상기"를 통한 복귀과정의 서술이다.[30)]

『자연법 논문』에서 서술된 "인륜 속의 비극"은 초기 헤겔이 구상했던 '비극적인 것'에 대한 철학적 해석이다. 곧 "실체"로 파악된 절대자는 무의식적인 "초월적 직관"이며, 이것이 의식의 형태 속에서 구성된 것이 바로 "사변" 혹은 "절대적 개념"[31)] 이며, 이것의 개념적 표현이 직관과 이 직관에 대립 정립해 있는 상대적 동일성의 통일이라면, 이것의 직관적 표현이 바로 "인륜 속의 비극"이다.

실체의 한 형태인 인륜성의 체계는 욕구에 기반한 '경제적 · 법적 영역'과 이 영역을 통제하는 정부의 영역으로 나뉜다. 정부의 영역이 "무차별"에 해당한다면 경제적 · 법적 영역은 "상대적 동일성" 또는 "관계"에 해당한다. 욕구에 기반한 부르주아지들의 관계에 의해 구성되는 경제적 관계는 필연적으로 불평등을 발생시키며, 동시에 자연적 폭력에 의해 유지될 수 없기 때문에, 이를 "인정" 관계로 고양시키는 법적인 체계에 의해 통제 혹은 ("극복")되어야 한다. 경제적 관계에서 필연적으로 발생하는 범죄는 법에 의한 형벌에 의해 해소되어야 한다. 하지만 범죄가 저지른 값만큼 되돌려주는 형벌에 의해선 긍정적 통일이 산출되지 않는다 (A-A=0).

---

30) 이 차이를 헤겔은 『1800 체계단편』에서 '정립하다 (setzen)'와 '살리다 (beleben)'의 차이로 설명한다 (TW I, 422). '반성적 사유'가 자기 이외의 모든 것을 사물화하여, 지배관계 속에 정립하는 사유라면 이에 대립되는 '비극적 사유'는 "정신" (후의 『차이논문』에서의 "직관") 에 의해 수다가 생명을 불어넣어 통일시킨다.

31) 이 "절대적 개념"은 "초월적 직관"과 동일하면서도 (헤겔 4권, 357) 구별된다. 이것이 후기의 변증법적 사유에선 "주관성" 개념으로 변화된다 (뒤징: 주관성 147쪽).

따라서 이 경제적 · 법적 영역은 민족의 자기보존을 위해 존재하는 정부에 의해 통제되어야 한다. 즉 개인은 경제적 · 법적 영역 속에서 자신의 이익을 위해 살아가지만, 이 이익추구는 전체에 대한 직관, 즉 민족의 자기보존이라는 목적 아래에서는 부분을 절대화하는 것에 불과하기 때문에 그것의 존재값은 0에 불과하다.

이러한 개인의 자기극복의 관점이 『정신현상학』에서 전개되는 "의식의 경험의 학"의 관점과 동일하다면, 헤겔이 "인륜 속의 비극"을 통해 보여주고자 하는 관점은 절대자의 관점에서의 서술이다. 절대자에 대한 직관에서 볼 때 정부와 경제적 · 법적 영역의 통일이라는 '인륜성의 체계'는 비극의 상연이라는 구체적 상(Bild)으로 그려질 수 있다.

아이스킬로스의 『자비로운 여신들』 속에서 오레스테스는 무차별의 신인 아폴론에게서 인륜성 전체를 위해 목숨을 건 아버지를 죽인 자신의 어머니를 죽이라는 명령을 받지만, 이 모친 살해는 법적 정의의 여신에게는 용납될 수 없는 것이다. "인간적인" 관점에서 아테네 시민들은 둘의 요구가 동등함만을 수용해 공존을 인정하지만, "신적인" 관점에서 이 두 위력의 "화해"는 오직 저 절대자의 직관으로부터만 가능하다. 즉 범죄자 오레스테스는 법적 정의의 관점에서 보면 형벌을 받아야 하지만, 인륜적 전체를 위해 목숨을 건 아버지에 대한 복수를 했다는 점에서 그의 행위는 법적 영역을 넘어선 것으로 "절대적으로 인륜적"이다. 하지만 법적 정의는 형식적 평등의 유지를 위해 "필연적인" 것이기 때문에 그것의 존재가 인정되어야만 한다. 따라서 법적 정의는 "민족" 전체를 대표하는 아폴론의 위력 아래에 위치하면서 이 신에 의해 "극복"되는 것으로 규정된다. 이러한 "사변"의 내용은 "인륜 속의 비극의 상연" 속에서 절대자가 자신을 법적 영역이라는 "관계"의 형태로 자신을 "희생물"로 바치고, 이를 인정하면서 동시에 부정함으로써 다시 자기에로 복귀하는 운동으로 그려진다.

여기서 주목할 점은 『자연법 논문』에서 서술되는 비극 속의 갈등이 『정신현상학』의 그것과 다르다는 점이다. 전자에서는 신적 자연과 신체적/유기적 자연, 다시 말해 절대적으로 인륜적인 것 ("직관")과 부분적으로 인륜적인 것 ("관계") 사이에서 갈등이 일어난다면, 후자에선 인륜적 위력과 자연적 위력 사이에서 일어난다. "관계"의 자기소멸의 결과는 절대적 부정이며, 이 부정은 간접적인 방식으로는 "직관"을 지시하지만, 후자에서 자연적인 것과 인륜적인 것의 부정적 대립은 새롭게 확장된 인륜성의 "자기 관계적 부정성", 즉 새로운 긍정적 인륜성의 탄생으로 직접적으로 연결된다. 하지만 대부분의 해석들은 후자의 내용을 가지고 전자를 읽는 방식을 택한다. 이것의 오해는 '비극적 사유'와 '사변적인 변증법적 사유'

의 차이를 간과하는 것, 즉 초기 예나 시기 헤겔 사유의 고유성을 보지 못하는 데에서 기인한다.[32]

헤겔은 절대자의 운동을 직관적으로 보여주는 예술인 "비극"에 대한 개념적 서술, 즉 "인륜 속의 비극"을 통해 자신의 "사변" 내지 "절대적 개념"이 '비극적 사유'를 통해 표현될 수 있음을 보여준다. 이 '비극적 사유'는 반대로 종교적 의식 및 그 속에서 상연되는 비극을 통해 직관적인 방식으로 표현된다. 여기서 헤겔은 그리스 비극이 원래 종교적 제전 가운데에서 상연되었다는 것을 전제하면서, 근대적 인륜성의 체계가 이러한 종교적 의식 속에서 직관적인 방식으로 표현될 수 있음을 보여준다. 이처럼 헤겔은 철학 혹은 '비극적 사유'와 예술 및 종교를 동등한 위치에 놓으며 (헤겔 4권, 470쪽 참조), 상연되는 비극은 철학적 이념의 직관적 표현에 다름 아니며, 철학은 바로 이 비극 속에서 비개념적으로 표현된 것을 개념적으로 표현한다.

이 예나 초기의 '비극적 사유'는 예술 및 종교와 철학의 동등성을 주장했다는 점에서 이전의 『1800 체계단편』 (철학에 대한 종교의 우위)와도 예나 후기의 사변적 변증법에 의해 구성된 철학체계 (종교에 대한 철학의 우위)와도 구별된다. 하지만 이 '비극적 사유'는 절대자를 실체로 파악했다는 점에서 자신의 한계를 가진다. 즉 실체는 주관성의 운동인 '사유'와 분리되어 있다. 사유는 자신의 부정을 통해 실체에 대한 직관에 도달한다. 즉 실체란 사유의 자기부정에 의한 긍정적 결과가 아니라 사유 이전에 전제되어 있으며, 동시에 사유의 운동 뒤에 "요청" 되는 것이다. 즉 헤겔이 하고자 했던 것, 즉 절대자를 "의식에 대해 구성" 하는 것은 이 "실체형이상학" 을 통해서는 이루어질 수 없다. 왜냐하면 "실체" 인 절대자는 의식의 "주관성" 과 부정적으로는 연관되고, 이 둘의 종합은 이루어질 수 없기 때문이다.

4. 나오는 글: '비극적 사유'에서 '변증법적 사유'로

1804/05년에 헤겔은 "실체형이상학" 위에서 전개했던 '비극적 사유'를 사변적 변증법으로 대체한다. 예나 초기 '비극적 사유'의 동기가 믿음과 지식, 직관과 반성의 분리를 극복하기 위해서라면, 1804/05년의 『논리학, 형이상학, 자연철학』은

32) 예를 들면 M. Schulte, *Die »Tragödie im Sittlichen« Zur Dramentheorie Hegels*, München 1992, 33-62쪽.

반성과 사변의 구별을 지양함으로써, 초기의 미흡했던 시도를 완성시킨다. 결국 예나 시기의 헤겔의 철학적 작업이 직관과 반성의 분리를 극복하는 게 목표라면 헤겔은 예나 초기엔 '비극적 사유', 예나 후기엔 '변증법적 사유'라는 방법을 기획한다. 이러한 '비극적 사유'와 '변증법적 사유'의 구별을 통해 우리는 『정신현상학』에서의 그리스 비극에 대한 두 가지 읽기 방식, 즉 의식의 관점과 철학자의 관점을 구별할 수 있다.[33] 이를 위해 우선 우리는 지금까지 살펴본 그리스 비극에 대한 헤겔의 입장을 크게 세 가지로 구별할 수 있다.

(1) 이상 실현으로서의 그리스 비극 (프랑크푸르트 시기): 고대 그리스적 인륜성을 헤겔은 베른 시기부터 자신의 이상으로 여겼다. (2) 비극에 대한 해석학적 개념 또는 '비극적 사유' (예나 초기): 프랑스 혁명의 경험에서 이상이 현실로부터 고립되면서 발생하는 폭력성에 주목하게 된다. 그래서 이상과 현실을 매개하기 위해 "인륜 속의 비극" 개념을 구상한다. (3) 비극에 대한 변증법적 개념 (예나 후기): 헤겔은 고대 그리스적 사회를 "실체적 인륜성"으로 규정하고, 그리스 비극이란 주관성에 의해 매개되지 않는 "초월적 직관"에 의한 통합을 표상적 방식으로 보여주는 것으로 해석한다. 이에 반해 근대적 사회는 주체성에 기반한 인륜성으로 사회적 통합은 "믿음"이나 "직관"의 요구에 의해 이루어질 수 있는 것이 아니라 이성적 원칙에 대한 인식 및 자발적 인정을 통해서만 가능하다. 그리스 비극에 대한 의식의 경험이 예나 초기의 '비극적 사유'가 보여준 "초월적 직관"에 대한 믿음을 통한 사회 통합을 목적으로 한다면, 철학자는 이 경험을 사변적 변증법에 따라 해석한다. 즉 이 사회 통합은 가상적인 것이고, 그 배후엔 그리스 사회의 몰락이 심겨져 있으며, 이 비극적인 대립의 결과는 사변적 변증법을 통한 긍정적 주관성의 탄생이다.[34] 이로써 헤겔은 『정신현상학』에서의 비극읽기를 예나 초기 자신의 생각 (이것이 그리스인들의 비극경험을 가리킨다)과 이에 대한 자기비판 (이것이 철학자에 의한 비극해석)이라는 두 층위에서 진행시킨다.

---

33) 멩케는 이 두 가지 읽기 방식 이외에 "정의"와 "선"의 대립이라는 읽기 방식을 추가한다 (Chr. Menke, *Tragödie im Sittlichen*, Frankfurt a. M. 1996. 하지만 이 책의 제목이 시사하는 바와 같이 멩케는 『자연법 논문』에서의 헤겔의 고유한 논의를 『정신현상학』에서의 논의와 구별하지 않는다.

34) 이에 대해선 필자의 논문, "'비극적인 것'의 탄생과 '희극적인 것'으로의 이행 – 헤겔의 초기 저작과 『정신현상학』을 중심으로", 『헤겔연구』, 제18호(고양: 동과서, 2005), 279-310쪽.

참고 문헌

Baum, Manfred, *Die Entstehung der Hegelschen Dialektik*, Bonn 1986.

Düsing, Klaus, *Das Problem der Subjektivität in Hegels Logik*. Hegel-Studien, Beiheft 15, Bonn 1984.

____, "Die Rezeption der Kantischen Postulatenlehre in den frühen philosophischen Entwürfen Schellings und Hegels", in: *Das älteste Systemprogramm*. Hrsg. von R. Bubner. Bonn 1973 (Hegel-Studien. Beiheft 9).

____, "Idealistische Substanzmetaphysik: Probleme der Systementwicklung bei Schelling und Hegel in Jena", in: *Hegel-Studien. Beiheft 20*, 1980.

____, (Hrsg.), Schellings und Hegels erste absolute Metaphysik (1801-1802). Zusammenfassende Vorlesungsnachschriften von Ignaz Paul Vitalis Troxler, Köln 1988).

Elsigan, Alfred, *Sittlichkeit und Liebe*, Oldenbourg 1972).

Frank, Manfred, *Eine Einführung in Schellings Philosophie*, Frankfurt a. M. 1985.

____, (Hrsg.), *Selbstbewußtseinstheorien von Fichte bis Sartre*. Frankfurt a. M. 1991.

Gawoll, Hans-Jürgen, "Von der Unmittelbarkeit des Seins zur Vermittlung der Substanz", in: *Hegel-Studien* 33, hrsg. F. Nicolin und O. Pöggeler, Hamburg 1998.

Gethmann-Siefert, Annemarie, *Die Funktion der Kunst in der Geschichte. Untersuchungen zu Hegels Ästhetik* (Hegel-Studien. Beiheft 25). Bonn 1984.

Hegel, G.W.F. *Gesammelte Werke*, hrsg. von der Rhein.-Westf. Akademie der Wissenschaften. Hamburg 1968ff.

____, *Die Philosophie der Geschichte*, hrsg. von K. Vieweg, München 2005.

____, *Theorie-Werkausgabe in zwanzig Bänden*. Hrsg. von E. Moldenhauer und K.M. Michel, Frankfurt a.M. 1969.

Henrich, Dieter, *Identität und Objektivität. Eine Untersuchung über Kants transzendentale Deduktion*, Heidelberg 1976.

Hühn, Lore, "Die Philosophie des Tragischen. Schellings "Philosophische Briefe über Dogmatismus und Kriticismus"", in: *Die Realität des Wissens und das wirkliche Dasein. Erkenntnisbegründung und Philosophie des Tragischen beim frühen Schelling*, hrsg. von J. Jantzen, Stuttgart-Bad Cannstatt 1998.

Jamme, Christoph, *„Ein ungelehrtes Buch" Die philosophische Gemeinschaft zwischen Hölderlin und Hegel in Frankfurt 1797-1800*, Bonn 1983 (= Hegel-Studien/ Beiheft 23).

_____, (Hrsg.), *Mythologie der Vernunft. Hegels »ältestes Systemprogramm des deutschen Idealismus«*, hrsg. von Chr. Jamme und H. Schneider, Frankfurt am Main 1984.

Kimmerle, Heinz (Hrsg.), *Die Eigenbedeutung der Jenaer Systemkonzeptionen Hegels*, Berlin 2004.

Menke, Christoph, *Tragödie im Sittlichen*, Frankfurt a. M. 1996.

_____, *Tragödie und Spiel.* In: Akzent 43 (1996).

Nietzsche, Friedrich, *Die Geburt der Tragödie, in: Sämtliche Werke. Kritische Studienausgabe in 15 Bänden*, hrsg. von G. Colli und M. Montinari, Bd. I, Berlin/New York 1980.

Schelling, F.W.J. *Historisch-kritische Ausgabe im Auftrag der Schelling-Kommission der Bayerischen Akademie der Wissenschaften*, hrsg. von J. Jantzen, Th. Buchheim, W. G. Jacobs und S. Peetz. Stuttgart. 1976ff.

Schmidt, Steffen, *Hegels System der Sittlichkeit*, Berlin 2007.

Schnädelbach, Herbert, *Hegels praktische Philosophie. Ein Kommentar der Texte in der Reihenfolge ihrer Entstehung*, Frankfurt am Main 2000.

Schulte, Michael, *Die »Tragödie im Sittlichen« Zur Dramentheorie Hegels*, München 1992.

Steiner, George, *The Death of Tragedy*, 1961; rpt., New Haven 1996.

Szondi, Peter, *Versuch über das Tragische*, in: Schriften I, Frankfurt a. M. 1978.

Yorikawa, Yoji, *Hegels Weg zum System. Die Entwicklung der Philosophie Hegels 1797-1803*, Frankfurt am main 1996.

Rózsa, Erszébet, *Versöhnung und System. Zu Grundmotiven von Hegels praktischer Philosophie*. München 2005.

박병기, "헤겔과 태양계 유기체론", 헤겔연구, 제19호(고양: 동과서, 2005).

서정혁, 헤겔의 『대논리학』에서 "삶의 이념"과 "논리적 방법", 『헤겔연구』, 제17호(고양: 등과서, 2005).

조창오, "'비극적인 것'의 탄생과 '희극적인 것'으로의 이행 – 헤겔의 초기 저작과 『정신현상학』을 중심으로", 『헤겔연구』, 제18호(고양: 동과서, 2005).

Historisches Wörterbuch der Philosophie, hrsg. von J. Ritter, K. Gründer, G. Gabriel, 13 Bände, 1971-2007 Basel.

Das tragische Denken bei Hegel in der früheren Jenaer Zeit

Cho, Chang-Oh

Diese Abhandlung versucht ‚das tragische Denken' zu rekonstruieren, das Hegel seit gegen 1800 entworfen hat. Damit können wir vermeiden, einerseits die ganze Philosophie von Hegel durch den Begriff „Dialektik" zu verstehen, ohne die detaillierte entwicklungsgeschichtliche Seite zu berücksichtigen, andererseits die Entwicklung des Hegelschen Denkens teleologisch zu interpretieren. Die Eigenständigkeit des Denkens in dieser Zeit liegt darin, die transzendentale Anschauung und das reflexive Denken durch den Begriff des Tragischen zu vereinigen. Dieses tragische Denken kann nur aus der Problematik verstanden werden, mit der Hegel sich seit der Frankfurter Zeit auseinandergesetzt hat. Durch die Unterscheidung des tragischen Denkens von dem dialektischen, das Hegel seit 1804 konzipiert hat, kann die Eigenständigkeit der Tragödientheorie im *Naturrechtsaufsatz* verdeutlicht werden, im Vergleich zu der in *Phänomenologie* des Geistes. Die Tragödientheorie, die Hegel durch das tragische Denken expliziert hat, trägt nicht zuletzt zum Verstehen der mehrdimensionalen Lektüren der Tragödie in *Phänomenologie des Geistes* bei.

Schlagwörter: Tragödie, das Tragische, das tragische Denken, Dialektik, das dialektische Denken.

왜 판단력의 적용대상은 예술이어야 하는가?

– I. Kant 의 『판단력비판』 〈제2서론〉을 중심으로

양 희 진

요약문

『판단력비판』의 핵심주제는 기술에 대한 판단력의 반성의 문제이지만, 구체적으로 이는 기술 중에서도 '예술'이고, 이를 다루는 판단력은 '취미'이다. 이는 우리는 칸트의 〈서론〉 말미 〈영혼능력에 대한 표〉에서 확인할 수 있다. 그는 여기서 판단력의 적용범위를 기술로 규정하지만, 이때의 기술은 판단력이 쾌, 불쾌의 감정과 관계한다는 사실에 의해 예술임이 밝혀진다. 칸트에 따르면 쾌, 불쾌의 감정과 관계하는 판단력은 취미이다. 취미는 아름다운 감정의 보편타당성을 검사하는 능력이다. 그러나 어떤 기술이 아름다운 감정을 불러일으키는가? 이는 기술 중에서도 예술뿐이다. 따라서 칸트의 『판단력비판』의 모든 문제를 예술과 관련된 문제로 귀결시키는 것은 정당하다.

그러나 이러한 이해는 오히려 칸트의 문제 상황을 축소시키는 것처럼 보인다. 그는 〈서론〉에서 다양한 판단력들을 소개한다. 요컨대 취미는 반성적 판단력 중에 하나이다. 그러나 취미의 반성은 미적 판단에 대해서 칸트가 정의한 판단력의 반성 이상의 것을 반성하는 것처럼 보인다. 취미는 '미의 판단의 발생과정'과 '그러므로 이러한 판단이 인식판단처럼 보편타당하다'는 사실을 동시에 반성한다. 따라서 판단력이 아름다운 감정과 관계할 경우, 결과적으로 이는 판단력의 반성을 축소시키기보다 확장시킨다. 마찬가지로 표면적으로 판단력의 적용범위가 예술이라는 분야로 축소되는 것 같지만, 알다시피 예술의 대상은 주어진 현상을 초월한다. 따라서 취미의 반성 활동과 예술의 특성을 고려해 볼 때, 예술은 오히려 판단력의 반성의 범위를 보다 확장시키고, 이 영역에서 보편타당성을 검사하기 위해 판단력을 더 깊은 숙고로 인도한다.

● 주요어 : 판단력, 취미, 예술, 쾌, 불쾌의 감정, 반성, 보편타당성

1. 서 론

칸트는 『판단력비판』 〈제2서론〉 마지막에 자신의 주장을 하나의 표로 개관[1]하고 있다. 특별히 〈영혼능력에 대한 표〉라는 제목 하에 소개된 이 도식은 판단력의 위치와 그것의 역할 그리고 다른 인식능력과의 관계를 한 눈에 확인할 수 있다. 〈표〉에 따르면 판단력은 지성과 이성에 이어 인식능력의 부류에 속한다. 이 인식

1) 상위의 영혼능력에 대한 표. I, Kant, *kritik der Urteilskraft*, Felix Meiner, 2001, LVIII. (이하 "KU"로 약칭함)

마음의 전체능력들	인식능력들	선험적 원리들	적용(Anwendung auf)
인식능력	지성	합법칙성	자연
쾌와 불쾌의 감정	판단력	합목적성	기술
욕구능력	이성	궁극목적	자유

능력은 마음의 능력 중에 하나이다. 마음의 능력은 셋으로 나누어지는데, 인식능력, 쾌, 불쾌의 감정 그리고 욕구능력이 그것이다. 그러나 이때 판단력은 자신은 인식능력에 속하면서도, 쾌와 불쾌의 감정과만 관계한다. 나아가 판단력은 다른 인식능력과 마찬가지로 선험적 원리를 가지고 있는데, 이 원리는 '합목적성의 원리(Prinzip der Zweckmäßigkeit)'로 불린다. 그리고 이 원리는 자연에도, 자유에도 적용되지 않는다. 단지 '기술[2](Kunst)'에 적용될 뿐이다. 따라서 판단력은 쾌와 불쾌의 감정과 관계하면서, 합목적성이라는 선험적인 원리를 기술에 적용하는 인식능력이다. 그러나 그의 개관이 주는 판단력의 정의는 어떤 주장을 함축하고 있다. 왜 판단력은 쾌와 불쾌의 감정과만 관계를 갖는가? 그리고 왜 판단력의 적용대상은 기술이어야만 하는가? 왜냐하면 위의 정의에 부합하지 않은 판단력도 있거니와, 판단력은 기술에만 국한된 능력이 아니기 때문이다.

칸트가 제안하는 이러한 도식은 어떤 특정 판단력을 지시하고 있음에 틀림없다. 이는 '미감적 판단력(ästhetische Urteilskraft)', 즉 '취미(Geschmack)'이다. 왜냐하면 유일하게 쾌의 감정과만 관계하는 판단력은 취미뿐이기 때문이다. 취미는 보편타당한 판단을 가능하게 하면서도, 판단의 필연성을 동시에 주장하는 반성능력이다. '어떤 대상이 아름답다'는 판단은 취미판단이다. 이 판단은 어떤 대상에 대한 아름다움이라는 감정의 판단이면서도, 동시에 모든 사람들에게 요구 주장할 수 있을 만큼 타당한 판단임을 스스로 주장하는 특이한 판단이다.(KU, 135) 한편 판단력이 취미임이 밝혀짐에 따라 판단력의 대상도 명백하게 드러났다. 이는 기술 중에서도 '예술'을 의미한다. 왜냐하면 일반적으로 아름다운 감정을 불러일으키는 기술은 예술뿐이기 때문이다. 그러므로 이를 토대로 우리가 『판단력비판』에서 칸트의 핵심 주제는 **취미능력**과 **예술**이라고 말하는 것은 타당하다.

한마디로 칸트의 『판단력비판』이 문제 삼는 모든 주제는 예술과 그것의 규정능력으로서의 취미이다. 그러나 이는 그의 체계에 대한 지나친 주장처럼 보인다. 왜냐하면 정작 본론에서 그는 자연미와 예술미를 구분하면서도 예술미는 보편타당성을 주장할 수 없는 것으로 간주하기 때문이다.[3] 따라서 앞으로 이러한 귀결이 타당하다면, 자연미에 대한 예술미의 우월성을 지켜내는 것이 가장 큰 문제이다.[4] 한

2) Kunst를 기술로 혹은 예술로 번역할 것인가는 맥락에 따라 다르다. 때문에 백종현은 이를 "기예"로 번역해 두었다, I. 칸트, 『판단력비판』, 백종현 옮김, 아카넷, 2009, p187 그러나 본 논고는 우선 'Kunst'를 기술로 번역할 것이다. 본 장의 목표는 칸트가 〈서론〉 말미 〈표〉에서 지시하는 판단력과 판단력의 적용 영역을 구체화시키는데 있다. 이 과정에서 차후 '기술'은 '예술', 더 정확하게 말하면 '미적 예술(schöne Kunst)'로 한정될 것이다.

편 취미판단에 이어 〈목적론적 판단에 대한 비판〉은 『판단력비판』의 중요한 한축을 이룬다. 그렇다면 목적론적 판단에 대한 그의 비판은 어떻게 이해해야 하는가? 이를 위해서는 앞으로 예술과 관련하여 자연미에 대한 해명과, 취미판단과 관련하여 목적론적 판단에 대한 해명이 필요하다.

이를 위하여 필자는 칸트가 개관한 표에 의지해 그의 〈제2서론〉 (이하 〈서론〉으로 약칭함) 안에서 위의 사실을 추적해 보려고 한다. 여기서 그는 이를 분명히 점진적으로 유도하고 있다. 본론에서 필자는 판단력 일반으로부터 시작한 판단력의 분류가 구체적으로 취미로 귀결될 수밖에 없음을 보여주고, 이를 토대로 다시 기술 혹은 다양의 총괄로서의 자연에 대한 분류로부터 예술로 종결되는 과정을 보여줄 것이다. 첫 번째 과정은 판단력의 대상을 예술이어야 하는 근거를 보는데, 두 번째 과정은 이러한 귀결을 명확히 하는데 있다. 마지막 결말부에서는 그러므로 『판단력비판』안에서 그의 의도를 이해하는데 우리가 감당해야 할 과제가 무엇인지를 밝혀둘 것이다.

---

3) 왜냐하면 이는 예술미가 인간의 지적 관심 혹은 경험적 관심과 결부되어있기 때문이다.(KU, 165-173 참조) 한편 공병혜는「칸트 미학에서 취미론과 예술론의 의미」이라는 논문에서 칸트의 예술론은 취미 비판 영역의 부수적인 요소로 간주된다는 비판을 지적하면서, 칸트미학 내의 〈예술론〉과 〈취미론〉 사이의 내적 연관성을 자연의 〈목적론〉에 근거해 해명함으로써 이러한 오해를 해소한다. 공병혜, 「칸트 미학에서 취미론과 예술론의 의미」,칸트연구(Vol.3), 1997, pp277-278. 그러나 본 논의는 그의 〈천재론〉에 대한 이해가 없이 〈서론〉만으로도 충분히 이러한 취미와 예술 간의 관계의 긴밀성을 해명할 수 있다고 본다. 아울러 이를 토대로 칸트가 의도한 『판단력비판』의 과제를 분명히 하고자 한다.

4) 전통적으로 학자들 사이에서 자연미가 예술의 표본인지, 아니면 예술의 산물인지의 투쟁은 꾸준히 제기되어 왔다.(각주 34) 참조) 대표적으로 헤겔은 자연미에 대한 예술미의 우월성을 주장한다. 왜냐하면 예술은 계속해서 생산적인 예술가에 의해 아름다움을 점차 구체화시켜나가지만, 자연의 아름다움은 항상 추상적인 채 남겨져 있기 때문이다. 때문에 헤겔은 자연미를 자신의 미학에서 제외시킨다. G.W.F. Hegel, 『헤겔 미학 Ⅰ』, 두행숙 옮김, 나남출판, 1996, pp27-44 참조. 그러나 필자가 여기서 말한 예술미의 우월성은 헤겔의 그것과는 다르다. 이는 판단력의 활동량의 우위이다. 사실 이 문제에 대한 칸트의 입장은 중립적이다. 그는 두 아름다움을 모두 지지한다. 칸트는 "형태적인 차원에서 예술미가 자연미보다 우월하지만, 아무 사적 관심 없이 아름다운 감정을 불러일으키는 점에서는 자연미가 우월하다"(KU, 168)고 말한다.

2. 판단력으로서의 취미

1. 규정적 판단력과 반성적 판단력

크게 판단력은 규정적 판단력과 반성적 판단력으로 구분된다. 이때 판단력을 구분하는 기준은 특수한 것을 포섭시킬 보편적인 것의 존재 여부에 달렸다. 칸트는 〈서론〉 IV절에서 판단력에 대해서 본격적으로 언급한다. 일반적으로 판단력은 특수한 것을 보편적인 것 아래에 포함된 것으로 사고하는 능력이지만, 이때의 보편적인 것은 특수에 앞서 주어질 수도 있고, 주어지지 않을 수도 있다.(KU, XXV) "만일 특수한 것을 포섭할 보편적인 어떤 것이 있다면, 판단력은 규정적이요, 없다면 반성적이다."(KU, XXV–XXVI) 규정적 판단력은 자신만의 원리를 가질 필요가 없다. 왜냐하면 지성이 이미 법칙으로서 그 원리를 판단력에게 제공하고 있기 때문이다.(KU, XXVI) 따라서 판단력은 지성이 주는 법칙대로 특수한 것들을 포섭시키기만 하면 된다.[5] 이는 거꾸로 포섭될 것들이 이미 정해져 있다는 것을 뜻한다. 그러므로 판단력이 규정적인 것은 그것이 정해진 특수한 것을 보편적인 것이 지시하는대로 종속시키기 때문이다.[6] 그러나 판단력은 경우에 따라 반성적이어야만 한다. 지성의 법칙으로 지정할 수 없는, 즉 아직 정해진 바 없는 특수한 것들이 있기 때문이다.(KU, XXVII) 구체적으로 이러한 것들은 '자연의 잡다한 형식들' 혹은 '보편적인 초월적 자연개념의 변양들'이다.(KU, XXVI) 만일 이러한 부류의 특수들을 포섭해야만 한다면, 판단력은 스스로 반성해야만 한다.

---

5) 칸트는 『순수이성비판』에서 이미 규정적 판단력에 대해서 소개했다. 이는 "규칙 아래에 포섭하는 능력"으로, 배워서 얻어지는 능력이 아니라, 단지 "숙련" 되어지는 것이다. 왜냐하면 포섭 전에 이미 지성의 규칙에 의해 그 규칙에 둘 만한 어떤 것이 정해져 있기 때문이다. I, Kant, *Kritik der reinen Vernunft*, Felix meiner, 2000, B171–172.

6) Krämling에 따르면, 규정적 판단력과 관련하여 어떤 것을 '규정한다는 것(Bestimmen)'은 **두 가지** 의미를 갖는다. i)특수한 사물 혹은 사건이 규정된다는 것과 ii)순수 개념이 규정된다는 의미를 모두 갖는다. 판단력에 의해 특수한 것은 순수 개념으로 규정됨으로써 앞서 주어진 사물이나 사건이 구체적인 실례, 사례로 입증되게 되고, 순수개념들은 특수한 것으로 규정됨으로써 그 개념의 의미가 현시(Darstellung)된다. G. Krämling, *Die systembildende Rolle von Ästhetik und Kulturphilosophie bei Kant*, Karl Alber GmbH Freiburg-München(Reiche : Praktische Philsosphie ; Band 23), 1985, pp.86–87. 한편 Kulenkampff에 따르면 어떤 것을 규정한다는 것은 일단 주어진 표상과 이를 규정하는 개념을 찾는 것인데, 여기에는 "반성 혹은 숙고(Überlegung)"라는 용어로 요약되는 다양한 작용들에 의해서 가능하게 된 것이다. J. Kulenkampff, *Kants Logik des ästhetischen Urteils*, vittorio Klostermann GmbH Frankfurt am Main(1978), p43.

규정적 판단력과는 달리 반성적 판단력의 작업은 두 단계를 거친다. 우선 특수한 것에 적합한 보편적인 것을 찾아야 하고, 그 다음 특수한 것을 앞서 찾아낸 보편적인 것에 포섭시켜야 한다.[7] 만일 전자가 해결되었다면, 후자의 작업은 규정적 판단력과 동일하다. 여기서 문제는 이러한 부류의 것은 부합하는 보편적인 것이 없다는 것이다. 규정된 것이 아무것도 없기 때문에, 판단력은 종속시킬 그 무엇을 반성을 통해 찾아야만 한다.[8] 그러나 반성에도 원리가 필요하다. 즉 그것은 자신만의 포섭의 원리를 가지고 있어야만 한다. 왜냐하면 이러한 특수에 대해서 지성은 더 이상 어떤 원리도 제공해 주지 않기 때문이다. 이러한 판단력의 원리는 지성처럼 자연을 지정하는데 사용되지 않는다. 오로지 이를 판단력은 자신만을 위해 특수한 것들을 포섭하기 위한 목적으로만 사용할 수 있다.

구체적으로 반성적 판단력의 원리는 '자연의 합목적성(Zweckmäßigkeit der Natur)'[9]"이다.(KU, XXVIII) 일단 이 원리는 그 자체로 특수하다. 왜냐하면 특별히 주어진 자연현상들을 반성하기 위해서만 그것을 판단력은 사용하기 때문이다. 이와 관련하여 칸트는 "판단력이 합목적성의 원리를 반성을 위해 '형식적(formal)'으

---

7) Thurnherr는 이를 통해 반성적 판단력의 근본적인 다섯 가지 기능을 열거한다. i)이는 감성으로부터 다루어진 변양disparate Vielfalt을 공통된 것으로gleichnamig 만드는 것이다. ii) 다시 말해 이는 주어진 변양을 하나의 개념 규정으로 포괄하는 것을 뜻한다. iii) 나아가 이는 어떤 전체가 어떤 특수 목적에 귀속되는 것이요, iv)판단력이 주어진 변양을 통해 합목적적인 전체를 기획하려고 하는 것이다. 그리고 v)이는 다양이 하나의 통일로 용합되는 (verschmolzen)것이다. U. Thurnherr, "*Die Ästhetik der Existenz – Über den Begriff der Maxime und Bildung von Maximen bei Kant*", A. Franke Verlag Tübingen und Basel, 1994, pp.85–86.

8) 이때 찾아진 보편적인 것(Allgemeine)은 반성적 판단력의 반성 행위 그 자체 속에서 산출된 것이다. 반성적 판단력에게 보편적인 것은 주어져 있지 않기 때문에, 오로지 특수한 것들 자체와만 관계한다. 이때의 특수를 반성한다는 것은 지각된 것들 혹은 자연의 형식들을 비교함으로써 점차 진전된 관계로 나아가 보편적인 것에 이르게 됨을 뜻한다., G. Krämling, *Die systembildende Rolle von Ästhetik und Kulturphilosophie bei Kant*, pp.90–91 참조. 이를 두고 Spremberg는 이러한 포섭관계를 특수한 것이 보편적인 것으로 일반화(Indukion)되는 것으로 설명하기도 한다. H. Spremberg, *Zur Aktualität der Ästhetik Immanuel Kants*", pp.20–21 참조.

9) Kulenkampff에 따르면 '판단을 위한 자연의 합목적성(Zweckmäßigkeit der Natur für die Urteil)'은 **두 가지** 의미를 갖는다. 이는 결과적인 차원에서 그리고 장래를 예견하는 차원에서 이해해 볼 수 있다. **첫째** 이는 경험의 합법칙성의 총괄로서의 자연과 논리적인 체계를 성취한 이념으로서의 자연이 결과적으로 반성적 판단력에 의해서 합치됨을 뜻하고, **둘째** 규정된 체계를 산출해야 한다는 반성적 판단력의 과제(Aufgabe)와 체계로서의 이념으로서의 자연이 앞으로 성취될 수 있다는 확신(Überzeugung)과의 결합을 뜻한다. 두 번째 의미에서 합목적성은 이러한 과제의 성취를 예견하는 방식으로 진술된다. J. Kulenkampff, *Kants Logik des ästhetischen Urteils*, pp.48–49.

로 사용한다"(같은 곳)고 말한다. 그 이유는 이 원리를 통해서 사물을 인식하는 것은 아니기 때문이다.(KU, VII) 이는 오로지 특수한 것들을 포섭하기 위한 판단력 자신의 규칙으로만 사용될 뿐이다.(같은 곳) 그러나 그럼에도 불구하고 이 원리는 선험적이다.(KU, XXVIII) 그 이유는 사물을 인식하는데 필요하지 않지만, 자연현상을 반성하는데 판단력의 유일한 조건이기 때문이다.(같은 곳) 따라서 칸트는 이러한 원리를 다른 지성이나, 이성의 원리와 마찬가지로 초월적 원리(transzentales Prinzip)로 간주한다.[10] 왜냐하면 반성적 판단력의 원리가 비록 경험적이기는 하지만, 특수한 것들을 종속시키는 데 있어서 항상 선험적이고, 보편적인 조건으로 현시되기 때문이다.(KU, XXIX) 그렇다면 이로써 앞서 칸트가 의도한 판단력이 어떤 판단력인지 좀 더 분명해졌다. 이 판단력은 반성적 판단력이다. 왜냐하면 선험적 원리를 갖는 것은 유일하게 반성적 판단력뿐이기 때문이다. 그리고 위의 사실로부터 그것의 원리가 '자연의 형식적 합목적성(formale Zweckmäßigkeit der Natur)'임이 새롭게 드러났다. 그는 이어서 반성적 판단력을 다시 미감적 판단력과 목적론적 판단력으로 나눈다.[11]

2. 반성적 판단력

요컨대 반성적 판단력은 비록 대상인식이 아무 영향도 주지 않는다는 점에서, 형식적이긴 하지만, 선험적인 원리를 갖는다. 그것이 말하자면 '자연의 합목적성

10) 칸트의 합목적성 개념은 현대의 합목적성 개념과는 다르다. 어떤 것이 '합목적적'이라는 것은 앞서 보이는 목적을 달성하는데 그것들이 어떤 뚜렷한 수단을 현시하는 경우에 쓰인다. 예를 들어 새의 깃털은 날기에 혹은 따뜻하게 하는데 합목적적으로 판단되어진다. 마찬가지로 칸트는 자신의 합목적성 개념을 인과성(Kaualität)의 방식으로 이해하지만, 뚜렷한 목적표상이 잡히지 않는다는 게 다르다. G. Häflinger, Von Gewicht des Schönen in Kant Theroie des Urteile, p35. 다루겠지만, 이는 그 때문에 '목적 없는 합목적성(Zweckmäßigkeit ohne Zweck)'으로 말해진다.(KU, 34-35 참조)

11) Thurnherr는 '합목적성'과 관련하여 **'형식적-질료적(formal-material)'** 그리고 **'주관적-객관적(subjektiv-objektiv)'**이라는 개념 쌍을 가지고, 이로부터 있을 수 있는 판단 형식을 **네 가지**로 분류한다. 즉 이 개념 쌍으로부터 i)객관적, 형식적인 합목적성, ii)객관적, 질료적 합목적성, iii)형식적, 주관적인 합목적성, iv)질료적, 주관적인 합목적성이 그것이다. 이 분류에 따르면 미감적 판단은 "형식적, 주관적인 합목적성"을 가진 판단이다. 그 이유는 미감적 판단의 경우 그것이 '주관적인 것'은 합목적성을 구성하는 방식이 객관적인 목적과 관계되지 않기 때문이고, 이것이 '형식적인 것'은 단지 한갓된 주관의 이해능력간의 관계가 합목적성을 평가하는 기준이 되기 때문이다. U. Thurnherr, *Die Ästhetik der Existenz-Über den Begriff der Maxime und Bildung von Maximen bei Kant*, pp.86-87.

의 원리'이다. 이제 문제가 되는 것은 판단력의 원리의 적용범위와 그 한계이다. 그러나 사실 이 부분은 어느 정도 대답 되었다고 본다. 위에서 밝혀진 바에 따르면 판단력은 이 원리를 오로지 자신만을 위해 사용해야하며, 지성에 의해 규정되지 않는 자연의 잡다 혹은 경험적 법칙의 변양에 사용해야 한다. 그러나 그것을 곧바로 예술로 한정하기에는 아직 이르다. 이와 관련하여 칸트는 반성적 판단력의 또 다른 분류를 제안한다.

1. 미감적 판단력과 목적론적 판단력

칸트는 반성적 판단력을 그것이 어떤 마음의 능력과 관계하는가에 따라 그리고 그것이 어떤 선험적 원리를 갖는가에 따라 미감적 판단력과 목적론적 판단력으로 나눈다.[12)](KU, L) 요컨대 미감적 판단력(ästhetische Urteilskraft)이란 쾌와 불쾌의 감정과 관계하는 능력이다. 그것이 갖고 있는 합목적성은 형식적 혹은 주관적이라 불리며, 어떤 것을 판정할 때 쾌와 불쾌의 감정과 관계한다.[13)] 반면 목적론적 판단력(teleologische Urteilskraft)은 지성과 이성이라는 인식능력과 관계하는 판정능력이다.[14)] 그것이 갖는 합목적성은 실재적 혹은 객관적인 것으로 간주되며, 어떤 것을 판정할 때 인식능력과 관계한다. 이를 토대로 볼 때, 칸트가 자신의 개관에서 의도한 판단력은 미감적 판단력임에 틀림없다. 왜냐하면 칸트의 〈표〉에 따르면 그가 제시한 판단력 중 쾌, 불쾌의 감정과 관계하는 것은 유일하게 미감적 판단력뿐이기 때문이다.(각주1) 참조) 나아가 마음의 능력들은 서로 구별되는 상이한 능력이다. 마음의 능력들과 기능들 모두는 인식능력, 쾌, 불쾌의 감정, 욕구능력이라는 세 가지 능력 중 하나에 속한다.(KU, XXII) 물론 쾌, 불쾌의 감정은 욕구능력과 결합되

---

12) 엄밀히 말해 이는 목적론적으로 반성하는 판단력(telelogisch reflektierende Urteilskraft)과, 미감적으로 반성하는 판단력(ästhetisch reflektierende Urteilskraft)을 뜻한다. H. Spremberg, *Zur Aktualität der Ästhetik Immanuel Kants*, pp.22-23 참조.

13) Spremberg는 미감적 판단력과 쾌와 불쾌의 감정간의 관계에 대해서 주목한다. 그는 칸트가 결국 반성적 판단력을 통해 감성이 자발성과의 결합을 이끈다(KU, XXXIX-XL 재인용)고 보고, 이를 토대로 그는 이러한 결합이 성공하느냐 실패하느냐의 여부에 따라, 판단하는 주체는 이를 쾌 또는 불쾌의 감정으로 의식한다고 설명한다. 그는 다음과 같이 말한다. "의식적으로 반성해 나간다면(tritt die Reflexion ins Bewußtsein), 이 반성은 감각(Emfindung)의 규정된 방식으로, 즉 쾌 혹은 불쾌의 방식으로 의식한다.", H. Spremberg, *Zur Aktualität der Ästhetik Immanuel Kants*, p21 참조.

14) 이른바 '목적론적으로 반성하는 판단력'은 자연의 반성 원리로 선험적으로 '자연의 기술(Technik der Natur)'(KU, XX214 재인용)을 그 스스로 만드는 능력이다. 우리는 이것 없이는 자연에 대한 어떤 객관적인 규정도 할 수 없으며, 설명이나 규정할 수도 없다. H. Spremberg, *Zur Aktualität der Ästhetik Immanuel Kants*, p22.

어있지만, 인식능력과 쾌의 감정은 환원될 수 없는 또 다른 능력임에 틀림없다.(KU, XXIV–XXV) 따라서 칸트의 의도에 충족하는 판단력은 반성적 판단력이요, 엄밀하기 말하면 미감적 판단력이다. 아울러 우리는 이 대목에서 한 가지 중요한 사실을 알게 되었다. 이때 판단력이 미감적 판단력으로 확인된 이상, 선험적 원리로서의 합목적성은 구체적으로 자연에 대한 '형식적, 주관적인 합목적성(formale, subjektive Zweckmäßigkeit)'이다.

그러나 미감적 판단력보다 목적론적 판단력이 칸트의 기획에 더 부합해 보인다. 그는 자신의 〈서론〉 도입부에서 판단력을 지성과 이성의 중간항으로써 지성과 이성의 관계를 매개시키는 능력으로 소개하고 있다.(KU, XXI) 말하자면 판단력의 매개란 인식능력간의 관계 안에서 성립하는 개념이라고 볼 수 있다. 요컨대 목적론적 판단력은 자신의 합목적성의 원리를 가지고 있으며, 이 원리를 가지고 자연전체를 지성과 이성이라는 인식능력과 관계시킨다.(KU, L) 이때 작용하는 합목적성의 원리는 주관적인 것이 아니라 객관적으로 불린다.(같은 곳) 그리고 미감적 판단력은 단순히 자연의 잡다 혹은 자연개념의 변양에 국한된 반면, 목적론적 판단력은 유기적 자연전체에 대해서 총괄적으로 판정한다.[15] 따라서 지금까지의 전개가 정확하다면, 칸트가 목적론적 판단력을 제외시킨 것에 대해서 우리는 이의를 제기할 수 있다. 그는 도대체 무엇을 준거로 말미에 그렇게 개관한 것인가?

칸트에 따르면 목적론적 판단력은 어떤 특수한 인식능력이 아니다. 이는 반성적 판단력 일반을 의미한다.(KU, LII) 왜냐하면 모든 반성적 판단력은 자신의 합목적성의 원리를 비록 형식적이기는 하지만, 대상인식을 목표로 사용하기 때문이다. 따라서 목적론적 판단력은 반성적 판단력 일반의 다른 이름이다. 판단력의 적용의 문제에서 볼 때, 모든 반성적 판단력은 이와 같이 형식적으로 목적 개념을 전제로 한다. 이 개념은 지성이 제공할 수도, 이성이 제공할 수도 있다. 만일 판단력이 목적론적으로 사용된 경우, 대상이 사물의 형식에서 이러한 합목적성이 표상되고, 실제로 자연목적으로만 표상된다면, 이때의 합목적성은 실재적, 객관적일 것이다. 칸트는 이 때문에 목적론적 판단력을 철학의 이론적인 부분에 속한 것으로 간주한다.(KU, LII) 그러나 미감적 판단력은 이론적인 부분에 속하지 않는다. 미감적 판단력이란 반성적 판단력이 자신의 합목적성을 미감적으로 사용하는 경우인데[16], 이

15) 목적론적 판단력은 외견상 규정적 판단력과 같아 보인다. 규정적 판단력과 마찬가지로 인식능력과 직접 관계하기 때문이다. 그러나 목적론적 판단력은 유기체로 불리는 자연 전체에 대해서 합목적성의 원리를 가지고 판정한다는 점에서 반성적 판단력이라 불리는 특별한 위치에 있다.(KU, §62 이하 참조)

는 그 합목적성을 대상 인식을 위해 사용하지 않음을 뜻한다. 그러나 이는 엄밀히 말해 미감적 판단력이 주어진 대상을 인식하려고 노력하지만, 결과적으로 이를 인식할 수 없는 것이다. 왜냐하면 이 판단력은 쾌, 불쾌의 감정을 매개로 대상을 인식하려고 하기 때문이다.[17](KU, L) 이러한 대상은 아름다운 감정으로 나타난다. 따라서 반성적 판단력에서도 미감적 판단력은 이러한 자신의 특수한 원리 때문에, 자신만의 특수한 부분을 갖는다.

칸트는 미감적 판단력을 자신의 논의에서 가장 근본적인 것으로 평가하고 있다.[18] 따라서 그가 목적론적 판단력을 그의 〈표〉에서 제외시킨 것은 그것 자신은 독자적인 영역을 갖지 못하기 때문이다. 위의 본문내용을 보면 형식적 합목적성의 특징을 확인할 수 있다. 미감적 판단력의 합목적성은 특수한 법칙을 인식능력에 순응시키는 원리가 아니다. 이 원리는 인식능력들을 특수한 법칙에 오히려 순응시키는 원리이다. 말하자면 미감적 판단력의 합목적성만이 경험적 특수한 법칙들에 따르는 자연을 유일하게 구성할 수 있는 원리이다. 그러나 우리는 아직 칸트가 제시한 개관을 완전히 이해했다고 볼 수 없다. 이번엔 그의 판단력의 적용 대상에 대한 구분이 문제가 된다. 더 정확히 말하면 미감적 판단력이 다루는 적용대상이 '기술'라는 사실을 문제 삼을 수 있다. 왜냐하면 칸트는 〈서론〉 어디에도 미감적 판단

---

16) 미감적 판단력에 있어서 합목적성의 미감적 사용은 '주관적(subjektiv)' 사용을 뜻한다. 일반적으로 이는 자연 안에서 인식을 넘어 경험적 인식을 포괄하는 좀 더 고차원적인 질서를 인식하기 위한 "실마리(Leitfaden)"를 반성하기 위함이다. 그러나 이때 판단력의 주관적 사용은 표상을 단지 쾌 혹은 불쾌의 감정과 관계시킴을 뜻한다. 사실 대상으로 주어진 표상은 인식을 위해 공간이라는 주관적인 조건과 관계한다. 이 경우 공간은 모든 우리의 주관적 조건이기 때문에, 표상과 공간과의 관계에서의 지각은 언제나 타당하다. 따라서 판단력의 주관적인 사용에 대해서도 예리한 구분이 필요하다. 미감적 판단력에 있어서 주관적인 것이란 쾌 혹은 불쾌의 감정과 결합한 표상을 뜻한다. Peter Scharrschmidt, *"Die Brgriff "Notwindigkeit" und "Allgemeinheit" bei Kant und Schillar"*, zur Erlangung und der Doktorwürde der Philosophischen Fakultät : der Universität Zürich, Bönecke Druck Clausthal Zellerfel, 1971, pp.32-33 참조.

17) Häflinger는 '미감적인(ästhtisch)' 것을 미 혹은 미적 예술만을 의미하는 것으로 국한시켜서는 안 된다고 본다. 그런 의미에서 감각 판단도 미감적 판단에 속한다. 왜냐하면 미감적인 판단은 우리가 바로 마주하는 대상에 대한 판단이기 때문이다. 미감적 판단은 해당 대상이 어떻게 나에게 감명을 주었는지에 대해 진술이 있다. 그러나 감각 판단과는 달리 미에 대한 미감적 판단은 이러한 자기감정(sich-Fühlen)을 통해 자신의 판단의 필연성을 주장할 수 있다. 이를 칸트는 "생생 감정(Lebensgefühl)"(KU, 4)이라고 표현한 바 있다. G. Häflinger, *Von Gewicht des Schönen in Kant Theroie des Urteile*, Königshausen & Neumann GmbH Verlag(2002), pp.32-33 참조.

18) 이와 관련하여 칸트는 단적으로 다음과 같이 말한다. "『판단력비판』에서 **이 비판에 본질적으로 속하는 것은 미감적 판단력을 내용으로 갖는 부분이다.**" (KU, L)

력의 적용범위를 단적으로 기술이라고 말하지 않기 때문이다. 그는 이 영역을 "경험적 법칙에 따르는 자연의 변양들이나 잡다들"(KU, XXVI-XXVII), 혹은 "미로 현시되는 자연"(KU, XLIX-L 참조)으로 소개한다. 일반적으로 기술이란 기술(Technik)과 예술(Kunst)을 동시에 지시한다.(KU, 174-176 참조) 따라서 미감적 판단력의 합목적성에 의해 적극적으로 적용될 수 있는 대상이 기술이라는 것은 분명히 혼란을 가져온다. 그렇다면 미감적 판단력의 적용대상으로서의 기술이란 무엇인가? 이 질문에 대답하기 위해서는 미감적 판단력에 대한 칸트의 또 다른 구분을 살펴보아야 한다.

2. 취미와 미감적 판단력

칸트는 〈서론〉에서 미감적 판단력을 또 다시 둘로 나누고 있다. 취미와 좁은 의미에서의 미감적 판단력이 그것이다. 그러나 지금까지의 판단력의 구분이 기술을 염두에 둔 것이라면, 이때 기술에 관여하는 것은 취미이다. 왜냐하면 후자, 즉 좁은 의미의 미감적 판단력은 숭고의 감정과 관련되어 있기 때문이다. 숭고의 감정은 주어진 대상 표상과는 무관하게 순전히 정신의 활동과정에서 생긴 감정이다.(KU, XLVII-XLVIII) 그러나 그렇다고 하더라도 이를 통해 기술을 제압할 수 있는 것이 취미라고 단정하기는 어렵다. 이에 대답하기 위해서는 취미능력이 무엇인지 좀 더 살펴볼 필요가 있다.

우리는 앞서 단순히 반성적 판단력을 포섭능력으로서 특수가 주어져 있고, 포섭할 보편이 없는 경우 자신의 합목적성의 원리를 가지고 이를 찾는 능력으로 이해했었다. 즉 특수에 부합하는 보편을 찾는 적극적인 능력이 반성적 판단력이었다. 나아가 칸트는 같은 곳에서 반성적 판단력의 또 다른 측면을 소개한다. 요컨대 반성적 판단력은 어떤 대상에서 합목적성을 '보는' 능력이다.(KU, XLV) 이때 대상이란 상상력이 주어진 표상을 비교하여 지성과 일치하고, 이 때문에 쾌가 불러일으켜진 어떤 것이다.[19] 말하자면 이 대상은 이미 쾌로 느껴지는 대상이고, 판단력은 쾌의 대상에 대해서 합목적성을 판정하고 있는 것이다. 칸트는 이를 '반성적 판단력이 객관적 합목적성을 미감적으로 판단한 경우'(같은 곳)라고 설명한다. 그러나 이때의 판단력은 지금까지의 판단력의 활동과는 완전히 다른 것이다. 왜냐하면 이

19) 해당 인용문을 제시하면 이렇다. "무릇 만약 비교에서 (선험적인 직관들의 능력으로서(als Vermögen der Anschauungen *a priori*)) 상상력이 한 주어진 표상을 통해 무의도적으로 (unabsichtlich) (개념의 능력으로서) 지성과 일치하게 되고, 그로 인하여 쾌가 불러일으켜진다면, 그 때 **대상은 반성적 판단력에 의해 합목적적으로 보일 뿐이다.**"(KU, XLV)

때의 판단력은 표상에 대한 상상력과 지성과의 관계에 참여하지 않고, 오히려 이 관계를 관조하고 있기 때문이다. 다시 말해 이 판단력은 이미 한번 쾌로 판정된 미감적 판단을 다시 미감적으로 판단하는 것처럼 보인다. 그리고 이러한 판단은 자신의 판단대상에 대해서 상당히 구체적인 내용을 가지고 있다. '미감적 판단은 대상에 대한 기존의 개념을 전제하지도, 어떤 개념도 만들어내지 않은 것이며, 온전히 반성에만 의지해서 대상의 형식을 객관의 표상과 쾌와 필연적으로 결합되어 있다'(같은 곳)고 판단한다. 그리고 '이러한 판단은 결국 이러한 자연의 합목적적 형식을 파악한 주관뿐만 아니라, 모든 판단자에 대해서 타당하다(같은 곳)'고 판단한다. 이는 분명 지금까지의 미감적 판단력과는 구별된다. 그는 이어서 구체적으로 이러한 판단력에 의해 내려진 대상이 무엇인지 밝힌다. 이러한 대상은 아름다운 것이고, 이러한 미적 쾌를 근거로 아름답게 보이는 대상이 모든 사람에게 타당한지 판단하는 것은 '취미'이다.[20][21]

이와 같이 취미의 대상은 아름다움의 대상이다. 그리고 취미는 어떤 아름다운 대상이 모든 사람들에게 보편, 타당하게 아름다운 것인지를 평가한다. 그렇다면 다시 칸트의 〈영혼능력에 대한 표〉로 돌아가 보자. 여기서 우리의 임무는 왜 판단력의 적용대상이 자연이 아닌 기술인가를 해명하는 것이다. 만일 그의 〈표〉에서 판단력이 취미를 지시하는 것이라면, 기술은 충분히 판단력의 적용대상일 수 있다. 그러나 취미의 적용대상으로서의 기술을 어떻게 받아들여야만 하는가? 이를 우리는 우리 앞에 주어진 자연으로 이해할 수 없다. 왜냐하면 기술은 인간의 인위적인 의도에 의해 만들어진 산물이기 때문이다. 그렇다면 취미의 대상, 즉 아름다운 대상으로 다룰 수 있는 기술은 무엇이 있는가? 이는 판단력이 취미라는 사실이 밝혀지면서 분명해졌다. 이는 예술이다.

그러나 여전히 남는 물음이 있다. 왜 자연이 아니라, 예술인가? 칸트는 우리에게 이를 직접적으로 설명하지 않는다. 그러나 이로부터 분명한 것은 이때의 예술은

20) 칸트는 다음과 같이 말한다. "그리고 **그러한 쾌에 의해 (따라서 또한 보편타당하게(allgemeingültig)) 판단하는 능력을 취미라고 일컬어진다.**"(KU, XLV)

21) Spremberg는 미감적 반성 판단과, 목적론적 반성판단을 구별하는 과정에서 예술작품(Kunstwerks) 혹은 기술대상(Kunstgegestand)을 별다른 논의 없이 미감적 반성판단의 대상으로 받아들인다. H. Spremberg, *Zur Aktualität der Ästhetik Immanuel Kants*, pp.24–25 참조. 그러나 이 경우 좀 더 엄밀한 구분이 필요하다. 미감적 판단력이 형식적이고 주관적인 합목적성을 예술작품에 덧붙이는 한, 이는 구체적으로 취미의 대상이다. 알다시피 미감적 판단에는 숭고의 판단도 해당된다. 숭고는 예술작품 혹은 인공물뿐 만이 아니라, 거대한 자연과, 인간 자신에게 느끼는 특별한 감정이다.(§§25–29 사례 참조) 따라서 예술작품에 대한 미적 판단이라면, 이때 판단력은 미감적 판단력 중에서도 '취미'이다.

아름다운 예술이라는 사실이다. 그렇다면 우리는 우리의 문제를 수정할 필요가 있다. 어떤 예술이 아름답다고 판단되는가? 말하자면 이것이 취미의 주제이다. 아울러 이때 취미가 관계하는 쾌, 불쾌의 감정도 분명해졌다. 이는 아름다운 감정이다. 예술의 영역에서 취미는 자신의 합목적적 원리를 통해 아름다움에 대한 법칙을 수립하게 된다. 즉 취미는 예술의 영역에서 아름다움의 보편 타당함을 말할 수 있다. 그러나 쾌, 불쾌의 감정이 아름다운 감정을 의미한다면, 취미의 합목적성의 원리는 다르게 해석되어야 한다. 취미의 합목적성의 원리는 미를 평가하는 구성의 원리이다. 만일 이것이 미적 감정을 산출하는 합목적성의 원리라면, 이때의 원리는 취미가 아니라, 미감적 판단력의 원리라고 해야 한다. 그러므로 아름다움과 관련해서 판단력의 합목적성은 두 가지 측면에서 구성적이다. **한편으로** 미적 감정의 가능조건이라는 점에서 구성적이요, **다른 한편으로는** 이 감정이 모든 사람들에 타당한 지를 적극적으로 판정할 수 있다는 점에서 구성적이다.[22] 따라서 칸트가 판단력이 특별히 취미를 염두에 둔 것이라면, 여기서는 예술 특히 아름다운 예술을 판정할 때를 의미한다.

그렇다면 칸트의 〈표〉와 관련하여 판단력에 대한 모든 것이 밝혀졌다. 인식능력 중에서 쾌와 불쾌의 감정과 관계하면서 자신의 선험적 원리를 가지고 있는 것은 유일하게 미감적 판단력이다. 그러나 살펴본 바에 따르면 순수하게 쾌, 불쾌의 감정과 관계하는 판단력은 취미뿐이다. 취미는 "어떤 것이 보편, 타당하게 아름다운지를 판정하는 능력"[23]이다. 따라서 취미와 관계 맺는 감정은 아름다움에 대한 감정이다. 한편 취미가 자신의 원리를 구성적으로 사용할 수 있는 대상은 기술이다. 그러나 우리는 이때의 기술은 예술로 보아야 한다. 왜냐하면 기술에서 아름다움과 관련된 분야는 유일하게 예술뿐이기 때문이다. 앞으로 칸트에게 『판단력 비판』에서 과제가 있다면, 취미가 예술에 있어서 미의 판정의 보편, 타당성을 증명할 수 있

22) 그러나 반성적 판단력에게 있어서 자연의 형식적 합목적성의 원리는 선험적 원리이면서, 규제적 원리(regulatives Prinzip) 이기도 하다. 이것이 '규제적인 것'은 판단력에게 이는 자연현상의 일관된 관계를 받아들이기 위한 하나의 격률로 받아들여야만 하기 때문이다. Thurnherr에 따르면 이는 기대의 방식으로 나타나는데, 이때 자연에 대한 기대란 절대적인 인식의 조건하에 자연은 무질서한 것이 아니라, 진실로 합목적적인 배열(Gliederung)로 맺어져 있다는 것이다. 따라서 칸트의 이러한 기대 혹은 기대지평(Erwartungshorizort)은 희망들(Höffe)이라는 이름으로 수정될 수 있다. U. Thurnherr, *Die Ästhetik der Existenz – Über den Begriff der Maxime und Bildung von Maximen bei Kant*, pp.85–86.

23) 사실 칸트는 본론에서 취미를 '감관취미(Sinnensgeschmack)'와 '반성취미(Reflexionsgeschmack)'로 구분한다.(KU, 22–23 참조) 여기 〈서론〉에서 다루는 취미는 그의 논의를 비추어볼 때 "반성취미"이다.

는 가이다.

3. 취미의 적용대상으로서의 예술

취미의 적용대상으로서의 예술은 '아름다운 예술'이다. 왜냐하면 취미의 임무는 어떤 예술이 보편, 타당하게 아름다운지를 평가하는 것이기 때문이다. 그러나 『판단력비판』〈서론〉에서 칸트는 처음부터 단적으로 판단력의 적용 범위를 예술로 한정하지 않는다. 그는 여기서 이를 오히려 우리가 자연스럽게 받아들이도록 유도하고 있다. 이제 본 논의는 취미의 적용대상을 기술에서 예술로 한정해야 하는 단서를 찾고자 한다. 이를 통해 앞으로 왜 취미는 예술의 영역에서 아름다움의 보편, 타당성을 문제 삼아야 하는지, 다시 말해 왜 취미는 아름다움 일반이 아니라, 예술의 영역에서 아름다움의 보편, 타당성을 판정해야 하는지가 명확해질 것이다.

1. 기술적－실천적 규칙들

먼저 판단력의 영역은 칸트가 철학을 이론철학과 실천철학으로 구분하는 과정에서 드러난다. 이 두 철학은 서로 다른 개념 하에 세워진 종적으로 다른 학이다.(KU, XI) 그에 따르면 '자연개념들Naturbegriffe'은 사물들에 대해서 이론철학, 즉 '자연철학Naturphilosophie'을 구성하고, '자유개념Freiheitsbegriff'은 의지결정에 대해서 실천철학, 즉 도덕철학Moralphilosophie'을 구성한다.(KU, XII) 말하자면 이 두 철학은 서로 다른 두 개념 하에 다른 대상을 규정하기 때문에, 서로 구별되는 다른 철학이다. 그러나 자연개념에 따르는 실천적인 것이 있다.(같은 곳) 바로 '욕구능력으로서의 의지Wille als Begehrungsvermögen'[24)]가 그것인데, 이는 세계 내에서 개념들에 따라 작용하는 자연의 원인들 중 하나이다.(같은 곳) 그러나 의지는 그 본성이 실천적이기 때문에, 이로 인해 표상되는 모든 것들은 결과적

---

24) Schopenhauer는 '의지Wille'를 세계의 근거, 즉 물자체(Ding an sich)로 본다. 그러나 이는 세계를 구성하는 인과적 형식들을 제거할 때 확인된다. 의지는 특히 예술에서 천재에 의해서 파악된다. 천재는 세계를 모든 인과적 형식을 제거하고 관조할 수 있는 능력을 가진 자이다. 때문에 그의 체계에서 세계의 근원으로서의 '의지'를 '예술'과 관계시키는 것은 어렵지 않다. A. Schopenhauer, 『의지와 표상으로서의 세계』, 곽복록 옮김, 을유문화사, pp.242-243 참조.

으로 모두 실천적이다.(KU, XIII) 칸트에 따르면 이러한 실천적인 것에 대해서 자연개념과 자유개념은 각각 상이한 원리를 제공한다. 왜냐하면 앞서 말한 바와 같이 자연개념과 자유개념은 종별적으로 다른 개념이고, 그 때문에 의지에 대해서 그것들은 서로 다른 인과성을 제공하기 때문이다.

의지의 인과성에 규칙을 주는 개념이 자연개념과 자유개념이라는 구별은 본질적이다.(KU, XIII) 왜냐하면 이 두 개념이 의지가 어떤 방식으로 어떤 성격을 갖게 되는지를 근본적으로 보여주기 때문이다. 먼저 욕구능력으로서의 의지는 처음부터 자연개념과 관계하지 않는다. 이는 두 가지 가능성 중 하나이다. 요컨대 자연개념이 의지의 인과적 원리에 규칙을 주게 되면, 이 원리는 **기술적-실천적**이고, 자유개념이 의지의 인과적 원리에 규칙을 주게 되면 이 원리는 **도덕적-실천적**이다.(같은 곳) 우리가 주목해 보아야 하는 규칙은 **기술적-실천적**인 규칙이다. 이는 의지가 본래 자유개념의 대상임에도 자연개념과 관계하게 되면 생기는 규칙들이다. 그렇다면 왜 자연개념에 따르는 의지의 원리와 규칙은 **기술적인** 성격을 갖는가?

이는 거꾸로 이 원리가 **실천적**이라는 데서 찾을 수 있어 보인다. 어떤 원리가 **실천적**이라는 것은 그 원리가 단지 지시규정만 할 수 있다는 것을 뜻한다.(같은 곳) 그러나 자연개념을 따라 의지에 적용되는 경우의 수는 다양할 것이다.(KU, XIV) 한편 이러한 실천적인 것은 구체적으로 '욕구로서의 의지'이다. 욕구는 본래 "영리(Klugheit)"(KU, XIII-XIV)와 관련이 있는 바, 주어진 대상에 따라 필요로 하는 규칙 또한 무한할 수밖에 없다. 그러나 욕구능력으로서의 의지의 최상의 규칙은 자연개념을 따라 최소의 노력으로 자신의 영리를 실현하는 것이다. 그렇다면 이것이 어떻게 가능한가? 이는 기술의 문제, "숙련(Geschicklichkeit)"(KU, XIII)의 문제이다. 우리가 이러한 숙련을 갖출수록 그 만큼 우리는 좀 더 전문화되고, 세련된 의지의 규칙들을 갖게 된다. 그러므로 의지의 원리가 **기술적**인 것은 그것이 자연개념에 따르면서도 그 과정에서 우리의 의지는 자연을 다루는 기술과 숙련의 정도에 영향을 받기 때문이다. 그러나 칸트는 이러한 **기술적-실천적** 규칙을 이론철학에 속하면서도 그것의 부산물들로 분류한다.(KU, XIII) 이는 의지의 규칙이 자연개념에 기초하고 있지만, 그 자체로 방향만 지시해주기 때문이다. 그러나 철학은 이론철학과 실천철학만 가능하다라도, 이를 통해 이와는 다른 분야의 가능성을 생각해 볼 수 있다. 그 자체로 학문은 아니지만, 각자 고유한 **기술적-실천적** 규칙들을 갖는 기술들이 그것이다.

한편 칸트는 다른 곳에서 이를 '법칙을 수립할 수 있는 개념'과 '규칙만을 갖는 개념'으로 구분한다. 모든 개념은 모든 인식가능한 자연의 총괄이라는 '지반

(Boden)'에서 자신의 '영역(Gebiet)'을 가지고 있다.(KU, XVI) 그러나 그에 따르면 유일하게 이 지반 위에 법칙을 수립할 수 있는 개념은 자연개념과 자유개념 뿐이다.(KU, XVII) 자연개념은 '지성(Verstand)'에 의해 이론적으로 법칙을 수립하며, 자유개념은 '이성(Vernuft)'에 의해 실천적으로 이 지반에 법칙을 수립해 그것만의 영역을 가질 수 있다. 그러나 이러한 자연 안에 단지 자신의 지반을 갖는 개념들이 있다. 칸트는 이를 '경험개념들(Erfahrungsbegriffe)'이라고 부르는데, 이 개념들은 법칙을 통해서 산출된 것이지만, 법칙을 수립하지 못하는 개념들이다.(같은 곳) 말하자면 이러한 경험개념은 법칙을 갖고 있지 못하기 때문에, 이에 기초하는 모든 규칙은 '경험적(empirisch)'이고, '우연적(zufällig)'일 수밖에 없는 것이다.(같은 곳) 가령 실천적인 규칙이 **도덕적**이지 않고 **기술적**인 경우, 이성은 이 규칙에 대해서 법칙을 수립하지 못한다.(KU, XVIII) 왜냐하면 이미 살펴보았듯이 **기술적-실천적**인 규칙들은 실천적인 것인데도 불구하고, 자유개념이 아닌 자연개념을 따라 가능한 결과들을 산출하기 때문이다. 그러나 이 경우 아무리 규칙들이 자연개념에 따른다 하더라도, 이러한 규칙은 숙련에 기초하고 있기 때문에 경험적이고, 우연적일 수밖에 없다.

칸트는 이를 다시 인식능력이 '한계 지을 수 있는 영역'과 '한계가 없는 영역'으로 구분해서 살펴본다.(KU, XVI) 즉 모든 대상의 총괄은 지성과 이성의 개념에 의해서 법칙을 수립할 수 있는 영역과 그것들에 의해서 법칙수립이 불가능한 영역으로 나눌 수 있다.(KU, XVII) 즉 대상의 총괄로만 남아있는 영역이 있다.[25] 칸트는 이를 '분야(Feld)'로 부르는데, 이를 '초감성적인 것(Übersinnlichen)'으로 간주한다.(KU, XIX) 본래 이성은 그 자체로 자신의 자유개념을 통해 초감성적인 것에 대해서 법칙을 세울 수 있다.(같은 곳) 그러나 우리는 이때의 초감성적인 분야를 이성으로 규정되지 않고 남아있는 영역으로 이해해야만 한다. 앞으로 **기술적-실천적** 규칙들이 어떤 영역을 갖는다면, 이는 초감성적인 분야 어딘가에 그것들의 지반을 가질 것이다.

---

25) 일찍이 Baumgarten은 영혼을 표상하는 능력으로 규정하면서, 생생함의 정도에 따라 '판명한 표상(deutliche Vortstellung)'과 '혼연한 표상(verworrene Vorstellung)', '어두운 표상(dunkele Vortstellung)' 세 가지로 구분한다. 요컨대 모든 표상의 총괄은 '어두운 표상'이다. 이 총괄은 다른 것과 구별할 수 없고, 우리에게 어떤 생생한 자료도 주지 못하기 때문에 어둡기만 하다. 그러나 이는 그에 따르면 영혼이 표상하는 근거가 된다. A. G. Baumgarten, *Texte zur Grundlegung der Ästhetik*, Felix Meiner, 1983, §§507-511 참조. 칸트의 '초감성적인 자연'은 마치 '어두운 표상'과 같다. 그 어떤 생생한 표상도 주지 못하지만, 그럼에도 불구하고 개념이전에 반드시 가정해야 하는 가장 근원적인 것이다.

칸트는 이어서 "이성의 자유개념은 지성의 자연개념의 영역에 영향을 미치고 있고, 미쳐야만 한다"(KU, XIX)고 말한다. 왜냐하면 이성은 자신의 개념을 이론적으로든, 실천적으로 사용할 수 있고, 자연 안에서 자신의 결과를 산출해야만 하기 때문이다. 그러나 앞서 살펴본 바와 같이 이성은 스스로 자연의 영역에 영향을 미칠 수 없다. 만일 이성이 스스로 이러한 초감성적인 이념을 자연에 실현시킬 수 없다면, 우리는 이와는 다른 근거를 생각해보아야 한다. 이와 같이 지성개념으로도 이성개념으로도 이러한 초감성적인 것을 이념으로 파악할 수 없다면, 결국 남는 가능성은 **기술적-실천적**인 규칙들 안에서 그 근거를 찾아야 한다. 이 규칙들은 그 자체가 초감성적이면서 인식 가능한 자연의 총괄에 대한 규칙이라는 점에서, 적어도 이성을 자연의 영역으로 인도할 조건을 가지고 있다. 따라서 이제부터 문제는 만일 이것이 가능하다면, '어떤' **기술적-실천적** 규칙이 '어떻게' 이를 담당할 것인가이다. 왜냐하면 이 규칙은 실천적이지만, 기술에 의지해 있어서 그에 따라 종별적으로 무수히 다양한 규칙들이 있을 수 있기 때문이다. 칸트에 따르면 "이 근거는 스스로 이론적으로나 실천적으로 이러한 통일의 근거를 인식할 수 없고, 단지 한 쪽의 원리에 따르는 사유방식으로부터 다른 쪽의 원리들에 따르는 사유방식으로 넘어갈 수 있도록 해주는 그러한 것이다."(KU, XX)

2. 합목적적인 자연

실천적인 것을 기술적으로 지성의 개념에 따라 자연에 지시하는 능력은 판단력이다.(KU, XXI) 정확히 말하면 이는 반성적 판단력인데, 이 판단력만이 유일하게 자연에 대해서 규칙들을 가능하게 하는 원리를 갖고 있다. 그러나 판단력의 원리는 앞서 언급한 **실천적-기술적** 규칙들과는 구별되어야 한다. 이 원리는 이 규칙들이 전제해야 하는 것보다도 더 근원적인 것이다. 아무리 기술적인 규칙들이 실천적인 것을 자연개념을 따라 다양하게 지시한다 하더라도, 그것들은 모두 기본적으로 이 원리를 따르고 있다. 때문에 칸트는 판단력의 원리를 그 자체로 선험적인(*a priori*)것으로 간주한다.(KU, XXI) 그에 따르면 선험적인 원리를 가지고 있는 인식능력은 기본적으로 자신만의 영역(Gebiet)을 가질 수 있다.(같은 곳) 더구나 인식능력이 자연을 규정할 개념을 가지고 있다면, 이 영역에 대해서 자신만의 고유한 법칙을 수립할 수 있다.(같은 곳) 그러나 판단력은 다른 인식능력과 달리, 이 원리를 자신을 위해서만 사용한다. 즉 고유한 법칙을 수립하기 위해서가 아니라, 자연 안에서 실천적인 것이 부합할 규칙 혹은 경험적인 법칙을 발견하기 위해 이 원리를 사용한다. 구체적으로 이 발견의 원리가 '합목적성의 원리'이다.

칸트에 따르면 판단력은 자연을 반성하기 위해 합목적성의 원리를 사용한다. 통상 지성이나 이성은 자연개념이나 자유개념을 자연에 직접 적용하지만, 판단력은 자연 안에서 경험법칙 혹은 규칙을 발견할 목적으로 이 원리를 자신에게 사용한다. 그러나 이러한 합목적성의 원리는 이 두 인식능력의 개념과 마찬가지로 "초월적(transzendental)"이다. 왜냐하면 자연 안에서 어떤 법칙을 찾고자 할 때, 이 원리 없이는 어떤 경험 법칙들을 표상할 수 없기 때문이다.(KU, XXIX) 이는 자연에 대해서 더 근원적인 사유의 형식을 보여 주는 것처럼 보인다. 아직 법칙으로 규정되지 않은, 또는 아직 규정된 것은 없지만 앞으로 어떤 법칙 아래에 종속될 가능성이 일관되게 합목적적으로 표상되는 자연이 그것이다.

이를 토대로 우리는 이성과 지성의 개념에 의해 적용되기 전, 자연에 대해서 종합적으로 검토할 수 있다. 자연은 크게 두 가지 형태로 나타난다. **첫째** 판단력의 자연은 **기술적-실천적인 규칙들**의 총괄로서의 자연이다. 그러나 이러한 실천적인 규칙들은 그것이 애초에 자연의 원인이지만, 지성개념에 의해 적극적으로 구성될 수 없다. 왜냐하면 말 그대로 실천적인 것이기 때문이다. 그러나 그렇다고 이것들이 이성개념에 완전히 부합하는 것도 아니다. 왜냐하면 이것들은 이성의 인과성이 아닌, 지성의 인과성의 개념과 관계하기 때문이다.(KU, XIV) 말하자면 이를 의도적으로 관계시킨 것이 판단력이다. 오로지 판단력만이 합목적적 원리에 입각해 이질적인 이 두 조건을 관계시킨다. 이는 실천적인 것과 인과적 법칙의 결합이기 때문에, 그 결합의 결과는 무한한 규칙들을 양산한다. 그러나 그러한 규칙들은 어떤 방식으로든 자연과의 합목적적 관계 속에서 성립한다. 따라서 합목적적 자연 안에서 이것들은 하나이다. **둘째 '초감성적인 것'**으로서의 자연이다. 본래 초감성적인 것은 사물 그 자체를 뜻한다. 이것 자체는 우리의 감성을 뛰어넘는 것이기 때문에, 지성의 대상이 되지 못한다. 반대로 이것들은 이성의 대상이 될 수 있지만, 이성에게 이것들은 '실천적인 실재성(praktische Realität)'만을 갖는다.(KU, XIX) 그러나 분명 이러한 이성의 대상은 자연 안에 사물을 지시하는 방식으로 영향을 미치고, 반대로 이는 지성에 대해서 어떤 이념으로 작용하고 있다. 말하자면 판단력은 이성의 초감성적인 것을 지성의 영역에 이념으로 실현시킨다. 앞서 언급했다시피 초감성적인 것이 지성의 영역에 이념으로 실현되는 방식은 다양하다.[26] 그러나 적어도 이것들은 공유하고 있는 이념이 있는데, 이것이 바로 "합목적성"이다.

3. 쾌와 불쾌의 감정

앞서 판단력의 적용범위는 특수한 규칙들을 가진 자연 뿐만 아니라, 이러한 가능성이 합목적적으로 사유될 수 있는 총체적 자연을 포괄한 것임을 확인할 수 있었다. 이는 이러한 자연이 근원적으로 판단력의 원리에 의해서만 일관되게 합목적적으로 사유되기 때문이다. 그러나 칸트는 판단력의 적용범위를 자연이라고 하지 않고, 기술, 더 좁게는 예술의 영역으로 한정하고 있다.(KU, LVIII 참조) 따라서 문제는 그러한 근거가 어디에 있는가이다. 이제 남는 단서는 판단력이 쾌와 불쾌의 감정이라는 우리 마음의 능력과 관계해야 한다는 사실뿐이다. 실제로 칸트는 판단력의 영역에서 갖는 타당성은 쾌, 불쾌의 감정이라는 마음의 능력과 관계할 때 가능하다고 주장한다.(KU, XLV 참조) 만일 그렇다고 한다면 종국적으로 판단력의 적용범위를 예술로 한정해야 하는 이유는 쾌, 불쾌의 감정과 이에 대한 판단력의 타당성 문제와 관련이 있음에 틀림없다. 그러나 어떻게 쾌, 불쾌의 감정이 판단력의 반성에 필연성을 제공하는가?

칸트는 인식의 요소가 될 수 없는 사물 표상의 주관적인 측면으로서 쾌 또는 불쾌를 언급한다.(KU, XLIII) 이는 이 감정이 어떤 인식의 결과라 하더라도, 대상에 어떤 인식도 주지 못하기 때문이다.(같은 곳) 마찬가지로 사물의 합목적성이 지각에서 표상된다면, 이는 객관적이지 못하고 주관적이다.(같은 곳) 그 이유는 사물의 합목적성이 지각의 차원에서 표상되는 한, 객관적 인식에 앞서서 쾌 또는 불쾌라는 사물의 주관적인 측면과 결합해 있기 때문이다.(같은 곳) 따라서 사물 표상의 합목적성은 인식의 요소가 될 수 없다. 그러나 위의 사실은 대상의 합목적성이 인식의 요소가 될 수 없는, 즉 단순히 표상이 객관적일 수 없다는 사실을 말하기 위한 것이 아니다. 이는 쾌 또는 불쾌의 감정이 대상의 합목적성을 구성하는 요소임을 주장하고 있다. 대상 표상이 합목적성으로 불리는 것은 이 표상이 순전히 쾌 또는 불쾌의 감정과의 결합해 있기 때문이다. 그러나 이는 이상한 결론처럼 보인다. 어떻게 쾌의 불쾌의 감정이 표상이 합목적적일 수 있는 근거가 되는가? 사실 그의 도출과

26) 목적과 수단의 관계에서 이것과의 합목적성 속에 놓인 다의성들(Mehrdeutigkeiten)을 갖는 것은 당연하다. 왜냐하면 이는 대상의 목적 표상이 수단을 결정하고, 이 표상이 수단의 유용성을 규정하기 때문이다. 어떤 수단이 목적을 성취하는데 얼마나 유용한가는 등급으로 차등화 할 수 있다. H, Spremberg, *Zur Aktualität der Ästhetik Immanuel Kants*, p65. 그러나 이때 문제 삼는 '합목적성'은 이러한 다양한 인과성들이 전제하는 '합목적성의 형식'이다. 따라서 합목적성과 그 안에서 성립하는 관계의 다양성은 구별할 필요가 있다.

정에는 두 가지 전제가 숨어있다.

하나는 칸트에 따르면 모든 표상의 결합은 두 가지 가능성 밖에 없다는 것이다.(KU, XLII) 표상은 인식을 위해 객관적 요소와 결합하거나, 아니면 인식과 무관하게 주관적 요소와 결합하거나 둘 중 하나이다.[27](같은 곳) 말하자면 여기서 주어진 대상의 표상은 후자의 요소와 결합한 경우이다. 칸트는 이를 쾌 또는 불쾌와 결합한 경우라고 설명한다. **다른 하나는** 칸트의 추론에는 이미 주관적인 표상의 특징이 결정되어 있다. 즉 이러한 표상은 이미 합목적적이다. 그렇다면 결국 쾌, 불쾌의 감정은 주어진 사물에 대한 표상을 순수하게 주관적이게 만들면서, 동시에 표상이 합목적적일 수 있게 만드는 것이다. 그러나 어떻게 순수 주관적인 감정이 표상이 합목적적일 수 있는 근거가 되는가? 표상이 감정과의 결합으로 인해 주관적일 수 밖에 없는 것은 쉽게 이해되지만, 그런 결합이 표상을 합목적적이게 만드는 요소가 된다는 것은 이해하기 어렵다. 이와 관련하여 칸트 또한 이러한 가능성을 스스로 의심해 본다. 그러나 이는 칸트가 이미 그 가능성을 알면서도 의도적으로 감춘 것이다. 우선 자연의 합목적적 표상은 '미감적 표상(ästhetische Vorstellung)'이다.[28]

칸트는 이를 인식능력사이의 관계 속에서 해명하고 있다. 쾌, 불쾌의 감정은 미감적 표상을 가능하게 하는 근원이지만, 이는 동시에 합목적성을 표현하고 있는 것이다.(KU, XLIV) 그러나 이 표상 안에서 발견되는 합목적성을 파악하는 것은 쾌가 아니라, 반성적 판단력이다.(같은 곳) 판단력의 반성에 따르면 표상과 쾌의 결합은 구체적으로 인식능력들의 합목적성의 결과이다.(같은 곳) 이는 어떻게 주어진 표상이 쾌, 불쾌의 감정과의 결합하게 되는지 그 과정을 보여준다. 판단력에게 이

27) 사실 이 문제는 〈미의 분석학〉에서 보다 자세하게 다루어진다. 그는 객관적인 감각(objektive Emfindung)과 주관적인 감각(subjektive Emfindung)을 구분한다. 객관적 감각은 주어진 표상이 객관(Objekt)과 관계한 경우이고, 주관적 감각은 주관의 감정과 관계하기 때문에 전혀 인식에 기여하지 않는 감각을 뜻한다. 예컨대 '녹색의 초원'에서 녹색에 대한 감각은 객관적 감각이다. 왜냐하면 이는 녹색에 대한 감각 없이는 초원을 인식할 수 없기 때문이다. 반면 이때 녹색이 주는 쾌적함은 주관적 감각이다. 이러한 만족은 우리가 초원을 인식하는데 전혀 기여하는 바가 없다.(KU, 9)

28) 이는 〈서론〉 VI절 "자연의 합목적성에 대한 미감적 표상에 대하여"라는 제목에서부터 확인할 수 있다.(KU, XLII) 이와 관련하여 Kulenkampff는 『판단력비판』의 〈제1서론〉과 〈제2서론〉의 해명방식이 다르다고 주장한다. 〈제1서론〉 VIII절에서 칸트는 한갓된 반성과 쾌 혹은 불쾌의 관계를 반성적 판단력의 분석으로부터 획득하려고 하지만, 〈제2서론〉에서 그는 역으로 이 관계를 탐구한 후, 이로부터 쾌와 결부된 자연의 합목적성의 미감적 표상으로서의 미감적 반성판단을 이끌어 낸다. J. Kulenkampff, *Kants Logik des ästheitische Uriteils*, p59.

러한 결합을 가능하게 하는 것은 인식능력들이요, 실제로 미감적 표상을 가능하게 하는 것은 지성과 상상력이다. 상상력은 주어진 표상을 지성에 일치시키는 것이다.(같은 곳) 나아가 판단력의 반성은 이러한 일치 안에서 합목적성을 발견하고, 일치가 갖는 합목적성을 한갓 주관적이면서 형식적인 것으로 간주한다.[29](같은 곳) 이러한 합목적성이 주관적이면서 형식적인 것은 오로지 우리 주관안에서 판단력의 반성을 통해서만 인식능력간의 형식적 관계가 발견되기 때문이다. 판단력은 이때 이러한 상상력과 지성과의 관계의 근거를 어떤 의도가 없이 우연히 일어난 일치에서 찾고 있다.(같은 곳) 칸트에 따르면 이러한 일치의 우연성은 어떤 감정을 불러일으킨다.(같은 곳) 따라서 미감적 표상의 합목적성이 갖는 특수성을 이해하기 위해서는 인식능력간의 우연성에 주목해야만 한다.

사실 인식능력의 일치는 우연적이지만, 이 우연의 출발은 의도적이었다. 인식능력 안에서 판단력의 임무는 주어진 표상의 형식들을 비교(Vergleichung)하는 것이다.(KU, XLVI) 만일 판단력이 표상이 갖는 형식들을 지성의 개념과 비교하지 않는다면, 상상력이 지성에 부합할 부분을 점점 포착해 갈 수 없다.(같은 곳) 말하자면 상상력과 지성의 완전한 일치를 돕기 위해 판단력은 상상력과 지성을 의도적으로 비교한다고 볼 수 있다. 그러나 어떻게 이러한 인식능력의 일치가 무의도적인 것

29) 사실 미감적 판단의 '형식적 합목적성formale Zweckmäßigkeit'은 4가지 내용 구성에 의해 도출된 것이다. i)합목적성의 형식(Form der Zweckmäßigkeit), ii)형식에 따르는 합목적성(Zweckmäßigkeit der Form nach), iii)형식의 합목적성(Zweckmäigkeit der Form) 그리고 iv)합목적적인 형식(zweckmäßige Form)이다. 이 모두가 지시하는 것은 그 목적이 주관적이든, 객관적이든 v)"모든 목적 없이 주관적인 합목적성(subjektive Zweckmäßigkeit ohne allen Zweck)"이다. 그러나 이에 대해서 학자마다 이해 차이가 있다. Marc-Wogau는 i)'합목적성의 형식'과 v)'목적 없는 합목적성'은 같은 표현이다. 왜냐하면 '특수'에 대한 '보편'의 포섭이라는 판단력의 내적 합목적성의 형식이나, '다양성'이 무규정적인 어떤 '하나'의 것과 일치되는 미감적 형식은 구조적으로 동일하기 때문이다. 그리고 이 둘은 ii)'형식에 따르는 합목적성'으로 판단력에 의해 반성된다. 그러나 Kulenkampff는 미감적 판단의 v)'목적 없는 합목적성'과 i)'합목적성의 형식'을 같은 의미를 갖는 것으로 이해하면서도, ii)'형식에 따르는 합목적성'을 이 둘로부터 구별하려고 한다. 왜냐하면 ii)'형식에 따르는 합목적성'은 판단된 객체(Objekt)의 질료적 부분이 주는 형식 때문에, 이것이 주는 목적이 무엇인지에 대한 문제가 항상 발생하지만, i)'합목적성의 형식'은 목적개념을 의도하면서도, 그 목적이 주어져 있지 않고, 알려져 있지 않다는 것을 의미하기 때문이다. 한편 Pett에 따르면 i)'합목적성의 형식'은 iii)'형식의 합목적성'과 iv)'합목적적인 형식'이라는 두 가지 측면을 갖는다. 판단의 차원에서 모든 목적 표상과 대상으로부터 모든 경험적인 개념을 결여하고 있다는 점에서 iii)'형식의 합목적성'을 가지면서, 동시에 대상을 지각하는 차원에서 대상의 질료적 요소와 결합된 감각을 결여한 지각이라는 점에서 iv)'합목적적인 형식'이다. H, Spremberg, *Zur Aktualität der Ästhetik Immanuel Kants*, pp.68-72 참조.

인가? 이는 판단력이 겨냥한 것과는 다른 결과가 나왔기 때문이다. 판단력은 의도적으로 인식능력 관계를 비교하지만, 그 결과를 예상하지 못한 것이다.(같은 곳) 당연히 모든 인식능력의 활동은 주어진 표상을 하나의 필연적인 대상으로 인식하는 것이다. 그러나 그 결과는 대상에 대한 인식이 아니라, 한갓 쾌이다. 그러나 여기서 판단력은 예상치 못한 또 하나의 사실을 발견하게 된다. 이러한 인식능력의 일치가 합목적적이라는 사실이다. 분명히 이러한 쾌는 인식능력의 합목적적 관계 때문에 발생된 것이지만, 이 사실은 판단력이 거꾸로 표출된 쾌를 통해 자각하기 때문이다.[30)]

그러므로 판단력의 반성은 크게 두 계기로 나누어짐에 틀림없다. **하나는** 어떤 대상의 인식을 겨냥한 반성과, **다른 하나는** 여기서 합목적성을 발견하는 반성으로 나눌 수 있다. 그리고 이 반성은 두 가지 의미에서 흥미롭다. **먼저** 판단력의 반성은 한갓 주관적이지만, 인식능력의 일치를 돕는다는 점이다. 말하자면 주관적인 한갓된 반성이 상상력의 객관적인 활동에 영향을 미치는 것이다. **다른 하나는** 이것은 뜻밖의 쾌로 표출되고, 쾌의 근원이 판단력의 반성을 통해 드러난다는 사실이다. 즉 이 쾌가 인식능력의 합목적적인 관계에서 비롯되었다는 사실을 판단력은 총괄적으로 반성하고, 이를 스스로 깨닫는다는 것이다. 이러한 판단력의 반성은 쾌의 근거이면서, 동시에 그것의 반성이 쾌로 나타나게 된다. 따라서 이러한 반성과정에서 쾌가 발생했다면, 이 쾌는 이 반성이 나름 객관적이라는 결정적인 증거이다.

칸트에 따르면 이러한 판단력의 반성을 통해 어떤 쾌의 감정을 술어로 갖는 판단은 취미판단이다. 취미판단은 그 때문에 모든 사람들에게 그것의 타당성을 주장할 수 있는데, 그 타당성을 주장할 수 있는 근거가 바로 쾌와 불쾌의 감정에 있다. 요컨대 주어진 표상에 대한 인식능력의 우연한 합목적적인 일치가 쾌를 낳은 것이다. 구체적으로 판단력의 반성 안에서 발견되는 이 쾌는 몇 가지 특징을 갖는

30) 이는 Kulenkampff의 분석과도 맥락을 같이 한다. 우선 그에 따르면 '판단력의 수행에 대한 합목적성의 자각이 항상 쾌와 결부되어 있다'는 사실은 **세 가지** 지각(Wahrnehmung)을 전제한다. 이는 i)개별적 대상의 지각과 ii)이를 개념규정하려는 의도에 대한 지각, iii)한갓된 능력으로서 판단력에 대해서 그렇게 주어진 소여들의 합목적성에 대한 지각을 동시에 함축하고 있다. 그러나 쾌와 결부되는 것은 마지막 세 번째 지각에서 확인할 수 있다, 칸트에 따르면 이는 근원적으로 인식능력의 조건에 대한 판단력의 반성으로부터 나온 것이다. 따라서 판단력의 반성은 크게 두 가지 계기를 갖는다. i)주어진 소여에 대한 반성과, ii)미감적 판단을 야기 시키는 보편적 조건에 대한 반성이 그것이다. 이때 Kulemkampff는 두 번째 계기를 판단력의 반성 중에서도 가장 메타적인 것으로 간주한다. J. Kulemkamff, *Kants Logik des ästhetischen Urteils*, pp.64-65.

다.(KU, XLV-XLVI 참조) ⅰ)우선 이러한 쾌는 결코 욕구능력을 가능하게 하는 이성개념이나, 경험을 가능하게 하는 지성개념과 결합된 것으로 표상되지 않는다. 따라서 개념을 통해 대상의 표상과 쾌의 결합이 필연적임이 통찰되지 못하고, 단지 반성을 통해 그 둘의 결합이 주관적으로 지각된다. ⅱ)이는 그 결합이 이와 같이 아무 개념 없이 반성되기 때문이다. 따라서 이러한 반성을 통해 쾌의 어떤 객관적 필연성은 알려질 수 없으며, 선험적 타당성도 주장할 수가 없다. ⅲ)그러나 그럼에도 불구하고 이 쾌가 모든 사람들에게 그것의 타당성을 주장하게 만드는 경우가 있는데, 이것이 취미의 판단인 경우이다. ⅳ)취미판단에서 판단의 타당성을 요구하는데 결정적인 근거는 쾌 이외에 아무것도 없다. 이는 마치 인식과 결합된 술어인 것인 양, 모든 사람들에게 요구된다. 말하자면 대상 표상과 결합된 것이 유일하게 쾌 또는 불쾌의 감정이외에 어떤 것도 없다는 반성이 오히려 모든 사람들에게 요구할 근거가 되는 것이다. 그러나 이는 쉽게 납득이 되지 않는다. 어떻게 주어진 표상이 순수하게 쾌와 결합되었다는 사실이 모든 사람들에게 보편타당성을 주장할 근거가 되는가? 사실 이는 취미의 반성과 관련이 있다.

앞서 밝혀진 바와 같이 판단력의 반성은 **두 가지** 계기를 가진다. 하나는 주어진 표상들을 인식능력과의 관계 속에서 포섭시키려는 반성과, 다른 하나는 이 모든 과정에 대한 반성이다. **전자는** 우연하게 쾌를 산출하는 반성이라면, **후자는** 쾌 자체를 자신의 반성의 대상으로 삼는 반성이다. 그러나 칸트의 정의에 따르면 취미의 반성은 후자에 속하는 것처럼 보인다. 왜냐하면 취미는 주어진 쾌에 대해서 그것의 보편타당성을 판단하는 능력이기 때문이다. 그러나 이러한 후자의 반성은 곧 다른 쾌를 불러일으킨다. 어떤 감정에 대해서 보편타당성이 주관적으로 확인된 쾌는 다른 사람에게 주장하고 싶고, 다른 사람과 공유하고 싶은 감정을 발생시킨다. 따라서 취미의 반성은 결과적으로 판단력의 두 반성의 계기를 동시에 갖는다고 볼 수 있다. 즉 이미 발생된 쾌 자체를 반성하고, 그 반성은 다시 쾌로 느끼게 되는 과정이 동시에 취미의 반성 속에서 나타나는 것이다. 그러나 취미의 반성이 반성적 판단력의 반성과 다른 점이 있다면, 취미는 이미 우연히 발생되면서도 보편타당성을 주장할 수 있는 쾌가 무엇인지 알고 반성한다. 이 쾌란 대상에 대한 아름다운 감정이다.(KU, XLV)

4. 자연과 예술

위의 사실을 통해 두 가지 사실이 새롭게 드러났다. ⅰ)판단력 중에서도 취미는 쾌 그 자체를 반성의 대상으로 삼고 있다는 것과, ii)그 쾌는 구체적 아름다움이고, 이것과 관련하여 보편타당성을 검사한다는 것이다. 결국 판단력의 대상은 보편타당성을 주장할 수 있는 쾌, 즉 미에 대한 쾌이다. 그렇다면 이를 토대로 이러한 미의 후보군에 드는 것은 자연과 예술이다. 먼저 자연이 판단력의 반성의 대상임은 자명하다. 자연은 지성의 관점에서 **기술적-실천적** 규칙들로 나타나지만, 이성의 관점에서 그것은 인식을 가능하게 하는 하나의 통일된 이념이다. 그러나 이때 취미의 자연은 단순히 우연한 **기술적-실천적** 규칙들을 포괄하는 자연으로 이해해서는 안 된다. 이 자연은 이제 '아름다운 자연'이다. 자연에 대한 아름다움은 우연한 기술적이면서 실천적인 규칙에 근거하지만, 이 규칙이 갖는 우연성은 다른 규칙이 갖는 우연성과 구별되어야 한다. 왜냐하면 이것은 취미에 의해 순수하게 주관적인 합목적적 형식에서 나온 것이 우연하게 밝혀지면서, 보편타당성을 주장할 수 있는 감정으로 반성되기 때문이다.[31] 그렇다면 예술은 어떤가? 예술은 자연의 **기술적-실천적** 규칙들을 갖는 기술 중 하나에 속한다. 그러나 기술들 중에서도 취미의 대상이 되는 기술이 있다. 말하자면 기술이 아름다움을 추구하는 한, 그 기술은 취미의 대상이다. 칸트는 이 기술을 예술로 부른다. 더 정확히 말하면 미의 대상은 예술 중에서도 '아름다운 예술'[32]이다. 따라서 칸트는 자연에 이어 예술의 보편타당성을 전혀 의심하지 않는다.

우리는 어떤 대상을 사적으로 느끼는 쾌에 대해서, 자신의 쾌를 다른 사람들도 동일하게 느낄 것이라고 믿고 요구하는 경우가 있다. 경험의 내용이 사적임에도 불구하고, 이러한 요구가 가능한 것은 대상의 형식을 순수하게 반성하는 가운데 쾌가 유발되기 때문이다. 이미 앞에서 살펴본 바와 같이 대상 개념을 고려하지 않고 순전히 대상의 형식만을 반성하여 쾌를 일으키는 것은 판단력이지만, 이를 감지하는 것은 반성적 판단력 중에서도 취미이다. 따라서 취미의 반성은 쾌의 근거를 두 가지로 보고 있다. **하나는** 반성의 내용이고, **다른 하나는** 쾌를 불러일으키는 판단력의 반성과 이를 탐지하는 취미의 반성의 순수성이다. 이때 반성의 순수성은

31) 이와 관련하여 칸트는 다음과 같이 말한다. "**왜냐하면 이런 쾌의 근거는 반성하는 판단들의 보편적이기는 하지만 주관적인 조건, 즉 어떤 대상(그것이 자연 혹은 예술의 산물이든지 간에)이 각각의 경험적 인식에 요구되어지는 인식능력(상상력과 지성)의 관계와 합목적적으로 합치하는 조건에서 확인되기 때문이다.**" (KU, XLVII)

32) 칸트는 §44에서 예술일반에서 순수예술을 구분한다.(KU, 177-178) 순수예술은 '자연처럼 아름답게 느껴지는 예술'을 뜻한다.(KU, 179) 그에 따르면 천재(Genie)라는 칭호는 예술에서만 가능한데, 미적 예술은 천재에 의해서 가능하다.(KU, 181) 따라서 칸트의 〈예술론〉에서 〈천재론〉은 중요한 위치를 차지한다.

판단력이 대상개념에 의존하지 않고 순수하게 대상의 형식만을 고려했다는 점에서 찾아진다. 이때의 판단력이 발견한 반성의 내용은 상상력과 지성이라는 인식능력간의 합목적적인 일치이다. 말하자면 그 쾌를 가능하게 하는 것이 인식능력이었다는 사실이 쾌 안에서 발견되면서, 취미는 모든 사람에 대한 동의를 구하게 되는 근거를 갖게 되는 것이다. 인식능력 자체는 모두에게 동의를 구할 수 있는 보편적 인식의 조건이다.(KU, XLV) 따라서 인식을 구성하는 조건의 형식적 일치만으로도 충분히 자신의 쾌에 대해서 다른 사람들에게 동의를 요구할 수 있는 근거가 되는 것이다. 여기서 중요한 것은 취미가 쾌의 발생의 전 과정을 감찰하면서도, 동시에 자신의 이러한 반성을 또 다시 스스로 감시한다는 점이다. 사실 반성이 순수하지 못하면 이러한 인식능력의 합목적적인 구조가 보이지 않는다. 그러므로 이러한 반성의 순수성은 쾌가 가질 수 있는 보편타당성을 보증한다고 볼 수 있다. 그러나 아무 대상에게서 대상의 형식이 발견되는 것이 아니다. 이는 아름다운 쾌를 유발해야 하는 대상에서나 발견된다. 사실 이는 쾌의 보편타당성을 취미가 결정한다는 점에서 이미 드러났다. 이는 자연의 산물과 예술의 산물, 더 정확히 말하면 아름다운 자연, 아름다운 예술이다.

칸트에 따르면 자연미는 한결같이 그 안에서 합목적적인 형식을 발견할 수 있다. 따라서 우리는 자연미에 대해서 그것의 보편타당성을 자연스럽게 받아들일 수 있다. 그러나 예술미는 다르다. 그 동안 칸트는 자연미와 구별하여 예술미 안에서 어떻게 이러한 합목적성이 반성되는가를 논하기보다 오히려 예술미를 자연미와 함께 논함으로써 우리가 이 사실을 받아들이도록 강요했던 것이 사실이다.[33] 가령 그 자체로 초감성적인 자연, 즉 하나의 이념으로써 통일된 자연은 순수하게 주관 안에서만 감지된다. 그러나 지금까지 칸트는 예술을 자연이라는 지반 안에서 상이한 **기술적-실천적** 규칙들을 가지고 있는 기술의 일부로 간주했기 때문에, 예술에 대한 미적 감정의 순수성을 기대하기는 어려워 보인다. 그렇다면 칸트는 여기서

---

33) 그러나 Spremberg는 예술작품이 합목적성의 순수한 대상이 될 수 있다는데 전혀 의심하지 않는다. 이는 그가 『판단력비판』에서 대상(Gegenstand)이 어떤 방식으로 합목적적일 수 있는 지를 보여주는 대목에서도 나타난다. 그에 따르면 우리에게 대상은 **세 가지** 방식으로 합목적적이다. **첫째** 대상은 인간의 감성(Sinnlichkeit)에 합목적적일 수 있다. 즉 이는 인간이 어떤 것을 쾌적한 적으로 느끼기 때문이다. **둘째**로 대상은 의지들(Willen)에 합목적적일 수 있다. 예컨대 인간은 좋은(Gutes) 어떤 것을 갈망하고, 좋은 것의 실현을 미리 예상하고서 행위 하려고 하기 때문이다. **셋째** 몰개념적인 것으로(begrifflos), 몰관심적인(interesselos)것으로 직관되는 예술작품인 경우, 작품의 형식만을 미감적으로 판단하는데 합목적적이다. 왜냐하면 이 작품의 형식이 수용자들(Rezipienten)에게 만족(Wohlgefallen)으로 의식되기 때문이다. H, Spremberg, *Zur Aktualität der Ästhetik Immanuel Kants*, p63.

자신의 처음 입장을 뒤집는 주장을 하고 있다. 그러나 상황이 그럼에도 불구하고 칸트는 말미의 〈표〉를 통해 더 강한 주장을 한다. 오히려 자연과 분리하여 기술, 즉 예술을 취미의 적용대상으로 삼고 있기 때문이다.

지금부터 칸트는 여타의 기술들로부터 예술을 구분하고 있다. 감정, 특히 취미와 관련하여 미적 감정이 주제가 되면서 예술은 더 이상 한갓된 기술로 취급되지 않는다. 그는 〈서론〉 말미로 갈수록 다른 기술과 예술을 구분하여 예술의 사물을 자연사물과 동등하게 인식능력의 합목적적인 구조가 발견될 수 있는 것으로 간주하고 있다. 이는 앞으로 우리에게 새로운 다음의 두 가지 과제를 던져준다. **하나는** 구체적으로 어떻게 취미는 미적 감정과 관련하여 자연 혹은 자연의 사물 안에서 그것의 보편타당성을 검사하는가, **다른 하나는** 미적 감정과 관련하여 마찬가지로 취미는 어떻게 예술 안에서 보편타당성을 검사하는가이다. 사실 이는 취미의 과제이기도 하다.

전자와 관련하여 칸트에게 자연이 아름답다는 사실은 우리에게 너무도 자명하다. 순수 쾌와 결합된 형식적이며 합목적적인 관계가 반성되는 것은 자연미이다. 따라서 자연미에서 취미는 어떻게 그것의 미적 보편타당성이 성립하게 되었는지를 거꾸로 해명하기만 하면 된다. 문제는 예술미인데, 아직까지 어떻게 예술의 아름다움이 취미에게 있어서 보편타당할 수 있는지 드러나지 않았기 때문이다. 그러므로 이 경우 취미는 그것의 보편타당성에 대한 성립여부에 대한 해명을 스스로 요구받게 된다. 이러한 요구는 취미에게 그것의 적용대상은 거꾸로 아름다운 자연에서, 예술로의 확장을 촉구한다. 사실 이에 대해서 여러 가지 추측이 가능하다고 본다.[34] 그러나 적어도 예술은 취미의 반성이 계속해서 필요한 영역임에 틀림없다.

---

34) 사실 칸트의 "자연미"에 "예술미"의 관계를 두고 다양한 입장들이 있다. Herder는 헤겔의 관점에서 칸트의 이러한 구별은 낭만주의에 의해서 자연미를 예술미에 종속시키는 데 발단이 됐다고 보고, 결국 자연미는 아름다운 예술철학으로 종결된다고 주장한다. 반면 Adoro는 『판단력비판』에 놓인 자연과 예술의 변증법에 의해 예술은 사실 자율적이기는 하지만, 자연미는 예술미에 앞서 우위(Primat)를 차지한다고 본다. 한편 Hartmann에 따르면 자연미의 핵심은 유기체적인 것(Organische)이다. 이는 자기 안에 감추어진 비밀스런 합목적적 구조부터 그것의 삶의 충동, 자기 전개, 자기 성취, 자기 정립으로 나타나야만 한다. Wagner는 자연미는 미감적으로 판단하는 주관의 구성적 관계 속에서 생겨난다고 보고, 이 관계를 감정의 카타르시스(Katharsis des Gefühles)로 본다. 마지막으로 Wolandts는 자연미는 예술미와 마찬가지로 "형태 있는 대상(gestalthafter Gegenstand)"이며, 그 둘은 어떤 체계관계의 그물망 속에서 암묵적으로 객관적인 것에 대한 일련의 주관적인 것을 지시하고, 거꾸로 주관적인 것에 대한 일련의 객관적인 것은 자연미와 예술미에 조응한다. G. Schneider, *Naturschönheit und Kritik zur Aktualität von Kants Kritik der Urteilskraft für die Umweltziehung*, K&N, 1994, pp.15-19 참조.

자연미 대한 보편타당성은 전혀 의심할 바 없지만, 예술이라는 영역 안에서 취미의 반성은 예술이 갖고 있는 미의 타당성에 대한 검증을 멈출 수 없다.

4. 결 론

왜 판단력의 적용범위를 예술로 한정해야 하는가? 이상의 논의를 통해 보면 이는 보편타당한 감정이 아름다운 감정이고, 이와 결부된 영역이 자연임이 밝혀지면서 이러한 결과를 가져왔다. 이는 이미 3장에서 확인했듯이 칸트는 이때의 자연을 **세 가지** 차원에서 이해하고 있다. **첫째** 그는 자연을 **기술적-실천적** 규칙들의 다발로 본다. 그러나 분명한 것은 아름다운 감정을 불러일으키는 규칙들을 가지고 있는 분야는 사실 예술 밖에 없다. **둘째로** 그는 자연을 **초감성적인** 영역으로 본다. 칸트에 따르면 이 초감성적인 영역을 하나로 통일된 자연으로 사유하기 위해서는 이념으로 채워져야만 한다. 만일 그것이 아름답게 통일된 자연이고, 이를 다양한 방식으로 이념으로 채울 수 있는 분야가 있다면, 이 또한 예술이다. 이처럼 미에 대한 규칙을 많이 가지고 있는 것도 예술이고, 이를 가지려고 애쓰는 것도 예술이기 때문에, 판단력의 사용 범위는 자동적으로 자연이 아닌, 예술로 구체화 할 수 있는 것이다. **셋째** 그러므로 이러한 자연은 근본적으로 **합목적적**이다. 아무리 다양한 예술의 규칙들의 다발로 자연 안에서 공존한다 하더라도, 이 규칙들은 자연의 아름다운 통일을 겨냥하고 있기 때문이다. 따라서 모든 미의 규칙에 의해 구현된 자연 안에 예술은 이 같이 적어도 합목적성을 전제하고 있다.

그러나 2장과 3장에서 확인된 합목적성은 본래 판단력의 원리이다. 이는 판단력에게 취미판단을 가능하게 하는 규칙 또는 법칙을 발견하기 위한 '발견의 원리'이면서, 그것 없이는 판단의 타당성을 주장할 수 없다는 점에서 '초월적인 원리'이다. 2장에서 명백히 드러났듯이 미와 관련된 판단력은 취미이다. 종국적으로 취미가 이 원리를 통해 반성하는 것은 상상력과 지성의 합목적적 관계이다. 일정한 합목적적 일치의 지속적인 발견이 취미로부터 자신의 판단의 정당성을 주장하고 싶게 만드는 것이다. 그러나 예술작품에 대한 취미판단은 그 규칙의 다양성 때문에, 항상 상상력과 지성의 합목적적 긴장 관계 속에서 긍정과 부정을 반복할 수밖에 없다. 따라서 결국 예술에서 남는 것은 이러한 관계를 유지하려고 애쓰는 취미의 자기노력 뿐이다. 칸트는 차후에 "예술은 자연처럼 아름다워야 한다"고 주장한다.(KU, §44 이하 참조) 왜냐하면 자연미만큼 시대를 초월해 아름다운 감정을 느끼는 대상은 없기 때문이다. 따라서 예술미에 있어서 자연미는 그런 점에서 단적으로 우월하기 때문에, 이는 예술의 궁극목적이면서 최종목적이기도 하다. 일찍이 본 논의 서론에서『판단력비판』은 취미판단에 이어 목적론적 판단의 중요한 주제를 이룬다고 시인한 바 있다. 그러나 취미판단은 넓은 의미에서 목적론적 판단에 속한다. 그러나 다른 목적론적 판단과는 달리 예술은 항상 그 합목적성을 유지하는데 있어서 취미에게 더 많은 반성활동을 요구한다. 따라서 결과적으로 보면 판단력의 적용범위를 예술로 한정시키는 것은 오히려 한갓된 자연에서 예술로 확장되는 것이다.

한편 이는 종국적으로 우리에게 칸트의『판단력비판』무엇을 문제 삼아야 하는지 과제를 던져준다. 취미는 아름다운 감정을 술어로 갖는 판단과 관련하여 그것의 타당성을 스스로 검사하는 능력이다. 예컨대 누군가 '저 조각상은 아름답다'라는 취미판단을 했다면, 이는 '저 조각상은 아름다움에 틀림없다'고 주장하는 것과 다름없다. 따라서 취미판단의 경우 판단자에게 자신이 아름답다고 규정한 바로 그 대상을 다른 사람들도 그렇게 판단할 것이라는 것은 자명하다.[35] 그러나 시대를 거듭할수록 예술의 창작 방식과 기법은 다양하고 복잡하다. 그러므로 우리는 각 시대마다 구현된 예술작품이 아름답고, 아름답지 않은가를 판단할 수 있지만, 서로 상충하는 주장을 동시에 할 수 있다. 그러나 앞서 시인한 바와 같이 이때 중요한 것은 취미가 같은 대상에 대해서 다른 판단을 했다는 사실에 있지 않다. 취미가 이를 판단하는데 있어서 얼마나 내적으로 심사숙고 했는가가 중요하다.[36] 따라서 취미가 무한대로 확장하는 예술에 부응하여 정말로 그것의 정당성을 주장할 수 있는가, 없는가는 더 이상 의미 없다. 이때 우리가 주목해야 하는 것은 얼마나 취미가 예술에서 자기 내적 타당성을 완성하기 위해 노력하고 있는가이다. 이는 취미의 새로운 합목적적 관계를 보여준다. 이제 문제는 어떻게 취미의 반성이 예술의 무

35) 때문에 Nerheim은 취미판단을 인식 비판적 관점에서 이성의 유토피아로서 취미의 담론을 위해 광범위한 함축과 일치를 형성하는 판단이라고 정의한다. 즉 한편으로는 무한한 지각가능성으로 참여자들을 집중시키면서, 다른 한편으로는 삶의 의미를 '모든 사람의 보편타당성'으로 몰아간다. H. Nerheim, *Zur kritischen Funktion ästhetischer Rationalität in Kants Kritik der Urteilskraft*, Peter Lang GmbH, 2001, p221.

36) 따라서 아름다운 예술품에서 어떤 역동적인 경험 양식을 범례하려고 하는 한, 우리는 내적으로 끊임없이 새로운 이해형식을 실현한다. 왜냐하면 이러한 미적 경험은 끊임없는 취미의 반성행위를 통해서만 야기되기 때문이다. 따라서 이러한 예술품에서 미적 경험과 이를 어떤 범례로 규정하려는 데서 오는 내적 충돌은 미적 경험을 오히려 배가시킨다. H. Nerheim, *Zur kritischen Funktion ästhetischer Rationalität in Kants Kritik der Urteilskraft*, pp.221-222.

수한 창작의 규칙에서 숨겨진 내적 합목적성을 찾고, 이를 어떻게 '아름다움'이라는 감정으로 포섭하는가이다. 한마디로 칸트는 『판단력비판』에서 이 과정을 직접 보여주고 있다.

참고 문헌

Baumgarten, A. G., *Texte zur Grundlegung der Ästhetik*, Felix Meiner,1983.

_____, *Theoretische Ästhetik*, Felix Meiner 1988.

Häflinger. G., *Von Gewicht des Schönen in Kant Theroie des Urteile*, Königshausen & Neumann GmbH Verlag, 2002.

Hegel, G.W.F., 『헤겔 미학 Ⅰ』, 두행숙 옮김, 나남출판, 1996.

Kant, I., *kritik der Urteilskraft*, Felix Meiner, 2001.

_____, *Critique of the power of judgement*, P. Guyer & E. Matthews, Cambridge, 2000.

_____, 『판단력 비판』, 백종현 옮김, 아카넷, 2009.

_____, *Kritik der reinen Vernunft*, Felix Meiner, 2000.

Nerheim, H., *Zur kritischen Funktion ästhetischer Rationalität in Kants Kritik der Urteilskraft*, Peter Lang GmbH Frankfurt am Main, 2001.

G. Krämling, *Die systembildende Rolle von Ästhetik und Kulturphilosophie bei Kant*, Karl Alber GmbH Freiburg-München(Reiche : Praktische Philosophie ; Band 23), 1985.

Kulenkampff, J., *Kants Logik des ästhetischen Urteils*, Vittorio Klostermann GmbH Frankfurt am Main, 1978.

Thurnherr, U., *Die Ästhetik der Existenz über den Begriff der Maxime und die Bildung von Maxismen bei Kant*, A. Francke Verlag, 1994.

Schaarschmidt, P., *Die Begriff Notwendigkeit und Allgemeinheit bei Kant und Schiller*, zur Erlangung und der Doktorwürde der Philosophischen Fakultät : der Universität Zürich, Bönecke Druck Clausthal Zellerfel, 1971.

Schneider, G., *Naturschönheit und Kritik zur Aktualität von Kants Kritik der Uriteilskraft für die Umwelterziehung*, K&N, 1994.

Schopenhauer, A., 『의지와 표상들로서의 세계』, 곽복록 옮김, 을유문화사, 1994.

Spremberg, H., *Zur Aktualität der Ästhetik Immanuel Kants*, Peter Lang GmbH, 1998.

공병혜, 「칸트 미학에서 취미론과 예술론의 의미」, 칸트연구(Vol.3), 1997.

Warum soll der Urteilskraft auf die schöne Kunst angewandt werden?

–Durch die zweite Einleitung der *Kritik der Urteilskraft* Kants

Yang, Hee-Jin

Zusammenfassung

Man sagt, dass es sich bei der *Kritik der Uriteilskraft* Kants um die Reflexion der menschlichen Urteilskraft und die Kunst handelt, wie der *Tafel der oberern Seelenvermögen* im letzten Teil der zweiten *Einleitung* zeigt. Dies wird aber in eine Frage nach der Beziehung der Geschmack auf die schöne Kunst konvergiert. Dafür gibt es auch einen Schlüssel, dass der Urteilskraft sich mit dem Gefühl der Lust und Unlust verbunden wird. Kant interessiert sich hier nur über das allgemeingütige Gefühl. Es ist nichts anderes als das reine schöne Gefühl. Der Geschmack von den Urteilskräften wird sich gerade auf die schöne Gefühl, die allgemeingütig ist, verbunden. Er ist besonders ein Urteilskraft, die Allgemeingütigkeit des schönen Urteiles zu prüfen. Außerdem, welche Kunst erregt dieses schöne Gefühl? Es ist nur die schöne Kunst der verschieden Künsten möglich. Also ist es ganz gültig, alle Aufgaben der *Kritik der Urteilskraft* mit dieser Kunst zu verbinden.

Aber dieser Gedanke verengt oder verzerrt m. E. die eigentlichen Ideen Kants. Er stellt in der *Einleitung* verschiedene Urteilskräfte vor, zu denen auch Geschmack gehört. Allerdings erscheint er beim ästhetischen Urteil viel reflexiver als die Reflexion der Urteilskraft selbst. Ausserdem reflektiert Geschmack nicht nur den Prozess des ästhetischen Urteiles, sondern dessen Allgemeingültigkeit, wie sie sich auch beim Erkenntnissurteil zeigt. Daher schmälert das ästhetische Gefühl die Reflexivität der Urteilskraft nicht, insofern als diese auf jenes bezieht. Ganz im Gegenteil. Und es ist zu betonnen, dass die Anwendungssphäre der Urteilskraft die Erscheinungen transzendiert. Aus diesem Problembewusstsein her zielt diese Arbeit darauf ab, zu zeigen, dass die Kunst die Reflexionstätigkeit der Urteilskraft vergrössert und die Urteilskraft dadurch ihre Allgemeingültigkeit in der tieferen Ebene prüft.

Urteilskrft, Geschmack, schöne Kunst, Gefühl der Lust und Unlust, Reflexion, Allgemeingültigkeit

제3부

이성과 자기의식

칸트와 헤겔에서 관념론의 의미와 구조

김 옥 경

요약문

헤겔은 개념과 실재의 통일로서의 자아 개념을 근간으로 하는 관념론 전통이 이미 칸트에서 기원하고 있다고 본다. 칸트에게서 초월적 자아 또는 통각은 모든 대상의 가능근거로서 대상성 자체로 있다. 다시 말해 초월적 자아 개념은 주관과 객관의 통일 또는 개념과 실재성의 통일로서 파악된다. 모든 대상성의 형식적 근거로서의 초월적 주체개념을 통해 우리는 칸트가 어떻게 관념론의 근본 구조를 확립하는지를 알 수 있다. 그런데 칸트는 이러한 통일을 현상계에 제약되어 있는 유한한 의식 주관에 국한시키며, 이로 말미암아 칸트가 말하는 실재성은 물자체가 아닌 우리의 감성에 의거하는 현상을 의미하게 된다. 이와 달리 헤겔은 주관과 객관의 통일 또는 개념과 실재성의 통일을 확대해석하여 유한 주체를 넘어선 절대자의 자기통일 구조로 이해한다.

헤겔은 칸트철학이 유한성이나 영구적인 당위에만 머물고 있다고 비판하는데, 헤겔 비판의 초점은 단지 유한성개념이 아니라 유한성을 통한 유한과 무한의 대립에 맞추어져 있다. 이러한 관점에서 헤겔에 따르면 칸트와 초기 피히테 철학이 유한성을 절대화시킴으로써 유한과 무한의 대립에 고착된 악무한에 빠지는 결과를 낳았다. 따라서 칸트와 헤겔 관념론의 내재적인 연관성을 보기 위해서 칸트와 헤겔이 바라보는 유한과 무한의 관계를 해명하는 것이 필수적이다. 비록 헤겔이 칸트가 설정한 유한성의 영역을 넘어서 절대자의 지평 속에서 자신의 철학체계를 확립하지만 헤겔은 칸트 이전의 형이상학으로 회귀하지 않고 칸트의 전통을 계승하면서 새로운 사유를 열어주고 있다는 사실이 중요하다.

● 주요어 : 관념론, 초월적 통각, 이성, 절대 주체성, 역사

I. 들어가는 말

헤겔은 '이성이 모든 실재성이라는 의식의 확신'이라고 규정하며 "이성개념을 이렇게 표명하는 것이 관념론의 입장"이라고 주장한다.[1] 이 경우 자아는 자기 이외에 그 어떤 대상도 존재하지 않음을 의식하고 있는 자아이며 또한 현재 속에 실재하는 모든 것을 포괄하고 있는 자아라고 말한다. 다시 말해 자아는 모든 실재성을 구성하는 근거 또는 개념과 실재성의 통일로 이해되며 헤겔에 따르면 이러한 자아개념을 확립하는 것이 관념론의 본질적 과제이다.

헤겔은 이러한 자아 개념을 근간으로 하는 관념론 전통이 이미 칸트에서 기원하고 있다고 본다. 칸트에게서 초월적 자아 또는 통각은 모든 대상의 가능근거로서 대상성 자체로 있다. 다시 말해 초월적 자아 개념은 주관과 객관의 통일 또는 개념과 실재성의 통일로서 파악된다. 모든 대상성의 형식적 근거로서의 초월적 주체개념을 통해 우리는 칸트가 어떻게 관념론의 근본 구조를 확립하는지를 알 수 있다. 그런데 칸트는 이러한 통일을 현상계에 제약되어 있는 유한한 의식주관에 국한시키며, 이로 말미암아 칸트가 말하는 실재성은 물자체가 아닌 우리의 감성에 의거하는 현상을 의미하게 된다. 이와 달리 헤겔은 주관과 객관의 통일 또는 개념과 실재성의 통일을 확대해석하여 유한 주체를 넘어선 절대자의 자기통일 구조로 이해한다. 그렇기 때문에 흔히 칸트철학은 유한 주체의 철학으로 헤겔철학은 무한 또

1) G. W. F. Hegel, *Phänomenologie des Geistes*, hrsg. von Hans-Friedrich Wessels und Heinrich Clairmont, (Hamburg: Felix Meiner Verlag, 1988), 158. (이하에서 PdG로 약칭함); 헤겔, 『정신현상학』, (서울: 한길사, 2005), 임석진 옮김, 269쪽.

는 절대 주체의 철학으로 규정된다.[2] 이러한 대비에 천착할 때 칸트철학과 헤겔철학은 서로 대화 불가능한 철학으로, 더 엄밀히 말해 서로 적대적인 철학으로도 보인다. 여기서 우리는 극단에 서 있는 두 철학 사이의 대화를 모색하기 위하여 두 철학 사이의 접점과 결별점이 어디에 있는지를 다시 한 번 반성해 보고자 한다. 이를 위한 단초는 칸트와 헤겔이 바라보는 유한과 무한의 관계를 다시 조명해 보는 데에 있다.

헤겔은 칸트철학이 유한성이나 영구적인 당위에만 머물고 있다고 비판하는데, 헤겔 비판의 초점은 단지 유한성개념이 아니라 유한성을 통한 유한과 무한의 대립에 맞추어져 있다. 이러한 관점에서 헤겔에 따르면 칸트와 초기 피히테 철학이 유한성을 절대화시킴으로써 유한과 무한의 대립에 고착된 악무한에 빠지는 결과를 낳았다.[3] 따라서 칸트와 헤겔 관념론의 내재적인 연관성을 보기 위해서 칸트와 헤겔이 바라보는 유한과 무한의 관계를 해명하는 것이 필수적이다.

칸트는 『순수이성비판』 이율배반론에서 역학적 이율배반에 나타난 두 항, 즉 현상계와 예지계가 공존 가능하다고 설명하는데, 그 이유는 우리 지성의 제약성이 제약하는 세계를 이미 지시하고 있으며 이 두 세계는 서로 다른 영역에 위치하기 때문이다. 여기서 인간의 유한성은 유한성(현상계)과 무한성(예지계)의 관계를 필연적으로 형성하게 된다. 헤겔은 자신의 철학체계를 모든 실재성을 포괄하는 일자 혹은 절대자로부터 시작한다. 그런데 이러한 절대자란 헤겔에게서 모순을 포함한 운동 자체이다. 절대자는 한편에서 모든 것을 포괄하는 자기동일적 존재이지만, 다른 한편에서는 자기운동하는 존재이기 때문에 자기분열의 운동을 통해 이분화된다. 다시 말해 절대자는 자기분열의 운동을 통해 유한성과 무한성으로 이분화된다. 따라서 헤겔에게서 무한성으로서의 절대자는 유한성과 무한성의 관계를 자기 내에 필연적으로 포함한다. 이처럼 칸트의 유한성의 철학과 헤겔의 무한성의 철학 내에서 유한성과 무한성의 관계는 필연적 관계로 자리 잡는다. 이 필연적 관계에 초점을 맞출 때 우리는 유한성의 철학과 무한성의 철학이라는 대척점에 서 있는 칸트 철학과 헤겔 철학의 내적 연관성을 새롭게 조명해 볼 수 있을 것이다. 다시 말

2) 이에 관해 다음 문헌들을 참조할 것. Paul Guyer, "Thought and being: Hegel's critique of Kant's theoretical philosophy", in: *The Cambridge Companion to Hegel*, edited by F. C. Beiser, (Cambridge: Cambridge University Press, 1993), 171-210; 최소인, 「탈근거적 근거의 모색」, 『이성의 다양한 목소리』, (서울: 철학과 현실사, 2009), 129-154쪽; 강순전, 『칸트에서 헤겔로』, (서울: 철학과 현실사, 2008).

3) G. W. F. Hegel, *Wissenschaft der Logik, Gesammelte Werke* 11, hrsg. von W. Jaeschke, (Hamburg: Felix Meiner Verlag, 1978), 79-81. (이하에서 GW, 11로 약칭함)

해 칸트 철학에서 헤겔 철학으로의 전개는 단지 유한성의 철학에서 무한성 또는 절대성의 철학으로의 이행이라는 단순한 묘사로서는 파악될 수 없는 좀더 다층적인 분석을 요구한다고 하겠다.[4)]

따라서 이 논문에서는 칸트 철학과 헤겔 철학의 내재적 관계에 대한 생산적 논의를 위하여 칸트에서 시작된 독일 관념론 철학의 근본 문제가 무엇이며 헤겔이 어떻게 자신의 체계 속에 칸트를 수용하면서 동시에 자신의 고유한 사상을 전개시켜 나가는지를 고찰해 보고자 한다. 이를 통해 비록 헤겔이 칸트가 설정한 유한성의 영역을 넘어서 절대자의 지평 속에서 자신의 철학체계를 확립하지만 헤겔은 칸트 이전의 형이상학으로 회귀하지 않고 칸트의 전통을 계승하면서 새로운 사유를 열어주고 있다는 점이 밝혀지게 될 것이다.

II. 칸트 관념론의 중심축으로서의 초월적 주체

앞에서 지적된 바와 마찬가지로 헤겔에게서 모든 실재성이 곧 자신이라고 하는 이성의 확신은 관념론의 근본이념이며 이러한 이념의 단초는 이미 칸트에서 마련되었다. 칸트는 개념과 대상의 단순한 통일을 탐구했던 이전 철학자들보다 한 단계 더 나아가 이 통일의 '가능근거 또는 조건'에 초점을 맞춘다. 다시 말해 칸트 이론철학의 근본 문제는 어떻게 자아가 대상의 가능성의 조건으로 있을 수 있는지를 해명하는 일이다. 칸트는 이성비판을 통해 자아의 기능과 한계를 탐구하며 이를 해명하는 작업을 비판철학 또는 초월철학의 과제로 설정한다. 헤겔은 칸트의 이러한 철학기획을 높이 평가하고 비판적으로 수용하여 자신의 고유한 철학체계를 확립해 나간다. 여기서 우리는 먼저 칸트와 헤겔에게서 대상 혹은 실재성의 근거로 등장하는 주체개념의 구조를 살펴보기로 하겠다.

---

4) 흔히 헤겔 철학은 칸트에서 시작된 독일관념론의 완성태 또는 그 정점에 이른 철학으로 간주된다. 그런데 칸트는 유한의 형이상학을 근거지우려고 했고, 반면에 헤겔은 절대자에 대한 사유에 기초한 절대 관념론을 정초하려고 했다. 이와 같은 관점에서 볼 때 두 철학 사이에는 큰 간극이 있다. 그렇기 때문에 헤겔 철학이 칸트 철학의 극복이라거나 독일관념론의 완성태라고 보는 것은 정당해 보이지 않는다. 그런데 다른 한편에서 절대 관념론을 지향하는 헤겔 철학이 칸트가 확립한 유한의 형이상학으로부터 이탈하여 오도된 길로 전개되었다는 평가도 있다. 그러나 이 두 입장은 모두 칸트와 헤겔 관념론의 내재적 관계를 설명하는 데 미흡하다고 볼 수 있다. 따라서 이 논문에서는 이 두 입장과 거리를 취하여 제3의 길을 선택하여 두 철학의 접점과 차이점을 중립적으로 분석해 보고자 한다.

칸트는 『순수이성비판』에서 인식주관의 기능과 그 한계를 탐구한다. 우리 인식주관은 유한하기 때문에 대상이 시간과 공간이라는 감성의 형식에 주어져야만 우리의 지성은 사유할 수 있다. 칸트는 먼저 우리의 인식주관에서 감성과 지성의 기능을 분리함으로써 유한한 인식의 근거를 확립하며 직관과 사유가 일치하는 '근원적 직관' 또는 '신적 직관'의 가능성을 배제함으로써 이전 독단적 형이상학으로부터 자신을 차별화시킨다. 우리에게서 감성은 사유할 수 없고 지성은 직관할 수 없다. 칸트는 이어 감성에 의거하는 우리 지성의 기능에 대해 탐구한다.

지성의 기능과 한계는 『순수이성비판』 '초월적 연역'을 통해 해명된다. 대상의 인식이 성립되기 위해서는 직관을 통해 들어온 잡다 일반의 결합이 필요하다. 그런데 이 결합 작용은 직관을 통해 대상으로부터 들어오는 것이 아니다. 이는 바로 지성의 작용으로서 '오직 주관 자신에 의해서만 수행'될 수 있다.[5] 칸트는 이러한 지성을 '경험적 통각'과 구분하여 '순수 통각' 또는 '근원적 통각'이라고 지칭한다. "왜냐하면 그것은 여타의 모든 표상들에 수반할 수밖에 없는 '나는 사고한다'는 표상을 낳으면서, 모든 의식에서 동일자로 있는, 다른 어떤 표상으로부터도 이끌어낼 수 없는 자기의식이기 때문이다."[6] 감성을 통해 얻어지는 잡다 일반은 지성의 종합행위를 필요로 하는데 이 때 칸트가 정립하고자 하는 자기의식은 경험적이고 산발적인 자기의식을 의미하는 것이 아니라 경험에 선행하는 순수하고 근원적인 하나의 자기의식을 의미한다. 모든 잡다한 경험적 표상들은 하나의 자기의식에 귀속되게 된다. 그렇지만 칸트에게서 하나의 자기의식은 데카르트에서처럼 실체로서의 자기의식이 아니라 '표상력의 자발성의 행위/작용'(Aktus der Spontaneität der Vorstellungskraft)이다. '행위/작용'으로서의 지성을 강조함으로써 칸트는 '자기의식에 의해 동시에 직관의 잡다가 주어질 수 있는 지성' 즉 '신적 지성'의 가능성을 배제한다.[7] 그렇기 때문에 지성의 개념인 범주는 "가능한 경험의 대상으로 받아들여지는 그런 사물들을 인식하는 것 이외에는 어떤 다른 용도도 갖지 않는다."[8]

따라서 칸트에게서 자기의식은 순수하면서도 경험적이다. 이는 자기의식 또는

---

5) 참조. Immanuel Kant, *Kritik der reinen Vernunft*, hrsg. von R. Schmidt (Hamburg: Felix Meiner Verlag, 1956), B130 (이하에서는 KdrV로 약칭함); 『순수이성비판』, 백종현 역, (서울: 아카넷, 2006), 344쪽.

6) KdrV, B 132; 『순수이성비판』, 346쪽.

7) 참조. KdrV, B 139; 『순수이성비판』, 351쪽.

8) KdrV, B 147; 『순수이성비판』, 357쪽.

통각의 '분석적이고 종합적인 통일' 개념을 통해 명확해진다. 칸트는 "직관에 주어진 잡다에 대한 통각의 이 일관된 동일성은 표상들의 종합을 함유하고, 오로지 이 종합의 의식에 의해서만 가능하다"[9]고 말한다. 이처럼 인식주관은 순수하면서도 동시에 경험적이고, 달리 표현하면 분석적이면서 동시에 종합적이다. 그렇기 때문에 순수한 자기의식은 이미 대상성을 전제로 하고 있으며, "범주들이란...모든 현상들의 총괄인 자연에게 선험적 법칙들을 지정하는 개념들이다."[10] 이러한 관점에서 볼 때 자연에게 선험적 법칙들을 부여하는 범주를 통해 자기의식은 자연 또는 대상 일반의 형식적 근거로 있을 수 있다. 다시 말해 인식주관 앞에 드러나는 대상의 세계는 인식주관의 매개를 통해서만 그 의미를 획득하게 된다. 이를 통해 칸트는 이전 철학과는 다른 새로운 초월적 관념론의 전통을 열어준다.

칸트에게서 제약된 인식주관의 한계는 제약하는 것 또는 무제약적인 것을 간접적으로 지시하게 되며 이 관계는 칸트에게서 현상계와 예지계의 관계로 이해된다. 예지계란 경험적 인식이 성립될 수 없는 영역으로서 단지 한계개념으로만 파악될 수 있다. 그 제약성으로 인해서 현상계는 제약하는 세계로서의 예지계와 필연적으로 연관을 맺을 수밖에 없다. 이 두 세계의 공존 가능성은 칸트철학에서 역학적 이율배반의 해소방식을 통해 해명된다.

순수이성의 세 번째와 네 번째 이율배반은 역학적 이율배반으로 지칭된다. 세 번째 이율배반에서 정립은 자연법칙에서의 인과성과는 다른 자유에 의한 인과성을 받아들이는 반면 반정립은 자유인과성을 부정하고 오직 자연법칙의 인과성만을 인정한다. 네 번째 이율배반에서 정립은 세계의 부분이거나 원인으로서의 단적으로 필연적 존재를 상정하고 이에 반대하여 반정립은 정립에서 상정하는 단적으로 필연적인 존재자를 받아들이지 않는다. 그런데 사실상 정립과 반정립의 입장은 서로 동종적인 것들 사이의 관계가 아니다. 이 둘은 서로 다른 영역의 문제이며 서로의 영역구분을 통해 공존 가능하다. 칸트는 비판철학을 통해 이 두 세계의 영역을 분리함으로써 역학적 이율배반에서의 정립과 반정립 또는 현상계와 예지계의 항쟁을 해소하고 공존 가능성을 확보한다. 두 세계의 공존 가능성은 다른 한편에서는 두 세계의 엄격한 분리를 의미한다. 칸트는 현상계와 예지계를 엄격히 분리하고 유지함으로써 오히려 도덕의 세계를 감성적 세계로부터 탈피시키고 도덕적 신앙의 근거를 마련한다.[11] 이처럼 칸트의 유한한 인식주체의 형이상학은 제약하

9) KdrV, B 133; 『순수이성비판』, 347쪽.
10) KdrV, B 163; 『순수이성비판』, 368쪽.

는 무제약적 예지계와 필연적으로 관계 맺게 된다.

현상계의 제약을 넘어서 무제약자를 추구하는 이성의 이념들은 이론적인 영역에서는 단지 소극적이고 규제적인 역할밖에는 하지 않지만 도덕의 영역에서 비로소 적극적인 의미를 띠게 된다. 도덕의 영역에서 주체는 이제 자연법칙의 주재자로서가 아니라 자유법칙의 주재자로 등장하게 된다. 칸트는 다음과 같이 말한다: "자유의 이념 아래서밖에는 행위할 수 없는 모든 존재자는, 바로 그렇기 때문에, 실천적인 관점에서, 실제로 자유롭다...우리는 의지를 가지고 있는 모든 이성적 존재자에게, 그가 그 아래서만 행위할 수 있는 자유이념을 또한 필연적으로 수여하지 않을 수 없다. 왜냐하면 우리는 그러한 존재자에서는 실천적인, 다시 말해 그의 객관에 대해서 원인성을 갖는, 이성을 생각하기 때문이다...이성은 외부의 영향에서 독립적으로, 그 자신을 그의 원리들의 창시자로 간주해야만 한다."[12] 이 인용문에서 보여진 바와 마찬가지로 현상계 내에서 자연법칙의 주재자인 초월적 인식주체는 다른 한편에서 도덕세계의 자유법칙의 주재자이다. 자유법칙의 창시자로서의 실천이성은 외부의 어떠한 영향에도 의존하지 않고 스스로 도덕법칙/자유법칙을 산출해낸다. 자기 스스로 시작하는 자기원인성 혹은 자유이념이 도덕주체에 필연적으로 전제되어 있다. 인간은 따라서 한편에서는 현상적 존재자이면서 동시에 다른 한편에서는 예지적 존재자로 있다.

이처럼 칸트철학에서 현상계와 예지계, 이론과 실천 그리고 자연과 자유는 이분법적인 구도 속에서 사유된다. 칸트는 자연과 자유의 대립적 구도에 다리를 놓기 위하여 제 3비판서에서 목적론적이고 유기적인 자연관을 도입한다. 자연 속의 유기적 존재자들을 설명하기 위해서는 현상계 내에서 확증되는 기계론적 자연개념으로는 접근될 수 없는 자연목적 또는 유기체의 합목적성이 전제되어야 한다. 그러나 자연 질서의 궁극적 목적으로서의 최고의 예지자는 유한한 인식주체에게는 알려질 수 없다. 칸트에게서 최고의 예지자는 모든 도덕적 질서와 완전성의 원리로서만 의미를 지니기 때문에 우리에게는 이성의 이념으로 있으며 또한 우리에게 접근 가능한 신은 도덕법칙과 관계된 인간의 자유를 기초로 한 윤리신학적 신이다. 칸트 이후 독일 관념론자들은 이러한 칸트의 결론에 만족하지 않고 칸트가 이분법적으로 사유한 두 세계를 하나의 세계로 화해시키기 위해 각기 다른 방식으로

11) Immanuel Kant, 『감성계와 지성계의 형식과 원리들』, 최소인 옮김, (서울: 이제이북스, 2007), 207쪽.

12) 임마뉴엘 칸트, 『윤리형이상학 정초』, 백 종현 옮김, (서울: 아카넷, 2005), 183쪽.

해결책을 모색해 나간다. 여기서 우리는 헤겔이 어떻게 칸트철학을 비판적으로 수용/변형시켜 자신의 철학체계를 확립하는지를 살펴보기로 하겠다.

III. 헤겔 관념론의 중심축으로서의 절대적 주체성

헤겔도 칸트의 전통을 이어 받아 『정신현상학』에서 어떻게 인간의 인식주관이 대상을 매개해 나가면서 대상세계의 근거가 되어 가는지를 서술한다. 『정신현상학』은 그렇기 때문에 한편에서 정신이 우리 유한한 인식주관에 현상하는 과정의 서술이기도 하지만 다른 한편에서는 우리 유한한 인식주관이 정신의 지평으로 고양되는 과정의 서술이기도 하다. 이 과정 속에서 유한한 인식주관은 점진적으로 세계를 자신의 세계로 매개해 나간다. 이 매개된 세계 속에서 인식주관은 자신을 발견하고 자기 속에서 세계를 발견한다. 이는 광범위한 의미에서 개념과 실재성의 통일로 이해되며 이를 통해 관념론의 근본구조가 확립된다.

『정신현상학』의 첫 장인 '감각적 확실성'에서는 우리의 밖에 있는 대상이 진리라고 주장하는 경험론자들의 한계가 지적된다. 경험론자들은 감각에 주어지는 개별적 대상들이 진리라고 생각한다. 여기서 인식주관보다는 인식주관에 주어진 대상의 세계가 진리로 드러난다. 그러나 헤겔도 칸트가 지적한 바와 마찬가지로 대상들이 주어지기 위해서 선행되어야 할 주관의 선험적 조건들이 필요하다고 주장한다. 감각적 확실성에서 주제화되는 주관의 조건은 먼저 시간과 공간이라고 하는 선험적인 틀이다. 시간과 공간이라는 주관의 선험적 틀을 통해서 대상이 주어진다고 하는 사실은 주관의 매개 없이 대상은 우리에게 알려질 수 없다고 하는 점을 분명히 하고 있다. 대상에 전적으로 의존적으로 보이는 감각적 확실성의 단계에서도 이미 주관의 매개 작용이 드러난다. 특히 오성(Verstand)의 단계에서 인식주관은 대상을 '힘'개념을 통해 법칙적으로 사유하는데, 이 때 법칙이란 인식주관이 대상의 내면을 자신의 방식을 통해 구성한 개념이기도 하다. 그렇기 때문에 오성의 단계에서 우리는 인식주관이 대상세계를 자신의 방식대로 구성해 나가는 과정을 더 명확히 살펴볼 수 있다.

앞 장에서 살펴본 바와 같이 칸트에게서 오성(지성)의 개념, 즉 범주들은 자연에게 선험적 법칙을 지정하는 개념들이고 이 범주를 통해 인간오성(지성)은 현상으로서의 대상의 가능근거 혹은 의식과 대상/개념과 실재성의 통일로 존립한다. 이를 통해 칸트는 주체가 대상세계를 매개해 나가는 관념론의 전통을 열어준다. 헤겔은 이러한 관점에서 칸트의 관념론 전통을 계승한다. 그러나 그는 다른 한편에서 칸트가 현상으로서의 사물과 물자체로서의 사물, 또는 현상계와 예지계를 엄격히 구분하는 데에 문제를 제기하고 개념과 실재성의 통일을 현상에만 국한시키는 데에도 비판을 가한다. 칸트 이후의 독일 관념론자들의 철학적 과제는 칸트가 남겨 놓은 '물자체'의 문제를 어떠한 방식으로든 자신들의 체계 속에서 해결해야 하는 것이다. 물자체의 문제는 결국 예지계와 현상계의 관계, 자유와 자연의 관계, 신과 인간의 관계를 포괄하는 철학의 근본적인 문제로 자리 잡는다. 헤겔은 이 문제를 사유함에 있어서 칸트가 유한한 인식주체에 제한한 초월적 관념론의 범위를 확대해 나간다. 여기서 우리는 어떻게 헤겔이 칸트가 분리시켰던 현상과 물자체의 세계를 통일시키며 또한 개념과 실재성의 통일을 예지계까지 확장시키는지를 살펴보고자 한다. 헤겔철학에서 여러 개념들을 통해 이 문제에 접근할 수 있지만 여기서 우리는 '생명' 개념과 '보편자' 개념의 예를 통해 이 문제에 접근해 보기로 하겠다.

헤겔은 물자체와 현상의 관계를 본질과 현상의 관계로 파악하는데 이때 본질이란 자기를 외화하는 힘에 다름 아니다. 달리 표현하면 본질은 사물의 내면이고 현상은 사물의 외화된 형태인데 이 둘의 관계는 자신을 발현하는 힘과 발현된 힘의 관계로 이해된다. 헤겔은 분리된 두 세계를 힘의 구조로 파악할 때 물자체와 현상의 관계는 한 세계의 두 측면으로 간주될 수 있음에 주시한다. 헤겔은 칸트가 역학적 이율배반을 통해 두 세계가 공존 가능함을 보여주었음에도 불구하고 이 두 세계를 포괄하는 더 근원적 세계를 간과하고 두 세계의 대립을 고착시켰다고 본다. 헤겔은 초기 셸링의 영향을 받아 칸트에게서 분리된 두 세계를 포괄하는 더 근원적 세계에 초점을 맞추며, 그 가능성을 스피노자의 유일 실체로서의 능산적 자연 개념이나 신플라톤주의자들의 일자 개념에서 찾는다.[13] 헤겔은 플로티누스의 일자개념이나 스피노자의 유일실체로서의 능산적 자연개념을 통해 모든 다양성과 분리 이전의 세계개념을 발견한다. 그런데 그는 플로티누스 철학에서 일자가 "하강하는 모습을 개념적 필연성 없이 단지 은유와 상징을 통해서만 묘사"하고 있다는 점에 동의하지 않는다.[14] 또한 스피노자의 유일실체개념에서도 절대자와 절대자의 내적 구정을 이루는 속성과 양태개념이 절대자의 내적인 전개과정, 즉 변증법적 과정을 통해서 설명되지 않음을 지적한다.[15] 그렇기 때문에 헤겔은 한편에서

---

13) 참조. K. Düsing, 『헤겔과 철학사』, 서정혁 역, (서울: 동과서, 2003), 160-221쪽.
14) 참조. 같은 책, 177쪽.
15) 참조. 같은 책, 226쪽.

신플라톤주의나 스피노자의 일자 혹은 무한실체 개념을 수용하면서도 다른 한편에서 이를 자신의 변증법적인 절대 주체성의 철학의 관점으로 전환시킨다. 따라서 헤겔에게서 실체개념은 무한긍정을 통해 접근되는 것이 아니라 '절대 부정성'과 '절대적 힘'을 통해 사유되는 개념이다.[16] 이 점에서 헤겔은 전통 신개념을 '모든 실재성의 총체'로 이해되는 '존재'로서가 아니라 운동성을 포함하는 '자기원인'적인 주체성으로 파악하게 된다.[17]

헤겔은 『정신현상학』에서 자기 동일적인 직접성으로 있으면서 자기 매개적 존재로 있는 근원적 세계 또는 자연을 '생명'으로 규정한다. 생명은 앞서 말한 자기를 발현하는 힘으로 이해될 수 있다. 그런데 생명 개념은 물리학적인 힘 개념을 넘어서서 어떻게 '자기'운동의 구조, 즉 동일한 것이 어떻게 변화하고 또 변화하는 것이 어떻게 동일하게 남아 있을 수 있는지를 내재적인 구조를 통해 설명할 수 있다. 헤겔에 따르면 "생명의 본질은 일체의 구별을 지양해나가는 무한의 순수한 회전운동으로서, 정지해 있는 가운데서도 변화무쌍하게 이어져가는 무한의 운동이다."[18] 이 인용문에서 생명은 무한생명을 의미하는데, 자기 동일적인 직접성으로 있으면서 자신을 무한히 정립/부정해 나가는 무한운동으로 이해된다. 그렇기 때문에 생명 개념 속에는 자기동일성과 자기차별성이 동시에 내재되어 있다. 헤겔의 표현에 따르면 생명이라는 통일체는 '절대적 부정성을 안고 무한의 운동'을 한다.[19] 절대적 부정성으로 인해 생명으로서의 자연은 스스로 분화되면서 동시에 분화된 것을 자기동일성으로 회귀시킨다. 칸트가 공존 가능한 것으로 이해했던 현상계와 예지계의 두 세계는 헤겔에 이르러 자기를 정립해 나가면서 자기동일성으로 머무르는 무한생명으로서의 자연의 두 계기로 파악된다.

그런데 근원적인 무한생명으로서의 일자는 한편에서 자기를 사유하는, 더 자세히 말해 자신의 사유를 사유하는 일자이다. 자기운동을 하지만 자신을 사유할 수 없는 무한자는 근원적 의미의 무한자일 수 없다. 그렇기 때문에 헤겔은 앞에 언급했던 플로티누스나 스피노자의 근원적 일자 개념을 아리스토텔레스적인 '사유의

16) G. W. F. Hegel, *Enzyklopädie der Philosophischen Wissenschaften im Grundrisse, Gesammelte Werke* 20, hrsg. von W. Bonsiepen und H.-C. Lucas, (Düsseldorf: Felix Meiner Verlag, 1992), § 151.

17) D. Henrich, *Der Ontologische Gottesbeweis*, (Tübingen: J. C. B. Mohr Verlag, 1967), 200ff.

18) PdG, 122;『정신현상학』, 213쪽.

19) 참조. PdG, 123; 『정신현상학』, 214쪽.

사유'(noesis noeseos)과 연결짓는다. 자신을 전개시켜나가면서 유한자를 창출하고 또 창출된 유한자를 부정해 나가는 무한생명은 이러한 관점에서 자기 자신을 알아가는 무한자로 파악된다. 헤겔은 『정신현상학』 이성 장에서 무한생명이 자신이 창출한 세계 속에서 자신을 인식한다고 설명한다: "이성적인 의식은 자기 자신이 실재한다는 것을, 다시 말하면 일체의 현실이 이성 이외에 다른 어떤 것도 아니라는 것을 확신하고 있기 때문이다."[20] 헤겔에게서 "이성이란 곧 '온갖 실재이다' 라는 의식의 확신이다. 이성의 개념을 이렇게 표명하는 것이 관념론의 입장이다. 이성으로서 등장하는 의식이 곧 온갖 실재이다라는 확신을 그대로 자기 것으로 삼고 있는 관념론이 확신을 곧바로 말로 나타낸 것이 '자아는 자아이다'라는 명제이다...오히려 이 자아는 자기 이외에 그 어떤 대상도 존재하지 않음을 의식하고 있는 자아이며, 또한 현재 속에 실재하는 온갖 것의 유일한 대상인 자아이다."[21] 이 인용문에서 상술된 바와 같이 이성이 전적으로 실재라고 하는 확신, 다시 말해 이성이 곧 자신의 실재성이나 현실성과 일치한다고 하는 확신에 관념론이 기초하고 있다. '자아는 자아다'라고 하는 동일률 속에서 우리는 자아가 실재성을 담고 있는 자아임을 발견한다. 그렇기 때문에 이러한 동일률은 공허한 추상성으로서의 동어반복을 의미하는 것이 아니다.

이 구조는 헤겔철학 전체에서 여러 개념들을 통해 설명되는데, 여기서 우리는 『대논리학』 개념론에서 상술되는 '보편성', '특수성' 그리고 '개별성'의 개념을 한 예로 다루어 보겠다. 헤겔은 『대논리학』 세 번째 부분인 개념론에서 전통 사유체계와는 다른 자신의 고유한 형이상학적 사유를 확립한다. 그에게서 '개념'이란 유한한 인식주체가 갖고 있는 개념을 의미하는 것이 아니라 앞서 서술했던 아리스토텔레스적인 '자기를 파악하는 정신으로서의 일자'를 의미한다. 자기를 파악하는 정신이기 때문에 이는 단순히 명사로서 파악되지 않고 동사적인 의미를 띠고 있다. 다시 말해 정신의 본질은 자기 자신을 대상화시켜 자기 자신을 사유하고 대상화된 자기가 곧 자기 자신임을 인식하는 것에 있다. 개념론은 따라서 어떻게 절대자가 단지 즉자적인 생명으로서가 아니라 자기자신을 전개해 나가고 자신을 알아가는 정신/개념(Begirff)으로 존립하는지를 서술하고 있다. 자기를 분화시켜 나가는 정신은 처음에 모든 규정성들을 자기 내에 포함하면서도 자기동일적인 것으로 있는 '보편자'(das Allgemeine)로 이해된다. 이 보편자는 자기동일적이기는 하지만

20) PdG, 157; 『정신현상학』, 268쪽.
21) PdG, 158; 『정신현상학』, 269-270쪽.

모든 규정성을 배제한 순수한 존재개념이 아니라 '절대적 매개'(absolute Vermittlung)이다. 헤겔은 절대적 매개로서의 보편자를 '자유로운 힘'으로 규정한다: "보편자는 자유로운 힘〔die freie Macht〕이다; 보편자는 자기 자신이면서 자신의 타자를 포괄하고 있다."[22] 이러한 관점에 입각하여 볼 때 스피노자의 유일실체 개념이 헤겔에게서는 자기를 정립해 나가는 '절대적인 힘'(absolute Macht) 또는 '생산성'(Produktivität)로 파악된다.[23]

자유로운 힘으로서의 보편자는 자기 자신을 자유롭게 규정하며 이를 통해 특수자로 있게 된다. 헤겔은 특수자란 바로 보편자 자체이며 보편자의 자기차이 또는 '외부로 향해 현상함'(Scheinen nach Aussen)이라고 말한다.[24] 보편자와 특수자와의 관계는 유와 종의 관계로도 파악될 수 있는데 종으로서의 특수자는 보편적인 유의 차이를 형성하면서 유와 대립해 있다기보다는 다른 종과 대립해 있다. 유라고 하는 보편자는 자기자신이 분화된 종 개념 없이 이해될 수 없는 개념이다.

이처럼 특수함과 차이성을 자기 내에 포함하고 있는 보편자를 헤겔은 '개별자'(das Einzelne)라고 칭한다. 개별자란 보편성과 특수성을 자신의 두 계기로 갖고 있는 구체적인 보편성을 의미한다. 보편성을 통해서는 자기동일적인 측면이 그리고 특수성을 통해서는 차이가 강조되었다. 개별성은 차이에서 다시 동일성으로의 회귀, 다시 말해 '자기 내로의 복귀'로 이해된다. 그런데 이러한 보편성의 자기복귀를 헤겔은 '근원적인 자기 분화'로 규정한다: "〔보편자의〕 자기복귀는 따라서 절대적이고, 근원적인 자기분화〔absolute, ursprüngliche Teilung seiner〕이다."[25] 보편자가 '근원적인 자기분화'로 이해된다는 사실은 헤겔에게서 보편자는 모든 구별을 넘어 있는 추상적인 보편자를 의미하는 것이 아니라 자신을 끊임없이 전개해 나가면서 자신을 분화시키고 개별화시키는 운동을 의미한다. 이러한 연유로 전체로서의 일자는 자신의 부분들에 항상 상재한다. 다시 말해 일자는 자기 안에 머물면서 타자 안에 존재한다.[26] 이러한 자기분화와 개별화의 운동을 통해서 주관성은 객관

---

22) G. W. F. Hegel, *Gesammelte Werke, Bd. 12, Wissenschaft der Logik II*, hrsg. von W. Jaeschke, (Düsseldorf: Felix Meiner Verlag, 1981), 35. (이하에서는 GW. 12로 약칭함).

23) 참조. K. Düsing, *Das Problem der Subjektivität in Hegels Logik*, (Bonn: Bouvier Verlag, 1984), 228.

24) 참조. GW. 12, 38.

25) GW. 12, 52.

26) F. Chiereghin, "Hegels Konzeption der Wahrheit als Ganzes", in: *Hegels Logik der Philosophie: Religion und Philosophie in der Theorie der absoluten Geistes*, hrsg. von D. Henrich und R.-P. Horstmann, (Stuttgart: Klett-Kotta Verlag, 1984), 222.

성으로 외화되고 객관성에서 다시 자기 자신을 발견함으로써, 다시 말해 주관성과 객관성의 통일을 이룸으로써 '절대이념'이 된다.

헤겔에서 '절대이념'은 실재성을 획득한 개념 또는 자기자신을 전개하고 스스로를 파악하는 정신을 의미한다. 자기 자신을 아는 정신/개념은 자신의 실재성을 기나긴 자기 전개과정을 통해 절대 이념에서 획득하게 된다. 이처럼 헤겔에서 개념 또는 이념으로서의 절대자는 단순한 자기 동일자로서의 보편자를 의미하지 않고 자신의 존재와 개념을 통일시켜나가는 영원한 활동성 또는 절대 부정성으로 이해된다: "정신이란 어떤 활동적인 것이다. 활동성이야말로 정신의 본질로서, 정신은 곧 자기의 산출결과이다. 따라서 정신은 곧 자기의 시원이며 동시에 그 종결이기도 하다.... 자기를 산출하고 또 스스로를 감당해야 할 작업이므로, 이런 점에서 정신은 대자적이며 자기 자신만을 위한 것이다."[27] 이러한 관점에서 볼 때 헤겔의 절대자 개념은 신플라톤주의나 스피노자의 일자 개념에서 드러나는 실체 개념이 아니라 활동성을 의미하는 주체성 개념이다.

헤겔은 이러한 과정을 겪어가는 운동으로서의 보편자의 구조를 '분석적이고도 종합적인 방법'이라고 지칭한다. 달리 표현하면 대상을 파악하는 개념으로서의 보편자는 자기 자신에게 머물기 때문에 분석적이며, 다른 한편에서는 자신을 통해 대상이 자신의 타자로 규정되기 때문에 종합적이다.[28] 자기를 전개해 나가는 절대이념으로서의 보편자는 따라서 개념과 실재성의 통일이며 분석적이고 종합적인 자아의 통일이다. 여기서 헤겔 관념론이 완성된다. 헤겔은 칸트의 '근원적이고 종합적인 통각의 통일' 개념이 이성비판에서 드러나는 가장 심오하고 올바른 통찰이라고 평가한다.[29] 왜냐하면 분석적이고 종합적인 통각의 통일 또는 자기의식의 통일 속에는 이미 대상성이 포함되어 있기 때문이다.[30] 헤겔은 이 개념을 통해 자기의식이 어떻게 대상성으로 있을 수 있는지를 탐구하는 관념론의 중심축을 발견한다.

그러나 여기서 우리는 다음의 문제의식에 도달한다. 칸트와 헤겔은 모두 분석적

---

27) G. W. F. Hegel, Vernunft in der Geschichte, hrsg. von J. Hoffmeister, (Hamburg: Felix Meiner Verlag, 1955), 55. (이하에서는 VS로 약칭함).

28) GW. 12, 248.

29) GW. 12, 17-18.

30) 헤겔은 칸트의 초월적 통각구조를 자신의 절대 주체성의 구조로 파악하는데, 그 구조는 대논리학에서 '자기자신을 사유하는 개념' 속에서 확립된다. 참조. Klaus Düsing, *Subjektivität und Freiheit. Untersuchungen zum Idealismus von Kant bis Hegel*, (Stuttgart-Bad Canstatt: Frommann-Holzboog Verlag, 2002), 170.

이고 종합적인 자기의식의 통일 개념을 자신들의 관념론 체계의 중심축으로 사용하고 있지만 유한과 무한/절대라는 서로 다른 영역에서 사유하고 있기 때문에 내재적인 비교가 불가능하다고 생각될 수 있다.[31] 더욱이 칸트철학에 입각해 볼 때 헤겔의 이러한 시도는 이성의 월권으로 간주될 수밖에 없다. 그렇다면 헤겔철학은 칸트철학이 극복한 이전의 독단적 형이상학으로의 회귀를 의미하는가? 이 점을 해명하기 위해 우리는 헤겔철학에서 절대 주체성과 역사성 개념 그리고 이에 전제되어 있는 유한한 인식주관의 역할을 살펴보기로 하겠다.

헤겔은 자신의 체계에서 형이상학적으로 확립된 절대자 개념 혹은 신적 이념이 단지 자기 자신 내에만 머무는 것이 아니라 역사 속에서 전개되어 나가는 이념이라고 강조한다. 역사 속에서의 이념은 다름 아닌 인간에 의해서 실현되어야 하는 이념이다. 그렇기 때문에 헤겔의 형이상학적 원리는 인간을 통해 실현되는 역사성과 필연적인 관계를 맺고 있다: "우리는 세계사를 그 궁극목적에 따라서 고찰하지만, 이 궁극목적은 현세 속에서 욕구되는 바로 그것이다. 신에 관하여 우리는 그가 최고의 완성자임을 알고 있다. 이런 점에서 그는 오직 자기 자신과 그리고 자기와 동등한 것만을 탐낼 수 있을 뿐이다. 신과 신의 의지의 본성과는 동일한 것으로서 우리는 이를 철학적으로 이념(Idee)이라고 부른다. 그리하여 우리가 고찰하려는 것은 이념 일반이지만, 이것은 인간정신의 이와 같은 요소 속에 깃들어 있는 이념 일반으로서, 더 자세히 규정하면 이는 곧 인간적인 자유의 이념이다."[32] 이 인용문에서 살펴본 바와 같이 형이상학적인 신적 이념 즉 형이상학적으로 정초된 자유이념은 인간적인 자유이념을 통해서만 실현될 수 있다. 이 점에서 볼 때 헤겔에게서 절대 주체성 또는 절대 이념은 유한한 인식주관과의 연관성을 떠나서는 이해될 수 없는 개념이다. 헤겔의 절대 주체성의 본질은 자유개념에 놓여 있고 자신을 전개해 나가는 자유개념은 유한한 인식주체들이 구체적인 역사적 현실 속에서 행위하는 과정을 통해 실현된다. 인간은 이 과정 속에서 정신의 왕국, 즉 인륜의 왕국을 실현해 나간다. "정신의 지반은 모든 것을 포괄한다... 인간은 이 지반 속에서의 활동자이므로 그가 원하는 어떤 것을 행하건 간에 인간은 결국 그 안에서 정신이 활동하고 있는 그런 어떤 것, 그런 어떤 존재이다. 그러므로 역사의 진행과정 속에서 스스로의 실존을 지탱해 나가는 정신적 자연본성, 다시 말하면 정신이 어떻게 자

31) Paul Guyer는 헤겔의 칸트 비판이 내재적인 비판이 아니라 인식과 실재성의 관계에 대한 자신의 고유한 전제에서 행했으며 또한 헤겔은 이에 관해 분명한 대답을 제시하고 있지 않다고 지적한다. 참조. Paul Guyer, (1993), 204.

32) VS, 53.

연과 융합되어 있는가하는 데 따른, 다름 아닌 인간 본성을 인식하는 것은 흥미로운 일이다."[33] 이처럼 절대정신의 자기실현 과정은 인간이 자신의 자연본성을 토대로 자신의 인륜과 문화세계를 구축해 나가는 과정과 다르지 않다. 헤겔은 인간이 자연의 왕국과 정신의 왕국이라고 하는 두 개의 왕국 속에서 살아가고 있다고 강조한다. 신은 자연을 창조했지만 인간은 자신의 세계인 정신의 왕국 또는 인륜의 왕국을 창조해 나간다.[34] 인륜의 세계는 헤겔철학에서 '제2의 자연'으로 지칭된다. 더욱이 이 창조의 과정 속에 전제되어 있는 것은 자유이념의 실현이다.

그런데 역사 속에서 자유이념을 실현해 나가는 개인은 추상적이고 원자적인 개인이 아니라 한 민족의 구성원이다. 그리고 한 민족 속에서 자유이념의 실현은 여러 측면에서 여러 가지 방식으로 발현된다. 헤겔은 이에 대해 다음과 같이 서술한다: "정신은 본질적으로 행동한다. 그것은 스스로를 본래 있는 대로의 자기로, 그리고 다시 자기의 소행과 자기의 작업 결과로 승화시킨다... 한 민족의 정신도 이와 마찬가지여서 그의 행위는 그 자신의 공간 안에도 역시 존재하는 하나의 현존 세계가 되도록 하는 것을 목적으로 하며, 또한 그의 종교, 예배, 풍속, 관습, 예술, 헌법, 정치적 법률, 그리고 모든 범위에 걸친 민족의 기구와 모든 사건이나 행위 등도 그의 작품, 작업의 결과이며, 바로 민족이다....민족은 즉자적인 자기 존재를 곧 자기의 세계로서 내세우게 되는데, 이와 같은 그의 작품, 즉 그의 세계 속에서 마침내 정신은 스스로를 향유하는 것이다."[35] 역사의 과정 속에서 각각의 민족은 자신의 방식대로 자유이념을 실현해 나가는데 이러한 고유한 방식은 그 민족의 종교, 관습, 예술, 헌법 등 여러 분야에서 구현된다. 몽테스키외가 제시했던 것처럼 법에도 민족적 특성이 담겨 있으며, 이는 바로 민족 속의 개인들의 행위를 통해 이루어진 작품으로 간주될 수 있다. 개개인들의 작품, 더 나아가 민족들의 작품과 행위를 통해 세계사는 구성된다. 그렇기 때문에 자유이념으로서의 절대정신의 운동은 추상적이고 자기 안에만 머무는 운동을 의미하는 것이 아니라 역사 속에서 구체적으로 전개되는 개개인들의 혹은 민족들의 행위를 통한 운동을 의미한다. 이 운동은 자연세계를 인륜과 문화세계, 다시 말해 정신세계로 만들어 나가는 인간의 행위

---

33) VS, 51.

34) 인간은 노동과 실천을 통해 자연을 가공하고 자신의 인륜적 세계를 구축해 나간다. 여기서 인간은 자연을 이론적일 뿐만 아니라 실천적으로 관계하고 있다. 이에 관한 자세한 논의는 다음 논문을 참조할 것. 졸고. 「헤겔 『정신현상학』에 나타난 사물과 사태의 구분」, 『헤겔연구』 제25호, (서울: 용의 숲, 2009), 9-31쪽.

35) VS, 67.

이다.

헤겔은 이론과 실천, 현상계와 예지계 그리고 자연과 자유를 이분법적으로 사유하는 칸트철학을 그의 전 철학체계를 통해 비판하고 있는데, 우리는 자연과 정신의 통일을 의미하는 제2의 자연성으로서의 정신개념을 통해 칸트비판에 대한 헤겔 자신의 대답을 찾을 수 있으며 헤겔 관념론의 근본적 특성이 드러난다. 헤겔에게서 절대자의 운동은 유한적 주체들의 행위를 통하지 않고서는 실현될 수 없기 때문에 절대자의 운동 속에 절대자/무한자와 유한자의 관계는 필연적인 관계로 정립된다. 헤겔의 절대 관념론의 한 축은 자기 동일적인 절대자이고 다른 한 축은 유한적 주체라고 볼 수 있다. 이 두 축은 절대자의 양 측면을 지시하는 것이며, 앞서 언급했던 바대로 절대자의 '분석적이고 종합적인 통일' 구조이며 개념과 실재성의 통일이다. 그리고 앞에서 상술한 바와 마찬가지로 절대자의 이 통일구조는 역사성을 통해서 완성된다. 그렇기 때문에 헤겔 절대 관념론의 철학체계는 역사와 분리될 수 없다.[36] 여기서 유한적 주체는 무제약적인 자유이념을 실현해 나가고 또한 세계를 매개해 나가는 칸트적인 자율적 도덕주체의 연장선에서 파악될 수 있다. 이러한 관점에서 볼 때 비록 헤겔철학이 칸트의 유한성에 기초한 관념론을 넘어서서 절대 관념론을 지향하지만 헤겔 관념론이 칸트가 비판한 전통 독단적 형이상학으로의 회귀가 아니며 칸트 관념론의 전통 속에서 새로운 사유를 구축해 나가려는 시도임을 알 수 있다.[37]

IV. 나가는 말

이상에서 상술된 바와 같이 칸트의 유한적 주체는 이론의 영역에서는 대상성의 근거인 자연법칙의 주재자로서, 실천의 영역에서는 자유법칙의 창시자로 정립된다. 능동성과 자율성에 근거하여 세계를 매개해 나가는 칸트의 초월적 주체 개념은 근원적인 자유개념을 전제로 하고 있으며, 이 자유개념은 이후 독일관념론의

---

36) Jos de Mul, *The Tragedy of Finitude. Dilthey's Hermeneutics of Life*, translated by T. Burrett, (New Haven & London: Yale University Press, 2004), 104.

37) Pippin도 헤겔철학이 비록 칸트 형이상학을 넘어서서 절대 관념론을 추구하지만 헤겔철학 내에서 발견되는 칸트 초월철학의 전통을 강조하고 있다. 참조. R. Pippin, *Hegel's Idealism. The Satisfactions of Self-Consciousness*, (Cambridge: Cambridge University Press, 1989), 16ff.

전통을 열어 주었다. 헤겔 역시 칸트의 자유개념의 전통을 이어받아 이성 혹은 주체성이 세계를 자신의 것으로 매개해 나가는 관념론 전통을 완성하고자 시도하였다. 칸트의 초월적 관념론은 유한성을 통해 유한과 무한의 필연적 관계를, 헤겔의 절대 관념론은 절대자 혹은 무한한 주체를 통해 유한과 무한의 필연적 관계를 설명하였다. 헤겔은 칸트의 유한과 무한의 대립적인 구도, 다시 말해 당위로만 남아 있는 칸트의 자유개념을 극복하기 위하여 이 둘을 포괄하는 자유이념으로서의 절대자의 자기매개 과정에 초점을 맞춘다. 그런데 위에서 설명된 바와 같이 절대자의 자기매개 과정은 다른 한편에서 역사적인 지평에서 이루어지는 유한적 주체들의 실천과정을 전제로 삼고 있다. 헤겔 관념론에서는 칸트 관념론에서와는 달리 다른 자아와의 관계나 상호인정을 통해 보편성으로까지 고양된 구체적 자아들이 전제되어 있다.[38] 여기서 헤겔철학이 칸트의 관념론 전통을 받아들이면서도 어떻게 자신의 고유한 체계를 확립하게 되는지가 드러난다.

헤겔의 절대 관념론에서 유한적 주체의 부단한 운동은 자연세계와 관계할 뿐만 아니라 정신의 영역을 형성하기 때문에 절대자의 자기실현을 위해 역사성 개념은 중요한 요소로 자리 잡는다. 역사적인 세계에서 자유이념으로서의 절대자가 현상하며, 유한적 주체들은 자유이념을 실현해 나가고 이 이념을 바탕으로 자신의 세계와 문화를 형성해 나가는 역사적 주체로 있게 된다. 이 점에서 왜 헤겔이 칸트의 '분석적이고 종합적인 통각의 통일'구조가 절대자의 구조로 이해될 수 있는지가 설명될 수 있다. 물론 헤겔에 앞서 칸트 역시 인간학과 역사철학적인 관점에서 인간이 어떻게 역사 속에서 이성적이고 도덕적인 세계를 실현해 나가는지를 탐구하였지만 칸트 철학 내에서 이러한 역사성 개념은 엄밀한 학의 대상으로 간주되지 않았다. 그렇지만 헤겔은 칸트보다 한 단계 더 나아가 역사성 개념을 자신의 절대 관념론 체계의 한 부분으로 사유한다. 역사성은 헤겔체계 내에서 절대자뿐만 아니라 유한한 주체를 이해하게 해주는 핵심개념으로 자리 잡는다. 칸트는 유한성에 기초한 형이상학을 확립함으로써 현대 철학을 열어 주었다면 헤겔은 역사성 개념을 통해 현대 철학에 영향을 끼쳤다고 볼 수 있다. 이상의 논의에서 볼 때 우리는 '칸트인가 아니면 헤겔인가'라는 대립적 구도가 아니라 헤겔철학이 칸트철학의 전통을 안고 어떻게 이후의 새로운 사상을 전개시켜나가는지를 보여주는 포함관계 속에서 파악해야 할 것이다.

---

38) J. Hyppolite, *Genesis and Structure of Hegel's Phenomenology of Spirit*, (Evanston: Northwestern University Press, 1974), 221.

참고 문헌

원전

Hegel, G. W. F,, *Phänomenologie des Geistes*, hrsg. von Hans-Friedrich Wessels und Heinrich Clairmont, Hamburg 1988.

____, *Wissenschaft der Logik, Gesammelte Werke* 11 und 12, hrsg. von W. Jaeschke, Hamburg 1978.

____, *Enzyklopädie der Philosophischen Wissenschaften im Grundrisse, Gesammelte Werke* 20, hrsg. von W. Bonsiepen und H.-C. Lucas, Düsseldorf 1992.

____, *Vernunft in der Geschichte*, hrsg. von J. Hoffmeister, Hamburg 1955.

Kant, I., *Kritik der reinen Vernunft*, hrsg. von R. Schmidt, Hamburg 1956.

헤겔, 『정신현상학』, 임석진 역, 서울 2005.

칸트, 『순수이성비판』, 백종현 역, 서울 2006.

____, 『감성계와 지성계의 형식과 원리들』, 최소인 역, 서울 2007.

____, 『윤리형이상학 정초』, 백 종현 역, 서울 2005.

이차문헌

Chiereghin, F., "Hegels Konzeption der Wahrheit als Ganzes", in: *Hegels Logik der Philosophie: Religion und Philosophie in der Theorie der absoluten Geistes*, hrsg. von D. Henrich und R.-P. Horstmann, Stuttgart, 1984.

Düsing, K., 『헤겔과 철학사』, 서정혁 역, 서울 2003.

____, *Subjektivität und Freiheit. Untersuchungen zum Idealismus von Kant bis Hegel*, Stuttgart-Bad Canstatt, 2002.

____, *Das Problem der Subjektivität in Hegels Logik*, Bonn 1984.

Guyer, P., "Thought and being: Hegel's critique of Kant's theoretical philosophy", in: *The Cambridge Companion to Hegel*, edited by F. C. Beiser, Cambridge 1993.

Henrich, D., *Der Ontologische Gottesbeweis*, Tübingen 1967.

Hyppolite, J., *Genesis and Structure of Hegel's Phenomenology of Spirit*, Evanston 1974.

Mul, de J., *The Tragedy of Finitude. Dilthey's Hermeneutics of Life*, translated by T. Burrett, New Haven & London 2004.

Pippin, R., *Hegel's Idealism. The Satisfactions of Self-Consciousness*, Cambridge 1989.

강순전, 『칸트에서 헤겔로』, 서울 2008.

김옥경, 「헤겔 『정신현상학』에 나타난 사물과 사태의 구분」, 『헤겔연구』 제25호, 서울 2009.

최소인, 「탈근거적 근거의 모색」, 『이성의 다양한 목소리』, 서울 2009.

The Meaning and Structure of the Idealism in Kant and Hegel

Kim, Ock-Kyoung

Abstract

According to Hegel the idealistic tradition that is based on the concept of I conceived of as the unity of concept and reality is already originated in Kant's philosophy. In Kant the transcendental Apperception is regarded as the condition of possibility for the object in general. In other words, the transcendental ego is nothing other than the unity of subjectivity and objectivity or that of concept and reality. Owing to the Kantian concept of transcendental subject as the formal ground for the objectivity we can ascertain that how Kant establishes the fundamental structure of German Idealism. However Kant restricts the unity of concept of reality to the finite subject in the phenomena. By doing this the Kantian concept of reality only refers to the appearance, which depends upon not the thing-in-itself, but our sensibility. In contrast to Kant Hegel seeks to establish the unity of subject and object or that of concept of reality in the realm of the Absolute.

Hegel criticizes Kantian philosophy, because it remains only in the realm of finitude, which is bound up with the perennial ought-to. Hegel's criticism is focused on the opposition between the finite and the infinite. According to Hegel Kant and the early Fichte absolutize the finitude and lapse into the spurious infinite. In this respect it is necessary to investigate the immanent relation between the finitude and the infinitude in order to see the internal relationship between Kantian and Hegelian Idealism. Although Hegel pursues his system in the realm of the Absolute, which transcends the finite subject, he does not return to the traditional dogmatic metaphysics, but opens the new way of thinking, which still follows Kantian transcendental tradition.

keywords: Idealism, Transcendental Apperception, Reason, The Absolute Subjectivity, History.

자기의식의 가능성

– 칸트와 헤겔을 중심으로

조 종 화

1. 머리말
2. 선천적 종합판단의 가능조건들
3. 선험적 통각의 종합적 통일과 분석적 통일
4. 자기의식의 절대적인 통일
5. 이원론적 세계관과 전도된 세계
6. 부정적인 자기관계로서의 자기의식과 자기인식

요약문

칸트의 선험철학과 헤겔의 사변철학은 많은 중요한 관점들에서 유사하다고 하더라도 근본적으로 서로 양립할 수 없을 것 같이 보인다. 양자가 자기의식과 현실성의 새로운 통합을 추구한다고 하더라도, 전자가 인간학에 근거해서 자기의식을 유한한 이성적인 존재자의 측면에서 정초하려 한다면, 후자는 특히 형이상학적인 존재론에 근거해서 자기의식을 정초하려고 한다. 그래서 자기의식이란 칸트에게서는 우리 유한한 인간의 자기의식인데 반해, 헤겔에게서는 이 유한한 인간의 자기의식을 넘어서 어떤 의미에서 모든 현실적인 사태관계들의 근본을 이루는 일차적이고 본질적인 구조, 말하자면 존재하는 모든 것은 타자와 관계하면서 동시에 자기 자신과 관계한다는 것을 통해서 이해된다.

칸트는 자기의식이론을 선천적인 종합판단의 가능성과 그것의 최종 근거로서 선험적 통각의 근원적인 분석적–종합적인 통일에서 찾는다. 그러나 그는 이 통일을 단지 현상적인 사물들과만 관계시킨다. 여기에는 '선험적 원리들의 이질성'과 '현상과 물 자체의 이원론적인 구별'이 근저에 놓여 있다. 그러나 헤겔은 일원론적인 관점에서 칸트적인 물 자체 개념을 새롭게 이해하고, 자기의식의 근원적인 분석적-종합적인 통일을 물 자체에도 적용한다. 또한 칸트는 자기의식의 자기관계성을 '추상적인 동일성의 원리'에 따라 '정적인 자기관계성'으로 파악한다. 그래서 그에게 있어 자기의식은 그 자체로 자기 자신을 반성할 수는 없지만, 그러나 통일을 산출하는 종합적인 기능을 수행할 수 있는 그런 주체이다. 이에 반해 헤겔은 자기의식의 자기관계성을 '자기관계하는 부정성의 원리'에 따라 '자기 자신을 끊임없이 차별화하는 동적인, 부정적인 자기동일성'으로 파악한다. 이 때문에 헤겔은 자기의식을 그것과 현실성과의 총체적이고 역동적인 통일을 목표로 하면서 인간 삶의 총체적인 측면과 관련해서 이해하고 서술한다.

● 주요어 : 자기의식, 통각, 부정성, 자기인식, 전도성

1. 머리말

데카르트 이후 자기의식의 물음은 서양 근대철학의 중심적인 테마로 자리매김했으며, 이 물음은 주체(성), 타자(성) 개념과 결부되면서 지금까지 많은 논쟁을 야기해왔다. 자기의식이란 현실에 사는 우리들 각자가 자신의 삶과 행위들에 부가하는 의미의 최종심급으로 간주될 수 있다. 근대시대는 한편으론 형이상학과 신학으로부터 자유롭게 됐다는 점과 다른 한편으론 자연과학이 새롭게 탄생했다는 점으로 특징지진다. 형이상학적인 확신과 종교적인 믿음이 인간의 행위와 생활공간을 이끌어왔던 중세에서 근대에로의 이행은 자기의식 또는 이성이 세계해석 및 자기해석의 근거라는 점을 명확히 하였다. 이와 함께 근대시대에는 세계의 이원화, 즉 세계는 자연과학의 대상으로 그리고 우리 인간의 유기적인 삶의 공간으로 또는 물질적인 삶의 세계와 정신적인 삶의 세계로 이원화되었고, 여기에서 정신적인 삶의 세계는 또한 법, 도덕, 인륜(가족, 시민사회, 국가) 등으로 분화되었다. 문제는 이와 같이 분화되고 대립된 양 세계를 이성이 어떻게 통일적으로 파악하고, 더 나아가 이성과 세계가 어떻게 조화 · 통일되는가이다.

이와 같은 분열과 대립의 시대에서 칸트는 소위 말해 '사유방식의 혁명'이라는 코페르니쿠스적인 전회를 꾀하고, 자신의 선험철학을 구상하였다. 칸트의 이 선험철학은 "이성의 다양한 작용방식들과 연관해서 이성의 내재적인 완성", 즉 "이성

의 통일"을 추구한다. 말하자면 선험철학은 "이성의 인식방식들의 차이를 통해서 그리고 이와 함께 이것들의 통일에서 이성의 자기해명이라는 프로그램"이다.[1] 또한 헤겔은 이 시대를 분열과 대립으로 특징화하나, 동시에 이것을 긍정적으로 이해했다. 그는 이미 차이-논문에서 분열은 '철학적 욕구가 샘솟는 원천'이라 말한다. 분열은 '삶의 본질적인 요소이며 영원한 투쟁 속에서 정립되는 것이고, 총체성은 가장 멀리 떨어져 나간 분리의 상태가 최상의 역동성으로서 다시금 하나로 재건될 때에 가능하다.'[2] 그래서 헤겔철학은 이 분열과 대립을 근거로 해서 그의 변증법의 요람이라 불리는 '동일성과 비동일성의 동일성', 말하자면 '대립된 것들의 통일'을 추구한다. 이 방법론적-존재론적인 원리에 근거해서 헤겔은 이성의 합리성과 이 합리성의 원리들을 근본적으로 다시 반성하고 이를 통해 이성과 현실성의 총체적인 관계를 재 주제화한다. 이것은 칸트적인 사유의 경험적 제한을 넘어서려는 노력으로 간주될 수 있다. 다시 말해 이것은 헤겔의 용어를 빌리자면 '추상적인 동일성'과 그리고 이성과 현실의 '절대적인 구별'을 원리로 하는 오성철학의 비판, 특히 오성의 원리들과 개념들의 비판을 통해서 이루어진다. 이 과제는 '오성의 원리들과 개념들의 현실성에 대한 참된 관계를 전개하고 이 참된 관계를 모든 현상의 형식들과 현실성의 표현들에서 보존시키는 것'을 의미하며, 이것이 헤겔이 '그의 전 생애를 통해서 탐구했던 철학체계의 과제'이었다.[3]

칸트의 선험철학과 헤겔의 사변철학은 많은 중요한 관점들에서 유사하다고 하더라도 근본적으로 서로 양립할 수 없을 것 같이 보인다. 양자가 이성과 현실성의 새로운 통합을 추구한다고 하더라도, 이 글의 주제와 관련해서 전자가 인간학에 근거해서 선천적인 종합판단의 가능성과 그것의 최종 근거로서 자기의식을 유한한 이성적인 존재자의 측면에서 정초하려 한다면, 후자는 특히 형이상학적인 존재

---

1) D. Henrich, "Grund und Gang spekulativen Denkens" in *Metaphysik nach Kant?* Stuttgarter Hegel-Kongreß 1987, Klett-Cotta, Bd. 17, Veröffentlichung der Internationalen Hegel-Vereinigung, hrsg. v. D. Henrich u. R.-P. Horstmann, 1988, 95쪽.

2) G. W. F. Hegel, "Differenz des Fichteschen und Schellingschen Systems der Philosophie" in *Jenaer Schriften 1801-1807*, Hegel Werke in zwanzig Bänden hrsg. v. E. Moldenhauer u. K. M. Michel, Theorie Werkausgabe Suhrkamp Verlag Frankfurt am Main 1969ff., Bd 2, 20쪽 이하 참조. 이하에서 헤겔 저작의 인용과 관련해서, 특별한 언급이 없는 한에서, 모든 인용은 이 판본을 기본적으로 사용하고, 이 헤겔 선집의 권수(Hegel Bd.)와 쪽수를 표기함.

3) R.-P. Horstmann, *Die Grenzen der Vernunft*: Eine Untersuchung zu Zielen und Motiven des Deutschen Idealismus, Verlag Anton Hain GmbH, Frankfurt a. M. 1991, 170쪽 이하 참조.

론에 근거해서 자기의식을 정초하려고 한다. 그래서 자기의식이란 칸트에게서는 우리 유한한 인간의 자기의식인데 반해, 헤겔에게서는 이 유한한 인간의 자기의식을 넘어서 어떤 의미에서 모든 현실적인 사태관계들의 근본을 이루는 일차적이고 본질적인 구조, 말하자면 존재하는 모든 것은 타자와 관계하면서 동시에 자기 자신과 관계한다는 것을 통해서 이해된다. 이 때문에 헤겔은 자기의식의 문제를 자기의식과 그것의 타자, 즉 현실성 전체의 총체적이고 역동적인 통일을 목표로 하면서 인간 삶의 총체적인 측면과 관련해서 이해하고 서술한다. 여기에서 헤겔은 칸트의 선험철학에서 제시된 비판의 결과와 이를 통해서 제시되는 제반 문제점들을 자신의 관점에서 재해석하고 그 문제점들을 해결하려고 노력하였다. 이것을 이하에서 고찰하겠다.

2. 선천적 종합판단의 가능조건들

칸트의 선험철학에서 자기의식의 가능성을 고찰하기 위해서는 우선적으로 선천적인 종합판단의 가능조건들을 고찰해야만 한다. 이 선천적 종합판단의 최종 근거가 바로 선험적 통각이라 불리는 자기의식이기 때문이다. 이 선험철학에 따르자면 경험은 우리의 모든 인식의 원천을 형성하며, 모든 인식은 경험과 더불어 시작된다. 그러나 모든 인식이 경험으로부터 유래하는 것은 아니다. 경험의 필연성과 보편성을 보증하는 형식들은 경험 자체에서 주어지는 것이 아니라 '선험적인 것'이며, '인식의 주체'에 '선천적으로' 속해 있는 것이다. 그러나 이 선험적인 형식들이 모든 가능한 경험의 보편타당한 가능조건들로서 비록 그것들 자체로는 주관적이라고 하더라도, 그것들은 항시 경험적으로, 다시 말해 객관적으로 타당하게 사용될 수 있어야만 한다. 그러면 이 경험의 보편타당한 가능조건들은 어떤 원천에서 유래하며, 어떻게 객관적으로 타당하게 사용될 수 있는가?

우리의 모든 인식은 "심성의 두 원천"에서 발생한다. 하나는 "감성"이고 다른 하나는 "오성"이다.(B 74)[4] 다시 말해 그것은 '직관의 수용성'과 '개념의 자발성'이다. 감성은 수용성의 능력으로서 객체에 의해 촉발되어 우리에게 직관의 표상들의

4) 이하의 본문에서 이와 같은 방식에서 표기된 것 모두는 I. Kant, *Kritik der reinen Vernunft*, Verlag von Felix Meiner in Hamburg, 1956 의 초판(A)과 재판(B)의 쪽수를 표시함.(이하에서 KdrV 로 축약함)

다양을 제공하며, 그러나 이 다양은 그 자체로서는 혼돈되어 있어 우리의 선험적인 형식들을 통해서 가공되고 질서 지워져야만 한다. 이에 반해 오성은 사고능력 또는 판단능력으로서 개념들 또는 범주들을 사용하는 인식의 자발성으로 정의된다. 이 오성이 직관의 표상들의 다양에 일정한 형식들을 부여한다. 이 때문에 경험인식이 가능하기 위해서는 이 '이질적인' 양 측면들이 서로 결합되어야만 하고, 이 결합이 객체에 대한 선천적인 종합판단의 가능성을 형성한다. 그래서 칸트는 역설적으로 "개념 없는 직관은 맹목이고 직관 없는 개념은 공허하다" 또는 "감성이 없다면 우리에게 대상이 주어지지 않을 것이며, 오성이 없다면 어떠한 대상도 사유되지 않는다"고 주장한다.(B 75) 이에 따르자면 감성과 오성은 결합되어야 하며, 이 결합이 선천적인 종합판단들을 가능하게 하며, 직관과 개념의 종합이 선천적인 종합인식을 제공한다. 그런데 이 선천적인 종합판단은 어떻게 가능한가? 이 물음은 칸트 선험철학의 핵심을 형성한다.

감성은 수용성의 능력으로서 주어진 객체에 의해서 촉발된다. 그러나 이 대상이 감성의 수용성과 독립해서 그 자체로 무엇인가, 이에 대해서 우리는 전혀 알 수 없다. 우리가 알 수 있는 것은 단지 "대상을 지각하는 우리 특유의 방식"일 뿐이며, 우선적으로 감성과 관련해서 시간과 공간은 "이런 방식의 순수 형식"이고, 우리는 이것을 "선천적으로" "인식"할 수 있다. 그리고 감성의 수용성에서 제시되는 모든 감각내용은 "후천적 인식"으로서 경험적 직관의 다양을 형성한다.(B 59) 경험의 모든 내용을 제거한다면, 단지 외감의 형식으로서의 공간과 내감의 형식으로서의 시간만이 남을 것이다. 이 공간과 시간이 "감성적 직관의 순수형식"이다. 이것들은 "현상으로서의 사물이 존재할 수 있는 조건"(B XXV), 다시 말해 나의 주관 속에서 실질적으로 주어지는 모든 현상적인 사물들에 대한 표상들에 선행하는 감성적인 경험의 주관적 조건이다. 이 직관의 순수형식들에 대해 칸트는 다음과 같은 '제한'을 준다. 즉 직관의 순수형식들은 단지 경험적으로 현상적인 사물들에 관계할 때에만 객관적 타당성을 지니며, 이것을 칸트는 시간과 공간의 "경험적 실재성"이라 부른다. 그러나 이 순수형식들이 선험적으로 물 자체[5]에 관계할 때에는 그것들은 "선험적 관념성"만을 지니며,(B 44, 52)[6] 다시 말해 그것들은 객관적으로 실재하는 것이 아니라 단지 주관적인 조건에 불과하다. 이에 따르자면 시간과 공간은 사물들 자체로서의 객체들의 존재조건들이 아니라 단지 우리 직관의 감성적인 형식들일 뿐이며, 우리의 순수한 표상들에 상응하는 것은 물 자체로서가 아니라 현상적인 사물들일 뿐이다.

우리 인식의 다른 원천으로서 오성은 사고/판단능력으로서 직관의 표상들의 다양을 종합하는데, 이 오성의 종합기능은 일반논리학의 판단형식들에 상응한다. 그래서 이 판단형식들은 오성의 기능들을 의미하며, 오성의 선천적인 개념들, 즉 범주들은 이 판단형식들에 상응한다. 그래서 칸트는 다음과 같이 말한다. 즉 "범주 일반의 선천적 기원은 사고의 보편적인 논리적 기능들〔판단형식들〕과 범주들이 서로 완전히 일치함을 통해서 증명된다."(B 159) 이 증명을 칸트는 '범주들의 형이상학적인 연역'이라 부른다. 이와 같이 범주들의 선천적인 기원을 '전제'한 후에 칸트는 '범주들의 선험적인 연역'을 시도한다. 다시 말해 그는 어떻게 오성의 범주들이 필연적으로 객체와 관계하며, 이 객체에 대한 선천적인 종합인식을 가능하게 하는지, 어떻게 이 범주들에 의미 부여된 주관적인 조건이 객관적인 타당성을 가질 수 있는지를 묻는다. 직관에 주어진 표상들의 다양은 오성의 범주들에 의해서 '결합'되어야 하며, 이것이 선천적인 종합판단의 가능성을 형성한다. 선천적인 종합판단의 가능성이란 논리적인 범주들과 직관의 표상들의 다양 사이의 필연적인 결합/종합의 가능성을 말한다. 직관에 주어진 다양한 표상들은 감성적 직관의 순수형식들로서 시간과 공간에 적합하게, 말하자면 시간에 있어서는 발생적-계기적으로 그리고 공간에 있어서는 병렬적으로 주어지지만, 그것들의 필연적인 '결합'은 직관에 의해서도 직관의 순수형식에 의해서도 보증되진 않는다. 왜냐하면 이 결합이란 오히려 우리 "표상력의 자발성의 작용"에 속하는 것이기 때문이다. 이 자발성의 작용은 감성과 구별되는 '오성의 활동성'이며, 따라서 모든 결합은 오성의 활동성, 즉 "주관의 자기활동의 작용"에서 기인한다.(B 129-130) 그리고 이 오성의 자발적인 활동의 규정된 방식들이 오성의 선천적인 개념들, 즉 범주들이다.

오성의 자발적인 활동은 직관에 주어진 표상들의 다양에 범주들을 적용하여 주

5) 물 자체는 칸트에 따르자면 '대상들의 표상방식〔직관과 개념〕의 상이성을 사물들 자체의 상이성으로 간주하는 것'(A 379)에 기인한다. 직관에 상응하는 것은 '현상'을 의미하고, 개념에 상응하는 것은 선험적 대상으로서 '물 자체'를 의미하며, 이것이 '우리에게는 알려져 있지 않은 현상들의 근거'(A 380)이다. 이것을 칸트는 두 가지 방식에서 구분한다. 우리가 물 자체를 '감성적 직관의 객체가 아닌 사물'로 이해한다면, 이것은 '소극적인 의미에서의 물 자체 또는 가상체'이고, 만약 '비감성적 직관, 즉 지성적 직관의 객체'로 이해한다면, 이것은 '적극적인 의미에서의 물 자체 또는 가상체'이다. 물론 칸트는 전자만을 인정한다. 왜냐하면 우리는 우리의 직관방식과는 전혀 다른 지성적 직관방식에 대해서 '그것의 가능성조차도 알 수 없기' 때문이다.(B 307)

6) '경험적 실재성', '선험적 관념성'이라는 개념들은 칸트 자신의 관점과 명확히 상응한다. 칸트는 '선험적 변증론'의 오류추리론의 제4의 오류추리, 즉 '관념성의 오류추리'에서 자신의 관점을 명확히 '경험적 실재론'과 '선험적 관념론'이라 부르며, 이것을 '이원론적 관점'이라고 말한다. 그리고 이에 반대되는 관점을 '선험적 실재론'과 '경험적 관념론'이라 부른다. 이에 대해서는 칸트의 『순수이성비판』A 366쪽 이하 참조.

어진 객체에 대한 선천적인 종합판단을 가능하게 만든다. 다시 말해 오성은 모든 경험에 선행해서 주어진 대상의 경험적 인식을 가능하게 하는 종합적 통일을 수행한다. 여기에서 오성의 범주들 각각은 그 자체로 "직관의 표상들의 종합적인 통일"을 의미한다. 그래서 감성적 직관의 대상들이 선천적으로 "감성의 형식적인 조건", 즉 시간과 공간에 적합한 것과 마찬가지로 그것들은 우리 사고의 종합적인 통일을 위해서 필요로 하는 "오성의 조건", 즉 "범주의 종합적 통일"에 따라야 한다.(B 159) 그런데 오성의 이 종합기능에는 이 통일과는 다른 "직관의 다양의 종합적 통일"이 근저에서 표상되는데, 이 종합적 통일은 "판단들에서 상이한 개념들〔범주들〕의 통일"의 "근거"를 포함할 뿐만 아니라 또한 "논리적 사용에서 오성이 가능하기 위한 근거"를 포함하는 종합적 통일이다. 이것을 칸트는 '범주들의 종합적인 통일'과 구분해서 "선험적 통각의 근원적인 종합적 통일"라 부른다.(B 130-1) 이 선험적 통각의 근원적인 종합적 통일이 선천적인 종합판단의 가능성의 최종 근거를 형성하며, 또한 직관의 표상들의 다양을 범주들을 매개로 해서 종합적으로 통일하는 오성의 작용도 이 통각의 근원적인 종합적 통일에 근거해 있다. 그러므로 선험적 통각의 근원적인 종합적 통일이 우리에게 가능한 자연의 전체 대상들에 대한 선천적인 종합판단을 가능하게 하며, "자연에 법칙들을 부여"(B 159)하고, 이를 통해 이에 대한 선천적인 종합인식을 가능하게 만든다.

그러면 칸트철학에서 자기의식이라 불리는 선험적 통각이란 무엇인가? " '나는 생각한다'는 나의 모든 표상들에 필연적으로 동반될 수 있어야만 한다. 왜냐하면 그렇지 않다면 전혀 생각될 수 없는 어떤 것이 내 안에서 표상될 수 있기 때문이다. 이것은 표상이 불가능하거나 또는 적어도 나에게 있어서는 아무 것도 아니라는 것을 의미한다." (B 131-2) 칸트는 이와 같이 나의 모든 표상들에 필연적으로 수반되는 '나는 생각한다'를 개별적인 경험적인 통각과 구별해서 '근원적인 통각' 또는 '선험적 통각'이라 부르고, 이 통각의 통일을 선천적인 종합판단과 종합인식의 가능성을 위해 "자기의식의 선험적인 통일"(B 132)이라 부른다. 다시 말해 선험적 통각은 직관에 주어진 표상들의 다양을 필연적으로 종합하고 통일하는 선천적인 조건이며, 선험적인 인식활동의 근거이다. 여기에서 오성의 자발성과 감성의 수용성은 분리불가능하게 결합되어 진다. 선험적 통각은 '나의 모든 표상들에 필연적으로 동반될 수 있는' 한에서 자기의식적인 기능을 수행하며, 이런 한에서 직관의 다양한 표상들은 '나의' 표상들로 되고, 인식들로 된다. 즉 직관의 표상들의 다양은 나의 주관 안에서 선험적 통각과 필연적인 관계에 놓여있으며, 이 선험적 통각의 근원적이고 종합적인 통일이라는 조건에 따른다.[7] 그렇지 않다면 단지 "표상들의 맹목적인 유희"(A 112)만이 있을 뿐이다.

그러면 선천적인 종합판단의 최종 근거로서 통각의 근원적인 종합적 통일에서 오성의 범주들은 어떻게 객관적 타당성을 확보하며 어떠한 제한을 갖는가? 감성적 직관에 주어진 모든 표상들의 다양은 자기의식으로서의 선험적 통각의 근원적이고 종합적인 통일이라는 조건에 따른다. 오성은 판단능력으로서 감성적 직관에 주어진 표상들의 다양을 우선적으로 판단의 논리적인 기능들을 매개로 해서 종합하고 하나의 동일한 의식, 즉 자기의식의 선험적 통일에로 가져간다. 그러므로 어떤 하나의 경험적 직관에 주어진 표상들의 다양은 판단의 논리적인 기능들 중의 한 기능에 따라서 규정되고 결합되어 자기의식의 선험적 통일에로 매개된다. 그런데 판단의 논리적인 기능들은 오성의 기능들이며 동시에 오성의 개념들, 즉 범주들의 작용과 일치한다. 따라서 어떤 하나의 경험적 직관에 주어진 표상들의 다양은 어떤 한 범주에 귀속된다. 결과적으로 범주들 각각은 "하나의 직관에서 주어진 다양의 경험적 의식이 선천적으로 순수한 자기의식에 종속된다"(B 144)는 것을 매개적으로 제시한다. 그래서 칸트는 다음과 같이 말한다. "모든 감성적 직관들은 범주들에 종속되며, 이 범주들은 감성적 직관들의 다양이 그것들 하에서만 하나의 의식에로 결합될 수 있는 그런 조건들이다."(B 143) 범주들 각각은 직관의 표상들의 다양과 필연적으로 결합되어 있으며 이 다양을 자기의식의 선험적 통일과 매개한다. 이와 함께 '범주의 객관적인 타당성'이 보증된다.

그러나 이와 같은 범주는 '모든' 종류의 직관의 다양한 표상들을 자기의식의 선험적 통일과 종합적으로 매개하고 우리에게 인식을 제공할 수 있는가? "대상을 사고하는 것과 대상을 인식하는 것은 결코 같은 것이 아니다." 대상을 인식하기 위해서는 "대상 일반을 생각하게 하는 개념〔범주〕"과 "대상이 주어지게 하는 직관"이 필요하고,(B 146) "고립된 개념을 감성화하는 일, 즉 개념에 대응하는 객체를 직관 중에서 제시하는 것"(B 299)이 요구된다.[8] 그러나 "인간의 오성은 사고할 수만 있

7) 여기에서 칸트는 '나는 생각한다'라는 자기의식을 단지 '모든 표상들에 필연적으로 동반되는 자기의식'만을 고려하며, 그러나 더 나아가 헤겔처럼 '자기 자신을 사유하고 반성하는 그리고 자기 자신을 정립하는 자기의식'을 고려하지 않는 것 같다. 왜냐하면 칸트의 자기의식이론에서는 자기의식이 자기 자신을 반성하려면 자신에 대한 표상을 필요로 하지만, 이 표상은 자신에 속하는 것이 아니라 단지 감성에 속하는 것이기 때문에, 자기의식은 어쩔 수 없이 '불쾌감'이나 '순환논증'(B 404)에 빠지기 때문이다. 이하에서 서술되겠지만, 칸트의 자기의식이론에서는 그가 자기의식의 종합적인 통일에 초점을 둔다고 하더라도 여전히 '추상적인 동일성'이 근저에 놓여있다. 이 때문에 자기의식의 분석적인 통일은 그 자체로는 알 수 없고, 단지 '전제된' 통일일 뿐이다.

고, 직관은 〔오성과는 전혀 다른 원천인〕 감관들에서 구해져야만 한다."(B 135) 칸트는 자기 스스로를 직관하는 '직관적 오성' 또는 '지성적 직관'을 거부한다. 그래서 오성은 그 자신만으로는 어떠한 것도 인식할 수 없고, 단지 그것의 외부에서 경험적으로 주어진 직관의 다양만을 범주들을 매개해서 종합하고 자기의식의 통일에로 가져가는 기능을 수행할 뿐이다. 이 때문에 칸트는 범주에 다음과 같은 제한을 부여한다. 즉 "범주들은 우리에게 〔순수한〕 직관을 매개해서 사물들 〔자체〕에 대한 인식을 제공하는 것이 아니라 단지 경험적인 직관에 가능한 적용을 통해서만, 다시 말해 범주들이 경험적인 인식의 가능성으로만 기능할 때 사물들에 대한 인식을 제공한다."(B 147-8) 말하자면 범주들은 단지 가능한 경험적인 직관에만 적용되며, 사물들 자체가 아니라 단지 현상적인 사물들에 대해서만 인식을 제공할 수 있다. 범주들 각각은 이미 그 자체로 직관의 표상들의 다양에 대한 선천적인 종합을 서술하고, 이 선천적인 종합은 또한 통각의 근원적인 종합적 통일에 의존한다. 다시 말해 이 통각의 근원적인 종합적 통일이 범주들의 종합을 가능하게 한다. 결과적으로 이 범주들의 근거를 형성하는 자기의식의 근원적인 종합적 통일은 이 때문에 또한 물 자체를 배제한 현상에 제한된다.

---

8) 칸트가 선천적인 종합판단의 가능성의 물음에 관련해서 '원리들의 이질성'에 근거한 '범주들의 감성화'를 요구할 때, 헤겔은 이와 반대로 "단순한 표상을 넘어서서 사상에로의 고양"(G. W. F. Hegel, *Wissenschaft der Logik* II, 254쪽. 이하에서 이 저작은 WL II 으로 축약함)을 요구한다. 칸트의 선험철학에서 범주들은 단지 주관적이고 그 자체로 내용이 없는 공허한 것으로 간주된다. 그래서 그것들 각각은 '실현'되고, '제한'되어야 한다. 여기에서 범주의 실현은 범주의 '감성화' 또는 '현상화'를 의미하며, 범주의 제한은 '경험맥락에의 한정'을 의미한다. 그리고 이 실현과 제한을 통해서 범주는 의미, 즉 대상에 대한 관계를 획득한다. 이에 반해서 헤겔철학에서 범주들은 대상 자체의 본질규정들로 간주되며, 그것들 각각의 실현과 제한은 다른 범주들과의 '관계' 속에서 추구된다. 여기에서 항시 범주들 각각에 상응하는 다양한 표상들에 대한 비판과 이를 통한 이 표상들의 사상에로의 고양이 필수적으로 요구된다. 이것은 칸트의 심리학적인 감각화에 '반대적인' 설명방식이다. 왜냐하면 헤겔철학에서 범주는 특정한 유형의 형식적인 '개념'을 지칭하는 것이 아니라, 이 '개념의 의미'를 지칭하며, 이 의미는 감각화되는 것이 아니기 때문이다. 또한 헤겔의 방법은 칸트의 판단표와 같이 이미 주어진 도식을 통해서 제한되지 않으며, 오히려 범주들 각각의 의미분석과 이 분석의 시원물음에 대한 대답을 통해서 제한된다. 여기에서 시원은 참된 존재, 말하자면 현실성 전체이며, 범주들은 이 현실성 개념의 의미분석을 통해서 제시되는 규정들이다.(M. Wolff, "Der Satz vom Grund, oder; Was ist philosophische Argumentation?" in *Argumentation in der Philosophie*, Neue Hefte für Philosophie 26, 1986, 108쪽 이하 참조)

3. 선험적 통각의 종합적 통일과 분석적 통일

칸트의 선험철학에서 감성, 오성 그리고 선험적 통각은 상호 유기적인 관계를 맺으면서 주어진 객체들에 대한 선천적인 종합판단들과 종합인식들을 가능하게 만든다. 여기에서 칸트 선험철학의 객관성은 그가 인정하고 있는 주관적-선천적인 직관형식들(시간과 공간)과 사고형식들(범주들과 선험적 통각의 근원적인 통일)의 객관적 타당성에 근거를 두고 있다. 그리고 이에 근거해서 인식의 두 원천으로서 감성과 오성 또는 직관과 범주의 필연적인 종합으로서 선천적인 종합판단의 가능성과 그것의 최종 근거로서 선험적 통각의 근원적인 종합적 통일에 관한 이론이 칸트의 자기의식이론의 핵심을 형성한다. 이 선험적인 통각의 근원적이고 종합적인 통일은 "모든 오성사용과 전체 논리학, 그리고 이것에 따르는 선험철학이 관계하는 최고의 지점"(B 134)을 형성한다. 그리고 칸트는 선험적 연역의 결과에 다음과 같이 의미를 부여한다. "모든 종합판단들의 최상의 원리"는 "모든 대상은 가능한 경험에 있어서 직관의 다양을 종합하는 통일의 필연적인 조건들 하에 놓여있다"는 것이다. 그래서 "경험 일반의 가능성의 조건들이 동시에 경험 대상의 가능성의 조건들이고, 이 때문에 선천적인 종합판단에서 객관적인 타당성을 갖는다." (B 197) 결과적으로 선험적 통각의 근원적인 종합적 통일이 객체, 즉 자연의 존재가능성의 근거를 형성하며, 이 자연에 법칙을 부여하고 또한 자연인식을 가능하게 만든다. 그러면 이것이 어떻게 가능한가?

감성은 객체에 의해 촉발되어 우리에게 직관의 표상들의 다양을 제공한다. 오성은 이 표상들의 다양을 범주들을 매개해서 종합한다. 그런데 우리에게 가능한 직관은 단지 감관들을 통해서 주어진 경험적-감성적 직관일 뿐이고, 범주는 그 자체로는 공허한 인식의 형식적인 조건으로서 단지 감성적인 직관들에만 적용될 수 있다. 이 때문에 범주를 통한 객체에 대한 인식은 단지 경험적인 인식일 뿐이다. "범주들을 통하지 않고서는 우리는 어떠한 대상도 사고할 수 없으며, 이 개념들에 대응하는 직관들을 통하지 않고서는 우리는 어떠한 사고된 대상도 인식할 수 없다." 그래서 "우리에게는 단적으로 가능한 경험의 대상들에 관한 것 이외에 어떠한 선천적인 인식도 가능하지 않다." (B 165-6) 이러한 제한 하에서 감성적 직관의 표상들의 모든 종합은 이 "표상들의 종합에 있어서의 의식의 통일"을 전제한다. 이 의식의 통일, 즉 선험적 통각의 근원적인 종합적 통일이 결과적으로 "표상들과 객체의 필연적인 관계"를 보증하고 또한 이 "표상들의 객관적인 타당성"을 부여하며, 이를 통해 표상들은 우리의 "인식들"로 된다.(B 137) 왜냐하면 인식이란 범주를 매개로 한 객체에 대한 표상들의 확증된 관계이기 때문이다. 그러므로 통각의 근원적인 종합적 통일은 "직관에 주어진 모든 다양을 결합해서 한 객체의 개념이 되게 하는 그런 통일"(B 139)이다. 여기에서 객체란 그 자체로 존재하는 물 자체가 아니며, 이것에 대해서는 우리는 어떠한 것도 알 수 없다. 오히려 객체는 "그것의 개념에서 주어진 그런 직관의 다양이 결합된 것"(B 137)을 의미한다.

이러한 의미에서 통각의 근원적인 종합적 통일은 "의식의 자기동일적 원리"가 그것의 자기동일성을 넘어서서 "자신과 구분되고 대립되는 것의 원리, 즉 타자적 원리(종합의 원리)"로 된다는 것을 의미한다. 그러므로 "선험적 의식의 종합적 활동이란 자기 자신으로부터 나와 자기 아닌 것으로 나아가는 활동"이며, "선천적인 종합판단이란 다름 아닌 의식의 자기타자태이다." 칸트의 선험적 자기의식은 이러한 활동을 통해서만 비로소 "유한한 자연적 세계의 본래적 근거"일 수 있다. 이것이 "선험적 의식의 본성", 다시 말해 인간의 유한한 의식의 본성이다.[9] 그러면 선험적 통각의 자기동일성/자기관계성, 즉 선험적 통각의 분석적인 통일은 무엇이며, 이것은 통각의 종합적 통일과 어떠한 관계에 있는가? 칸트는 나에게 주어진 모든 표상들에 필연적으로 동반되는 '나는 생각한다'를 선천적인 종합판단의 최종 근거로서 '자기의식의 선험적 통일'이라 부른다. 왜냐하면 직관에 주어진 표상들의 다양이 '하나의 동일한 자기의식'에 속하지 않는다면, 그것들은 '나의' 표상들일 수 없기 때문이며, 반대로 이 동일한 자기의식이 범주와 표상들의 다양을 매개하고 선천적인 종합판단을 구성할 때 객체가 구성되며, 이에 대한 선천적인 종합인식이 성립되기 때문이다. 그런데 이 자기의식의 자기동일성은 "내가 표상들 하나하나에 의식적으로 동반한다"는 점을 통해서가 아니라, "내가 하나의 표상을 다른 하나의 표상에 부가해서 이것들의 종합을 의식한다"는 점을 통해서만 보증될 수 있다. 따라서 "주어진 표상들의 다양을 하나의 의식에서 종합한다"는 점을 통해서 "이 표상들에 있어서의 의식의 동일성"이 표상될 수 있다. 다시 말해 "선험적 통각의 분석적인 통일은 단지 통각의 종합적인 통일의 전제 하에서만" 가능하다.(B 133)

---

9) 최소인, 「절대의식과 유한의식의 자기이해와 자기전개」, 『칸트연구』6, 한국칸트학회, 2000, 75쪽 이하. 더 나아가 최소인은 이와 같이 선험적인 통각의 종합적 통일이 '선험적 의식의 자기타자화의 활동'이라고 하더라도, 헤겔의 관점과 차이점을 보이기 위해, 이 종합적인 통일의 선행지인 선험적 통각의 분석적인 통일은 '자체 내에 타자적 계기들을 가지지 못한 논리적 동일성'에 불과하며, 그래서 자기타자화의 활동을 수행하는 선험적 통각은 그 자체로는 '종합적 계기(타자적 계기)를 자신 안에 담고 있지 못한 한갓 분석적, 논리적 통일'에 불과하다고 말한다.(같은 책, 82쪽 이하 참조)

이 '전제관계'를 칸트는 『순수이성비판』의 초판에서 다음과 같이 서술한다. 이 '하나의 동일한 자기의식'이 모든 가능한 경험의 선험적 가능조건으로서 '선험적 통각'이다. 이 선험적 통각은 '순수하고 근원적이며 불변적인 의식'으로서 내적 지각에서 표상들 각각의 변화를 의식하는 가변적인 자기의식인 '경험적 통각'과는 구별된다. 하나의 자기의식으로서의 "선험적 통각의 이 수적인 단일성"(A 107) 또는 자기동일성이 "의식의 형식적인〔분석적인〕 통일"(A 105)이다. 이 선험적 통각의 형식적-분석적 통일이 모든 경험적으로 가능한 종합들에 "의식의 통일이라는 선험적 근거"(A 106)로서 근저에 놓여있다. 다시 말해 선험적 통각의 분석적인 통일이 직관에 주어진 다양한 표상들의 모든 종합을 가능하게 하며, 그리고 범주들 각각이 '직관의 다양한 표상들의 종합적인 통일'을 표시하는 한, 그것은 이 범주들을 가능하게 하며 또한 이 범주들을 매개한 가능한 경험의 대상들에 대한 선천적인 인식도 가능하게 만든다. 결과적으로 모든 가능한 경험적 표상들에는 선험적 통각이 근저에 놓여있으며, 이 통각의 분석적인 통일이 그것의 종합적 통일의 근저에 놓여있다. 다시 말해 선험적 통각의 종합적 통일은 그것의 분석적 통일을 또한 전제하고, 이 분석적인 통일이 없이는 가능한 경험 대상들에 대한 인식들과 이 인식들의 결합과 통일 또한 우리 안에서 생길 수 없다.

이 전제관계를 칸트는 경험가능성의 근거지움에서 다음과 같이 서술한다. 통각의 분석적인 통일이 가능한 경험에서 주어지는 모든 표상들의 다양을 범주들에 따라 결합한다. 왜냐하면 이 분석적인 통일은, 의식이 "이 다양을 하나의 인식에서 종합적으로 결합하는 기능의 동일성"을 의식할 수 없다면, 불가능하기 때문이다. 그러므로 "자기 자신의 동일성〔분석적인 통일〕에 대한 근원적이고 필연적인 의식이 동시에 개념들에 따르는 모든 현상들의 종합에 대한 필연적인 통일〔종합적인 통일〕의 의식이다." 왜냐하면 선험적 통각이 표상들의 다양의 모든 종합을 "하나의 선험적인 통일"에 종속시키고, "개념들에 따르는 그것들의 결합을 선천적으로 비로소 가능하게 만드는 자신의 활동성의 동일성", 즉 종합적인 통일을 주목하지 않는다면, 그것은 자신의 표상들의 다양성에서 "자기 자신의 동일성", 즉 분석적인 통일을 선천적으로 생각할 수 없기 때문이다.(A 108) 선험적 통각의 활동성의 논리적인 형식들이 개념들이며, 이 개념들은 이 때문에 선험적 통각과 분석적으로 동일하다. 그러나 직관 없는 개념은 공허하다. 그래서 선험적 통각은 이 개념들을 직관에 주어진 표상들의 다양과 매개하고 그것들에 객관적 타당성을 부여한다. 이것이 선험적 통각의 종합적인 통일이다. 이 종합적 통일을 고려하지 않는다면, 통각의 분석적 통일은 생각될 수 없다. 왜냐하면 선험적 통각의 자기동일성은 그 자체로는 단지 논리적-분석적인 형식에 불과하기 때문이다.

요약하자면 칸트는 선험적 통각의 분석적인 통일과 종합적인 통일의 관계를 다음의 3가지 측면에서 고려하며, 이것들이 함께 칸트의 자기의식이론을 가능하게 만든다. 즉 자기 자신의 동일성(분석적인 통일)에 대한 의식은 동시에 모든 현상들의 종합에 대한 필연적인 통일(종합적인 통일)의 의식이다. 다시 말해 양자는 직접적으로 동일하다. 그리고 가능한 경험의 선천적인 가능성의 근거지움에서 선험적 통각의 종합적인 통일은 그것의 분석적인 통일을 전제한다. 그러나 선험적 통각의 분석적인 통일은 그것의 종합적인 통일 없이는 생각될 수 없다. 여기서 칸트는 선험적 통각의 분석적인 통일과 종합적인 통일의 '직접적인 동일성'과 상호 '전제적 관계'를 주장하는 것 같다. 그런데 그는 논의의 전개에서는 단지 이 관계들을 간단히 언급하고, 선험적 통각의 '종합적인 통일'에 초점을 둔다. 결과적으로 칸트는 선험적 통각의 분석적인 통일과 종합적인 통일의 관계 자체를 반성하지 않는다. 그러면 어떻게 이 3가지 측면들이 '하나의 방식에서' 통일적으로 파악될 수 있는가? 또는 종합을 선취하는 선험적 통각으로서의 자기의식이 이 종합에서 동시에 자기 자신을 사유할 수 있는가? 이 자기의식의 자기관계성이 그것에 의해 구성된 다양의 객관적인 종합적 통일과의 관계를 칸트는 이론적으로 진척시키지 못했으며, 더 나아가 이 3가지 측면을 하나의 통일적인 방식에서 자기의식의 자기관계성의 구성요소들로서 해명하지 못했다.[10] 칸트가 비록 "논리적인 자기정립운동"(선험적 통각의 분석적 통일)을 "선험적인 자기규정운동"(선험적 통각의 종합적 통일)과 그리고 "경험적인 자기인식"과 구별한다고 하더라도, 그는 자기의식의 자기관계성이라는 동어반복적인 특징을 '논리적-분석적인 동일성'으로만 이해하고, 이에 대해서는 "철학적으로 문제시 하지 않는다." 그래서 그는 자기의식의 자기관계성이 동시에 "반성적인 특징"을 가지는지, 그리고 "이 반성적인 특징이 어떻게 파악되어야 하는지"를 고려하지 않는다.[11]

---

10) K. Düsing, *Das Problem der Subjektivität in Hegels Logik*: Systematische und entwicklungsgeschichtliche Untersuchungen zum Prinzip des Idealismus und zur Dialektik, Bonn: Bouvier, 1984², Hegel-Studien. Beiheft 15, 234쪽 이하 비교. "칸트는 자기의식에 있어서의 이 자기관계가 그것에 의해서 구성된 다양한 것의 객관적인 통일과 맺는 관계를 이론적으로 보다 더 전개시키지 못했다. 더 나아가 그는 순수한 종합, 종합적인 통일 그리고 이 종합과 종합적인 통일에 대한 의식을 논증적인 결과에서 주체성의 구성계기들로서 명확히 하지 못했다. 그는 순수한 사유와 논리학의 원리로서 주체성의 영역을 열어놓았으나, 동시에 이것에 대한 완전히 수행된 이론을 제공하지는 못했다."(같은 책, 238-239쪽)

11) P. Reisinger, "Reflexion und Ichbegriff" in *Hegel-Studien 6*, 1971, 234쪽 이하.

그럼에도 칸트는 이 선험적 통각의 분석적인 통일과 종합적인 통일이 우리 인식의 객관적인 실재성을 보증한다고 말한다. 우리에게 객체를 필연적인 대상으로 만드는 것은 "표상들의 다양의 종합〔통각의 종합적 통일〕에 있어서 의식의 형식적인〔분석적인〕 통일"(A 105)이며, 객체가 가지는 필연적인 통일은 "의식의 필연적인〔분석적인〕 통일"과 "다양의 종합의 필연적인 통일"에 의해서 구성된 것이다.(A 109) 그래서 우리 경험인식의 객관적인 실재성은 다음과 같은 "선험적 법칙"에 의존한다. 즉 객체는 우리에게 현상들을 통해서 주어지는데, 이 현상들과 이것들의 관계는 '순수한 직관'에 있어서는 "공간과 시간이라는 형식적인 조건들" 하에 놓여있는 것처럼, 그것들은 모든 가능한 경험에서 "통각의 필연적인 통일의 조건들" 하에 놓여 있고, 특히 "통각의 필연적인 통일"을 통해서 경험적인 인식이 비로소 가능하게 된다.(A 109–110) 그래서 가능한 경험 일반의 선천적 조건들이 동시에 경험 대상들의 가능조건들이다. 모든 가능한 경험들은 선험적 통각의 종합적인 통일의 조건들에 적합해야 하고, 이 종합적인 통일은 선험적 통각의 필연적–분석적인 통일을 전제한다. 그러나 이 분석적인 통일에 대한 의식은 종합적인 통일에 대한 의식이 없이는 불가능하고, 선험적 통각은 자신의 종합적인 통일에서만 자신의 분석적인 동일성을 선천적으로 증명할 수 있다. 그러므로 자기의식의 분석적–종합적 통일이 가능한 모든 경험 대상들의 존재가능조건이다.

이 선험적 통각의 분석적–종합적 통일이 "인간 사고 일반의 무조건적이고 첫째의 종합적인 원칙"이고, "모든 경험적 의식은 (모든 특수한 경험에 선행하는) 선험적 의식에, 다시 말해 근원적 통각으로서의 '나 자신의 의식'에 반드시 상관한다. 따라서 나의 인식에 있어서 모든 의식은 하나의 (자기)의식에 귀속한다는 것은 단적으로 필연적이다."(A 117 각주) 이와 같은 방식에서 칸트가 선험적 통각의 분석적–종합적인 통일을 파악했다고 하더라도, 그는 이 통각의 분석적–종합적인 통일을 단지 현상에만 적합한, 다시 말해 현상적인 사물들과의 관계에서만 그것의 객관적인 타당성을 갖는 통일로 파악하고 물 자체와 관련해서는 어떠한 객관적인 타당성도 갖지 못한다고 주장한다. 왜냐하면 그에게는 인식의 원천으로서 사고능력으로서의 오성 이외에 이것과는 본질적으로 다른 인식의 원천, 즉 감성의 차원이 근저에 놓여있기 때문이다. "우리에게 직접 주어질 수 있는 유일한 대상들은 현상들이고, 여기에서 직접적으로 대상과 관계하는 것은 직관이다."(A 108–9) 가능한 경험에 있어서 시간과 공간이 직관의 조건들을 형성하듯이, 범주들은 사고의 조건들로서 직관에 주어진 다양한 표상들을 종합하고, 이 때문에 선천적으로 객관적인 타당성을 갖는다. 그런데 이 범주들은 선험적 통각의 개념들이다. 따라서 모든 경험 가능한 대상들은 필연적으로 "자기의식의 시종일관된 통일의 조건들"에 적합해야만 하며, 다시 말해 "개념들에 따르는 종합" 하에 놓여 있어야만 한다. 이 종합에는 선천적 종합판단의 최종 근거로서 선험적 통각의 근원적인 종합적 통일이 근저에 놓여있다. 이 근원적인 종합적 통일에서 선험적 통각은 동시에 "자신의 시종일관되고 필연적인 동일성"(분석적인 통일)을 선천적으로 의식할 수 있다.(A 111-2) 그러므로 선험적 통각의 분석적-종합적인 통일이 선천적인 종합판단의 최종 근거이며 동시에 모든 가능한 경험 대상들의 최종 근거로 간주된다.

4. 자기의식의 절대적인 통일

칸트의 『순수이성비판』에서 선천적인 종합판단의 최종 근거로서 선험적 통각의 분석적-종합적인 통일은 '선험적 이념'과 관련해서 '자기의식의 절대적인 통일'로 새롭게 주제화된다. 왜냐하면 그것은 "이념, 즉 종합판단에서 주어와 술어, 특수자로서의 전자와 보편자로서의 후자, 존재의 형식에서의 전자와 사상의 형식에서의 후자, 이 상이한 것이 동시에 선천적으로, 즉 절대적으로 동일하다는 것"[12]을 의미하기 때문이다. 우리의 모든 인식은 칸트에 따르자면 감성에서 출발하고, 오성을 매개해서 이성에로 나아간다.(B 355) 감성은 수용성의 능력으로서 가능한 경험 대상들에 대한 표상들의 다양을 제공한다. 오성은 판단능력으로서 범주들을 산출하고, 이 범주들을 매개해서 직관에 주어진 표상들의 다양을 종합하고, 이를 통해 표상들은 인식들로 된다. 그리고 이성은 추리능력으로서 선천적인 인식의 원리들을 주는 능력이다. 그것은 자신의 추리작용에서 "오성의 광대한 인식들을 최소수의 원리들(보편적 조건들)로 환원하고, 이를 통해 오성의 다양한 인식들에 최고의 통일을 부여"(B 361)한다. 우리의 인식이 감성과 오성의 매개를 통한 제약된 현상들에 제한된다면, 이성은 '자신의 본성'에 기인해서 이 제약된 것들의 최고의 통일을, 그리고 이 최고의 통일을 보증하는 것이 무제약자라고 불린다면, 이 무제약자를 추구하고, 궁극적으로 '이성의 통일'을 꾀한다. 말하자면 이성은 경험인식의 제약들을 통찰하는 무제약적인 능력이다. 칸트는 선험적 통각의 분석적-종합적인 통일을 유한한 현상적 인식의 근거로서 간주하고, 이 현상적 인식에 제한하기 때문에, 이 인식의 완전성과 전체성을 위해서 이성의 통일과 이성의 선천적인 개념

12) G. W. F. Hegel, "Glauben und Wissen" in *Jener Schriften 1801-1807*, Bd 2, 304쪽.

들, 즉 이념들을 요청한다.

이성은 오성의 제약된 인식들에 대해서 무제약적인 조건들을 찾고, 제약된 인식들의 통일을 완성하려고 한다. 이와 같이 '무제약적인 종합의 능력'으로서 이성은 자신의 순수한 개념들, 즉 '선험적인 이념들'을 선천적으로 가진다. 여기에서 선험적 이념이란 "제약된 것들에 대한 제약들의 전체"라는 의미를 가지며, 이 "제약된 것들을 종합하는 근거"이다.(B 379)[13] 범주가 '직관의 표상들의 다양의 종합적인 통일'을, 이와 함께 '대상의 경험적 인식을 가능하게 하는 종합적 통일'을 의미한다면, 선험적 이념은 '모든 조건들 또는 제약들 일반의 무제약적인 종합적 통일'을 의미한다. 이 때문에 이성은 직관이나 가능한 경험의 대상과는 관계하지 않으며 단지 오성에만 관계한다. 선험적 이념은 단지 "경험 전체에서의 오성의 〔선험적〕 사용을 〔이성의〕 원리들에 따라서 규정"(B 378)하며, 이 원리들은 "객체에 대해서 어떠한 법칙도 지정하는 것이 아니며, 일반적으로 객체 자신을 인식하고 규정할 수 있는 근거를 포함하는 것도 아니다." 오히려 그것들은 "우리 오성의 저장물들을 경제적으로 처리하는 〔주관적〕 법칙〔들〕일 뿐이다."(B 362) 이 때문에 이성의 원리들은 모든 현상에 대해서 "초월적"이다. 다시 말해 이 원리들의 "최상원리"는 "그것들에 합치하는 경험적인 사용이 있을 수 없다"는 것이다.(B 365) 그러므로 이성은 표상들의 다양을 선천적으로 종합해서 객체가 가능하게 되는 그런 구성적인 원리가 아니라 단지 오성의 사용을 제약하는 규제적인 원리일 뿐이다. 이 때문에 헤겔은 선험철학에서 이성은 "추상적인 사유"이며, 단지 "경험들의 단순화와 체계

---

13) 이 선험적인 이념들을 칸트는, 범주들을 우리 사고 일반의 '판단의 상이한 형식들'에서 연역하듯이, 일반 논리학의 '이성추론의 상이한 종류들', 말하자면 '정언추론', '가언추론' 그리고 '선언추론'으로부터 이끌어낸다. 말하자면 이 이성추론의 형식들에서 칸트는 '하나의 주체에서 정언적인 종합의 무제약자', '하나의 계열에서 항들의 가언적인 종합의 무제약자' 그리고 '하나의 체계에서 부분들의 선언적인 종합의 무제약자'를 선험적 이념으로 이끌어낸다.(B 379) 그리고 이 무제약적인 것이 우리의 모든 표상들이 가질 수 있는 모든 관계 '주체에 대한 관계'와 '객체에 대한 관계'이다. 그런데 이 객체가 '현상으로서의 객관'과 '사고 일반의 대상으로서의 객관'으로 나누어질 수 있기에, 선험적 이념이 우리의 모든 표상들과 가지는 관계는 '주체에 대한 관계', '현상으로서의 객관의 다양에 대한 관계' 그리고 '모든 사물 일반에 대한 관계' 3 종류가 있다.(B 390) 따라서 '모든 선험적 이념은 다음의 세 급 중의 하나이다. 첫째는 사유하는 주체의 절대적 통일, 둘째는 현상의 제약들의 계열의 절대적 통일, 셋째는 사고 일반의 모든 대상들의 제약인 절대적 통일을 포함한다.'(B 391) 이것들 각각은 '사유하는 주체', '모든 현상들의 총괄로서 세계' 그리고 '사유될 수 있는 모든 것의 가능성의 최상조건을 포함하는 것, 즉 모든 본질들의 본질'을 의미한다. 사고하는 주체는 합리적인 심리학의 대상이며, 모든 현상의 총괄은 우주론의 대상이다. 그리고 사유될 수 있는 모든 것의 가능성의 최상조건을 포함하는 것은 신학의 대상이다.

화를 위한 형식적인 통일" 만을 제공한다고 비판적으로 말한다. 그래서 선험철학은 "진리의 오르가논"이 아니라 단지 "진리의 기준"이며, "무한자의 이론"이 아니라, 단지 "인식의 비판" 만을 제공한다고 비판한다.[14]

이 선험적인 이념들 중의 하나가 "하나의 주체에서 정언적인 종합의 무제약자"(B 379)로서 "사유하는 주체의 절대적인 통일"(B 391), 다시 말해 자기의식의 절대적인 통일이다. 그런데 이 이념이 이성의 본성에서 기인한다고 하더라도, 그것에 상응하는 객체는 칸트에 따르자면 우리의 경험에서는 결코 주어질 수 없으며, 이 때문에 이러한 객체에 대해서는 비록 "개연적인 개념"(B 397)은 주어질 수는 있다고 하더라도, 다시 말해 사유될 수는 있다고 하더라도, 이 객체에 대한 인식은 우리에게는 결코 가능하지 않다. 그래서 우리는 한편으로 "어떠한 다양도 포함하지 않는 〔순수한〕 주체라는 선험적인 개념에서 이 주체 자체의 절대적인 통일"을 "추리"할 수는 있다. 그러나 다른 한편 우리가 이와 같은 추리방식으로 이 "사유하는 주체 자체"를 규정하고 인식할 수 있다고 생각한다면, 그것은 오류이다. 칸트는 이러한 순수이성의 변증적 추리를 "선험적인 오류추리"라고 부른다.(B 397쪽 이하)[15] 선험적인 이념은 칸트에게 있어 실재적으로 존재하는 것이 아니다. 이 때문에 그것에 상응하는 어떠한 객체도 경험적으로 주어질 수 없으며, 이와 함께 그것은 결코 인식될 수도 없는 단지 '당위적인 것'이며, 모든 제약된 것들에 대해 무제약적이고 보편적인 이해를 위해 이성에 의해서 '요청된 것'일 뿐이다. 만약 이 이념이 실재한다고 가정한다면, 이것은 잘못된 것이며, 이와 함께 이성은 '오류추리'에 필연적으로 빠지게 된다. 이것을 자기의식에 대한 '형이상학의 본성'과 '비판의 본성'을 비교하기 위해 이하에서 제1의 오류추리라 불리는 '실체성의 오류추리'를 통해서 간단히 예시해 보겠다.

나의 모든 표상들에 필연적으로 동반되고 이것들을 종합하는 '나는 생각한다'라는 통각의 순수한 형식적인 개념은 순수한 자기의식으로서 모든 선험적 개념들을 가능케 하는 원천이며, 이 선험적인 개념들을 포함한 "모든 개념들의 운반구"(B 399)이다. 이 사유하는 주체를 비판철학은 범주표에 따라서, 말하자면 관계, 성질,

14) G. W. F. Hegel, *Enzyklopädie der philosophischen Wissenschaften* I, § 52, 137쪽.(이하에서 이 저작은 Enz. I 로 축약함)

15) 칸트의 오류추리론에 대해서는 특히 최인숙, 「칸트의 오류 추리론 – 『순수이성비판』의 초판과 재판에서의 영혼론의 오류 추리에 대하여」, 『칸트연구』1집, 한국칸트학회, 1995, 257–292쪽 그리고 문성학, 「선험적 자아론과 순수이성의 제1오류추리」, 『철학』제46집, 한국철학회, 1996, 63–91쪽 참조.

분량, 양상 범주에 따라서 1) "규정하는 주체", 2) "단일자 혹은 추상적으로 단순한 것", 3) 그것에 관해서 의식되는 것의 모든 다양에서 "하나의 동일한 것-자기동일적인 것" 그리고 4) "사유자로서 나의 외부에 있는 모든 사물들과 구별되는 것"으로서 이해한다.[16] 여기에서 중요한 것은 사유하는 주체는 이념이며, 이 규정들은 경험적으로 사용이 제한된 형식적인 규정들이라는 점이다. 이러한 사유하는 주체를 합리적인 심리학은 '영혼'이라 부른다. 그리고 합리적인 심리학은 이 영혼이 '실체'이고, 성질에 따라서는 '단순한' 실체이며, '상이한 시간에서도 수적으로 동일한 것'이고 또한 그것의 가능성에 따라 '신체 및 사물들과 상호작용을 하는 것'으로 이해한다. 이러한 특징을 갖는 단순한 실체가 '영혼'으로서 '생명의 원리'이며 '생명성의 근거'이다.(B 403) 이것을 증명하기 위해서 합리적인 심리학은 그것의 근저에 놓여있는 '실체' 개념과 관련해서 다음과 같이 추론한다. "〔대전제〕 그것의 표상이 우리 판단들의 절대적인 주어이고, 이 때문에 다른 사물들의 규정으로서 사용될 수 없는, 그런 것은 실체이다. 〔소전제〕 사유하는 존재로서 나는 나의 모든 가능한 판단들의 절대적인 주어이고, 이 나 자체에 대한 표상은 다른 사물들의 술어로 사용될 수 없다. 〔결론〕 그러므로 나는 사유하는 존재(영혼)로서 실체이다."(A 348) 이 이성추리는 실체와 속성들, 사유하는 존재로서의 나와 나의 판단들/사상들 사이의 '관계'를 근간으로 하고 있다.

실체는 존재론적으로 그 자체로 존재하며 다른 것에 술어(속성)로서 귀속되지 않는, 불변하는 지속적인 존재로서 정의된다. 그런데 칸트의 선험철학에서 실체는 오성의 순수한 범주들 중에서 관계범주에 속하는 하나의 범주이다. 이 범주는 "종합적 통일의 기능"을 담당하고 단지 "직관의 다양에 적용"될 수 있으며, 그러나 직관의 표상들이 주어지지 않는다면, "그 자체로는 어떠한 객관적인 의미"도 없는 "판단의 〔순수한 논리적인〕 기능"에 불과하다.(A 348-9) 칸트는 위의 이성추리의 대전제에서 실체를 범주로, 다시 말해 "경험적으로 사용가능한 개념"으로, 즉 경험 가능성의 선험적 조건으로 이해하고, 실체적인 존재에 적용한다.(A 349) 이 적용의 결과가 실체의 자립성, 지속성, 불변성, 단순성 등의 경험적인 규정들이다. 존재의 측면에서 본다면 실체적인 존재는 여기에서 "직관에 주어질 수 있는 방식에서 생각될 수 있는 존재"(B 411), 즉 경험가능한 존재로 이해된다. 따라서 대전제에서 실체 개념은 판단의 형식적인 조건으로, 속성들의 필연적인 통일을 위한 조건으로 사용된다. 그리고 소전제에서 사유하는 주체로서의 나는 나에 귀속되는 모든

16) Enz. I, § 47, 124쪽.

판단들, 사상들의 "공통적인 주어로서의 자아"로 이해된다. 그런데 칸트에 따르자면 사유하는 주체 자체에는 어떠한 경험도 근저에 놓여 있을 수 없다. 왜냐하면 이 사유하는 주체 자체는 판단들이나 사상들의 단순한 결합체 이상으로서, 그것에는 그것을 다른 대상들과 경험적으로 구별하게 만드는 그런 "최소한의 직관도 결여" 되어 있기 때문이다. 사유하는 주체 자체는 그것에 대해서 우리가 전혀 알 수 없는, 나의 모든 사상들의 근저에 놓여있는 단순한 "기체"(A 350)일 뿐이다. 다시 말해 그것은 "사상들의 선험적 주체 = X"로서 "모든 개념들에 수반되는 단순한 의식"(B 404) 또는 "객체로서 주어질 수 없는, 사유와 의식의 통일에 대한 단순한 상관자"(B 411)일 뿐이다. 그리고 이 사유하는 주체의 절대적인 통일은 나의 모든 사상들과 이것들의 전체적인 결합을 위한 단지 형식적-논리적인 조건으로서 "객관적 사용의 실재성이 없는 단순한 이념"(A 357)의 영역에 속하며, 단순한 '가상체'일 뿐이다. 그래서 이 사유하는 주체의 절대적인 통일은 '대상들의 인식가능성의 조건'으로 이해될 수 없다.

이로부터 칸트는 다음과 같이 주장한다. 이 이성추리를 통해 합리적인 심리학이 "사유의 항존적이고 논리적인 주체"를 제시하고, 이 주체를 판단들 또는 사상들의 "귀속성의 실재적인 주체"로 간주하고 그리고 이것을 "인식"할 수 있다고 주장한다면,(A 350) 이것은 오류이다. 왜냐하면 사유하는 주체 자체는 이념으로서 사상들의 절대적인 통일을 위한 단순한 '형식적-논리적인 조건'일 뿐이기 때문이다. 우리는 이 주체 자체에 상응하는 어떠한 경험적인 표상도 제시할 수 없으며 또한 그것에 경험적인 사용에 제한된 어떠한 범주도 적용할 수 없다. 그래서 우리는 이 사유하는 주체 자체에 대해서는 어떠한 선천적인 종합판단도 가능하지 않으며, 그것에 대한 어떠한 선천적인 종합인식도 가능하지 않다. "이 주체에 대해서 우리는 최소한의 인식도 가지지 않으며 또한 가질 수도 없다." 이 사유하는 주체에 대해서 우리가 알 수 있는 것은 단지 이 "자아의 논리적인 의미"일 뿐이다.(A 350) 그래서 위에서 제시된 이성추리의 결론이 '나는 사유하는 존재(영혼)로서 실체이다'라고 말할 때, 이것은 단지 사유하는 주체의 절대적인 통일로서의 "이념에서의 실체"를 표현하는 것이며, 그러나 "실재성에서의 실체"를 표현하는 것은 아니다.(A 351) 이 때문에 칸트는 이 이성추리를 비판적으로 '선험적 오류추리'라 부른다. 선험적 오류추리란 그것의 형식적인 측면에서 본다면 그 자체로서 필연성을 갖는 이성의 순수한 선험적 사유(대전제)가 직관, 대상(소전제)에 관련됨으로서 잘못된 객관적인 필연성(잘못된 선천적인 종합판단, 결론)을 이끌어내는 것, 다시 말해 개념 자체의 '선험적 사용'에 있어서는 참인 대전제와, 이 개념의 - 그러나 사실은 이 개념에 대한 경험적 사용의 조건인 직관이 구체적으로 주어져 있지 않음에도 불구하고 – '경험적 사용'으로 인한 잘못된 소전제가 서로 관계함으로써 잘못된 결론을 이끌어내는 것을 의미한다. 여기에서 대전제와 소전제에서 매개개념이 '이중적'으로 사용되기 때문에 이 추리는 또한 "매개념 다의의 오류" 또는 "언어 형식상의 궤변(ein sophisma figurae dictionis)" (A 402)이라고 볼 수 있다.[17)]

5. 이원론적 세계관과 전도된 세계

칸트의 선험철학에서 자기의식이론은 선천적인 종합판단의 최종 근거로서 선험적 통각의 분석적–종합적 통일을 근간으로 한다. 그런데 이 통일은 칸트의 선험철학에 의하면 물 자체가 아니라 단지 현상적인 사물들과의 관계해서만 선천적인 종합판단의 최종 근거이며 동시에 이 사물들의 존재근거일 수 있다. 그리고 자기의식의 절대적인 통일은 단지 객관적 사용의 실재성이 없는 단순한 이념 또는 가상체에 불과하다. 이 때문에 자기의식 자체는 그것에 대해서 선천적인 종합판단이 불가능하고, 그것은 결코 인식될 수 없는 것이다. 이 사상들에는 근본적으로 감성(직관), 오성(범주), 선험적 통각, 이성 등, 이 '선험적 원리들의 이질성'과 '현상과 물 자체의 이원론적인 구별'이 근저에 놓여 있다. 칸트의 선험철학에 따르자면 우리 사고의 개념들과 원리들은 '초월적'으로 사용될 수 없고, 말하자면 '사물 일반, 즉 물 자체에 적용'될 수 없다. 그것들은 단지 '경험적으로'만, 다시 말해 '현상에만, 가능한 경험의 대상들에만 적용'될 수 있는 '형식적–논리적인 조건들'일 뿐이다. 이 조건들이 객관적인 타당성을 획득할 수 있는 것은 단지 '경험적–감성적 직관'에 의해서만 가능하다. "모든 개념들과 그와 동시에 모든 원리들은, 그것들이 선천적으로 가능하다고 하더라도, 경험적 직관들, 다시 말해 가능한 경험을 위한 자료들에 관계한다. 이것들이 없으면 그것들은 결코 객관적인 타당성을 획득할 수 없다." (B 298)

우리에게 가능한 유일한 직관은 직관들 중에서도 단지 "감성적 직관"뿐이다.(B

---

17) 이와 같은 의미에서 마루슈케는 오류추리에 대한 칸트의 논변은 "주어에 부가되는 술어의 이중의미", 즉 "현상적인 의미(phänomenaler Sinn)"와 "본질개념"으로 이해되는 "본체적인 의미(noumenale Bedeutung)"의 "구별"에 근거한다고 말한다.(G. Maluschke, *Kritik und Absolute Methode in Hegel's Dialektik*, 2., um ein Nachwort ergänzte Auflage, Bonn: Bouvier, 1984, Hegel Studien–Beiheft 13, 120쪽 이하)

304) 만약 우리가 이 감성적 직관의 조건을 배제하고 단지 사고의 개념들과 원리들을 통해서만 객체를 인식하려고 한다면, 이것은 우리에게는 가능하지 않다. 우리의 사고는 우리에게 유일하게 객체가 주어질 수 있는 그런 "감성의 한계"를 넘어설 수 없다. 그래서 우리 사고의 개념들과 원리들은 단지 "현상을 해명하는 원리들"이며 선천적으로도 이 현상을 형식적-논리적으로 가능하게 하기 위해서만 사용될 수 있을 뿐이다.(B 303) 우리의 감성적 직관의 대상이 아닌 사물들, 말하자면 물 자체는, 비록 그것이 사유될 수 있다고 하더라도, 인식될 수는 없다. 왜냐하면 그런 물 자체에 대해서는 어떠한 감성적 직관도 주어질 수 없으며, 어떠한 범주도 적용될 수 없기 때문이다. 범주들은 칸트에 따르자면 "공간과 시간에 있어서의 직관들의 통일과의 관계"에서만 "의미"를 가질 수 있다. 특히 우리의 사고는 "공간과 시간의 순전한 관념성"에 근거해서 이 직관들의 통일을 범주들을 통해서 선천적으로 규정할 수 있다.(B 308) 그런데 우리의 사고가 비록 감성에 의해서 제한을 받는다고 하더라도, 그것은 반대로 동시에 "감성을 제한"한다. 왜냐하면 우리의 사고는 현상 이외에 또한 물 자체를 사유할 수 있기 때문이다. 그래서 물 자체는 "감성의 월권을 제한하기 위한 한계개념"(B 310쪽 이하)이다.[18] 그러나 우리의 사고는 동시에 "자신을 제한"한다. 왜냐하면 그것은 물 자체를 "사유"할 수는 있으나 "인식"할 수는 없기 때문이다.(B 312) 인식을 위해서는 사유 이외에 직관이 필수적인데, 물 자체에 상응하는 직관은 경험적으로 주어질 수 없기에 물 자체는 사유될 수 있으나 인식될 수는 없다.

그러면 이와 같이 우리에게 결코 인식될 수 없다고 하는 그런 무제약자와 같은 물 자체가 어떻게 인식될 수 있으며 그것은 어떠한 구조적인 특징을 가지는가? 칸트의 선험철학에서 모든 종합은 선험철학의 최고의 지점으로서 자기의식의 근원적인 통일에 의해서 성취된다. 이 자기의식은 그 자체로 자기 자신을 반성할 수는 없지만, 그러나 통일을 산출하는 종합적인 기능을 수행할 수 있는 그런 주체이다. 그러나 물 자체는 이러한 '종합과는 전적으로 무관한 것'이다. 왜냐하면 물 자체는 "완전히 우리의 인식영역 외부에"(B 236) 있기 때문이다. 이와 같은 방식에서 칸트

18) 이것에 최소인은 다음과 같은 의미를 부여한다. 즉 칸트의 선험철학에서 물자체는 선험적 자아와 마찬가지로 세계 해명을 위한 "적극적이고 근본적인 원리"로서 간주될 수 없고, 단지 "의식 의존적인 사물의 세계(현상의 세계)의 부정적인 측면"을, 이와 함께 단지 현상의 세계와만 관계하는 "의식의 규정성과 활동성의 부정태"를 나타낸다.(최소인, 「절대의식과 유한의식의 자기이해와 자기전개」, 64쪽 이하 참조) 마찬가지로 "의식에 자립적인 물 자체의 존립은 의식 의존적인 자연적 세계의 존재론적 위치(자연적 세계의 제약성과 한계)를 확인하는 도구며, 그런 한에서 한계개념(Grenzbegriff)의 역할을 할 뿐이다."(같은 책, 67쪽)

의 자기의식이론에는 헤겔이 보기에 현상과 물 자체 사이의 이원론적인 구별 또는 외적인 반성의 관계가 여전히 남아있다. 그러나 헤겔은 이 선천적인 종합판단의 최종 근거로서 자기의식의 근원적인 분석적-종합적인 통일을 단지 현상만이 아니라 물 자체와도 관계시킨다. 다시 말해 헤겔은 이 통일을 보다 포괄적인 의미에서 모든 객관성과 객관적 실재성의 최종 근거로서 고찰한다. 자기의식의 근원적인 분석적-종합적인 통일은 단순히 '주관적인' 것만이 아니라 동시에 '객관적인' 것이며, "단지 인식의 형식에서만이 아니라 또한 존재의 형식에서"[19] 규정되어야만 한다. 이와 같이 자기의식의 선험적인 통일을 존재 자체의 원리에로 전환하는 것은 마르쿠제에 따르자면 "데카르트 이후 철학에서 드러났던 가장 위대한 변화" 또는 "칸트 이후 철학에서의 고유한 전환점"이라고 말한다.[20]

더 나아가 헨리히는 칸트와 헤겔 철학의 고유한 차이점은 단지 주체-객체-관계에 대한 상이한 해석에 있는 것이 아니라 오히려 "존재론의 영역"에서 찾아야 한다고 주장한다. "그러므로 사람들이 헤겔을 근본적으로 이해하기를 원한다면, 사람들은 헤겔의 주-객-관계에 대한 이론으로부터 출발할 필요가 없을 것이다. 오히려 사람들은 칸트의 『순수이성비판』에서도 취급되지 않은 채 여전히 남아있는 헤겔의 존재론 비판을 가지고 출발해야만 한다."[21] 헤겔에게 있어서 현실적인 세계에 대한 참된 기술은 헨리히에 따르자면 개별자들과 그것들의 질서들 사이의 '전제된 차이'로부터 출발하는 것이 아니라, 오히려 개별자들과 그것들의 질서들의 '전체적인 매개연관', 말하자면 다양하게 존재하는 자립적인 개별자들과 이 개별자들이 그것들의 개별성에서의 자기관계에도 불구하고 근본적으로 의존해야 하는 그것들의 보편적인 실존조건들의 전체적인 관계가 총체적으로 고찰되고 서술되어야만 한다.[22] 이 총체적인 매개연관은 헤겔철학에서 특히 '자기관계하는 부정

19) G. W. F. Hegel, "Differenz des Fichteschen und Schellingschen Systems der Philosophie", 98쪽.

20) H. Marcuse, *Hegels Ontologie und die Theorie der Geschichtlichkeit*, Vittorio Klostermann Frankfurt a. M. 3. Aufl. 1975[3], 38쪽 각주. 이러한 의미에서 마르쿠제는 헤겔이 칸트의 통각의 근원적인 종합적 통일을 "주관성과 객관성 일반을 결합하는 통일에로, 존재자 자체의 절대적인 발생에로 전화"시키고, 이 발생을 "타자존재에서 자기동등성"으로, 본질적으로 "운동성에서의 통일"로서 규정한다고 말한다.(같은 책, 228쪽)

21) D. Henrich, "Kant und Hege1: Versuch zur Vereinigung ihrer Grundgedanken" in *Selbstverhältnisse*: Gedanken und Auslegungen zu den Grundlagen der klassischen deutschen Philosophie, Philipp Reclam jun. Stuttgart, 1982, 191쪽 이하.

22) 같은 책, 188쪽 이하 참조. 여기에서 헨리히는 전자를 '자연적인 존재론'으로 그리고 후자를 '구성적인 존재론'이라 부른다.

성' 또는 '자기 자신의 타자'라는 방법론적이고 존재론적인 개념형식에 근거해서 이루어진다. "헤겔체계가 거기에서 전개되는 모든 개념들은 자기관계하는 부정과 자기관계하는 타자성이라는 근본형식의 계승자들이며 함축들이다."[23] 이 자기관계하는 부정성은 단지 "대립된 것들의 통일"만이 아니라 동시에 "대립된 것들의 통일과 차이의 통일"로서 이해되어져야 한다.[24] 이 개념형식에 힘입어서 헤겔적인 자기의식은 칸트철학에서처럼 단지 "체계적인 오성사용의 형식적인, 순전히 규제적인 통일"에 제한되는 것이 아니라 더 나아가 "객관적인 통찰들의 산출을 위한 오르가논"으로 이해된다.[25]

현상과 물자체 사이의 이원론적인 구별 또는 외적인 반성의 관계를 극복하기 위해서 우선적으로 물 자체 개념은 존재론적으로 재해석되어야 한다. 물 자체는 '추상적인 동일성' 또는 동일성과 부정성 사이의 '견고한 대립'에 근거해서 파악된 단지 자기관계하는 자기 동일적인 것을 의미한다. 물 자체는 칸트에 따르자면 '선험적인 객체'로서 이것에 대해 우리는 전적으로 알 수 없다. 왜냐하면 그것은 어떠한 규정성 또는 부정도 자체 내에 가지고 있지 않기 때문이다.[26] 그것은 단지 자기의식의 근원적인 통일의 단순한 상관자로서 가상체에 불과하다. 이런 한에서 물 자체는 인간이성의 한계개념으로서 어떠한 실재성도 어떠한 부정성도 자체 내에 가지지 않는다. 그러나 물 자체는 볼프에 따르자면 칸트철학에서처럼 실체존재론적인 "사물들 자체에서 지양된 형이상학적인 개념(der aufgehobene metaphysische Kuchen, aufgehoben in der Speisekammer der Dinge an sich)"이 아니라, 오히려 " '선험적 이념상'이라는 의미에서 실재성"을 포함하며, 또한 동시에 "절대적인 선험적 비존재라는 의미에서 부정", 말하자면 오성범주들의 적용불가능성을 갖는

23) 같은 책, 201쪽. "이로부터 헤겔 변증법의 가장 단순한 그러나 가장 근본적인 테제들이 주어진다. [이것들은 다음과 같다.] 긍정적인 관계는 자체 내에서 부정적이다. 모든 것은, 그것이 자기 자신과 동일하지 않을 때, 자기 자신이다. 모든 직접적인 것은 본질적으로 매개되어 있다. 각각의 것은, 그것이 또한 자기 자신의 타자인 한에서만, 일자이다."(같은 책, 199쪽)

24) D. Henrich, "Hegels Logik der Reflexion" in *Hegel im Kontext*, hrsg. v. D. Henrich, Suhrkamp Verlag, Frankfurt a. M. 1967, 98쪽.

25) WL II, 261쪽 이하.

26) 비교: WL I, 121쪽: "규정성은 긍정적으로 정립된 것으로서의 부정이다. 이것은 모든 규정은 부정이라는 스피노자의 명제이다." WL II, 195: " '규정성은 부정이다'는 것은 스피노자 철학의 절대적인 원리이다. 이 참되고 단순한 통찰이 실체의 절대적인 통일을 근거 짓는다. 그러나 스피노자는 규정성 또는 질로서의 부정에 머물러 있다. 그는 절대적인, 다시 말해 자신을 부정하는 부정으로서의 부정의 인식에로 나아가지 못한다. 그래서 그의 실체는 그 자체로 절대적인 형식을 포함하지 않고, 그리고 실체의 인식은 결코 내재적인 인식이 아니다."

다.[27] 그래서 물 자체는 그것에 귀속되는 판단술어들이 가지는 규정들(범주들)의 근거로서 '반성논리적인 기체'이며, 동시에 그것은 이 규정들을 배제한다. 여기에서 반성논리적인 기체와 이 대립된 규정들 사이에서 '귀속관계'와 '배제관계'의 객관적이고 총체적인 매개연관이 발생하고, 이 매개연관을 통해서 반성논리적인 기체는 이해되고 서술된다.[28]

이와 같은 방식에서 물 자체는 반성논리적인 기체로서 헤겔의 표현에 따르자면 '실재성과 부정성의 부정적인 통일'로, 이와 함께 사물들 자체는 "양립할 수 없는 규정들의 통일들"[29]로 이해된다. 마찬가지로 현상의 다양한 사물들 각각은 자기 동일적인 것으로서 '실재하는 것'이며, 동시에 다른 것들과의 관계에 의존하는 '부정적인 것'이며, 그래서 변화하는 것이다. 이런 한에서 현상의 다양한 사물들과 물 자체 모두는 실재성과 부정성의 상호관계를 통해서 파악될 수 있고, 그 결과 '실재성과 부정성의 부정적인 통일'로서 이해된다. 이 때문에 현상과 물 자체는 칸트에게서처럼 '완전히 이종적인 것'이 아니라, 그것들은 비록 '상이한 기체들'이라 하더라도 '동종의 것'이며, 이 때문에 그것들은 '상호 전환 가능하다'. 그리고 현상과 물 자체가 비록 상이한 '기체들'로서 사유된다고 하더라도, 이러한 이해는 단지 '외적인 반성'에 속한다. 칸트의 선험철학은 결과적으로 '대립된 규정들의 담지자들로서 두 개의 상이한, 그러나 동종의 실체들을 미리 전제한다는 점'과 밀접히 결부되어 있다. 그러나 헤겔은, 칸트가 '반성개념들의 모호성'과 관련해서 언급하는 것처럼, 이 실체들이 현상으로서 파악되는가 아니면 물 자체로서 전제되어 있는가 하는 물음과는 아무런 관계없이 오히려 '비교의 원리'와 '실체들의 전제라는 원리', 다시 말해 '외적인 반성의 원리'와 '상이성의 원리'에 근거해서 칸트적인 이원론적 구별을 비판적으로 극복한다.[30]

---

27) M. Wolff, "Über das Verhältnis zwischen logischen und dialektischen Widerspruch" in *Hegel-Jahrbuch 1979*(Köln 1980), 344쪽 이하.

28) 이에 대해서는 M. Wolff(1979), 342쪽 이하, M. Wolff, *Der Begriff des Widerspruchs*: Eine Studie zur Dialektik Kants und Hegels, Verlag Anton Hain Meisenheim GmbH, 1981, 113쪽 이하 참조. 또한 조종화, 「헤겔 모순개념의 객관성과 구조」, 『헤겔연구』23, 한국헤겔학회, 도서출판 용의 숲, 2008 참조.

29) R.-P. Horstmann, *Ontologie und Relationen*: Hegel, Bradley, Russell und die Kontroverse über interne und externe Beziehungen, Athenäum Verlag GmbH, 1984, 78쪽.

30) 이에 대해서는 M. Wolff(1981), 118쪽 이하, Chr. Iber, *Metaphysik absoluter Relationalität*: Eine Studie zu den beiden ersten Kapiteln von Hegels Wesenslogik, Walter de Gruyter, Berlin u. New York, 1990, 423쪽 이하 참조.

그러면 어떻게 이 이원론적인 구별 또는 외적인 반성의 관계가 실질적으로 극복되며, 그것의 결과는 무엇을 의미하는가? 헤겔은 칸트의 근본적인 선천적인 종합판단에 대한 이론을 "최고의 중요한 사상", "사변적인 전개에서 가장 심오한 원리들 중의 하나"[31]라고 칭송하며, 이 이론을 "대립된 것들의 근원적인 관계들"[32]로 재해석한다. 그리고 이 관계들을 헤겔은 특히 『정신현상학』의 '오성' 절에서 전형적으로 '전도된 세계'[33]를 통해서 해명하고, 이 세계의 본질적인 구조를 "자기 자신과의 전도된 〔또는 대립된〕 세계"(131)[34]로서 파악한다. 여기에는 '절대적인 부정성의 원리', 다시 말해 '자기관계하는 부정성' 또는 '자기 자신의 타자'라는 헤겔 변증법에서 방법론-존재론적으로 핵심적인 사상이 근저에 놓여있다.[35] 그래서 '자기 자신과의 전도된 세계'는 구조적으로 본다면 "자기 자신과 자신의 대립적인 것이 하나의 통일에 있는 것"(131)을 의미한다. 이것이 의미하는 것은 물 자체는 '자기 자신과 전도된 것'이며 그래서 '자기 자신과 자신의 대립적인 것의 부정적인 통일'로 파악될 수 있다는 것이다. 그러면 이 사상을 좀 더 살펴보자.

헤겔은 현상을 '생성과 소멸, 변화의 세계'로 특징짓고, 이 세계에서 불변적이고 동일적인 것을 '사물들의 내적인 것' 또는 '법칙'이라 부른다. 이 양자의 관계는 헤겔의 『정신현상학』의 '오성' 절에서는 힘 자체와 힘의 외화, 내적인 것과 힘들의 유희, 법칙과 현상, 초감성적인 세계와 감성적인 세계, 일반적으로 말해 '본질과 현상의 관계' 또는 '동일성과 비동일성(구별)의 관계'로 주제화된다. 이 관계는 칸트의 표현을 빌리자면 범주들 및 원리들과 직관의 다양, 분석적 통일과 종합적 통일, 물 자체와 현상, 무제약자와 제약자 또는 예지계와 현상계 사이의 관계의 근저에 놓여있는 관계이다. 그러나 칸트의 선험철학에서 이 양 대립적인 측면들 사이에는 항시 '추상적인 동일성' 또는 '견고한 대립'과 '외적인 반성'의 관계가 근저에 놓여 있다. 그러나 헤겔에 따르자면 이 관계는 '자기관계하는 부정성'에 근거해서

---

31) WL II, 260쪽.

32) Enz. I, § 40, 113쪽.

33) 이 '전도된 세계'에 대해서 보다 자세한 내용은 조종화, 「헤겔『정신현상학』에서 '전도된 세계'의 방법론적인 의미」, 『哲學硏究』제35집, 고려대학교 철학연구소, 2008 참조.

34) 이하의 본문에서 이와 같은 방식에서 표기된 것 모두는 위에서 언급한 헤겔 선집 Suhrkamp Verlag, Bd. 3의*Phänomenologie des Geistes*의 쪽수를 나타냄.

35) 빌은 헤겔의『정신현상학』에서 이미 '감성적 확신' 절에서부터 "절대적인 부정성의 원리"가 "감성적 확신의 원리"이고, "의식의 감성적 확신의 내적인 운동을 위해 구성적인 특징"을 가지며, "가장 단순한 방식에서 의식경험들의 상이한 형식들과 형태들"을 구성한다고 말한다.(R. Wiehl, "Über den Sinn der sinnlichen Gewißhiet in Hegels Phänomenologie des Geistes" in *Hegel-Studien. Beiheft 3.* 1984², 118쪽)

헤겔철학에서 원리로서 간주되는 그런 '대립된 계기들의 부정적인 통일' 또는 이 계기들의 '동일성과 비동일성의 동일성'을 형성하고, 이것이 무제약적인 보편자, 현실성, 자기의식 등을 정의한다. 그리고 이것들은 칸트철학에서처럼 '정적인 자기동일성'을 의미하는 것이 아니라 '자기 자신을 끊임없이 차별화하는 동적인, 부정적인 자기동일성'으로 파악된다는 점이 중요하다. 이 때문에 호르스트만은 칸트 철학의 개념수단들을 가지고서는 "헤겔적인 이성개념과 현실성개념에 본질적인 과정성이라는 계기"[36)]를 파악할 수 없다고 말한다.

이하에서는 전도된 세계의 내적인 구조와 밀접히 관련된 '감성적인 세계'와 '초감성적인 세계'의 관계를 중심으로 '대립된 계기들의 부정적인 통일' 또는 '동일성과 비동일성의 동일성'이 어떻게 구현되는지를 고찰해 보자. 초감성적인 세계는 일반적으로 감성적인 세계로부터 추상을 통한 보편적인 지평에로의 직접적인 고양을 통해 발생한다. 이 때문에 그것은 우선적으로 감성적인 세계의 피안에 있는 "법칙들의 고요한 왕국"으로서 "변화하는 현상의 불변적인 상" 또는 "감성적인 세계의 직접적이고 고요한 모상"이다.(120) 그러나 이 초감성적인 세계는 "현상의 전체 현실성"(120f.)을 완전히 드러내지는 못한다. 왜냐하면 감성적인 세계는 초감성적인 세계에 결여되어 있는 다른 많은 측면들을 가지고 있기 때문이다. 이 다른 측면을 헤겔은 "상호전환과 변화의 원리"(128), 다시 말해 '자기 자신의 대립에로 이행'이라 부른다. 이 때문에 감성적인 세계는 여전히 초감성적인 세계에 '타자'로서 존재하며, 반대로 초감성적인 세계는 단지 감성적인 세계의 '피안'에 머물러 있다. 다시 말해 양자는 이원론적으로 존재하며 서로에 대해 외적인 관계에 놓여있다. 이러한 초감성적인 세계를 헤겔은 '제1의 초감성적인 세계'라 부른다. 그러나 상호전환과 변화의 원리는, 위에서 언급했듯이, 물 자체처럼 초감성적인 세계 자체 내에 내재화되어 있다. 이 때문에 초감성적인 세계는 더 이상 '감성적인 세계의 직접적이고 고요한 모상'이 아니라 오히려 "동일한 것의 부등화와 부등한 것의 동일화"(127)를 내용으로 갖는다. 이러한 세계가 '제2의 초감성적인 세계'이다. 이와 함께 이 세계는 "첫 번째 세계에 대한 전도된 세계"(128)로서 파악된다.

이와 같이 상호전환과 변화의 원리가 제2의 초감성적인 세계에 내재화됨과 동시에 지금까지 감성적인 세계와 초감성적인 세계 사이에 여전히 남아 있었던 이원

---

36) R.-P. Horstmann, *Die Grenzen der Vernunft*: Eine Untersuchung zu Zielen und Motiven des Deutschen Idealismus, Verlag Anton Hain GmbH, Frankfurt a. M. 1991, 183-4쪽 참조.

론적이고 외적인 관계는 지양되었다. 왜냐하면 제2의 초감성적인 세계는 '감성적인 세계와 초감성적인 세계의 통일'을 의미하기 때문이다. 그렇다면 감성적 세계와 제2의 초감성적인 세계 사이에는 어떠한 구별도 없는 단지 동일성의 관계만이 남아 있는가? 이 질문에 대답하기 이전에 우선적으로 제2의 초감성적인 세계의 내적인 구조가 고찰되어야 한다. 이 전도된 세계는 상호전환과 변화의 원리에 근거해서 그 자체로 "순수한 상호전환 또는 자체 내에서의 대립, 모순"(130)[37]이다. 그래서 이 전도된 세계에서 하나의 대립된 것은 단지 "둘 중의 하나"가 아니다. 만약 그렇다면, 이 대립된 것은 '대립된 것'이 아니라, 단지 '상이한 것'일 뿐이다. 이에 반해 대립된 것은 "대립된 것의 대립된 것"(130), 그래서 '자기 자신과의 대립된 것'이다. 왜냐하면 대립된 것은, 그것의 대립된 것이 바로 자기 자신인, 그런 대립된 것의 대립된 것이기 때문이다. 이 때문에 대립된 것은 자신의 대립된 것을 자신의 대립된 것으로서 본질적으로 자체 내에 포함한다. 이런 한에서 대립적인 것은 그것의 참된 의미에서 '자기 자신과의 대립된 것'이다. 이 사상은 존재하는 모든 것은 본질적으로 '자기 자신과 자신의 대립적인 것의 부정적인 통일'로서 파악된다는 것을 의미한다. 이런 의미에서 헤겔이 전도된 세계와 관련해서 제시한 예들, 말하자면 신 것과 단 것, 남과 북, 내적인 것과 외적인 것 등등은 '자신의 고유한 존재'를 가지는 '두개의 현실성들 또는 실체들'이라기보다는 오히려 "그것들은 상호규정하고, 필연적으로 하나의 자기-규정-관계 속에 있는 것들"[38]을 의미할 뿐이다. 그러므로 전도성의 관계는 "자기 내 전도되어 있음", 그래서 "자기 자신에 반해 나아가며, 〔그러나〕 자기 자신과 관계하는, 말하자면 생동적으로 있음"을 의미한다. 이 때문에 전도성은 그것의 참된 의미에서 "자기 내 반성이지, 다른 것과의 대립은 아니다. 이 자기 내 반성의 변증법적인 의미는 명백히 다음과 같은 점에 있다: 만약 내가 대립(전도된 세계)을 참된 것으로 – 즉자대자적으로 – 취한다면, 그

37) 이에 대해 하인리히스는 다음과 같이 말한다. 즉 모순은 그것의 개념에 따르자면 "절대적이다. 왜냐하면 그것은 어떠한 다른 것과 모순적이기 때문이 아니라, 오히려 자신에 고유한 규정성 자체에 모순되기 때문이다. 절대적인 모순은 그것의 엄격한 의미에서 자기모순을 의미한다: 자신에 고유한 규정성을 형성하는 것의 배제운동, 그러므로 자기 자신의 배제운동", 그러나 이와 함께 자기모순으로서 모순은 동시에 "자신에 고유한 자기관계성", 즉 '근거'에 도달한다.(J. Heinrichs, *Die Logik der Phänomenologie des Geistes*, Bouvier Verlag Herbert Grundmann · Bonn 1974, 149쪽)

38) J. C. Flay, "Hegel's 'inverted world'" in *G. W. F. Hegel: Critical Assessments,* ed. by R. Stern, vol 3. Routledge, London and New York, 1993, 158쪽: "they determine each other, necessarily standing in a self-defining relationship."

러면 참된 것은 필연적으로 자기 자신과의 대립이다.”[39)]

마찬가지로 감성적인 세계가 상호전환과 변화의 원리를 자체 내에 가지고 있다고 한다면, 이 세계는, 위에서 전도된 세계의 내적인 구조가 파악됐던 동일한 방식에서, ‘자기 자신과의 대립된 것’으로, 이와 함께 ‘자기 자신과 자신의 대립적인 것의 부정적인 통일’로 파악될 것이다.[40)] 또한 전도된 세계가 ‘감성적인 세계와 초감성적인 세계의 통일’로서 이해될 때, 감성적인 세계는 그 자체로 전도된 세계의 한 측면으로 파악된다. 그래서 헤겔은 전도된 세계로서 “내적인 것은 현상으로서 완성되었다”(128)고 말한다. 그렇다면 감성적인 세계와 전도된 세계 사이에는 어떠한 구별도 없는 단지 동일성의 관계만이 남아 있는가? 전도된 세계는 그 자체로 초감성적인 세계이다. 이 때문에 감성적 세계와 전도된 세계 사이에는 동시에 ‘전도성의 관계’가 근저에 놓여있다. 말하자면 전도된 세계는 그 자체로 감성적 세계의 모든 내용들의 총체성이며, 동시에 이 감성적인 세계의 부정으로서 이 세계에 대립된 전도된 세계이다. 헤겔은 이 전도성의 참된 의미를 위에서 언급했듯이 ‘서로 상이하게 존재하는 세계들의 전도된 관계’가 아니라, 오히려 ‘동일한 것 내에서 구별된 세계들의 전도된 관계’로서 파악한다. 이 동일한 것은 “그 자체로 전도된 세계 〔…〕 자기 자신과의 전도된 세계”(131) 또는 “자기 자체에서의 전도성”(141)을 의미한다. 따라서 감성적인 세계와 초감성적인 세계의 통일로 이해된 세계는 결코 자신의 고유한 존재를 가지는 그런 두 세계의 직접적인 통일 또는 동일성으로 이해될 수 없다. 오히려 그것은 이 양 세계를 자체 내에서 가지며, 스스로를 대립으로 이원화하고, 그리고 여기에서 자기관계하는 그런 세계이다. 그러므로 감성적인 세계와 초감성적인 세계의 통일은 ‘부정적인 통일’로서 “자기 자신과 자신의 대립적

---

39) H. G. Gadamer, “Hegel-die verkehrte Welt” in ders. (hrsg.) *Hegels Dialektik*: Sechs hermeneutische Studien, 19802, 41쪽.

40) 이것을 헤겔은 『논리학의 학』에서 다음과 같이 설명한다. 감성적인 세계는 우선적으로 “타자존재에로의 반성”이며, 그래서 그의 규정들과 실존들은 한 타자에서 자신의 근거와 현존을 가진다. 그러나 이 타자가 동시에 동일하게 다른 “한 타자에로 반성된 것”일 때, 이 양자 각각은 타자로서 단지 “스스로를 지양하는 타자”와 관계하고, 이와 함께 “자기 자신”과 관계한다. 그러므로 감성적인 세계는 단지 타자존재에로의 반성일 뿐만 아니라 또한 “그것 자체에서 자기 자신과 동일한 법칙”이다. 반대로 초감성적인 세계는 우선적으로 “자기와 동일한, 타자존재와 변화가 제거된 내용”이다. 그러나 이 내용은 “현상세계의 자체 내에로의 완전한 반성”으로서 “부정적인 계기”를 자체 내에 가지며, 이와 함께 “자기 자신과 대립된, 스스로를 전도하는, 본질 없는 내용”이다. 그러므로 감성적인 세계와 초감성적인 세계 각각은 “그 자체에서 자신과 동일한 반성과 타자에로의 반성 또는 즉자대자적인 존재와 〔타자에로의 반성의〕 현상운동의 총체성”이다. 현실성은 이 “양자의 통일”로서 “스스로를 이 양 총체성들로 밀쳐내는 그런 총체성”이다.(WL II, 162쪽)

인 세계가 하나의 통일에 있는 것"(131)이며, 이 통일은 자신의 전도성에 근거해서 무한히 자기운동하는 세계 또는 현실성 자체이다. 그리고 이 현실성은 "스스로를 〔타자에로〕 전개하고 그리고 이 자신의 전개를 해소하며, 이 운동에서 스스로를 단순하게 유지하는 전체"(142)이다.

현실성 자체는 감성적인 세계와 초감성적인 세계의 총체적이며 역동적인 통일을 의미한다. 이러한 역동적인 통일에서 구별의 계기들, 말하자면 감성적인 세계와 초감성적인 세계는 그것들의 고유한 전도성에 근거해서 서로를 구별하지만 동시에 이 구별을 지양하고 서로를 동일화시킨다. 이러한 구별을 헤겔은 '절대적인 구별'이라 부른다. 이 때문에 하인리히스는 이 현실성 자체의 부정적인 통일을 감성적인 세계와 초감성적인 세계 사이에서 발생하는 "대립을 넘어서 있지만 동시에 대립을 포괄하는 대립–통일(die übergegensätzliche Gegensatz–Einheit)"[41]의 구조로서 파악한다. 요약하자면 현실성 자체는 현상과 본질, 감성적 세계와 초감성적 세계의 총체적이고 역동적인 통일을 의미하며, 이 통일에서 이 세계들 각각은 자기 자신과 자신의 타자의 부정적인 통일로서 정립된다. 여기에서 전도성의 관계, 즉 자기관계하는 부정성의 원리는 1) 현실성 자체를 구조화할 뿐만 아니라 동시에 2) 현실성과 세계들 사이의 관계를, 3) 이 세계들 각각을 그리고 4) 이 세계들 사이의 관계를 구조화한다. 이 총체적인 역동적인 관계를 통해서 파악된 현실성은 그래서 단지 '대립된 것들의 통일'만이 아니라 동시에 '대립된 것들의 통일과 차이의 통일'로서 이해된다. 이런 한에서 현실성은 "본질과 실존〔현상〕의 〔부정적인〕 통일"이고, 여기에서 "형태 없는 본질과 정지 없는 현상" 또는 "규정 없는 현존과 현존 없는 다양성"이 "그것들의 진리"를 획득한다.[42]

6. 부정적인 자기관계로서의 자기의식과 자기인식

현실은 본질과 현상의 부정적인 통일체이다. 이러한 현실에서 우리는 살고 있다. 그러면 우리는 이 현실과 어떻게 관계를 맺으며, 우리의 자기의식은 이 현실과의 관계에서 어떻게 파악될 수 있는가 또는 이 현실과의 관계에서 자기의식이란 무엇인가? 이 관계를 칸트는 선천적인 종합판단의 가능성, 다시 말해 논리적인 범

41) J. Heinrichs, *Die Logik der Phänomenologie des Geistes*, 160쪽.
42) WL II, 186쪽.

주들 또는 원리들(의식)과 직관의 다양한 표상들(대상 또는 타자) 사이의 필연적인 종합의 가능성을 통해서 추구하고, 이 선천적인 종합판단의 최종 근거로서 선험적 통각의 분석적인 통일(의식의 자기관계)과 그것의 종합적 통일(의식의 타자관계)의 관계(자기의식)를 통해서 해명한다. 이것을 헤겔은 "이성비판에서 제시되는 가장 깊이 있고 정당한 통찰들"[43] 중의 하나라고 평가한다.

그러나 칸트는 이 자기의식의 본질적인 구조를 체계적으로 고찰하지는 않고, 단지 선험적 통각의 분석적인 통일과 종합적인 통일의 '직접적인 동일성'과 '전제적 관계'로서만 고찰하였다. 그 결과 자기의식의 분석적–종합적 통일은 단지 감성적인 세계와의 관계에서만 그것의 객관적인 타당성을 보증할 수 있고, 이 세계에 대해서만 선천적인 종합인식을 제공할 수 있을 뿐이다. 반면에 물 자체로서 초감성적인 세계에 대해서 자기의식은 어떠한 선천적인 종합판단도 가능하지 않으며, 그것은 우리의 인식영역 외부에 놓여있다. 그리고 자기의식의 절대적인 통일은 어떠한 실재성도 가지지 못하는 단지 '요청된 이념'으로서 간주될 뿐이다. 칸트가 선험적 통각의 분석적–종합적인 통일을 통해서 해명하려고 했던 '자기의식과 현실의 관계'를 헤겔은 현상학에서 의식의 본질적인 구조를 통해서 해명한다. 의식은 본질적으로 "대상에 대한 의식"임과 동시에 "자기 자신에 대한 의식"이다.(77) 다시 말해 '대상에 대한 의식'과 '자기 자신에 대한 의식'은 반성의식으로서 하나의 동일한 의식의 두 측면들이다. 그리고 이 하나의 동일한 의식이 '자기의식'이다. 자기의식은 "자신의 타자존재에서 자기 자신에 대한 의식"(135)이다. 말하자면 자기의식은 자신의 대상과의 관계(종합적 통일)에서 동시에 자기 자신과 관계(분석적 통일)하며 이 타자관계에서 자기동일성 또는 자기관계성을 유지하는 그런 의식(자기의식)으로 파악된다.

이와 같이 자기의식은 헤겔철학에서 '타자관계에서 자기관계'로서 이해된다. 칸트에 의해서 체계적으로 고찰되지 않은 선험적 통각의 분석적인 통일과 종합적인 통일의 유기적인 관계를 헤겔은 "자기의식의 단순한 통일이 이 통일의 규정들과 구별들에로의 이행"[44]을 통해서 해명한다. 이것은 자기의식의 자기관계성이 칸트철학에서처럼 단지 '형식적–분석적인 동일성'만이 아니라 동시에 '반성적인 특징'을 갖는다는 것을 의미한다. 여기에는 자기관계하는 부정성의 원리가 근저에 놓여있다. 그래서 자기의식의 '자기관계성'은 동시에 '부정적인 자기관계성'이고,

43) 같은 책, 254쪽.
44) 같은 책, 505쪽.

그 결과 '자기 자신과 자신의 타자와의 부정적인 통일'로 이해된다. 칸트의 표현을 빌리자면 선험적 통각의 종합적 통일이 대상의 존재가능성의 근거이고, 이 종합적 통일은 동시에 선험적 통각의 분석적인 통일과 직접적으로 동일하기에, 자기의식으로서의 선험적 통각은 자기 자신이며 또한 동시에 사유된 대상, 즉 자신의 타자와 동일하다. 비록 이 타자가 칸트철학에서는 물 자체를 배제한 단지 현상에 불과하다고 하더라도, 헤겔철학에서 물 자체와 현상적인 사물들은 상이하지만 동종의 기체들로 이해된다. 그래서 자기의식의 분석적인 통일(자기관계)은 그것의 전개에서, 말하자면 종합적 통일(타자관계)에서 자신의 타자와 동일하게 머물면서 동시에 자기 자신과 관계한다. 이와 같이 자기의식은 그것의 활동성과, 비록 이것이 분석적이든 종합적이든 간에, 분리되어 고찰될 수 없으며, 오히려 그것은 이 '활동성 자체'이며 동시에 이 활동성의 '근거'로서 파악된다. 그래서 헤겔철학에서 자기의식의 "변증법"은 "그것에 따라서 운동이 진행되는 그런 구조이며 그리고 이 운동 자체, 다시 말해 현실성 자체의 본성으로서 자기운동하는 구조"로서 이해된다.[45]

자기의식의 이 구조적인 특징을 좀 더 살펴본다면, 자기의식은 "비구별적인 것의 구별운동(Unterscheiden des Ununterschiedenen)"(134)이다. 왜냐하면 자기의식은 다음과 같이 파악될 수 있기 때문이다: "나는 나를 나 자신과 구별하고, 그리고 여기에서 구별된 내가 나와 구별된 것이 아니라는 것이 또한 직접적으로 나에 대해서 있다."(134f.) 자기의식으로서의 나는 나 자신(대상의식을 반성하는 반성적 의식)과 구별된 나들(대상의식들)의 부정적인 통일, 칸트적으로 말한다면 선험적 통각의 분석적인 통일과 종합적인 통일의 부정적인 통일이다. 이러한 자기의식은 "거기에서 이 대립(자기 자신과 자신의 대상의 대립)이 지양되고 그리고 자신에게 있어서 자기 자신과의 동등성으로 되는, 그런 운동"(139)이다. 말하자면 그것은 자기운동을 하며, 이 자기운동에서 자신과 대상과의 대립이 지양되고, 자신이 대상의 존재가능성의 근거로서 제시되는 그런 운동이다. 그래서 자기의식은 자기구별운동이고 동시에 구별된 것들과 이 구별운동 자체의 근거이다.

이에 대해 헨리히는 하나의 좋은 예를 제시한다. 이것은 구별된 개별적인 의식들과 이 개별의식들을 반성하는 하나의 동일한 의식의 관계를 '사유하는 자아의 개별적인 경우들'('Ich denke'-Fälle)과 '사유하는 자아'('Ich denke')의 관계로 표현하고, 이 관계를 분석한다. 그리고 그는 이 분석의 결과로서 다음과 같은 3가지 함축적인 의미를 제시한다. 말하자면 "'사유하는 자아'는 동일성의 원리이다." "이

45) P. Reisinger, "Reflexion und Ichbegriff", 264쪽.

동일성은 하나의 동일적인 자아에 대해 '사유하는 자아'의 경우들의 관계를 포함한다." 그리고 "이 관계는 '사유하는 자아'의 각각의 경우로부터 '사유하는 자아'의 다른 경우에로의 이행으로서 하나의 자기의식에서 사유된다."[46] 나는 나를 사유한다. 이 사유에서 나에 대해서 열려져 있는, 주어진 다양한 종류의 현실들과 종합적으로 관계하는 많은 사유된 나들이 구별된다. 그리고 이 많은 나들은 나 자신과 관련해서 필연적으로 상호 연관되어 있으며, 이 연관관계는 동시에 나 자신에 의해서 사유된다. 결과적으로 나는 '다양한 종류의 현실들과 종합적으로 관계하는 많은 나들과 이것들의 상호관계의 총체적이고 역동적인 통일체'이다. 자기의식은 이와 같이 '타자관계에서 자기관계', 말하자면 전체 현실성과의 관계에서 자기 자신과 관계하고, 이 전체 현실성은 자기의식의 제반 활동들이 드러나는 장이다.[47]

자기의식은 타자관계에서 자기관계로 정의된다. 이것은 자기의식이 또한 '반성적인 특징'을 갖는다는 것을 의미한다. 이것을 헤겔은 다음과 같이 서술한다. 자기의식은 "내적인 것이 내적인 것을 투시함(das Schauen des Inneren in das Innere)", 말하자면 자기 자신을 반성하는 반성적인 의식이다. 자기의식은 자기구별운동으로서 "자기 자신을 밀쳐내고, 스스로를 구별된 내적인 것으로서 정립하는 그런 비구별적인 동일자의 투시, 그러나 그것에 대해서 동시에 직접적으로 이 양자의 내적인 것들의 비구별성이 있는, 그런 비구별적인 동일자의 투시"이다.(135) 다시 말해 자기의식은 비구별적인 동일자로서 구별된 내적인 나들을 투시하며, 그러나 여기에서 비구별적인 동일자와 구별된 내적인 나들은 서로 다른 것이 아니라 비구별성, 즉 동일한 것이다. 이런 의미에서 비구별적인 동일자로서 자기의식은 구별된 내적인 나들을 반성하는 의식이다. 이와 같이 헤겔은 자기의식 자체를 칸트처럼 단순한 '형식적-분석적인 동일성', 즉 '추상적인 자기동일성/자기관계성'으로서만 파악하지 않으며, 오히려 항시 '부정적인 자기동일성/자기관계성'으로 파악할 것을 강조한다.

이러한 자기의식의 근본구조는 자기관계하는 부정성에 근거한 '부정적인 자기관계성의 역동적이고 통일적인 구조'로서 이해된다. 자기의식은 스스로를 부정하

46) D. Henrich, "Kant und Hegel", 179-183쪽 참조.

47) 헤겔은 『정신현상학』 전체를 통해서 자기의식의 가능성을 많은 종류의 타자들과의 총체적인 관계에서 추구한다. 그것의 중심적인 내용은 현상하는 의식이 제반 타자관계들, 예를 들면 대상, 주체, 자연, 인륜, 제반 정신적인 것들 등에서 자기관계로서 특징지워지고, 여기에서 현상하는 의식은 단지 주체와 객체의 통일만이 아니라 주체들 사이에서 벌어지는 다양한 인륜적인 관계들과 통일을 경험하고 절대지에 도달한다는 것이다.

고 자신의 타자로 된다. 그러나 이 타자존재는 우선적으로 "타자존재로서 직접적으로 지양된다". 그래서 자기의식은 자기 자신과 관계한다. 그러나 이 타자존재가 "존재의 형태"를 취하지 않는다면, 자기의식은 자기의식일 수 없고, 오히려 단지 "'나는 나이다'라는 비운동적인 동어반복"일 것이다. 그래서 타자존재는 두 번째로 자기의식에 대해서 "존재로서 또는 구별적인 계기로서" 존재해야만 한다. 이 측면에 따르자면 자기의식은 타자존재와 관계하며, 이 때문에 자기의식은 그 자체로 대상의식이다. 그리고 타자존재는 이제 "의식에 대해서 단순하고 자립적인 현존"을 갖는다. 그래서 자기의식과 타자존재는 서로 대립되어 있다. 그러나 자기의식은 세 번째로 대상의식으로서의 자기 자신을 반성하고, 이 반성에서 자신과 대립되어 있었던 의식의 대상도 또한 반성된다. 그러나 이 반성은 대상의식이나 대상에 외적인 제3자의 반성으로 이해되지 말아야 한다. 왜냐하면 이 반성은 오히려 이 대립된 것들, 즉 대상의식과 대상 자체의 "부정적인 것이라는 특징"에 의해서 수행되기 때문이다. 그것들 각각은 자기 자신임과 동시에 부정적인 것으로서 자기 자신을 부정하고 자신의 타자로 된다. 이 부정운동을 통해서 자기의식은 "타자존재로부터 〔자기 내로의〕 복귀"이며, 이와 함께 "자기 자신과 이 구별의 통일"을 형성한다. 이런 한에서 타자존재는 이제 "자기의식의 자기 자신과의 통일"과 필연적인 관계 속에 놓여 있으며, 이 때문에 "그 자체로서는 어떠한 존재도 가지지 않는 현상 또는 구별"일 뿐이다.(138f.) 그러므로 자기의식은 자기 자신과 자신의 타자의 부정적인 통일이고, 이 통일에서 이 양자는 서로 대립되어 있을 뿐만 아니라 동시에 하나의 통일을 형성한다. 이런 의미에서 자기의식은 자기 자신과 자신의 타자 사이에서 드러나는 '동일성과 비동일성의 동일성'으로 이해된다. 그리고 이것이 칸트가 체계적으로 설명하지 못한 선험적 통각의 분석적인 통일과 종합적인 통일의 총체적인 관계의 본질적인 구조를 형성한다.

이제 마지막으로 자기의식의 자기인식의 문제를 고찰해보자. 우리는 헤겔에 따라서 자기의식을 부정적인 자기관계성으로서 타자관계에서 자기관계로 이해하였다. 이러한 자기의식이 가능하기 위해서 우선적으로 현상과 본질의 부정적인 통일로서의 현실성 전체가 자기의식의 근원적인 통일이라는 조건에 적합해야 하고, 이러한 조건 하에서만 자기의식은 그것의 필연적인 자기동일성/자기관계성을 선천적으로 증명할 수 있다. 이것을 칸트는 선험적 통각의 분석적-종합적인 통일로 해명한다. 그러나 그는 이 통일을 체계적으로 고찰하지 않고, 한편으로 통각의 분석적인 통일을 단지 전제하고, 다른 한편으론 통각의 종합적인 통일기능을 단지 현상에 제한한다. 또한 그는 자기의식의 절대적인 통일을 단지 형식적-논리적인 조건으로서만 요청하고 전제할 뿐이다. 그러나 헤겔은 칸트의 이 원리들을 단지 현상만이 아니라 물 자체와 관련시킨다. 그리고 그는 자기의식을 부정적인 자기관계성에 근거한 자기 자신과 자신의 타자의 동일성과 비동일성의 동일성으로 이해한다. 더 나아가 자기의식이 가능하기 위해서는 자기의식의 자기인식도 가능해야만 한다. 여기서 우선적으로 말한다면 칸트가 이 자기인식이 불가능하다고 주장하는 반면에, 헤겔은 이것이 가능하다고 주장한다. 왜냐하면 칸트가 자기의식의 자기동일성/자기관계성을 '추상적인 동일성의 원리'에 따라 단지 전제하는데 반해, 헤겔은 그것을 '부정적인 자기관계성의 원리'에 따라 '동일성과 비동일성의 동일성' 또는 '타자관계에서의 자기관계'로 규정하기 때문이다. 이것을 좀 더 고찰해 보자.

칸트의 선험철학에서 자기의식은 그 자체로 단순하고도 내용에 있어서 완전히 공허한 그래서 어떠한 실재성도 가지지 않는 단지 '순수한 자기관계'로서 이해된다. 그것은 '모든 개념들을 수반하는 단순한 의식', 즉 '선험적인 주체 = X'일 뿐이다. 그러나 만약 우리가 이 순수한 자기의식을 '인식'하려고 한다면, 이 인식을 위해 칸트의 선험철학에 따르자면 두 가지 조건, 말하자면 개념(범주)과 직관이 필요하다. 여기에서 직관은 단지 경험적-감성적 직관만을 의미한다. 그리고 개념은 경험적인 직관에만 적용가능하며, 이 직관과 관계해서만 객관적인 타당성을 갖고, 선천적인 종합인식을 제공할 수 있다. 그런데 칸트의 선험철학에 따르자면 이 선험적 주체에는 어떠한 개념도 적용 가능하지 않고 또한 그것에 상응하는 어떠한 직관도 경험적으로 제시될 수 없다. 이 때문에 선험적 주체로서의 순수한 자기의식에 대해서 우리는 어떠한 선천적인 종합판단도 가능하지 않으며, 이와 함께 어떠한 선천적인 종합인식도 가질 수 없다. 이 순수한 자기의식은 경험인식의 최종 근거로서 단지 '형식적-논리적인 동일성'에 불과하다. 그래서 우리가 자기의식을 그 자체로서 인식하려고 한다면, 우리는 '무한진행'이라는 "불쾌감"이나 '단순한 동어반복'이라는 "순환"에 필연적으로 빠질 것이다.[48] 그 이유는 다음과 같다. 자기의식의 선험적 주체로서 자아가 자기 자신을 인식하기 위해서는 스스로를 감성화해야만 한다. 다시 말해 이와 같은 자기인식을 위해서는 감성적 직관이 필수적이다. 그리고 이 감성적 직관은 칸트의 선험철학에서는 단지 현상적인 존재와만 관계한다. 그러나 여기에서 '감성화된 현상적인 자아'는 '선험적 주체로의 자아'와는 전적으로 다른 것이며, 오히려 후자가 전자의 선험적인 근거이다. 다시 말해 선험적 주체로서의 자아는 자아에 대한 "표상 일반의 형식"일 뿐이다. 이 때문에 선

48) WL II, 490쪽.

험적 자아를 인식하기 위해서 감성적 직관의 표상들을 사용한다면, 우리는 이 '선험적 주체의 주위를 무한히 헛되이 빙빙 도는 순환'에 빠질 것이고, 이 때문에 "불쾌감"만을 느낄 것이다.[49)]

엄밀히 말하자면 칸트는 자기의식의 자기동일성을 단순한 동어반복으로 보지 않고, 단지 '전제'할 뿐이다. 왜냐하면 그가 주장하는 자기의식의 자기동일성은 비록 논리적인 동일성이라고 하더라도, 이 자기의식은 감성적인 직관들과 종합적으로 관계하는 개념들을 산출하는 근거로서 간주되며, 또한 이 개념들과 분석적으로도 관계하기 때문이다. 그가 주장하는 순환문제는 오히려 자기의식을 그것의 분석적 통일과 종합적 통일의 구별에 대한 고려 없이 단순한 '실체'로 간주하고, 이것을 '인식'하려고 할 때 발생한다. 그런데 칸트가 자기의식(순수오성)의 형식적 구조를 "자기의식의 종합적 통일(객체구성적인 종합)과 분석적 통일(사유하는 자기관계)"의 관계구조[50)]를 통해서 해명한다고 하더라도, 이와 같은 칸트의 입장에는 여전히 자기의식의 자기인식을 위해 한편으로는 순수한 자기의식과 경험적인 자기의식의 '견고한 구별'과 다른 한편으로는 '자기의식은 자기의식이다'라는 '추상적인 동일성'이 근저에 놓여 있다. 그러나 여기에서 중요한 것은 무한진행이나 동어반복의 근저에 놓여있는 사상들, 즉 구별과 동일성 또는 종합적 통일과 분석적 통일을 그것들의 참된 관계에서 고찰하는 것이다. 만약 이 참된 관계가 고찰된다면, 저 무한진행이나 순환의 문제가 해소될 것이며, 또한 자기의식의 자기인식도 가능할 것이다. 그러나 칸트는 이 관계를 체계적으로 고찰하지 않았다.

헨리히는 칸트가 자기의식이론과 관련해서 체계적으로 설명하지 못한 "오성의 내적 구조, 즉 오성의 객관구성적 종합과 자기관계적 반성의 관계"를 선험적 연역의 초판과 관련해서는 "지성적 주관의 단순성과 동일성의 원리"의 관계를 통해서 그리고 선험적 연역의 재판에서는 전자에 상응하는 "통각의 종합적 통일"과 후자에 상응하는 "통각의 분석적 통일"의 관계를 분석한다. 그리고 그는 자기의식이 "시간의 계기적 변화에 있어서도 항시 자기동일성을 확보하고 또한 의식할 수 있기 위해서는 시간적 표상들의 종합과 이 종합의 가능한 의식이 있어야 한다"고 주장한다. 이때 만일 자기의식이 "자기 자신으로부터 도출된 범주들과의 분석적 동일성을 확보할 수만 있다면, 헨리히의 반성적 자기의식 모델에는 무한역행의 논거

49) I. Kant, KdrV, B 404쪽.

50) 김정주, 「칸트의 『순수이성비판』에서의 통각이론」, 『철학연구』42집, 철학연구회, 1998, 119쪽.

가 적용될 수 없을 것이다."[51] 그러나 여기에서 지성적 주관이 자기 자신으로부터 도출된 범주들과의 분석적 동일성을 확보한다고 무한진행의 문제가 해소되는 것은 아니다. 왜냐하면 칸트의 선험철학에서 이와 같은 문제들이 발생하는 것은 근본적으로 감성(직관), 오성(범주), 선험적 통각 등, 이 '선험적 원리들의 이질성'과 '현상과 물 자체의 이원론적인 구별'이 근저에 놓여 있기 때문이다. 이 이질성과 이원론적 구별이 해소되지 않고 또한 위에서 제시된 구별과 동일성의 참된 관계가 고찰되지 않고는 저 분석적인 동일성은 확보될 수 없으며 무한진행의 문제는 해소될 수 없다. 이 문제를 해소하기 위해서는 자기의식의 내적구조를 형성하는 통각의 분석적 통일과 종합적 통일이 서로 분석적으로뿐만 아니라 종합적으로 관계하는, 그래서 양자의 동일성뿐만이 아니라 비동일성/차이가 인정되는 그런 관계에서 파악되어야 한다. 이에 대해서는 위에서 이미 충분히 서술하였다.

칸트의 선험철학에서 단지 '무한진행'이나 '단순한 동어반복'으로 나타난 사상은 헤겔철학에게서는 오히려 "자기의식의 본성"으로 간주된다. "자아는 자기 자신을 사유하며, 사유하는 것이 자아가 아니라면, 자아는 사유될 수 없다."[52] 즉 자기의식은 "자기 자신을 대상으로 가지는 자기 자신과의 관계"[53]이다. 그래서 자기의식은 그 자체로 비록 '단순한 자기동일성/자기관계성'이지만 동시에 '스스로를 구별하고 스스로를 대상으로 만드는 활동성'이다. 이 때문에 그것은 사유하는 주체임과 동시에 사유된 객체, 일반적으로 말해서 '자기 자신'이면서 동시에 '자신의 타자'이고, 이 '부정적인 자기관계성'에서 구별된 것들, 자기 자신과 자신의 타자는 하나의 동일한 구조와 동일한 근거를 갖는다. 이 때문에 자기의식은 "자기 자신과 자신의 타자의 〔부정적인〕 통일"[54]로서 이해된다. 만약 우리가 이러한 자기의식을 칸트의 선험적인 주체와 같이 "단순한 고정된 관념"이나 "명칭"[55]으로 취급한다면, 우리는 자기의식의 본성을 파악할 수 없을 것이다. 헤겔은 이와 같은 관점을 극복해야만 하는 이유가 한편으로는 추상적으로 자신에 머물러 있는 것이 아니라 오히려 부정적으로 자기관계하는 자기의식의 본성 자체에 있으며, 다른 한편으로는 "현상과 표상의 비진리"에 그리고 또한 "사물들 자체(Dinge-an-sich)와 그리

51) 김정주, 「근대의 이성적 인간과 자기의식에 관한 연구」, 『범한철학』31집, 범한철학회, 2003, 192쪽 이하.
52) WL II, 490쪽.
53) 같은 책, 491쪽.
54) 같은 책, 492쪽.
55) 같은 책, 490쪽.

고 자신에 대해서 객체일 수 없다고 하는 자아"와 같은 "추상물들의 비진리"에 있다고 말한다.[56] 그러나 칸트의 선험철학에 따르자면 '사유하는 자아 자체'이건 외적인 현상들의 '선험적인 기체'이건 간에 우리는 이 양자에 대해서 어떠한 선천적인 종합판단도 어떠한 선천적인 종합인식도 가질 수 없다. 이것들은 선험적 관념론의 관점에서는 단지 경험가능성의 형식적-논리적인 조건일 뿐이며, 경험적 실재론의 관점에서는 경험적으로만 사용 가능한 경험적인 개념일 뿐이다. 단지 이 논리적인 자아와 경험적인 자아가 연관되어야만 자기의식은 설명될 수 있다. 이에 반해 헤겔철학에서 자기의식은 '현실성 전체와의 관계에서 그것의 종합적인 통일과 분석적인 통일의 총체적이고 역동적인 통일' 또는 '현실성 전체와 관계하면서 동시에 이 타자관계에서 자기관계하는 것'을 의미하며, 이 때문에 자기의식은 추상적이 아니라 '구체적이며 과정적인 통일'로 이해된다.

56) 같은 책, 493쪽.

참고 문헌

김정주, 「칸트의『순수이성비판』에서의 통각이론」, 『철학연구』42, 철학연구회, 1998.

____, 「근대의 이성적 인간과 자기의식에 관한 연구」, 『범한철학』31, 범한철학회, 2003.

문성학, 「선험적 자아론과 순수이성의 제1오류추리」, 『철학』46, 한국철학회, 1996.

조종화, 「헤겔『정신현상학』에서 '전도된 세계'의 방법론적인 의미」, 『哲學硏究』35, 고려대학교 철학연구소, 2008.

____, 「헤겔 모순개념의 객관성과 구조」, 『헤겔연구』23, 한국헤겔학회, 도서출판 용의 숲, 2008.

최소인, 「절대의식과 유한의식의 자기이해와 자기전개」, 『칸트연구』6, 한국칸트학회, 2000.

최인숙, 「칸트의 오류 추리론 – 『순수이성비판』의 초판과 재판에서의 영혼론의 오류추리에 대하여」, 『칸트연구』1, 한국칸트학회, 1995.

Düsing, Klaus, *Das Problem der Subjektivität in Hegels Logik*: Systematische und entwicklungsgeschichtliche Untersuchungen zum Prinzip des Idealismus und zur Dialektik, Bonn: Bouvier, 1984², Hegel–Studien. Beiheft 15.

Flay, Joseph C., "Hegel's 'inverted world'" in *G. W. F. Hegel: Critical Assessments*, vol. 1-4, ed. by R. Stern, Routledge, London and New York, 1993.

Gadamer, Hans–Georg, "Hegel-die verkehrte Welt" in *Hegels Dialektik*: Sechs hermeneutische Studien, hrsg. v. H.–G. Gadamer, J. C. B. Mohr (Paul Siebeck) Tübingen, 1980².

G. W. F. Hegel Werke in zwanzig Bänden hrsg. v. E. Moldenhauer u. K. M. Michel, Theorie Werkausgabe Suhrkamp Verlag Frankfurt am Main 1969ff.

Heinrichs, Johannes, *Die Logik der Phänomenologie des Geistes*, Bouvier Verlag

Herbert Grundmann · Bonn, 1974.

Henrich, Dieter, "Hegels Logik der Reflexion" in *Hegel im Kontext*, hrsg. v. D. Henrich, Suhrkamp Verlag, Frankfurt a. M. 1967.

____ , "Kant und Hegel: Versuch zur Vereinigung ihrer Grundgedanken" in *Selbstverhältnisse*: Gedanken und Auslegungen zu den Grundlagen der klassischen deutschen Philosophie, Philipp Reclam jun. Stuttgart, 1982.

____ , "Grund und Gang spekulativen Denkens" in *Metaphysik nach Kant?* Stuttgarter Hegel-Kongreß 1987, Klett-Cotta, Bd. 17, Veröffentlichung der Internationalen Hegel-Vereinigung, hrsg. v. D. Henrich u. R.-P. Horstmann, 1988.

Horstmann, Rolf-Peter, *Ontologie und Relationen*: Hegel, Bradley, Russell und die Kontroverse über interne und externe Beziehungen, Athenäum Verlag GmbH, 1984.

____ , *Die Grenzen der Vernunft*: Eine Untersuchung zu Zielen und Motiven des Deutschen Idealismus, Verlag Anton Hain GmbH, Frankfurt a. M. 1991.

Iber, Christian, *Metaphysik absoluter Relationalität*: Eine Studie zu den beiden ersten Kapiteln von Hegels Wesenslogik, Walter de Gruyter, Berlin u. New York, 1990.

Kant, Immanuel, *Kritik der reinen Vernunft*, Verlag von Felix Meiner in Hamburg, 1956.

Maluschke, Günther, *Kritik und absolute Methode in Hegels Dialektik*, Bonn: Bouvier, Hegel-Studien. Beiheft 13, 1984[2].

Marcuse, Herbert, *Hegels Ontologie und die Theorie der Geschichtlichkeit*, Vittorio Klostermann Frankfurt a. M. 3. Aufl. 1975[3].

Reisinger, Peter, "Reflexion und Ichbegriff" in *Hegel-Studien 6*, 1971.

Wiehl, Reiner, "Über den Sinn der sinnlichen Gewißhiet in Hegels Phänomenologie des Geistes" in *Hegel-Studien. Beiheft 3*, 1984[2].

Wolff, Michael, "Über das Verhältnis zwischen logischen und dialektischen Widerspruch" in *Hegel-Jahrbuch 1979*(Köln 1980).

____ , *Der Begriff des Widerspruchs*: Eine Studie zur Dialektik Kants und Hegels, Verlag Anton Hain Meisenheim GmbH, 1981.

____ , "Der Satz vom Grund, oder: Was ist philosophische Argumentation?" in *Argumentation in der Philosophie*, Neue Hefte für Philosophie 26, 1986.

Über die Möglichkeit des Selbstbewüßtseins

–In Bezug auf Kant und Hegel

Cho, Chonghwa

Abstract

Es scheint, daß Kantische Transzendentalphilosophie wesentlich mit Hegelscher spekulativer Philosophie inkommensuralbel ist, ob wohl sie mit dieser in vielen verschiedenen Punkten ähnlich ist. Wenn beide auch eine neue Einheit von Selbstbewußtsein und Wirklichkeit untersuchen wollen, will einer(Kant) einen Begriff 'Selbstbewußtsein' mit Hilfe der Anthropologie und ein anderer(Hegel) mit Hilfe der metaphysichen Ontologie begrüden. So ist das Selbstbewußtsein bei Kant ein Bewußtsein unseren endlichen menschlichen Wesens für sich selbst und bei Hegel daüber hinaus in einem Sinne durch eine fundamentale Struktur aller wirklichen Sachverhältnissen, d. h. dadurch verstanden, daß alles Seiendes sich sowohl zu Anderem verhält als auch auf sich selbst bezieht.

Kant erfindet seine Theorie des Selbstbewußtseins in Bezug auf die Möglichkeitsfrage der syntheischen Urteilen a priori und gründet sie auf eine ursprüngliche analytisch–synthetische Einheit der transzendentalen Apperzeption, die er den letzten Grund der synthetischen Urteilen a priori nennt. Aber er bezieht diese Einheit der transzendentalen Apperzeption nur auf die erscheinenden Dinge, nicht auf das Ding–an–sich. Hier liegen eine Heterogeneität der transzendentalen Prinzipien und ein dualistischer Unterschied von Erscheinung und Ding–an–sich im Grunde. Dagegen befaßt Hegel den Begriff Kantischen Dings–an–sich neu und läßt sich monistisch

Kantische ursprüngliche analytisch-synthetische Einheit der transzendentalen Apperzeption auch zu Dingen-an-sich beziehen. Ferner verstandt Kant die Selbstbezüglichkeit des Selbstbewußtseins nach dem Prinzip der abstrakten Identität als eine unbewegliche Selbstbezüglichkeit und so bestimmt er das Selbstbewußtsein als ein Subjekt, das für sich selbst sich nicht reflektieren soll, aber synthetische Einheiten erzeugende Funktion leisten kann. Aber Hegel begreift diese Selbstbezüglichkeit des Selbstbewußtseins nach dem Prinzip der selbstbezüglichen Negativität als ein negative Selbstbezüglichkeit, die zugleich beständig sich selbst differenziert und damit selbtbeweglich ist. Daher will er das Selbstbewußtsein bezüglich auf die totale Element des menschlichen Lebens verstehen, bes. abzielend auf die totale und dynamische Einheit von Selbstbewußtsein und Wirlichkeit.

keywords: Selbstbewußtsein, Apperzeption, Negativität, Selbsterkenntnis, Verkehrtheit

프리드리히 하인리히 야코비의 이성 비판과 헤겔 철학에 대한 영향[1)]

남 기 호

요약문

야코비는 독일 고전 철학의 중심에 있었음에도 그 동안 많은 주목을 받지 못했다. 이 글은 그의 철학을 이성비판의 측면에서 살펴보고 헤겔에 끼친 그의 영향을 소개하려는 목적을 지닌다.

야코비는 이성을 크게 논증적 도구적 이성과 정신으로서의 이성으로 구분한다. 그에 따르면 전자의 이성은 피제약자와 제약자 간의 필연적 관계에 주목하기 때문에 불가피하게 숙명론에 귀착한다. 반면 정신으로서의 이성은 세계 내 개별자들의 존재론적 기반이자 실재론적 인식의 원리이기도 하다. 정신은 개별자가 바로 하나의 온전한 전체로서 감성적으로나 이성적으로 직접 직관될 수 있게 한다.

야코비에 따르면 칸트는 전자의 이성에만 주목함으로써 선험적 대상과 주체에 대한 불가지론적 니힐리즘에 도달하고 말았다. 반면 야코비에게 인식의 실재적 상응을 보장해 주는 것은 바로 신앙과 계시이다. 우리의 대상 인식의 원천은 우리 눈앞의 대상 자체 이외의 다른 것일 수밖에 없기에, 그러나 이것은 엄밀히 증명될 수 없기에 믿어질 수밖에 없다. 이 믿음은 대상 자체의 정신적 구조로 계시되는 신적 정신에 의해 객관적으로도 뒷받침된다.
헤겔은 야코비의 사랑과 생에 대한 논의에서 비롯되는 정신 개념을 자신의 고유한 철학 개념으로 변형 발전시켰다. 무엇보다 그는 실재론적 인식이론에 기초해 정신을 철학 원리로 삼는 체계를 구상할 수 있었다. 그러나 이것은 신앙에 의한 것이 아니라 정신의 존재론적 내재성에 대한 통찰을 통해 그리고 정신이 주관적으로 지니는 인식능력들의 매개를 통해 이루어진 것이다.

● 주요어 : 야코비, 칸트, 헤겔, 논증적 이성, 정신으로서의 이성, 실재론적 인식론, 신앙, 계시, 정신, 직접성과 매개

Ⅰ. 서론

"인간이 이성을 지니는가, 아니면 이성이 인간을 지니는가?"[2] 이성에 대한 의구심이 한창인 오늘날 이 물음은 그리 낯설지 않게 들린다. 만약 이성이 인간을 지닌다면 그 이성은 인간에게 초월적인 이성일 것이요 인간을 지배하는 이성일 것이다. 그러나 만약 전자라면 인간은 이성 외에도 이 이성에 버금가는 많은 능력들을 지닌다고 할 수 있다. 그러니 지금까지의 이성 편향적 이해를 지양하고 이 이성과 평등하게 무의식이나 욕망의 구조도 소홀히 하지 말자는 반성이 자연스럽게 이루어진다. 그러나 인간의 이성이든 인간을 넘어선 이성이든 간에 이성은 언제나 인간의 다른 능력들을 주재하거나 인간 전체를 지도해 온 지배적 이성이었다는 것이 오늘날 이성 비판적 흐름의 일반적 견해이다.

그렇지만 좀 더 나아가 이성이 인간의 정신적 활동성으로서 뿐만 아니라 세계의 본질적 구조로서도 존립한다는 사실에 주목하게 되면 저 이성 물음은 그리 간단해지지 않는다. 더구나 이성 외에 무의식이나 욕망을 지닌 인간처럼 세계 내 대상들

1) 이 논문은 2009년 정부(교육과학기술부)의 재원으로 한국연구재단의 지원을 받아 수행된 연구임.(NRF-2009-351-A00037)

2) Jacobi: *Über die Lehre des Spinoza in Briefen an den Herrn Moses Mendelssohn*, 259쪽. 이 글의 모든 인용은 원저자의 전집 권수에 대한 별다른 언급 없이 (참고문헌에 표기) 그리고 원저자의 강조표시(이탤릭체, 꺽쇠 등)를 무시하고 표기한다. 야코비와 헤겔 인용은 쌍따옴표로, 그 외 모든 저자들의 인용은 따옴표로 한다. 본문 내 모든 기울임체는 필자의 강조이다.

또한 자신들의 본질 외에 여러 우연적 성질들을 지닌다. 그렇기에 이성 물음은 인식능력에 관한 물음일 뿐만 아니라 인식 주체와 인식 대상을 아우르는 존재론적인 물음이 되기도 한다.

그런데 이토록 복잡 미묘한 위 물음의 출처는 현대 철학이 아니다. 이 이성 물음은 현대 철학이 보기에 이성의 지배력이 만연했다고 하던 한 시기에 이미 물어진 것이다. 이 물음은 바로 독일 고전철학 시기에 거대한 파급력을 지니고 물어진 적이 있다. 이 물음의 주인은 당시 독일 철학의 중심에 서 있던 바로 프리드리히 하인리히 야코비(Friedrich Heinrich Jacobi, 1743–1819)이다.

독일 고전 철학의 중심에 있었음에도 야코비는 그 동안 거의 독일 고전 철학 연구의 중심에 서 있지는 못했다. 특히 이 시기를 뒤흔든 세 번의 무신론 논쟁들 중 두 번이나 그 논쟁의 중심에 야코비가 있었다는 점에서 그에 대한 무관심은 놀라울 정도이다. 그는 철저한 프로테스탄트로서 레싱이나 셸링의 무신론을 고발했다.[3] 레싱을 스피노자주의 무신론자로 고발한 야코비의 첫 논쟁은 오히려 당시 횔더린이나 셸링 등의 젊은 학자들에게 스피노자 르네상스를 야기한다. 스피노자주의자이길 고백한 적이 있는[4] 셸링은 야코비와의 서신 논쟁 후 한 동안 이렇다 할 만한 철학 저서를 출판하지 못한다. 이것만이 아니다. 1799년 피히테에 대한 야코비의 공개 서신 논쟁은 피히테가 자신의 학문론 서술을 바꾸는 한 계기가 된다. 피히테와 셸링에 대한 논쟁은 물론 "18년 동안"이나 "현기증"을 겪으며 칸트 철학에 비판적으로 몰두한 야코비의 결과물이기도 하다.[5] 야코비는 강직한 프로테스탄트로서 또한 정치적 실천에도 적극적이었다. 그는 1779년 추밀 고문으로 여전히 가톨릭 체제를 고수하려는 뮌헨에서 무역 및 조세의 자유주의적 정치개혁을 시도했고 1807년부터 1812년까지는 바이에른 학술원 의장으로서 개신교 학제를 도입하여 교육제도를 개혁하려고 했다. 이 개혁의 시기는 바로 헤겔이 바이에른의 속주였던 뉘른베르그에서 프로테스탄트 김나지움 교장으로 활동하던 때이기도 하다.[6]

---

3) 1798년 피히테가 연루된 논쟁을 제외한 1785년의 레싱에 대한 그리고 1811/12년의 셸링에 대한 논쟁을 말한다. 헤겔 또한 말년에 (1825/26) 한 신부에 의해 비슷한 논쟁에 휘말린 적이 있으나 그리 큰 파장을 몰고 오진 않았다. Jaeschke, Walter: *Hegel Handbuch*, 33, 54–55쪽.

4) 헤겔에 보내는 1795년 2월 4일 편지에서 셸링은 '그 사이 스피노자주의자가 되었다'고 한다. Hegel: *Briefe von und an Hegel* Bd1, 20쪽. 또한 15쪽과 비교.

5) Jacobi: *Epistel über die Kantische Philosophie*, 123쪽. *Über das Unternehmen des Kriticismus, die Vernunft zu Verstande bringen, und der Philosophie überhaupt eine neue Absicht zu geben*, 263, 289쪽.

그러나 이 모든 영향에도 불구하고 야코비는 주로 헤겔의 비판적인 한 저서를 통해 “절대적 경험론”의 “실재적 형식”을 지닌 “절대적 유한성”의 철학자로 그리고 “절대적 피안을 정립하는 신앙”의 철학자로만 알려져 있다.[7] 헤겔은 자신의 이러한 가혹한 비판을 철회한 적이 없다. 그럼에도 야코비의 그 모든 정력적 활동이 단순히 그의 경건한 신앙심에로만 환원될 수 있는 것은 아니다. 더구나 당시 개신교는 에반겔리움(Evangelium)으로 불리기보다 저항(Protest)을 연상시키는 프로테스탄티즘(Protestantismus)으로 불리곤 했다.[8] 이것은 당시 지식인들이 독일의 종교 개혁적 전통을 근대 계몽의 진보적 이성 이념과 접목시키려 했던 경향을 반영한다. 이 시기 ‘계몽의 노력은’ 무엇보다 먼저 ‘자신 자신의 수행능력의 한계에 대해’ ‘계몽되어야’ 할[9] 필요성을 자각하고 있는 자기 반성적 노력이었다. 계몽의 주관적 상관자가 이성이라면 이 *후기* 계몽의 첫 작업은 그래서 이성의 자신의 한계에 대한 계몽이 된다. 이성이 인간에 속하는지 아니면 그 반대인지 하는 야코비의 저 물음은 바로 이 자기 계몽적 이성에 대한 물음이다.

이성의 자기계몽은 이미 독일 고전 철학 시기에도 낯선 것이 아니었다. 특히 칸트가 이성의 자기비판을 수행한 이래 이성에 대한 비판적 반성은 많은 학자들의 주된 연구 대상이 된다. 이 연구는 대체로 칸트적으로 자기 비판된 이성의 이념이 민족 계몽의 정치적 당면 과제를 잘 실현시킬 수 있는지를 검증하는 방향으로 수행된다. 청년 헤겔의 주요 관심사도 바로 여기에 있었다. 그러나 헤겔이 자기 계몽된 이성의 이념으로부터 민족의 감성적 삶과의 조화에로 나아가고자 했다면 야코비는 같은 길을 반대방향으로 걸었다고 할 수 있다. 청년 헤겔의 근본 통찰 중 하나는 인간이란 “감성과 이성으로 구성된 본질”이라는 것이다.[10] 그에게 계몽적 이성

---

6) Hegel: *Briefe von und an Hegel* Bd1, 495–496쪽. Bd2, 387–392쪽.

7) Hegel: *Glauben und Wissen in Jenaer kritische Schriften*, 346쪽.

8) D'Hondt, Jacques: *Hegel in seiner Zeit*, 31쪽. 그렇기에 당시 프리드리히 슐레겔의 카톨릭 개종(1808)은 상당한 물의를 일으킨다. Hegel: *Briefe von und an Hegel* Bd1, 283, 352, 492쪽.

9) Busche, Hubertus: *Das Leben der Lebendigen* in *Hegel Studien Beiheft* 31, 33쪽. 반면 야코비의 계몽 이성 비판에서 오직 반계몽주의적 반가톨릭적 반유대적– ‘인종주의적’ ‘신정정치(Theopolitics)’를 보려는 리브렛의 시각은 문헌적으로나 이론적으로 상당한 문제가 있다. Librett, Jeffrey S.: *Humanist Antiformalism as a Theopolitics of Race: F. H. Jacobi on Friend and Enemy*, 233쪽 이하. ‘계명결사원(Illuminat)’으로서 ‘이성 아닌 이성’에 대한 ‘이데올로기 비판’을 수행했으며 프랑스 혁명의 ‘추상적 표상’의 한계를 직시하면서 조건적으로만 지지했던 야코비의 정치적 입장은 오히려 ‘실질 정치적 행위’를 철학적으로 숙고한 것으로 평가받는다. Hammacher, Klaus u. Christ, Kurt: *Friedrich Heinrich Jacobi(1743–1819)*, 77–79쪽.

이 칸트의 자기 비판적 이성이었다면 이 이성이 실현될 수 있는 민족의 감성적 매체는 바로 종교개혁 전통 속에 있는 민족종교였다. 반면 이미 개혁적 종교 속에 살아가던 야코비에게 철학적 이성은 우선 종교적 감성과의 조화 가능성을 따져 보아야 하는 것이 된다. 연구 방향은 반대일지언정 이성과 감성의 조화를 모색한다는 점에서 *의미상* 이 두 철학자들은 그렇게 만난다. 아니 시기상으로는 야코비가 헤겔에게 영향을 끼쳤다고 할 수 있다. 비록 헤겔이 대놓고 언급하진 않지만 야코비의 비판적 *수용*은 그의 주요 저서 곳곳에 나타나기 때문이다.

이에 따라 이 글은 야코비의 이성 비판과 헤겔에 대한 영향을 집중적으로 조망해 본다. 이러한 조망은 무엇보다 그 동안 잘 주목받지 못했던 야코비 철학의 영향사적 단면을 소개하려는 데에 있다. 그러나 주의해야 할 점이 있다. 앞서 두 철학자들의 만남을 예상했지만 야코비의 영향을 직접 청년 헤겔의 민족종교 구상에서 찾을 수는 없다는 것이다. 그의 민족종교 구상은 일관되게 칸트의 관점에서 시험된 것이었다. 그러나 이 시기 야코비는 칸트에 대해 매우 비판적이다. 민족종교 구상이 시작된 튀빙엔 시기 헤겔은 이미 야코비의 저서를 읽고 있었지만[11] 야코비에 대한 명시적 언급은 1801년 『피히테와 셸링의 철학 체계의 차이』에서야 처음으로 나타나며[12] 한 동안 비판적 어조로만 이루어진다. 이 저술이 출판된 예나 시기는 헤겔이 이미 칸트의 관점을 떠나 자신 고유의 철학적 관점을 형성하던 시기이다. 따라서 야코비의 영향은 예나 시기 이전 칸트 철학에 대해 헤겔 자신도 비판적이게 된 프랑크푸르트 시기에서야 그 흔적을 찾아볼 수 있다. 이에 따라 이 글은 우선 야코비의 이성 비판을 그의 몇몇 주요 저술들을 통해 살펴본다. 특히 그의 이성 비판의 표적이 되는 칸트에 대한 논의가 조망될 필요가 있다. 그 다음 이러한 이성 비판을 거쳐 부각되는 야코비의 철학소들 중 어떠한 것들이 헤겔 철학에 영향을 끼쳤는지 하는 것이 이 글의 마지막 관심사이다.

Ⅱ. 야코비의 논증적 이성비판

야코비는 체계적인 성격의 철학자가 아니다. 더구나 그의 저술활동의 시작은 철

10) Hegel: *Frühe Schriften*, 78쪽.
11) Rosenkranz, Karl: *Georg Wilhelm Friedrich Hegels Leben*, 40쪽. Jaeschke, Walter: *Hegel Handbuch*, 4쪽.
12) Hegel: *Jenaer kritische Schriften*, 71쪽.

학적인 것이 아니라 1774년 7월 괴테와의 우연한 만남으로 인해 자극받은 문학적인 것이었다. 그의 첫 장편 소설 『알빌(Allwill)의 편지모음』은 1775년부터 단편적으로 출판되어 1792년에야 최종판으로 완간된다.[13] 괴테의 기대와는 달리 질풍노도 시대 괴테의 문학적 이상과의 대결을 보여주는 이 철학 소설의 *서간* 및 *대화* 형식은 또한 '모든 개념파악 이전의 사건들에 원칙적으로 주목'하는 그의 거의 모든 철학 저서들의 기본 형식이 된다.[14] 이 『알빌의 편지모음』 탄생 기간에 야코비의 중요한 두 철학 저서가 출판된다. 그 중 하나는 바로 레싱에 대한 무신론 논쟁을 불러일으킨 『모제스 멘델스존 씨에게 보내는 편지들로 된 스피노자의 이론에 대하여』(1785)이며, 다른 하나는 데이비드 흄만 다루는 것이 아니라 칸트에 대한 격렬한 비판의 시작을 알리는 『신앙에 대한 또는 관념론과 실재론에 대한 데이비드 흄. 한편의 대화』(1787)이다. 이 저서들은 내적으로는 야코비의 철학을 핵심적으로 담고 있는 것이기도 하지만 외적으로 크게 보면 바로 당대 철학 조류와의 대결을 통해 괴테의 문학적 이상을 극복하려는 시도로 볼 수도 있다. 괴테의 문학적 이상이 존재론적 합일의 경지로서의 사랑으로 표현될 수 있다면, 이 사랑은 그러나 '동시에 지고의 행복과 극심한 불행의 원천'이기도 한 유한자의 '마음' 속에서는 궁극적으로 실현될 수 없다.[15] 그렇기에 슬픔에 잠긴 베르테르는 자기 존재의 모든 유한성을 포기하고 사랑이라는 순수한 이상에 스스로를 내맡긴다. 그러나 이러한 방식으로 이루어지는 순수 이상의 직접적 성취는 야코비에게는 사실상 추상적이고 관념적인 것일 뿐이며 실재로는 자기 소멸로만 끝나고 마는 것이다. 차라리 추상적 관념으로서의 사랑의 이상을 포기하고 삶 자체 속에서 실현되는 사랑의 진면목을 주시하는 것이 낫다. 왜냐하면 사랑 자체가 삶의 원리일 수 있기 때문이다. 사랑이 추상적인 관념적 이상으로만 이해되는 것은 삶 자체가, 인간의 현존이 이 이상을 온전히 실현할 수 없는 역설로만 파악되기 때문이다. 삶의 역설은 삶에서 드러나는 행복과 불행, 이상과 현실, 무한과 유한 사이에 존립한다. 삶에 대한 역설적 이해는 실존적으로 숙명론이다. 그리고 삶이 숙명론을 통해 결단을 내려야 하는 것으로 간주되는 데에는 바로 논증적 이성의 책임이 크다.

---

13) Nicolai, Heinz: *Nachwort zu Woldemar*, 4쪽. Schwartz, Hans: *Friedrich Heinrich Jacobis „Allwill"*, 6–12쪽.

14) Strauss, Leo: *Das Erkenntnisproblem in der philosophischen Lehre Fr. H. Jacobis*, 251쪽. 레오 슈트라우스는 야코비의 이러한 방법을 '기술(Deskription)'로 명명한다. 252쪽. 서간 및 대화 형식은 야코비 자신이 체험한 철학적 사실의 기술(記述)이다.

15) Nicolai, Heinz: *Nachwort zu Woldemar*, 14쪽.

그래서 『스피노자의 이론에 대하여』 논박하는 야코비의 편지 속에 다음과 같은 그의 말을 들을 수 있다. "사랑은 생(生)이다. 그것은 생 자체이다. 그리고 단지 사랑의 방식만이 살아있는 본성들의 각 종류를 구별한다. 그는, 사랑하는 자는 사랑하는 자 속에서만 자신을 보여줄 수 있으며 단지 고무된 사랑을 통해서만 사랑하는 자에게 자신을 인식하도록 할 수 있다".[16] 여기서 사랑은 생의 원리이자 인식의 능력으로 간주되고 있다. 『알빌의 편지모음』에 따르면 사랑은 또한 "행동과 시작(詩作)에 있어 통일"의 원리이기도 하다.[17] 사랑은 생 자체를 가능하게 하는 생의 인식적 원리이자 실천적 원리이다. "사랑의 씨앗"은 "타인의 직관과 경탄과 존경" 속에 있다. 이 직관 속에서 인식적 통일을 성취한 자는 사랑하는 자로서 바로 사랑 속에서 "자신의 생을 얻기 위하여 자신의 생을 상실한다." 이를 통해 사랑은 "죽음을 극복하고 불멸성을 잉태하는" 것이다. 이러한 사랑이 "인간에게" *직접적으로* "주어져 있다". 이에 따르면 사랑을 통해 실행되는 인식은 그 자체가 이미 하나의 인식적 통일이며, 사랑을 통한 실천은 자체가 하나의 예술적 조화가 된다. 그래서 사랑은 인식과 행동의 총체로서의 생 자체를 가능하게 하는 것이다. 그러나 통일 그 자체로서 주어지는 "사랑과 생의 비밀들을 인간의 시선은 꿰뚫어 볼 수 *없다*". 다만 야코비는 사랑을 통해 "정신의 영혼을 보존하려는" "인간의 이성적 본성의 본능이 눈을 뜨게 된다"고 말할 뿐이다.[18] 여기서 묘사되는 "정신"은 1789년 『스피노자의 이론에 대한 재판 확장판』에서는 바로 "인식 일반의 원리"로서의 "이성"으로 정의된다.[19]

이로써 야코비에게는 두 가지 종류의 이성이 있는 셈이다. 즉 야코비는 언제나 한편으로는 논증적 도구적 이성을, 다른 한편으로는 정신으로서의 이성을 구별한다. 여기서 스피노자 이론에 대한 야코비의 논박이 상론될 수는 없지만 무엇보다 스피노자의 기하학적 논증 방식은 그에게 무신론으로 통하는 직행 길로 보였다. 왜냐하면 "논증(Demonstration)의 모든 길은 숙명론으로 나아가기" 때문이다. 논증은 이미 직접적으로 주어진 것을 유사성에 따라 분해시키고 이 분해된 것의 논리적 의존 관계를 밝힌다. 그러나 이렇게 분해된 것을 제약하는 것은 다시금 자신을 제약하는 더 순수한 것에 의존하게 된다. 이를 통해 제약된 모든 유한자들은 논증적으로만 사유 가능한 무제약자에 대해 필연적 의존 관계 속에 놓인다. 실재적

16) Jacobi: *Über die Lehre des Spinoza*, 117쪽.
17) Jacobi: *Allwills Briefsammlung*, 72쪽.
18) Jacobi: *Allwills Briefsammlung*, 175쪽.
19) Jacobi: *Über die Lehre des Spinoza*, 260쪽.

피제약자들 전체가 관념적 무제약자에 의존하게 되는 것이다.[20] 이때 유한자에게 가능한 것은 숙명론뿐이다. 순수한 관념적 무제약자 내지 이상을 위해 자신의 모든 유한성을 내던져 버리든지, 아니면 결코 도달할 수 없는 이상을 저편에 두고 계속 분해되고 찢겨진 불행한 삶을 살아가든지 하는 숙명론 말이다. 이러한 숙명론에서는 자유로운 정신으로서의 신이 불가능하다.[21] 그러나 아무리 세련된 것이라 해도 논증적 이성은 기껏해야 "유사성들만을 논증할 수 있을 뿐이다". 구체적이고 개별적인 것을 사상(捨象)하고 개념적 유사성에만 집착하는 이 논증적 이성은 사실 본래적 의미의 "이성이 아닌 이성", 그래서 오히려 "타락한 이성" 일 뿐이다.[22] 이러한 이성은 "판명한 개념들을 갖고 판단하고 추론하며 다시금 다른 개념들이나 이념들을 형성하는" 인간의 "도구" 일 뿐이다. 인간은 도구로서 자신의 이성을 지닌다. 그러나 인간에 속할 뿐인 이 이성이 그 자체 합일된 것으로 직접 주어진 것을 다 드러낼 수는 없다. 유한자 내의 이 이성이 무한자를 파악할 수 없음은 말할 것도 없다. 이 이성을 갖고 "무제약자의 조건들을 발견하고 절대적으로 필연적인 것에 가능성을 고안하며 그것을 개념파악하기 위해 구성하려는 것" 은 그 자체로 "부적절한 시도" 이다. 왜냐하면 우리에게 이해 가능한 방식으로 일어난 것만이 논증 가능하고 그렇게 일어난 것은 제약된 방식으로만 일어나기 때문이다. 이 "제약된 조건들의 사슬" 속에서만 우리는 개념파악한다. 그러나 "이 사슬이 멈추는 곳에" "우리에게 연결되어 있지 않은" "무제약자의 개념" 이 있다. 이 개념이 우리에게 가능해야 한다면 "무제약자는 무제약자이길 멈추어야 하며 자체가 제약들을 얻어야 한다". 이렇게 "절대적으로 필연적인 것은" 우리에게 "구성될 수 있기 위해 가능한 것이 되기 시작해야 한다".[23] 이것은 무한자를 유한자로 만드는 것에 다름 아니다.

그렇다면 야코비에게 본래적 의미의 이성이란 무엇인가? 그것은 논증이 아니라 인식 일반을 가능하게 하는 정신으로서의 이성이다. 이때 정신은 "모든 사물들의

20) 이를 통해 이제 피제약자로서만 사유되는 직접적으로 주어진 것은 온전하게 복원되지 못한다. '야코비 철학의 핵심'은 바로 여기에 있다. '모든 체계 철학'은 '자연적인 확실성과 이 확실성 속에서 주어진 것을' 관념적으로 '파괴하고' 나서 다시금 '인위적으로라도' 완전히 복원시키지 못한다는 것이다. Strauss, Leo: *Das Erkenntnisproblem in der philosophischen Lehre Fr. H. Jacobis*, 249쪽.

21) 야코비는 '신이 무엇인지(was er ist)' 묻지 않고 '신이 누구인지(wer er ist)' 물음으로써 근대 '주관성의 철학'에 대해 '인격의 철학(Philosophie der Person)'을 제시한다. Sandkaulen, Birgit: *Dass, was oder wer? Jacobi im Diskurs über Personen in Friedrich Heinrich Jacobi*, 217–237쪽 참조.

22) Jacobi: *Über die Lehre des Spinoza*, 118–124쪽.

23) Jacobi: *Über die Lehre des Spinoza*, 259–261쪽.

참다운 형식이자 그것들의 힘"을 말한다.[24] 이 정신으로부터 "인간의 생동한 전체 본성" 또한 형성된 것이라 할 수 있다. 정신을 통해, 이 정신으로서의 "이성을 통해 인간은 존립한다. 인간은 이 이성이 취한 하나의 형식이다". 이러한 의미에서의 이성은 인간이 지니는 것이 아니라 오히려 인간을 지니는 것이다. 이 이성은 인간이 지니는 도구적 이성뿐만 아니라 그의 감성, 욕망, 의지 등을 아우르며 더 나아가 모든 개별 사물들의 현존을 이룬다. 이러한 정신으로서의 이성의 본래 주체는 야코비에 따르면 바로 신이다. 정신으로부터 모든 개별 사물들은 "영원하고 무한한 방식으로" "직접적으로" 생성된다.[25] 결국 정신은 인간 속에도 있고 개별 사물들 속에도 있는 셈이다. 정신은 한편으로는 이렇게 모든 개체들의 현존의 존재론적 원리이다. 바로 이 정신이 다른 한편으로는 인식 일반의 원리가 된다. "모든 인식의 원리는 살아있는 현존이다. 그리고 모든 살아있는 현존은 자기 자신으로부터 생겨나오며 전진적이고(progreßiv) 생산적이다". 이것은 인식이 정신으로부터 형성된 모든 살아있는 현존재에게 가능하다는 말이다. 왜냐하면 "자신의 생 원리의 법칙에 따라" "자신의 상태에 대한 표상을 산출하는 구상력이 없다면 벌레의 꿈틀거림"조차 "일어나지 않을 것이기" 때문이다. 다만 인간은 생을 보존할 수 있는 탁월한 수단인 "언어"를 갖고 있기에 자신의 현존을 더 다양하게 감각할 수 있고 더 생생하게 자신의 존재를 보존할 수 있다. 그러나 무엇보다 인식이 이루어지는 것은 바로 살아있는 현존 자체이다. 인식은 이 살아있는 현존의 감각 자체이다. 언어는 다만 이 감각된 현존의 인식을 다양하고 생생하게 이해할 수 있게 해주는 매체일 뿐이다. 그러나 언어는 근본적으로 구별과 추상의 도구이기에 세계를 말들로 쪼갬으로서만 전유하도록 한다. 따라서 언어로부터 참다운 이해가 이루어질 수는 없다. 언어는 단지 인식의 도구일 뿐이며 참다운 이해는 오히려 언어를 통해 "우리가 구별들을 정립하고 다시금 *지양함으로서만*" 이루어진다. 인간이 *지닐* 수 있는 "최고도로 훈련된" 논증적 이성조차 참다운 이해를 위해 할 수 있는 일이란 이것뿐이다. 즉 "상승적 연관들 속에서 지각하고 재인식하며 개념파악하는 것이 우리의 지적 능력" 전체를 이룬다.[26]

야코비의 이러한 인식 이론은 다음처럼 요약될 수 있다. 첫째 자연적인 개별 사물들의 원리가 되는 초자연적인 것은 정신의 형식으로서 개별 사물 자체 내에 직접 주어져 있다. 초자연적인 것은 "우리에게 주어져 있는 것으로" "가정되어야 한

24) Jacobi: *Über die Lehre des Spinoza*, 191쪽.
25) Jacobi: *Über die Lehre des Spinoza*, 109쪽, 136쪽.

다". 그것은 "사실(Tatsache)"로서 "있다".[27] 우리에게 개별이 없다면 어떠한 보편도 파악될 수 없기 때문이다.[28] 둘째 초자연적인 것을 주어지도록 하는 정신은 "신의 형상"으로서의 "인간 속에" 활동성으로서 있다.[29] 더구나 자신의 현존의 생동성을 탁월하게 자각할 수 있는 인간은 정신이 객관적으로 실현되어 있는 개별 사물의 현존을 그 자체로 인식할 수 있다. 이 인식된 내용의 이해를 위해 도구적 이성은 언어를 통해 설명하고 논증하려 하지만 이 모든 것은 존재를 드러내기 위해 끊임없이 쓰고 지워야 하는 수단일 뿐이다. 그러나 인식의 "최종 목적"은 결코 논증적으로 "설명될 수 없는 존재", 풀어 놓을 수 없는 "직접적인 것"이다.[30] 그렇다면 이것은 어떻게 그 자체로 온전히 인식되는가? 야코비에 따르면 별다른 것이 아니라 바로 감각이 직접적으로 이루어지는 "경험" 자체를 통해서이다. "우리가 우리 자신을 창조할 수 없는" 이상, 우리는 "경험 없이" "어떠한 것도 선험적으로 알거나 행할 수 없다". 우리가 경험을 통해 지각하거나 표상하는 사물은 바로 우리 외부에 실재하는 사물이다. 경험을 통해 우리가 사물에 대해 획득한 "직접적 확실성"은 단적으로 어떠한 근거들도 필요로 하지 않으며 "바로 표상된 사물과 일치하는 표상 자체"일 뿐이다. 이 외에 어떠한 다른 "실재적 인식의 길"도 있을 수 없다.[31] 독일 고전 철학에 실재론적 인식 이론이 처음으로 강력히 주장되는 대목이다.

Ⅲ. 야코비의 칸트 비판과 실재론적 인식론

야코비의 실재론적 인식론 입장은 당시의 관념론적 조류와 대결하는 양상으로까지 나아간다. 이 대결의 산물이 바로 1787년 『데이비드 흄』이며, 여기서 그리고 이 저작에 첨부된 부록에서 수행된 선험적 관념론에 대한 비판은 칸트 철학과의

26) Jacobi: *Über die Lehre des Spinoza*, 248–249쪽. Hammacher, Klaus: *Die Philosophie Heinrich Jacobis*, 30–31쪽 참조. 엄밀히 말하면 야코비에게선 '자연언어', '실행으로서의 말(Wort als Tat)'과 '인공언어', 개념적으로 매개된 언어가 구별되어야 한다. 이에 대해선 Gockel, Heinz: *„...ein weiteres Ergründen der Spracherfindung". Etwas zu Friedrich Heinrich Jacobis Sprachphilosophie*, 29–40쪽 참조.

27) Jacobi: *Über die Lehre des Spinoza*, 261쪽.

28) Jacobi: *Über die Lehre des Spinoza*, 173쪽.

29) Jacobi: *Über die Lehre des Spinoza*, 136쪽.

30) Jacobi: *Über die Lehre des Spinoza*, 29쪽.

31) Jacobi: *Über die Lehre des Spinoza*, 115–130쪽.

기나긴 논쟁의 시작이 된다. 장기간에 걸친 이 대결이 여기에서 전부 소개될 수는 없다. 그러나 칸트에 대한 야코비의 비판은 마찬가지로 세 가지 측면에서 고찰될 수 있다. 무엇보다 먼저 대상의 측면에서 야코비는 칸트의 사물들 자체(Dinge an sich) 개념을 비판적으로 평가한다. 현상들의 알 수 없는 근거인 선험적 대상은 실재론자에게 수용되기 어렵다. "나는" 사물들 자체의 "그러한 전제 없이" 칸트 "체계 안으로 들어갈 수 없었으며 그러한 전제를 갖고 그 안에 머무를 수도 없었다".[32] 칸트에 따르면 우리가 경험하는 것은 대상들의 현상이며 이 현상 경험이 가능하기 위해서는 현상의 배후 근거로서 선험적 대상=X를 전제해야 한다. 우리가 인식하는 것이 바로 이 현상하는 사물들 자체라는 가정이 없다면 칸트의 체계로 들어가는 것은 무의미해진다. 그런데 사물들 자체가 분명 우리 외부의 대상들이라면 이 대상들에 대한 "우리의 지각의 객관적 타당성 확신"은 그러한 외부 대상들의 "전제의 근저에 놓여 있는" 것이다. 우리가 지각을 통해 확신하는 것은 바로 이 사물들 자체에 관한 것이어야 한다. 그렇다면 칸트처럼 아무것도 알 수 없다는 사물들 자체를 전제하면서 그의 체계 안에 머무는 것은 불가능하다. 칸트도 말하듯이[33] 우리 인식은 확실히 인상과 이를 통한 표상의 형성에서 시작한다. 따라서 "우리의 감관들에 인상을 만들고" "표상을 자극하는 대상들"을 외적인 원인으로서 전제하는 것은 당연하다. 우리의 마음을 촉발하는 '현실적 인상들'은 '실재적으로(realiter) 외적인 원인을 가져야 하며' 이 원인은 결국 사물들 자체 속에 설정되어야 한다.[34] 우리의 인상, 감각, 표상은 바로 이 사물들 자체에 관한 것임에 틀림없다. 그러나 칸트가 인상, 감각, 표상을 만드는 대상들에 관해 그렇게 아무것도 알 수 없는 사물들 자체에 근거하는 것이라고 말했을 때 그는 이미 "자신의 체계의 정신을 전적으로 떠난 것이다". 그렇지 않다면 실재론자가 "우리의 표상으로부터 독립적인 사물들이라고 부르는 것이 선험적 관념론자에겐 우리 외부에" "있을 수 있는 사물에 관해 아무것도" "서술하지 않는 내적 본질"로만 여겨지게 된다.[35] 이렇게 인식의 참된 대상은 "공허 속에" "명예퇴직(otium cum dignitate)"하고 만다.[36]

객체=X가 문제 있는 것처럼 주체=X 또한 공허하다. 선험적 순수 통각으로 불리는 이 "주체의 개연적 =X"는 칸트 체계의 "주피터"이다.[37] 왜냐하면 이 선험적 주

32) Jacobi: *David Hume*, 109쪽. *Über das Unternehmen des Kriticismus*, 271쪽.
33) Kant: *Kritik der reinen Vernunft*, A358.
34) Metz, Wilhelm: *Die Objektivität des Wissens in Friedrich Heinrich Jacobi*, 4쪽.
35) Jacobi: *David Hume*, 106–111쪽.
36) Jacobi: *Über das Unternehmen des Kriticismus*, 267쪽.

체는 인식이라는 사슬의 한 매듭이지도 않은 채 모든 인식을 가능하게 하는 의식의 순수 통일로만 머물기 때문이다. 스피노자 이론을 논하던 시기에 야코비는 칸트의 이 선험적 통각을 "한 사태의 의식"으로서 그 사태의 "직접적 개념"을 나타내는 것으로 여겼다. 이때 야코비가 말하는 의식이나 개념은 한 사태에 관해 직접적으로 지각하고 있는 "존재의 감정 즉 존재감(le sentiment de l'être)"를 의미한다.[38] 그러나 『순수이성비판』 재판(1787)을 겨냥할 정도로 칸트 연구가 상당히 진척된 1802년 『이성을 오성으로 가져가려는 그리고 철학 일반에 새로운 의도를 제공하려는 비판주의의 기도』에서 선험적 통각은 직관 없이 단순히 생각되는 "내가 있다는" 공허한 "사유"에 지나지 않는 것으로 이해된다. 이 선험적 통각이 어떻게 동시에 경험적 의식과 순수 의식의 "질적 통일"을 형성하는지 하는 것은 이해되기 어렵다. 왜냐하면 선험적 통각의 순수 종합적 통일은 "모든 직관으로부터 벗어나서" 이루어지는 것이기 때문이다. 직관된 것은 오성에 의해 개념파악되어야 할 것이다. 이 개념파악을 가능하게 하는 것이 바로 선험적 통각의 통일이라는 것이다. 그러나 이 통일은 모든 경험적 직관의 다양으로부터 벗어난 것이기에 질적인 통일일 수 없다. 그것은 그냥 단지 "모든 개념파악되어야 할 것에 앞서 개념파악함의 개념파악을 위한 지성적인 어떤 것"일 뿐이다. 다시 말해 직관을 통해 주어진 개념파악되어야 할 것을 오성이 어떻게 개념파악할 수 있는지 개념파악하기 위해 선험적으로 필요한 것으로 간주된 것일 뿐이다. 그러나 "반정립(Antithesis)" 없는 "종합"이 어떻게 가능한가? 순수 종합이 선험적으로 설명되려면 순수 반정립 또한 마찬가지로 설명되어야 한다. 이것이 불가능한 것처럼 직관 없는 통각 또한 "*순전히* 지성적인 것"일 뿐이다.[39]

그렇다면 마지막으로 칸트에게서 인식은 어떻게 이루어지는가? 야코비가 보기

37) Jacobi: *Über das Unternehmen des Kriticismus*, 286–288쪽.

38) Jacobi: *Über die Lehre des Spinoza*, 105쪽. 또한 65쪽.

39) Jacobi: *Über das Unternehmen des Kriticismus*, 286–295쪽. Metz, Wilhelm: *Die Objektivität des Wissens in Friedrich Heinrich Jacobi*, 10쪽. 야코비가 보기에 칸트는 자신의 선험적 통각을 모든 의식 경험 속에 동시에 작용하는 것으로서 존재에 대한 확실하고 '직접적인' '본질성의 감정'으로 이해해야 했다. Strauss, Leo: *Das Erkenntnisproblem in der philosophischen Lehre Fr. H. Jacobis*, 257쪽. 주의해야 할 것은 야코비가 칸트의 선험적 통각을 경험적 의식에 수반되지 않는 것으로 오해하지 않았다는 것이다. 함마허는 야코비가 이렇게 오해했다고 본다. Hammacher, Klaus: *Die Philosophie Heinrich Jacobis*, 151–152쪽. 그러나 여기서 야코비의 비판적 핵심은 선험적 통각의 순수성에 있다. 인식은 언제나 복합적인 대상 개체에 대한 인식이다. 따라서 이 인식에 수반되는 선험적 통각도 그 자체가 이미 질적인 종합이어야 한다는 것이다. 이에 대한 야코비 자신의 용어가 바로 대상에 대한 직접적 확실성의 감정이다.

에 "객체와 주체 간에 선취된 철학적 분리로 인해" 칸트에게서는 "인식되어야 할 것이 인식하는 자로부터 전적으로 멀어지게 되며 영원히 그로부터 분리된다".[40] 따라서 그의 방식으로는 인식이 성립될 수 없다. 감성은 "자기 뒤에 오성을" 지니지만 자기 앞에는 단지 현상만 경험하는 "자기 자신 이외에" "아무것도 지니지 않는다." 오성은 "자기 앞에 감성을" 지니지만 "자기 뒤에도" "자기 안에도 아무것도" 지니지 않는다. 그것이 무엇인지 알 수 없는 선험적 통각의 "꿈틀대는 운동(motum peristalticum)을 제외한다면" 말이다. 게다가 꿈틀대며 오성을 움직이는 이 선험적 통각에는 "반정립 없는" "종합"이 있고, 감성의 형식인 "공간과 시간 속에는" "종합 없는 반정립"만 있다. 그리고는 "인간의 인식 능력 내의 모든 것은 단순히 객체의 개연적 =X와 주체의 개연적 =X 사이에서" 아무것도 모른 채 "정처 없이 부유"하기만 한다.[41] 따라서 철학의 참된 기반이 경험론이라면 "모든 선험적 후광은 *니힐리즘*이다".[42] 이게 아니라면 실제로는 경험 이후에나 도출되는 인식 개념들을 미리 앞당겨 말하는 "역순어법(逆順語法, Hysteron Proteron)"에 지나지 않는다.[43]

그리고 칸트에게서 이성은 오성개념들만을 다룬다. 이러한 이성은 인식적으로는 논증적이며 실천적으로는 도구적이다. 결코 대상과 관계하지 않고 "단지 오성 사용에만 관계하는" 이 이성은 오로지 자기 자신에 의해서만 제한되고 자기 자신에 의해서만 자신을 지배한다.[44] 우리 외부에 실재하는 객관적 대상과의 연관성 없는 이러한 이성의 지배는 이성 자신의 단독 지배, 바로 "독재(Alleinherrschaft)"이다. 야코비는 이미 『데이비드 흄』에서 이와 같은 통찰에 도달한다. 실재 대상에 대한 지시 연관 없는 이성은 선험적 통각에 따르면 "자신의 개념들, 판단들", 추론들, "의지규정들에 있어 자기 자신과 일치하는 자아"이다. 이러한 이성을 지닌 모든 자아는 "필연적으로 또한 자신의 이성과 일치하며", "자신의 이성을 통해서만" 다

40) Jacobi: *Über das Unternehmen des Kriticismus*, 268쪽.
41) Jacobi: *Über das Unternehmen des Kriticismus*, 288–294쪽.
42) Jacobi: *Über das Unternehmen des Kriticismus*, 320쪽. 또한 *Vorrede, zugleich Einleitung in des Verfassers sämtliche philosophische Schriften* (1815), 425쪽 참조.
43) Jacobi: *Epistel über die Kantische Philosophie*, 148쪽. 칸트의 모든 인식 개념들 내지 인식 행위 개념은 '그의 체계에서는' 이미 '연역된 개념'이지 근원적 인식 행위 자체를 기술하는 개념이 아니다. Hammacher, Klaus: *Die Philosophie Heinrich Jacobis*, 139쪽. 그밖에 칸트의 감성, 시간과 공간, 인식능력의 자발성과 수용성, 구상력 등을 비판하는 야코비의 논의에 대해서는 Metz, Wilhelm: *Die Objektivität des Wissens* in *Friedrich Heinrich Jacobi*, 4–11쪽 참조.
44) Jacobi: *Über das Unternehmen des Kriticismus*, 281–285쪽.

시 말해 "자기 자신을 통해서만" 지배된다. 그러나 모든 "그 밖의 목적들에 대해" 이 자아는 "오로지 자지 자신만을 숙고"할 것이다. 자아는 자기 이외의 다른 어떤 것에 의해서도 제한되지 않는 자신의 이성을 통해 다른 모든 것을 지배한다. 물론 이러한 지배 상태에 도달하기 위해 자아는 이성의 자기 제한이라는 선험적 조건에 순응해야 한다. 그러나 이성의 소위 선험적 자기 제한은 동시에 감성과의 조화 능력을 상실하는 이성의 "절단(Verstümmelung)"이기도 하다.[45] '영혼의 눈이 감긴' 채로 '더 이상 아무것도 보지 않으면서 그럼에도 불구하고 대상을 규정한다면, 이성의 독재가' 시작된다. 그러나 외부 대상과의 지시 연관이 없이 그렇게 절단된 이성의 독재는 이성 자신의 파괴에 이른다.[46]

야코비에 따르면 "모든 구상력과 직관으로부터 독립해 전적으로 자립적으로 존립해야 하는" 선험적 통각의 순수 종합은 정립과 반정립으로부터 독립된 "종합 그 자체"의 "중요한 발견"이기도 하다. 그러나 이러한 종합은 "계사 그 자체 이외에 다른 것이 아니다". 선험적 통각의 순수 종합은 결합되어야 할 "주어와 술어로부터 독립된 결합함(Verbinden)" 그 자체이며 이런 의미에서 계사 "이다(Ist)"의 "순수한 절대적 반복 자체"일 뿐이다. 이 반복은 "자기의식의 순수 활동"으로서 이루어진다. 그러나 결합이 결합되어야 할 것과 동시적이듯이 "우리의 순수한 의식과 경험적 의식은 이러한 놀라운 결합의 증인들로서 자체가 내적인 친교 속에, 자체가 통일성과 다수성 속에 출현한다".[47] 그렇기에 이성은 "감성적 감각으로써 시작해야" 하며 "지속적으로 이것에 의거한 채로 머물러야" 한다.[48] 그러나 칸트에게서 선험적 인식 조건으로서만 언급되는 감성은 "실재적인 것과 실재적인 것 간의 실재적 매체"가 아니기에 "아무 의미도 없는" 것이다.[49] 여기에 의미를 부여하는 것은 개념의 능력으로서의 오성이다. 이성은 감성과의 직접적 소통 없이 이 오성 개념들만을 다룬다. 야코비에게 이것은 "이성을 오성으로" 가져가려는 "의도" 이외에 아무것도 아니다.[50]

야코비의 실재론적 인식론은 우리의 이성이 감성적 감각을 통해 직접적으로 우

---

45) Jacobi: *David Hume*, 94-96쪽.

46) Jaeschke, Walter: *Eine Vernunft, welche nicht die Vernunft ist in Friedrich Heinrich Jacobi*, 210쪽. 예쉬케에 따르면 이러한 의미에서 야코비는 '계몽의 변증법의 발견자'일 수 있다. 206쪽.

47) Jacobi: *Über das Unternehmen des Kriticismus*, 321쪽.

48) Jacobi: *David Hume*, 92쪽.

49) Jacobi: *David Hume*, 109쪽.

50) Jacobi: *Über das Unternehmen des Kriticismus*, 272-273쪽.

리 외부의 대상 자체를 인식하는 것으로 본다. "우리는 우리 자신을 인지하는(gewahr werden) 것과 동일한 확실성을 갖고서 다른 현실적 사물들을 인지한다". 이때 "사물들 자체로서의 외적 대상들에 관한 확실성"이 우리에게 "제공되는 수단"은 바로 "사태 자체", 다시 말해 "사물들이 현실적으로" 우리 눈 "앞에 있다는 사실(Factum)" 이외에 다른 것일 수 없다.[51] 칸트의 이론 또한 우리 표상들에 상응하는 이러한 사물들 자체를 전제함으로써 "비(非) 관념론이고자" 했지만 결국 이것들의 인식불가능성으로 인해 니힐리즘에 귀착하고 말았다.[52] 이에 반해 우리는 이미 경험을 통해 우리 외부에 현실적으로 현존하는 사물 *자체*를 인식할 수 있다. 그러나 바로 이 점에서 야코비의 인식론에 대해 아직까지 제기되지 않은 의문이 하나 있다. 즉 인식론이 실재론적이어야 한다면 우리의 인식 내용과 인식된 사물 자체의 내용 간의 실재적 상응을 보장하는 것은 무엇인가 하는 것이다. 야코비의 답변은 놀라울 정도로 간단하다. 그것은 바로 믿음 내지 "신앙(Glaube)"이다.

야코비에게 신앙은 주관의 측면에서 실재적 인식의 보장이라 할 수 있다. 왜냐하면 우리가 외부의 현실적 대상을 실재로 인식한다는 것(dass)은 증명될 수 없기 때문이다. "우리는 우리 외부의 그러한 사물의 현존 자체에 대해 이 사물 자체의 현존 이외에 결코 어떠한 증명도 지니지 않는다". 그리고 "엄밀히 증명될 수 없는 것"은 "단지 믿어질 수만 있다". 이렇게 근대 이후에 비인식적 능력으로 여겨지던 신앙은 야코비에 의해 인식의 핵심 능력으로 자리 잡게 된다. 확실성을 보장하는 인식능력으로서 신앙의 도입은 무엇보다 흄의 회의주의 극복과 깊은 연관이 있지만 또한 당시 독일 철학에 신앙과 지, 판단, 존재 사이의 관계에 대한 논의를 불러일으키기도 했다. 야코비의 신앙은 인식의 매 순간마다 이루어지는 실재적 상응에 대한 믿음이다. 왜냐하면 현실적 대상에 대한 우리의 실재적 인식을 뒷받침해 줄 수 있는 것은 우리가 인식하고 있는 바로 이 현실적 대상 이외에 아무것도 없기 때문이다. 이에 대해 엄밀한 증명이 불가능하다면 믿는 수밖에 없다. 이 믿음은 우리의 인식 내용이 바로 우리가 인식하고 있는 외부 대상에 대한 내용이라는 믿음이다. 물론 믿음은 실재적 대상에 대한 믿음일 수도 있고 허구적 대상에 대한 믿음일

51) Jacobi: *David Hume*, 21-32쪽.

52) Jacobi: *Vorrede, zugleich Einleitung*, 393쪽. 여기서 칸트 이론은 니힐리즘 대신 "보편관념론(Universal-Idealismus)"으로 특징지어지고 있다. 야코비에게 칸트의 공적은 논증적 이성으로 포착될 수 없는 인식 대상 즉 물 자체를 발견했다는 데에 있다. 그러나 칸트는 물 자체가 그렇다고 전혀 인식 불가능한 것은 아니라는 점을 깨닫지 못했다. Strauss, Leo: *Das Erkenntnisproblem in der philosophischen Lehre Fr. H. Jacobis*, 250, 260-262쪽.

수도 있다. 야코비의 신앙은 오직 전자의 의미에서의 믿음을 의미하며 이것을 허구와 구별해 주는 것은 바로 "우리의 의지에 의존하지 않고" 우리의 *신체를 통해* 획득되는 "확실한 감각 또는 확실한 감정(Gefühl)"이다. 신앙은 "현실적인 것"에 관해 "느껴진" "어떤 것"이다. "신앙은 이러한 감정에 대한 참된 본래의 이름이다".[53] 확실한 감정은 우리가 실재적 인식으로 믿는 것에 수반되며 허구에는 수반되지 않는다. 감정은 '더 이상 쪼갤 수 없는 것, 더 이상 근거를 들추어낼 수 없는 것, 그 이상 넘어갈 수 없는 것'이 그 속에서 '현상'하는 일종의 느낌의 능력이다.[54] 이 감정 속에 현상하는 쪼갤 수 없는 그 자체의 것은 바로 존재에 다름 아니다. 야코비는 존재가 그 자체로 현상하는 "감정의 능력"을 정신으로서의 "이성"과 동일시한다. 이러한 감정 내지 이성으로 인해 인간은 "동물보다" "단계적으로만이 아니라" "종적(種的)으로" "탁월"한 존재자가 된다는 것이다.

야코비는 1815년 출판된 자신의 전집에 대한 서론이자 동시에 『데이비드 흄』에 부가되는 서문에 해당하는 글에서 인식을 크게 세 가지 구성요소로 이루어지는 것으로 요약한다. 먼저 "감관을 통한" "감성적 직관"에 의해 현실적 대상이 직접적으로 지각된다. 다시 말해 직접적 지각 속에서 현실적 대상은 직관적으로 서술된다. 오성은 이 직관된 내용에 "개념"의 "형식"을 부여함으로써 "재의식", "구별, 비교, 분리, 결합" 등을 가능하게 한다. 이러한 형식적 능력만 담당하는 오성은 야코비의 이성 구분에 따르면 칸트적 의미의 논증적 이성에 해당할 것이다. 그러나 오성은 인식의 형식에만 관계할 뿐 인식의 실재적 내용은 일차적으로 감성적 직관으로부터만 비롯된다. 이 감성적 직관을 통해 온전한 모습 그대로 서술되는 현실적 대상은 바로 감정 또는 정신으로서의 이성에 의해 합리적으로 직관된다. 따라서 "이성

---

53) Jacobi: *David Hume*, 21–33쪽. 우리의 신체는 이미 인식 주체와 인식 객체의 실재적 연관을 의미한다. 이 신체에서 획득되는 확실한 감정이 바로 인식 주체를 초월해 있는 자연적 실재성에 대한 '직접적 확실성'으로서의 야코비의 '믿음'이다. Strauss, Leo: *Das Erkenntnisproblem in der philosophischen Lehre Fr. H. Jacobis*, 268–270쪽. 반면 함마허는 '야코비의 실재론'을 '오직' '나–너'의 '만남의 구조에 근거하는 것'으로 고찰한다. '만남 구조의 직접성에서' 접근방식은 '감정'으로 나타나며, 이 근본감정이 '현실성을 제공할 때' '믿음'으로서 드러난다는 것이다. 그러나 이러한 분석은 주체–객체의 인식론적 기본 구조를 주체–주체의 '대화적' 관계로 이전시킨다는 문제가 있다. Hammacher, Klaus: *Die Philosophie Heinrich Jacobis*, 38–48쪽. 오히려 야코비의 '감정'은 디이터 헨리히의 해석처럼 '사물들과 다른 인간들의 현존에 관한 지'로서 '계시'와 '마찬가지로 논증될 수 없는 것'으로 이해되어야 한다. Henrich, Dieter: *Der Ursprung der Doppelphilosophie*, 21쪽.

54) 김 윤상: 「독일 관념론의 중력장 내에서 헤겔과 셸링의 눈에 비친 라이홀트와 야코비」, 『헤겔연구』 13, 184쪽.

을 통한 합리적(rationale) 직관" 즉 "이성 직관"은 오성이 만들어낸 개념들을 갖고 판단하거나 체계를 축조하는 것이 아니라 "외적 감관들과 똑같이" 현실적 대상을 온전히 "계시하고 긍정적으로 결합시키는" 능력이다.[55] 감성적 직관이 감관을 통한 현실적 대상의 감각적 복사 능력이라면 이성적 직관은 이성을 통한 현실적 대상의 정신적 복사 능력이라 할 수 있다. 감관을 통해 직접적으로 지각된 현실적 대상의 온전한 모습은 그대로 감정 속에 정신적으로 재현될 수 있기에 이성의 그러한 직관이 가능하다는 것이 야코비의 생각이다. 따라서 감성적 직관과 이성적 직관은 서로 간에 환원 및 추론 할 수 없는 실재적 인식의 동시적 원천이 된다. 이 두 직관은 인식의 "동일 찰나(Nu)"에 동시적으로 이루어지며[56] 따라서 "현실적인 것의 지각과 진리의 감정"은 "동일한 사태"일 뿐이다.[57] 그리고 이러한 방식으로 실재적 인식이 가능한 것은 일차적으로 "대상들이 감관을 통해 우리에게 계시되기" 때문이다.

현실적 대상을 드러내는(offenbaren) 계시는 객관의 측면에서 실재적 인식을 보장한다. 계시는 신적인 정신으로부터 비롯된 현실적 대상이 인간의 정신 속에서 직접적으로 드러나는 것을 의미한다. 이러한 계시는 "참으로 기적적인 것"으로서 지각과 감정에서 동시에 이루어지기에 마찬가지로 추론될 수 없는 것이다.[58] "실재적 존재는, 단적으로 존재는 감정 속에서만 자신을 인식하도록 한다. 감정 속에서는 어떠한 한 정신이 계시된다".[59] 결국 정신은 객관의 측면에서 현실적 대상의 모습으로 계시되며 주관의 측면에서 이성적으로 직관된다고 할 수 있다. 그러나 이로부터 두 가지 의문점이 생길 수 있다. 먼저 정신으로서의 이성이 오성의 개념적 능력과 어떠한 관계를 가질 수 있는지 하는 것이다. 이에 대한 별다른 설명 없이 야코비는 감성으로부터 이성으로 직접 비약하는 것처럼 보인다. 이성이 오성개념들을 *감관에* 따라서만 결합시킨다면 이렇게 결합된 것은 개념적 인식이라 보기 어려울 것이기 때문이다. 또 다른 의문은 인식적 진리의 궁극적 보증이 결국엔 계시

---

55) Jacobi: *Vorrede, zugleich Einleitung*, 401-403쪽. 레오 슈트라우스에 따르면 이 '감성, 오성, 이성의 인식능력들' 구별은 야코비에게서 비교적 후에 정교화된 것이다. 그러나 『데이비드 흄』에서는 아직 '이성'이 그 자체 의미를 뜻하는 '감관(Sinn)'과 동일하게 사용된다. Strauss, Leo: *Das Erkenntnisproblem in der philosophischen Lehre Fr. H. Jacobis*, 242, 262-263쪽.

56) Jacobi: *David Hume*, 37-38쪽.

57) Jacobi: *David Hume*, 70쪽.

58) Jacobi: *David Hume*, 31-33쪽. 그리고 37쪽 참조.

59) Jacobi: *Vorrede, zugleich Einleitung*, 424쪽.

에 있다는 데에 있다. 그렇다면 계시의 참됨을 보증하는 것은 무엇인지 더 캐물을 수 있을 것이다. 여기에 야코비 철학의 종교적 성격이 뚜렷하게 드러난다. 왜냐하면 직관의 직접적 확실성으로서만 성취되는 소위 참된 인식의 근거를 찾기 위해서는 곧장 참되게 계시하는 신에게까지 도약해야 할 것이기 때문이다. 일찍이 야코비는 자신의 철학을 인식과 생의 "사태로부터의 공중제비(Salto mortale aus der Sache)"로 구상했다.[60] 말년에 그는 이 공중제비를 "절벽에서 심연으로 꼬꾸라지는" 것이 아니라 "평평한 지반에서 절벽과 심연을 뛰어넘는 것 그리고 피안에서 다시금 확고하고 건강하게 두 발로 서는 것"이라고 설명한 바 있다.[61] 그러나 인식과 생의 직접성으로부터 직접 신으로 도약하는 것은 목숨을 건 비약(Todessprung)일 수도 있다. 바로 이 점에서 야코비 철학에 대한 헤겔의 수용과 비판은 극명한 대조를 이루게 된다.

Ⅳ. 헤겔의 야코비 수용과 비판

헤겔의 야코비에 대한 언급은 예나 시기에서야 비로소 나타나지만 헤겔은 이미 대학 시절부터 칸트에 대한 균형추로서 야코비를 읽은 것으로 추정된다. 당시 튀빙엔 대학 교수였던 요한 프리드리히 플라트(Johann Friedrich Flatt)는 야코비의 『데이비드 흄』으로부터 비롯된 칸트 철학에 대한 논쟁을 집중적으로 연구하고 있었다. 1804년에 작성된 헤겔의 이력서 초안을 살펴보면 헤겔이 튀빙엔 시기 유일하게 플라트 교수의 지도를 5년 내내 받아온 사실을 알 수 있다. 그러나 플라트가 칸트의 이성비판을 갖고 보수적 정통교리론을 변호하려 했던 반면 헤겔과 그의 학우들은 칸트의 진보적 이성 이념을 옹호하는 쪽으로 나아간다. 더구나 이를 위한 선결조건으로 튀빙엔 정통교리론을 극복하려던 그의 학우들과 달리 헤겔은 그 정통교리론 자체를 아예 철저히 무시한 채 칸트의 이성 이념을 고대적 합일의 이상과 접목시키려 시도한다.[62] 따라서 이 시기 헤겔의 연구는 칸트의 계몽적 이성 이념이 어떻게 민족의 인륜적 삶과 조화될 수 있는지 하는 것에 초점을 맞추고 있다.[63] 이러한 연구 방향은 헤겔이 칸트와 피히테 철학에서 실정성의 계기를 포착하

60) Jacobi: *Über die Lehre des Spinoza*, 20, 30쪽.
61) Jacobi: *Friedrich Heinrich Jacobi's auserlesener Briefwechsel* Bd.2, 466쪽.
62) Fulda, H-F.: *Georg Wilhelm Friedrich Hegel*, 22, 33-35쪽. Rosenkranz, Karl: *Georg Wilhelm Friedrich Hegels Leben*, 40쪽.

고 비판하게[64] 되는 프랑크푸르트 시기까지 이어진다. 이 때문에 적어도 튀빙엔과 베른 시기의 헤겔에게서 야코비의 흔적을 찾아보는 것은 어렵다.

그러나 칸트 철학이 이미 극복된 프랑크푸르트 시기가 되면 직접 거명되진 않더라도 야코비의 영향이 도처에서 표면화되기에 이른다. 이에 대해서는 크게 세 가지 측면에서 살펴볼 수 있다. 다른 무엇보다 먼저 야코비의 영향을 가장 잘 확인할 수 있는 것은 이제는 실정성을 불가피한 것으로 파악하게 되는 『기독교 정신과 그 운명』(1798-1800)과 이와 관련된 몇몇 단편들에서 그 대안으로 헤겔이 구상하는 화해의 원리로서의 사랑과 그 객관적 결과로서의 생이다. 물론 사랑에 대한 헤겔의 이해는 플라톤과 횔더린의 영향을 받은 것이기도 하다. 그러나 플라톤은 야코비가 늘 자신의 철학적 전형으로 삼고 있는 철학자이며 횔더린은 스피노자 논쟁을 통해 야코비의 영향을 받은 적이 있다.[65] 여기서 헤겔은 사랑을 운명과의 화해를 가능하게 하는 합일의 인식적 원리로서 그리고 생을 합일의 객관적 결과이자 원리로서 파악하고 있다. 이때 예수의 삶으로 전형화되는 운명은 이 세계 내 분리된 존재로서의 인간의 운명이기도 하다. 사랑은 이러한 분리를 인식적으로나 실재적으로 극복할 수 있게 해 준다. "오직 사랑 속에서만 사람은 객체와 하나이며 이것은 지배하지도 지배받지도 않는다". 왜냐하면 "사랑받는 자는 우리의 본질과 하나이며"[66] 이를 통해 "생은 생으로서 생과 다르지 않게"[67] 되기 때문이다. 이 대목에서 "사랑은 생"이라는 야코비의 목소리를 듣는 것은 어렵지 않다. 더구나 사랑이 "신적인 본성"을 지닌다는 측면에서 헤겔은 야코비의 통찰과 같은 곳에 있다.[68] 왜냐하면 사랑은 분리 속에서 분리된 것을 합일하는 능력으로서 인간이 지닐 수 있는 가장 *이성적인 감각*이기 때문이다. 사랑이라는 이 이성적 감각을 통해 분리된 유

63) 그러나 헤겔의 이러한 문제의식 자체는 '오직 형이상학적 의미에서만' '가능한' '인륜성의 자연성'을 모색하려는 야코비의 관점과 유사하다. Strauss, Leo: *Das Erkenntnisproblem in der philosophischen Lehre Fr. H. Jacobis*, 277-287쪽 참조.

64) 이에 대해서는 남 기호: *Hegels Begriff der Sittlichkeit in dessen Genese und in den Jenaer Systementwürfen*, 27-57쪽 참조.

65) Jaeschke, Walter: *Hegel Handbuch*, 12-13쪽. 다소 문헌적으로나 해석적으로 무리가 있지만 폴커스는 야코비의 스피노자 비판의 성과를 헤겔이 프랑크푸르트 시기 말년의 『1800년 체계 단편』에서 '신앙철학'으로 수용 발전시키고 1년 후 갑자기 『차이논문』에서 입장을 바꾸었다는 영향사적 분석을 제시한다. Volkers, Horst: *Spinozarezeption bei Jacobi und ihre Nachfolge beim frühen Schelling und beim Jenenser Hegel*, 389-396쪽.

66) Hegel: *Hegels Theologische Jugendschriften*, 376쪽.

67) Hegel: *Hegels Theologische Jugendschriften*, 392쪽.

68) Jacobi: *Über die Lehre des Spinoza*, 117-118쪽.

한한 인간은 이 세계 내 합일된 생이라는 신적인 내용을 실현한다. "사랑 속에서 분리된 것은 여전히 있다. 그러나 더 이상 분리된 것으로서가 아니라 일치된 것으로서 있으며, 살아있는 자는 살아있는 자를 느낀다". 사랑 속에서 "생 자체는 자신을 자신의 자기(Selbst)의 이중화이자 일치로서 발견"하는 것이다.[69] 분리 속의 일치는 인간이 실현할 수 있는 신적인 내용으로서의 생이다. 이러한 생은 사랑 속에서 더 이상 객체로 대립되어 있지 않고 오히려 그 자체가 사랑의 객관적 결과로 인식되기에 주관적 이념 자체를 객관적인 것으로 간주하는 실정화의 위험에서 벗어나 있다.[70] 헤겔이 대학 시절부터 고민하던 이성 이념의 감성적 체화의 가장 좋은 본보기로서 이제 사랑이 제시되고 셈이다.

두 번째로 들 수 있는 야코비의 영향은 그가 사랑 속에서 이루어지는 합일의 인식 능력을 바로 정신으로서의 이성으로 보고 있다는 점이다. 헤겔에 따르면 사랑은 합일을 인식하고 실현하는 "신적인 정신"이다. 그리고 "정신은 오직 정신만을 인식한다". 정신이 처음으로 철학적 개념으로 출현하는 이 시기에 헤겔은 그것을 야코비처럼 무엇보다 사랑 속에서 구현되는 합일의 인식 능력으로 파악하고 있다. 이때 헤겔이 염두에 두고 있는 정신은 인간과 신의 동일한 본성을 의미한다. "인간과 신 사이에는, 정신과 정신 사이에는 객관성의 균열이 없으며", 보는 "눈"이 보이는 "산"과 다르지 않듯이 인식하는 정신은 인식되는 정신과 상이하지 않다. 그러나 신의 정신은 직접적으로 볼 수 있는 것이 아니다. 그것은 오히려 유한한 세계 속에 비가시적인 것으로 은폐되어 있으며 이 비가시적 정신을 볼 수 있는 것은 바로 신과 동일한 본성을 지닌 인간의 정신이다. "신적인 것이 현상하기 위해서는 비가시적인 정신이 가시적인 것과 합일되어 있어야 한다".[71] 이를 통해 정신은 헤겔에게서 단지 인식적 능력만이 아니라 오히려 인식과 생을 포괄하는 존재론적인 원리로까지 고양되고 있다. 정신은 야코비에게서 "모든 사물들의 참다운 형식이자 힘"[72]이었던 것처럼 헤겔에게서도 자연 속에서는 비가시적 형태로, 인간 속에서는 인식적 능력으로 존립하는 철학의 원리가 된다. 이로 인해 헤겔에게서도 인식이 외적 대상의 정신적 구조를 실재적으로 아는 과정으로 이해됨은 말할 것도 없다.

인간의 정신은 세계로부터 분리되어 있다. 인식이 합일이라면 합일은 분리를 전제한다. 그러나 분리된 것의 합일 가능성은 분리되기 이전의 합일 자체를 또한 전

---

69) Hegel: *Hegels Theologische Jugendschriften*, 379쪽.
70) Jaeschke, Walter: *Die Religionsphilosophie Hegels*, 54쪽.
71) Hegel: *Hegels Theologische Jugendschriften*, 312–333쪽.
72) Jacobi: *Über die Lehre des Spinoza*, 191쪽.

제하기도 한다. 나와 대상이 분리되기 이전에 정신적으로 서로 같지 않았다면 합일로서의 인식도 불가능할 것이다. 그렇다면 분리 이전의 합일 그 *자체*는 어떻게 알 수 있는가? 분리된 세계 속의 사랑의 합일 결과가 분리된 것과 혼합된 생이라면, 분리되기 이전에 합일되어 있는 생은 순수 생일 것이다. 헤겔에 따르면 이 "순수 생은 존재이다".[73] 그렇다면 존재 자체는 어떻게 알려지는가? 야코비는 이미 스피노자의 범신론 공식으로서 "모든 현존재 속의 존재"를 언급한 바 있다.[74] 합일 자체 또는 순수 생으로 이해될 수 있는 이 존재는 야코비에 의하면 결코 논증적으로 파악될 수 없으며 살아있는 자들의 '생의 자기경험'인 '사랑'을[75] 통해서만 온전히 정신적으로 인식될 수 있다. 왜냐하면 논증은 필연적으로 숙명론에 귀착하며 논증에서 사용되는 보편 개념은 언제나 이미 개별 속에 구체적 형태*로서만* 있는 것이기 때문이다. 야코비에게 "모든 참으로 현실적인 사물들은 개체들 내지 개별 사물들이다". 이것들은 "그 자체 생동한 본질들로서 인식과 활동의 원리들(principia perceptiva & activa)"이기도 하다.[76] 개체들은 무엇보다 "하나의 존재 속의 분리 불가능한 것(das Unzertrennliche in einem Wesen)", 이 하나의 존재를 "현실적인 *전체*"로 만드는 것이다.[77] 따라서 야코비에게 개체는 분리되기 이전의 합일, 생 또는 존재 자체가 유한한 형식으로 형태화된 것이라 할 수 있다. 존재는 유한하게 형태화된 개체의 감성적 및 이성적 직관을 통해 직접 인식된다. 그러나 이 인식의 실재적 상응은 결코 증명될 수 없기에 신의 계시로서 믿을 수밖에 없다. 헤겔은 프랑크푸르트 시기의 매우 중요한 단편 『신앙과 존재』에서 야코비와 유사하게 말한다. 분리 이전의 "존재는 단지 믿어질 수만 있다". 왜냐하면 존재는 인식을 위해 증명되어야 하는 것이 아니기 때문이다. 인식은 인식하기 위해 존재와의 관계를 필요로 하지만 존재 편에서의 인식과의 필연적 관계는 증명될 수 없다. 인식을 위해 존재 자체, "합일 자체가 있다는 것은" "증명될 수 없으며" 단지 믿어질 수만 있는 것이다. 여기서 야코비의 신앙 철학적 영향을 확인하는 것은 어렵지 않다. 존재 자체는 분리 이전의 상태이든 개체의 형태로든 인식 이전에는 믿는 수밖에 없다.

이렇게 야코비가 전개한 사랑, 생, 정신, 신앙 등의 철학 요소들로부터 성숙한 헤겔의 철학까지 가는 길은 그리 멀지 않다. 그러나 헤겔 철학에서 야코비가 지닌 철

73) Hegel: *Hegels Theologische Jugendschriften*, 303쪽.
74) Jacobi: *Über die Lehre des Spinoza*, 39쪽.
75) Jaeschke, Walter: *Hegel Handbuch*, 88쪽.
76) Jacobi: *David Hume*, 85쪽.
77) Jacobi: *David Hume*, 58쪽.

학소들의 비판적 여과 없는 수용을 찾는 것은 모든 영향사가 그렇듯 헛된 일일 것이다. 헤겔과 야코비의 가장 큰 차이점은 무엇보다 바로 *개념적* 인식 가능성에 있다. 사랑을 통한 생의 합일의 비밀이 야코비적 인간에게는 이해 불가능한 것이었다면 헤겔에서는 이해될 수 있는 것으로 간주된다. 게다가 야코비의 정신으로서의 이성은 헤겔에게서 논증적 도구적 이성을 포함하는 것으로 설계된다. 이것은 사랑, 생, 합일, 존재 자체가 우리에겐 이미 분리된 것으로서 있다는 통찰에서 비롯된 것이다. 온전한 하나의 전체라는 야코비의 개체조차 이미 세계와의 분리 속에 있다. 이 분리는 존재론적으로는 개체와 세계의 분리로서, 인식적으로는 주체와 객체의 분리로서, 논리적으로는 주어와 술어의 분리로서 나타난다. 자체가 이미 분리된 것인 개체가 이러한 인식 논리적 분리의 형식을 거치지 않고 무언가를 직접적으로 안다는 것은 불가능하다. 인식 이전의 존재 자체는 단지 믿어질 수만 있기에 이러한 믿음은 인식들의 체계로 구성되는 철학의 영역에서 배제된다. 이 영역에서 종교철학적으로 논의될 수 있는 것은 믿어지는 것 자체가 아니라 단지 믿어지는 것에 대한 믿음 자체뿐이다. 그럼에도 헤겔에게서는 존재에 대한 인식이 가능하다. 이 인식은 바로 분리 속에서 합일하는 인식의 형식으로서 *있기* 때문이다. 헤겔은 모든 명제 속에 포함되는 계사 "이다(ist)"를 "주어와 술어의 합일로서" "*하나의 존재*"를 표현하는 것으로 이해한다. 야코비는 계사를 분리된 것을 결합하는 단순한 활동으로만 이해했다. 그리고 주객 분리 속에 이루어지는 인식을 이 계사의 무한한 반복으로만 파악했다. 이 계사로 인해 주체와 객체는 끊임없이 주어와 술어로 개념적으로 분리되어 전체로서의 개체의 생생한 인식이 불가능해진다는 것이다. 반면에 헤겔에게서 계사는 단순한 개념적 연결 기능만 갖는 것이 아니라 바로 존재 *자체*가 그 때마다 *하나의* 존재로서 드러나는 형식이 된다. 따라서 예를 들어 '이 장미는 빨갛다'는 명제는 근본적으로 '존재 자체가 빨강을 지닌 이 장미라는 하나의 존재로서 있다'는 것을 의미한다. 그리고 또한 '이 장미로서의 하나의 존재는 빨간 속성을 지닌 것으로 있다'는 것이기도 하다. 따라서 모든 인식 형식은 존재 자체가 하나의 존재로 드러나고 파악되는 과정이 되며, 이렇게 파악되는 한 존재 각각의 전체 내용은 존재 자체를 구성하는 것이 된다. "분리된 것은 단지 하나의 존재 속에서만 자신의 합일을 발견한다".[78] 이 인식적 발견은 범신론과는 달리 과정적으로 존재 자체를 구성할 것이다. 물론 완벽하게 구성된 존재 자체가 분리의 세계에서 궁극적으로 가능할지는 미리 알 수 없다. 그러나 인식의 각 단계

78) Hegel: *Hegels Theologische Jugendschriften*, 383쪽.

에서 존재 자체는 이미 하나의 존재로 나타나고 알려지기에 신앙의 참된 장소는 바로 과정적으로 수행되는 이 인식의 체계이어야 한다.

야코비는 논증적 이성으로 이루어지는 인간의 인식을 불신했다. "인간의 모든 지는 단지 미완성(Stückwerk)일 뿐" 이라는 통찰에서 그는 인간의 학문을 "무지의 학(Wissenschaft des Nichtwissens)" 으로 규정한다. 인간의 학문은 오성적 분리 속에서만 아는 것이기에 알면서 모르는 것, 즉 "아는 무지(ein wissendes Nichtwissen)" 또는 '오성의 무지의 구성'[79]일 뿐이다. 이것을 넘어설 수 있는 것은 단지 정신으로서의 "이성과 함께 우리에게 주어지는 계시에 대한 신앙" 뿐이다.[80] 인간은 앎 속에서 무지를 자각하며 언제나 신앙을 통해 계시에로 *비약*해야 한다. 이 비약을 통해 종교적 인간은 영원성의 형태를 직관하고 표현할 것이다. 그러나 예나 시기에 접어든 헤겔이 보기에 야코비의 이러한 신앙은 "비철학적 의식" 의 주관적 신앙에 지나지 않는다. 물론 야코비는 개념으로부터 독립된 유한한 현실 사물들로써 인간의 인식을 풍부하게 만들었지만, 반면 이 유한성에 절대성을 부여함으로써 "절대적 경험론" 에 기울고 말았다. 이에 따르면 유한한 사물의 "실재성 일반은 이해할 수 없는 방식으로" 직접 사유에 도달하며 이를 통해 영원성의 형태가 직관되고 표현된다. 그러나 이 영원성의 형태는 객관적 개념의 형식을 지니지 않는 한 그 자체가 "주관적인 어떤 것" 일 뿐이다. 이것이 아무리 주객을 넘어 피안에 대한 신앙을 통해 성취된 것이라 해도 말이다. 오히려 그의 경험론은 유한한 사물 속에 직접 영원한 진리를 정립하기 때문에 "진리와 신앙이라는 표현들이 가장 통속적인 경험적 현실의 의미로 격하" 될 위험이 있다. 게다가 "개념에 대한" 그의 "혐오" 는 개념으로 이루어지는 "인륜성의 객관적 형식, 법칙" 등을 "경멸" 할 위험마저 지닌다.[81] 『신앙과 지』(1802)에서의 헤겔의 이러한 비판은 한마디로 경험 내용의 개념적 인식의 유의미성에 관한 것이라 할 수 있다.

그러나 예나 시기 헤겔의 명시적 비판에도 불구하고 그의 고유한 철학체계 구상에 있어 야코비의 영향이 소홀히 다루어져서는 안 될 것이다. 이 시기부터는 더 이상 사랑과 생이 철학적 원리로 고찰되지 않지만 야코비의 신적 정신은 계속 헤겔 철학 속에 머무르게 된다. 헤겔은 『신앙과 지』가 발표되기 전부터 이미 야코비의 정신 개념을 자신 *고유의* 철학 개념으로 다듬는 데에 전념했다. 그는 우선 『피히테

---

79) Strauss, Leo: *Das Erkenntnisproblem in der philosophischen Lehre Fr. H. Jacobis*, 258쪽.

80) Jacobi: *Über die Lehre des Spinoza*, 349쪽.

81) Hegel: *Jenaer kritische Schriften*, 346-380쪽.

와 셸링의 철학 체계의 차이』에서 반성으로부터 비롯되는 "모순" 자체를 "절대자의 현상"으로 파악하고[82] 1801/02년의 단편 『절대적 본질의 이념』에서는 "절대적 본질"을 인식에 대해 하나의 운동으로 전개하려는 구상을 한다. 이 운동은 절대적 본질이 "이념에 있어 자신의 형상을" "기획하고 자연에서 자신을 실현하며" "정신으로서" "자기 내 복귀하고 자기 자신을 인식하는" 과정이다.[83] 여기서 이미 이념, 자연, 정신이라는 성숙한 헤겔의 철학체계 골격이 세워지는 셈이다. 또 다른 중요한 단편 『정신의 본질』(1803)은 자연을 바로 "정신의 타자존재"로 이해하며 자연의 본질적인 것을 자연과의 외적 연관 내 정신의 인식적 자기 관계를 통해 성취되는 것으로 파악한다. 자연은 정신에 의해 바로 "자신의 타자존재 내에 있는 정신" 자체로서, "하나의 전체로서" 인식된다. 정신에 의해 이렇게 인식되는 자연은 "자신의 전적인 풍부함에 있어서의 생"이다.[84] 헤겔의 이러한 철학적 체계 구상은 물론 셸링의 영향을 받은 것이지만,[85] 여기서 모든 사물들의 참된 형식으로서의 야코비의 정신이 한편으로는 자연 내 타자존재의 형식으로서, 다른 한편으로는 정신 자체의 자기관계의 형식으로서 설정되고 있음이 간과되어서는 안 된다. 그리고 『정신현상학』(1807)에 이르면 정신의 이 두 형식들을 포괄하는 이념으로서의 "절대자"가 바로 "정신" 자체로 규정된다.[86] 이제 남은 것은 자연과 자기 자신에 대한 정신의 인식 과정에 대한 서술이다. 이를 위해서는 우선 정신이 정신 자체로서 존립할 수 있는 정신적 존재자 즉 인간에 있어서의 정신의 내적 능력들을 구분하고 그 상호 연관을 파악해야 할 것이다. 예나 시기에는 그 능력들이 주로 의식이론을 통해 전개된다. 그러나 이 시기 말에 이르면 직관, 오성, 이성은 이미 상호 연관 속에서 전개되기에 이른다.[87] 이 정신능력들의 상호 연관은 1817년 『철학백과요강』에서 전형적으로 찾아볼 수 있다. 잘 알려진 논리적인 것의 세 형식들의 분류에서 "추상적" 오성은 야코비가 도외시하려 한 인간이 지닌 논증적 이성에 해당하는 것으로 볼 수 있고, "사변적 긍정적" 이성은 야코비의 정신으로서의 이성에 상응하는 것으로 볼 수 있다. 헤겔은 이 양자 사이에 "변증적" "부정적" 이성을 끼워 넣음

82) Hegel: *Jenaer kritische Schriften*, 32쪽.
83) Hegel: *Schriften und Entwürfe*, 262쪽.
84) Hegel: *Schriften und Entwürfe*, 372–373쪽.
85) Schelling: *System des transzendentalen Idealismus* (1800), 329–352쪽. *Über den wahren Begriff der Naturphilosophie und die richtige Art, ihre Probleme aufzulösen* (1801), 637–659쪽과 비교.
86) Hegel: *Phänomenologie des Geistes*, 22쪽.
87) Hegel: *Jenaer Systementwürfe III*, 185–201쪽 참조.

으로써 오성적 추상에 의해 분리되고 고착된 규정성들이 지양되어 그 "대립 속의" "통일"로 고양될 수 있는 중간 단계를 설정한다.[88] 이로써 정신은 추상적 논증적 분석 단계에서부터 구체적 사변적 통일 단계에까지 변증법적으로 자기 지양하는 구조를 갖게 된다.

그러나 헤겔에 대한 야코비의 가장 중요한 영향은 무엇보다도 감성적 직관에 기반을 둔 실재론적 인식론이라 할 수 있다. 헤겔은 이러한 인식론적 입장을 떠난 적이 없다. 다만 헤겔에게서 새로운 것은 감성적이든 이성적이든 직관을 통해 획득된 직접지가 이미 *매개*를 포함하고 있다는 점이다. 야코비는 온전한 하나의 전체로서의 개체가 직접 감성적 직관을 통해 수용되고 이성적 직관을 통해 파악되는 것으로 이해했다. 이때 오성개념들은 이 통일적 인식에 방해가 되는 것으로만 간주된다. 인식되는 자연 대상의 규정성은 결코 개념으로서가 아니라 오히려 단지 "개별적 감각"으로만 있다는 것이다. 헤겔은 야코비의 이러한 몰개념적 인식 이론을 이미 첫 『예나 체계기획들』(1803/04)에서 "우스꽝스러운" "실재론"으로 비판한 바 있다.[89] 물론 직관은 야코비에서처럼 감성적으로 이루어질 수도 있고 이성적으로 수행될 수도 있다. 그러나 인식에 있어 무엇보다 중요한 것은 대상이 실제로 이 대상에 대해 인식적으로 파악된 개념의 본질로서 있는지, "대상의 개념"이 "실제로 현존하는 바대로 있는 그 대상에 상응하는지" 하는 점이다.[90] 왜냐하면 지성적 존재자인 인간에게 순수한 감성적 직관이란 불가능하며 직관을 통해 획득된 감성적 확실성은 그 자체가 이미 개념의 매개를 거친 것이기 때문이다. 감성적 직관을 통해 획득된 확실성이 이미 보편의 매개를 거친 개별의 인식이라는 사실을 전형적으로 보여주는 곳이 바로 『정신현상학』의 감성적 확실성 부분이라 할 수 있다.[91] 더 나아가 인간은 지성적 존재자인 만큼 또한 존재 자체를 직접 이성적으로 직관하고 순수하게 사유할 수도 있다. 그러나 순수하게 사유되는 존재의 "무규정성"마저 이 "무규정성" *이라는* "규정성"을 통해 이미 매개된 것이다. 주지하다시피 『대논리학』(1812/13)의 존재와 무의 변증법 부분은 이 점을 가장 잘 보여준다.[92] 간단히 말해 보편은 개별 속에서 실현되며 개별의 본질은 보편을 통해 구성된다. 아리스토텔레스적인 관계 내 있는 이 양자의 매개와 지양 과정에서 개별적 생을 내건

---

88) Hegel: *Enzyklopädie* (1817), §13–16. 또한 1827년과 1830년 재판의 §79–82.

89) Hegel: *Jenaer Systementwürfe I*, 293쪽.

90) Hegel: *Phänomenologie des Geistes*, 64쪽.

91) 최 신한은 상호주관적 양심 개념을 중심으로 야코비의 『볼데마르』와 헤겔의 『정신현상학』을 비교한다. 최 신한: 「헤겔, 야코비, 양심의 변증법」, 『헤겔연구』 23, 35–53쪽 참조.

보편적 피안으로의 공중제비는 필요하지 않다. 감성적 직관이든 이성적 직관이든 순전한 형태의 직접지는 인간에게 불가능하며 오직 자기 지양적 매개 과정을 통해서만 인간은 절대적인 것을 개념파악할 수 있기 때문이다.

Ⅳ. 맺음말 : 화해와 만남

괴테적 이상이 극복된 야코비의 소설 『볼데마르』(1779)의 한 작중 인물은 이렇게 말한다. "나는 실행과 진리 속에서 신적인 본질을 느꼈다".[93] 이러한 느낌은 경험과 진리의 인식 이전에는 동경의 형식으로 다가온다. 그래서 야코비에게 "모든 철학함은" "참된 것의 인식"에 대한 "동경"에서 시작된다.[94] 이러한 동경은 신적 합일의 낭만적 예감이라 할 수 있을 것이다. 여기에는 분리와 대립과 갈등이 끼어들 여지가 없다. 합일의 이상은 여전히 현실의 가장 현실적인 이데아로서 존속하기 때문이다. 그러나 이러한 이데아는 현실 속에서 현실에 발을 떼고 도약해야 도달할 수 있다.

헤겔에게 철학함은 산산이 찢겨진 자신의 "비인륜성(Unsittlichkeit)"의 "시대"로부터 시작된다.[95] 모든 대립들이 생동한 관계 속에 있지 않고 자립화되어 서로를 무화시킬 때 이 죽음의 분열을 견딜 수 없는 "철학의 욕구"가 생긴다.[96] 철학의 욕구는 물론 대립들의 관계맺음 속에 성취되는 합일일 것이다. 그러나 현실은 이미 분리와 분열이다. 이것을 냉정히 직시할 수 있어야만 올바른 형식의 화해가 가능하다. 존재적으로 분리된 것은 인식적으로 분리된 형식을 통해서만 온전히 파악될 수 있다. 그러나 분리된 존재나 개념은 이미 관계 속에 있다. 이 관계가 이성적으로 포착되지 않고 도외시될 때 생동한 합일은 불가능해지며 절대적 분리 즉 죽음만이

---

92) 이에 대해서는 Hegel: *Wissenschaft der Logik I*, 43-57쪽. Koch, Anton Friedrich: *Unmittelbares Wissen und Logische Vermittlung in Friedrich Heinrich Jacobi*, 322-327쪽 참조. 간과되지 말아야 할 것은 헤겔에게서는 단지 인식된 내용뿐만 아니라 인식되는 대상 즉 개별자로 실존하는 존재자 또한 어떤 무엇으로 '규정된(determinate)' '이것(this)'으로서 이미 '자체 내에' '매개되어' 있다는 점이다. Westphal, Kenneth R.: *Hegel's Attitude Toward Jacobi in the "Third Attitude of Thought Toward Objectivity"*, 145쪽.

93) Jacobi: *Woldemar*, 143쪽.

94) Jacobi: *Über die Lehre des Spinoza*, 422쪽.

95) Hegel: *Jenaer kritische Schriften*, 80-81쪽.

96) Hegel: *Jenaer kritische Schriften*, 14쪽.

도래하게 된다. 또한 개념의 형식 없는 이성의 인식은 인륜성의 객관적 법칙을 무화시킬 수 있다. 행위에 있어서는 언제나 '이성과 감성 간의 균열'이 발생하기 때문이다. 분리된 세계 속에서 감성은 그다지 낭만적 순수성을 보장하지 않기에 말이다. 야코비 또한 말년에는 '감성에 대한 실천이성의 지배'를 시인한 것처럼 보인다.[97)]

그러나 분리와 분열의 극복이라는 시대적 과제를 통해 야코비와 헤겔은 다시 만난다. 헤겔은 예나 시기 야코비에게 행한 자신의 비판을 이후에도 철회하지 않았다. 그러나 밤베르그 체류 시기부터 헤겔은 '니히트함머(Niethammer)의 중재를 통해' 야코비와의 화해를 모색한다. 이 화해의 시도는 무엇보다 당시 프로테스탄트들에게 주어졌던 정치적 개혁 과제의 공감에서 비롯된 것이었다. 물론 여기에는 철학적 논적마저 자신을 사랑하게 만드는 야코비의 감화력 있는 인격도 한 몫 했다. 뉘른베르그 교장 시절 헤겔은 뮌헨의 야코비와 서로 오가며 친교를 쌓아 간다.[98)] 그리고 이 친교는 1817년 출판된 야코비 전집에 대한 헤겔의 소개 글에서 철학적으로는 여전히 비판적이지만 칭찬을 아끼지 않는 온화한 어조로 나타난다. 여기서 헤겔은 야코비를 "인식 방식에 있어" "이전 형이상학을 종결시키고" "논리적인 것(das Logische)"의 새로운 관점을 도입한 것으로 높이 평가한다. 왜냐하면 그는 비록 매개를 제거하는 형태이긴 했지만 "절대적 실체로부터 절대적 정신으로의 이행"을 수행했기 때문이다. 그리고는 사족처럼 "대립자들의 동시 발생 원리(principium coincidentiae oppositorum)"를 "정신의 최고 생동성"으로 파악하면서도 완전히 이해하지 못하고 있는 야코비의 고백을 덧붙이고 있다.[99)] 이 고백은 야코비가 헤겔과 함께 작업하고 싶어 하던 것이다. 같은 해 야코비는 네에프(Johann Neeb)에게 보내는 한 편지(1817년 5월 30일)에서 이렇게 말한다.

> 헤겔, "그는 모든 일관된 철학함이 이르러야 하는 ... 스피노자주의를 넘어 ... 사고의 보다 높은 ... 길 위에서 자유의 체계에까지 나아갔다네, 비약(Sprung)도 없이 말이지, 그러나 나는 단지 비약을 수단으로 해서만 〔그렇게 했지〕, ... 그가 아마 옳았을 것일세, 나

---

97) Jaeschke, Walter: *Eine Vernunft, welche nicht die Vernunft ist in Friedrich Heinrich Jacobi*, 213쪽. '야코비는 칸트가 이성신앙을 이성의 진정한 실천적 사용을 통해 정당화하려는 사실(*daß*)에 관심이 있었다'. Hutter, Axel: *Vernunftglaube in Friedrich Heinrich Jacobi*, 241-256, 특히 253-254쪽.

98) Jaeschke, Walter: *Hegel Handbuch*, 32-34쪽.

99) Hegel: *Schriften und Entwürfe I* (1817-1825), 11-29쪽.

도 기꺼이 그와 함께 다시 한 번 사유의 힘만이 할 수 있는 모든 것을 두루 시도해 보고 싶다네, 〔이〕 노인네의 머리가 ... 너무 유약하지 않다면 말일세".[100]

그러나 헤겔의 뉘른베르크 시절 이후 그 둘은 더 이상 만나지 못했다.

100) Jacobi: *Friedrich Heinrich Jacobi's auserlesener Briefwechsel* Bd.2, 467–468쪽.

참고 문헌 김 윤상, 「독일 관념론의 중력장 내에서 헤겔과 셸링의 눈에 비친 라이홀트와 야코비」, 『헤겔연구』 13, 철학과 현실사, 서울 2003.

남 기호, *Hegels Begriff der Sittlichkeit in dessen Genese und in den Jenaer Systementwürfen*, Digitale Bibliothek Ruhr Universität Bochum 2008.

최 신한: 「헤겔, 야코비, 양심의 변증법」, 『헤겔연구』 23, 용의 숲, 서울 2008.

Busche, Hubertus: *Das Leben der Lebendigen* in Hegel Studien Beiheft 31, Bonn 1987.

D'Hondt, Jacques: *Hegel in seiner Zeit*, Berlin 1973.

Fulda, H-F.: *Georg Wilhelm Friedrich Hegel*, München 2003.

Gockel, Heinz: *„...ein weiteres Ergründen der Spracherfindung". Etwas zu Friedrich Heinrich Jacobis Sprachphilosophie* in *Friedrich Heinrich Jacobi Präsident der Akademie, Philosoph, Theoretiker der Sprache*, München 1993.

Hammacher, Klaus: *Die Philosophie Heinrich Jacobis*, München 1969.

Hammacher, Klaus u. Christ, Kurt: *Friedrich Heinrich Jacobi(1743-1819) Düsseldorf als Zentrum vom Wirtschaftsreform, Literatur und Philosophie im 18 Jahrhundert*, Düsseldorf 1985.

Hegel: *Briefe von und an Hegel* Bd.1/Bd.2 Hg. Hoffmeister, Johannes. Hamburg/Berlin 1961/1970.

_____, *Frühe Schriften, Gesammelte Werke* Bd.1, Hg. Nicolin, Friedhelm u. Schüler, Gisela. Hamburg 1989.

_____, *Hegels theologische Jugendschriften*, Hg. Nohl, Herman. Tübingen 1907.

_____, *Jenaer kritische Schriften, Gesammelte Werke* Bd.4, Hg. Buchner, Hartmut u. Pöggeler, Otto. Hamburg 1968.

_____, *Schriften und Entwürfe (1799-1808), Gesammelte Werke* Bd.5, Hg. Baum, Manfred u. Meist, Kurt Rainer. Hamburg 1998.

_____, *Jenaer Systementwürfe I, Gesammelte Werke* Bd.6, Hg. Düsing, Klaus u. Kimmerle, Heinz. Hamburg 1975.

_____, *Jenaer Systementwürfe III, Gesammelte Werke* Bd.8, Hg. Horstmann, Rolf-Peter u. Trede, Johann Heinrich, Hamburg 1976.

_____, *Phänomenologie des Geistes, Gesammelte Werke* Bd.9, Hg. Bonsiepen, Wolfgang u. Heede, Reinhard, Hamburg 1980.

_____, *Enzyklopädie der philosophischen Wissenschaften im Grundrisse 1817*, Gesammelte Werke Bd.13, Hg. Bonsiepen, Wolfgang u. Grotsch, Klaus.

Hamburg 2000.

_____, *Enzyklopädie der philosophischen Wissenschaften im Grundrisse (1827)*, Gesammelte Werke Bd.19, Hg. Bonsiepen, Wolfgang u. Lucas, Hans-Christian. Hamburg 1989.

_____, *Enzyklopädie der philosophischen Wissenschaften im Grundrisse (1830)*, Gesammelte Werke Bd.20, Hg. Bonsiepen, Wolfgang u. Lucas, Hans-Christian. Hamburg 1992.

_____, *Wissenschaft der Logik (1812/1813), Gesammelte Werke* Bd.11, Hg. Hogemann, Friedrich u. Jaeschke, Walter. Hamburg 1978.

_____, *Schriften und Entwürfe I (1817-1825), Gesammelte Werke* Bd.15, Hg. Hogemann, Friedrich u. Jamme, Christoph. Hamburg 1990.

Henrich, Dieter: *Der Ursprung der Doppelphilosophie* in *Friedrich Heinrich Jacobi Präsident der Akademie, Philosoph, Theoretiker der Sprache*, München 1993.

Hutter, Axel: *Vernunftglaube* in *Friedrich Heinrich Jacobi*, Hg. Jaeschke, Walter u. Sandkaulen, Birgit. Hamburg 2004.

Jacobi: *Allwill's Briefsammlung, Friedrich Heinrich Jacobi's Werke* Bd.1, Leipzig 1812.

_____, *Woldemar*, Stuttgart 1969.

_____, *Friedrich Heinrich Jacobi's auserlesener Briefwechsel* Bd.2, Leipzig 2006.

_____, *Über die Lehre des Spinoza in Briefen an den Herrn Moses Mendelssohn (1785), Friedrich Heinrich Jacobi Werke* Bd 1,1, Hg. Hammacher, Klaus u. Jaeschke, Walter. Hamburg 1998.

_____, *Über die Lehre des Spinoza, Erweiterungen der zweiten Aufgabe (1789), Friedrich Heinrich Jacobi Werke* Bd 1,1, Hg. Hammacher, Klaus u. Jaeschke, Walter. Hamburg 1998.

_____, *Über die Lehre des Spinoza, Erweiterung der dritten Aufgabe (1819), Friedrich Heinrich Jacobi Werke* Bd 1,1, Hg. Hammacher, Klaus u. Jaeschke, Walter. Hamburg 1998.

_____, *David Hume über den Glauben, oder Idealismus und Realismus, Ein Gespräch (1787), Jacobi Werke* Bd.2,1, Hg. Jaeschke, Walter u. Piske, Irmgard-Maria. Hamburg 2004.

_____, *Epistel über die Kantische Philosophie (1791), Jacobi Werke* Bd.2,1, Hg. Jaeschke, Walter u. Piske, Irmgard-Maria. Hamburg 2004.

_____, *Über das Unternehmen des Kriticismus, die Vernunft zu Verstande bringen, und der Philosophie überhaupt eine neue Absicht zu geben (1802), Jacobi Werke* Bd.2,1, Hg. Jaeschke, Walter u. Piske, Irmgard-Maria. Hamburg 2004.

_____, *Vorrede, zugleich Einleitung in des Verfassers sämtliche philosophische Schriften (1815), Jacobi Werke* Bd.2,1, Hg. Jaeschke, Walter u. Piske, Irmgard-Maria. Hamburg 2004.

Jaeschke, Walter: *Die Religionsphilosophie Hegels*, Darmstadt 1983.

_____, *Eine Vernunft, welche nicht die Vernunft ist* in *Friedrich Heinrich Jacobi*, Hg. Jaeschke, Walter u. Sandkaulen, Birgit. Hamburg 2004.

_____, *Hegel-Handbuch*, Stuttgart/Weimar 2003.

Kant: *Kritik der reinen Vernunft*, Hamburg 1971.

Librett, Jeffrey S.: *Humanist Antiformalism as a Theopolitics of Race: F. H. Jacobi on Friend and Enemy* in *Eighteenth-Century Studies* Vol. 32, No. 2, The Johns Hopkins University 1998/1999.

Metz, Wilhelm: *Die Objektivität des Wissens in Friedrich Heinrich Jacobi*, Hg. Jaeschke, Walter u. Sandkaulen, Birgit. Hamburg 2004.

Nicolai, Heinz: *Nachwort zu Woldemar*, Stuttgart 1969.

Rosenkranz, Karl: *Georg Wilhelm Friedrich Hegels Leben*, Darmstadt, 1998.

Sandkaulen, Birgit: *Dass, was oder wer? Jacobi im Diskurs über Personen* in *Friedrich Heinrich Jacobi*, Hg. Jaeschke, Walter u. Sandkaulen, Birgit. Hamburg 2004.

Schelling: *System des transzendentalen Idealismus, Ausgewählte Werke* Bd.II., Darmstadt 1982.

_____, *Über den wahren Begriff der Naturphilosophie und die richtige Art, ihre Probleme aufzuläsen, Ausgewählte Werke* Bd.II, Darmstadt 1982.

Schwartz, Hans: *Friedrich Heinrich Jacobis „Allwill"*, Halle 1911.

Strauss, Leo: *Das Erkenntnisproblem in der philosophischen Lehre Fr. H. Jacobis in Philosophie und Gesetz*, Stuttgart/Weimar 1997.

Volkers, Horst: *Spinozarezeption bei Jacobi und ihre Nachfolge beim frühen Schelling und beim Jenenser Hegel* in *Philosophisches Jahrbuch* 105. Jahrgang, München 1998.

Westphal, Kenneth R.: *Hegel's Attitude Toward Jacobi in the "Third Attitude of Thought Toward Objectivity"* in *The Southern Journal of Philosophy* Vol.

27, No. 1, University of Memphis, 1989.

Friedrich Heinrich Jacobi' s Critique of Reason and Effect on Hegel' s Philosophy

Nahm, KiHo

Abstract

Although Friedrich Heinrich Jacobi stood in the middle of the german classical philosophy, his philosophy meanwhile received little attention. The aim of this paper is to look into his philosophy from the point of view of his reason critique and to introduce his effects on Hegel's philosophy.

Jacobi divides reason into demonstrative reason and reason as mind(Geist). According to him the former concludes inevitably with fatalism because of his focus on the necessary connection between condition and the conditioned. On the other hand reason as mind ist both the ontological basis of the individuals in the world and principle of realistic recognition. Owing to the mind the individual can sensibly as well as reasonably be intuited immediately as a whole itself.

According to Jacobi Kant devoted his attention only to the former reason and thus arrived at agnostic nihilism of the transcendental object and subject. On the other side it is belief and revelation that guarantees for Jacobi the real correspondence of recognition. The origin of our recognition of object can be nothing but the object itself before our eyes. But since this fact cannot be strictly demonstrated, it cannot but be believed. This belief is supported objectively by the divine reason which is revealed as the spiritual(geistige) structure of object itself.

Hegel reformed and developed the mind-notion of Jacobi through his discussion of love and life up to the proper concept of philosophy. Above all on the basis of the realistic epistemology he conceived his own philosophical system with the principle of mind. However it is accomplished not by belief but by insight into the ontological immanence of mind and by mediation of recognitive abilities that mind subjectively has.

keywords: Jacobi, Kant, Hegel, demonstrative reason, reason as mind, realistic epistemology, belief, revelation, mind, immediacy and mediation

셸링 철학에 있어서 이성의 근거와 그 타자[1)]

– 철학의 원리에 대한 고찰

이 광 모

1. 이성과 체계
2. 철학의 원리로서의 '절대적 주체'
3. '절대적 주체' 에 대한 인식으로서 탈각(Extase)
4. 탈각의 구조와 '반성'
5. 이성에 대한 존재론적 해명
6. 이성의 근거와 타자

요약문

본 논문은 셸링의 1821년 에어랑엔 강의안을 고찰한다. 그리고 이 고찰에서 근본적으로 다음과 같은 물음이 다루어진다. 즉 체계로서의 철학의 원리는 무엇인가? 또한 그 원리와 이성의 관계는 무엇인가? 특히 이와 같은 물음에 대한 답을 찾는 과정 속에서 우리는 이성의 존재론적 의미와 그 근거가 무엇인지를 제시한다. 제시되는 내용을 요약하면 다음과 같다.

첫째, 철학의 원리는 영원한 자유로서의 초월적 주체이다.

둘째, 이 초월적 주체는 이성의 내면성이자 그 근거이다.

셋째, 이성은 자신의 근거인 초월적 주체를 알 수 없는 타자로 이해한다.

넷째, 이성은 자신을 포기할 때 자신의 근거를 만날 수 있다. 따라서 철학은 이성의 자기 포기인 탈각과 더불어 시작된다.

● 주요어 : 셸링, 헤겔, 이성의 근거, 이성의 타자, 독일관념론, 긍정철학

1. 이성과 체계

서양철학은 발생 이래 세계에 대한 단편적 지식이 아니라 전체로서의 통일적 이해를 구한다는 점에서 항상 '체계'(System)이고자 하였다. 물론 그렇다고 해서 모든 철학이 항상 체계의 형식을 취한 것은 아니다. 탈레스를 비롯한 그리스 자연철학자들이 체계의 원리(arche)를 찾으려고 하였지만 그들이 체계의 이념을 갖고 있었던 것은 아니다. 또한 플라톤과 아리스토텔레스에 이르러 체계의 이념이 나타나기는 하지만 그들의 철학 자체가 체계인 것도 아니었다. 체계가 철학의 형식적 외관으로 자리 잡기 시작한 것은 수학이 학문의 전형으로 받아들여진 근대 이후의 일이라고 할 수 있다. 물론 이때 수학이 학문의 전형으로 받아들여졌다고 해서 수학적 방법을 사용하는 철학이 모두 체계일 수 있는 것은 아니었다. 예를 들어, 첫 번째 확실한 명제로부터 모든 명제를 연역적으로 도출하려는 데카르트의 철학은 인식론적 토대 위에서 전개된 이념의 구성체들일 뿐이지 결코 '존재하는 사물들과 사건들의 질서가 비로소 기투되는 방식으로 그렇게 짜 맞추어지는 존재의 내적인 그물망'은 아니었다.[2]

이렇게 볼 때 철학이 존재론적 진리로서의 체계이어야만 한다는 요구가 현실화되는 것은 독일관념론에 와서이다. 특히 독일관념론이 체계로 형성되는 과정에서 그 체계의 원리는 이성이어야 한다는 것을 가르쳐 준 사람은 칸트이다. 칸트에 따르면 이성이란 오성규칙들을 원리 아래 통일할 수 있는 능력이며[3] 하나의 이념 아래에서의 다양한 오성인식들의 통일이란 체계이다.[4] 따라서 이성이념은 체계의 원리가 되어야 한다. 문제는 이때 이러한 칸트의 체계가 객관적이며 실재적이지 않다는 점이다. 왜냐하면 칸트에게 체계의 원리인 이성 이념은 구성적이 아니라 단지 규제적으로만 사용될 수 있기 때문이다. 다시 말해 칸트가 기획했던 체계는 '내적인 존재의 그물망'이 아니라 주관적인 인식의 구성물이기 때문이다.[5] 따라서 칸트는 다음과 같이 말한다. "이성통일이란 체계의 통일이다. 그리고 그와 같은 체계적 통일이란 객관적이 아니라 격률로서 단지 주관적일 뿐이다."[6] 여기서 칸트가

1) 본 논문은 한국연구재단의 '일반기초연구지원사업'의 지원을 받아 이루어진 것임.(연구과제명: 후기 셸링과 아도르노철학에 있어서 이성과 그 타자 문제, 과제번호 KRF 327-2009-1-A00210)

2) 하이데거, 『셸링』, 최상욱 역, 동문선, 1997, S, 46.

3) I. Kant, *Kritik der reinen Vernunft*, (차후 K.d.r.V.) B 359.

4) K.d.r.V. A. 832.

5) 하이데거, 『셸링』, 최상욱 역, 동문선, 1997, S, 42-43.

이성 통일로서의 체계를 객관적 존재의 그물망이 아닌 주관적 구성물로 본다는 것은 이성에 의한 존재 세계에 대한 설명은 한계를 지닐 수밖에 없다는 것을 함축한다.

이성을 원리로 하는 체계가 주관적 요청이 아닌 객관적 진리가 되는 것은 헤겔에 와서이다. 헤겔에게 이성은 단순히 사유의 원리가 아니라 존재의 원리가 되며, 그 이념은 칸트가 말하듯이 그렇게 오성적 인식을 통일하기 위한 규제적 원리가 아니라 현실을 구성하는 원리가 된다.[7] 따라서 이러한 이성이 자신으로부터 구성한 체계는 진리의 모습으로서 학문 자체가 된다. 특히 이성은 이때 궁극적으로 하나이기 때문에 철학은 단지 하나의 학문으로만 남게 되며, 이 학문은 이성철학 자체가 된다. 그렇다면 헤겔의 관점에서 볼 때, 철학사에 나타나는 경쟁적인 체계들은 어떻게 이해될 수 있을까?

철학사에서 나타나는 경쟁적인 체계란 헤겔에게는 이성의 자기실현 과정 속에서 나타나는 단계들의 차이일 뿐이다.[8] 헤겔은 다음과 같이 말한다. "외면적 역사의 고유한 형태 속에서 철학의 성립과 발전은 이 학의 역사로서 표상된다. 이 형태들은 이념의 발전 단계들에 대해 우연적으로 연속되는 형식과 그 철학들 속에서 원리들과 상론의 단순한 상이성의 형식들이 존재한다. 수천 년 간 이어온 이러한 작업의 장인은 살아있는 하나의 정신이며, 그 정신의 사유하는 본성이란 자신의 본질(was er ist)을 의식하는 것이다. 그리고 본질이 대상이 됨으로써 동시에 그것을 넘어 보다 높은 단계로 존재하게 되는 것이다. 철학사란 한편에서는 서로 다르게 현상하는 철학들에서 서로 다른 상론 단계에 있는 하나의 철학을 제시하는 것이며, 다른 한편에서는 각 체계들의 근저에 놓이게 되는 원리들이란 하나이며 동일한 전체의 가지들임을 제시하는 것이다. 시간적으로 맨 마지막의 철학이 선행하는 철학들의 결과일 뿐만 아니라 그렇기 때문에 모든 다른 철학들의 원리들을 포함하게 된다."[9]

하지만 여기서 우리는 헤겔의 논의와는 다르게 다음과 같은 물음을 제기할 수

---

6) K.d.r.V. B 708. 이광모, 『헤겔철학과 학문의 본질』 용의 숲, 2006, S. 24-32 참조.

6) K.d.r.V. B 708. 이광모, 『헤겔철학과 학문의 본질』 용의 숲, 2006, S. 24-32 참조.

7) Hegel, *Wissenschaft der Logik Die Lehre vom Sein(1832)* hrsg. von Hans Jürgen Gawoll, Hamburg 1990. (차후 Logik I) S. 6.

8) Hegel, *Phänomenologie des Geistes*, ,hrsg. von Hans Friedrich Wessels und Henrich Clairmont, Hamburg 1988. (차후 PhdG.) S. 4.

9) Hegel, *Enzyklopädie der philosophischen Wissenschaften(1830)*, hrsg. von Friedhelm Nicolin und Otto Pöggeler, Hamburg 1991. (차후 Enzy.) § 13.

있다. 즉 철학사 속에 나타나는 서로 다른 체계들은 하나의 체계로 환원됨이 없이 상이성이 인정되면서도 그 나름으로 진리일 수는 없는가? 사실 이 물음은 근본적으로 체계가 진리인 한, 그 원리는 꼭 이성이어야 하는가, 만일 이성이 아니라면 진리의 근거는 무엇이어야 하는가라는 물음을 함축한다. 왜냐하면 만일 체계들의 원리가 이성이라면 모든 체계는 결국 하나로 환원될 것이기 때문이다. 셸링의 「학으로서의 철학의 본성에 관하여(1821)」라는 강의안에 대한 고찰 속에서 우리는 이 문제에 대한 해결을 얻을 수 있다. 즉 1821년 셸링의 강의안은 우리에게 진리를 갈망하는 철학의 원리는 무엇이어야 하며 이성의 존재론적 의미는 무엇인지에 대한 해명을 제공한다.

1821년 강의안 속에서 나타나는 셸링의 출발점은, 철학사 속에는 하나로 환원될 수 없는 서로 대립하는 많은 체계들과 체계로 향한 노력들이 있으며, 이 대립적인 체계들은 나름으로 진리를 말한다는 것이다.[10] 따라서 셸링은 "나는 이러한 체계의 외적 근거(인간적 지는 서로 양립불가능하다는 것)를 해명하고 증명하지 않으며 단지 전제했고 전제해야만 한다."고 말한다.[11] 하지만 만일 이처럼 체계들이 서로 대립되면서도 진리를 말하게 된다면 그 체계들의 원리는 하나의 이성일 수는 없게 된다. 바로 여기서 우리가 고찰해야할 과제가 다음과 같은 물음으로 도출된다. 즉 만일 이성이 체계의 원리가 아니라면 도대체 체계로서의 철학의 원리는 무엇이어야 하는가? 또한 그 원리와 이성의 관계는 무엇인가? 우리는 본고에서 셸링의 논의를 고찰함으로써 이러한 물음에 답하고자하며 더 나아가 이성의 존재론적 의미와 근거가 무엇인지를 해명하고자 한다.

2. 철학의 원리로서의 '절대적 주체'

셸링은 1821년 에어랑엔 강의에서 철학에는 서로 충돌하는 여럿의 체계가 있었다는 사실로부터 자신의 논의를 시작한다.[12] 이러한 사실에 기초하여 그는 "인간

---

10) F.W.J. Schelling, *Über die Natur der Philosophie als Wissenschaft*, ausgewälte Werke 1) Darmstadt, 1989, S. 232. (차후 NPW).

11) NPW. S. 236.

12) 이 강의안은 애초에 셸링의 아들에 의해 '학으로서의 철학의 본성'(*Über die Natur der Philosophie als Wissenschaft*)이라는 제목으로 출간되었지만 1969년 Horst Fuhrmans에 의해 다른 강의 노트와 더불어 *Initia Philosophiae Universae*라는 제목으로 출간되었다.

적 지의 체계, 혹은 좀 더 정확히 말해 인간적 지를 체계(Zusammenbestehen) 속에서 발견하려는 생각이나 노력은, 체계 속에는 근원적으로 그리고 그 자체에 있어 함께 성립할 수 없는 것(ein nicht Zusammenbestehendes)이 아니라 오히려 서로 대립되는 것(sich Widerstreitendes)이 있다는 것을 전제해야 한다."고 말한다.[13] 그에 따르면, 만일 누군가 대립을 없애고 모든 체계를 하나로 환원시키려고 한다면, 그는 단순히 체계를 말살시키는 것이 아니라 철학 자체를 거부하는 것이 된다. 왜냐하면 대립되는 체계가 말살되면 "체계 대신 그 속에 모든 것이 가라앉는 끝없는 심연"만이 남게 되기 때문이다.[14]

셸링이 말하듯이 그렇게 서로 대립하는 체계들이 철학이라는 이름 아래 있다고 한다면, 그러한 체계들의 원리는 더 이상 하나로서의 이성일 수 없다는 것은 분명해 보인다. 물론 그렇다고 해서 그 원리가 제각기 완전히 다른 것이어서도 안 된다. 왜냐하면 그 원리들이 다를 경우 체계들이 서로 모순적 혹은 대립적이라고 말하는 것조차 불가능해지기 때문이다. 셸링이 볼 때, 체계들 간의 대립은 "체계의 첫 번째 원리들 자체에 근거 지워진 것"이며,[15] 그렇기 때문에 이 대립은 오히려 체계가 성립하기 위한 '외적 근거'가 된다. 그렇다면 이제 다음과 같은 물음이 제기된다. 즉, 어떻게 철학이라는 이름 아래 서로 대립되는 체계들이 존재하게 되는가? 혹은 서로 대립되는 체계들을 허용하는 '철학'이란 무엇인가?

먼저 셸링은 체계들이 대립된다는 것은 곧 그 체계들이 성립하기 위한 외적 근거라고 말함으로써 서로 대립하는 체계들은 하나의 연관 속에 있음을 시사한다.[16] 왜냐하면 하나의 관점에서만 대립이라는 말이 의미 있을 수 있기 때문이다. 그렇다면 결국 철학이라는 이름 아래 서로 대립되는 체계들이 존재하게 되는 이유에 대한 물음은 그 체계들을 하나의 연관 속에 묶으면서 동시에 대립을 가능케 하는 것이 무엇인지에 대한 물음으로 환원된다. 이때 서로 대립되는 체계들이 하나의 철학 아래 포섭된다면, 이 물음은 결국 철학의 원리에 관한 물음이 된다. 왜냐하면 다양한 차이를 주면서도 하나의 통일 속에 묶는 이 연관은 결국 철학 자체의 원리일 것이기 때문이다.

이렇게 볼 때, 셸링에게 철학의 원리란 서로 다른 체계들을 자신 속에 포함하면서 동시에 상이성을 산출해 내는 것이어야 한다. 하지만 철학의 원리가 이와 같다

13) NPW. S. 231.
14) NPW. S. 235.
15) NPW. S. 235.
16) NPW. S. 234.

면 그것은 발전 단계에서는 상이한 체계들을 만들어 내지만 종국에는 하나의 체계로 남게 되는 헤겔의 이성과 어떤 차이가 있는지 궁금할 수 있다. 물론 셸링에게 있어 철학의 원리는 헤겔의 이성과는 다르다. 왜냐하면 셸링은 체계들의 대립성을 끝까지 인정하며 그 체계들을 하나로 환원시키려고 하지 않기 때문이다. 그는 서로 다른 체계들을 묶어주면서 동시에 가능케 하는 관점을 찾기 위해, 여러 발전 단계를 거치는 이성의 역사를 고찰하기 보다는 오히려 모든 체계 위에서 '모순들을 하나로 가져가는 전체' 즉 '좀 더 높은 전체의 이념'(die Idee des höheren Ganzen)을 상정하기를 원한다.[17)]

이때 전체의 이념이 가능하기 위해서는 운동이라는 이념과 그 운동의 주체라는 두 가지 조건이 전제되어야 한다고 셸링은 생각한다. 왜냐하면 서로 대립하는 주장들이 동시에 참일 수는 없으므로 적절한 관점의 변형이 필요할 뿐만 아니라 이러한 변형 속에서도 하나로 남는 주체가 있어야 하기 때문이다. 예를 들어 어떤 관점에서 A=B가 참이라면 다른 관점에서는 A=C가 참일 수 있으므로 서로 대립되는 명제들을 떼어내어 파악할 수 있는 운동이 우선 가능해야 한다. 그리고 그러한 운동이 가능하다면 대립되는 두 명제 A=B와 A=C는 여전히 하나의 주체에 귀속되어야 한다. 그렇지 않다면 그것들은 완전히 서로 다른 것이 될 것이며, 연관(Zusammenhang) 속에 있지 않으므로 그 결과 대립되는 것이라고도 말해질 수 없기 때문이다. 이런 이유로 셸링은 다음과 같이 말한다. "하나의 유기체에 있는 서로 다른 지체들 속에서 사는 것은 하나이며 동일한 주체이듯이 그렇게 체계의 모든 계기를 관통해서 가는 것도 하나의 주체이다."[18)] B 혹은 C로 나타날 수 있는 이 하나의 주체 A를 셸링은 모든 지들의 근거 혹은 모든 술어의 주어로서 '절대적 주체'라고 부른다.

그렇다면 문제는 이제 스스로 운동하면서 하나의 주체로 남게 되는 이 절대적 주체가 무엇인지 밝히는 일이다. 그것은 우선 주체인 한 결코 어떤 다른 것에 의존할 수 없다. 다시 말해 모든 술어의 조건인 그것은 결코 어떤 술어에 의해서도 규정될 수 없다. 따라서 셸링은 다음과 같이 말한다. "이 주체는 모든 것을 관통하면서 결코 어떤 다른 것이 될 수 없는, 그렇게 아무 것도 아닌 것이어야 한다. 왜냐하면 그것이 만약 어딘가 머무르게 된다면, 그곳에서는 생명과 발전이 저지되기 때문이다. 모든 것을 관통하면서 아무 것도 아닌 것, 즉 어떤 다른 것도 될 수 없게 그렇게

17) NPW. S. 236.
18) NPW. S. 237.

있는 것이 아닌 것이다.(Dieses Eine Subjekt muß durch alles gehen und in nichts bleiben.) 그렇다면 이처럼 모든 것 속에서 존재하면서도 아무 것에도 머무르지 않는 이 주체란 무엇인가?

셸링이 볼 때 이 주체에 대한 물음은 곧 철학의 원리(Prinzip)에 대한 물음이 된다. 왜냐하면 이 주체는 서로 대립되는 체계들을 가능케 하면서 그것들을 철학이라는 이름 아래 묶기 때문이다. 여기서 철학이 이처럼 서로 대립하는 체계들을 포함하면서 그 모든 체계들을 가능케 하는 전체의 이념으로 이해된다면, 철학이란 이제 더 이상 '연속적으로 이어지는 명제들의 연결망'(eine Kette von auseinander folgenden Sätzen)이 아니라 '진보하고 발전하는 계기들의 연속'이 된다. 전자의 경우, 철학의 원리란 데카르트의 'cogito ergo sum'이나 피히테의 'ich bin ich'처럼 연속되는 명제들의 첫 번째 같은 것이라면, 후자에 있어서 "철학의 원리란 단지 그 출발에 있어서만 원리이고 그 후에는 원리이기를 멈추는 그런 것이 아니라 시작과 중간 그리고 끝까지 항상 원리인 그런 것이 된다."[19] 그렇다면 이제 셸링이 "살아 있는 체계"(ein lebendiges System)라고 부르는[20] 철학의 원리가 무엇인지 생각해 보자.

셸링에 따르면 철학의 원리인 이 주체를 A라고 한다면, 그것은 B라고 할 수도 없으며 그렇다고 B가 아니라고 할 수도 없다. 그것은 B가 아닌 것이 아니듯이 그렇게 B가 아니며, 단적으로 그리고 어떤 방식으로도 B일 수 없듯이 그렇게 B가 아닌 것이 아니다. 그렇다고 해서 그 주체는 A, B, C, D 전부라고 해야 하는가? 물론 그렇지 않다. 만약 그렇다면 그것은 이미 완결된 것이 되지만 살아 있는 체계들의 연관으로서의 철학은 닫힌 것이 아니라 열려있으며 계속 발전해 나가는 것이어야 하기 때문이다. 따라서 철학의 원리인 주체는 단적으로 '정의될 수 없는 것'(das Indefinible)이라고 할 수 있다. 왜냐하면 어떤 것을 정의한다는 것은 그것을 "특정한 한계 속으로 가져오는 것"이기 때문이다.[21] 특히 여기서 셸링이 절대적 주체를 정의될 수 없는 것이라고 했을 때, 그가 말하고자 하는 것은 그 주체가 유한한 것이 아니라는 의미에서 무한한 것이고 파악할 수 없다는 의미에서 파악되는 것은 아니라는 것이다. 다시 말해 어떤 형태 속으로 자신을 던져 넣기 위해서 그 자신은 형태 밖에 있어야 한다는 의미에서 파악할 수 없는 것이 아니라는 것이다. 그것은 형태

19) NPW. S. 237.
20) NPW. S. 238.
21) NPW. S. 238.

속으로 자신을 던져 넣을 수도 있고 그렇지 않을 수도 있다는 의미에서 파악할 수 없는 것이다. 왜냐하면 그 주체는 어떤 형식이나 형태가 없는 것이 아니라 어떤 형태에도 머무르지 않는 것이기 때문이다.

하지만 이처럼 절대적 주체가 한계를 지을 수 없는 것이며 아무 것도 아닌 것(es ist nichts-nicht etwas)이라면, 그 아무 것도 아니라는 것이 그 주체에 대한 소극적 정의라고 생각할 수는 없을까! 물론 그렇지 않다. 셸링에 따르면 그것은 또한 모든 것이기 때문이다. 그 주체는 멈출 수 없는 운동 속에서 어떤 형태로도 구속되지 않으며 파악할 수 없는 것이고 참으로 무한한 것이다. 절대적 주체가 아닌 것은 하나도 없지만 또한 그 주체는 아무 것도 아닌 것이다.[22] 그렇기 때문에 셸링은 이 주체에 대해 "영원한 자유"라는 긍정적인 개념을 부여한다.[23] 물론 이때의 자유라는 것은 이 주체가 형태를 취할 자유라는 의미에서의 자유가 아니다. 왜냐하면 이 경우 자유는 그 주체의 한 속성으로 비춰질 수 있기 때문이다. 이 주체는 본질상 자유이다. 즉 자유가 그의 본질이다.[24] 이 주체는 존재하지 않을 수 없다는 의미에서 자유로운 것이 아니라 존재와 비존재의 이중성 자체가 그 주체가 절대적 자유라는 것으로부터 나온다. 만약 그 주체가 자유롭지 않을 수 없다는 의미에서 자유라고 한다면 그때 자유는 주체에게 다시 하나의 제약이 되며, 그런 한에서 영원한 자유라고 할 수 없게 된다.

또한 셸링은 이 주체를 자유 이외에 '영원하고 순수한 가능성'(das ewige, lautere Können) 혹은 '순수 의지'라고도 말한다. 왜냐하면 그것은 어떤 형태에 자신을 부여하거나 하지 않을 수도 있으며 또한 어떤 것을 의지하거나 의지하지 않는 그런 의지가 아니라 의지하는 것도 아니고 의지 하지 않는 것도 아닌 완전한 무차별성(Indifferenz)으로서의 의지이기 때문이다. 이러한 가능성과 의지로서의 영원한 자유를 셸링은 독일어 Mögen이라는 말로 표현한다. Mögen이란 이때 의지와 동시에 가능성의 의미를 지니며, 그 명사형은 Magie가 되므로 결국 Mögen인 영원한 자유는 "영원한 신비"가 된다.[25] 셸링이 볼 때, 이 신비가 활동하게 되면, 즉 하나의 형태를 취하게 되면, 그 신비는 인식적(wissend)이게 되고 지를 경험하게 된다. 활동하게 되는 그 신비는 하나의 형태로부터 다른 형태로 즉 하나의 지로부터 다

22) NPW. S. 239.
23) NPW. S. 241.
24) NPW. S. 242. Andrew Bowie, *Schelling and modern european Philosophy*, New York 1993. S. 131 참조.
25) NPW. S. 244.

른 지로 옮겨 가게 되지만 결국에는 '비-지의 축복'(die Seligkeit des Nichtwissens) 즉 인식하는 비-지(ein wissendes Nichtwissen) 속으로 다시 들어가게 된다.

셸링은 신비가 활동함으로써 인식적이게 될 때 나타나는 지(Wissen)를 더 이상 지라고 부르지 않고 '지혜'(Weisheit)라고 부른다. 왜냐하면 이 지는 절대적 자유의 운동 속에서 산출되는 근원적인 것인데 반해 일반적인 지란 인간의 유한한 의식과 연관되며 그런 한에서 근원적 지에 대한 단순한 이념적 반복일 뿐이기 때문이다. 근원적 지인 지혜는 활동하는 지이며 행위와 삶 속에 있는 지이고 그렇기 때문에 실천적인 지이다. 이러한 지혜를 셸링은 다음과 같이 표현한다. "지혜란 어떤 개별적인 것 속에 있는 것이 아니다. 그것은 또한 살아 있는 자들의 땅에 있는 것도 아니며 머무르는 것도 아니다. 그것은 바람처럼 모든 것을 지나치지만 우리는 단지 소리만 들을 뿐이고 결코 그것이 어디에 있는지는 말할 수 없다." "이 지혜란 모든 인간들의 눈에는 감추어져 있다. 지옥과 죽은 자는 말한다. 우리는 우리의 귀로 그 소리를 들었다. 그 지혜는 우리 주위를 스쳐지나갔으며 우리는 그 스쳐지나가는 소리를 들었다. 신만이 그 지혜로 나아가는 길을 안다. 즉 지혜는 그 본성에 따라 머무르는 것이 아니다. 따라서 신에게 있어서도 그 지혜는 머무르는 것일 수 없다. 신은 그 지혜로 나아가는 길을 안다. 왜냐하면 신은 모든 땅 즉 인간적 삶의 끝을 알기 때문이다."[26]

3. '절대적 주체'에 대한 인식으로서 탈각(Extase)

영원한 자유인 절대적 주체가 비록 정의할 수 없는 신비라고 할지라도 철학이라는 이름 아래 그것을 원리로 하는 많은 체계들이 존재하는 한, 우리는 그 주체를 인식할 수 있어야 한다. 하지만 여기서 유한한 인간이 어떻게 영원한 자유인 절대적 주체를 인식할 수 있는가라는 문제가 제기된다. 왜냐하면 그것이 인식된다는 것은 곧 '초월적인 것'(das Transzendente)이 우리의 의식 속으로 들어온다는 것을 의미하기 때문이다. 그렇다면 그 주체에 대한 인식 가능성은 애초부터 차단되는 것인가? 셸링은 이러한 물음에 직면해서 만일 영원한 자유가 말 그대로 자유라면, 그것은 자유 혹은 주체이지 않을 가능성도 포함함으로 영원한 자유가 우리에게 다가올 수도 있다고 말한다.[27] 물론 이때 그 다가옴 속에서 인식이 가능케 된다면, 이때 인

26) NPW, S. 245-246.

식의 근거는 우리에게 있는 것이 아니라 전적으로 영원한 자유에 있게 된다.[28)]

셸링이 볼 때, 영원한 자유의 운동이란 자신을 찾는 '객관적 산출'(objektives Hervorbringen)이다. 이 산출 속에서 영원한 자유는 자신을 객체로 만들면서 동시에 주체로 회복시킨다. 만일 인간이 영원한 자유를 인식하게 된다면, 그것은 다름 아닌 그 운동 속에서 "절대적 주체가 객체로부터 주체로 다시 회복 될 때, 그때이다."[29)] 왜냐하면 "그때 절대적 주체는 더 이상 단순한 주체가 아니며, 그렇다고 주체로서 자신을 상실해 버린 그러한 객체도 아니고 오히려 주체와 객체 둘로 존재함이 없이 객체이면서 주체이고 주체이면서 객체일 뿐만 아니라 인식되는 것이면서 인식하는 것이고, 인식하는 것이면서 인식되는 것이기 때문이다."[30)]

그러나 이처럼 영원한 자유에 대한 인식이 단지 영원한 자유 자체에 의해서만 이끌릴 수 있다면 그 자유가 철학과는 어떤 관계에 있는지 궁금하게 된다. 왜냐하면 영원한 자유는 철학의 원리이어야 하기 때문이다. 셸링에 따르면 "영원한 자유의 자기 인식의 가능성이 단지 객체로부터 주체로의 전이 속에 놓이게 되며, 그 인식은 시원이나 중간이 아닌 끝에서 주어지게 된다."고 할 때,[31)] 시원 속에 있는 영원한 자유는 그 무차별성 속에 있는 것으로서의 고요한 지혜이며, 운동 속에 있을 때는 자신을 찾는 혹은 어떤 것에도 머무르지 않는 지혜이고, 자신으로 복귀한 끝에서는 실현된 지혜이다. 이렇게 전체 운동 속에 자신을 찾는 지혜가 있다면 전체 운동 자체는 지혜를 향한 추구라고 해야 할 것이며 바로 이러한 추구가 객관적인 의미에서의 철학이 된다.[32)] 이렇게 본다면 철학이 지혜를 갈망하는 것인 한, 철학적 인식의 주체는 더 이상 유한한 인간이 아니라 영원한 자유 자체가 된다. 왜냐하면 그것은 영원한 자유가 자신을 인식하는 것이기 때문이다.

그러나 여기서 우리는 다음과 같은 물음을 제기할 수 있다. 즉 철학적 인식의 주체가 비록 영원한 자유 자체라고 할지라도 그 철학이 전개되는 터전은 인간의 의식이 아닌가? 그렇다면 인간의 의식 속에서 철학이 가능해야 하지 않는가? 만약 이 물음이 의미가 있다면 영원한 자유의 자기인식의 자리는 유한한 인간의 의식 안에 주어져야 한다. 셸링도 바로 이러한 생각에 동의한다. 따라서 그는 만일 철학이 가

27) NPW. S. 247.
28) NPW. S. 246.
29) NPW. S. 248.
30) NPW. S. 248.
31) NPW. S. 248.
32) NPW. S. 249.

능하다면 그것은 "영원한 자유의 자기인식이 우리의 의식일 때, 바꿔 말하면 우리의 의식이 영원한 자유의 자기인식 일 때"라고 말한다.[33] 하지만 여기서 우리는 다시 처음의 문제로 돌아가게 된다. 즉 유한한 인간인 우리의 의식이 어떻게 저 영원한 자유 자체가 될 수 있는가?

앞서 말했듯이 인간이 영원한 자유를 인식하고자 하는 한, 인간은 더욱 더 그것을 인식할 수 없게 된다. 왜냐하면 그만큼 영원한 자유는 우리로부터 벗어날 것이기 때문이다. 따라서 셸링은 "저 절대적 주체는 자아가 그것을 대상으로 만들지 않을 때, 즉 인식하기를 포기하고 지를 포기할 때, 다가오게 된다. 그러나 만일 지가 아닌 것이 다시 스스로를 지로 세우려고 한다면, 절대적 주체는 다시 사라지게 된다."고 말한다.[34] 결국 인간은 영원한 자유를 인식하려는 의지를 거두어들이고 스스로 지를 포기할 때 절대적 주체를 위한 공간을 만들게 된다. 셸링은 이와 같은 상황을 "그것을 잡으려고 하는 자는 잃을 것이요 포기하는 자는 찾을 것"이라고 경구적으로 표현한다.[35]

셸링은 자아가 스스로를 포기함으로써 절대적 주체를 위한 공간을 만들게 되는 이러한 행위를 '탈각'(Extase)이라고 부른다. 그가 볼 때 탈각이란 "자아가 자신의 외부에 정립되는 것"이다.[36] 따라서 지혜를 열망하는 철학이 인간에게 있을 수 있다면, 그것은 의식이 스스로를 벗어날 때, 즉 탈각할 때이다. 왜냐하면 탈각을 통해 자아는 '더 이상 현존하지 않는 것'(ein gar nicht mehr Daseiendes)으로 자신을 자신의 밖에 놓게 되며, 그와 더불어 주체와 객체의 관계로부터 벗어난 절대적 주체는 자아에게 다가오게 되며, 그러한 다가옴에 의해 자아는 객체로부터 주체로 회복하는 영원한 자유가 될 수 있기 때문이다.

사실 셸링이 볼 때, 그리스시대에 철학의 시원을 가능케 했던 '경이'(tauma) 혹은 '놀라움'(Erstaunen)이란 이런 탈각에 대한 다른 표현 외에 다른 것이 아니다. 왜냐하면 자연에 대한 경이 속에서 인간은 신비에 몰입되기 때문이다. 이처럼 철학의 시발점에 놓이는 경이가 탈각에 대한 다른 표현이라면, 철학은 의식의 내면으로 들어가 순수 사유를 성찰할 때가 아니라 의식을 포기하고 밖으로 나아갈 때 비로소 성립하게 된다. 하지만 셸링이 볼 때, 이성철학은 자아를 포기하기는커녕 그것을 원리로 하여 사유 속에서 세계를 구성하려고 한다. 특히 대표적인 철학자는

33) NPW. S. 249.
34) NPW. S. 251.
35) NPW. S. 239.
36) NPW. S. 251.

헤겔이다. 헤겔은 "정신이 세계의 원인이다."[37] 그렇기 때문에 정신의 내면으로 들어가는 "반성적 사고(Nachdenken)가 철학의 시원이며 원리가 된다."고 말한다.[38] 하지만 셸링이 볼 때 현실적 세계란 정신으로부터 산출되는 것이 아니라 영원한 자유의 근원적 활동에 의해 산출된다. 따라서 세계의 근거는 영원한 자유 속에 있게 된다.

영원한 자유는 자기를 산출하는 가운데 끊임없이 모든 형태를 파괴하면서 동시에 동일한 형태를 정립한다. 이때 일어나는 동일한 형태의 반복은 영원한 자유가 그 운동 속에서 제지되는 듯이 보이게 한다. 우리가 인식하는 자연의 법칙이란 영원한 자유가 그 운동 속에서 제지되는 형태 이외에 다른 것이 아니다. 그렇다면 왜 영원한 자유는 그 산출 속에서 제지되는가? 다시 말해 왜 영원한 자유는 파괴된 형식 위에 다시 동일한 형식을 정립하는가? 이 물음에 대해 셸링은, 우리는 그것을 알 수는 없지만 자연의 흐름을 돌아볼 때 영원한 자유가 제지되면서 다시 자신을 산출한다는 것은 알 수 있다고 다음과 같이 말한다. "태양은 지기 위해 떠오르며, 다시 떠오르기 위해 진다. 물은 다시 돌아오기 위해 바다로 흘러간다. 한 세대가 가면 또 다른 세대가 온다. 모든 것은 스스로를 소진하고 파괴하기 위해 노동한다. 새로운 것은 아무 것도 없다. 그러므로 전진은 단지 객관적으로 저지당할 뿐이다."[39]

이렇게 본다면, 자연의 법칙(Gesetz)이란 이성철학자들이 주장하듯이 그렇게 사유에 의해 정립된 것(das Gesetzte)이 아니다. 그것은 절대적 주체의 객관적 산출의 현상이다. 따라서 이러한 현상을 사유로부터 이해하려고 한다면, 자연의 근거는 결코 밝혀지지 않는다. 하지만 이성철학자들은 자연과 존재 세계는 개념 속에서만이 그 근거가 해명될 수 있다고 말한다. 역으로 말해 그들에게는 사유에 의해 파악되는 세계만이 존재하는 세계로 간주된다. 그러나 셸링이 볼 때 세계의 존재 근거는 사유에게는 알려질 수 없는 영원한 자유의 활동에 놓이게 된다. 따라서 그 존재 근거는 개념 속에서 파악되는 것이 아니라 오히려 사유함을 포기하게 될 때 드러나게 된다. 이런 이유로 셸링은 헤겔을 겨냥하여 "철학의 초심자에게 자기 자신 속으로 들어가라고, 즉 자신의 내면의 깊은 곳으로 들어가라고 외치는 어리석은 사람들이 그렇게 많지만 그러나 그러한 말은 그 자신의 고유한 한계 속으로 들어가라고 하는 것과 같은 것"이라고 말한다.[40]

---

37) Enzy. § 8, Anm.
38) Enzy. § 7.
39) NPW. S. 246.
40) NPW. S. 252. 이광모, 「헤겔인가 아니면 셸링인가」, 『헤겔연구』 27호 S. 60–78 참조.

이제까지 논의한대로 인간은 탈각 속에서 영원한 자유와 하나가 되고 세계의 근거에 대한 앎 즉 지혜를 만나게 된다면, '학문으로서의 철학이란 무슨 의미가 있을까'라는 물음이 당연히 제기될 수 있다. 셸링이 볼 때, 물론 학문은 여전히 필요하다. 왜냐하면 탈각 속에서 스스로 영원한 자유의 내면이 되지만 스스로는 그것을 인식하지 못하는 인간에게 그것을 깨닫도록 도움을 주는 것은 학문이기 때문이다. 사실 학문을 통해 인간은 스스로 절대적 주체의 내면이라는 것을 인식하게 된다는 생각은 헤겔의 생각과 동일해 보일 수 있다.[41] 왜냐하면 헤겔은 유한한 인간은 학문적 인식을 통해 스스로 절대적 인식에 이르게 된다고 주장하기 때문이다. 하지만 그 둘은 학문의 원리뿐만 아니라 그 개념에 있어서도 전혀 다르게 생각한다. 헤겔에게 학문은 증명된 지의 체계이며 그 원리는 이성적 사유인 반면, 셸링에게 학문은 자유로운 정신의 활동이며 그 원리는 영원한 자유이기 때문이다.

그러나 만일 우리가 셸링의 견해를 받아들이게 된다면 다음과 같은 역설에 빠지게 된다. 즉 인간이 영원한 자유의 내면이라는 것을 깨닫게 해줄 그 학문의 원리는 바로 영원한 자유이다. 따라서 학문이 성립하기 위해서는 그 원리인 영원한 자유에 대한 인식이 전제되어야 한다. 그것은 곧 학문이 시작되기 위해서는 그 결과가 선행되어야 함을 의미한다.[42] 셸링이 볼 때, 이와 같은 역설이 생기는 이유는 학문을 이성철학자들처럼 다음과 같은 방식으로 생각하기 때문이다. 첫째, 학문의 원리는 자아라는 것이다. 자아로부터 학문이 시작되는 한, 자아는 그 출발에 있어서 가설적 방법을 취할 수밖에 없다. 즉 처음에는 진리가 아닌 확실성으로부터 시작하지만 결과에 가서 그것이 진리로 입증될 수 있다는 방법을 취할 수밖에 없다. 하지만 애초에 가설로부터 진리가 도출되지는 않는다. 따라서 셸링에 의하면 "철학에 있어서는 자아로부터 시작되는 모든 지를 넘어가야 한다."[43] 둘째, 학문이란 '증명된 지의 체계' 즉 하나의 확실한 것으로부터 시작해서 다음의 것으로 나아가는 증명의 연쇄 고리라는 것이다. 하지만 셸링이 볼 때 학문은 '증명된 지의 체계'가 아니라 '자유로운 정신의 활동'(freie Geistestat)이다. 자유로운 정신의 활동으로서의 학문의 첫 걸음은 지가 아니라 오히려 지를 포기하는 것으로서 '비지'(ein Nichtwissen)이다. 이렇게 본다면 결국 탈각 속에서 인간이 영원한 자유의 내면이라는 것을 깨닫는 것과 학문이 성립하는 것은 동시적인 것이 된다. 즉 사유는 자신

---

41) NPW. S. 250.
42) NPW. S. 250.
43) NPW. S. 250.

을 포기하게 될 때 비로소 지혜로서의 학문을 성립시킬 뿐만 아니라 영원한 자유의 내면이 되는 것이다.

4. 탈각의 구조와 '반성'

탈각 속에서 자아가 영원한 자유의 내면이 된다고 할 때, 우리는 이 과정을 좀 더 자세하게 살펴볼 필요가 있다. 왜냐하면 비록 자아가 스스로를 포기하기는 하지만 그 과정 속에서 절대적 주체는 자아와 만나게 되며 그런 한에서 그 모습이 제한되는 것일 수도 있기 때문이다. 앞서 말했듯이 인간이 절대적 주체를 의식하려고 하는 한, 그 주체는 인간으로부터 달아나게 된다. 그럼에도 불구하고 인간은 영원한 자유에 대한 갈망을 포기하지 않는다. 이러한 갈망 때문에 인간의 내면에는 하나의 위기가 발생하게 되며 이 위기가 최고조에 달하게 되면 폭발하게(Entladung) 된다.[44] 즉 영원한 자유를 인식하려고 했던 의식은 주변으로 던져지게 되고 무지의 상태(Nichtwissende)가 된다.

탈각이란 바로 이러한 무지의 상태 이외에 다른 것이 아니다. 셸링에 의하면 이러한 무지의 상태가 영원한 자유로 하여금 의식에게 다가오도록 한다. 이것은 곧 위기의 폭발에 의한 무지의 상태와 절대적 주체가 인간에게 다가오는 것은 서로 구분되기는 하지만(aussereinander) 분리되는(in der Trennung) 것이 아님을 의미한다.[45] 즉 그 둘은 하나의 통일로부터 나누어진 것이기 때문에, 그 각각에 있어 다른 것에로 반영되지 않는 어떤 변화도 일어나지 않는다는 것이다. 이러한 통일과 분리를 그 계기에 따라 설명하면 다음과 같다.

첫 번째 계기는 절대적 주체가 그 내면성 속에 머무르는 상태인데, 이것을 A라 한다면, 이 A에 대해 지라는 측면에서는 외면성으로서의 무지(Nichtwissen)인 B가 상응한다. 하지만 절대적 주체는 이와 같은 내면적 상태에 계속해서 머무르지는 않는다. 그것은 필연적으로 다시 외면성인 B로 이행한다. 즉 객체가 된다. A의 B로의 이러한 이행이 두 번째 계기이다. 지의 측면에서 볼 때, 첫 번째 계기에 의해 절대적 무지인 것(nicht wissendes)이 성립된다면, 두 번째 계기에 의해 이 무지인 것은 지로 이행하게 됨과 동시에 세 번째 계기, 즉 절대적 무지로 정립된 B 혹은 외

44) NPW. S. 257.
45) NPW. S. 253.

면적인 것의 내면적인 A로의 고양이 정립된다. 결국 절대적 주체는 무지인 B로부터 다시 A로 된다. 이 세 번째 계기에 의해 인간의 무지는 절대적 주체에 대한 지로 바뀌지만 주체가 다시 회복됨으로써 이 지는 또 다시 무지가 된다. 그러나 이때 지로부터 되돌아온 무지는 단적인 무지가 아니라 '인식하는 무지'(wissendes Nichtwissen, docta ignorantia)가 된다.[46] 의식이 자기를 포기하는 탈각과 더불어 전개되는 이러한 운동 속에서 절대적 주체는 최고의 실재성을 갖게 된다. 이때 절대적 주체의 실재성이 나의 지 속에서는 비실재성이 되는 이러한 관계는 그 둘이 근원적으로 하나이기 때문에 가능하다. 따라서 셸링은 다음과 같이 말한다. "나는 절대적 주체를 나의 무지를 통해 (즉 탈각 속에서) 정립한다." "저 영원한 자유는 근원적으로 나의 의식 속에 혹은 나의 의식은 그 자유 속에 있게 되며 영원한 자유는 우리의 의식 말고 다른 어떤 곳에서도 자기 자신으로 귀환할 장소를 갖지 않는다."[47]

여기서 우리의 관심을 끄는 것은 셸링이 탈각 속에서 일어나는 절대적 주체와 의식의 관계를 '반성'(Reflexion)이라는 말로 표현한다는 점이다. 그는 "주체로부터 객체로의 이행은 객체로부터 주체로의 이행을 통해 스스로를 반성하게 되며", 그와 함께 마치 대상이 물 위에서 반영되듯이 그렇게 절대적 주체는 의식에 대해 뒤바뀐 관계에 놓인다고 말한다.[48] 물론 이때 셸링이 절대적 주체와 인간 의식의 관계를 '반성'으로 표현하는 것은, 헤겔이 그랬듯이 반성이 의식의 원리임을 말하려는 것이 아니다. 오히려 그는 그 표현을 통해 반성의 존재론적 근거가 무엇인지를 밝힘으로써 반성을 원리로 하는 철학들의 한계를 제시하려는 것이다. 특히 Andrew Bowie에 따르면 셸링이 반성이라는 이름으로 절대적 주체와 의식의 관계를 설명하는 것은 다음과 같은 두 가지 이유 때문이다. 첫째, 사유의 근거로서 초월자를 독단적으로 제시하는 것이 아니라 사유의 한계를 논리적으로 보여줌으로써 사유는 사유에 의해 파악될 수 없는 것에 의존한다는 것을 제시하는 것이며, 둘째, 사유의 근거는 사유에 대해 현상할 수 없다는 것을 보여주려는 것이다. 왜냐하면 그것이 사유에 현상하는 한, 근거가 아니라 반성의 계기로 이해되기 때문이다.[49]

46) NPW. S. 254.
47) NPW. S. 256.
48) NPW. S. 254.
49) Andrew Bowie, *Schelling and modern european Philosophy*, New York 1993. S. 134-135 참조.

이러한 셸링의 의도를 좀 더 이해하기 위해 반성을 철학의 원리로 간주하는 칸트와 헤겔의 생각을 고찰해 볼 필요가 있다. 먼저 칸트가 '비판'이라는 이름 아래 사유의 능력과 한계를 검토하고자 했을 때, 그가 전제하는 것은 사유에 대한 사유로서의 선험적(transzendental) 반성이라고 할 수 있다. 다시 말해 칸트에게 반성이란 이성비판 자체뿐만 아니라 대상에 대한 인식을 가능케 하는 사유의 근본원리라고 할 수 있다. 하지만 이러한 반성은 그가 볼 때 유한하다. 왜냐하면 그 반성은 스스로 자신의 내용을 산출할 수 없으며 단지 외부로부터 무엇인가에 의해 촉발되는 한에서만 인식으로 작용할 수 있기 때문이다. 이때 외부에서 반성을 촉발시키는 것은 반성으로서는 알 수 없는 사물 자체이다. 셸링이 볼 때 유한한 사유가 알 수 없는 어떤 것에 의해 촉발되는 한 인식으로 작용한다는 칸트의 생각은 근본적으로는 옳다. 하지만 칸트가 생각하듯이 사유를 촉발시키는 것이 사물 자체는 아니다. 그것은 사유로서는 결코 파악할 수 없는 절대적 주체이다. 칸트가 그것을 사물 자체 즉 반성의 산물로 간주하는 것은 그가 반성의 틀에서 결코 벗어나지 못하기 때문이다. 이것은 곧 반성으로서의 사유는 아무리 자신을 돌이켜 본다고 할지라도 자신의 한계와 근거가 무엇인지 알 수 없다는 것을 함축한다. 달리 말하면 이것은 반성의 한계 내에서는 어떻게 현실적인 인식이 성립하는지가 설명될 수 없다는 것을 의미한다. 이러한 상황은 헤겔에게서도 마찬가지이다.

헤겔에게 사유의 본성인 반성은 '사유에 대한 사유'(Denken des Denkens)로서 철학의 원리이다. 이러한 반성은 칸트와 달리 유한하지 않으며 절대적이다. 즉 사유는 스스로 형식과 내용이 되며, 이것을 인식하는 것으로서 절대자가 된다. 하지만 사유에 대한 완전한 규정을 기획했던 헤겔에게도 칸트에게 남았던 동일한 문제는 여전히 남는다. 즉 사유가 자신을 대상으로 할 때, 자신의 규정이 무엇인지는 완전히 해명한다고 할지라도 왜 그러한 사유가 반성인가라는 물음에 대한 답은 결코 주어지지 않는다. 그에게 있어 사유가 자신을 인식하는 것은 단지 반성으로서의 자신을 수행하는 것일 뿐이다. 따라서 셸링이 볼 때 반성으로서의 사유가 자신의 근거를 파악하려면 사유는 자신을 초월해야 한다. 왜냐하면 반성인 사유의 근거는 사유 내재적으로 환원되지 않는 초월자의 운동이기 때문이다. 결국 헤겔이 생각하듯이 그렇게 사유가 절대성을 갖게 된다면 그것은 사유의 절대성이 아니라 사유 속으로 반영되는 초월자의 절대성인 것이다. 이런 이유로 셸링은 인간의 지가 활동한다면 스스로 그렇게 변하는 것이 아니라 절대적 주체의 운동 속에서 그렇게 변형되는 것이며, 그렇기 때문에 인간의 지의 모든 형태는 '반사'(Reflex) 즉 '역으로 비치는 것'(das Umgekehrte)이라고 말하게 되는 것이다.[50]

이처럼 반성으로서의 사유가 유한하든 아니면 절대적이든 마찬가지로 자신의 현실성과 근거를 설명할 수 없다는 것은 곧 사유를 원리로 하는 근대의 이성철학은 자신의 원리를 해명하기 위해서는 자신을 포기하고 자신의 밖으로 나가야 한다는 것을 함축하게 된다. 사유가 자신을 포기하고 자신의 밖으로 나가는 것은 탈각이다. 탈각 속에서 주어지는 지란 사유에게는 무지로 보이지만 사실은 영원한 자유의 '내면이 된'(erinnert) 즉 영원한 자유를 '기억하는' 지이다. 그렇기 때문에 고대로부터 지혜를 갈망하는 철학에서의 지란 상기(Erinnerung)에 근거한다고 말한다.[51] 이러한 상기란 무지에 의해 절대적 주체를 정립하는 지이다.

철학적 지가 이처럼 절대적 주체에 대한 상기 즉 내면화 속에서 주어진다면 이제 우리는 애초에 왜 그렇게 철학이라는 이름 아래 대립적인 체계들이 있었으며 그 체계들은 하나로 환원됨이 없이 진리를 말할 수 있었는지 이해하게 된다. 왜냐하면 각각의 체계들은 모두 절대적 주체를 기억하는 지들로서 진리를 말할 수 있었으며 또한 그 지의 원리는 자아가 아니라 절대적 주체이기 때문에 그 주체가 운동하는 바에 따라 달리 형성될 수 있었기 때문이다. 다시 말해 절대적 주체가 인간이 알 수 없는 이유로 자신을 인간에게 드러낼 때만이 인간은 지를 갖게 되기 때문이다.

5. 이성에 대한 존재론적 해명

사유가 사유에게는 알려지지 않는 초월적인 것에 근거한다면, 이제 그 사유의 존재론적 구조가 무엇인지 궁금해진다. 이 궁금증을 풀기 위해 우리는 반성으로서의 사유의 과정을 다시 한 번 돌이켜 볼 필요가 있다. 앞에서 설명한 것에 따르면 사유는 절대적 주체를 의식하려고 하는 한 위기에 빠진다. 이 위기(Krisis)는 근본적으로 절대적 주체와 의식의 분리에 근거한다. 하지만 역설적이게도 절대적 주체의 자기로의 귀환은 바로 그 분리로부터 가능케 된다. 왜냐하면 절대적 주체(A)의 귀환은 객체(B)인 의식으로부터 이행이기 때문이다. 그렇다면 분리 속에 있는 객체 B는 사실 주체 A의 근저에 놓이는 것이라고 말할 수 있게 된다. 이와 같은 이유에서 셸링은 객체인 "인간의 의식이란 자기 자신으로 귀환하는 영원한 자유의 내

50) NPW. S. 254.
51) NPW. S. 254.

면, 근저에 놓이는 것, 담지자 혹은 주체이다. 그러나 고요한 즉 무지의 활동하지 않는, 나타나지 않는 내면이다."라고 말한다.[52] 바로 여기에서 우리는 셸링이 제시하는 이성의 존재론적 의미가 무엇인지 파악할 수 있게 된다.

우선 셸링은 지와의 관계 속에서 영원한 자유를 근원의식이라고 부르며, 인간의 의식을 분열된(zerissen) 의식이라고 부른다. 분열된 의식인 인간의 의식은 영원한 자유인 절대적 주체의 운동 가운데 밖으로 내던져진(herausgesetzt) 그래서 무지가 된 의식이다. 하지만 이 의식은 밖으로 내던져짐을 통해 오히려 자유롭게 되고 자기에 대해 자각(Besinnung)하게 되며, 그 무지의 은총을 향유할 수 있게 된다. 우리가 '자유로운 사유'(das freie Denken)라고 부르는 것은 이렇게 내던져짐 속에서 자기 자신을 자각하는 사유이다. 따라서 셸링은 "지란 구속된 것이지만 사유란 완전한 자유 속에 있는 것이며" "모든 자유로운 사유란 포기된 긴장, 분리, 위기의 결과"라고 말한다.[53] 셸링이 볼 때, 이성이란 바로 이렇게 분열된 그래서 자유로운 사유이다. 그는 다음과 같이 말한다. "지금 서로 분리된 것들은 분리되어 나타나는 근원의식 자체이다. 그것들의 통일 혹은 결합 속에 근원의식이 있었었고, 그들의 분리함 속에 근원의식은 분열된 것 다시 회복되어야 할 것 즉 배 속에 있는 잠재적인 것 즉 회복될 수 있는 것으로 있게 된다. 이러한 그 잠재성 속에 있는 즉 회복 가능성 속에 있는 근원의식 자체가 바로 이성이다."[54] 이러한 설명에 따르면 이성이란 분열 속에 있는 그래서 다시 회복될 수 있는 근원의식이다.

이성에 대한 이러한 통찰을 통해 우리는 왜 칸트가 그렇게 이성에 대해 운명적으로 말해야 했는지를 이해할 수 있게 된다. 칸트는 "인간의 이성은 그 인식의 종류에 있어서 특별한 운명을 지닌다. 즉 그 이성은 결코 거부할 수 없는 물음들에 의해 시달림을 당한다. 왜냐하면 이 물음들은 이성 그 자체의 본성으로부터 이성 자신에게 부과된 것이지만 이성은 이 물음들에 대하여 결코 대답할 수 없기 때문이다. 왜냐하면 그 물음들은 인간 이성의 모든 능력을 넘어가는 것이기 때문이다."라고 말한다.[55] 사실 『순수이성비판』은 이와 같이 이성이 겪게 되는 운명적 고뇌의 해결책을 제시하려는 노력 이외에 다른 것이 아니다. 하지만 문제에 대한 올바른 접근에도 불구하고 칸트의 해결책은 결국 형이상학의 포기로 나아간다.

이와 같은 칸트의 해결책은 다시 헤겔철학의 출발점을 이루게 된다. 즉 이성의

---

52) NPW. S. 256.
53) NPW. S. 257.
54) NPW. S. 258.
55) Kant, KdrV. A VII.

변증론적 상황은 사변철학을 구성하는 계기가 된다. 하지만 앞서 보았듯이 사변적 사유의 현실이 무엇인지는 설명된다고 할지라도 왜 그것이 사변적 사유의 현실인지에 대해서는 설명되지 않는다. 비로소 셸링에 와서 왜 이성은 그러한 고뇌에 빠져야 했는지 그 근거는 무엇인지 그리고 사유의 현실성은 무엇인지가 밝혀지게 된다. 다시 말해 셸링의 설명 속에서 칸트 이후 독일관념론을 이끌던 근본적인 물음, 왜 이성은 끊임없이 통일을 추구하는지 그리고 그럼에도 불구하고 이 추구는 결코 통일에 도달할 수 없는지 또한 이성의 한계는 무엇이며 그 근거는 무엇인지에 대한 존재론적 해답이 주어지게 된다.

이성이란 근원적으로 분리된 의식이다. 자신의 내면에 있는 영원한 자유에 대한 동경은 이성으로 하여금 끊임없이 통일을 갈망하게 만든다. 이 통일에 대한 열망은 자신의 근거로의 회귀에 대한 열망과 다른 것이 아니다. 하지만 이성이 분열된 의식인 한에서 이 통일은 이루어지지 않는다. 만일 이성이 영원한 자유를 인식한다면 그것은 더 이상 영원한 자유가 아니며, 이성도 더 이상 이성이 아니게 된다. 이성의 자기지양은 자기의 포기 즉 탈각 속에서만 주어진다. 이성은 한편에서는 분열된 의식이지만 또 다른 한편으로는 절대적 주체의 내면이다. 그럼에도 불구하고 이성은 스스로 결코 자신이 절대적 주체의 내면임을 알지 못한다. 따라서 이성은 항상 긴장 속에 빠지게 되고 다시 내던져지게 된다. 이러한 과정 속에서 이성에게 남는 것은 영원한 무지이다.

이성은 끊임없는 갈망이지만 결코 갈망하는 것에 도달할 수 없다는 의미에서 부정적인 것이다. 이성을 원리로 하는 철학은 결코 그 근원에 도달할 수 없다. 왜냐하면 부정성 속에서 이성은 결코 그 근원을 만날 수 없기 때문이다. 그 근원을 만날 수 없다는 것은 곧 세계의 근원을 이성은 설명할 수 없다는 것과 마찬가지이다. 이성은 자신이 알 수 없는 변화에 의해 끊임없이 산출되는 새로운 대상을 만나게 될 뿐이다. 바로 그렇기 때문에 이성은 잠재적인 것이며 그리고 고통 받는 것이다. 또한 바로 그렇기 때문에 이성은 진리를 대상으로 하는 학문의 원리가 될 수 없는 것이다.[56]

56) NPW. S. 258.

6. 이성의 근거와 타자

이제 우리는 셸링이 이성의 한계는 무엇이며 그 근거는 무엇이라고 생각하는지 말할 수 있는 지점에 이르게 되었다. 셸링에 의하면 이성은 절대적 주체인 영원한 자유의 외면성이다. 이 외면성인 이성은 영원한 자유의 자기 복귀의 과정 속에서 산출된 것이지만 인식에 묶여 있는 한 결코 자신의 근거인 영원한 자유에 도달할 수 없다. 바꿔 말하면 이성은 자신 내부에서는 결코 자신의 근거인 내면성에 도달할 수 없다. 왜냐하면 근거인 절대적 자유는 외면화된 그래서 분열된 의식인 이성에게는 근거로 인식되지 못할 뿐만 아니라 단지 도달할 수 없는 그래서 급기야는 자신을 위기로 몰고 가는 '타자'로 인식될 뿐이기 때문이다. 물론 이성이 자신의 근거를 타자로 느낀다고 해서 이성과 타자가 서로 분리되는 것(in der Trennung)은 아니다. 그 둘은 구분되기는(aussereinander) 하지만 근원적인 관계 속에 있다.[57] 그렇기 때문에 타자로 비춰지는 비이성은 이성에게 축복의 근원이 될 수 있다. 왜냐하면 그 타자를 향해 자신을 포기할 때 이성은 근원 속에 있음을 느낄 수 있기 때문이다. 이제까지의 논의를 정리하면 다음과 같다.

첫째, 철학의 원리는 영원한 자유로서의 초월적 주체이다.

둘째, 이 초월적 주체는 이성의 내면성이자 그 근거이다.

셋째, 이성은 자신의 근거인 초월적 주체를 알 수 없는 타자로 이해한다.

넷째, 이성은 자신을 포기할 때 자신의 근거를 만날 수 있다. 따라서 철학은 이성의 자기 포기인 탈각과 더불어 시작된다.

이와 같은 생각에 기초해서 셸링은 칸트 이후 이성을 원리로 하는 독일관념론의 지반을 떠나게 된다. 1821년 이후 전개되는 그의 철학은 이제 더 이상 이성철학이라고 부를 수 없게 된다. 왜냐하면 그 이후의 철학은 소위 '긍정철학'으로서 이성에 의해서는 파악되지 않는 실존자를 원리로 하기 때문이다. 이렇게 볼 때 1821년의 겨울학기는 셸링에게는 결정적으로 중요한 시기가 된다. 이때 행한 강의를 통해 셸링은 이성철학은 긍정철학으로 나갈 수밖에 없음을 역설하게 된다. 특히 그는 자신이 이러한 결론에 이르게 되는 것은 독단적 사변의 길을 통해서가 아니라 철학적 상식, 즉 철학사에는 하나로 환원되지 않는 대립되는 많은 체계들이 있으며 그 체계들은 각기 진리를 말한다는 사실로부터 출발하였음을 강조하고 싶어 한다.

57) NPW. S. 253.

물론 우리는 여기서 셸링이 이성의 한계와 더불어 참된 철학은 이성을 포기할 때 가능해진다고 말할 때, 그가 이성의 긍정적인 측면을 간과한다고 생각해서는 안 된다. 왜냐하면 그에게 있어 분열된 의식으로서의 이성은 분명히 유한한 인간에게 초월적 지혜가 드러나게끔 해주는 조건이 되기 때문이다. 다만 그가 이성이 지혜를 갈망하는 철학의 원리가 될 수 없다고 말할 때 우리가 잊지 말아야 하는 것은, 세계와 우리의 실천적 삶은 이성을 원리로 설명되는 것 보다는 더 깊은 차원을 갖는다는 점이다.

참고 문헌

Hegel, *Wissenschaft der Logik Die Lehre vom Sein*(1832) hrsg. von Hans Jürgen Gawoll, Hamburg 1990.

____, *Wissenschaft der Logik Die Lehre vom Wesen*(1813) hrsg. von Hans Jürgen Gawoll, Hamburg 1992.

____, *Enzyklopädie der philosophischen Wissenschaften*(1830), hrsg. von Friedhelm Nicolin und Otto Pöggeler, Hamburg 1991.

____, *Phänomenologie des Geistes*, hrsg. von Hans Friedrich Wessels und Henrich Clairmont,Hamburg 1988.

____, *Grundlinien der Philosophie des Rechts*, hrsg von Johannes Hoffmeister, Hamburg 1955.

F. W. J. Schelling, *Zur Geschichte der neueren Philosophie*, Münchener Vorlesung, 1974, Darmstadt.

____, *Über die Natur der Philosophie als Wissenschaft*. Ausgewälte Werke Darmstadt, 1989.

____, *Philosophie der Offenbarung*(1841/42), hrsg. von Manfred Frank, Frankfurt am Main, 1977.

____, *Einleitung in die Philosophie der Offenbarung*, hrsg. von Manfred Schröter München 1858.

Andrew Bowie, *Schelling and modern european Philosophy*, New York 1993.

Allan White, *Absolute Knowledge: Hegel and the Problem of Metaphysics*, Ohio University Press. 1983.

Manfred Frank, *Der unendliche Mangel an Sein*, Frankfurt am Main, 1975.

Klaus Brinkmann, "Schellings Hegel-Kritik", in *Die ontologische Option*, hrsg. von Klaus Brinkmann, Berlin, 1976.

_____ , "Hegel's Critique of Kant and Pre-Kantian Metaphysics", in *Hegel Reconsidered Beyond Metaphysics and the Autoritarian State*, edt. by H. Tristram Engelhardt, JR. and Terry Pinkard, Kluwer Academic, 1994.

Klaus Hartmann, "Hegel: A Non-metaphysical View", in *Hegel A Collection of Critical Essays*, edt by Alasdair MacIntyre, London 1976.

Terry Pinkard, "Hegel's Idealism and Hegel's Logic", in *Zeitschrift für philosophische Forschung* 1979, April Band 33 Hefte 2.

_____ , "The Logic of Hegel's Logic", in *Hegel* edt. by Michael Inwood, Oxford 1985.

이광모,『헤겔철학과 학문의 본질』, 용의 숲, 2006.

이광모,「헤겔인가 아니면 셸링인가」,『헤겔연구』27호, 용의숲, 2010.

The Ground of Reason and its Other in the philosophy of Schelling

—A study on principle of philosophy

Lee, Kwang-Mo

This paper studies the lectures schelling gave in Erlangen in 1820-1, which Horst Fuhrmans published in 1969 on the basis of notes taken by a member of the audience, under the title Initia Philosophiae Universae, and part of which Schelling's son published under the title On the Nature of Philosophy as a Science. The aim of this paper is to give an answer the questions, what is the principle of philosophy as system, and how the reason is related to the principle. In the process of searching the answers, the ontological meaning and ground of reason is explained additionally. The conclusions of this paper are summarized as follows

First, the principle of philosophy is transzendent subject as eternal freedom.

Second, the transzendent subject is the ground of reason as its inner side.

Third, the reason takes its ground for the other, which it doesn't grasp.

Fourth, the reason can approach its Ground, only when it gives itself up.

keywords: Schelling, Hegel, Ground of reason, The other of reason, german Idealism, positiv philosophy.

계몽의 변증법에서 변증법의 계몽으로

– 아도르노의 부정 사유(negatives Denken)의 비판이론적 함축

정 현 철

Ⅰ. 들어가는 말–아도르노의 부정 사유에 대한 현재적 평가
Ⅱ. 아도르노에게 있어서 자연지배의 변증법으로서의 계몽의 변증법
Ⅲ. 이성의 계몽의 기획으로서의 부정 변증법
Ⅳ. 부정 변증법의 비판이론적 함의들
Ⅴ. 나가는 말–변증법적 이성의 새로운 가능성 모색

요약문

아도르노는 현대철학 지형 속에서 독특한 자리를 차지하고 있다. 그의 사상은 크게 보아 이성주의와 비이성주의 사이에 자리한다. 즉 그는 한편으로는 헤겔에 다른 한편으로는 니체에 연결된다. 또한 그는 사회비판에 있어서 한 면으로는 급진성을 추구하면서도 또 다른 면으로는 다소 보수적인 입장을 견지하는 것으로 보이기도 한다. 그리고 그는 변증법과 관련해서는 한편으로 그것을 폐기해야 할 것으로 비판하면서도 다른 한편으로는 그것을 그의 사상의 중심축으로 자리 매김 한다. 이런 점에서 그는 경계를 넘나드는 사상가인 것처럼 보인다. 그의 부정 사유는 바로 이러한 그의 사상적 특성의 집약물이라 할 수 있다. 이 글에서는 이런 그의 경계적 사유를 그 내적 관점으로부터 고찰해 보고자 한다. 즉 그가 왜 이런 사유를 할 수밖에 없었는지 그리고 그 자신은 왜 스스로 이런 사유를 하지 않으면 안 된다고 보고 있는지를 고찰해 보고자 한다. 이 고찰은 그가 현대철학에 던져주고 있는 새로운 시각과 전망을 이해하는데 도움을 줄 것이다. 결과적으로 그는 단순히 무기력함을 드러내는 염세적 사상가가 아니고 어쩌면 시대를 앞질러 산 예견적 사상가라는 점을 이 글이 드러낼 수 있을 것으로 기대해 본다.

● 주요어 : 계몽, 부정 변증법, 비동일성, 병리학, 연대, 실증성

Ⅰ. 들어가는 말 – 아도르노의 부정 사유에 대한 현재적 평가

아도르노의 부정적 사유는 다음과 같이 요약할 수 있다. 논증적-내지 논의적-진리를 포기하되 진리 자체를 포기하지 않으며 진리를 포착하는 방법으로서의 기존의 변증법을 폐기하되 변증법 자체를 버리지는 않는다.[1] 이와 같은 그의 사상은 그러나 비판이론가들의 2세대인 하버마스에 의해 이미 상당한 비판을 받아 사유 자체의 비판적 힘이 소진된 것으로 평가되고 있다. 그러나 이러한 평가에는 아직 논란의 여지가 있다. 이러한 맥락에서 우리는 아도르노 사상의 내부적 계승자이기도 한 그가 아도르노의 사상에 대해 제기한 비판의 요점을 좀 더 자세히 분석할 필요가 있다. 왜냐하면 이를 통해 우리는 아도르노의 사상과 관련한 현재의 논란의 향방을 가늠해 볼 수 있기 때문이다. 단도직입적으로 하버마스의 비판에 들어가 보면 그의 비판은 크게 두 가지로 요약할 수 있다. 그 비판의 첫 번째 요점은 아도르노 사상의 본래적 토양인 관념론과 관련한 것으로 아도르노의 사상이 의식철학의 패러다임을 탈피하지 못하고 있다는 것이다.[2] 그리고 비판의 두 번째 요점은 첫 번째 비판과 맥을 같이 하는데 아도르노는 주체와 주체의 관계가 역사의 전개 과정에서 더 근원적이라는 사실을 간과하고 있다는 것이다.[3] 이러한 비판은 주지하는 바와 같이 아도르노의 사상을 상당 부분 무기력한 이론으로 평가하게 하는 결과를 가져왔다.

이 비판을 좀 더 자세히 살펴보자. 우선 첫 번째 비판의 내용은 아도르노의 사상

---

1) Th. W. Adorno, 홍승용 옮김, 『부정 변증법』, 한길사, 2005, 207쪽 이하 참조.

2) J. Habermas, 장춘익 옮김, 『의사소통행위 이론』, 1권, 나남, 2006, 562쪽 이하 참조. “이에 반해 나는 초기 비판이론의 계획이 이런저런 우연 때문이 아니라 의식철학의 패러다임이 소진되었기 때문에 좌절한 것이라는 입장을 고수한다.” 하버마스는 의식철학 패러다임의 현재 옹호자의 한 사람으로 헨리히(D. Henrich)를 거론한다. 하버마스에 따르면 헨리히는 주관적 이성을 도구적 이성과 달리 설정하고 근대적 관점의 비전이적 자기보존이 아닌 주체성과 자기보존의 상호연관성을 주장함으로써 의식철학 패러다임이 비판적 힘을 소진한 것이 아니라는 것을 주장하고자 한다. 그러나 하버마스는 헨리히가 자기객관화에 저항하는 근원으로 지목한 익명적 의식이 신비주의적이거나 심리주의적인 특성을 보이게 된다는 점을 지적함으로써 의식철학 패러다임의 한계를 분명히 하고자 한다. 같은 책, 571쪽 이하 참조.

이 주체와 객체 패러다임에 갇혀 있다는 것이다. 사실 아도르노는 관념론적 토양에 그 뿌리를 내리고 있다. 개념적 사유에 대한 그의 신뢰는 관념론에 대한, 그리고 그것의 논리학인, 그가 지칭하는 방식을 따른다면 기존 변증법에 대한 그의 비판에도 불구하고 그가 여전히 관념론적 전통에 머물러 있음을 단적으로 보여준다. 인간은 아도르노에 따르면 역사의 전개 과정에서 개념 구성을 통해 비로소 객체로 구성되는 자연에 맞선 주체로 자리 매김 된다. 물론 아도르노에게 자연은 애당초 주체와 객체라는 이분법적 도식 너머에 있는 근원적 존재이지만 일단 역사가 시작되면 인간이 주체로서 자연을 대상화해 문명의 과정을 진행시키는 순간 자연은 더 이상 근원적 존재로서가 아니라 단지 인간 주체에 대한 객체로 전락하고 그 본래성을 상실한다. 아도르노는 물론 이 본래성을 완전히 소실된 것으로 보지 않으며 유토피아적 전망 속에서 찾을 수 있는 것으로 설정한다. 그러나 본래적 자연이 개념적 사유를 넘어선 유토피아적 전망 속에서만 주어진다는 것을 제외하면 자연이 주체로 정립한 인간에 대해 객체가 된다는 것과 그 주체-객체 관계 속에서 역사가 진행된다는 것은 헤겔의 사유와 상당히 닮아 있다. 하버마스는 이러한 전통적 의식철학의 패러다임에 아도르노가 갇혀있다고 비판한다.

두 번째 비판은 좀 더 구체화된 것으로 이는 하버마스 자신이 강조하는 의사소통적 패러다임 이론에 기초하고 있다. 사회적 사태는 이미 근원적으로 상호주관성에 입각한 생활세계적 연관의 총합으로 구성되어 있다. 따라서 이러한 연관을 실제적으로 창출하는 상호주관성은 주체의 구성에 있어서 애초부터 복수의 주체를 피할 수 없는 사실로 지시한다. 그런데 이러한 주체들을 단일한 주체로 가정하는 것은 이미 그 시도 자체가 주체 구성의 오류를 범하고 있다는 비판이다. 즉 의사소통은 복수적 주체의 구성에 이미 본래적인 활동으로서 고려되어야 한다. 따라서 개념적 사유는 주체로부터 객체로서의 자연을 향하기 이전에 이미 주체와 주체들

---

3) 위의 책, 563쪽 이하. 하버마스는 아도르노와 호르크하이머가 관념론적 인식론과 자연주의적 행위이론을 결합하여 주체의 인식과 행위를 규정하고 있다고 본다. 이런 결합 모델에 따르면 정신의 속성인 인식과 목표지향적 행위가 오로지 주체의 우연적 존립을 확보하기 위한 자기보존 기능에 국한될 수밖에 없다고 본다. 그 결과 도구적 이성 비판 역시 이 모델에 묶인 채 진행될 수밖에 없다. 따라서 하버마스는 애당초 아도르노와 호르크하이머의 주체 모델이 주체로서의 또 다른 주체를 인정할 수 없는 구조로 귀결할 수밖에 없고 이로 인해 온전한 상호주관성 개념을 개발할 수 없다고 주장한다. 하버마스가 아도르노에 대해 좀 더 심도 있는 분석을 한 글로는 다음을 참조하시오. J. Habermas, "»Ich selber bin ja ein Stück Natur« - Adorno über die Naturverflocktenheit der Vernunft. Überlegungen zum Verhältnis von Freiheit und Unverfügbarkeit", in *Dialektik der Freiheit*, hrsg. von A. Honneth, Suhrkamp, Frankfurt a. M., 2005, 13쪽 이하.

간의 상호 작용 연관 속에 그 타당성의 상호 검증 과정을 거쳐야 한다. 아도르노는 그러나 주체가 자연지배로부터 풀려나는 인간 역사의 과정에서 마치 단일한 것처럼 가정하고 있다는 것이다. 이는 잘못된 독백론적 가정이며 주체는 복수적인 존재로 되돌려져야 하고 따라서 주체 구성에는 절대적으로 상호주관성에 기반한 의사소통과 그것의 생활세계적 연관이 필수 구성 요소로 자리매김 되어야 한다.

하버마스의 아도르노에 대한 이 같은 비판은 큰 반향을 불러왔다. 하버마스의 비판을 따르는 대표적인 사례로서 우리는 벤하빕의 아도르노 비판을 들 수가 있다.[4] 그녀에 따르면 아도르노는 아무런 설명 없이 인간의 자연 지배를 인간들 간의 사회적 지배로 확대해 적용한다. 그 결과 아도르노는 큰 틀에서 단일 주체 중심의 나르시스적인 결말을 벗어나지 못한다. 그녀의 아도르노에 대한 이 같은 비판은 이 글의 후반부에서 좀 더 자세히 살펴볼 것이지만 어쨌든 이와 같이 아도르노의 부정적 사유에 대한 하버마스의 평가에 공감하는 이들의 비판은 아도르노의 사유가 근대 이후 사회적 현실에 대한 비판에 있어서 중요한 역할을 수행할 수 없는 한계이론이 되고 만 것처럼 보이게 한다. 즉 아도르노는 사회비판을 올바로 수행할 수 없으며 스스로도 그것이 불가능하다고 본 비관적 사회이론가로 분류되고 그가 한 일은 단지 사회비판의 원천으로서 유일하게 남아 있는 영역으로 미학적 영역을 설정했다는 것뿐이라는 것이다. 그는 결국 그 한계영역으로의 도피를 선택할 수밖에 없었던 허약한 사상가로 간주된다.

그러나 이러한 평가가 반드시 들어맞는 것은 아니다. 최근 비판이론 진영 내부에서도 아도르노 사상을 달리 평가하려는 움직임이 일고 있다. 예를 들어 호네트와 멘케 등은 다소 유보된 방식이기는 하지만 아도르노의 사상이 가진 진리 내용을 옹호하는 입장을 피력한 바 있다. 이와 같은 움직임은 2003년 그의 탄생 100주년을 전후로 일어난 아도르노 사상의 재조명 작업의 일환으로 보인다.[5] 특히 호네트는 예전 그의 저술에서 아도르노의 부정적 사유에 대한 평가를 하버마스적인 노선과 유사한 방식으로, 즉 푸코에서 아도르노를 거쳐 하버마스로 발전해 가는 과정 속에 아도르노의 부정적 사유가 자리 매김 되어야 하는 것으로 평가한 바 있다.[6] 그런데 최근에 다소 변화된 그의 주장이 제시된 것이다. 물론 그의 평가의 근

---

4) S. Benhabib, 정대성 옮김, 『비판, 규범, 유토피아』, 울력. 2008, 247쪽 이하 참조.

5) 2003년 아도르노 출생 100주년을 기념하는 프랑크푸르트 아도르노 학술대회의 결과물들은 책으로 출간되었다. A. Honneth(hrsg), *Dialektik der Freiheit*, Suhrkamp, Frankfurt a. M., 2005.

6) A. Honneth, *Kritik der Macht*, Suhrkamp, Frankfurt a. M., 1986, 70쪽 이하 참조.

본은 바뀌지 않았다. 그러나 그의 주장의 미세한 변화가 포착되는 부분은 그가 아도르노가 논증적 언어와는 다른, 그러나 그와 다른 방식이기는 하지만 진리를 담지할 수 있는 언어로 말하고 있음을 긍정적으로 보고 이를 친절하게 설명하고 있다는 것이다.[7] 호네트에 따르면 아도르노가 그의 사유의 특성상 채택하고 있는 비의적이고 우화적인 언어는 외견상으로는 무기력한 듯이 보일 수 있다. 그러나 그러한 수사법 배후에 감춰져 있는 언어를 우리가 좀 더 명확히 해독해 낼 수 있게 된다면 그의 이론은 결코 무기력함만을 노정하지는 않는다는 것이다.[8]

만약 이러한 지적이 틀리지 않다면 아도르노의 사상에 대한 평가는 좀 더 심층적인 방식으로 진행되어야 한다. 즉 우리는 왜 그가 사회이론을 기술하는 데 있어서 명시적인 방식을 마다하고 우화적이고 비의적인 표현을 사용해야했는지 그 표현법을 심층적으로 읽어내는 방식을 채용해야 한다. 이는 사실 그의 사상이 실증성(das Positive)과 긍정성(Affirmativität) 대신 부정성(Negativität)을 근간으로 하고 있다는 사실과 맥을 같이 한다. 다시 말해 그의 사상은 애당초 그러한 방식을 채택할 수밖에 없도록 짜여져 있기 때문이라는 것이다. 만약 이러한 사항이 고려되어질 수 있다면 아도르노가 사회에 대해서 무기력한 전망을 제시한 것이 아니라 단지 자신의 사상의 특성상 그러한 방법을 구사할 수밖에 없었다고 볼 수 있게 된다. 물론 이러한 점을 감안하고 나서도 그의 사회비판 이론의 구상이 가진 함축이 적절한 비판적 전망을 제시할 수 있을 것인지는 또 다시 평가해 보아야 할 사안임은

---

7) A. Honneth, 문성훈외 3인 옮김, 『정의의 타자』, 나남, 그리고 그가 아도르노와 푸코를 비교하면서 푸코에 대해 아도르노를 옹호하고 있는 또 다른 그의 논문을 참조하시오. A. Honneth, "Foucault und Adorno. Zwei Formen zur Peripherie einer Denktradition", in *Die zerrissene Welt des Sozialen*, Suhrkamp, Frankfurt a. M., 1990, 73쪽 이하. 그리고 그의 아도르노의 사회철학에 대한 다음 글도 참조하시오. A. Honneth, "Eine Physiognomie der kapitalischen Lebensform. Skizze der Gesellschaftstheorie Adornos", in *Dialektik der Freiheit*, herg. von A. Honneth, Suhrkamp, Frankfurt a. M., 2005, 165쪽 이하.

8) 그 밖에도 멘케(Ch. Menke) 같은 이는 비판이론 진영 내부에서 적극적으로 아도르노의 통찰을 수용해 들이고자 한다. Ch. Menke, "Genealogy and Critique: Two Forms of Ethical Questioning of Morality", in *The Cambridge Companion to Adorno*, edited by Tom Huhn, Cambridge, UK, 2004, 302쪽 이하. 또 다른 새로운 접근으로는 다음을 참조하시오. Rahel Jaeggi, "»Kein Einzelner vermag etwas dagegen«-Adornos Minima Moralia als Kriktik von Lebensformen", in *Dialektik der Freiheit*, herg. von A. Honneth, Suhrkamp, Frankfurt a. M., 2005, 115쪽 이하. 그리고 이미 잘 알려진 바와 같이 벨머의 시도에 대해서는 다음을 참조하시오. A. Wellmer, "Über Negativität und Autonomie der Kunst. Die Aktualität von Adornos Ästhetik und blinde Flecken seiner Musikphilosophie", in *Dialektik der Freiheit*, herg. von A. Honneth, Suhrkamp, Frankfurt a. M., 2005, 237쪽 이하.

부정할 수 없지만 말이다.

어쨌든 이러한 고려에 입각해 그의 부정적 사유가 어떤 특성을 가지고 있으며 또 어떤 목적을 수행하고 있는지 살펴보는 것은 의미 있는 일이 될 것이다. 이와 관련해 우리는 그의 사유의 근본 구조를 만들고 있는 근본적인 원리인 부정성과 그로 인해 만들어진 부정적 사유가 기존의 변증법과 어떻게 다르고 그가 어떤 목적을 위해 이와 같이 변증법을 급진화하지 않을 수 없었는지를 살펴보아야 한다. 이는 그가 동일성 사유를 거부하고 비동일성 사유를 고수하는 기획에서 밝혀낼 수 있다. 그렇다면 그는 동일성 사유에서 어떤 근본적 한계와 문제점을 보고 있는 것인가? 동일성 사유는 헤겔의 변증법에서도 모순을 내적 동인으로 삼아 끊임없이 비동일성을 산출하고 그로 인해 새로운 단계로의 지양을 촉발한다. 그럼에도 왜 아도르노는 이와 같이 비동일성을 허용하는 변증법이 한계에 봉착할 수밖에 없다고 주장하는가?

Ⅱ. 아도르노에게 있어서 자연지배의 변증법으로서의 계몽의 변증법

아도르노와 호르크하이머의 주요 저작인 『계몽의 변증법』에서 계몽은 주지하다시피 파산 선고를 맞는다. 계몽은 더 이상 기존의 변증법을 통해 그것이 약속한 이상을 실현할 수가 없기 때문이다. 이렇게 계몽이 무기력해 짐으로써 변증법은 급진화의 길을 가지 않을 수 없다. 그렇다면 계몽이 그렇게 무기력해진 이유는 무엇인가? 그들에 따르면 그 계몽이 동일성을 그것의 원리로 삼고 이를 통해 지배의 논리를 작동시키기 때문이다. 계몽을 추동하는 이성은 두 가지 측면을 가진다. 하나는 지배의 실현태로서의 이성으로서 이는 도구적 형태를 띠고 나타난다.[9] 반면 또 다른 이성의 측면은 유토피아를 그리는 일종의 숭고의 이성으로 나타나는 것으로 이러한 형태의 이성은 그들에 따르면 자기보존이라는 단순한 이기적 목적에 봉사하지 않는, 해방을 추동하는 힘을 갖는다.[10] 계몽의 시초에 이성의 이 같은 두 가지 측면은 서로 분리될 수 없는 방식으로 통합되어 있다. 그런데 동일성이 주도하는 변증법이 전면적으로 가동되면서 이성의 해방적 측면은 도구적 측면에 눌려 배후

9) Th. Adorno and M. Horkheimer, 김유동 옮김, 『계몽의 변증법』, 문학과 지성사, 2001. 131쪽 이하 참조.
10) 『계몽의 변증법』, 30쪽 참조.

로 물러날 수밖에 없다. 왜냐하면 계몽은 기존의 변증법에서 드러나는 바와 같이 동일성과 비동일성의 동일성을 원리로 삼기 때문이다. 결국 일종의 숭고의 이성으로 나타나는 측면은 동일성의 도구로 전락하고 만다. 따라서 인간은 기존의 변증법을 가지고 이성의 비동일적 해방의 전망을 실현시킬 수 없으며 오히려 그것을 억압할 뿐이다. 이것이 바로 아도르노로 하여금 기존의 변증법을 비판하고 변증법을 급진화하게 하는 출발점이 된다.

그렇다면 그들에게서 이 같은 해방을 실현시키는 통합 곧 기존 변증법을 급진화하는 것은 어떻게 나타나는가? 그것은 이성의 두 측면을 다시금 그것의 한 측면, 곧 도구적 측면이 지배적이 되지 않는 항구적인 긴장 관계 속으로 끌어들이는 것이다. 곧 동일성의 이성이 비동일성을 자신 안에 지양하고 그에 따라 현실을 동일성의 원리에 따른 조화로운 화해로 전환시키는 것이 아니라 – 아도르노에 따르면 이는 절대적으로 불가능하다 – 동일성의 이성이 비동일성을 병합 내지 억압하고자 함으로써 촉발된 비동일성의 작동을 이제 동일성과 비동일성 양자 간의 조화로운 통합이 불가능한 상태로 지속시키는 것이다. 이제 동일성은 비동일성을 단지 자신의 전적으로 이질적인 타자로만 대면해야 한다.[11] 이것이 아도르노와 호르크하이머, 특히 아도르노의 부정적 사유를 근본적으로 특징짓는 변증법의 급진화의 모습이다.[12] 이성 그리고 인간의 역사는 이와 같이 동일성에 기초한 인간의 자연지배에 일차적인 규정을 받음에도 인간의 인간에 대한 지배를 내포한 자연 지배를 급진적 방식으로 해체하며 전개된다.

이는 아도르노와 호르크하이머가 루카치를 통해 이론적 연계를 맺게 된 베버의 합리화 이론에 내포된 테제, 곧 문화를 창출하는 가치 설정의 자율성과 자연을 목적에 맞게 가공할 수 있는 합리화를 더 긴밀한 방식으로 결합시키는 것이다. 즉 아도르노와 호르크하이머는 베버가 자본주의의 합리화 과정에서 쇠창살을 부술 수 있는 힘으로 희망을 가졌던 문화적 자율성의 차원이 일차적으로 도구적 이성의 형태에 의해 내적으로 병합된 채로만 그것을 해체하는 힘으로 존립할 수 있다고 본다. 다시 말해 이성은 일차적으로 수단을 강구하는 목적의 동일화하는 위력에 봉

11) 아도르노와 호르크하이머의 이성 개념의 이중성에 대해서는 하버마스가 그들의『계몽의 변증법』을 분석적으로 요약한 탁월한 내용을 참조하는 것이 도움이 된다. 『의사소통행위 이론』, 1권, 나남, 2006, 548쪽 이하. 또한 『계몽의 변증법』을 저자 스스로 요약한 책이라고 평가되는 호르크하이머의 다음 책은 많은 참조가 된다. M. Horkheimer, 박구용 옮김, 『도구적 이성 비판』, 문예출판사, 2006.

12) 그런데 아도르노와 호르크하이머의 사상 간에도 미세한 차이가 있다. 이에 대해서는 다음을 참조하시오. 『비판, 규범, 유토피아』, 202쪽 이하.

사하는 형태로만 애당초 자신의 존립을 마련할 수 있다는 것이다.[13] 따라서 이성은 아도르노에게 있어서 비록 궁극적으로는 해방의 힘을 견지할 수는 있지만 시초에는 그리고 지배적으로는 비관적인 내지 염세적인 색조를 띨 수밖에 없다. 이성은 주체의 자유를 보장하는 원천임에도 자연의 강제에 적응하면서 자신을 보존해야만 할 비관적인 숙명을 지닌 채 자신의 활동을 시작하고 전개할 수밖에 없다.

이런 이성의 모습은 그들에게서 어떻게 형상화되는가? 이는 잘 알려진 바와 같이 그들이 계몽의 과정에 대한 비유로서 묘사하는 오디세이 이야기에서 확인할 수 있다.[14] 그들은 정신에 대한 탐구를 고고학적으로 전개하는 이 이야기에서 이성이 형성되는 과정을 주체가 자연에 대한 두려움에 갇혀 이 두려움을 극복해 가는 과정으로 묘사한다. 즉 주체가 두려움을 극복하기 위해 이 두려움을 발산하는 자연이라는 타자를 지배해 가는 과정이 바로 계몽의 과정이라는 것이다.[15] 따라서 이러한 과정을 추동함으로써만 자신을 확인할 수 있는 이성은 결국 자연 지배라는 과정을 통해서야 비로소 이러한 지배의 주체적 존재로서 자신의 모습을 대면해 확인할 수 있다. 그런데 여기서 중요한 것은 이성이 결국 이 과정에서 분열된 모습을 그 내부에 가지게 된다는 것이다. 왜냐하면 이러한 순응과 그 순응을 통한 자연의 대상화는 보존의 대상이 된 주체 자신에게도 분열을 야기하기 때문이다. 이것은 아도르노와 호르크하이머에 의해 제기된 주체의 억압이 초래된 상황에 대한 아주 독창적 설명이다. 즉 주체는 자연에 대한 두려움을 극복하기 위해 자연으로서의 질료를 개념을 통해 동일성의 원리에 따라 종합할 수 있다는 확신을 견지하며 이 확신을 바탕으로 자연적 질료에 개념적 규정을 가하지만 이는 주체 자신이 그의 내적인 자유로운 질료의 생성과 변이로부터도 분리되는 결과를 초래하고 만다는 것

13) 물론 아도르노의 도구적 이성 개념은 단순히 인식론적 차원에서의 목적과 수단 관계로만 설명되지 않는 심리적 내지 정신분석학적 차원을 가지고 있다. 이에 대해서는 다음을 참조하시오. Joel Whitebook, "Weighty Objects: On Adorno's Kant-Freud Interpretation", in *The Cambridge Companion to Adorno*, edited by Tom Huhn, Cambridge, UK, 2004, 51쪽 이하. 그리고 H. Brunkhorst, "Adorno, Freud und die Ordnung der Freiheit", in *Wozu Adorno?*, herg. von G. Kohler und S. Müller-Doohm, Göttingen, 2008, 51쪽 이하.

14) 이 이야기는 호네트에 의하면 아도르노의 비의적 방법 가운데 하나이다.『정의의 타자』, 나남, 2009, 87쪽 이하.

15) 아도르노는 자연을 지배하는 과정과 그 과정에 내포된 방식을 미메시스적 닮기라는 방식을 통해 설명한다. 곧 인간은 자기보존을 위해 자연을 모방한다. 그 모방을 통해 인간은 자연의 법칙을 습득하고 이를 통해 다시금 자연을 지배한다. 이러한 사태로 발생한 상황을 아도르노는 수수께끼적 성격으로 묘사한다. Th. W. Adorno, 홍승용 옮김,『미학 이론』, 문학과 지성사, 2004, 191쪽 이하 참조.

이다. 이는 주체가 계몽의 과정에서 처하게 되는 딜레마이다.

그러나 이성은 위에서도 지적한 바와 같이 단순히 이런 동일성의 측면만을 갖는 것이 아니다. 이성은 실제로는 무엇보다 주체를 자신의 모든 충동과 화해할 수 있는 개별자로 형성하고 또 그를 그의 본연의 모습, 곧 화해된 존재를 욕구하는 자연존재로 바꾸는 생성의 능력이다. 그리고 그것은 주체 스스로가 이와 같이 자신을 자유로운 존재로서 곧 자신의 감각과 화해된 상태를 구현한 존재로서 확신하게끔 한다.[16] 달리 말해 그러한 주체를 실현하는 이성이 바로 자연 자체의 내면적 특질이라는 것이다. 그런데 주체의 형성 과정, 곧 계몽의 과정에서 인간적 이성은 자연을 그 자체로 드러내는 것이 아니라 자기 모순적으로 자연을 지배하려 한다. 왜냐하면 자연은 주체가 형성되는 순간부터 그에 대립해서 그 주체에게 두려움을 산출하는 전적으로 이질적인 타자가 되기 때문이다. 이로 인해 이성은 그 본래적 모습을 감추고 뒤로 물러선다. 따라서 계몽은 아도르노에 따르면 주체가 이와 같이 스스로 확신에 도달하기 위해 추구해야 할 것이면서 또한 어쩔 수 없이 자기모순에 발을 들여 놓게 되는 과정이기도 하다. 이는 불행하게도 주체에게 자유로이 주어지는 그가 선택할 수도 또 선택하지 않을 수도 있는 사건이 아니다. 그것은 주체가 필연적으로 겪을 수밖에 없는 숙명이며 더욱이 괴롭고 고통스러운 그래서 그가 피할 수만 있다면 피하고 싶어 하는 숙명이다.[17] 주체는 피할 수 없는 그래서 반드시 고통을 체험하지 않을 수 없게 된 바로 이러한 상황에서 다시금 해방의 가능성을 모색해야 한다. 아도르노의 변증법은 바로 이런 고통을 근본 경험으로 삼고 그 고통이 전해주는 비진리로부터 해방의 가능성을 길어 올리는 일종의 비진리의 변증법이다. 따라서 계몽의 변증법은 결코 직선적인 진보가 아니다. 인간은 자연과의 화해를 예감하지만 화해를 완전히 그리고 절대적으로 실현할 수는 없는 상태에서 출구가 주어지지 않는 완결되지 않는 또 그럴 수도 없는 과정을 끝없이 밟아 나간다.

우리는 이러한 아도르노의 부정적 사유로부터 변증법의 급진화와 관련한 두 가

16) 감각(Empfindung)은 칸트에게서도 선험적 자아에 대립해 독립적 존재자로 위상을 인정받고 있다. 그의 『판단력 비판』은 앞선 그의 비판서보다 더 분명하게 그가 오성의 동일성 사유를 우선하지 않는 방식으로 이 감각의 권리를 복원시키고 있음을 보여준다. 이에 대한 아도르노의 고찰에 대해서는 다음을 참조하시오. 『부정 변증법』, 211쪽 이하. 또 미학적 관점에서의 감각과 오성의 매개와 관련해서는 다음을 참조하시오. Luc Ferry, 방미경 옮김,『미학적 인간』, 고려원, 1997, 113쪽 이하.

17) 이러한 숙명으로서의 인간의 역사적 조건에 대해서는 다음을 참조하시오. J. M. Bernstein, Negative Dealectics as Fate: Adorno and Hegel, in *The Cambridge Companion to Adorno*, edited by Tom Huhn, Cambridge, UK, 2004, 21~30쪽.

지 함축을 읽어낼 수 있다. 첫 번째 함축은 그의 철학이 철두철미하게 역사철학적 토대 위에 올려 져 구축되어 있다는 것이다. 그의 철학, 곧 자연의 특질로서의 이성에 관한 그의 이론은 인간의 숙명이라는 그의 규정이 함의하는 바와 같이 인간의 역사 전체를 하나의 동근원적인 과정으로 파악하는 역사철학적 통찰에 기초해 있다. 주체인 인간은 그 발생의 기원에서 그리고 자기를 실현해 가는 역사적 전개 과정 전체를 관통해서 타자에 대한 두려움에 사로잡혀 있다. 그는 이러한 숙명을 지배(Herrschaft)라는 수단을 통해 해결하려 하지만 이는 그에게 자연과의 분리로부터 야기되는 고통을 경험할 수밖에 없도록 만든다. 이러한 사태가 계몽을 칸트에게서처럼 그리고 헤겔에게서도 마찬가지로 그러한 것처럼 이론적인 차원에서 긍정성을 띨 수 없게 하고 비관적인 전망을 떨쳐버릴 수 없는 고통스러운 과정이 되게 한다. 이런 점에서 변증법은 아도르노에게서 화해의 밝은 전망을 보증하는 기재가 아니라 현실의 숙명을 일깨우는 그리고 그 숙명을 확고한 보장 없이 넘어서도록 촉구하는 지시자가 된다.

아도르노의 부정적 사유가 지닌 변증법과 관련한 또 다른 함축은 변증법의 전개 과정에서 절대적으로 부정(Negation)이 전면화 된다는 것이다. 왜냐하면 이성의 과정은 그 자체로 이미 자연에 대한 지배이기 때문에 이성이 원래 그것이 추구하는 자연과의 화해는 그 지배를 무너뜨림으로써만 실현할 수 있기 때문이다. 이는 그의 사회비판 이론의 특성을 함축하는 것이다. 곧 지배의 부정은 헤겔에게서처럼 긍정을 향해 가는 과정으로서 요구되는 것이 아니다. 그것은 그것 자체가 아예 진리를 드러내는 그러나 지양될 수 없는 근원적 사건이다. 다시 말해 아도르노에게 있어서 현실은 절대정신의 자기실현 과정이 아니고 또한 그 자기실현의 집적은 더더욱 아니다. 사회적 내지 역사적 현실은 지배를 관철하고자 하는 주체에게 고통을 야기하는 이성의 병리적 상태일 뿐이다. 그런 현실을 긍정한다는 것은 진정한 해방 내지 화해를 추구하는 이성에게는 그것의 완전한 자기 부정이 될 뿐이다.[18] 이성이 지배를 위해 도구적 형태를 취한 상태로 만든 실정적 사태가 현실로 정립된 상황에서 이를 긍정하는 것은 이성이 스스로 병리적 상태에 처해 있음을 고백

---

18) 아도르노의 비동일성 사유에 대해 논쟁적인 논의에 대해서는 쿡(D. Cook)의 다음 글을 참조하시오. 그녀는 비동일성 사유에 있어서 번스타인(J. M. Bernstein)이 강조한 비동일성의 한 측면, 즉 개념의 운동성, 즉 이름 붙이기 차원을 비판하면서 그와 달리 아도르노의 근본 의도가 객관의 우선성을 강조하는 것에 있었음을 밝히고자 한다. D. Cook, "From the Actual to the Possible: Non-identity Thinking", in *Adorno and the Need in Thinking*, edited by D. A. Burke et al., University of Toronto Press, 2007, 163쪽 이하.

하는 것에 다름 아니다. 따라서 이성은 계몽의 과정에서, 곧 그것의 변증법적 과정에서 부정이라는 활동으로부터 벗어날 수 없으며 벗어나서도 안 된다. 아도르노의 표현에 따르면 사유 활동은 결코 현실 곧 실증화된 지배 관계와 소통하지 않아야 하고 해서도 안 된다. 현실과의 소통을 거부하는 사유 활동만이 그 병리적 현실을 해체하고 새로이 구성할 수 있는 추동력을 상실하지 않는다. 이것이 그가 그려내는 급진화된 변증법의 주요한 특징을 보여준다.

이러한 변증법에 대한 아도르노 사유의 함축은 충분히 예견할 수 있는 것처럼 기존의 변증법 자체를 새로운 방식으로 재구성하지 않을 수 없게 한다. 이제 변증법은 역사의 실증성을 긍정하고 그것을 다시금 타자와 화해시켜 새로운 단계로 지양하는 것이 아니라 그 실증성 자체를 고발하는 활동이 되어야 한다. 이것이 이제 새로운 변증법에 따라 이성이 수행해야 할 고유한 과제이다.

Ⅲ. 이성의 계몽의 기획으로서의 부정 변증법

이러한 관점에서 부정의 변증법은 아도르노의 철학의 핵심적 특징을 집약한 명칭이다. 바로 이 변증법을 추동하는 이성의 활동에 입각해 우리는 아도르노의 사유의 진면목을 파악할 수 있다. 그는 위에서도 고찰한 바와 같이 이 이성의 해방하는 전개를 이중적인 관점에서 파악한다. 곧 아도르노는 한편으로 이성이 전개하는 역사에 대해 헤겔과는 달리 비관적인 전망을 투사한다. 그러나 그에 따르면 곧 바로 바로 이 비관적 전망으로부터 이성의 해방적 활동이 추동된다. 우선 이성의 활동의 앞선 측면을 살펴보면 이는 역사가 주체에게 고통을 산출하는 과정으로 나타난다. 왜냐하면 역사는 인간의 동일성 사유의 지배에 복종해 자연을 그것의 본래적 무규정성으로부터 이탈시켜 폭력적인 방식으로 규정적인 틀을 산출하는 과정이기 때문이다.[19] 이와 같이 자연의 조화로운 무규정성으로부터 이탈한 인위적인 규정 속에 놓이게 된 주체는 자연과 화해할 수 없는 상태로 인해 고통스러워할 수밖에 없다. 이것이 자연과 역사의 변증법을 추동하는 이성이 인간에게 대면시키는 비관적인 현실이다.[20]

그런데 이 고통스러운 사태에 있어서 결정적으로 중요한 것은 아도르노가 기존의 변증법의 논증적 이성을 통해서 가치와 의미를 산출하는 긍정적 계기를 마련하

19) 『부정 변증법』, 233쪽 이하 참조.

지 않는다는 것이다. 왜냐하면 고통과 그것의 극복 사이에는 그 어떤 논증적 연관이 마련되지 않기 때문이다. 아니 마련될 수가 없기 때문이다. 왜냐하면 고통은 이성의 수단적 측면에 의해 산출된 것이고 이것은 이성 안에서 지양되는 것이 아니라 이성 안에서 그 이성의 새로운 측면이 작동하도록 신호를 주는 것에 불과하기 때문이다.[21] 이성의 새로운 측면은 아도르노에게 있어서 이 실증적 사태와 그리고 그러한 사태를 초래한 논증적 이성과 단절하는 방식으로 촉발된다. 다시 말해 역사의 전개는 이성적 계기가 드러나고 이를 그것의 부정성 곧 모순으로부터 지양함으로써 새로운 이성적 사태가 실현되고 하는 것이 아니라 아에 그러한 지양이 불가능한 방식으로 이성의 동일화하는 활동과 단절함으로써 현실의 고통을 사유해 낼 수 있을 뿐이다. 따라서 이성의 전개는 그것의 한계를 드러내는 방식으로만 역사에 관여할 수 있다. 이성적 전개는 철저히 자기의 무기력함 즉 논증적 활동의 무기력함을 노정함으로써만 힘겹게 진척될 뿐이다.

아도르노는 이제 그의 사상에서 단지 암시되고만 있던 이 계기를 증폭시켜 이성의 해방적 힘을 주조하는 시도를 감행한다. 이러한 이성의 형상화는 우리를 아도르노의 철학의 핵심으로 들어서게 한다. 곧 아도르노에게 있어서 새로운 변증법을 추동하는 이성의 힘으로서의 미메시스적 충동이 이제 전면에 등장하게 된다. 그렇다면 이 충동의 원천은 어떻게 확인될 수 있는가? 우리는 이것의 존재를 확인하기 위해 여러 가지 방법을 활용할 수 있다. 예를 들면 우리는 사회심리학적 방법을 사용해 이것의 존재를 확인할 수 있다. 또한 이것의 진리가를 확인하기 위해서 아도르노의 사유 방법론인, 인식론에 대한 메타이론으로 시선을 돌릴 수도 있다. 그리고 우리는 아도르노가 이것을 좀 더 구체적인 모습으로 조형한 시도를 추적하기 위해서 그의 미학적 이론을 고찰할 수도 있다. 이 모든 방법들에 부정 변증법은 공통적으로 관여하면서 이성을 형상화하는데 주도적인 역할을 한다. 그렇다면 우리의 관심은 다음으로 향하게 된다. 곧 아도르노의 부정 변증법은 어떤 모습으로 해방적 힘을 추동하는 이성을 형상화내는가?

---

20) 아도르노의 사상이 고통(Leiden)을 중심으로 주조되어 있다는 점에 대해서는 다음을 참조하시오. R. Geuss, "Leiden und Erkennen (bei Adorno)", in *Dialektik der Freiheit*, herg. von A. Honneth, Suhrkamp, Frankfurt a. M., 2005, 41쪽 이하. 그리고 아도르노에게 있어서 고통이 유토피아적 전망 곧 희망과 결합되어 있다는 것에 관해서는 다음을 참조하시오. L. Zuidervaart, "Metaphysics after Auschwitz: Suffering and Hope in Adorno's Negative Dialectics", in *Adorno and the Need in Thinking*, edited by D. A. Burke et al., University of Toronto Press, 2007, 133쪽 이하.

21) 『부정 변증법』, 220쪽 이하 참조.

우리는 이렇게 형상화된 이성을 아도르노의 사유를 관통하는 부정적 방식을 따라 즉 규정하는 것이 아니라 묘사하는 방식으로 파악해야 할 것으로 보인다. 위에서 살펴본 바와 같이 인간이 숙명적으로 이끌려 들어가게 된 계몽의 변증법은 이성의 새로운 차원으로서 부정이라는 활동을 촉발시킨다. 이 부정은 헤겔에게서와 같이 종합을 위한 방편으로서의 부정이 아니라 인간의 역사 그 자체인 계몽을 그것의 실재적 모습 그것 자체로서 드러내는 활동이다.[22] 이때 부정은 계몽의 전면적 대립자로 나타난다. 즉 부정은 계몽이 더 높은 단계로 지양되는 데 관여하는 것이 아니라 애당초 계몽의 발생에서 그 계몽이 저질렀던 오류를 드러내 주는 그 계몽의 완전한 타자인 것이다. 다시 말해 부정은 계몽을 더 높은 단계로 완성시키는 단순한 이성의 한 계기가 아니라 이성의 계몽 과정 자체의 실체적 모습을 비진리로 폭로하는, 이성이 자신을 전면적으로 부인하는 활동이다.[23] 계몽은 그것의 뿌리로 파내려가는 이 같은 부정적 사유 활동을 통해서 애당초 기원에서부터 부여되고 있었던 자신의 본래적 특성을 비록 충분히 온전한 정도로는 자각할 수 없을지라도 순간적으로나마 자각할 수 있게 된다. 이것이 바로 이성의 본래적 활동을 구체적으로 형상화할 수 있는 단초를 제공한다.

동일화의 지배하에 종속된 현실은 이성의 불가피한 병리적 상황에 다름 아니지만 이성은 이와 같이 결코 그 현실에 머물러 있으려 하지 않는다. 왜냐하면 주체가 타자로 전락한 자연에 대한 두려움을 결코 절대적으로 극복한 것이 아니기 때문이다. 아니 영구히 극복할 수가 없기 때문이다. 곧 이성의 지배 전략은 애당초 이성의 자기 모습, 곧 화해된 자연의 특질로서의 모습을 부정하면서 시작되었다. 그런데 자신의 본래적 근원인 자연을 특정한 모습에 가두어 어떤 실정적 상태에 고정시켜 두려는 것은 애당초 불안정한 기획일 수밖에 없다. 왜냐하면 자연은 무규정성을 그 본래적 특질로 가지고 있기 때문이다. 이로부터 이성이 다시금 그 본연의 상태로 되돌아가려는 추동력이 마련되는 것이다. 아도르노는 이 추동력으로부터 이성의 해방적 힘을 읽어내 이성을 새로이 형상화한다. 따라서 이제 이성은 그것의 지

22) 『부정 변증법』, 222쪽 이하 참조. 아도르노와 헤겔의 관계에 대한 일반적인 설명에 대해서는 슈네델바흐(H. Schnädelbach)의 다음 글을 참조하시오. H. Schnädelbach, "Adorno und die Geschichte", in *Wozu Adorno?*, herg. von G. Kohler und S. Müller-Doohm, Göttingen, 2008, 130쪽 이하. 그리고 번슈타인의 다음 글도 둘 사이의 관계를 이해하는데 도움을 준다. J. M. Bernstein, "Negative Dealectics as Fate: Adorno and Hegel", in *The Cambridge Companion to Adorno*, edited by Tom Huhn, Cambridge, UK, 2004, 39쪽 이하 참조.

23) 『부정 변증법』, 215쪽 이하 참조.

배 전략에 반역할 수밖에 없는 주체의 그 본래적 자연에 대한 충동, 곧 미메시스적 충동으로부터 자신의 모습을 드러낸다. 즉 이성은 자신을 자신이 만든 현실의 실증성에 대한 비판 속에서 부정성이라는 활동으로서 드러나게 되는 것이다.

그렇다면 이성에 대해 다음과 같은 정식화가 가능하다. 곧 부정은 이성의 활동, 즉 사유 활동이면서도 단순히 이성의 한 계기적 활동이 아니라는 것이다. 그것은 이성의 실정성을 폭로하는 그래서 이성의 폭력성을 전면적으로 고발하는 이성 전체와 관련하는 전면적 활동이다. 그 활동은 이 활동이 발원했던 이성 그 자체를 상대화하고 이성을 그 자체 모습으로 드러낼 수 있게 하는 철저함과 근원성을 지닌다. 그런데 바로 여기서 해방적 이성의 형상화와 관련한 또 다른 함축이 드러난다. 그것은 이성이 사실 아포리아(Aporia)라는 것이다. 아도르노는 이와 같이 자신이 형상화하는 이성에 이러한 아포리아를 적극적으로 수용한다. 이와 같이 도저히 해소될 수 없는 역설이 그의 이성의 형상화에서는 제일의 원리가 된다. 이는 아도르노가 이성과 관련해 어떤 대안적 길을 모색하고 있는지를 개략적으로나마 드러내 준다. 간략히 말해 이 대안적 길은 관념론적 기획을 비판하면서 그리고 다른 한편으로는 니체를 일정 부분 수용하면서 개척된다. 이와 같이 어느 경계 부분에 아도르노는 자신의 사유를 자리매김 한다. 이러한 한계적 기획은 그의 사유가 모던과 포스트모던의 경계선에 그리고 주체와 탈주체의 경계선에 서 있게 된다는 특징을 잘 설명해 준다.[24)] 여하튼 아도르노는 비이성주의의 특징으로부터 동일성의 이성을 애당초 불가능한 것으로 만드는 계기를 적극적으로 수용한다. 그는 이 불가능한 동일성을 폭로하는 것이 바로 그 동일성으로부터는 포착될 수 없는 아포리아를 채용함으로써만 가능하다는 것을 고수한다. 이것이 바로 아도르노가 이성을 형상화해 낸 모습이 된다.

그렇다면 이제 우리의 관심은 이러한 아도르노의 부정 변증법과 그리고 그로부터 형상화된 아포리아적 이성이 그의 본래적 기획인 사회비판 이론으로서 어떤 모습을 가질 수 있는가에로 모아진다. 이러한 그의 사유는 비판이론과 관련해 새로운 함축을 드러내 줄 것인가? 그는 이 함축을 통해 단순히 동일성에만 입각한 사회이론을 전면적으로 개정하고 그럼에도 사회비판을 구성원 모두가 수용할 수 있는 실천적 기획으로 만들 수 있을 것인가? 그렇다면 이제 이러한 물음들에 답하기 위

24) 이러한 특성에도 불구하고 아도르노가 모던에 더 많이 경도되어있다는 주장에 대해서는 다음을 참조하시오. J. Früchtl, "Der Künstler als Held der Moderne: Sechs Thesen", in *Wozu Adorno?*, hrsg. von G. Kohler und S. Müller-Doohm, Göttingen, 2008.

해 우리는 그가 우리에게 열어주는 비동일성에 입각한 새로운 사회비판의 이론적 함축이 무엇인지를 물어야 한다.

Ⅳ. 부정 변증법의 비판이론적 함의들

만약 아도르노의 비판이론이 이와 같은 부정 변증법이라는 새로운 전망 위에 놓여 진다면 이는 비판이론 자체에 있어서도 새로운 이론적 계기가 주어질 수 있음을 의미한다. 물론 비판 이론 내부에서는 앞에서도 살펴본 바와 같이 아도르노의 사상에 대한 입장이 다소 엇갈리고 있는 상황이다. 곧 벤하빕과 같은 비판이론가들은 아도르노가 충전적인 사회비판 이론을 제시하지 못하고 있다고 보는 반면 호네트와 같은 비판이론가들은 그런 평가를 조심스러워하고 있다. 만약 후자가 아도르노의 사상을 좀 더 올바로 보고 있다면 아도르노가 제시하는 새로운 비판이론의 구체적 형상이 그려질 수 있어야 한다. 물론 이 글은 이러한 가능성을 모색해 보고자 한다. 따라서 다음에서는 아도르노의 평가에 대한 두 전형인 이 두 전망을 각각 살펴보면서 아도르노가 부정적 사유를 통해서 충분히 실행력을 갖춘 비판이론적 함축을 제시하고 있는지 살펴볼 것이다.

벤하빕은 아도르노의 사유에 대한 심도 있는 분석을 제공한다. 그런데 우리는 일단 벤하빕의 주장을 평가하기 전에 그녀가 아도르노의 의식철학적 전제를 비판하고 있는 부분과 관련해 아도르노 자신의 생각을 따라가 볼 필요가 있다. 왜냐하면 이런 사전 고찰은 벤하빕의 주장을 좀 더 분명히 평가할 수 있게 하기 때문이다. 그의 부정적 사유가 의식철학과의 관련을 가지는 부분에 있어서 아도르노 자신은 주체의 생성을 이중성으로 포착한다. 따라서 주체의 생성 문제는 그의 의식철학적 관련을 좀 더 구체적으로 포착할 수 있게 한다. 이 고찰은 다음과 같은 물음으로 발단을 삼을 수 있게 할 것이다. 곧 아도르노를 따라서 만일 주체의 형성이 주체의 지배의 전략의 결과물이라면 주체의 해체는 환영해야 할 일이 아닌가? 이 물음은 아도르노의 사상이 포스트구조주의와 만나는 지점을 표시해 주기도 한다. 그런데 특이하게도 주체의 해체를 지향적 사태로 묘사하는 포스트구조주의와 달리 아도르노는 주체의 구성이 필연적 사태이며 그 해체는 단순한 퇴행일 뿐이라고 주장함으로써 주체를 둘러싼 논의에서 그들과 극적으로 충돌한다. 이런 점에서 아도르노의 주체에 관한 논의는 포스트구조주의에 대한 의식철학적 대응에 관한 새로운 전망을 열어주고 있다고 보여 진다.

이를 좀 더 구체적으로 살펴보자. 아도르노는 위에서 지적한 바와 같이 주체의 생성과 그 해체를 주체의 자연 지배 전략의 관점에서 논의한다. 이 관점은 아도르노가 일관되게 견지해 온 것으로 주체의 생성은 자연 지배와 분리되어 사유될 수 없다. 인간은 자기 보존을 위해 주체로서의 자신의 자아의 생성을 추구할 수밖에 없다. 왜냐하면 단순히 충동에 내맡겨져 있는 상태는 자기 보존을 위한 유리한 상태가 아니기 때문이다. 온갖 충동들이 모호한 방향성을 따라 때때로 서로 상충하면서 행위를 추동하는 상태는 주체가 견뎌내기에 결코 호의적이지 않다. 신화로부터 벗어나 자연 지배를 추구한 인간의 계몽 과정이 이러한 주체의 근원적 상황을 지시하고 있다. 인간은 이제 이러한 신화로부터 해방되어야 한다. 다시 말해 인간은 신화의 모호함과 다의성을 자기보존이라는 관점에 따라 동일성으로 주조해 내야 한다. 그렇지 않다면 자기보존은 달성할 수 없는 가상적 목표로 전락한다. 따라서 주체가 근원적으로 해체된다는 것은 아도르노에게 있어서 긍정할 수 있는 사태가 아니라 인간이 다시금 저주받은 신화적 상태로 퇴락한다는 것을 의미한다.

이와 같이 아도르노에게 있어서 주체의 생성은 그것이 생성 이후에 야기하는 문제에도 불구하고 주체의 불가피한 숙명이다. 그러나 다른 한편으로 자기보존을 최우선적 관점으로 삼아 자연 지배의 전략에 따라 생성된 주체는 이미 그 안에 해체의 성향을 내포할 수밖에 없다. 왜냐하면 자신의 충동을 단지 자기 보존이라는 단일한 관점으로 전유해야만 하는 자기 강제는 그 충동의 자유로운 발현을 본래적으로 추구하는 주체에게는 결코 참아낼 수 있는 사태가 아니기 때문이다. 이러한 역설은 아도르노에게 있어서 해소되지 않는다. 이런 점에서 주체의 해체는 아도르노에게 있어서도 포스트구조주의자들에게서와 마찬가지로 주제화될 수 있다. 그러나 주체의 해체는 그들과 달리 아도르노에게 있어서는 불가피하게 주체의 생성을 전제한다. 생성을 전제하지 않는 해체는 아도르노에게 있어서 의미가 없다. 그런데 아도르노가 포스트구조주의자들과 결정적으로 달라지는 점은 단순히 해체가 생성을 전제한다는 것을 긍정하는 것뿐만이 아니다. 또 다른 차이점은 이 두 사태 모두가 바로 주체라는 지평에서 발생한다는 것이다. 다시 말해 주체의 해체는 주체의 지평에서 시도될 때 해방적 의미를 가진다. 만일 이 지평을 벗어난다면 그것은 그 순간 단순한 퇴행으로 빠져드는 것일 뿐이다.

그런데 벤하빕이 문제 삼는 지점이 바로 아도르노의 이 통찰에 자리해 있다. 왜냐하면 비록 아도르노가 헤겔의 절대정신의 자기실현과 더 나아가 마르크스의 생산력의 발전을 해방의 계기로 보지 않고 이를 자연 지배의 관점에서 해석했다 해도, 그래서 헤겔과 마르크스의 주체 구성을 비판했다고 해도 그는 그들과 여전히 자연과 그에 대응하는 주체라는 패러다임을 공유하고 있기 때문이다.[25] 주체는 타자로서의 자연에 대한 지배를 축으로 생성과 해체를 반복한다. 그런데 아도르노는 이를 동일성의 논리로 추인한다는 것이다. 물론 아도르노의 부정 사유에서 동일성은 비동일성과 긴장 관계를 이루고 있지만 여전히 동일성은 또 다른 진리의 계기로 추인되고 있다. 이로부터 즉 동일성 논리의 담지자로서의 주체의 생성으로부터 벤하빕은 아도르노 사유의 독백론적 성격이 드러날 수밖에 없다는 점을 공격한다.[26]

그러나 우리는 이 비판을 평가하기 위해 아도르노에게 있어서 동일성의 논리가 추인되는 상황을 좀 더 자세히 들여다볼 필요가 있다. 아도르노에게 있어서 동일성이 작동하는 축은 우선 자연에 대한 지배의 확립이다. 동일성의 논리는 그 축을 벗어나 의미를 가질 수 없다. 그런데 여기서 자연에 대한 지배는 불가피하게 외적인 자연 뿐 아니라 내적인 자연 역시 포함하게 된다. 왜냐하면 주체는 자연 지배에 동원되는 개념을 바로 동일성의 논리에 입각해 자기 자신 안에서 산출하기 때문이다. 자연을 지배하기 위해 필요한 개념을 형성하기 위해 질료를 주조하는 동일화의 틀은 주체인 내적 자연에게도 외적 자연에 대해서와 마찬가지로 억압하는 작용을 하게 된다. 자연 지배의 전략은 이렇게 양 방향으로 작용하는 것이다. 곧 자연 지배에 결부된 개념의 형성은 그 형성과 동근원적으로 생성되는 주체에도 그 자신의 충동을 이 개념의 산출에 일치시키도록 하는 강제를 행사할 수밖에 없다는 것이다. 따라서 자기 보존은 본래적 외적 자연과 내면적 자연으로서의 주체의 충동을 동시에 동일성의 강압 아래 종속시킨다. 물론 이는 전자를 위해 후자가 부가적으로 동원되는 양상을 띠며 양자가 강압에 종속되는 방식에 있어서는 상이함을 보인다. 그러나 결과적으로 주체는 이와 같이 자신이 지배하고자 한 기획으로 인해 부자유를 경험한다. 따라서 주체는 결국 자연 지배 자체에 대항하는 지향을 통해서만 자기 자신도 해방시킬 수 있게 된다. 다시 말해 만일 인간이 자연 지배의 추동에서 벗어날 수 있다면 인간은 서로에 대한 지배를 자동적으로 중지하게 된다. 바로 이 지점에서 벤하빕은 아도르노의 통찰에 대한 비판을 제기하고 나선다. 인간이 자연 지배를 위해 사회적 지배를 동원하는 것이 아니라 사회적 지배 그 자체를 추구하는 것이라면 어떻게 되는가? 그리고 그러한 새로운 전망의 투사가 사회적 차원의 논의를 거치지 않고 이루어진다면 그것은 일종의 나르시즘적인 투사가 될

25) 『비판, 규범, 유토피아』, 288쪽 이하 참조.
26) 『비판, 규범, 유토피아』, 286쪽 이하 참조.

위험에 빠지는 것이 아닌가?[27] 이러한 벤하빕의 물음은 충분한 비판력을 갖는다. 벤하빕은 – 그리고 하버마스는 – 동일성을 비동일성과 긴장 관계 속에 두는 것의 불충분함을 지적하고 있는 것이다.

그러나 아도르노는 이 불충분함을 다른 방식으로 보전한다. 이 독해는 아도르노를 벤하빕의 – 그리고 하버마스의 – 비판으로부터 벗어나게 한다. 이 독해를 위해 우리는 포스트구조주의자들이 주도하는 주체의 전면적 해체에 대한 주장을 검토해 볼 필요가 있다. 왜냐하면 이들 역시 벤하빕과 마찬가지로 주체의 문제를 사회적 지배의 관점에서 논구하기 때문이다. 그들은 특히 아도르노의 내면적 자연으로서의 주체의 충동을 해방의 일차적 영역으로 설정한다. 자연 지배는 오히려 사회적 지배의 부산물이거나 아니면 동시에 진행되는 부가적 양상이다. 그리고 이들은 아도르노의 주체의 생성을 불가피한 숙명으로 인정하지 않는다. 주체는 스스로를 구성하는 것이 아니라 사회적 지배를 위해 구성되는 것이다. 따라서 주체의 생성은 자기 보존이라는 관점에서 필연적으로 요구되는 것이 아니다. 주체의 충동은 일단 자기 보존을 위해 전유되는 것이 아니라 애당초 사회적 지배를 위해 동원될 뿐이다. 따라서 주체의 문제에 있어서 자기 보전이란 우회하는 전략은 불필요하다. 그리고 이는 동일성 자체를 완전히 폐기하는 추론으로 이어진다.

이러한 비판이 맞는다면 동일화하는 합리화의 결과물인 자본주의적 현실에 대한 아도르노의 부정적 사유라는 비판은 비판이론적 함축을 가지기도 전에 그 타당성을 주장할 수 없게 된다. 그러나 이러한 비판은 정당한가? 우리는 아도르노의 급진적 변증법이 가질 수 있는 타당성에 관한 논의에 있어서 벤하빕과 같이 그리고 포스트구조주의자들처럼 회의적일 필요는 없을 것으로 보인다. 왜냐하면 아도르노의 주체에 대한 사유는 주체의 생성에 단순히 억압의 기능만을 부여하는 것이 아니며 또한 단순히 나르시스적인 시도도 아니기 때문이다. 우리는 아도르노의 주체의 생성에 대한 사유에서 충분히 긍정적 계기를 읽어낼 수 있다. 호네트는 바로 이 점에 대해서 예비적 논의를 마련해 주고 있는 것처럼 보인다. 호네트는 앞에서 아도르노의 부정적 사유에 대해 일면 부정적인 입장을 견지하면서도 동시에 긍정적인 함축을 추출해 낼 수 있다는 입장을 견지하고 있다는 것을 지적한 바 있다. 이런 이중적인 관점에서 그의 논의는 아도르노의 사상의 단순한 분석을 넘어 그 사상의 현재성을 발굴할 수 있게 해 준다. 그는 최근 아도르노의 사상이 마치 현재성을 상실한 것처럼 보이는 상황에 실제로 적극적으로 대응하고 있다.[28] 그는 현재의

27) 『비판, 규범, 유토피아』, 290쪽 이하 참조.

상황이 아도르노의 부정적 사유를 비판이론으로서의 사명을 다한 것처럼 만들 수는 없다는 입장이다. 그의 논지는 다음과 같은 것이다. 아도르노의 부정적 사유는 논증적 진리를 주장하는 것은 아니지만 그럼에도 특정한 타당성 주장을 주창하고 있으며 이 주장에 대한 증명을 그 나름의 방법 곧 비의적이고 우화적인 방법으로 충족시키고 있다는 것이다.

실제로 이러한 타당성 주장의 증명 요구가 충족된다면 아도르노의 주체의 생성과 동일성의 측면은 벤하빕과 포스트구조주의자들의 비판으로부터 구제될 수 있을지 모른다.[29] 호네트는 아도르노의 사유가 진리요구 곧 그의 이론의 타당성 주장을 관철시킬 수 있다는 점을 그의 사유의 새로운 독해를 통해 보여주고자 한다. 그러한 관철이 가능한 것은 호네트에 따르면 아도르노의 사유가 현실을 새로운 시각에서 볼 수 있도록 동일성에 매몰되지 않는, 새로운 관점을 열어주는 세계 개명적 내지 개창적 차원을 그 중심에 설정하고 있기 때문이다. 이 차원을 열기 위해 아도르노는 규범적 타당성 주장의 폭을 단순히 정의 내지 도덕에 한정짓지 않고 더 넓게 볼 것을 제안하고 있다. 곧 그는 상호성에 한정된 소위 평등주의적 도덕성을 넘어서 윤리 곧 삶의 방식에 근거한 도덕성을 도덕성의 범주에 포함시킨다는 것이다. 그리고 이렇게 확장된 도덕성 속에서 다시금 상호성에 기반한 도덕성을 그 한 계기로 수용해 들인다는 것이다.[30] 이렇게 확대된 도덕성의 시각이 새로운 삶의 방식 속에서 사회적 현실로서 관철될 수 있다면 아도르노의 부정적 사유는 단순히 유약한 도피로 전락하는 것이 아니라 그 비판적 힘 즉 해방의 힘을 여전히 견지할 수 있게 된다. 이 같은 해방적 사회현실을 추동하는 것이 아도르노에게서는 바로 주체의 생성과 결합되어 있다는 것이다.

이러한 독해를 구체화하기 위해 호네트는 병리(Phathologie)라는 용어를 차용한다.[31] 이 용어는 이미 그의 사상 전반에 광범위하게 사용되고 있는 것인데 그는 한

28) 『정의의 타자』, 87쪽 참조.

29) 잘 알려진 바와 같이 아도르노는 단순히 논증적 진리 자체만으로는 가상적일 수밖에 없음을 일관되게 주장하고 있다. 이 점은 그의 여러 저작에서 명확히 언급되어 있다. 그런 언급이 있는 곳들 가운데 한 곳으로 다음을 참조하시오.『미학 이론』, 219쪽 이하.

30) 『정의의 타자』, 98쪽 참조. 호네트는 여기서 사회적 부정의로 통칭되는 상호성에 한정된 도덕성의 위반이외에도 자유주의 사회에서 해악으로 간주될 수 있는 사례들이 있을 수 있음을 강조한다. 그는 특히 상호성을 바탕으로 하는 요구 자체가 잘못된 것으로 간주되는 사태, 곧 우리의 요구나 희망이 실현되는 메커니즘 전체가 잘못된 것으로 규정되는 사태가 얼마든지 있을 수 있음을 강조한다. 이런 그의 주장은 이미 오랫동안 일관되게 주장되어 온 것이다. 이에 대해서는 다음을 참조하시오. 『정의의 타자』, 23쪽 이하.

31) A. Honneth, *Phatologien der Vernunft*, Suhrkamp, Frankfurt a. M., 2009.

사회가 병리적 상태로부터 벗어나기 위해서는 일반적으로 정의 문제와 결부된 도덕성만으로는 부족하다는 입장을 피력한다. 이러한 관점에서 그는 사회의 실정적 상태가 그 구성원들의 자기실현을 가로막고 있음에도 단순히 정의원칙을 위반하고 있지 않다는 사실만으로 그 현실을 추인 받는다면 이는 문제라는 점을 지적한다. 따라서 도덕성은 단순히 형식화된 도덕 원칙으로 제한되어서는 안 된다. 그런데 바로 이러한 제한을 푸는 시도가 아도르노에게서 감행되고 있다는 것이다.

그런데 문제는 이렇게 다소 모호해진 도덕이론과 그 원칙을 어떻게 정당화할 수 있을 것인가이다. 바로 이 문제와 관련해서 주체의 생성과 동일성의 불가피성에 대한 아도르노의 사유가 평가될 수가 있다. 이 문제를 좀 더 구체적으로 살펴보기 위해 우리는 우선 다음과 같은 상황에서 출발해야 할 것으로 보인다. 곧 정의 원칙들은 적어도 상호성을 기반으로 삼을 수 있는 반면 이와 같이 병리적 상태로부터 벗어나는 길을 제시하는 도덕이론들은 좋은 삶에 대한 이상을 내포할 수밖에 없다. 이러한 특정한 삶의 정향을 정당화하는 것은 단순히 논증적인 방식으로는 그 논란을 완전히 해소할 수 없다. 이러한 이유에서 호네트는 아도르노가 논증적 진리로 모든 것을 재단하는 것을 포기하고 세계 개명적 차원을 도덕성의 정당화의 필수적인 계기로 끌어들이고 있다는 것을 지적한다.[32] 사회 구성원들의 좋은 삶에 대한 미래 전망이 엇갈리는 상황에서 논증적 진리만으로 그런 전망들을 평가하는 것은 사회적 논란을 증폭시킬 뿐 결코 그 논란을 해결할 수 없다. 따라서 그런 논증적 진리 차원에 국한되지 않는 좀 더 포괄적인 도덕성 개념이 주어질 수 있다면 상황은 달라진다. 호네트는 바로 이 점에 주목한다. 즉 아도르노의 부정적 사유는 바로 이러한 포괄적인 도덕성 개념을 긍정한다는 점에서 사회비판으로서의 힘을 가질 수 있다는 것이다. 아도르노는 좋은 삶이 아닌 병리적 현실을 구성원들 스스로 목도할 수 있게끔 하는 충격적 자각을 통해 좋은 삶을 개척하는 것을 그의 비판이론의 목표로 삼는다. 그의 급진적 부정의 사유는 바로 이를 통해 병리적 현실을 벗어날 수 있는 가능성을 마련해 줄 수 있다. 이러한 점에서 아도르노의 부정적 사유는 사회비판 이론으로서의 현실성을 주장할 수 있다.

호네트는 병리로부터 벗어나는 사회비판 이론으로서의 아도르노의 사유의 가능성을 입증해 보이기 위해 아도르노 자신이 부정 사유를 현실적으로 적용하기 위해 차용한 사례들을 구체적으로 적시한다. 곧 호네트는 아도르노 스스로 부정 사유가 긍정적인 형식으로 제시될 수 없기 때문에 어쩔 수 없이 사용했던 우화적이

32) 『정의의 타자』, 104쪽 이하 참조.

고 비의적인 표현법이 이 구체적 사례들을 통해 비판이론의 언어에 연계될 수 있음을 보여준다. 아도르노에게 있어서 도덕이론을 실증적이고 긍정적으로 해명하는 것은 그의 사유의 부정적 특성 때문에 불가능한 것이었는데 호네트는 이를 포괄적 도덕이론 내부에서는 실증적 사례가 제시될 수 있음을 보여준다. 물론 그러한 실증성은 단순히 우화적이고 비의적인 수사법 상에서의 실증성일 뿐이다. 그것이 그와 같은 수사법을 벗어나 실증성을 주장하는 순간 그것은 아도르노 사유의 부정성이란 특성에 걸려 그 설명력을 상실하게 된다. 호네트가 이런 사례로서 발굴한 것은 일차적으로는 세 가지이다: 내러티브적 메타포, 교차대구법 그리고 과장이라는 미학적 수단.[33] 물론 이러한 사례들은 호네트가 아도르노의 도덕이론을 정당화하기 위해 발굴해 낸, 세계 개명을 돕는 설명 유형들의 일부이다. 그리고 이 유형들이 아도르노의 이론을 도덕이론 내지 사회비판 이론으로서의 정당화를 완결시켜주지는 않는다. 그러나 이러한 유형들을 통해 우리는 포괄적인 도덕이론의 정당화가 시도될 수 있다는 것을 간접적으로 확인할 수 있다. 이는 큰 소득이 아닐 수 없다. 왜냐하면 논증적 진리 만으로의 길이 막혀있는 상황에서 타당성 주장의 새로운 정당화 가능성이 주어질 수 있는 가능성이 확인될 수 있기 때문이다.

물론 도덕이론의 정당화 문제는 다시금 그러한 유형을 통해 시도된 세계 개명이 구성원들에게 언젠가는 추인될 수 있어야 한다는 단서가 붙는다. 그리고 그러한 추인 역시 부정성을 떨쳐버릴 수 없는 것이기 때문에 실증적인 것으로 내지 긍정적인 것으로 영속적인 상태로 주어질 수는 없다. 그러나 그러한 추인의 전망이 열려있다는 것과 그로 인해 단순히 논증적 차원의 진리 주장만이 가능한 것은 아니라는 것을 확인할 수 있다는 것은 아도르노의 사유를 평가하는 데 있어서 큰 수확이 아닐 수 없다.

V. 나가는 말 – 변증법적 이성의 새로운 가능성 모색

이제 이러한 새로운 가능성이 주어진 상황에서 부정 변증법이 가질 수 있는 비판이론으로서의 역할과 위상을 긍정적 차원에서 규명해 보는 것이 필요하다. 왜냐

33) 이에 대한 구체적 설명은 이 글에서 지면 관계상 생략할 수밖에 없다. 이 내용은 『정의의 타자』, 104쪽 이하에 잘 소개되어 있다. 이 각 각의 사례는 『계몽의 변증법』의 보론의 내용으로부터 호네트가 추출한 것이다.

하면 이것이 아도르노의 사회비판 이론이 사회 구성원들 모두가 공유 가능한 것으로 정당화될 수 있는지 고찰하는 데 중요하기 때문이다. 이러한 긍정적인 차원은 아도르노가 부정적인 사유를 함에도 불구하고 개념적 사유, 곧 변증법의 사유의 핵심인 개념적 사유에 신뢰를 보내고 있다는 점에서도 그 필요성이 확인된다. 아도르노는 헤겔의 개념적 사유가 현실 내지 사태를 온전히 담아내지 못하고 항상 잔여물을 만들 수밖에 없다는 점에 있어서 진리의 가상만을 산출한다고 비판한 바 있다. 그럼에도 아도르노는 변증법의 진리 담지 가능성을 일관되게 신뢰한다. 이는 그가 니체의 이성 비판을 수용하면서도 니체와 달리 변증법을 니체에게서와 같이 단순히 계보학으로 전환하지 않으려는 그의 사유가 가진 관념론적 특성에서 잘 드러난다.

그는 여전히 변증법을 신뢰하고 이로부터 비판적 사유 능력으로서 견지할 수 있는 전망과 그것의 현재성이 있음을 긍정한다. 즉 그는 변증법을 계몽한 상태로 곧 변증법의 동일성 사유를 동일성의 지배에서 풀어내 그것이 단순히 과정적 계기 곧 지양의 대상으로 간주한 비동일성과 마주 세움을 통해 변증법으로부터 진정한 자유의 실현이 가능하게 하는 비판적 힘을 이끌어낼 수가 있다고 주장한다. 그가 그의 사유 전반에 걸쳐, 즉 『계몽의 변증법』으로부터 『부정 변증법』을 거쳐 유고로 출판된 『미학 이론』에 이르기까지 일관되게 견지한 사상이 바로 이것이며 이는 그의 사상을 그 내부에서 추동한 진정한 유토피아적 힘이었다. 그는 변증법이 이러한 이상을 담지하고 있음을 일관되게 긍정하며 다만 이를 실현하기 위해 변증법이 그것의 절대적 토대로서의 동일성을 포기해야만 한다는 것을 주장한다. 그는 이럴 때에만이 진정한 현실이 개창될 수 있다고 믿었다. 그러나 그에게 동일성의 차원이 차지하는 위상과 역할이 여전히 존재하고 있음은 부인할 수 없다. 다시 말해 그는 동일성과 비동일성의 위계적 관계를 비판한 것이지 결코 동일성의 원리를 폐기한 것이 아니라는 말이다.

아도르노가 이와 같이 니체의 동일성 비판을 수용함에도 불구하고 동일성을 그것의 구조적 장치의 핵심으로 설립해 변증법에 대한 신뢰를 포기하지 않은 것은 비판이론에 큰 함축을 마련해 줄 수 있는가? 필자가 보기에 비판이론 진영 내부에서 이 같은 측면을 예리하게 발굴해 낸 이는 멘케인 것으로 보인다. 물론 벨머 역시 이런 분석의 단초를 제시하고 있다.[34] 그런데 멘케는 아도르노가 변증법을 신뢰한 이유를 비판이론의 언어로 잘 번역해 준다. 곧 그는 아도르노가 변증법을 신뢰한 이유를 이 사유에 포함된 동일성이 연대에 포함되어야 하는 타자의 고통에 대한 반응 때문이라고 분석한다.[35] 그에 따르면 아도르노는 모든 이들에게 동등한 고려를 원칙으로 하는 도덕성의 추상적 원리가 비록 현실의 고통을 제거하기 위해서는 불충분하다 할지라도 만약 이 원리에 근간이 되는 평등의 원칙이 부정될 경우 고대의 부정의로 퇴보할 수밖에 없다고 본다. 여기서 고대의 부정의란 타자의 고통에 대해 평등주의적 연대라는 충동이 실현되지 않는 상태를 지시한다.[36] 따라서 도덕성의 원리의 파괴는 아도르노에게서는 결코 사회비판과 관련해 주제가 될 수 없다는 것이다.

이러한 사태로부터 주체의 생성과 관련해 아도르노가 동일성의 원리를 고수하는 이유가 자명해진다. 곧 만일 이와 같이 평등의 원칙이 보존되어야 한다면 그것은 모든 이들에게 식별 가능한 것으로 인식될 수 있어야 함을 요구한다. 그리고 이것은 동일성을 근간으로 할 수밖에 없다. 비록 이 동일성은 항상 비동일성으로부터 자양분을 얻을 수밖에 없고 따라서 잠정적인 것일 수밖에 없다 해도 존립해야 한다. 또한 비동일성 역시 동일성을 타자로 해서만 그것의 인식가능성을 부여받을 수 있다. 즉 비동일성 역시 동일성을 통해 자기 이해에 잠정적이나마, 즉 그 이후 곧바로 해체될 운명에 처한다 할지라도, 다다를 수가 있다는 것이다. 따라서 아도르노는 동일성을 완전히 비동일성으로 해체하지 않는다. 그리고 바로 이런 이유 때문에 그는 그렇게 해체되어야만 한다는 것을 전제로 비동일성 속으로 해체된 동일성의 기능을 추적하는 방법을 사용하지도 않는다. 즉 그는 동일성의 기능이 남겨 놓은 작용상의 흔적을 계보학적으로 추적해 비판하지 않는다. 그는 이러한 시도가 가질 수밖에 없는 함축 곧 동일성을 비동일성의 억압자로만 포착하는 관점을 거부한다. 이는 니체의 기획이다. 아도르노는 이와 달리 동일성과 비동일성의 모순을 끊임없이 그 긴장 속에서 순간적인 화해의 전망을 드러내는 해방의 두 계기로 고수한다. 이로 인해 그는 비판이론의 전통에 머무르면서 동시에 새로운 사회비판적 전망을 열어준다.

물론 이러한 화해의 전망은 아도르노에 있어서 앞서도 언급한 바와 같이 역설을 통해 실현될 수밖에 없다. 왜냐하면 동일성에 입각한 논증적 접근을 통해 비동일

34) A. Wellmer, *Ethik und Dialog*, Suhrkamp, Frankfurt a. M., 1986, 93쪽 이하 참조. 그리고 그의 본격적인 아도르노 연구서인 다음 책을 참조하시오. A. Wellmer, *Zur Dialektik von Moderne und Postmoderne: Vernunftkritik nach Adorno*, Suhrkamp, Frankfurt a. M., 1985, 특히 135쪽 이하 참조.

35) Ch. Menke, "Genealogy and Critique: Two Forms of Ethical Questioning of Morality", in *The Cambridge Companion to Adorno*, edited by Tom Huhn, Cambridge, UK, 2004, 302쪽 이하 참조.

36) 위의 책, 322쪽 참조.

성을 해소시킬 수 있는 것이 아니라 오히려 역으로 비동일성이 항상 타자로서 동일성을 위협하고 상대화시킴으로써 새로운 동일성의 전망을 열어주는 것이기 때문이다.[37] 다시 말해 아도르노에게 있어서 동일성은 그것의 타자를 자기 속으로 동질화시킬 수 있는 힘을 가지고 있지 않다. 그것은 오히려 그것의 타자를 산출하고 역으로 그것으로부터만 그것의 잠정적 위상가치를 인정받을 수 있다. 따라서 동일성은 비동일성에 대한 우위를 주장할 수 없을 뿐더러 그것은 또한 비동일성에 대해 절대적으로 적대적 관계를 형성하지도 않는다. 다시 말해 아도르노가 변증법에 대해 비판하는 점은 동일성이 비동일성에 대해 절대적 우위를 갖는다는 것이지 동일성 자체를 해소시켜야 한다는 것이 아니다.[38] 이러한 관점에서 동일성은 비동일성을 통해 항상 새로이 주조되어야 한다. 이것이 바로 아도르노가 사유하는 역설의 구체적 모습을 이룬다. 곧 양자 사이에 대립이 설정된 경우 동일성은 끊임없이 불충분함을 노정할 수밖에 없다. 왜냐하면 동일성에는 항상 그것에 귀속되지 않는 잔여물이 남을 수밖에 없기 때문이다. 따라서 아도르노는 동일성과 비동일성의 대립을 항상 새로운 차원에서 논증적이지 않은 방식으로 곧 역설적 방식으로 화해시킬 수 있는 변증법, 즉 부정 변증법을 강조한다. 그럼에도 동일성은 제한적이나마 자신의 위상과 역할을 부여받는다.

이제 비판이론과 관련해서 동일성을 한 축으로 설정하는 부정 변증법이 갖는 비판적 함축이 비로소 구체적으로 제시될 수 있다. 그것은 해방적 사회현실이 개창되는 과정에서 타자의 고통에 대한 연대의 충동이 평등을 중심축으로 전개될 수 있어야 한다는 것이다. 곧 동일성은 아도르노에게 있어서 결코 단순히 개별자들의 성공적인 삶에 대해 제약하는 작용만을 하는 것이 아니며 또한 도덕성을 파괴하는 것도 아니다. 그에게 문제가 되는 것은 도덕성을 실질적으로 실현하기 위해서 다만 제약이 되는 기존의 동일성 내지 규정성을 파괴하는 것이다.[39] 그리고 이런 사태는 사회 현실 속에 끊임없이 동일성으로 완전히 환원될 수 없는 긴장을 산출한

37) 『부정 변증법』, 229쪽 이하 참조. 아도르노에게 있어서의 이러한 역설을 기술되지 않고 객관화될 수 없는 '새로움(das Neue)'의 이론으로 해명한 시도가 있다. S. Zirden, *Theorien des Neuen: Konstruktion einer ungeschriebenen Theorie Adornos*, Königshausen & Neumann, Würzburg, 2005.

38) 『부정 변증법』, 222쪽 이하 참조.

39) 아도르노의 부정적 사유에 있어서 도덕성과 윤리의 관계에 대한 포괄적 설명에 대해서는 다음을 참조하시오. G. Schweppenhäuser, "Adorno's Negative Moral Philosophy", in *The Cambridge Companion to Adorno*, edited by Tom Huhn, Cambridge, UK, 2004, 328쪽 이하.

다. 이러한 파괴, 모순 그리고 긴장은 기존 도덕성의 규정으로부터의 끝없는 초월을 의미하게 된다. 그런데 이 초월은 물론 단순히 기존 도덕성의 규정을 보완하고 그것과 조화를 이루는 것이 아니다. 이것은 그 규정을 새롭게 개명된 차원에 완전히 새로운 계기로 자리 매김한다. 따라서 도덕성 자체를 폐기하는 것은 이 초월의 과제에 속하는 것이 아니다. 이 초월은 단지 기존 도덕성의 규정이 초래한 고통과 그것의 원인자인 동일화하는 규정에 대한 전면적 비판을 통한 새로운 규정의 창출을 의미하는 것이다. 이런 점에서 아도르노는 변증법을 절대적 조화를 지향하는 기존의 관념론적 변증법이 아니라 끊임없는 비판에 머무르는 논증적 관점에서 평가할 때 역설이 되는 부정의 변증법을 자신의 비판적 사유의 중심에 올려놓는 것이다. 그러나 이 역설 속에서 논증적 사유는 새로운 도덕성을 창출하는데 관여한다. 우리는 이와 같이 아도르노의 사유에서 도덕성이 수행하는 역할에 주목해야 한다. 이 역할은 위에서 지적한 바와 같이 그것과 연대와의 관계 속에서 드러난다. 아도르노에게 있어서 이제 연대와 도덕성의 부정 변증법을 통한 매개는 동일성 중심의 사유의 폐해가 명확히 드러나는 현실적 지배 구조에 도덕성에 관한 새로운 이론적 전망을 열어 준다. 곧 도덕성은 폐기되는 것이 아니라 이제 적극적으로 연대적 충동에로 개방된다. 이런 개방을 통해서만 도덕성은 그 폐쇄성을 탈피해 새로운 현실의 창출 내지 개창에 기여할 수 있게 된다.

우리는 이런 점에서 아도르노의 부정 사유가 그 비판적 힘을 소진한 것이 아니라는 사실을 조심스럽지만 기대감을 가지고 확인할 수 있다. 그의 사유는 현실이 더욱 더 일면적 동일성의 논리에 지배를 받으면 받을수록 더욱 더 비판적 힘을 그것이 세계를 개창하는 힘이든 그런 과정 속의 논증적 힘이든 그 현실 자체로부터 끌어낼 수 있게 한다. 바로 이 점이 우리가 아도르노의 부정 변증법이 함축한 사회비판의 새로운 이론적 요소로 평가할 수 있는 바일 것이다. 이러한 요소는 새로운 이론 지형 속에서도 비판이론에 고갈되지 않는, 이론 작업에 대한 실천적 추동력을 마련해 줄 것으로 보인다. 아도르노의 사상이 갖는 비판이론적 함축에 대한 논의는 이제 더 큰 공간을 필요로 할 것으로 보인다. 비판이론은 이러한 논의를 통해 아도르노의 사유가 가져다준 함의들을 새로운 자양분으로 삼아 더 큰 해방적 힘을 산출할 수 있을 것으로 기대해 본다.

참고 문헌

일차문헌

Th. W. Adorno, 김유동 옮김, 『계몽의 변증법』, 문학과 지성사, 2001.
Th. W. Adorno, 홍승용 옮김, 『부정 변증법』, 한길사, 2005.
Th. W. Adorno, 홍승용 옮김, 『미학 이론』, 문학과 지성사, 2004.
Th. W. Adorno, 김유동 옮김, 『미니마 모랄리아』, 길, 2009.

이차문헌

Benhabib, S., 정대성 옮김, 『비판, 규범, 유토피아』, 울력. 2008.

Bernstein, J. M., "Negative Dealectics as Fate: Adorno and Hegel", in *The Cambridge Companion to Adorno*, edited by Tom Huhn, Cambridge, UK, 2004.

Brunkhorst, H., Adorno, "Freud und die Ordnung der Freiheit", in *Wozu Adorno?*, herg. von G. Kohler und S. Müller-Doohm, Göttingen, 2008.

Cook, D., "From the Actual to the Possible: Non-identity Thinking", in *Adorno and the Need in Thinking*, edited by D. A. Burke et al., University of Toronto Press, 2007.

Ferry, L., 방미경 옮김, 『미학적 인간』, 고려원, 1997.

Früchtl, J., "Der Künstler als Held der Moderne: Sechs Thesen", in *Wozu Adorno?*, herg. von G. Kohler und S. Müller-Doohm, Göttingen, 2008.

Geuss, R., "Leiden und Erkennen (bei Adorno)", in *Dialektik der Freiheit*, herg. von A. Honneth, Suhrkamp, Frankfurt a. M., 2005.

Habermas, J., "››Ich selber bin ja ein Stück Natur‹‹-Adorno über die Naturverflocktenheit der Vernunft. Überlegungen zum Verhältnis von Freiheit und Unverfügbarkeit", in *Dialektik der Freiheit*, herg. von A.

Honneth, Suhrkamp, Frankfurt a. M., 2005.

Habermas, J., 장춘익 옮김, 『의사소통행위 이론』, 1권, 나남, 2006.

Honneth, A., *Kritik der Macht*, Suhrkamp, Frankfurt a. M.

Honneth, A., "Foucault und Adorno. Zwei Formen zur Peripherie einer Denktradition", in *Die zerrissene Welt des Sozialen*, Suhrkamp, Frankfurt a. M., 1990.

Honneth, A., "Eine Physiognomie der kapitalischen Lebensform. Skizze der Gesellschaftstheorie Adornos", in *Dialektik der Freiheit*, herg. von A. Honneth, Suhrkamp, Frankfurt a. M., 2005.

Honneth, A., *Phatologien der Vernunft*, Suhrkamp, Frankfurt a. M.

Honneth, A., 문성훈 외 3인 옮김, 『정의의 타자』, 나남, 2009.

Jaeggi, R., "»Kein Einzelner vermag etwas dagegen« – Adornos Minima Moralia als Kriktik von Lebensformen", in *Dialektik der Freiheit*, herg. von A. Honneth, Suhrkamp, Frankfurt a. M., 2005.

Menke, Ch., "Genealogy and Critique: Two Forms of Ethical Questioning of Morality", in *The Cambridge Companion to Adorno*, edited by Tom Huhn, Cambridge, UK, 2004.

Schweppenhäuser, G., "Adorno's Negative Moral Philosophy", in *The Cambridge Companion to Adorno*, edited by Tom Huhn, Cambridge, UK, 2004.

Schnädelbach, H., "Adorno und die Geschichte", in *Wozu Adorno?*, herg. von G. Kohler und S. Müller-Doohm, Göttingen, 2008.

Wellmer, A., *Zur Dialektik von Moderne und Postmoderne: Vernunftkritik nach Adorno*, Suhrkamp, Frankfurt a. M., 1985.

Wellmer, A., *Ethik und Dialog*, Suhrkamp, Frankfurt a. M., 1986.

Wellmer, A., "Gibt es eine Wahrheit jenseits der Aussagenwahrheit?", in L. Wingert & K. Günther(hrsg.), *Die Öffentlichkeit der Vernunft und die Vernunft der Öffentlichkeit*, Suhrkamp, Frankfurt a. M., 2001.

Wellmer, A., "Über Negativität und Autonomie der Kunst. Die Aktualität von Adornos Ästhetik und blinde Flecken seiner Musikphilosophie", in *Dialektik der Freiheit*, herg. von A. Honneth, Suhrkamp, Frankfurt a. M., 2005.

Whitebook, J., "Weighty Objects: On Adorno's Kant-Freud Interpretation", in *The Cambridge Companion to Adorno*, edited by Tom Huhn, Cambridge, UK, 2004.

Zirden, S., *Theorien des Neuen: Konstruktion einer ungeschriebenen Theorie Adornos*, Königshausen & Neumann, Würzburg, 2005.

Zuidervaart, L., "Metaphysics after Auschwitz: Suffering and Hope in Adorno's Negative Dialectics", in *Adorno and the Need in Thinking*, edited by D. A. Burke et al., University of Toronto Press, 2007.

Von der Dialektik der Aufklärung zur Aufklärung der Dialektik

–Kritische Implikationen des negativen Gedankens von Th. Adorno

Chung, Hyeon-Chul

Th. Adorno befindet sich in einer eigentümlichen Stelle in der modernen Philosophie. Das heisst, sein Gedanke hängt nicht mur mit dem Rationalismus sondern auch mit dem Irrationalismus zusammen. Er bezieht sich also nicht nur auf Hegel sondern auch auf Nietzsche. Er scheint auch einerseits progressiv und andererseits konservativ im Bezug auf die Kritik der Gesellschaft zu sein. Er behauptet außerdem, dass die Dialektik abgeschaft werden soll, aber er stellt sie selbst in der Mitte seines Gedankens. In diesen Punkten scheint er ein Denker zu sein, der auf der Grenze herumschlendert. Sein negatives Gedanke ist in diesem Zusammenhang eine Zusammenfassung der Eigentümlichkeiten seiner Theorie. Dieser Aufsatz zielt daher darauf ab, sein negatives Gedanke durch die innere Perspektive zu betrachten und zu analysieren. Warum soll er sein Gedanke ausschließlich nur negativ auffassen? Die Betrachtung seines negativen Gekankes kann hoffentlich eine neue Perspektive für die moderne Philosophie eröffnen. Schließlich wird es auch klar, dass er nicht ein Pessimist sondern ein prophetischer Denker für Kritische Theorie ist.

Schlagwörter: Aufklärung, negative Dialektik, Nicht–Identität, Phatologien, Solidarität, Positivität

제4부

철학사적 문제들

아리스토텔레스의 보편자 이론

–『형이상학』 VII권 13장과 『범주론』의 이론과 그 현재성

조 대 호

요약문

『형이상학』 VII권과 『범주론』에서 아리스토텔레스가 보편자에 대해 전개한 이론들 사이에 모순이 없는지에 대해서는 최근의 아리스토텔레스 연구에서 많은 논의가 이루어지고 있다. 그런 논의의 중심에는 언제나 『형이상학』 VII권 13장에서 전개된 "보편자는 실체가 아니다"는 테제가 놓여 있다. 대다수의 연구자들은 이 테제가 『범주론』에서 전개된 보편자에 대한 아리스토텔레스의 생각들과 모순된다고 해석한다. 이 글은 이런 해석들을 비판적으로 검토하면서 『형이상학』 VII권과 『범주론』의 보편자 이론이 하나의 일관된 이론임을 보인다. 그리고 결론에서는 그런 해석을 배경으로 아리스토텔레스의 이론 안에 담긴 현대적인 측면들을 부각시킨다.

● 주요어 : 보편자, 실체, 종, 유, 분류학

1. '보편자' 문제

'보편자'(katholou)는 '전체적으로'(kata ton holon)라는 부사구에서 유래한다. 그 낱말을 철학 용어로 정립한 아리스토텔레스의 정의에 따르면, '본성 상 여럿에 공통적으로 속하는 것'[1]이 '보편자'이다. 아리스토텔레스는 이런 정의를 바탕으로 '사람'이나 '동물'과 같은 종(eidos)이나 유(genos)를 '보편자', 그에 포섭되는 칼리아스나 적토마는 '개별자'(to kath' hekaston)라고 부른다. 아리스토텔레스의 저술을 라틴어로 번역하면서 보에티우스(Boethius)는 'katholou'를 'universalis'로 옮겼고,[2] 이 말에서 'universal'이나 '보편자'라는 번역어가 유래했다.

'보편자'의 말뜻이나 용례는 비교적 단순하지만, 보편자의 지위와 본성을 둘러싼 철학적 논쟁의 역사는 길고도 복잡하다.[3] 그와 관련해서 가장 먼저 떠오르는 것은 물론 중세철학의 보편논쟁이다. 하지만 우리가 잘 알듯이, 중세 보편논쟁의 불씨를 지핀 것은 아리스토텔레스의 『범주론』을 소개한 포르피리오스(Porphyrios)의 『이사고게』(Isagoge)였고, 『범주론』 자체는 플라톤의 이데아론에 대한 아리스토텔레스의 비판적 의도가 담긴 글이다. 그 기원을 따지면, 보편논쟁은 보편적 이데아의 존재와 본성을 다루었던 플라톤 철학으로 거슬러 올라가는 셈이다. 한편, 중세 이후에도 보편자 문제는 형태를 바꿔가면서 서양 철학사에 계속 논쟁거리가 되었다. 근대 철학에서는 보편자 문제가 추상 개념의 본성 문제로 바뀌어 논란거리가 되었고, 논쟁은 지금도 계속되고 있다. 이를테면 콰인(W. V. Quine)은 보편자 문제에 대한 중세철학의 세 가지 입장인 실재론, 개념론, 유명론이 20세기의 수학철학에서 논리주의, 직관주의, 형식주의로 이름을 바꿔 다시 등장한다고 말한다.[4] 생물학이나 과학철학의 고민거리 가운데 하나인, 종의 본성과 지위 문제 또한 보편자 문제의 한 변형태라고 할 수 있다.[5] 이런 전통에 비추어 보면 보편자 문제가 '형이상학적 논쟁의 영원한 초점'이라는 루스(M. Loux)의 발언은 과장이 아니다.[6]

이 글의 목적은 이처럼 다양한 스펙트럼을 가지고 논의되어 온 보편자 문제에

---

1) 『형이상학』(*Met.*) VII 13, 1038b11f.; 『분석론 전서』(*An. pr.*) I 1, 24a18; 『동물부분론』(*De part. an.*) I 4, 644a28f. 플라톤의 대화편에서는 'katholou'라는 낱말이 쓰이지 않는다.

2) W. Kullmann, *Aristoteles und die moderne Wissenschaft*, Stuttgart 1998, 25쪽과 *Historisches Wörterbuch der Philosophie*, Bd. 11, 179쪽을 참고.

3) 자세한 역사적 개관으로는 *Historisches Wörterbuch der Philosophie*, Bd. 1, 164쪽 아래('Allgemeines/Besonderes')를 참고.

4) W. V. Quine, "On What There Is", in: M. Loux (ed.), *Metaphysics. Contemporary Readings*, London–New York 2001, 51쪽 아래.

대해 어떤 확정된 입장을 제시하려는 것이 아니다. 보편자를 둘러싼 논쟁의 여러 갈래를 검토하는 일은 이 논문의 범위를 훨씬 넘어선다. 이 글의 관심사는 아리스토텔레스의 보편자 이론이다. "아리스토텔레스의 철학에서 보편자는 실체인가?"가 우리 논의의 핵심 물음이고, 『형이상학』 VII권 13장이 이 물음을 다루기 위한 중심 텍스트가 될 것이다. 널리 알려져 있듯이 아리스토텔레스는 거기서 보편자의 실체적 지위를 검토하면서, "보편자는 실체가 아니다"는 테제를 내세운다. 그런데 언뜻 보기에 그 뜻이 분명해 보이는 이 테제가 아리스토텔레스의 형이상학은 물론 그의 철학 전체의 전개 과정을 둘러싼 논쟁의 핵심이 되어 왔다. 왜냐하면 "보편자는 실체가 아니다"는 테제가 보편자에 대한 『범주론』의 주장들과 양립 불가능해 보이기 때문이다. 『범주론』에 따르면 '사람'이나 '동물' 같은 종이나 유는 적어도 '둘째 실체'(deutera ousia)의 지위를 갖는데, 『범주론』의 이런 주장과 보편자는 실체가 아니라는 『형이상학』 VII권 13장의 주장은 어떻게 양립할 수 있는가? — 바로 이것이 오랜 논쟁의 핵심이며 이 논문의 기본 물음이기도 하다.

보편자의 실체적 지위를 다루면서 우리는 "보편자는 실체가 아니다"는 테제에 대한 두 가지 영향력 있는 해석을 비판적으로 검토할 것이다. 그 하나는 『형이상학』에서 아리스토텔레스는, 자신이 『범주론』에서 내세웠던 견해를 부정하고 종(eidos)과 유(genos)를 포함하는 모든 보편자에 대해 실체의 지위를 부정한다고 보는 입장이다. 다른 하나는 『형이상학』 VII권 13장에서 실체적 지위를 잃는 '보편자'는 종이 아니라 유적인 보편자라고 보는 해석이다. 이 두 번째 해석의 지지자들은 『범주론』에서 '둘째 실체'라고 일컬어졌던 종은 오히려 『형이상학』에 이르러 '첫째 실체'(prōtē ousia)의 지위를 얻는다고 주장한다. 이 두 가지 해석은 서로 대척점에 놓여 있으면서도 한 가지 생각을 공유한다는 점에서 매우 흥미롭다. 두 해석 모두 아리스토텔레스 철학 안에서 어떤 입장 변화, 특히 종(eidos, species)의 지위와 관련해서 근본적인 입장 변화가 있다고 가정하는 것이다. 따라서 만일 위의 두 해석 가운데 어느 하나라도 옳다면, 보편자의 실체적 지위와 관련해서 우리는 아리스토텔레스의 철학에서 어떤 일관된 태도도 기대할 수 없게 되는 셈이다. 하지만 정말 그럴까? 아리스토텔레스가 『형이상학』 VII권 13장의 테제를 통해 실제

5) 생물학자 마이어(E. Mayr)는 이렇게 말한다: "종은 여러 분야의 생물학자들의 생각 가운데서 서로 다른 역할을 하기 때문에, 종 문제에 대해 어떤 궁극적인 해결을 기대하는 것은 헛된 소원일 것이다." E. Mayr, *Toward a New Philosophy of Biology*, Cambridge/Mass.–London 1988, 313쪽.

6) M. Loux (ed.), 앞의 책, 3쪽.

로 말하려고 하는 바는 무엇이며, 그 테제는 보편자에 대한 『범주론』의 주장과 어떤 관계에 있는가? 그리고 그 두 저술에 담긴 아리스토텔레스의 보편자 이론이 갖는 함축은 무엇인가? 이 논문은 이런 물음들에 대한 대답을 시도할 것이다.

2. 『형이상학』 VII권 13장의 테제 : "보편자는 실체가 아니다".

『형이상학』 VII권 13장은 『형이상학』 VII권의 실체론 전체와 맞물려 있어서, 그 장의 내용을 이해하려면 『형이상학』 VII권 전체의 논의 구도에 대한 얼마간의 이해가 필요하다. 그러므로 여기서는 먼저 『형이상학』 VII권 13장의 첫 발언을 인용한 다음 그 발언과 관련해서 몇 가지 예비 설명을 덧붙이는 것이 좋겠다.[7] 13장은 다음과 같은 말로 시작된다(1038b1-8):

> "우리의 탐색은 실체에 대한 것이니, 다시 그 문제로 되돌아가기로 하자. 기체(hypokeimenon)와 본질(to ti ēn einai)과 그것들의 복합체(to ek toutōn)가 실체라고 불리지만, 보편자(katholou)도 그렇게 불린다. 그런데 둘에 대해서는 이미 말했지만 (본질과 기체에 대해서는 이미 말했는데, 어떤 것이 '밑에 놓여 있다'고 말할 때는 두 가지 뜻이 있다(dichōs hypokeitai). 동물이 상태들 밑에 놓여 있을 때처럼 어떤 것이 '이것'(tode ti)으로서 밑에 있는 경우와 어떤 것이 질료로서 완전한 상태의 밑에 있는 경우이다). 하지만 어떤 사람들의 의견에 따르면 보편자 또한 최고 수준의 원인(aition)이요 보편자는 원리(archē)이다. 그러므로 이것에 대해서도 검토해 보자."

널리 알려져 있듯이 『형이상학』 VII권의 중심 문제는 "실체란 무엇인가?" (1028b4)라는 물음이다. 거기서 아리스토텔레스는 "있는 것은 무엇인가?"라는 물음이 궁극적으로 실체에 대한 물음으로 귀착한다는 점을 분명히 하면서 실체에 대한 탐구를 존재론의 중심으로 삼는다. "실체란 무엇인가?"라는 물음이 『형이상학』 VII권의 탐구를 이끈다는 것은 『범주론』의 내용에 친숙한 사람에게는 이상하게 여겨질 수 있다. 왜냐하면 아리스토텔레스의 초기 저술로 알려진 『범주론』은 이미

7) 『형이상학』 VII권 13장에 대한 자세한 해설은 D.-H. Cho, *Ousia und Eidos in der Metaphysik und Biologie*, Stuttgart 2004, 130 아래를 참고. 조대호, 『아리스토텔레스의 형이상학』, 문예출판사 2004, 208쪽 아래의 내용도 함께 참고.

실체를 하나의 범주(katēgoria)로 소개하면서 그 범주에 속하는 것들, 즉 실체들이 무엇인지를 밝히기 때문이다. 왜 아리스토텔레스는 『범주론』에서 이미 대답된 물음을 『형이상학』 VII권에서 다시 제기하는 것일까? 이런 의문은 많은 아리스토텔레스 연구자들을 혼란에 빠뜨렸고 갖가지 추측을 낳았다. 『형이상학』 VII권을 저술하면서 아리스토텔레스는 자신의 초기 저술인 『범주론』에서 내세웠던 실체론을 부정 혹은 수정한다는 주장이 그 대표적인 사례이다.[8] 하지만 자세히 살펴보면, 『형이상학』의 실체론은 『범주론』에서 도입된 실체론의 심화와 확장이라고 보는 해석이 더 설득력이 있다.[9] 그 내용을 자세히 살펴보는 것은 이 글의 관심 영역에서 벗어나는 일이므로, 우리의 논의 목적과 관련해서 다시 상기해야 할 두 가지 점만을 짚고 넘어가도록 하자.

우리가 잘 알고 있듯이, 『범주론』에 따르면 가장 궁극적인 의미에서 실체라고 불릴 수 있는 것은 '이 사람', '이 말'과 같은 개별적인 감각물이다.[10] 아리스토텔레스는 이런 개별자들이 "hypokeimenon", 즉 "밑에 놓여 있는 것" 또는 "기체"(基體)라는 점을 그 근거로 삼는다. 『범주론』 5, 2a11-14의 잘 알려진 정의를 인용하면, "가장 주요하고 첫째가며 엄밀한 뜻에서 실체라고 불리는 것은 기체에 대해 술어가 되지도 않고 기체 안에 들어 있지도 않은 것, 예컨대 이 사람이나 이 말이다." 아리스토텔레스의 표현 방식에서 쉽게 읽어낼 수 있듯이, 실체에 대한 정의에 나오는 '기체'(hypokeimenon)는 두 가지 뜻을 갖는다. 그것은 한편으로는 어떤 진술의 밑에 놓여 있는 것(주어)을 뜻하고, 다른 한편으로는 어떤 사태의 밑에 놓여 있는 것(주체)을 뜻한다. 요컨대 진술에서 주어 노릇을 하면서 동시에 어떤 상태의 담지자 역할을 하는 것이 실체라는 말이다. 그런 뜻에서 주어이자 주체 구실을 하는

---

8) E. Gilson, *Being and some philosophers*, Toronto 1952, 50쪽; H. J., Krämer, "Das Verhältnis von Platon and Aristoteles in neuer Sicht", *Zeitschrift für philosophische Forschung* 26, 1972, 337쪽; G. E. L. Owen, "The Platonism of Aristotle", *Proceedings of the British Academy* 51, 1965, 137쪽; M. Loux, *Primary OUSIA. An Essay on Aristotle's Metaphyscs Z and H*, Ithaca 1991, 4쪽; W. Viertel, *Der Begriff der Substanz bei Aristoteles*, Königstein/Ts. 1982, 332쪽.

9) W. Jaeger, *Aristoteles. Grundlegung einer Geschichte seiner Entwicklung*, Berlin 1923, 400쪽; J. L. Ackrill, *Aristotle's Categories and De Interpretatione*, Oxford 1963, 81쪽; K. Brinkmann, "The Consistency of Aristotles Thought on Substance", in: William Wians (ed.), *Aristotle's Philosophcal Develpoment. Problems and Prospects*, New York 1996, 289쪽 아래; 조대호, 앞의 책, 89-90쪽을 함께 참고.

10) 『범주론』(*Cat.*)의 실체 개념에 대해서는 조대호, 「아리스토텔레스 실체론의 지형도」, 『화이트헤드연구』, 제14권, 2007, 64쪽 아래를 참고.

개별적인 감각물이 '첫째 실체'이다. 『형이상학』 VII권에서 실체가 무엇인지를 되물으면서도 아리스토텔레스는 다시 『범주론』의 정의를 받아들여 실체를 '기체'라고 부른다.[11] 하지만 "'밑에 놓여 있다'고 말할 때는 두 가지 뜻이 있다"는 말로써 그 자신이 밝히고 있듯이 'hypokeimenon'의 외연이 더 넓어진다. 아리스토텔레스에 따르면, 개별적인 사람이나 말 등의 감각적인 개별자는 이러저런 상태의 밑에 있지만, 감각적인 개별자 자체를 두고 '질료'(hyle)가 그 개별자의 구성원리로서 밑에 놓여 있다. 예를 들면 소크라테스: (피부의) 흰색 = 소크라테스의 질료: 소크라테스라는 비례 관계가 성립한다는 말이다. 이렇듯 『범주론』에서는 단순히 감각적인 개별자를 가리켰던 'hypokeimenon'이 이제 『형이상학』에서는 감각적 개별자뿐만 아니라 그것의 질료, 이를테면 몸과 그 구성요소들을 가리키기에 이른다.

실체 개념을 중심으로 『범주론』과 『형이상학』을 비교할 때 놓쳐서는 안 될 또 한 가지 점이 있다. 『형이상학』에서는 『범주론』에서 전혀 언급되지 않았던 또 다른 실체 개념이 등장해서 이것이 실체에 대한 논의의 중심부를 차지한다는 점이다. 이미 다른 곳에서도 지적했듯이[12], 이 실체 개념은 그리스어 'ousia'의 일상적 쓰임에서 유래한 것이다. 'ousia'의 어원을 따질 때 자주 이야기되는 사실이지만, 앗티카의 문헌에서 'ousia'는 'ta onta'의 동의어로 쓰이면서 '재산'을 뜻한다.[13] 예를 들어 뤼디아의 왕 크로이소스의 이야기를 다룬 헤로도토스의 글(I 92)에는 크로이소스가 아버지의 뜻을 따라 왕위를 계승하면서 정적을 죽이고 그의 'ousia'를 신들에게 바쳤다는 이야기가 있는데, 이때 'ousia'가 가리키는 것은 재산이다. 플라톤도 『국가』에서 과두정체를 수립하려는 사람들을 두고, 소크라테스의 입을 빌어 이렇게 말한다(551B): "'ousia'가 정한 평가액에 미달하는 사람에겐 관직에 관여하지 못하도록 선언한 다음, 이를 무력에 의해 관철하거나, 또는 그러기에 앞서, 공포감을 조성하여 그런 정체를 수립하네." 여기서도 'ousia'가 가리키는 것은 재산이나 부다. 그런데 재산은 그 정의상 언제나 어떤 사람의 재산이다. 어느 누구에게도 속하지 않는 재산은 없다. 그렇기 때문에 '재산'을 뜻하는 'ousia'는 — 명시적으로 소유의 2격을 동반하건 그렇지 않건 — 언제나 특정한 소유 주체를 전제한다. 'ousia'의 이런 일상 용법과 철학적 용법 사이의 거리는 그리 멀지 않다. 있는 것은 모두 저마다 각자의 재산, 즉 ousia를 가지고 있다. 자연물의 경우 각자 타고난 본

---

11) 예컨대 『형이상학』 VII 1, 1028b36ff.; 13, 1038b2를 참고.
12) 조대호, 「아리스토텔레스 본질론의 생물학적 측면」, 『철학연구』, 제56집, 2002, 198쪽을 참고.
13) R. Hirzel, "Ousia", *Phililogus* 72, 1913, 43쪽 아래를 참고.

성(physis)이 바로 그런 뜻의 ousia이다. 이를테면 식물들에게는 생식능력과 영양 섭취 능력이 그들의 재산이고, 동물들에게는 이런 능력들과 더불어 운동 능력이나 감각 능력이 그들의 재산이며, 사람은 — 돈도 땅도 전혀 없는 빈털터리라도 — 동물이나 식물의 능력에 덧붙여 사유 능력, 말하는 능력 등을 재산으로 가지고 있다. 『형이상학』에서 아리스토텔레스는 각자에게 그 자체로서(kath' hauto) 속하는 것을 일컫는 표현으로 'ousia hekastou' 또는 'ousia tou pragmatos'를 도입하는데, 이런 표현들은 모두 그런 뜻에서 특정한 주체에 속하는 '재산'을 가리킨다고 보아도 좋다. 그리고 바로 그런 뜻의 실체가 『형이상학』의 탐구 주제다. 그에 대한 아리스토텔레스의 주장은 이렇다: 자연물의 경우 각자의 'ousia'는 무엇보다도 그의 생명력 또는 영혼(psychē)이다. 다양한 층차를 갖는 영혼의 능력은 동물과 식물을 비롯해서 사람까지, 그것들이 각각 식물, 동물, 사람으로서 있도록 만드는 것, 존재의 원인(aition tou einai)이다.[14] 예컨대 사람은 생식능력부터 시작해서 사유 능력에 이르기까지 여러 영혼 능력을 갖기 때문에 사람이다. 따라서 사람이 '무엇'(ti esti)인지, 어떤 부류의 존재인지를 정의할 때 그런 정의의 일차적인 준거점은 바로 그의 영혼 능력이 된다. 달리 말하자면, 영혼 능력은 정의 속에서 표현되는 그의 종적이고 유적인 존재 전체(to anthrōpōi einai)의 핵심점이다. 『형이상학』 VII권 10장의 한 구절을 인용하면, "동물들의 영혼은 — 이것은 생명이 있는 것의 실체(ousia tou empsychou)이기 때문에 — 정식에 따르는 실체이자 형상이며 이러저런 성질을 가진 육체의 본질이다."(1035b14–16)

위에서 인용한 13장의 첫 구절로 돌아가자. 『형이상학』의 실체론에서는 한편으로는 『범주론』에서 실체를 정의하는 데 쓰였던 'hypokeimenon'의 외연이 확대되고, 다른 한편으로는 『범주론』에서는 거론된 적이 없는 'ousia hekastou' 개념이 등장해서 어떤 것의 본질(to ti ēn einai hekastōi)을 가리킨다는 사실을 염두에 두고 읽으면, 13장 첫머리의 발언은 자연스럽게 이해가 간다. 거기서 아리스토텔레스는 '실체'의 사례로 기체, 본질, 그 둘의 복합체를 드는데, 그 가운데 '본질'은 물론 '각자의 실체'(ousia hekastou)라는 뜻에서의 실체이다. 반면 '기체'와 '복합체'는 각각 i) 어떤 감각적인 개별자의 질료와 ii) 그 질료와 본질이 합쳐져서 이루어진 감각적인 개별자 자체를 가리키는데, 이런 감각적인 개별자나 그것의 질료는 모두 — 비록 그 뜻이 똑같지는 않지만 — '밑에 놓여 있는 것'(hypokeimenon)이다. 그 뜻이 어떻게 다른지는 바로 삽입문(1038b4–6) 안에 분명하게 제시된다: "어떤 것이

---

14) 『형이상학』 V 8, 1027b15; 『영혼론』(*De an.*) II 4, 415b12f.

'밑에 놓여 있다'고 말할 때는 두 가지 뜻이 있다(dichōs hypokeitai). 동물이 상태들 밑에 놓여 있을 때처럼 어떤 것이 '이것'(tode ti)으로서 밑에 있는 경우와 어떤 것이 질료로서 완전한 상태의 밑에 있는 경우이다."

이런 '실체' 개념에 비추어 볼 때 보편자는 실체가 될 수 있을까? 아리스토텔레스는 보편자의 실체성 문제를 다루면서, 문제 제기의 이유로서 보편자를 원인(aitia)이자 원리(arche)로 삼는 '어떤 사람들'(tisin)의 견해를 끌어들인다. 누구나 쉽게 짐작할 수 있듯이 이 '어떤 사람들'은 보편적인 이데아를 감각물들의 존재 원인으로 상정했던 플라톤주의자들일 것이다. 보편자의 실체성을 부정함으로써 보편적 이데아를 실체로 여겼던 플라톤과 플라톤주의자들을 비판하려는 것이 아리스토텔레스의 의도이며, 실제로 13장에서 그가 논증한 "보편자는 실체가 아니다"는 테제는 14장과 15장에서 이데아론을 비판하는 데 전제가 된다. 어쨌건, 보편자의 실체성에 대해 의문을 제기한 뒤 아리스토텔레스가 제시하는 대답은 매우 단호하다(1031b8–15):

> "왜냐하면 보편적으로 일컬어지는 것들 가운데 어떤 것도 실체일 수 없기 때문이다. 그 이유는 첫째로 각자의 실체(ousia hekastou)는 각 대상에 고유하고 다른 것에 속하지 않지만, 보편자는 공통적이기 때문인데, 그 본성 상 여럿에 속하는 것을 일컬어 보편자라고 부른다. 그렇다면 그것은 어떤 것의 실체이겠는가? 모든 것의 실체이거나 아무것의 실체도 아닐 터인데, 모든 것의 실체일 수는 없다. 그리고 그것이 어느 것 하나의 실체라면, 다른 것들도 그것과 똑같을 것인데, 그 까닭은 그것들의 실체가 하나이고 본질도 하나인 것들이 있다면, 그것들 역시 하나일 것이기 때문이다. 또한 기체에 대해 술어가 되지 않는 것(to mē kath' hypokeimenou)이 실체라고 불리지만, 보편자는 항상 어떤 기체에 대한 술어가 된다."

아리스토텔레스는 보편적으로 일컬어지는 것들 가운데 어떤 것도 실체일 수 없다고 단정하면서, 이 주장을 위에서 살펴본 두 가지 실체 개념을 통해 뒷받침한다. 보편자는 '각자의 실체'라는 뜻에서도, '기체'라는 뜻에서도 실체 구실을 할 수 없다는 것이 논변의 핵심이다. 보편자가 기체일 수 없는 이유는 분명하다. 왜냐하면 보편자, 예를 들어 '동물'이나 '식물'은 수많은 동물이나 식물에 대해 공통적인 술어가 될 뿐 궁극적인 주어 노릇을 할 수 없기 때문이다. 그런 종류의 보편자는 언제나 어떤 기체에 대한 술어가 된다. 보편자가 '어떤 것의 실체'일 수 없는 까닭도 앞에서 소개한 'ousia'의 일상적 쓰임을 연상해 보면 분명해진다. 앞에서 언급했듯이, 재산이 언제나 특정한 소유 주체의 재산이고 다른 사람에게는 속하지 않는 것이라면, 그와 마찬가지로 어떤 것의 실체 역시 그에게 고유한 것으로서 다른 것에는 속할 수 없기 때문이다. 이를테면 생명체의 실체(ousia tou empsychou)에 해당하는 영혼을 두고 말하면, 소크라테스의 영혼은 소크라테스에게 고유한 것이지 다른 사람들에게도 함께 속하는 것이 아니다. 그런 뜻에서 실체는 그것이 속하는 것에 고유하다(idia). 하지만 보편자는 '본성 상 여럿에 공통적으로 속하는 것'이기 때문에 어떤 것의 고유한 실체도 될 수 없다. 아리스토텔레스는 이렇게 반문한다: "그렇다면 그것은 어떤 것의 실체이겠는가? 모든 것의 실체이거나 아무것의 실체도 아닐 터인데, 모든 것의 실체일 수는 없다. 그리고 그것이 어느 것 하나의 실체라면, 다른 것들도 그것과 똑같을 것인데, 그 까닭은 그것들의 실체가 하나이고 본질도 하나인 것들이 있다면, 그것들 역시 하나일 것이기 때문이다." 다시 '동물'을 예로 들면, 우리는 수많은 동물들을 두고 그것들이 '동물'이라고 부르는데, 만일 '동물'이라는 보편자가 어떤 동물의 실체라면, 그것은 다른 동물들의 실체이기도 할 것이고, 결국 모든 동물들은 똑같은 실체를 갖게 되어 어떤 개별적 차이성도 가질 수 없게 될 것이다.

보편자가 'ousia hekastou'의 뜻에서도, 'hypokeimenon'의 뜻에서도 실체일 수 없다는 아리스토텔레스의 주장을 앞에 두고 한 가지 고려할 점이 있다. 그것은 바로, 실체의 다양한 의미 구분이 『형이상학』 VII권 13장의 논의의 밑바탕에 깔려 있고, 그런 만큼 보편자가 실체일 수 없다는 테제의 의미 또한 그런 '실체' 개념의 다의성과 연계시켜 이해해야 한다는 점이다. 이는 곧, 만일 보편자가 위에서 제시한 두 가지 뜻과는 다른 어떤 뜻에서 '실체'라고 불릴 수 있다면, 13장의 테제가 그런 뜻에서의 보편자의 실체성까지 부정한다고 보아서는 안 된다는 뜻이 된다.[15] 이런 추론이 갖는 의미는 다음 장에서 자세히 밝혀질 것이다.

다시 본문으로 되돌아가 보자. 아리스토텔레스는 보편자가 실체가 아니라고 주장한 뒤, 보다 약한 가정을 끌어들여 보편자의 실체성 여부를 검토한다. 비록 보편자가 실체, 즉 각자의 실체 또는 본질이라는 뜻에서 실체가 될 수 없다고 하더라도, 그런 실체 안에 속해 있을 수는 없을까? 혹은 아리스토텔레스 자신의 말로 바꾸면 "하지만 (보편자가) 본질과 같은 뜻에서 실체일 수는 없다고 하더라도, 마치 '동물'이 '사람'이나 '말' 안에 있듯이 본질 안에 내재할 수는 있을까?" (1038b16-18). 아리스토텔레스는 이런 가능성을 부정하는 근거로 몇 가지 논증을 제시한다. 이 논증은 모든 점에서 그 뜻이 분명하지는 않지만, 대체로 다음과 같이 풀이할 수 있을 것이다.[16]

(1) 1038b18–19: “그렇다면 분명 그것에 대한 어떤 정식이 있을 것이다.”[17] ‘동물’이 ‘말’(馬)을 정의하는 정식 안에 들어 있듯이, 특정한 대상을 정의하는 정식 안에 있는 보편자가 그 대상의 본질의 일부이고 그런 뜻에서 실체의 지위를 갖는다고 가정해 보자. 이때 그 정의 안에서 언명된 보편자 자체를 정의하는 또 다른 정식이 있을 수 있다. 물론 이 정의 안에 있는 것은 더 높은 수준의 보편자일 것이고, 그렇게 퇴행 과정이 되풀이 될 것이다. 이를테면 ‘말’에 대한 정의 안에는 ‘포유동물’이, ‘포유동물’에 대한 정의 안에는 ‘동물’이, ‘동물’ 에 대한 정의 안에는 ‘생물’이 속해서 이런 여러 수준의 보편자들이 모두 말의 실체의 부분들이 되어야 할 것이다.[18]

(2) 1038b19–23: “하지만 실체 안에 있는 것들 모두에 대해 어떤 정식이 있는 것이 아니라고 해도 상관없다. 그것은, 마치 ‘사람’이 그것이 속한 사람의 실체가 되는 것과 같은 방식으로 어떤 것의 실체일 것이며, 따라서 동일한 결과가 따라 나올 터이니, 그 까닭은 보편자, 예컨대 동물[19]은 어떤 종 안에 그에 고유한 것으로서 속해서 그것의 실체가 될 것이기 때문이다.” 예를 들어 “소크라테스는 사람이다”와 “사람은 동물이다”라는 정식을 비교해 보자. 소크라테스에 대한 술어인 ‘사람’이 소크라테스 ‘안에’ 속해서 그것의 실체가 된다면, 마찬가지로 ‘사람’에 대한 술어인 ‘동물’의 경우도 사정이 똑같을 것이다. 즉 ‘사람’이라는 종(eidos)이 어떤 개인

15) M. V. Wedin도 최근의 연구에서 이 점을 강조한다. 그에 따르면 VII권 13장에서 아리스토텔레스의 관심사는 ‘어떤 것의 실체’라는 뜻에서의 실체이며, 이 장의 목적은 보편자가 그런 뜻에서의 실체가 될 수 없다는 것을 증명하는 데 있다. 이에 대해서는 M. V. Wedin, *Aristotle's Theory of Substance. The Categories and Metaphysics Zeta*, Oxford 2000, p. 8과 353을 참고.

16) 1038b18–34에 대한 해설은 조대호, 앞의 책, 213쪽 아래의 번역과 주석을 수정, 보완한 것이다. 이 부분에 대한 더 자세한 분석은 Wedin, 위의 책, pp. 378-385를 참고.

17) ‘정식’은 ‘logos’를 옮긴 말이다. ‘logos’는 『형이상학』 전체에 걸쳐 ‘정의’(horismos 혹은 horos)라는 뜻으로 쓰이기도 하지만, ‘낱말’, ‘어구’, ‘진술’, ‘논변’, ‘이론’, ‘설명’ 등 다양한 수준의 언어적 구조물은 물론 수적인 ‘비율’을 가리키기도 한다. ‘logos’의 이 모든 뜻을 포괄할 수 있는 우리말은 없지만, ‘정식’(定式 formular)이 가장 적절한 것 같다. ‘정식’이란 어떤 사물이 지닌 질적이거나 양적인 성질에 대한 언어적 정식과 수적인 정식을 함께 포괄한다는 점에서 유용한 표현이다. 예컨대 ‘두 발 가진 동물’은 사람에 대한 언어적 정식(VII 12, 1037b11–13)이고, ‘2 : 1’은 옥타브에 대한 수적인 정식(V 2, 1013a27–8)이다.

18) W. D. Ross, *Aristotle's Metaphysics*, a revised text with introd. and comm. II, Oxford ^{2}1953, 210쪽과 Frede–Patzig, *Aristoteles 'Metaphysik Z'* Bd. 2, München 1988, 254쪽을 참고.

19) 1038b19에 대해서는 논란이 많다. Jaeger는 ‘hoion to zōion’을 삭제했지만, 여기서는 전승된 텍스트와 Ross를 따라 읽었다.

'안에' 속해서 그의 실체가 된다면, '동물'이라는 유(genos) 역시 사람이라는 종 '안에' 속해서 그것의 실체가 되어야 하는데, 이는 불가능한 일이다. '동물'은 사람뿐만 아니라 말이나 소를 비롯한 다른 동물 종에 대해서도 술어가 되기 때문이다.

(3) 1038b23-29: "더욱이 '이것'(tode)이자 실체가 어떤 것들로 이루어진다고 할 때, 이 어떤 것들이 실체나 '이것'이 아니고 어떤 성질이 되는 것은 불가능하고 불합리한 일이니, 그 까닭은 그럴 경우 실체가 아닌 성질이 실체, 즉 '이것'에 앞설 것이기 때문이다. 이것은 불가능한 일이니, 속성들은 정식에서도 시간에서도 생성에서도 실체를 앞서지 않기 때문인데, 그것들은 분리 가능하지 않다는 이유에서 그렇다." 예를 들어 '말', '사람', '동물' 등의 보편자를 예로 들어보자. 이런 보편자들은 '이것'으로 지칭할 수 있는 어떤 개별자가 아니라 일군의 개별자들에 공통적으로 속하는 일정한 성질(poion ti)을 가리킨다.[20] 혹은 『형이상학』 III 6, 1003a8-9의 표현을 빌면 그런 보편자들이 가리키는 것은 '이것'이 아니라 '이러저러한 것'(toionde)이다. 그런데 이런 보편자 혹은 보편자가 가리키는 보편적인 속성들(pathē)이 '이것'이라고 지시 가능한 실체에 앞서 그것의 구성 원리가 되는 것은 불가능한 일이다. 왜냐하면 그것들은 따로 떨어져 있을 수는 없고 오직 '이것'인 실체의 속성으로서 실체에 의존하기 때문이다.[21] 그렇게 의존적인 것들은 자신들에 선행하는 개별적인 실체의 실체나 실체의 구성 원리가 될 수 없다.

(4) 1038b29-30: "더욱이 보편자는 실체인 소크라테스 안에 실체로서 내재할 것이고, 그 결과 그것은 둘의 실체가 될 것이다."[22] 두 가지 정식 "사람은 정치적인 동물이다"와 "소크라테스는 지혜로운 동물이다"를 예로 들어보자. '동물'이라는 보편자는 사람에 대한 정식에도 들어 있고 소크라테스에 대한 정식 안에도 들어 있다. 따라서 '동물'이나 그와 같은 수준의 유적인 보편자가 실체라면, 그것은 종의 실체이면서 동시에 개별자의 실체가 될 텐데, 이는 불가능하다.[23]

(5) 1038b30-34: "만일 사람이나 그와 같은 방식으로 일컬어지는 것들이 실체라면, 일반적으로 다음과 같은 결론이 따라 나온다. (그것들에 대한) 정식에 속하는 것들 가운데 어떤 것도 실체가 아니고, 또한 그 어떤 것도 그것들과 분리되어 있지 않고, 다른 어떤 것 안에 있지도 않다. 내 말의 뜻은, 동물은 특정한 종들과 떨어

20) 『범주론』 5, 3b13-21.
21) 『범주론』 5, 2b5-6.
22) Ross를 따라 읽었다.
23) 이 구절의 의미는 매우 불분명하다. 여기서는 Frede-Patzig, 앞의 책 II, 258쪽의 해석을 따랐다. 『범주론』 3, 1b10ff.를 함께 참고.

져서 있을 수 없고, 정식들 안에 있는 다른 어떤 것도 그럴 수 없다는 말이다." '사람이나 그와 같은 방식으로 일컬어지는 것들', 즉 '사람'이나 '말' 등이 실체라고 가정해 보자. 그런 동물 종에 대한 정식 안에는 물론 유, 예컨대 '동물'이 포함되지만, 이런 유적인 보편자는 결코 실체가 될 수도 없고, 실체 '안에' 속할 수도 없다. 유가 실체가 될 수 없는 이유는, 그것은 언제나 하위의 종들로 분할 가능한 것으로서 그 자체로 완결된 자립체일 수 없기 때문이고,[24] 실체 '안에' 있을 수 없는 이유는 유는 여러 종에 공통된 것이어서 특정한 종에 배타적으로 속할 수 없기 때문이다.

1038b16–34의 논변 내용은 다소 모호한 점도 있지만, 그 대의는 분명하다. 아리스토텔레스가 그 논변을 통해 증명하려는 것은, 보편자는 어떤 대상에 대한 정식 안에 속할 수 있지만 그 대상의 고유한 실체나 그 대상의 내적인 구성 원리는 될 수 없다는 사실이다. 보편자의 지위에 대한 아리스토텔레스의 이런 태도는 – 비록 표현하는 용어는 달라도 – 종과 유에 대한 『범주론』의 입장과 크게 다르지 않다. 『범주론』 5, 3a7ff.에 따르면, '기체 안에 들어 있지 않음'(to mē en hypokeimenōi einai)은 첫째 실체와 둘째 실체를 막론하고 모든 실체의 공통적 특징이다. 예컨대 '사람'은 이 사람, 저 사람에 대해 술어가 되지만, 어느 한 사람 '안에'(en) 들어 있지는 않다. '동물' 역시 사람을 비롯한 여러 종의 동물들에 대해 술어가 되지만, 그렇다고 해서 어느 한 종의 동물 '안에' 들어 있지는 않다. 다시 말해서 보편자는 — 종이건 유이건 — 어떤 개별자 안에 속해서 그것의 고유한 실체가 되지도 않고, 그 개별자의 내적인 구성 원인도 되지 않으며, 그저 어떤 개별자가 가지고 있는 이러저런 일반적인 성질, 종적인 본성이나 유적인 본성을 가리킬 뿐이다.[25] 1038b35–a2의 결론도 같은 생각을 담고 있다: "이런 점들을 통해 살펴보면, 보편적으로 속하는 것들 가운데 어떤 것도 실체가 아니라는 사실과 공통적으로 술어가 되는 것들 가운데 어떤 것도 '이것'(tode)이 아니라 '이러저러한 것'(toionde)을 가리킨다는 사실이 분명하다."

---

24) 『형이상학』 VII 12, 1038a5를 참고. 동일한 생각이 VII 10, 1035b27–30에서는 다음과 같이 천명된다: "하지만 사람이나 말을 비롯해서 그와 같은 방식으로 개별자들에 적용되는 것들(ta epi tōn kath' hekasta), 즉 보편적인 것들은 실체가 아니라, 보편적인 관점에서 취한 개별적인 정식과 개별적인 질료로 이루어진 일종의 복합체이다."

25) 『범주론』 5, 3b19–21.

3. '실체'의 다의성과 보편자의 실체적 지위

지금까지 우리가 확인한 아리스토텔레스의 논변에 따르면, 보편자는 여럿에 대해 공통적인 술어일 뿐, 어떤 것 안에 속해서 그것의 내적인 원리(archē)도 원인(aition)도 되지 못한다. 보편자에 대한 이런 주장은, 우리가 살펴보았듯이, 『형이상학』 VII권 13장에 앞서서 이미 『범주론』에서도 전개되었던 주장이다. 물론 보편자에 대한 『형이상학』과 『범주론』의 생각이 모든 점에서 똑같지는 않다. 보편자의 실체성에 관한 한, 『형이상학』과 『범주론』은 서로 상충하는 것처럼 보이는데, 그 까닭은 『범주론』은 적어도 종이나 유 같은 보편자들에게 '둘째 실체'의 지위를 부여하는 데 반해, 『형이상학』은 보편자의 실체성을 완강히 부정하기 때문이다. 이런 두 가지 상반되어 보이는 주장을 우리는 어떻게 받아들여야 할까? 이에 대한 프레데(M. Frede)와 팟찌히(G. Patzig)의 대답을 들어보자[26]:

> "아리스토텔레스는 여기서(=『형이상학』 VII 13에서), 어떤 보편자도 실체일 수 없다는 사실을 보이려고 한다. 이를 통해 그는 우리에게 친숙한, 플라톤주의의 형상들을 거부할 뿐만 아니라 암묵적으로는 범주론에 있는 자신의 앞선 이론, 곧 종들과 유들은 적어도 둘째 실체들이라는 이론을 거부한다."

프레데와 팟찌히의 해석에 따르면, "보편자는 실체가 아니다"는 『형이상학』 VII권 13장의 테제는 보편적 종차, 종, 유를 포함해서 모든 종류의 보편자를 겨냥하면서 그런 다양한 보편자들에게 어떤 형태의 실체성도 인정하지 않으려는 의도로 제출된 것이다. 따라서 그 테제는 보편적인 이데아를 참된 의미에서 있는 것, 즉 실체로 내세운 플라톤주의자들의 이데아론에 대해서뿐만 아니라 아리스토텔레스 자신이 『범주론』에서 내세웠던 실체론에 대해서도 비판적인 입장을 담고 있다. 프레데와 팟찌히의 말을 다시 인용하자면, "『형이상학』 7권 13장은 아리스토텔레스가 『형이상학』에서마저도 종과 유의 실재성을 고수했다고 보는, 『형이상학』에 대한 전통적 해석에 대립된다." 이런 발언을 통해 프레데와 팟찌히는 우리가 다음 장에서 살펴볼 또 다른 해석, "보편자는 실체가 아니다"는 테제가 겨냥하고 있는 것이 종적인 보편자가 아니라 유적인 보편자라는 해석에 대해 분명한 거리를 취한다.

우리는 프레데와 팟찌히의 해석에 어느 정도의 설득력을 인정할 수 있을까? 겉

26) Frede-Patzig, 앞의 책 II, 214쪽과 Cho, 앞의 책, 125쪽을 참고.

으로 보면 그들의 해석은 문제가 되는 테제에 충실한 것처럼 보여도 한 가지 의문을 남긴다. 그들이 주장하듯이 그 테제가 모든 종류의 보편자에 해당하는 것인지는 부차적인 문제이므로, 일단 제쳐두자. 지금으로서는 그저 프레데와 팟찌히의 견해를 따라, 그 테제가 종을 포함한 모든 보편자의 존재론적인 지위를 겨냥한 것이라고 가정해도 좋다. 지금 문맥에서 중요한 것은 이런 물음이다: "보편자는 실체가 아니다"라고 주장할 때 그 주장에서 아리스토텔레스가 '실체'로써 가리키는 것은 무엇인가? 아리스토텔레스는 13장에서 보편자는 기체도 아니고 어떤 것의 실체도 아니기 때문에 실체일 수 없다고 말하는데, 그와는 다른 뜻에서 보편자가 실체일 수 있는 가능성은 열려 있지 않은가?

『범주론』에서 종과 유와 같은 보편자가 '실체'라고 불릴 때 그 뜻이 무엇인지를 다시 한번 따져보자. '가장 중요하고 첫째가며 엄밀한 뜻의 실체'는 어떤 진술의 밑에 놓여서 주어 구실을 하면서 동시에 어떤 속성의 밑에 놓여서 그것의 기체가 된다는 『범주론』의 주장은 앞에서 이미 소개한 바 있다. 『범주론』에서는 이런 실체의 사례로 개별적인 사람, 말, 소, 나무 등을 나열하지만, 사실 아리스토텔레스의 다른 저술들을 함께 고려하면, 그런 실체의 목록은 더 늘어난다: (i) 땅 위에 사는 동, 식물들, (ii) 해, 달, 별들 같은 천체들, (iii) 운동하지 않는 신적인 실체가 그런 실체들이다. 한편, 『범주론』에서 아리스토텔레스는 이런 개별적 실체들 이외에도 종과 유를 실체의 범주에 포함시키는데, 이들은 개별자들처럼 기체가 되지 못하고 그런 개별적인 실체들에 대해 술어가 될 뿐이지만 두 가지 이유에서 실체의 범주에 속한다.[27] 그 첫째 이유는, 종과 유는 특정한 개별자에 대한 술어로서 그 개별자가 '무엇'(ti esti)인지를 가리킨다는 데 있다. "소크라테스는 무엇인가?"라는 질문에 대해 우리는 "소크라테스는 지혜롭다"거나 "소크라테스는 80kg이다"라고 대답하지 않는다. 그 질문에 맞게 대답하려면 "소크라테스는 사람이다"라거나 "소크라테스는 생명체다"고 대답해야 한다. 그리고 이런 형태의 진술 안에 나오는 '사람'이나 '생명체'는 '무엇'을 가리키는 술어로서, 다른 술어들과 지위가 다른데, 바로 이런 이유를 들어 아리스토텔레스는 그것들을 '둘째 실체'(deutera ousia)라고 부른다. 다른 종류의 술어들과 달리 종이나 유가 '둘째 실체'라고 불릴 수 있는 두 번째 이유는 주어 구실을 하는 개체에 대해 그것이 갖는 특별한 의미론적 관계 때문이다. "소크라테스는 지혜롭다"와 "소크라테스는 사람이다"를 다시 예로 들어보자. '지혜롭다'와 '사람'은 둘 다 소크라테스에 대해 술어가 되지만, 그것들이 소

27) 조대호, 「아리스토텔레스 실체론의 지형도」, 67쪽을 참고.

크라테스에 대해 갖는 관계는 서로 다르다. '지혜롭다'는 소크라테스에 대해 술어가 되지만, '지혜롭다'에 대한 정의 "지혜롭다는 것은 이러저런 성질이다"는 소크라테스에게 술어가 되지 않는다. 누구도 "소크라테스는 이러저런 성질이다"고 말하지 않는다. 하지만 '사람'의 경우는 그와 달라서, '사람'이라는 이름(onoma)뿐만 아니라 그것에 대한 정의(horismos, logos), 예컨대 '이성적인 동물'까지도 소크라테스에 대한 술어가 된다. 왜냐하면 우리는 "소크라테스는 사람이다"고 말하기도 하고, "소크라테스는 이성적인 동물이다"고 말하기도 하기 때문이다. 그런 맥락에서 술어이면서도 다른 술어와 달리 특별한 역할을 하는 종과 유는 둘째 실체의 지위를 얻는다.

종과 유의 실체성에 대한 아리스토텔레스의 이런 생각을 『범주론』에 국한된 것으로 여기려는 사람도 있을 수 있겠지만, 이런 관점은 쉽게 반박될 수 있다. 예컨대 '실체'에 대한 탐구의 첫 장을 여는 『형이상학』 VII권 1장의 한 구절을 읽어보자 (1028a10ff.):

> "(...) '있는 것'은 여러 가지 뜻으로 쓰인다. 왜냐하면 그것은 어떤 때는 '무엇'(ti esti)과 '이것'(tode ti)을 가리키고, 어떤 때는 성질, 양 또는 그와 같은 방식으로 술어가 되는 것들(katēgoroumena) 가운데 어느 하나를 가리키기 때문이다. '있는 것'은 이처럼 여러 가지 뜻으로 쓰이지만, 분명히 그 가운데 첫째로 있는 것(prōton on)은 실체를 가리키는 '무엇'인 반면 (그 이유는 이것이 어떤 성질의 것인지를 말할 때 우리는 '좋다'거나 '나쁘다'고 말하지, '(크기가) 세 완척이다'거나 '사람이다'고 말하지 않고, 반면 그것이 '무엇'인지 말할 때는 '하얗다'거나 '뜨겁다'거나 '(크기가) 세 완척이다'라고 말하는 대신 '사람이다', '신이다'라고 말하기 때문이다.) 다른 것들은 모두 그렇게 있는 것에 속하는 양이라거나 성질이라거나 상태라거나 그런 유의 다른 어떤 것이라는 이유에서 '있는 것'이라고 불린다."

여기서 아리스토텔레스는 있는 것(to on)을 여러 범주로 분류하면서, 실체 범주에 포함되는 것으로서 '무엇'과 '이것'을 든다. 이때 '이것'이 가리키는 것은 말할 것도 없이 이 사람이나 이 말처럼 지시 가능한 개별적인 실체다. 반면 '무엇'은 예로 든 '사람'이나 '신'이 보여주듯이, 개별자가 '무엇'인지를 제시하는 보편적인 종이나 유를 가리킨다.[28] 간단히 말해서 『범주론』에서뿐만 아니라 『형이상학』 VII권에서도 종과 유는 ㅡ 개별자와 더불어 ㅡ '첫째로 있는 것', 즉 실체에 해당한다. 비록 그 용어의 쓰임이 달라진다고 해도, 첫째 실체와 둘째 실체의 구분이 『범주론』

뿐만 아니라 『형이상학』에서도 타당성을 갖는다는 데는 의심의 여지가 없다.

종이나 유를 실체로 여기는 것이 아리스토텔레스 철학 전체의 일관된 입장임을 보여주는 예는 더 있다. 예컨대 『동물부분론』 I권으로 눈을 돌려보자. 생물학적 탐구의 방법론을 모색하는 이 글에서 아리스토텔레스는 생물 종 하나하나를 개별적으로 연구할 것인지 아니면 비슷한 것들을 함께 묶어 그것들에 공통된 특징들을 중심으로 생물학 연구를 진행할 것인지를 물으면서 이렇게 덧붙인다(I 1, 639a15ff.): "내 말의 뜻은, 각각의 실체(ousia)를 하나씩 취해서 따로 그것의 본성을 규정해야 하는가, 이를테면 사람, 사자, 소 또는 다른 어떤 것 본성을 개별적으로(kath' hekaston) 탐구해야 하는가, 아니면 그것들 모두에 공통적으로 속하는 것을 정해 두고 그 공통된 것을 따라 탐구를 수행해야 할 것인가이다." 이 발언에서 유는 언급되지 않는다. 하지만 개별적인 종, 이를테면 사람, 사자, 소 등은 분명하게 '실체'라고 불린다. 보편자가 실체라는 생각이 아리스토텔레스 초기의 실체론일 뿐이라는 주장은 이 구절에 비추어 보면 근거 없는 것으로 드러난다.

종과 유에 해당하는 보편자가 『범주론』에서 어떤 뜻에서 실체라고 불리는지, 그리고 보편자의 실체적 지위에 대한 아리스토텔레스의 생각이 얼마나 그의 철학에 일관된 것인지를 확인하고 나면, 우리는 『형이상학』 VII권 13장에서 주장된 테제의 내용이나 그에 대한 프레데와 팟찌히 해석의 정당성에 대해서도 더욱 더 분명한 입장을 취할 수 있다: 그 곳에서 아리스토텔레스는 보편자의 실체성을 부정하면서, 보편자는 기체라는 뜻에서도, 어떤 것의 본질이라는 뜻에서도 실체일 수 없다고 말한다. 따라서 만일 아리스토텔레스의 저술 안에서 '실체' 개념이 오직 이 두 가지 뜻으로만 쓰인다면, 기체도 아니고 어떤 것의 실체도 아닌 보편자는 어떤 뜻에서도 실체일 수 없을 것이다. 하지만 실제로 종이나 유는 그 둘과 다른 뜻에서 '실체'라고 불릴 수 있다. 이는 아리스토텔레스의 초기 저술에 속하는 『범주론』에서뿐만 아니라 『형이상학』의 VII권과 VIII권에서도 아리스토텔레스가 견지하고 있는 생각이다. 그리고 "보편자는 실체가 아니다"는 테제가, 종과 유 등의 보편자가 갖는 그런 다른 뜻의 실체성까지 부정한다는 해석을 지지하는 구절은 『형이상

28) 『범주론』과 『형이상학』의 '실체' 개념이 다르다고 보는 Frede와 Patzig는 'ti esti kai tode ti'에서 'ti esti'가 보편자를 가리키는 것이 아니라 개별자의 보편적 측면을 가리키는 것이고, 이 사실은 'ti esti' 뒤에 '설명을 위한 첨가어'(epexegetischer Zusatz)로서 'kai tode ti'가 붙은 데서 알 수 있다고 말한다(Frede-Patzig, 앞의 책 II, 14쪽) J. Owens(*The Doctrine of Being in the Aristotelian Metaphysics*, Toronto [3]1978, 317쪽)도 비슷한 입장을 취한다. 하지만 아리스토텔레스의 저술에서 'ti esti'는 언제나 보편자를 가리키는 표현으로 쓰인다. 『분석론 후서』 I 14, 79a28과 II 3, 90b4를 참고.

학』 VII권 13장 어디에도 없다. 이렇게 보면 그 테제를 보편자에 대해 모든 종류의 실체성을 부정하려는 의도에서 제출된 것으로 보는 해석은 실체의 다의성을 세심하게 고려하지 않은 데서 비롯된 오해로 드러난다. 『형이상학』 VII권 13장의 테제는 종과 유가 갖는 '둘째 실체'로서의 지위에 대한 부정이 아니며, 따라서 보편자가 실체라는 『범주론』의 주장과 아무 모순 없이 양립할 수 있다.

4. 보편자: 종과 유

이제까지 우리는 "보편자는 실체가 아니다"는 테제를 다루면서 주로 '실체' 개념의 다의성에 주목했지만, 사실 그 테제의 뜻을 충분히 이해하려면, '실체'의 의미뿐만 아니라 '보편자'의 의미도 함께 분명히 해야 한다. 왜냐하면 지금까지 우리는 종과 유를 똑같이 보편자로 여긴 채 논의를 진행해 왔지만, 그와 달리 많은 아리스토텔레스 연구자들은 종과 유의 구분을 전제로 위의 테제를 받아들이기 때문이다. 그런 해석에 따르면, 그 테제에서 언급된 보편자에 종은 속하지 않으며, 따라서 그 테제를 들어 아리스토텔레스가 부정하려는 것은 유의 실체성이지 종의 실체성이 아니다. 이런 방향의 해석은 지금까지 여러 가지 형태로 변신을 거듭하면서 주장되어 왔지만, 하르트만(N. Hartmann)이나 크래머(H.-J. Krēmer)는 그런 해석의 원형적 형태를 보여준다. 하르트만은 '보편자의 비자립성'(Unselbständgkeit des Allgemeinen)에 대한 아리스토텔레스의 이론에 대해 다음과 같이 말한다[29]:

> "이 이론은 말할 것도 없이 깊은 근거를 갖고 있는데, 그 까닭은 보편자를 존재론적으로 자립적인 것으로 만드는 것은 위험하기 때문이다. 그러나 아리스토텔레스가 의도했던 것은 그것만이 아니다. 그는 보편자의 원리적 성격도 거부하려고 했다. 그의 개념어를 써서 말하면, 그것은 실체(ousia)의 성격을 갖지 못한다. 물론 이것은 임의의 모든 보편자들에 해당하는 것이 아니라 단지 특정한 보편자들에 해당한다. 보편성의 범위는 상대적이고, 여러 단계로 나뉜다. 충분히 완성된 에이도스도 하나의 보편자이다. 하지만 그것은 보편자 안에서 진행되는 종적인 구분의 맨 아래 한계인데, 이것은 그것의 '분할불가능성'을 의미한다. 그리고 아리스토텔레스에 따르면 오로지 맨 아래 한계만이 실체의 성격

29) N. Hartmann, "Zur Lehre vom Eidos bei Platon und Aristoteles", in: N. Hartmann, *Kleinere Schriften* II, Berlin 1957, 137쪽.

을 가질 뿐, 상대적으로 더 높은 모든 유들에게는 그것이 없다. 물론 보편성의 수준이 높아질수록, 그것이 사라지는 정도 또한 더 높아진다. 가장 보편적인 것은 따라서 그런 성격을 가장 적게 갖는다."

하르트만은 『형이상학』 VII권 13장의 테제가 보편자의 실체성을 부정하려는 의도를 가진 것임을 인정한다. 그러나 그는 그 테제의 적용 영역에서 종(eidos)을 제외시킨다. 보편자들은 보편성의 단계에 따라 여러 수준으로 나뉘고, 보편자를 분할해 나갈 때 그 분할의 종착지에는 '충분히 완성된 에이도스'가 놓여 있는데, 이것은 '분할불가능성'을 그 본질적 특징으로 갖는다는 점에서 상위의 다른 보편자들과 구분되며, 오로지 그것만이 다른 보편자와 달리 실체(ousia)의 지위를 갖는다는 말이다. 크래머도 하르트만의 이런 해석을 수용하면서 아리스토텔레스의 용어들을 써서 이렇게 말한다[30]:

"따라서 종－에이도스(Art-Eidos)는, 기체들도 아니고 실체들도 아닌 유들이나 그 밖의 다른 보편자, 예를 들어 플라톤의 이데아들과 본질적으로 구별된다. 종－에이도스 자체는 그것이 가진 보편성에도 불구하고 보편자가 아니라, — 형이상학의 Z와 H에 대한 면밀한 연구가 보여주듯이 — 보편자와 유를 다루는 데서 조심스레 벗어나 있다."

하르트만이나 크래머 식 해석의 사례는 더 열거할 수 있겠지만[31] 그런 일은 현재 논의 맥락에서 꼭 필요한 일이 아니므로 곧바로 그런 해석의 정당성을 검토하는 것이 좋겠다. 먼저 아리스토텔레스의 저술 어디에 그런 해석의 전거가 있는지부터 살펴보자.

"보편자는 실체가 아니다"는 테제의 타당 범위를 유적 보편자에 제한하는 해석의 전거는 무엇보다도 『형이상학』 VII권 13장 안에 있는 것 같다. 왜냐하면 아리스

---

30) H.-J. Krämer, "Aristoteles und die akademische Eidoslehre", *Archiv für Geschichte der Philosophie* 55, 1975, 121쪽.

31) 이런 해석의 사례로는 Ch. Rapp, "Kein Allgemeines ist Substanz" (Z 13, 14-16), in: Ch. Rapp (Hrsg.), *Aristoteles. Metaphysik Die Substanzbücher* (Z,H,Q), Berlin 1996, 특히 168쪽 아래를 보라. R. Albritton, "Forms of Particular Substances in Aristotle's Metaphysics", *Journal of Philosophy* 54, 1957, 705쪽; M. Woods, "Problems in Met. Z, Chapter 13", in: Moravcsik (ed.), *Aristotle. A Collection of critical essays*, London 1968, 219-220쪽을 함께 참고. 비교적 최근에 출간된 Otfried Höffe (Hrsg.) 2005, *Aristoteles-Lexikon*, Stuttgart의 'katholou' 항목에도 유사한 해석이 실려 있다.

토텔레스는 거기서 보편자의 사례들을 구체적으로 거론하지 않아 오해의 여지를 남길 뿐만 아니라, 특히 1038b16–34에서는 주로 유적인 보편자를 겨냥해서 논변을 펼치기 때문이다. 종과 유를 같이 보아서는 안 된다는 주장을 뒷받침해 주는 듯한 구절은 『형이상학』 VII권 13장 밖에서도 쉽게 찾을 수 있다. 아리스토텔레스는 자신의 저술 여러 곳에서 종과 유를 구분하기 때문인데, 이런 취지의 구절들은 하르트만과 크래머의 해석 방향을 따르는 연구자들에 의해 즐겨 인용되곤 한다.

그런 뜻의 발언으로 첫 손에 꼽을 수 있는 것은 『범주론』에서 이루어진 종과 유의 구분이다. 아리스토텔레스는 『범주론』에서 종과 유를 모두 '둘째 실체'라고 부르면서도 종에 보다 많은 실체성을 부여하면서, 그것을 'mallon ousia'라고 부른다(2b7f.). 두 가지 이유에서다. 첫째 실체가 '무엇'인지를 진술할 경우 유보다는 종을 제시하는 것이 더 알려주는 바가 많고 더 적절하다는 것이 한 가지 이유이다. 또 다른 이유는 '종은 유 밑에 있다'(2b19)는 사실이다. "사람은 동물이다"라는 진술에서 그렇듯이, 종은 유의 주어가 될 수 있지만, 그 반대는 가능하지 않다. 진술에서 주어 구실을 하는 것을 실체의 근본 징표로 삼는 아리스토텔레스가 유보다 종에 더 많은 실체성을 부여하는 것은 당연한 일이 아닐까?

둘째로, 아리스토텔레스는 정의(horismos) 이론의 맥락에서도 종과 유를 엄밀하게 구분한다. 잘 알려져 있듯이, 어떤 대상에 대한 정의는 그 대상을 포함하는 유(genos)와 그 유에 속하는 다른 것들로부터 정의 대상을 구별해 주는 종차(diaphora)로 이루어진다. 『형이상학』 VII권 12장의 설명에 따르면, 유와 종차로 이루어진 정의에 이르는 과정은 — 하르트만의 표현을 빌면 — '보편자 안에서 진행되는 종적인 구분'의 과정이다. 이를테면 조각에서 처음에는 무형의 대리석에 한 단계 한 단계 형태를 부여해서 마침내 완전한 형태를 갖춘 조각상에 이르는 것처럼, 정의 과정에서도 처음에는 상대적으로 내용이 없는 유(예컨대 '동물')에 단계적으로 차이들(예컨대 '두 발 가진', '날개 없는' 등)을 부여해서 마침내 정의 내용을 완전히 갖춘 종(예컨대 '사람')에 대한 정의에 이르게 된다. 바꿔 말해서 정의의 궁극적인 대상은 종이며, 정의의 과정이란 그 종에 이르기까지 정해진 내용이 없는 유를 종적인 차이에 따라 나누어 나가는 분할 과정인데, 그런 뜻에서 유는 '질료'(hylē)라고 불린다(1043b30). 대리석이 조각 과정에서 재료이듯이, 유는 정의 과정에서 재료 구실을 한다는 뜻이다. 물론 'hylē'는 그 존재의 현실적 내용에서 볼 때 그것을 재료로 해서 만들어진 것보다 뒤떨어지며, 그런 뜻에서 'hylē'에 해당하는 유는 그것으로부터 나온 완성된 제작물에 해당하는 종보다 실재성이 뒤떨어진다. 아리스토텔레스는 바로 이런 종의 실재적 우위성을 염두에 두고 "유는 그 유에 속하는 종들과 떨어져서 무제한적으로 존재하지 못한다"(1038a5)고 말한다.

셋째로, 방법론의 맥락에서도 아리스토텔레스는 종과 유를 엄격하게 구분한다. 생물학 연구의 방법론을 전개하는 『동물부분론』 I권 4장에는 다음과 같은 흥미로운 구절이 있다(644a23-28):

> "마지막 종들(eschatē eidē)은 실체들이고 그것들은 ― 소크라테스와 코리스코스가 그렇듯이 ― 종적으로 분할불가능(kata to eidos adiaphora)하기 때문에, 불가불 보편적으로 속하는 것들을 말해야 하거나 아니면, 이미 말한 바와 같이, 똑같은 것을 되풀이할 수밖에 없다. 보편적인 것들(ta katholou)은 공통적인데, 그 까닭은 여럿에 속하는 것을 우리는 보편적이라고 부르기 때문이다."

이 구절은 앞서 다룬 『동물부분론』 I권 1장의 구절과 함께 생물학적 탐구의 방법 문제에 대한 것이다. 종을 따로 따로 탐구할 것인가 아니면 여러 종에 공통된 것들을 함께 묶어 다룰 것인가 라는 문제가 바로 그것이다. 여기서 우리의 눈길을 끄는 것은 아리스토텔레스의 용어법이다. 그는 종적으로 더 이상 분할 불가능한 '마지막 종들'을 '실체'라고 부른다. 그리고 그것에 대비해서, 여러 종에 해당하는 공통된 것들을 일컬어 보편적인 것들(ta katholou)이라고 부른다. 만일 이런 용어법을 받아들인다면, 개별 종은 다른 보편자들에 비해 특별한 지위를 갖는 것처럼 보일 수 있다.

위에서 인용한 하르트만의 주장은 종과 유의 구분을 강조한 이런 몇 가지 발언들과 잘 맞아떨어지는 것 같다. 그의 말대로, 아리스토텔레스에게서 "보편성의 범위는 상대적이고, 여러 단계로 나뉜다." '충분히 완성된 에이도스'도 하나의 보편자이긴 하지만, 보편자 안에서 진행되는 종적인 구분의 맨 아래 한계이며 '분할불가능한' 것이다. 하지만 그 모든 사실을 인정한다고 하더라도, 즉 종이 보편자 안에서 이루어지는 구분 과정의 마지막 종착점이고 그런 이유에서 그것이 개별적인 실체를 가리키는 용어인 'kath' hekaston', 'atomon', 'ousia' 등으로 불리면서 더 높은 수준의 다른 보편자들과 구별된다는 사실을 인정한다고 하더라도, 그로부터 종이 "보편자는 실체가 아니다"는 테제에서 예외가 된다는 결론이 따라 나오지는 않는다. 그 모든 사실에도 불구하고 종은 언제나 개별자들에 대해 술어가 되며 개별자들을 포섭하는 보편적 개념이지 개별자들 안에서 그것의 고유한 본질이나 내적인 구성 원리는 아니기 때문이다. 다시 말하자면, 종이 여러 가지 이유에서 유에 비해 실재성 혹은 실체성을 더 많이 갖는다고 하더라도, 그것은 결코 『형이상학』

VII권 13장에서 말하는 궁극적인 기체나 어떤 것의 실체가 아니다.

『형이상학』 VII권 13장에 대한 하르트만이나 크래머의 해석은 종과 유의 구분을 잘못 적용한 데서 비롯된 것이기도 하지만, 그 해석의 보다 깊은 뿌리는 다른 데 있다. 다시 한 번 크래머의 말을 들어보자.[32)]

> "범주론 5장과 그 다음 시기 에이도스 이론의 차이는 분명해서 서로 조화를 이룰 수 없다: 뒤에 가면 에이도스는 더 이상 둘째 실체(deutera ousia)와 성질(poion) (3b15ff.)로서 유(genos) 곁에 자리를 잡지 않고, 개별자를 대신해서 첫째 실체(protē ousia)가 되며 그럼으로써 고유한 존재 담지자가 되었다. 두 입장 사이에는 분명, 처음에 아무런 문제의식 없이 내세웠던 실체를 휠레와 에이도스로 나누는 원인론적인 분석이 놓여 있으며, 이 때 휠레와 복합체는 에이도스보다 열등한 자리를 차지하게 된다. 그러므로 서로 발생 순서에서 선후 관계에 놓여 있는, 아리스토텔레스의 에이도스 이론의 두 가지 상이한 변형태를 고려해야 한다."

크래머의 진술은 세 가지 주장으로 압축될 수 있다: i) 『범주론』에서 아리스토텔레스는 에이도스와 게노스를 둘째 실체로 삼고, 첫째 실체로는 개별자를 내세운다; ii) 그러나 그 뒤 아리스토텔레스는 "처음에 아무런 문제의식 없이 내세웠던 실체", 감각적 실체를 "휠레"와 "에이도스"라는 두 구성 원리로 분석하면서 그 가운데 에이도스에 존재론적 우위성을 부여한다; iii) 그 결과 처음에는 둘째 실체의 자리에 있던 에이도스가 "개별자를 대신해서 첫째 실체가 되며 그럼으로써 고유한 존재 담지자가 되었다." 사실이 그렇다면, 에이도스를 첫째 실체로 삼은 아리스토텔레스가 어떻게 『형이상학』 VII권 13장에서 에이도스의 실체성을 부정할 수 있다는 말인가?[33)]

에이도스 이론의 두 가지 변형태의 관계에 대한 크래머의 발전론적 설명은 언뜻 보면 그럴 듯해 보여도, 실제로는 아리스토텔레스의 'eidos' 개념에 대한 부주의나 오해에서 비롯된 가상적 추론에 가깝다. 다른 곳에서도 강조한 바 있지만[34)], 아

32) Krämer, 앞의 논문, 124쪽.

33) M. Woods 역시 이런 이유 때문에 13장의 테제에서 종을 예외로 둔다. M. Woods, 앞의 논문, 219-220쪽과 227쪽을 참고. Rapp도 같은 주장을 펼치는데, 이에 대해서는 Cho, 앞의 책, 133쪽 아래를 참고. 우리나라에서는 양문흠 교수가 이런 입장을 취한다. 양문흠, 「실재하는 것에 관한 아리스토텔레스의 물음」, 소광희 외, 『형이상학과 존재론: 1. 고전 형이상학의 전개』, 철학과 현실 1995, 90쪽. 이에 대한 비판은 조대호, 「아리스토텔레스 실체론의 지형도」, 80쪽을 참고.

리스토텔레스의 에이도스 개념은, 서로 무관하지는 않지만, 뚜렷이 구별되는 두 가지 뜻으로 쓰인다. '에이도스'는 첫째로 서로 공통된 형태를 갖는 한 무리의 개별자들을 포섭하는 집합적 개념, 곧 종(species)을 가리킨다. 소크라테스, 플라톤, 코리스코스는 모두 사람이라는 종에 속하는 데, 아리스토텔레스는 이런 종을 일컬어 'eidos'라고 부른다. 둘째로 에이도스는 개체 안에서 그것을 특정한 종에 속하는 존재자로 만들어주는 내재적 원리인 형상(form), 곧 'eidos enon'(안에 있는 형상) 혹은 'eidos en tē hylēi'(질료 안에 있는 형상)을 가리킨다.[35] 이를테면 모든 사람은 저마다 각자의 영혼을 갖고 있어서, 이 영혼 능력의 공통성, 이를테면 운동 능력, 감각 능력, 사유 능력, 언어 능력 등으로 말미암아 모두 사람이라는 종에 속하게 되는데, 바로 이 영혼이 형상이라는 뜻의 에이도스이다. 『형이상학』에서 아리스토텔레스가 개체를 두 개의 내적인 원리, 'hylē'와 'eidos'로 분석하면서 그 가운데 'eidos'에 첫째 실체의 지위를 부여한다면, 이때의 'eidos'가 가리키는 것은 종이 아니라 형상이다. 종은 아리스토텔레스의 철학에서 언제나 보편자이고, 개별자에 대한 술어이며, 그렇기 때문에 개별자보다 실재성이 떨어진다.[36] 에이도스 개념의 그런 두 가지 뜻을 구별해 놓고 보면, 아리스토텔레스가 『형이상학』의 어떤 곳에서는 에이도스를 첫째 실체라고 부르면서, 다른 곳에서는 에이도스를 포함한 모든 보편자의 실체성을 부정한다고 해서 전혀 놀랄 일이 아니다. 형상과 종의 존재론적인 지위의 차이를 인정하고 나면, "보편자는 실체가 아니다"는 테제가 종적인 보편자와 무관하다는 주장도 근거를 잃는다.

5. 아리스토텔레스 보편자 이론의 과거와 현재

처음의 물음으로 되돌아가 보자. "아리스토텔레스의 철학에서 보편자는 실체인가?" – 이 물음을 둘러싸고 아리스토텔레스 연구자들 사이에 논란이 빚어졌던 것은 종이나 유를 '실체'라고 부르는 『범주론』의 실체론과 "보편자는 실체가 아니다"는 테제를 내세우는 『형이상학』 VII권 13장의 실체론 사이에 놓인 외형상의 모순 때문이다. 하지만 두 저술에 나타난 사상 사이에 실제적인 모순이 있다고 가정

34) 조대호, 앞의 책, 89쪽과 「아리스토텔레스 실체론의 지형도」, 79쪽을 참고.

35) 『형이상학』 VII 11, 1037a29와 『자연학』(*Phys.*) IV 3, 210a21을 참고.

36) 아리스토텔레스는 그의 가장 후기 저술에 속하는 『동물발생론』(*De gen. an.*)에서도 종보다 개체에 더 큰 실재성을 부여한다. 예컨대 『동물발생론』 IV권 3장, 767b 30ff.를 보라.

해야 할 근거는 매우 약하다. '보편자', '실체', '종', '유'의 다양한 쓰임을 고려해서 살펴본다면, 우리는 오히려 『범주론』의 보편자 이론과 『형이상학』의 보편자 이론이 매우 정교하게 짜인 정합적 체계를 이룬다고 보아야 할 것이다. 물론 그 보편자 이론의 정합성 문제와 완결성 문제는 구분해야 한다.

아리스토텔레스의 보편자 이론에 대한 적절한 해석은 아리스토텔레스 철학의 내재적 일관성을 확인한다는 뜻에서뿐만 아니라, 전통적인 논의나 현대적인 논의 맥락에서 그 이론을 올바로 자리매김하기 위해서도 매우 필요한 일로 보인다. 널리 인용되는 포르피리오스의 물음을 떠올려 보자. 그는 보편논쟁의 불씨를 제공한 『이사고게』(Isagoge)의 첫머리에서 유와 종에 대해 세 가지 물음을 던진다. (1) 그것들은 (그 자체로) 실재하는가(subsistere), 아니면 그저 우리의 지성 안에만(in solis nudis intellectibus) 존재하는가? (2) 그것들이 (그 자체로) 실재한다면, 그것들은 물질적인 것들(corporalia)인가 비물질적인 것들인가? (3) 그것들은 (감각 대상들과) 떨어져서(separata) 있는가 아니면 감각 대상들 안에(in sensibilibus) 있고 이것들을 둘러싸고 있는가? 이 물음들에 대한 대답을 놓고 실재론, 개념론, 유명론 등이 서로 대립했음은 잘 알려진 사실이다. 지금까지 우리가 재구성한 아리스토텔레스의 보편자 이론에 의거해서 그 물음들에 접근한다면, 그에 대해 어떤 대답이 가능할까?

우선 아리스토텔레스의 보편자는 분명히 임의적인 이름이나 주관적인 관념이 아니다. 아리스토텔레스에 따르면 종이나 유는 실제로 존재한다. 하지만 이들의 실재성은 자연세계 안에 있는 자연물들이 가지는 물질적 실재성과 다르다. 예를 들어 "사람이 존재한다"는 말은 참이지만, 이 말이 참인 이유는 일련의 공통성을 가지는 개인들이 존재하기 때문이다. 그리고 이와 관련해서 다시 두 가지 점을 강조할 필요가 있다. 그 하나는 예컨대 사람이라는 종에 속하는 개별자들이 공유하는 공통성은 인식 주체에 의해 구성된 것이 아니라 자연세계 안에 실제로 내재한다는 점이다. 다른 하나는 종과 관련된 진술을 가능하게 하는 이 공통성은 플라톤의 이데아나 중세 스콜라철학에서 말하는 신적인 관념의 형태로 어딘가에 실재하는 보편자에서 유래하는 것이 아니라 거꾸로 개별자들이 공통성을 공유한다는 자연적 '사실'에 보편적 종의 실재성이 의존한다는 점이다. 바로 그런 점을 염두에 두고 아리스토텔레스는 개별자들이 보편자들에 선행한다고 말한다. 물론 이렇게 개별자들에 의존해서 존재하는 보편자들은 개별자들과 '떨어져서'(para) 있을 수도 없고, 그것들 '안에'(en) 있을 수도 없다. 아리스토텔레스의 표현법에 따르면, 보편자들은 다만 개별자들에 '대해'(kata) 진술되는 것으로서 존재한다. 거칠게 말하면, 아리스토텔레스의 보편자들은 일군의 개별자들에 자연적으로 속하는 공통성에 근거해서 술어적 실재성을 갖는다고 말할 수 있을 것같다.

현대 생물학의 맥락에서 종에 대해 이루어지는 논의에 비추어 보면 아리스토텔레스의 보편자 이론은 더 흥미롭게 다가온다. 현대의 분류학에서는 종과 유, 특히 종의 지위를 두고 열띤 논의가 진행 중이다.[37] 그 중 한 가지 유력한 해석에 따르면, 종은 '자연적 부류'(natural kinds)다. 이에 따르면 종들은 우리의 사유 작용 없이는 실재성을 갖지 못하는 추상적 개념들이고, 그에 포섭되는 개별자들은 변화를 겪지만 종 자체는 불변한다. 예컨대 멸종된 공룡의 경우가 그렇듯이, 특정한 시기에 어떤 종을 대표하는 개별자들은 더 이상 존재하지 않을 수 있지만, 그럼에도 불구하고 추상물로서의 유형(type)은 소멸하지 않는다는 말이다. 한편, 이런 해석과 경합하면서 오늘날 더욱 더 힘을 떨치고 있는 또 다른 해석에 따르면, 종들은 개별자이자 진화의 단위이다. 이 해석은 '생물학적 종 개념'을 출발점으로 삼는데, 이에 따르면 "생물종이란 생리학적이나 행동학적 장애요인의 존재 때문에 다른 유사한 생물집단과 생식적으로(유전적으로) 격리되어 자신들끼리만 서로 교잡이 가능한 자연적인 개체군"[38]이다. 그런데 생식적으로 격리된 자연적이고 실제적인 집단으로서의 종은 불변하는 것이 아니라 진화과정을 겪는다. 왜냐하면 동종의 개체군들은 지역적으로 분화될 수 있고, 이 분화는 생식적인 격리를 낳고 결국 새로운 종의 출현으로 이어지기 때문이다. 따라서 이런 관점을 취하는 사람들은 종을 논리적인 부류로 보는 입장에 반대해서 종을 '개별자'로 여긴다.

종의 존재론적 지위에 관한 생물학적 논쟁의 맥락에서 보면, 아리스토텔레스의 입장은 어느 쪽에 가까울까? 아리스토텔레스의 저술 가운데는 분명 종을 불변하는 추상물로 여기는 구절들이 없지 않으며, 이를 근거로 몇몇 아리스토텔레스 연구자들은 아리스토텔레스의 종을 '자연적 부류'로 해석한다.[39] 하지만 종에 대한 아리스토텔레스의 이론 안에는 '개별자 테제'에 호응하는 측면들도 수없이 많다. 예를 들어 아리스토텔레스는 종은 그에 속하는 개별자들 없이는 존재하지 않는다고 말한다. 또한 그에 따르면 종은 생식적으로 격리되어 있으며, 지역적으로 분화된 서

---

37) M. Mahner, "Biologische Klassifikation und Artbegriff", U. Krohs und G. Toepfer (Hrsg.), *Philosophie der Biologie*, Frankfurt a. M. 2005, 234쪽 아래를 참고.

38) E. Mayr, 『이것이 생물학이다』, 최재천 외 옮김, 몸과 마음 2002, 211쪽.

39) D. Charles, "Aristotle and the unity and essence of biological kinds", in: W. Kullmann-S. Föllinger (Hrsg.), *Aristotelische Biologie. Intentionen, Methoden, Ergebnisse*, Stuttgart 1997, 27-42쪽을 참고.

로 다른 개체군으로 나뉜다.[40] 그가 그런 종을 가리킬 때 개별자에 대해 쓰이는 'kath' hekaston'을 사용한다는 사실은 더욱 더 흥미롭다. 20세기의 연구자들이 종의 개별성을 주장하기에 훨씬 앞서서 아리스토텔레스는 이미 종이 갖는 특정한 형태의 개별성에 주목했던 셈이다.

보편자의 본성이나 지위에 대한 전통 철학이나 현대 분류학의 논의에 비추어 아리스토텔레스의 보편자 이론이 갖는 의미를 체계적으로 조명하는 일은 이 글의 범위를 훨씬 넘어선다. 그런 작업은 아마도 끝없는 이야기를 낳을 것이다. 종을 포함한 보편자에 대한 논의가 새로운 국면에 접어들 때마다 아리스토텔레스 보편자 이론의 새로운 측면이 논란거리로 부상할 것이기 때문이다. 그리고 바로 이런 사실이야말로 아리스토텔레스의 보편자 이론이 가진 현재성을 보여주는 증거일 것이다.[41]

40) 진화론에 의거한 생물학적 종 개념과 아리스토텔레스 종 개념의 연관성에 대해서는 D.-H. Cho, "Beständigkeit und Veränderlichkeit der Spezies in der Biologie des Aristoteles", in: S. Föllinger (Hrsg.), *Was ist 'Leben'?*, Stuttgart 2010, 299-313쪽을 참고.

41) 이 논문은 2003년 한국철학자대회에서 발표했던 글을 그때 고려하지 못했던 다른 논점들이나 연구성과들을 참작해서 다시 수정, 보완한 것이다.

참고 문헌

1. 그리스 원전, 번역, 주석

Ackrill, J. L., *Aristotle's Categories and De Interpretatione*, Oxford 1963.

Frede, M.-Patzig, G., *Aristoteles 'Metaphysik Z'. Text und Übersetzung und Kommentar*, Bd.1. Einleitung, Text und Übersetzung, Bd. 2. Kommentar, München 1988.

Jaeger, W., *Aristotelis Metaphysica* (OCT), Oxford 1957.

Minio-Paluello, L., *Aristotelis categoriae et liber de interpretatione* (OCT), Oxford 1956 ([1]1949).

Peck, A. L., *Aristotle. Parts of Animals* (Loeb), London-Cambridge/Mass. 1961.

Ross, W. D., *Aristotelis de anima* (OCT), Oxford 1989 ([1]1956).

Ross, W. D., *Aristotle's Metaphysics, a revised text with introd. and comm.* I. II, Oxford [2]1953.

2. 이차문헌

양문흠, 「실재하는 것에 관한 아리스토텔레스의 물음」, 소광희 외, 『형이상학과 존재론: 1. 고전 형이상학의 전개』, 철학과현실 1995, 73-98.

조대호, 「아리스토텔레스 본질론의 생물학적 측면」, 『철학연구』, 제56집, 2002, 195-218.

_____, 『아리스토텔레스의 형이상학』, 문예출판사 2004.

_____, 「아리스토텔레스 실체론의 지형도」, 『화이트헤드연구』, 제14권, 2007, 57-108.

Albritton, R., "Forms of Particular Substances in Aristotle's Metaphysics", *Journal of Philosophy* 54, 1957, 699-708.

Brinkmann, K., "The Consistency of Aristotles Thought on Substance", in: W. Wians (ed.), *Aristotle's Philosophcal Develpoment. Problems and*

Prospects, New York 1996, 289–302.

Charles, D., "Aristotle and the unity and essence of biological kinds", in: W. Kullmann–S. Föllinger (Hrsg.), *Aristotelische Biologie. Intentionen, Methoden, Ergebnisse*, Stuttgart 1997, 27–42.

Cho, D.–H., *Ousia und Eidos in der Metaphysik und Biologie des Aristoteles*, Stuttgart 2004.

_____, "Beständigkeit und Veränderlichkeit der Spezies in der Biologie des Aristoteles", in: S. Föllinger (Hrsg.), *Was ist 'Leben'?*, Stuttgart 2010, 299–313.

Frede, M., "Individuen bei Aristoteles", *Antike und Abendland* 24, Berlin–New York 1978, 16–39.

Gilson, E., *Being and some philosophers*, Toronto 1952.

Hartmann, N., "Zur Lehre vom Eidos bei Platon und Aristoteles", in: N. Hartmann, *Kleinere Schriften* II, Berlin 1957, 129–164.

Heinaman, R., "An Argument in Metaphysics Z 13", *The Classical Quarterly* 30, 1980, 72–85.

Hirzel, R., "Ousia", *Phililogus* 72, 1913, 42–64.

Höffe, Otfried (Hrsg.), *Aristoteles–Lexikon*, Stuttgart 2005.

Jaeger W., *Aristoteles. Grundlegung einer Geschichte seiner Entwicklung*, Berlin 1923.

Krohs, U. und Toepfer, G. (Hrsg.), *Philosophie der Biologie*, Frankfurt a. M. 2005.

Krämer, H. J., "Das Verhältnis von Platon and Aristoteles in neuer Sicht", *Zeitschrift für philosophische Forschung* 26, 1972, 329–353.

_____, "Aristoteles und die akademische Eidoslehre", *Archiv für Geschichte der Philosophie* 55, 1975, 119–190.

Kullmann, W., *Aristoteles und die moderne Wissenschaft*, Stuttgart 1998.

Loux, M., *Primary OUSIA. An Essay on Aristotle's Metaphyscs Z and H*, Ithaca 1991.

_____, (ed.), *Metaphysics. Contemporary Readings*, London–New York 2001.

Mahner, M., Biologische Klassifikation und Artbegriff, in: Krohs, U. und Toepfer, G. (Hrsg.), *Philosophie der Biologie*, Frankfurt a. M. 2005, 231–248.

Mayr, E., *Toward a New Philosophy of Biology*, Cambridge/Mass.–London 1988.

Owen, G. E. L., "The Platonism of Aristotle", *Proceedings of the British Academy*

51, 1965, 125–150.

Owens, J., *The Doctrine of Being in the Aristotelian Metaphysics*, Toronto 1978.

Porphyrios, 『이사고게』, 김진성 옮김, 이제이북스 2009.

Quine, W. V., "On What There Is", in: M. Loux (ed.), *Metaphysics. Contemporary Readings*, London–New York 2001, 42–56.

Rapp, Ch. (Hrsg.), "Kein Allgemeines ist Substanz" (Z13, 14–16), in: Ch. Rapp, (Hrsg.), *Aristoteles. Metaphysik Die Substanzbücher (Z,H,Θ)*, Berlin 1996, 157–192.

Viertel, W., *Der Begriff der Substanz bei Aristoteles*, Königstein/Ts. 1982.

Vollrath, E., "Aristoteles, das Problem der Substanz", in: J. Speck (Hrsg.), *Grundprobleme der großen Philosophen, Philosophie der Antike* Göttingern, 1972, 84–128.

Wedin, M. V., *Aristotle's Theory of Substance. The Categories and Metaphysics Zeta*, Oxford 2000.

Woods, M., "Problems in Met. Z, Chapter 13", in: Moravcsik (ed.), *Aristotle. A Collection of critical essays*, London 1968, 215–238.

Aristoteles' Lehre vom Allgemeinen in *Met.* VII 13 und in der Kategorienschrift

Cho, Dae-Ho

Zusammenfassung

Viel diskutiert werden in der modernen Forschung die vermeintlichen Widersprüche in Aristoteles' Lehre vom Allgemeinen in *Met.* VII und in der Kategorienschrift. Im Mittelpunkt der Diskussion steht immer die These, die von Aristoteles in *Met.* VII 13 vertreten wird: "Das Allgemeine ist keine Ousia". Diese These wird von den meisten Aristoteles-Forschern derart gedeutet, dass sie mit seinen Gedanken über das Allgemeine in der Kategorienschrift widerspreche. In Auseinandersetzung mit derartigen Deutungen wird hier versucht, die in *Met.* VII und der Kategorienschrift entwickelte Theorie des Allgemeinen als eine in sich konsistente Theorie nachzuzeichnen und verständlich zu machen, und zwar vor allem von der Mehrdeutigkeit des Begriffs Ousia ausgehend. Vor dem Hintergrund dieser Interpretation werden zum Schluss einige interessante Aspekte der aristotelischen Lehre des Allgemeinen hervorgehoben, die heute noch zum Nachdenken anregen.

Schlüsselwörter: das Allgemeine, Ousia, Eidos, Genos, Taxonomie

아리스토텔레스에서 있는 것의 여러 가지 방식과 그들의 하나의 근원에 대한 관계에 대하여

양 태 범

요약문

본 논문은 아리스토텔레스에서 있는 것의 여러 가지 방식과 그것들의 하나의 근원에 대한 관계를 다룬다. 『형이상학』5권 7장에 따르면 있는 것은 "딸린 것에 따라", "자기 자신에 따라", "참과 거짓에 따라", "가능상태와 실현상태에 따라" 여러 가지 방식으로 말해진다고 한다. 그러나 그밖에도 있는 것은 "실체"의 다양한 의미에 따라, '있는 것"과 "하나인 것"의 치환관계에 따라, "좋은"과 "멋진"과 같은 초월범주들에 따라, 보편형이상학의 주제인지 특수형이상학으로서 신학의 주제인지에 따라, "4원인"에 따라 여러 가지 방식으로 말해진다. "있는 것은 여러 가지 방식으로 말해지지만", "하나인 것", "어떤 하나의 본성", "하나의 근원"에 관계해서 말해진다는 것을 근거로 이와 같이 여러 가지 방식으로 말해지는 것을 하나의 근원과 관계해서 다룬다. 이때 하나의 근원은 "있는" 것 자체이다.

있는 것을 딸린 것에 따라, 자기 자신에 따라 여러 가지 방식으로 말하는 것은 참된 진술의 실체에 대한 술어의 서술관계에 따른 구분이다. 그것에 따르면, 딸린 것은 결국 실체에 의존한다. 『형이상학』7권 1장에서 아리스토텔레스는 "있는 것이란 무엇인지"의 물음을 "실체란 무엇인가"의 물음으로 바꾸고, 3장에서 실체는 "그것이 무엇이었던지", "보편자", "유", "기체"로 말해진다고 한다. 그러나 17장에서 보이듯, 결국 실체는 그것은 무엇인가의 물음에 따라 "형상"이며, 아리스토텔레스에게 있는 것은 개별자이기에 형상은 "어떤 것"에 조건지어있으며, 이 어떤 것이 형상에 대해 "바탕에 놓인 것", 이른바 "기체"다. 실체와 기체, 형상과 질료 사이의 관계는 실현상태에 대한 가능상태의 관계이다. 실현상태의 실체에 근거해 딸린 것들도 있게 된다. 그런데 『범주론』에서 실체라고 했던 유와 같은 보편자들은 이제 『형이상학』에서는 실체가 아니다. 있는 것을 있음이라 하고 있지 않는 것을 있지 않음이라고 하는 것이 참이고, 있는 것을 있지 않음이라 하고 있지 않는 것을 있음이라 하는 것은 거짓이라는 진리관에서 아리스토텔레스는 진리는 사물에 근거한다는 실재론적인 입장을 취한다. 그리고 실현상태와 가능상태에 있는 것은 모두 아리스토텔레스에 따르면 비례(=유비)관계에 있다.

그런데 이와 같이 여러 가지 방식으로 말해지는 있는 것들은 "하나의 근원", 즉 "있는" 것과 관계해서 유비적으로 말해진다. 이때 "있는" 것은 속성들뿐만이 아니라, 또한 실체들도 넘어서는 것이다. 그래서 『형이상학』4권 2장에서 "있는 것은 여러 가지 방식으로 말해지지만, 전체는 하나의 근원에 관계해서" 말해진다고 할 때, 그 근거로 "왜냐하면 한편의 것들은 실체들이기 때문에 있는 것들이라 말해지고, 다른 것들은 실체의 겪이들이기 때문에 ..."라고 한다면, 여기서 "하나의 근원"으로서 아리스토텔레스는 어떤 실체를 의미한다기보다는 "있는" 것 자체를 의미한다. 왜냐하면 실체들이기 때문에 있는 것이 아니라, 오히려 "있는" 것이기에 실체들도 있기 때문이다. 그런데 있는 것과 하나인 것이 치환되는 이유는, 있는 것이 어떤 것에 조건지어있는 한에서 하나인 것이고 하나인 것은 또한 그렇게 있는 것이기 때문에 있는 것이기 때문이다. 이렇게 있는 것과 하나인 것은 아리스토텔레스에 따르면 실체가 아니다. 왜냐하면 실체는 어떤 개별자에 고유한 실체인 반면, 근원, 원인, 요소와 같은 보편자는 실체일 수가 없기 때문이다. 그럼에도 아리스토텔레스는 그와 같이 근원으로 있는 것이 "어떤 하나의 본성"을 지닌다고 생각한다. 이와 같은 "어떤 하나의 본성"은, 있는 한에서 있는 것을 다루는 보편형이상학의 대상이 되는 "따로 떨어져 있고, 운동하지 않으며", "영원한 것들"의 근거가 되는 어떤 것으로 특수형이상학의 대상이 되는 "신"이다. 아리스토텔레스에 따르면 이와 같은 신은 전체와 관계해서 그 자신은 좋은 것으로 떨어져 있으면서 전체를 멋있게 질서지우는 존재자이다. "오히려 어떤 것이 있다." 이와 같은 신과 세계의 관계는 이 세계의 운동의 제1원인으로서 이다.

● 주요어 : 아리스토텔레스, 있는 것, 여럿, 하나, 근원, 유비

1. 서론

아리스토텔레스는 『형이상학』 7권 1장에서 "있는 것은 여러 가지 방식으로 말해진다."(Τὸ ὂν λέγεται πολλαχῶς)고 한다.[1] 이로부터 이른바 존재의 의미의 다양성에 대한 아리스토텔레스의 테제가 성립한다. 그러나 다른 곳에서 아리스토텔레스는 "하나인 것에 관계해서"(πρὸς ἕν), 그리고 "어떤 하나의 본성에 관계해서"(πρὸς μίαν τινὰ φύσιν), 나아가 "하나의 근원에 관계해서"(πρὸς μίαν ἀρχήν) 또한 있는 것은 여러 가지 방식으로 말해진다고 한다.[2] 이로부터 아리스토텔레스에서 있는 것의 여러 가지 방식이 어떻게 하나의 근원과 관계 맺는지의 문제가 발생한다. 이러한 문제 상황으로부터 2장에서는 먼저 아리스토텔레스에게 있는 것이 어떻게 여러 가지 방식으로 말해지는지를 규명한 다음에, 3장에서 그와 같은 여러 가지 방식이 어떻게 하나의 근원과 관계하는지를 규명하고자 할 것이다.

여기서 본 논문은 있는 것이 여러 가지 방식이 관계하는 "하나인 것", "어떤 하나의 본성", "하나의 근원"이 있는 것 자신 이외에 다른 것이 아니라는 것을 밝힐 것이다. 그런 다음에 이 "하나의 근원"이 어떤 방식으로 "하나인 것"과 "어떤 하나의 본성"에 관계하는지를 밝힐 것이다. 그런 가운데 본 논문은 아리스토텔레스가 "있는 것을 있는 한에서 그리고 이것에 자기 자신에 따라 존립하는 것들을 고찰하는 어떤 학문이 있다."[3](Ἔστιν ἐπιστήμη τις ἣ θεωρεῖ τὸ ὂν ᾗ ὂν καὶ τὰ τούτῳ ὑπάρχοντα καθ᾽αὑτό)고 하면서 말하는, 이른바 "제1철학"

1) Aristoteles, Metaphysica Ζ1 1028a10을 보시오.
2) Aristoteles, Metaphysica Γ2 1003a33-34, 1003b5-6, K3 1060b35를 보시오.
3) Aristoteles, Metaphysica Γ1 1003a21-22.

(ἡ πρώτη φιλοσοφία)이 그 자체로 '보편형이상학'(metaphysica generalis)인지 아니면 '특수형이상학'(metaphysica specialis)으로서 "신학"(θεολογική)인지의 문제를 다룰 것이다. 이 문제는 "어떤 하나의 본성"에 관계해서 제1철학이 있는 것들의 여러 가지 방식과 관계해서 궁극적으로 어떤 모습을 지닐 것인지에 관한 문제이다. 이 문제는 4장에서 다루어질 것이다.

2. 있는 것의 여러 가지 방식

『형이상학』5권 7장에서 아리스토텔레스는 있는 것의 여러 가지 방식을 4가지 방식에 따라 나눈다. 그에 따르면 있는 것은 "딸린 것에 따라"(κατὰ συμβεβηκός), "자기 자신에 따라"(καθ᾽ αὑτό), "참과 거짓에 따라"(ἀληθὲς καὶ ψεῦδος), "가능상태와 실현상태에 따라"(δυνάμει καὶ ἐντελεχείᾳ) 말해진다고 한다.[4] 그러나 그밖에도 아리스토텔레스는 있는 것의 여러 가지 방식을 1) 근원의 4가지 원인에 따라, 이른바 "형상"(εἶδος), "질료"(ὕλη), "운동"(κίνησις), "목적"(τέλος)에 따라[5], 2) 실체의 다양한 의미에 따라, 말하자면 "그것이 무엇이었던지"(τὸ τί ἦν εἶναι), "보편적인 것"(τὸ καθόλου), "유"(γένος), "바탕에 놓인 것"(τὸ ὑποκείμενον)에 따라[6], 3) "하나인 것은 어떤 방식으로 있는 것이고, 있는 것은 하나"(τό τε γὰρ ἓν καὶ ὄν πως, τό τε ὂν ἕν)라는 "있는 것"과 "하나인 것" 사이의 "치환"(ἀντιστρέφειν)관계에 따라[7], 4) "좋은"(ἀγαθόν)이나 "멋진"(καλόν)과 같은, 소위 '초월범주들'(transcendentalia)에 따라[8], 5) "있는 것을 있는 한에서 고찰하는 학문", 이른바 "제1철학"이 '보편형이상학'의 주제인지 아니면 '특수형이상학'으로서 "신학"의 주제인지에 따라, 구분한다. 이와 같은 여러 가지 방식들이 서로 어떻게 관계를 맺는지는 논문의 전체 진행과정에서 각별히 주의를 요하는 문제다.

---

4) Aristoteles, Metaphysica Δ7 1017a7 아래를 보시오
5) Aristoteles, Metaphysica A3 983a24 아래를 보라. 또한, Physica II 3, 7 참조.
6) Aristoteles, Metaphysica Z3 1028b33-36을 보시오.
7) Aristoteles, Metaphysica K3 1061a17-18을 보시오.
8) Aristoteles, Metaphysica K3 1061a18.

1. "딸린 것에 따라"와 "자기 자신에 따라" 있는 것의 다양한 의미 규정

아리스토텔레스가 있는 것의 여러 가지 방식을 "딸린 것에 따라" 그리고 "자기 자신에 따라" 구분한다고 할 때, 이 두 가지 구분방식은 참된 진술의 실체에 대한 술어의 서술관계에 따른 구분이란 점에서 하나로 묶어서 설명할 수 있다.

"딸린 것에 따라"(κατὰ συμβεβηκός), 즉 동반된 부수적인 속성에 따라 있는 것의 의미를 아리스토텔레스는 3가지 진술의 예를 들어 설명한다. 예, 1) "정의로운 이는 교양 *있다.*" 2) "(어떤) 사람은 교양 *있다.*" 3) "교양 있는 것은 사람*이다.*" 아리스토텔레스에 따르면, 이상의 예에서 1)은 두 속성이 "동일한 것에"(τῷ αὐτῷ) 딸린 경우이고, 2)는 속성이 "있는 것에"(τῷ ὄντι), 말하자면 사람에 딸린 경우이고, 3)은 속성이 "후자에"(τούτῳ), 즉 사람에 딸린 경우이다.[9] 그런데 아리스토텔레스는 여기서 속성이 딸려 있는 것이, 예컨대 3)에서는 "사람"이 "있다"(ἔστιν)고 함으로써 그에 딸린 속성도 그에 따라 있게 하고, 그로부터 모든 속성을 "동일한 있는 것에"(τῷ αὐτῷ ὄντι), 즉 실체에 의존하여 있는 것으로 만든다. 그로부터, 1)은 두 속성이 "동일한 있는 것에" 의존하여 있는 경우이고, 2)는 속성이 "있는 것에" 의존하여 있는 경우이고, 3)은 속성이 딸려 있는 것이 "있기" 때문에 그에 따라 속성도 있는 경우이다. 이와 같은 서술관계에 따르면, 부정적인 속성인 "희지 않은 것"(τὸ μὴ λευκόν)의 "있음"(εἶναι)에 대해서도 말할 수 있는데, 그와 같은 속성이 딸려 있는 것이 "있다"(ἔστιν)면 그에 따라 희지 않은 것도 참인 것으로 있기 때문이다.

"자기 자신에 따라"(καθ' αὑτό), 이른바 "범주의 형태"(τὰ σχήματα τῆς κατηγορίας)에 따라 있는 것의 의미 구분은 바로 위에서 말한 술어의 형태에 따른 의미 구분이다. 범주는 흔히들 특정 주어에 붙여지는 일반적인 술어로 이해된다. 그리스어 κατηγορία는 원래 '고발', '고소', 고발의 '원인'을 뜻하는 말로서 '무엇에 반대한다.', '누구를 이런 저런 이유로 고발 또는 고소한다.'는 뜻을 지닌 동사 κατηγορεῖν에서 파생한 명사이다. "중요한 죄목들과 마찬가지로 범주들도 몇 가지 중요한 항목들로 간추릴 수 있다."고 김진성은 κατηγορία란 말의 의미변화를 설명한다.[10] κατηγορία를 '법, 본보기, 한계'를 뜻하는 範과 '밭의 경

9) Aristoteles, Metaphysica Γ3 1017a7 아래를 보시오.
10) 이에 대한 보다 자세한 설명은, 김진성, 『Aristoteles, 범주론, 명제론』, 아리스토텔레스 지음, 김진성 역주, 해설 18쪽을 보시오.

계', 즉 '두둑'이나 '분류된 항목'을 뜻하는 疇로 이루어진 한자어 '범주'(範疇)라고 옮기는 연유는, 『서경』(書經)의 「홍범편」에 나오는 '홍범구주'(洪範九疇)를 줄여 번역한 데에서 기인한다.[11] 이러한 범주를 가지고 아리스토텔레스는 술어의 형태를 분류한다. 이와 같은 분류에 따라 범주는 다른 범주로 환원될 수 없는 것이며, 따라서 범주의 형태가 나타내는 것은 모두 "자기 자신에 따라" 있는 것이다. 이와 같은 범주는 경우에 따라 가지 수가 달리 열거되지만, 일반적으로 다음의 10가지가 아리스토텔레스에 의해 인정되어 있다.[12] 아리스토텔레스의 10가지 범주는 '실체', '양', '질', '관계', '장소', '시간', '능동', '수동', '자세', '소유'이다. 비록 술어의 형태가 나타내는 것이 모두 "자기 자신에 따라" 있는 것이며 다른 범주로 환원될 수 없는 것이라고 하더라도, 오직 실체만이 다른 것에 대해 서술될 수 없고 어떤 다른 것 안에 존립할 수 없는 것으로서 유일하게 독자적으로 존재하는 것이며, 그에 따라 다른 범주들은 실체에 의존하여 있는 것이다.

2. "실체"에 따라 있는 것의 다양한 의미 규정

아리스토텔레스는 『형이상학』7권 1장에서 "있는 것이란 무엇인가"(τί τὸ ὄν)의 물음을 "실체란 무엇인가"(τίς ἡ οὐσία)의 물음으로 대체한다.[13] 여기서 "실체"로 옮긴 그리스어 οὐσία는 '있다'를 뜻하는 εἰμί 동사의 여성현재능동분사 οὖσα로부터 도출된 '작용을 나타내는 명사'(nomen actionis)로서, "있는 것"(τὸ ὄν)에 대해 그것이 "무엇"(τί)이냐고 묻고는 그 무엇에 대응하는 명사의 필요에 의해, 일상적으로 '토지', '자산' 등을 뜻하는 οὐσία를 철학적인 의미로 '존재'(存在) 내지는 '본질'(本質), 또는 여기서와 같이 '실체'(實體)를 뜻하는 말로 사용하게 된 것이다. 이와 같은 용어의 역사에는 파르메니데스가 "있다"[14](ἔστιν)고 말한 이후로 "있는 것"(τὸ ὄν)이 탐구되는 역사에서[15], 소크라테스에 의해 명시

11) 이에 대한 보다 자세한 설명은, 김진성, 『Aristoteles, 범주론, 명제론』, 아리스토텔레스 지음, 김진성 역주, 27쪽 역주 1)을 보시오.

12) Aristoteles, Categoriae 4 1b25 아래, Topica 19 103b20을 보시오. 그밖에, 김진성, 『Aristoteles, 범주론, 명제론』, 해설 21 아래, 김재홍, 『아리스토텔레스, 변증론』32쪽, 역주 68)을 참조하시오.

13) Aristoteles, Metaphysica Z1 1028b4.

14) Diels, H. & Kranz, W., Die Fragmente der Vorsokratiker(이후 D-K, VS), 28 B 2.

15) 예컨대, D-K, VS 29 B 2, 3, 30 B 1-8, 31 B 12, 44 B 2, 6, 59 B 3, 17, 64 B 2, 68 B 9-10, 80 B 1, Ps. Aristoteles, De Melisso, Xenophane Gorgia 979a12 아래를 보시오.

적으로 "무엇"(τί) 물음이 행해지고[16], 플라톤에 의해 그것이 "있는 것들"(τὰ ὄντα)을 "로고스들 안에"(ἐν λόγοις) 비추어보아 보인 모습, 즉 "형상"(εἶδος) 내지는 "이데아"(ἰδέα)가 된 다음에[17], 이제 아리스토텔레스에 의해 "있는 것"을 그것이 무엇인지 – (엄밀하게는, 최근)유와 종차로 이루어진다고 하는 – 학문적인 "정의"(λόγος, ὁρισμός)에 따라 규정하고자 하는 의도에서 처음부터 규정의 근거가 되어 있는 것 οὐσία, 이른바 "실체"로 이해되어지는 역사가 반영되어있다.

그런데 『형이상학』7권 3장에서 아리스토텔레스는 실체의 후보로서 τὸ τί ἦν εἶναι(그것이 무엇이었던지, 내지는 있음이란 무엇인지), τὸ καθόλου(보편적인 것), γένος(무리, 유, 類), ὑποκείμενον(바탕에 놓인 것, 기체, 基體) 4가지를 제시한다.[18]

τὸ τί ἦν εἶναι에 대해서는 아직 확고한 문법적인 설명에 의해 정립된 학설이 없지만[19], 정관사 τό가 의문사 τί에 걸리는지 아니면 부정사 εἶναι에 걸리는지에 따라 크게 입장이 갈린다. τί가 의문사이고 ἦν이 "철학적인 과거"[20](philosophical imperfect, Ross)를 나타난다는 데에는 별다른 이론(異論)이 없는 듯하다. 그런데 정관사 τό가 의문사 τί에 걸린다고 한다면, 자동으로 εἶναι가 τί ἦν이란 의문문의 주어가 된다고 하겠는데, 그때의 문제는 왜 εἶναι 앞에 정관사가 없느냐는 것이다. 왜냐하면 εἶναι가 주어라고 한다면, τί ἦν τῷ αὐτῷ(sc. τῷ αἵματι) τὸ αἵματι εἶναι[21]와 같은 유사구문에서 보이듯이 εἶναι를 지배하는 정관사가 있어야 할 것이기 때문이다. 정관사가 없는 εἶναι를 설명하기

---

16) Aristoteles, Metaphysica M4 1078b23 아래를 보시오.

17) Platon, Phaedo 99c 아래를 보시오.

18) Aristoteles, Metaphysica Z3 1028b33 아래를 보시오.

19) Weidemann, H., Zum Begriff des *ti ên einai* und zum Verständnis von *Met. Z* 4, 1029b22–1030a6, in: Metaphysik · Die Substanzbücher (Z, H, Θ), hrsg. v. Christof Rapp, 75 아래를 보시오.

20) Ross, D. W., Aristotle's Metaphysics, vol. 1, 127, Bassenge, F., Das *to heni einai, to agathôi einai* etc. und das *to ti ên einai* bei Aristoteles, in: Philologus 104, 25–47, Buchanan, E., Aristotle's Theory of Being, University 30–33, Liske, M.-Th., Aristoteles und der aristotelische Essentialismus, 261, Schmitz, Die Ideenlehre des Aristoteles, Bd. I, Aristoteles : Kommentar zum 7. Buch der Metaphysik, 13 아래를 보시오. Ross의 문제제기에도 불구하고, 다른 사람들과 마찬가지로 Weidemann은 ἦν을 철학적인 과거로 이해한다.

21) Aristoteles, De partibus animalium 649b22.

위하여 시도된 H. Schmitz의 potential construction이나 H. Weidemann의 중복을 피하기 위한 생략 등은 문제를 복잡하게만 만들 뿐 그다지 설득력이 없어 보인다.[22] 필자가 보기에 문제의 해결점은 의문문 τί ἦν의 주어를 이미 알려진 것, "있는 것" 내지는 "그것"으로 하고, 정관사 τό를 의문사 τί에 걸리는 것이 아니라 부정사 εἶναι에 걸린다고 보는 것이다. 그런 다음에 구문의 구속력에 따라 τί ἦν이 εἶναι의 주어가 아니라 술어라고 보면, τὸ τί ἦν εἶναι에 대한 우리말 옮김은, 말하자면 있는 것, "그것이 무엇이었던지"가 될 것이다. 그렇지 않고 정관사 τό를 의문사 τί에 걸린다고 보고 부정사 εἶναι가 의문문의 주어라고 본다면 "있음이란 무엇이었던지"로 옮겨야 할 것이다. 있는 것, "그것이 무엇이었던지"라고 하든, "있음이란 무엇이었던지"라고 하든, 구문상의 차이가 있을 뿐, 결과적으로 내용상 큰 차이는 없을 것이다. 그럼에도 관사의 문제 때문에 필자는 위에 제시된 필자의 해석을 지지한다.

여하튼, 일반적으로 있는 것, "그것이 무엇이었던지"라고 하든, 또는 "있음이란 무엇이었던지"라고 하든, 그것은 "무엇"으로 "있음"일 것이고, 이것이 속성에 적용되는 경우가 아니라고 한다면 실체라는 것을 아리스토텔레스는 부정하지 않으며[23], 그에게 실체, οὐσία란 바로 그 "무엇임"(τί ἐστι;) 이외에 다른 것이 아니다. 그로부터 실체는 『형이상학』7권 3장에서 보이듯, 다른 것에 앞서 "형상"(εἶδος)이며, 『형이상학』7권 17장에서 보이듯, 결국 "형상"(εἶδος)으로서 규정된다.[24] 그런데 아리스토텔레스에게 있어서 구체적으로 있는 것은 개별자이기 때문에, 그와 같은 형상은 "어떤 것"(τι)에 조건 지어진 것으로 있으며, 이 어떤 것은 형상에 대해 "바탕에 놓인 것"(ὑποκείμενον), 이른바 "기체"(基體)인 것이다. 그리고 이것은 형상에 대해 "밑감"(ὕλη), 이른바 "질료"(質料)로 있는 것이다. 그로부터 아리스토텔레스에게 실체는 항상 어떤 것의 실체이다. 이러한 조건 하에서 혹 기체가 실체가 아닌가 하는 물음에 대해 아리스토텔레스는 "먼저 밑감이, 둘째로 형태가, 셋째로 이 둘로 된 것이 바탕에 놓여있는 것"이라고 하면서, "형상이 밑감보다 앞선 것이고, 더 많이 있는 것이라면, 같은 이유로 형상이 둘로 된 것보다 앞

22) 이에 대해서는, Weidemann, H., Zum Begriff des *ti ên einai* und zum Verständnis von *Met. Z* 4, 1029b22–1030a6, in: Metaphysik · Die Substanzbücher (Z, H, Θ), hrsg. v. Christof Rapp, 79 아래를 보시오.

23) Aristoteles, Metaphysica Z4 1029b11 아래, 특히 1030a3 아래, 1030a29–30을 보시오.

24) Aristoteles, Metaphysica Z3 1029a5–7, Z17 1041b7–9를 보시오.

선 것이기도 할 것" 이란 근거에서 바탕에 놓인 기체가 아니라 그에 앞서 형상이 실체라는 것을 밝힌다.[25] 그런데 아리스토텔레스에게 있어서 형상에 대한 질료의 관계는 현실에 대한 가능의 관계이다.

그런데 『형이상학』7권 13장에 따르면 "유" 와 같은 "보편적인 것" 은 실체가 아니다.[26] 이것은 제1실체가 그 안에 내재하는 형상들과 그러한 형상들의 유들은 제2실체라는 『범주론』5장의 입장과 차이가 있다.[27] 비록 여기서 그와 같은 형상들과 유들이 "이 어떤 사람"(ὁ τὶς ἄνθρωπος), "이 어떤 말"(ὁ τὶς ἵππος)과 같은 제1실체가 아니라, 그와 같은 제1실체로서의 사람이나 말에 대해 "형상"(εἶδος)으로서 "사람"(ὁ ἄνθρωπος), "유"(γένος)로서 "동물"(τὸ ζῷον)과 같은 제2실체라고 하더라도, 아리스토텔레스는 그와 같은 형상들과 유들을 분명히 "실체들"(οὐσίαι)이라고 말한다. 그런데 그와 같은 형상들과 유들이 제2의 실체라고 불리는 이유는, "어떤 기체에 대해 말해지지도 않고, 어떤 기체 안에도 있지 않은"(ἣ μήτε καθ' ὑποκειμένου τινὸς λέγεται μήτε ἐν ὑποκειμένῳ τινί ἐστιν) 제1실체를 정의할 때, 제1실체가 "그 안에 내재하는"(ἐν οἷς ὑπάρχουσιν) 형상들과 유들이기 때문이다. 그러므로 『범주론』에서 제2실체의 문제가 발생하는 것은 제1실체에 대한 정의의 차원에서이다. 그런데 『형이상학』에서 보편자는 실체일 수 없다고 하는 근거는 다음과 같다.[28] 보편자는 제1실체에 대해 정의를 할 때, 그에 대한 종이나 유로서 제1실체에 관계하는데, 그와 같은 종이나 유는 보편자로서 그 자체 제1실체와 구분되며, 그럼에도 불구하고 그들이 "어떤 것들"(τινά) 처럼 이해된다고 한다면, 제1실체는 실체들이 아니라 성질들로부터 존재하게 되는 것이 불가능하게 될 것인바, 그와 같은 실체들은 제1실체로부터 분리되어 있어야하며, 그렇지 않고 실체가 개체에 내재한다고 한다면, 실체는 이제 "둘"(δύο)에 대한 실체일 것이라는 것이다. 총괄하여 아리스토텔레스 자신은 다음과 같이 말한다. "일반적으로, 사람이 실체이고 또 그와 같이 말해지는 것들이 실체라고 한다면, 정의 안에의 것들 가운데 어떤 것도 어떤 것의 실체이지 않고, 또한 (실체는) 그것들로부터 떨어져 내재하지도 않으며, 또한 어떤 다른 것 안에 내재하지도 않는다는 것이 귀결된다."[29] 예컨대, 유로서 "어떤 동물"(τι ζῷον)은 개별적인

25) Aristoteles, Metaphysica Z3 1028b36-1029a9를 보시오.
26) Aristoteles, Metaphysica Z13 1038b8-9, 35, 1039a1, Z16 1041a3-5를 보시오.
27) Aristoteles, Categoriae 5 2a14-19를 보시오.
28) Aristoteles, Metaphysica Z13 1038b9 아래를 보시오.
29) Aristoteles, Metaphysica Z13 1038b29-9, 35.

"어떤 것들에 반하여 존재하지 않고"(οὐκ εἶναι παρὰ τὰ τινά), 또한 "결코 정의들 안에의 것들과 다른 것이 아닌 것"(ἄλλο τῶν ἐν τοῖς λόγοις οὐδέν)이다. 이로부터 종과 유와 같은 보편자는 실체가 아니라는 것이다, 여기서 아리스토텔레스는 제1실체의 정의에 사용되는 종과 유를 제1실체 자체와 구분하면서, 종과 유와 같은 논리적인 보편자는 존재론적으로 제1실체가 아니라는 것을 밝힌다. 그렇다고 제1실체가 무엇인지에 대해 정의가 불가능한 것은 아니다.

3. "진리"와 "거짓"에 따라 있는 것과 있지 않는 것의 의미 규정

아리스토텔레스는 있는 것에 대한 진술과 관계해서 참과 거짓을 다음과 같이 정의한다. 참이란 있는 것을 있음이라고 하고 있지 않는 것을 있지 않음이라 말하는 것이고, 거짓이란 있는 것을 있지 않음이라 하고 있지 않는 것을 있음이라고 말하는 것이다. "한편으로 있는 것을 있지 않음이라거나 있지 않은 것을 있음이라고 말하는 것은 거짓이고, 다른 한편으로 있는 것을 있음이라거나 있지 않은 것을 있지 않음이라고 말하는 것은 참이다."[30] 그로부터 있는 것에 대해 참이면 그것이 "있음"(εἶναι)과 "있다"(ἔστιν)는 것을 나타내고, 거짓이면 "있지 않음"(μὴ εἶναι)을 나타낸다.[31] 이점은 진술이 긍정이든 부정이든 마찬가지이다. 예컨대, 참이라고 한다면, "소크라테스가 교양 있다."고 해도 "소크라테스가 희지 않다."고 해도 참된 것으로 "있고"(ἔστιν), 반면에, "대각선은 한 변으로 잴 수 있다."는 것은 거짓이기 때문에 거짓된 것으로 "있지 않다"(οὐκ ἔστιν).[32] 비록 아리스토텔레스가 참과 거짓을 있는 것에 대한 진술과 관계해서 규정한다고 하더라도, 단지 진술의 차원에서 "있음"과 "있지 않음"으로만 규정하는 것이 아니라, 실존(existence)의 차원까지 나아가 "있다"와 "있지 않다"고 규정한다. 이후 토마스 아퀴나스가 보다 세분해서 규정하는 바에 따르면, 범주에 따라 있는 것은 "본질"(essentia)을 나타내는 반면, 명제의 진리에 따라 있는 것은 부정의 경우에서 보이듯이 본질의 "결여"(privatio)를 나타낼 수 있다.[33] 플라톤에서와 마찬가지로[34] 아리스토텔레스에서도

30) Aristoteles, Metaphysica Γ7 1011b26–27.
31) Aristoteles, Metaphysica Δ7 1017a31–32를 보시오.
32) Aristoteles, Metaphysica Δ7 1017a32–35를 보시오.
33) Thomas Aquinas, De Ente et Essentia, Cap. 1을 보라.
34) Platon, Sophistes 237a를 보시오.
35) Aristoteles, Metaphysica E2 1026a35를 보시오.

거짓은 "있지 않는 것"(τὸ μὴ ὄν)이다.[35)]

그로부터 아리스토텔레스는 참과 거짓이 "가장 본래적인 의미에서"(κυριώτατα) "있는 것"과 "있지 않는 것"이며, 참과 거짓은 "사물들에 있어서"(ἐπὶ τῶν πραγμάτων) "결합되어 있음과 분리되어 있음에 의해"(τῷ συγκεῖσθαι ἢ διῃρῆσθαι) 성립한다고 한다.[36)] 즉, 분리되어 있는 것을 분리되어 있다고 생각하고 결합되어 있는 것을 결합되어 있다고 생각하면 참이고, 그와 반대로 생각하면 거짓이라는 것이다. 이러한 규정은 아리스토텔레스가 사물에 근거한 진술의 차원에서 참과 거짓을 규정하기 때문에 나타난 규정이다. 그렇다고 아리스토텔레스가 단순히 진술의 차원에서 참과 거짓을 규정한다는 것은 아니다. 오히려 아리스토텔레스는 진술의 근거가 사물에 있다고 생각한다. 그렇기 때문에 아리스토텔레스는 "네가 희다고 우리가 생각하는 것이 참이기 때문에 네가 흰 것이 아니라, 오히려 네가 희기 때문에 이를 주장하는 우리가 참인 것이다."[37)]라고 말한다. 그로부터 여기서 "있음"(εἶναι)은 "결합되어 있음"(συγκεῖσθαι)과 "하나임"(ἓν εἶναι)을 뜻하며, "있지 않음"(μὴ εἶναι)은 "결합되어 있지 않음"(μὴ συγκεῖσθαι)과 "그 이상임"(πλείω εἶναι)을 뜻한다.[38)] 그래서 반대되는 것들을 허용하지 않는 것들의 경우에는 그렇지 않지만, 반대되는 것들 허용하는 것들의 경우에는 같은 진술이 때로 참이 되기도 하고 거짓이 되기도 한다. 반면, 합성되지 않고 단순한 것들의 경우에는 "접함"(θιγεῖν)과 "낱말을 말함"(φάναι)이 참이고 "접하지 못함"(μὴ θιγγάνειν)은 단지 "무지"(ἀγνοεῖν)일 뿐이며, 그에 대응하는 단순한 실체들은 "모두 실현상태로 있지 가능상태로 있지 않기"(πᾶσαι εἰσὶν ἐνεργείᾳ, οὐ δυνάμει) 때문에 착오가 있을 수 없고, 오로지 생각하거나 생각하지 않음이 있을 뿐이다.[39)]

4. "가능상태와 실현상태에 따라" 있는 것의 의미 규정

아리스토텔레스에 따르면 있는 것은 가능상태와 실현상태에 따라서도 구분된다.[40)] 이미 앞서 실체에 따른 있는 것의 의미 규정에서 형상에 대한 질료의 관계가

36) Aristoteles, Metaphysica Θ10 1051b1-3을 보시오.
37) Aristoteles, Metaphysica Θ10 1051b6-9.
38) Aristoteles, Metaphysica Θ10 1051b2-13을 보시오.
39) Aristoteles, Metaphysica Θ10 1051b17 아래를 보시오.
40) Aristoteles, Metaphysica Δ7 1017a35-b9, H2 1042b25-26, Θ7을 보시오.

현실에 대한 가능의 관계였으며, 또한 참과 거짓에 따른 있는 것과 있지 않는 것의 의미 규정에서 합성되지 않고 단순한 실체들은 실현상태로 있고 가능상태로는 있지 않지만, 그에 반해 반대를 허용하는 것들의 경우는 현실상태 뿐만이 아니라, 또한 가능상태도 포함하여야 할 것이다. 『자연학』1권 8장에서 보이듯이[41], 가능상태와 실현상태에 따른 있는 것의 존재방식의 구분에서 아리스토텔레스의 공적은 운동에 있어서 "있지 않는 것"(τὸ μὴ ὄν)의 문제를 가능상태로 해결한 것이다. 말하자면 가능상태란 있을 수도 있고 있지 않을 수도 있는 상태를 의미한다. 하지만 『형이상학』5권 7장에서는 아리스토텔레스는 단지 구체적인 예로서 봄, 앎과 같은 인식에 있어서, 정지와 같은 우연적인 속성과 돌 안의 헤르메스, 선 안의 절반, 아직 여물지 않은 밀과 같은 실체들에 있어서 가능상태와 실현상태를 구분할 따름이다.[42]

하지만 『형이상학』5권 12장에서 우리가 능력, 가능이라고 옮기는 δύναμις는 "다른 것 안에 또는 다른 것인 한에서 운동 내지는 변화의 근원"[43](ἡ ἀρχὴ κινήσεως ἢ μεταβολῆς ἢ ἐν ἑτέρῳ ἢ ᾗ)이라고 일반적으로 규정되고, 그리고 9권 6장에서는 우리가 현실상태, 실현상태 등으로 옮기는 ἐνέργεια가 "우리가 가능상태라 말하는 방식이 아닌 방식으로 사물이 존립하는 것"[44](τὸ ὑπάρχειν τὸ πρᾶγμα μὴ οὕτως ὥσπερ λέγομεν δυνάμει)이라고 가능상태와 관계해서 소극적으로 규정된다. 아리스토텔레스는 실현상태를 일의적인 방식으로 규정할 수 없다고 생각해서인지, "모든 것에 대해 정의를 찾을 필요는 없다."고 하면서 "집짓는 기술에 대해 집짓기, 잠들어있음에 대해 깨어있음, 눈감음에 대해 봄, 소재에 대해 그로부터 분리된 것, 가공되지 않은 것에 대해 가공된 것" 등과 같은 예를 들며, 그것들 사이의 "비례(의 유비)관계를 조망"(ἀνάλογον συνορᾶν) 할 것을 주문한다.[45]

어떻든, 가능상태와 실현상태에 따라, 있는 것은 한편으로는 "가능상태로" "있음" 내지는 "있는 것"이고, 다른 한편으로는 "실현상태로" "있음" 내지는 "있는 것"이다. 아리스토텔레스에 따르면 이점은 속성의 경우뿐만이 아니라 실체의 경

41) Aristoteles, Physica I 8 191a23 아래를 보시오.

42) Aristoteles, Metaphysica Δ7 1017b35–b9를 보시오.

43) Aristoteles, Metaphysica Δ12 1019a15–16, 1020a1–2, 4–6을 보시오. 그밖에도, Metaphysica Θ1 1046a10–11을 보시오.

44) Aristoteles, Metaphysica Θ6 1048a30–32.

45) Aristoteles, Metaphysica Θ6 1048a36–b4를 보시오.

우에도 타당하다. 그로부터 형상으로서의 실체는 질료로서의 기체에 대해 가능상태에 대한 실현상태로 있고[46], 또한 속성들의 경우에도 수많은 차이들이 있는데, 이러한 차이들은 가능상태의 질료들이 어떤 방식으로 실현상태에 의해 규정되는지에 따라 나타난다. 예컨대, 나무가 놓임세(=자세)로 말미암아 문지방과 상인방이 되듯이 말이다. 그로부터 아리스토텔레스는 "있다는 것도 그만큼 많은 방식으로 말해진다."[47](τὸ ἔστι τοσαυταχῶς λέγεται)고 말한다.

그런데 아리스토텔레스에 따르면 실현상태에 대한 가능상태의 관계는 단지 형상으로서의 실체에 대한 질료로서의 기체에 대한 관계에만 적용되는 것이 아니라, 또한 운동에 대한 능력의 관계에도 적용된다. "말하자면, 어떤 것들은 운동이 능력에 대한 관계와 같으며, 어떤 것들은 실체가 질료에 대해 갖는 관계와 같다."[48] 그렇기 때문에 아리스토텔레스는 무엇보다도 운동과 변화의 차원에서 δύναμις를 "다른 것 안에 또는 다른 것인 한에서 운동 내지는 변화의 근원"[49]이라고 정의하였다. 그런데 아리스토텔레스에 따르면, 실현상태에 있는 것은 항상, 가능상태로 있는 것으로부터 실현상태에 있는 것에 의해 생겨난다.[50] 그리고 다른 것을 움직이는 것은 이미 실현상태로 있다.[51] 그리고 그와 같이 이미 실현상태로 있는 것이 운동의 "목적"(τέλος)이다.[52]

3. 존재의 다양한 의미의 하나의 근원에 대한 관계

앞에서 설명했던 바와 같이 있는 것은 여러 가지 방식으로 말해지지만, 아리스토텔레스는 단지 있는 것의 여러 가지 방식에 대한 설명에 그치지 않고, 그것들이 모두 "있는"(ὄν) 한에서 "어떤 공통된 것에 따라"[53](κατά τι κοινόν) 설명하고자 한다. "있는 것은 여러 가지 방식으로 말해지지만, 하나인 것에 관계해서 그리고 어떤 하나의 본성에 관계해서, 그러나 한 이름 다른 뜻의 방식이 아닌 방식으로

46) Aristoteles, Metaphysica Η2 1042b9–10을 보시오.
47) Aristoteles, Metaphysica Η2 1042b25–26.
48) Aristoteles, Metaphysica Θ6 1048b8–9.
49) Aristoteles, Metaphysica Δ12 1019a19–20, Θ1 1046a9–15, 1046b3–4를 보시오.
50) Aristoteles, Metaphysica Θ8 1049b24–25.
51) Aristoteles, Metaphysica Θ8 1049b27.
52) Aristoteles, Metaphysica Θ8 1050a9.
53) Aristoteles, Metaphysica Κ3 1060b35.

(말해진다)." 54) "있는 것은 여러 가지 방식으로 말해지지만, 전체는 하나의 근원에 관계해서 (말해진다)." 55) "있는 것"이 어떤 점에서 하나인 것인 한에서 있는 것의 여러 가지 방식은 "하나인 것에 관계해서", 그리고 있는 것이 어떤 본성을 지니는 한에서 "어떤 하나의 본성에 관계해서", 그리고 그것들이 모두 있는 것에 관계하는 한에서 "하나의 근원에 관계해서" 말해진다고 할 수 있다. 그러나 그것들은 어떤 방식으로 "하나인 것", "어떤 하나의 본성", "하나의 근원"에 관계한다는 것인가? 있는 것 전체는 하나라고 하는 파르메니데스처럼 모두 "성질이 같은"(ὁμοῖον) 것으로, 말하자면 '일의적인 방식으로' 말하는 것인가[56], 아니면 자신의 이데아론에서 있는 것들을 로고스들 안에 비추어 보아 보인 여러 가지 형상들을 "올바른 것"(δίκαιον), "아름다운 것"(καλόν), "좋은 것"(ἀγαθόν)의 이데아란 관점에서 고찰하는 플라톤처럼 '초월범주적인 방식으로' 말하는 것인가?[57] 어떻든, 아리스토텔레스가 "여러 가지 방식으로 말해진다."고 하는 "있는 것"이 "하나인 것", "어떤 하나의 본성", "하나의 근원"에 관계해서 말해진다고 할 때, 아리스토텔레스 자신이 말하듯이, "한 이름 다른 뜻의 방식으로"(ὁμωνυμῶς), 즉 '동음이의적인 방식으로'가 아닌 것은 분명하다.[58] 왜냐하면 비록 여기서 "있다"는 말이 여러 가지 방식으로 말해진다 하더라도, 동음이의적인 것은 아니기 때문이다. 그렇다면 그것들은 어떤 방식으로 "하나인 것", "어떤 하나의 본성", "하나의 근원"에 관계하는가? "하나인 것", "어떤 하나의 본성", "하나의 근원"에 관계하나는 것이 결국 "있는 것" 이외에 다른 것에 관계하는 것이 아니라고 한다면, 핵심은 "있는 것" 자체에 있다. 다만 아리스토텔레스는 있는 것의 여러 가지 방식에 대한 자신의 설명을 바탕으로 해서 그것들의 "하나의 근원", 즉 "있는 것" 자체에 대한 관계를 해명하고자 한다.

1. 하나의 근원과 있는 것들의 유비 관계

『형이상학』4권 2장 1003a34 아래에서 아리스토텔레스는 건강한 것이 모두 건강에 관계해서 여러 가지 방식으로 말해지고, 치료하는 것이 치료술에 관계해서

54) Aristoteles, Metaphysica Γ2 1003a33–34.
55) Aristoteles, Metaphysica Γ2 1003b5–6.
56) D–K, VS 28 B 8 v. 5 아래를 보시오.
57) Platon, Republica IV 443b, Symposium 210d, Republica VI 509b를 보시오.
58) Aristoteles, Metaphysica Γ2 1003a33–34를 보시오.

여러 가지 방식으로 말해지는 것과 마찬가지로 있는 것도 "하나의 근원에 관계해서" 여러 가지 방식으로 말해진다고 설명한다. "마치 건강한 것이 모두 건강에 관계해서, 어떤 것은 지킴으로써, 어떤 것은 만듦으로써, 어떤 것은 건강의 징표임에 의해, 어떤 것은 그것을 받아들임으로써, 말해지듯이, 그리고 치료하는 것이 치료술에 관계해서, 말하자면 어떤 것은 치료술을 가짐으로써, 어떤 것은 치료술에 본성상 적합함으로써, 어떤 것은 치료술의 결과임으로써, 치료한다고 말해지고, 이러한 것들과 동일한 방식으로 또한 다른 것들로 말해진다고 우리는 파악할 것인데, 그렇게 또한 있는 것도 여러 가지 방식으로 말해지지만, 전체는 하나의 근원에 관계해서 말해진다." 원래 어떤 "하나인 것에 관계해서" 고유하게 말해지는 술어가 그 하나인 것에 관계하는 여러 다른 것에도 말해지는 관계를 이후 사람들은 "서술의 유비"(analogia attributionis)라고 한다. 어떻든 아리스토텔레스는 있는 것의 여러 가지 방식과 하나의 근원에 대한 관계를 "유비"(ἀνάλογον, 類比)로 설명하는 것이다. 그런데 건강의 예에서 보이듯 그와 같은 유비는 하나인 것의 다른 것에 대한 우선성에 근거한다. 그리고 그와 같은 우선성을 Ch. Rapp은 "정의상의 우선성"(definitorische Priorität)이라고 한다. 왜냐하면 그와 같은 관계는 "그에 대한 정의가 다른 진술방식의 서술에 내포되어 있어야 하는, 그 어떤 첫 번째 또는 우선하는 진술방식을 전제하기"[59] 때문이라는 것이다. 그러나 있는 것의 여러 가지 방식의 하나의 근원에 대한 관계가 그런 식의 정의상의 우선성에 근거하는지는 의심스럽다. 왜냐하면 있는 것은 그와 같은 정의를 초월하기 때문이다. 만약 있는 것이 어떤 본성을 지니고 있다고 한다면, 그리고 그러한 본성이 정의될 수 있는 것이라고 한다면, 있는 것과 있는 것의 여러 가지 방식 사이의 관계는 정의상의 유비 관계라 할 수 있겠다. 그러나 있는 것이 어떤 하나의 본성을 지니고 있다 하더라도 정의를 초월하는 것이라고 한다면, 그들의 관계는 정의상의 유비라고 할 수 없고 다른 성격의 유비이어야 한다. 물론 그렇다고 그 관계가 "하나인 것", "어떤 하나의 본성", "하나의 근원"에 관계하는 서술의 유비 관계가 아니라는 것도 아니다.

그와 같은 관계를 아리스토텔레스는 『형이상학』4권 2장 1003b5 아래에서 다음과 같이 서술한다. "있는 것은 여러 가지 방식으로 말해지지만, 전체는 하나의 근원에 관계해서 (말해진다). 왜냐하면 한편의 것들은 실체들이기 때문에 있는 것들이라 말해지고, 다른 한편의 것들은 실체의 겪이들이기 때문에, 실체로의 길 또는

59) Rapp, Ch., Substanz als vorrangig Seiendes (Z1), in: Metaphysik · Die Substanzbücher (Z, H, Θ), hrsg. v. Ch. Rapp. 33.

실체의 소멸들 또는 결여들 또는 성질들 또는 제작에 관한 것들 또는 생성에 관한 것들 또는 실체와 관계해서 말해진 것들, 또는 이것들 가운데 어떤 것이나 실체의 부정이기 때문에 (있는 것들이라 말해진다)."[60] 여기서 "있는 것"(τὸ ὄν)이 여러 가지 방식으로 말해지면서 전체로서 관계하는 "하나의 근원"(μία ἀρχή)은 "실체들"(οὐσίαι)과 구별된다. 그렇기에 "실체들"은 복수이고 이 "하나의 근원"과 관계해서 "있는 것들"(ὄντα)이라고 말해진다. 나머지 "있는 것들"은 범주들에 따라 그리고 그 밖의 여러 서술 방식으로 있는 것들로 실체와 관계해서 있는 것들이라 할 수 있다. 이런 점에서는 "하나의 근원"을 어떤 하나의 "실체"로 이해할 수도 있겠으나, 실체이기에 "있는" 것이라기보다는 "있는" 것이기에 실체라는 것이 합당하다고 판단되어 "하나의 근원"을 "있는" 것으로 파악한다. 그렇다고 한다면 "있는" 것에 근원하여 나머지 모든 것들이 나름대로의 방식으로 있는 것들이라고 할 수 있다.

2. 있는 것과 하나인 것의 치환 관계

『형이상학』11권 3장에서 아리스토텔레스는 "있는 것의 환원이 있는 것으로 또는 하나인 것으로 생기든 어떠한 차이도 없다. 왜냐하면 또한 동일한 것이 아니라 다른 것이라고 하더라도, 맞바꾸어지기 때문이다. 말하자면 하나인 것은 어떤 방식으로 또한 있는 것이고, 있는 것은 하나이다."[61]라고 하면서 있는 것과 하나인 것의 '치환'(置換) 관계를 분명히 한다. 있는 것을 있는 것으로 환원하든 하나인 것으로 환원하든 어떠한 차이도 없는 이유는 아리스토텔레스에 따르면 있는 것과 하나인 것이 "맞바꾸어지기"(ἀντιστρέφει) 때문이다. 그러나 있는 것과 하나인 것은 어떤 방식으로 치환되는 것인가? 하나인 것이 있는 것과 치환되는 방식은 하나인 것이 그 자체로 있는 것이며, 있는 것이 그 자체로 하나인 것이기 때문이다. 그런데 있는 것이 하나인 것인 까닭은 있는 것이 어떤 것(τι)에 조건 지어져 있어 하나인 것이 되고, 하나인 것이 있는 것인 까닭은 그렇게 하나인 것은 있는 것이기 때문이다. 이런 방식으로 하나인 것은 있는 것이고, 또한 있는 것은 하나인 것이다.

이렇듯 있는 것이 하나인 것인 까닭은 있는 것이 '어떤 것'에 조건 지어져 있어 하나인 것이 되기 때문이다. 그렇기 때문에 『형이상학』7권 13장에서 아리스토텔레스

60) Aristoteles, Metaphysica Γ2 1003b5-10.
61) Aristoteles, Metaphysica K3 1061a15-18.

레스는 "보편적으로 말해진 것들 가운데 어떠한 것도 실체인 것이 불가능해 보인다."[62]고 하면서, 그 근거로 "각각의 실체는, 다른 것에 들어있지 않는, 각각에 고유한 실체이지만, 보편적인 것은 공통된 것"[63]이라는 이유를 제시한다. 즉, 각각의 실체는, 나아가, 『형이상학』7권 2장에서 이미 "있는 것은 무엇인가"의 물음이 "실체란 무엇인가"의 물음으로 전환되었다는 전제하에서, 또한 있는 것도, 보편적인 것과 달리 각각에 제약되어져 있어 "각각에 고유한"(ἴδιος ἑκάστῳ) 실체, 또는 있는 것이라는 것이다. 이런 까닭에 있는 것은 각각에 고유한 방식으로 제약되어 있어 매번 하나인 것이다. 비록 "하나"(ἕν)나 "있는"(ὄν) 것 자신은, 『형이상학』7권 16장에서 보이듯이, 각각에 고유한 방식으로 제약되어 있지 않다고 하더라도, 말이다.[64]

"하나인 것은 또한 있는 것처럼 말해지고, 하나인 것의 실체는 하나이고, 그들의 실체가 수에서 하나인 것들은 수에서 하나이기 때문에, 분명히 하나인 것도 있는 것도, 또한 요소나 근원으로 있음이 그럴 수 없는 것처럼, 사물들의 실체일 수 없다. 그러나 보다 잘 알려지는 것에로 환원하기 위하여 우리는 근원이 무엇인가를 탐구한다. 그러므로 그들의 실체는 근원이나 요소나 원인이라기보다는 있는 것과 하나인 것이겠지만, 또한 다른 어떠한 공통된 것도 실체가 아니기 때문에, 결코 이것들(=있는 것과 하나인 것, 필자)도 아니다. 왜냐하면 실체는 자기 자신 이외에, 그리고 그에 대해 실체인 바, 실체를 지니는 것 이외에 어떠한 것에도 내재하지 않기 때문이다. 나아가 하나인 것은 여러 곳에 동시에 있지 않을 것이나, 공통된 것은 동시에 여러 곳에 있을 것이다. 그 결과 분명히 보편적인 것들 가운데 어떠한 것도 각각에 따르는 것들에 반하여 분리되어 있지 않을 것이다."[65]

아리스토텔레스에 따르면 "하나"인 것과 "있는" 것은 여럿에 공통된다는 점에서 각각에 고유한 것이 아니라, 보편적인 것이며, 그 때문에 "있는" 것과 "하나"인 것은 근원, 요소, 원인과 같은 것으로서 사물들의 실체인 듯이 보이기도 하나, 사물들의 실체일 수는 없다고 한다. 물론 그렇다고 "하나"인 것과 "있는" 것이 "유"(γένος, 類)와 같은 보편자라는 말은 아니다. 『형이상학』3권 3장에서 아리스토텔레스는 이점을 분명히 한다.[66] "하나인 것도 있는 것도 있는 것들에 대한 하나의 유

62) Aristoteles, Metaphysica Z13 1038b6-9.
63) Aristoteles, Metaphysica Z13 1038b10-11.
64) Aristoteles, Metaphysica Z16 1040b16 아래의 논의를 보시오.
65) Aristoteles, Metaphysica Z16 1040b16-27.
66) Aristoteles, Metaphysica B2 998b22 아래의 논의를 보시오.

일 수 없다."[67] 그러나 보편적인 것이라고 하더라도, 유와 같은 보편자는 아니라고 한다면, "있는" 것과 "하나"인 것은 어떤 성격의 보편적인 것인가? "근원"에 대한 "탐구"와 관련해서 아리스토텔레스는 "있는" 것과 "하나"인 것은 사물들의 실체인 듯이 보이지만, 보편적인 것이기 때문에 각각에 고유한 사물들의 실체는 아니며, 오히려 그것의 "근원"에 관계하는 한에서, 실체라기보다는 실체의 "근원"(ἀρχή, 根源), "요소"(στοιχεῖον, 要素), "원인"(αἴτιον, 原因)이라고 생각한다. 이와 같은 방식으로 "있는" 것과 "하나"인 것은 보편적인 것이며, 이와 같은 방식으로 실체에 관계한다. 그리고 이와 같은 방식으로 있는 것이 여러 가지 방식으로 있는 것들에 대해 유비 관계에 있는 것처럼, 하나인 것도 있는 것과 치환 관계에 있기 때문에 또한 여러 가지 방식으로 있는 것들이나 하나인 것들에 대해 유비 관계에 있는 것이다.[68]

"어떤 것들은 그 수가, 어떤 것들은 그 형상이, 어떤 것들은 그 유가 하나이고, 어떤 것들은 유비적으로 하나이다. 그 질료가 하나인 것들은 수의 측면에서 하나이고, 그 정의가 하나인 것들은 형상의 측면에서, 같은 술어 형태를 갖는 것들은 유의 측면에서, 그리고 어떤 것이 다른 것에 관계 맺는 방식처럼 관계 맺는 것들은 유비적으로 하나이다. 그리고 항상 뒤의 것들이 앞의 것들을 따른다. 예를 들어, 수에서 하나인 것들은 형상에서도 하나다. 그러나 형상에서 하나인 것들이 모두 수에서 하나이지는 않다. 또 형상에서 하나인 것들은 모두 유에서 하나이지만, 유에서 하나인 것들이 모두 형상에서 하나이진 않고, 모두 유비적으로 하나이다. 그리고 유비적으로 하나인 것들이 모두 유에서 하나이지는 않다."[69]

4. 보편형이상학으로서 제1철학과 특수형이상학으로서 신학의 관계

있는 것이 여러 가지 방식으로 있는 것들과 유비 관계에 있고, 있는 것과 하나인 것의 치환 관계 속에서, 하나인 것이 또한 여러 가지 방식으로 하나인 것들과 유비 관계에 있다고 한다면, 그렇게 "하나의 근원"으로서 있는 것과 "어떤 하나의 본성"은 어떤 관계에 있는 것인가? 하나의 근원으로서 있는 어떤 것이 어떤 하나의 본성

67) Aristoteles, Metaphysica B2 998b22.
68) Aristoteles, Metaphysica Δ6 1015b16–1017a6를 보시오.
69) Aristoteles, Metaphysica Δ6 1016b31–1017a3.

을 지니기 위해서는 그것은 규정되어 있어야 할 것이다. 그러나 그것이 있는 것으로서 여러 가지 방식으로 말해지는 있는 것들을 초월한다고 한다면, 그것은 어떻게 규정되고 어떻게 어떤 하나의 본성을 지닐 것인가? 이 문제는 "있는 것을 있는 한에서 그리고 이것에 자기 자신에 따라 존립하는 것들을 고찰하는" 제1철학이 보편형이상학으로서 신을 다루는 특수형이상학으로서의 신학과 어떤 관계 맺는지를 다루는 데에서 다루어질 것이다.

1. 제1철학은 단지 보편형이상학인가 아니면 동시에 특수형이상학으로 신학인가?

그런데 "있는 것을 있는 한에서 그리고 이것에 자기 자신에 따라 존립하는 것들을 고찰하는" 제1철학은 단지 "보편적인"(καθόλου) 형이상학인가 아니면 동시에 특수형이상학으로서 "신학"(θεολογική)인가의 문제가 있다. 『형이상학』6권 1장에서 아리스토텔레스는 "왜냐하면 누군가는 아마도 제1철학이 보편적인지 아니면 특정 유와 어떤 하나의 본성에 관한 것인지를 난감해할 것이기 때문이다."[70] 라고 하면서 스스로 문제를 제기한다. 한편으로 제1철학은 있는 것을 있는 한에서 "보편적으로" 고찰한다는 점에서 보편형이상학(metaphysica genenalis)이라 보인다. 이것은 특히 7권 1장에서 "있는 것이란 무엇인가"의 물음이 "실체란 무엇인가"의 물음으로 전환되었다는 점에서 더욱 그러한 듯이 보인다. 그러나 6권 1장과 11권 7장에서 아리스토텔레스는 이론적인 학문을 자연학, 수학, 신학으로 분류하고 "영원하고, 운동하지 않으며, 따로 떨어져 있는 어떤 것이 있다면"[71], 이론적인 학문 가운데서도 자연학이나 수학에 속하지 않고 신학에 속한다고 함으로써 제1철학은 신에 관계하는 "신학"임을 밝힌다. 이런 점에서 볼 때, 제1철학은 아리스토텔레스에게 있어서 특수형이상학(metaphysica specialis)으로서 신학이라고 생각된다.

그러나 W. Jaeger는 6권은 아직 플라톤의 영향이 강한 초기에 저술된 책이며, 이후 이른바 "실체에 관한 책들", 7, 8, 9권에 의해 대체되었다고 생각했으며[72], 11권은 3, 4, 6권의 내용이 일부 요약되어 있고, 또한 『자연학』의 일부가 발췌된 점으

70) Aristoteles, Metaphysica E1 1026a23-25.

71) Aristoteles, Metaphysica E1 1026a10-11. K7 1064a29, 33-35를 참조하시오.

72) Jaeger, W., Studien zur Entstehungsgeschichte der Metaphysik, 3 아래, Aristoteles. Grundlegung einer Geschichte seiner Entwicklung, 200 아래를 보시오.

로 미루어보아 아리스토텔레스가 직접 저술했다기보다는 이후 다른 사람에 의해 요약, 삽입된 것으로 평가된다. 하지만 혹자는 이미 6권의 위에 인용한 구절에서 아리스토텔레스 자신이 보편형이상학과 특수형이상학의 구분을 하였다는 점에 근거해 양자 사이에는 어떠한 모순도 없다는 점을 지적한다.[73] 일찍이 Ph. Merlan과 J. Owens는 "있는 한에서 있는 것"이란 정식이 탁월한 의미의 "존재"하는 것, 즉 "신적인" 존재자를 간파하고 있다는 점을 논의했다.[74] 게다가 11권은 6권에서 "신학"이라고 하였던 것이 4권에서 말한 "있는 것을 있는 한에서 고찰하는" 학문이라는 점을 분명히 한다.[75]

2. 보편형이상학으로서 제1철학과 특수형이상학으로서 신학의 관계

6권 1장에 따르면, "제1철학은 따로 떨어져 있고, 운동하지 않는 것들을 다룬다. 모든 원인들은 영원하여야 하지만, 특히 이들이 그렇다. 왜냐하면 이들이 명백한 것들에서 신적인 것들의 원인이기 때문이다."[76]라고 한다. "따로 떨어져 있고 운동하지 않으며" "영원한 것들"을 실체들의 원인들이라고 할 때, 그와 같은 것들을 다루는 제1철학은 그런 의미에서 보편형이상학이다. 그런데 아리스토텔레스의 말에 따르면, 그와 같은 것들은 "명백한 것들에서 신적인 것들의 원인"(αἴτια τοῖς φανεροῖς τῶν θείων)이다. "명백한 것들에서 신적인 것들의 원인"이라는 말은, 명백한 것들로 드러나 있는 것들 가운데에 신적인 것들이 있다고 할 때, 그런 신적인 것들에 대해 "원인"(αἴτια)이라는, 여기서 쓰인 αἴτια의 의미를 문맥에 따라 올바르게 이해하면, "책임이 있다"(responsible for)는 말이다. 그렇기 때문에 아리스토텔레스는 "만약 어딘가에 신적인 것이 들어있다고 한다면, 이와 같은 본성 안에 들어있는 것이 매우 분명하다."[77]고 한다. 그러므로 아리스토텔레스의 입장을 좇으면 신적인 것은 그와 같은 성질의 것들 안에 들어있다고 해야 할 것이다.

그런데 그와 같은 본성 안에 들어있는 신적인 것을 다루는 학문이 신학이고 제1

---

73) Patzig, G. und Frede, M., Aristoteles ,Metaphysik Z', 27 아래를 보시오.

74) Merlan, Ph., From Platonism to Neoplatonism, Anm. 1과 Name und Gegenstand, in: Metaphysik und Theologie des Aristoteles, hrsg. v. F.P. Hager, 255, Owens, J. The Doctrine of Being in the Aristotelian Metaphysics, 아래, 그리고 Rapp, Ch., Metaphysik, Substanzbücher (Z, H, Θ). Einleitung, 18을 보시오.

75) Aristoteles, Metaphysica K7 1064a28 아래를 보시오.

76) Aristoteles, Metaphysica E1 1026a15–18.

77) Aristoteles, Metaphysica E1 1026a19–20. K8 1064a36–37을 참조하시오.

철학이 그와 같은 본성을 다룬다고 한다면, 제1철학은 특수형이상학으로서 신학이 될 것이다. 그렇다고 제1철학에 대한 이와 같은 2가지 파악이 서로 모순되는 것도 아니다. 왜냐하면 실체의 원인을 다루는 보편형이상학은 신적인 본성을 다루는 신학에 책임이 있고 그와 같은 특수형이상학으로서 신학은 실체의 원인을 다루는 보편형이상학의 원인이자 근원이 되기 때문이다. 11권 7장은 있는 한에서 있는 것을 고찰하는 제1철학이 단지 실체의 원인을 다루는 보편형이상학으로만 보편적일 뿐만이 아니라, 또한 "있는 것들 안에 어떤 그와 같은 본성이 있다."(ἔστι τις τοιαύτη φύσις ἐν τοῖς οὖσιν)고 할 때, "그 어딘가에 있을 것"(ἐνταῦθ᾿ ἂν εἴη που)이라는 "신적인 것"(τὸ θεῖον), 즉 "처음이자 가장 본래적인 근원"(ἡ πρώτη καὶ κυριωτάτη ἀρχή)을 다루는 특수형이상학으로서의 신학도 보편형이상학의 근원이자 원인으로서 또한 "보편적"(καθόλου)이라고 하는 것을 밝힌다.[78)]

3. 어떤 하나의 본성에서 제1철학의 모습

또한 11권 7장은 "어떤 그와 같은, 말하자면 따로 떨어져있고 움직임이 없는, 실체가 있다"는 것을 나중에 보여줄 것이라고 하는데, 12권을 지시하는 듯하다.[79)] "실체에 대해 고찰"하면서, "실체들의 근원들과 원인들이 탐구되는" 12권에서 "모든 것은 어떤 전체로서" 다루어지고, 거기서 "실체는 첫 번째 부분"이다.[80)] 그런 12권의 마지막 10장에서 아리스토텔레스는 "둘 중 어떤 방식으로 전체의 본성은 좋은 것이자 최고로 좋은 것인지, 즉 그것은 그 자신 자기 자신에 따라 어떤 떨어져있는 것인지 아니면 질서인지가 고찰되어야 한다."[81)]고 하면서, 군대처럼 좋은 것이 질서에도 있고 지휘관이기도 한 경우에 지휘관이 질서에 의해 있는 것이 아니라 질서가 지휘관에 의해 있기 때문에 지휘관 더 좋다는 식으로 두 가지 방식으로 좋은 것이 있을 수 있다는 것을 시사하고는[82)], "모든 것들은, 어류와 조류와 식물은,

---

78) Aristoteles, Metaphysica K7 1064a36 아래를 보시오.

79) Aristoteles, Metaphysica K7 1064a35-36을 보시오. M. Frede는 『형이상학』12권이 독립적인 논문이라고 생각한다. Aristotle's Metaphysics Lambda, ed. M. Frede and D. Charles, Introduction을 보시오. 그러나 김진성은 『Aristoteles, 형이상학』11권, 각주 93)에서 위의 구절이 12권 6, 7장으로 이어지는 것으로 본다.

80) Aristoteles, Metaphysica Λ1 1069a18-20.

81) Aristoteles, Metaphysica Λ10 1075a11-13.

82) Aristoteles, Metaphysica Λ10 1075a13-15.

어떤 방식으로 질서지어 있으나 동일한 방식으로는 아니다. 모든 것들은 어떤 것이 어떤 것에 관계해서 어떠한 것도 있지 않는다는 식으로 그런 방식으로 있는 것이 아니라, 오히려 어떤 것이 있다. 왜냐하면 하나인 것과 관계해서 모든 것들이 질서지어 있기 때문이다."[83]고 한다. 여기서 아리스토텔레스는 "좋은 것"(τὸ ἀγαθόν)과 관계하여 "있다"(ἔστι)는 것을 고찰한다. 그리고 그리스인들에게 "질서지어 있다"(συντέτακται)는 것은 무질서한 것에 비해 "멋진"(καλόν) 것이다. 그러므로 아리스토텔레스는 여기서 "있다"는 것을 좋은 것뿐만이 아니라 또한 동시에 멋진 것과 관계해서 설명하고 있는 것이다.

그런데 여기서 "오히려 어떤 것이 있다"(ἀλλ' ἔστι τι)는 말은, 그것이 파르메니데스처럼 단순히 "있다"는 것을 말하는 것이 아니라, 하나인 것과 관계해서 모든 것들이 질서지어 있듯이 그런 방식으로 질서 지어져서 "어떤 것"(τι)이 "있다"(ἔστι)는 말이다. 그러므로 모든 것들이 하나인 것과 관계해서 질서 지어진 방식으로 "있다"고 하는 이 "어떤 것"이 바로 "신적인 것"이다. 그것은 좋은 것이며 모든 것들을 하나인 것과 관계해서 좋게 멋지게 하는 것이다.

5. 결론

『형이상학』7권 1장에서 아리스토텔레스는 "있는 것이란 무엇인가"의 물음을 "실체란 무엇인가"의 물음으로 바꾸면서 실체가 무엇인지를 규정하고자 한다. 실체가 무엇인지를 규정하는 데서 그는 처음부터 실체를 "그것이 무엇인지"(τί ἐστι)를 묻는 "무엇" 물음과 관계하여 규정하고자 하며, 그렇기 때문에 실체를 "정의"(λόγος)와 관련하여 규정한다.[84] 그로부터 17장에서 아리스토텔레스가 규정하는 바에 따르면, 실체는 결국 "형상"(εἶδος)이다. "그래서 질료의 원인이 모색되어지는데, 이것은 그로 인해 (질료가) 어떤 (특정한) 것이 되는 형상이다. 그런데 이것이 실체다."[85]

83) Aristoteles, Metaphysica Λ10 1075a16–19.

84) Aristoteles, Metaphysica Z1 1028a10 아래, 특히 Z17 1041a6 아래, 그 중에서도 1041a32 아래를 보시오.

85) Aristoteles, Metaphysica Z17 1041b7–9. ὥστε τὸ αἴτιον ζητεῖται τῆς ὕλης [τοῦτο δ' ἐστὶ τὸ εἶδος] ᾧ τί ἐστιν: τοῦτο δ' ἡ οὐσία.

86) Aristoteles, Metaphysica Z17 1041a9–10.

그런데 아리스토텔레스는 그와 같은 실체를 "어떤 근원이자 원인"[86](ἀρχὴ καὶ αἰτία τις)이라고 하면서 4원인과 관련시킨다.[87] 무엇보다도 먼저 그것이 "무엇이었던지"와 관련하여 그것은 "형상"(εἶδος)이다. 이것은 어떤 것이 어떤 것에 대해 서술될 때, 그것의 "근거"(λόγος)라는 의미에서 "원인"(αἰτία, αἴτιον)이다. 그런데 아리스토텔레스에게 있어서는 앞에서도 보았듯이 일차적으로 구체적인 개별자가 문제이기 때문에 그와 같은 형상에는 매번 특정한 어떤 것, 즉 "질료"(ὕλη)가 바탕에 놓여있다. 그런데 이와 같은 질료는 실현상태로 있는 형상에 대해 가능상태로 있는 것이기 때문에 "운동"(κίνησις)인에 종속되어 있다. 그런데 아리스토텔레스에게 운동은 "무엇 때문에"(τίνος ἕνεκα, τὸ τοῦ ἕνεκα)라는 "목적"(τέλος)을 지닌다.

그런데 아리스토텔레스는 실체를 4원인과 관련시키면서 세계가 어떤 방식으로 질서지어 있는지를 드러낸다. 다른 곳에서도 종종 그렇지만 『형이상학』7권 17장에서도 집과 집의 재료를 예로 들면서 집짓는 사람이 집을 지을 때 목적이 있는 것처럼 자연에서 운동을 시키는 것이 생성과 소멸의 원인이라고 할 때도 어떤 목적이 있는 듯이 말한다. 그것이 "무엇이었던지", 즉 형상은 집이나 침대와 같이 인위적인 제작물에 관계할 경우에는 "무엇 때문에"라는 목적이 되지만, 생성과 소멸과 같이 자연적인 운동에 관계할 경우에는 "무엇이 처음으로 움직였는가?"의 운동인이 된다고 말하기 때문이다. 그런데 전자의 경우가 "있음"에 관계한다고 한다면, 후자의 경우에도 그에 못지않게 또는 그보다도 더 존재, 말하자면 우시아, 실체에 관계하는 듯이 보인다. 그렇기 때문에 운동인의 경우에도 목적이 있다고 생각된다. 목적인, "'그 때문에'와 좋은 것"(τὸ οὗ ἕνεκα καὶ τἀγαθόν)이 운동인과 대립되어있는 원인이며, 이것이 모든 생성과 운동의 목적이라고 하는 것은 아리스토텔레스의 기본입장이다.[88]

문제는 단지 자연에서의 운동의 목적이 자연 안에 있는가 아니면 자연 밖에 있는가이다.[89] "무엇이 처음으로 움직였는가"(τί ἐκίνησε πρῶτον)란 표현은 마치 군대에서 지휘자가 군대를 질서 있게 만들듯이 자연에서 생성과 소멸을 질서 있게 만드는 자를 나타내는 듯하다. 그리고 7권에서도 여전히 아리스토텔레스에

87) Aristoteles, Metaphysica Z17 1041a28 아래를 보시오.

88) Aristoteles, Metaphysica A3 983a30-32를 보시오.

89) D. Sedley는 여기서 아리스토텔레스의 부정신학적인 측면을 본다. Sedley, D., Metaphysics Λ 10, in: Aristotle's Metaphysics Lambda, ed. M. Frede and D. Charles, 327 아래를 보시오.

게 "신"(θεός)이 문제가 된다는 것은, 그것이 "무엇인지"(τί ἐστι)에 대응하는 "실체"로 "인간"뿐만이 아니라 또한 "신"을 예로 드는 데서 분명하다.[90] 신은 인간도 아니고 자연도 아니기 때문이다. 1권 2장에서 아리스토텔레스는 "신은 모든 것들에게 원인들에 속해 있고 어떤 근원인 듯이 보인다."[91]고 말한다. 그와 같은 신이 존재한다는 것을 『자연학』8권 1장과 『형이상학』12권 6, 7장에서 자신은 움직이지 않지만 다른 것을 움직이는 운동의 원인이자 "근원"으로서 증명하였다.[92] "어떤 처음 움직이는 것이 있음이 필연이다."[93] "어떤 영원하고 움직이지 않는 실체가 있음이 필연이다. 〔중략〕 그러므로 그것의 실체가 현실 상태인 그런 근원이 있음이 필요하다."[94] "그러므로 그것은 필연으로 있는 것이다. 그리고 그것은 그 필연에 의해 좋은 방식으로 있는 것이며, 또한 그런 방식으로 근원이다."[95] 이와 같은 부동의 원동자로서 신은 군대에서 지휘자와 군대 사이의 관계 예에서 보이듯이 자연 전체의 포괄자이자 지휘자로서 한편으로는 그 자신 자연 전체의 한축을 형성하지만, 다른 한편으로는 자기 자신을 제외한 나머지 자연 전체의 원인이자 근원으로서 그와 같은 자연을 넘어 초월해 있다.

---

90) Aristoteles, Metaphysica Z1 1028a14 아래, 특히 18을 보시오.

91) Aristoteles, Metaphysica A2 983a8–9.

92) Aristoteles, Physica VIII 242a49–54, Aristoteles, Metaphysica Λ6 1071b3–20, Λ7 1072a21–b11을 보시오.

93) Aristoteles, Physica VIII 242a53.

94) Aristoteles, Metaphysica Λ6 1071b4–5, 19–20

95) Aristoteles, Metaphysica Λ7 1072b10. ἐξ ἀνάγκης ἄρα ἐστὶν ὄν· καὶ ᾗ ἀνάγκη, καλῶς, καὶ οὕτως ἀρχή.

참고 문헌

원전

Aristoteles, *Metaphysica*, ed. W. Jaeger. Clarendon, Oxford 1957.

Aristoteles, *Physica*, ed. W. D. Ross. Clarendon, Oxford 1950, 1956 (reprinted with correction).

Aristoteles, *De partibus animalium*, ed. D. M. Balme. Clarendon, Oxford 1972.

Aristoteles, *Topica et sophistici elenchi*, ed. W. D. Ross. Clarendon, Oxford 1958.

Diels, H. und Kranz, H., *Die Fragmente de Vorsokratiker*. Weidmann [6]1951.

Platon, *Opera*, I–V, ed. J. Burnet. Clarendon, Oxford 1900–1907.

Ps. Aristoteles, *De Melisso Xenophane Gorgia*, ed. O. Apelt. Teubner, Leipzig 1888.

Thomas, A., *De Ente et Essentia*, ed. M.-D. Roland-Gosselin. Vrin, Paris 1948.

원전번역

아리스토텔레스, 『아리스토텔레스, 변증론』, 김재홍 옮김, 까치, 1998.

아리스토텔레스, 『Aristoteles, 형이상학』, 김진성 역주, EJB, 2007.

아리스토텔레스, 『Aristoteles, 범주론 · 명제론』, 김진성 역주, EJB, 2005.

2차문헌

Bassenge, F., "Das *to heni einai, to agathôi einai* etc. und das *to ti ên einai* bei Aristoteles", in: *Philologus* 104, 1960, pp. 14–47, 201–222.

Brentano, F., *Von der mannigfachen Bedeutung des Seienden nach Aristoteles. Herder*, Freiburg im Breisgau 1862.

_____ , *On the Several Senses of Being in Aristotle*, ed. & tr. by Rolf George. University of California Press, Berkeley. Los Angeles, London 1981.

Buchanan, E., *Aristotle's Theory of Being, University*(Miss.) Cambridge, Mass. 1962.

Frede, M. and Charles, D., *Aristotle's Metaphysics Lambda*, ed. M. Frede and D. Charles. Clarendon, Oxford 2000.

Frede, M. und Patzig, G., *Aristoteles ‚Metaphysik Z', Text und Übersetzung und Kommentar*, Bd. 1. Einleitung, Text und Übersetzung, Bd. 2. Kommentar. München 1988.

Jaeger, W., *Studien zur Entstehungsgeschichte der Metaphysik des Aristoteles*. Berlin 1912.

_____ , *Aristoteles. Grundlegung einer Geschichte seiner Entwicklung*. Berlin 1923.

Liske, M.-Th., *Aristoteles und der aristotelische Essentialismus*. Freiburg/München 1985.

Merlan, Ph., From Platonism to Neoplatonism. The Hague 1953.

_____ , "Metaphysik: Name und Gegenstand", in: *Metaphysik und Theologie des Aristoteles*, hrsg. v. F.-P. Hager, 1979, pp. 251-65.

Owens, J., *The Doctrine of Being in the Aristotelian Metaphysics*. Toronto 1951, 1963.

Rapp, Ch., "Substanz als vorrangig Seiendes", in: *Metaphysik · Die Substanzbücher* (Z, H, Q), hrsg. v. Christof Rapp, Akademie, Berlin 1996, pp. 27-40.

Ross, W. D., *Aristotle's Metaphysics*, Vol. 1 & 2. A Revised Text with Introduction and Commentary by W. D. Ross. Clarendon, Oxford 1924, 1981 (reprinted).

Schmitz, H., *Die Ideenlehre des Aristoteles*, 3 Bde. Bonn 1985.

_____ , *Aristoteles : Kommentar zum 7. Buch der Metaphysik* (Die Ideenlehre des Aristoteles, Bd. I, Teil 1.) Bonn 1985.

Sedley, D., "Metaphysics Λ 10", in: *Aristotle's Metaphysics Lambda*, ed. M. Frede and D. Charles. Clarendon, Oxford 2000, pp. 327-50.

Weidemann, H., "Zum Begriff des *ti ên einai* und zum Verständnis von *Met. Z* 4, 1029b22-1030a6", in: *Metaphysik · Die Substanzbücher* (Z, H, Q), hrsg. v. Christof Rapp, Akademie, Berlin 1996, pp. 75-103.

Über die mehrfache Weise des Seienden und ihr Verhältnis mit dem einen Ursprung bei Aristoteles

Yang, Tai-Bum

Zusammenfassung

Dieser Aufsatz beschäftigt sich mit der mehrfachen Weise des Seienden und ihrem Verhältnis mit einem Ursprung bei Aristoteles. Met. Δ7 zufolge wird das Seiende nach Akzidentem, Sich selbst, Wahrem und Falschem, und Möglichkeit und Wirklichkeit in mehrfacher Weise gesagt. Dennoch wird es außerdem auch nach verschiedener Bedeutung der Substanz, vertaushcbarem Verhältnis von Seiendem und Einem, Transzendentalien sowie gut, schön, usw., Sujet von Metaphysica universalis, oder specialis, d.h. Theologie, und 4 Ursachen mehrfach gesagt. Es wird zwar mehrfach gesagt, aber in Bezug auf Eines, eine Natur, und einen Ursprung. Hier ist ein Ursprung das Seiende selbst.

Dass es nach Akzidentem und Sich selbst mehrfach gesagt wird, ist die Unterscheidung nach der Prädikation des Prädikats über das Subjekt im wahren Satz. Dem nach hängen alle Akzidente von der Substanz ab. In Met. Z1 reduziert Aristoteles die Frage, was das Seiende ist, auf die, was die Substanz ist, und sagt in Z3, dass τὸ τί ἦν εἶναι, καθόλου, und ὑποκείμενον Substanz genannt werden. Wie in Z17 gezeigt, ist die Substanz nach der Frage, was es ist, εἶδος, und sofern das Seiende bei Aristoteles das Individuum ist, ist die Form durch etwas Materielles bedingt, sodass dieses Etwas in

Verhältnis zur Form das zu Grunde Liegende, d.h. Substratum ist. Das Verhältnis des Substrats zur Substanz, oder der Materie zur Form ist das der Möglichkeit zur Wirklichkeit. Auf Grund der Substanz als Wirklichkeit sind auch alle Akzidente. Aber das Allgemeine so wie Gattung, die in Cat. Substanz genannt wird, ist nicht sie in Met. In der Formulierung: es ist wahr zu sagen, dass das Seiende sei und das Nichtseiende nicht sei und es ist falsch zu sagen, dass das Seiende nicht sei und das Nichtseiende sei, vertritt Aristoteles eine realistische Position, dass die Wahrheit auf den Dingen basiert. Und alles, was in Wirklichkeit und Möglichkeit ist, ist nach ihm im analogischen Verhältnis.

Alles Seiende, was in dieser Weise mehrfach gesagt wird, wird in Bezug auf einen Ursprung, d.h. das Seiende analogisch gesagt. Das Seiende hier geht nicht nur über Akzidente, sondern auch über Substanzen hinaus. In Met. Γ2 versteht also unter einem Ursprung Aristoteles vielmehr das Seienden als die Substanz. Denn diie Substanzen sind da, nicht weil sie Substanzen sind, sondern weil sie sind. Und der Grund für die Vertauschbarkeit von Seiendem und Einem ist, dass das Seiende, sofern es durch etwas bedingt ist, eines ist, und das Eine als so Seiendes das Seiende ist. Dabei sind das Seiende und das Eine nicht Substanzen. Denn da die Substanz ist iregend einem Individuum eigen, so können die Universalien so wie Ursprung, Ursache und Element nicht Substanzen. Aristoteles denk jedoch, dass das so als Ursprung Seiende eine Natur hat. Diese Natur heißt Gott, der als Sujet der metaphysica specialis dem der metaphysica generalis, nämlich dem Getrennt, Unbewegten und Ewigen, Grund verleiht. Nach Aristoteles ist der Gott das Seiende, das in Bezug auf das Ganze, selbst als Gutes getrennt, alles schön in Ordnung bringt. Auf die Welt bezieht sich dieser Gott als die erste Ursache der Bewegung in dieser Welt.

Stichwörter: Aristoteles, das Seiende, mehrfach, ein, Ursprung, Analogie

페트루스 요한네스 올리비의 토마스 아퀴나스 비판의 타당성에 대한 검토

– "경험적 자기인식"과 "습성적 자기인식"의 비교를 중심으로

이 상 섭

요약문

이 논문은 '자기 인식'의 문제와 관련하여 올리비의 토마스 비판의 타당성을 검토하려 한다. 자기인식의 문제를 논의하면서 올리비는 소위 "아리스토텔레스의 숭배자들"의 이론을 비판한다. 올리비 비판의 핵심은 아리스토텔레스의 숭배자들이 자기인식은 오직 매개를 통해 간접적으로만 일어난다고 생각했다는 것이다. 올리비에 따르면 우리의 정신은 감각을 매개로 하여 자기 자신을 현실화시킬 필요 없이 직접 자기 자신의 주시를 자기 자신에게로 향함으로써 자기 자신을 인식할 수 있다. 직접적 자기 인식을 통해서 정신은 자기 자신의 존재와 작용을 인식하고 자기 자신이 바로 이러한 작용들의 주체임을 인식한다는 것이다. 그런데 문제는 토마스 아퀴나스의 이론이 이에 속하는가이다. 토마스 아퀴나스도 역시 올리비처럼 자기인식의 양태를 구분하고, 직접적인 양태의 자기인식인 '습성적 자기인식'을 인정함으로써 올리비의 비판을 벗어나는 것처럼 보이기 때문이다. 그러나 올리비의 관점에서 토마스의 '습성적 자기인식'은 엄밀한 의미의 인식이 아니라 정신의 현전성으로서,

인식의 하나의 조건만을 의미하는 반면, 올리비에게서 직접적 자기인식은 자기 자신의 존재와 본성에 대한 반성적이고 현실적인 인식을 의미한다. 그런 한에서 올리비의 직접적 자기인식과 토마스의 습성적 자기인식은 비교대상이 될 수 없다. 토마스에게서 자기 자신의 존재와 작용에 대한 인식은 현실적인 자기인식을 통해서 주어진다. 그런데 현실적인 자기인식은 감각적 표상으로부터 추상된 가지적 형상에 의해 현실화된 '작용'을 매개로 하는 자기인식이다. 따라서 올리비의 관점에서 아리스토텔레스주의자로서의 토마스 아퀴나스에 대한 비판은 타당하다고 결론내릴 수 있다.

● 주요어 : 습성적 자기인식, 아리스토텔레스 숭배자, 정신의 자기 현전성, 직접적 자기인식, 추론적 자기인식, 토마스 아퀴나스, 페트루스 요한네스 올리비, 경험적 자기인식

I. 머리말

토마스 아퀴나스의 철학은 그의 큰 영향력을 반영하듯이 많은 논의의 대상이 되었다. 물론 그의 사상이 항상 긍정적으로 논의된 것만은 아니다. 비록 곧 해제되기는 했지만 그의 사후 3년 만에 그의 일부 가르침이 파리와 캔터베리 대주교에 의해 유죄판결을 받았다는 점은 이를 방증해준다. 토마스에 대한 비판은 한편으로는 라틴 아베로에스주의자들로부터, 다른 한편으로는 아우구스티누스주의적 경향의 신학자들로부터 나왔다. 물론 세부적인 차이는 있지만 두 경우 모두 토마스 아퀴나스의 "아리스토텔레스주의"를 문제삼는다는 점에서 공통점을 갖는다. 특히 아우구스티누스주의적인 신학자들은 소위 "신-아우구스티누스주의"를 형성하여 토마스의 철학에서 교회의 가르침을 위협하는 아리스토텔레스(주의)를 목격하고 그의 이론을 비판하고 수정하려는 노력을 하였다.[1]

프란치스코회에 속한 스콜라 철학자였던 페트루스 요한네스 올리비(Petrus Iohannes Olivi)도 그러한 경향의 철학자에 속한다. 도미니크회와 프란치스코회의 학문 내용과 방법의 차이에 비추어, 그리고 또한 올리비 자신이 소위 "주류적" 사유에서 벗어나는 성향을 보였던 철학자로서 기존의 학문적 전통에 대해서 비판적

1) A. 마우러, 『중세철학사』, 조홍만 역, 서광사 2007, 247-248 참조.

이었다는 것을 고려하면 올리비와 토마스 간에는 적지 않은 차이가 있으리라는 것을 어렵지 않게 짐작할 수 있을 것이다. 올리비 비판의 일차적인 타켓은 항상 아리스토텔레스주의였다.[2] 그리고 널리 알려졌듯이 토마스 아퀴나스가 13세기에 아리스토텔레스주의를 가장 적극적으로 받아들였던 사람들 중의 하나였다는 것은 분명하다. 그러므로 올리비 자신이 명시적으로 거명하지는 않았다 하더라도 그가 아리스토텔레스주의자들을 비판하면서 토마스 아퀴나스를 비판하였다는 것은 분명해 보인다.[3]

그러나 비판을 했다는 사실이 비판의 타당성을 정당화해주지는 못한다. 이 글에서는 올리비의 토마스 비판 중에서 특히 '자기 인식'의 문제에 초점을 맞추어 그의 비판의 타당성을 검토해 보려고 한다.[4] 이 문제와 관련해서 올리비의 비판이 검토의 대상이 되는 이유는 그의 비판 내용과 근거가 아리스토텔레스(주의)에는 적용되더라도, 정확히 토마스 아퀴나스에게는 해당되지 않는 것처럼 보이기도 하기 때문이다. 심지어, 앞으로 본문을 통해서 살펴보겠지만, 어떤 점에서 올리비 자신의 이론과 토마스의 이론이 일치하는 것처럼 보이기도 한다. 이와 관련해서 우리는 올리비가 토마스의 이론을 잘못 이해하고 있다거나 또는 해석자들이 올리비의 비판을 토마스와 잘못 연결 짓고 있다고 볼 수도 있다. 그러나 이러한 결론은 오직 토마

2) 올리비의 생애와 비판적 성향의 사고방식에 대해서는 Th. Kobusch, "Petrus Johannis Olivi", in: M. Knapp/Ders.(ed.), *Querdenker. Visionäre und Außenseiter in Philosophie und Theologie*, Darmstadt 2005, 106-116 참조. 아리스토텔레스 비판에 대해서는 특히 107-110 참조.

3) 올리비의 아리스토텔레스 비판이 토마스에 대한 비판을 포함한다는 견해에 대해서는 S. Piron, "Petrus Johannis Olivi. Impugnatio quorundam articulorum Arnaldi Galliardi, articulus 19. Présentation", in: *Oliviana* 2|2006, mis en ligne le 27 juin 2006, Consulté le 09 septembre 2010. URL: http://oliviana.revues.org/index52.html; Chr. Rode, "Der Begriff der inneren Erfahrung bei Petrus Johannis Olivi", in: *Bochumer Philosophisches Jahrbuch für Antike und Mittelalter* 13(2008), 123-141 참조.

4) 자기인식이론의 관점에서 토마스 아퀴나스와 요한네스 올리비를 비교하려는 이 논문은 Rode, "Der Begriff der inneren Erfahrung bei Petrus Johannis Olivi"에 크게 빚지고 있다. 그러나 본문에서 밝히겠지만 세부적인 면에서 그의 입장에 동의하지 않으며, 사실상 이 논문의 목적중의 하나가 Rode의 주장을 교정하는데 있다. 그런 점에서 올리비의 자기인식이론에 대한 설명에 있어서 어느 정도 Rode의 설명과의 중복을 피할 수 없다는 점을 미리 밝힌다. 올리비의 자기인식이론에 대해서는 Rode외에 F.-X. Putallaz, *la connaissance de soi au xiiie siecle. De Matthieu d'Aquasparta à Thierry de Freiberg*, Paris 1991, 85-133 참조. 자기인식의 문제를 직접적으로 다루지는 않지만, 올리비의 '반성'개념을 다루고 있는 Th. Kobusch, "Person-die verkörperte Selbstreflexivität. Grundstrukturen der Personlehre des Petrus Johannis Olivi", in: G. Mensching(ed.), *Selbstbewußtsein und Person im Mitteralter*, Würzburg 2005, 67-79도 참조.

스에 대한 〔것이라고 가정된〕 올리비의 비판이 실제로 타당하지 않다는 것이 입증될 경우에만 내려질 수 있다. 이것을 검토하는 것이 이 논문의 목적이다. 그러나 이 글을 통해서 우리는 어느 누구의 이론이 그 자체로 타당한가를 따지지는 않을 것이다. 다만 자기 인식의 문제에 관한 올리비의 아리스토텔레스주의 비판이 토마스 아퀴나스의 이론에도 적용될 수 있는가만을 묻게 될 것이다. 이를 위해서 먼저 올리비의 자기인식에 관한 이론과 아리스토텔레스주의 비판을 살펴보고(II), 토마스 아퀴나스의 이론을 조망한 후에 양자의 이론을 비교(III)한 후, 이를 바탕으로 결론을 도출할 것이다(IV).

II. 올리비의 자기인식 이론과 토마스 비판

1. per modum sensus experimentalis vs. per ratiocinationem

올리비의 자기인식에 관한 이론은 그의 『명제론집주해』 제2권 제76문제, 제79문제와 『아르날두스 갈리아르두스의 논항들에 대한 비판』에서 찾아볼 수 있다. 올리비는 자기인식을 두 종류로 구분한다. 그런데 일반적으로 스콜라철학에서 자기인식의 문제는, 적어도 '인식'이 문제가 되는 한에서, 인식의 주체로 간주되는 영혼 혹은 보다 구체적으로 감각 혹은 지성(정신)의 자기인식의 문제의 형태로 제기된다. 올리비도 이러한 전통에 서 있는 것으로 보인다. 이에 따라 올리비는 "영혼은 자기 자신을 두 가지 방식으로 인식하거나 인식할 수 있다"고 주장한다. 이것은 각각 "경험적 감각과 일종의 촉각의 방식으로(per modum sensus experimentalis et quasi tactualis)" 그리고 "유와 종차를 탐구하는 이성적 추론의 방식으로(per ratiocinationem per quam investigat genera et differentias)" 자기를 인식하는 것이다.[5] 이러한 구분은 사실 아우구스티누스로부터 비롯되었으며[6] 적지 않은 스콜라철학자들이 받아들인 구분이며[7], 심지어 – 곧 살펴보게 되겠지만 – 토마스 아퀴나

5) Petrus Iohannis Olivi, *Quaestiones in secundum librum Sententiarum*, ed. B. Jansen, vol. III, Quaracchi 1926, q. 76, p. 146–147. 이하에서 이를 각각 '경험적(또는 직접적) 자기인식'과 '추론적 자기인식'으로 부를 것이다.

6) Augustinus, *De Trinitate*, ed. W. J. Mountain, Turnhout 1968(Corpus Christianorum. Series Latina. 50/50a), 10, 12, 19 참조.

7) Putallaz, *la connaissance de soi au xiii^e siecle*에서 이를 확인할 수 있다.

스도 받아들이고 있다.

첫 번째 방식의 자기인식을 통해서 영혼은 자기 자신이 존재하고 사유하고 욕구하고 보고 듣고 신체를 움직인다는 것을 의심 없이 지각하게 된다. 그런데 영혼이 자기 자신이 언급된 작용들을 수행함을 안다는 것은 곧 영혼이 자기 자신이 그러한 작용들의 주체라는 사실을 안다는 것을 의미한다. 영혼의 자기 인식이 영혼 자신이 그러한 작용들을 수행할 뿐만 아니라 그러한 작용들의 주체라는 사실에 대한 인식도 포함하는 이유는, 바로 이 인식이 자기 자신의 작용뿐 아니라 대상들에 대한 인식의 원리이고 근거가 되기 때문이다. 다시 말해 자기 인식이 모든 다른 인식 작용의 원리이고 근거가 된다는 것이다. 그리고 또한 자기 자신이 사유작용의 주체임을 인식하기 때문에 '나는 인식한다' 또는 '나는 의심한다'와 같은 명제를 구성할 수 있게 된다.[8)]

그런데 여기에서 중요한 것은 자기 자신이 바로 자기가 발휘하는 작용들의 주체라는 사실이 직접적으로, 올리비의 표현에 따르면, "자신의 지성적 주시(aspectus)를 자기 자신과 자신의 작용들에 직접적으로 전환함으로써" 자기 자신에게 알려진다는 것이다. 경험적 감각과 일종의 촉각의 방식으로 자기를 인식하기 위해서는 자기 자신 외에 어떠한 다른 매개를 통하지 않고 자기의 지성적 주시를 자기 자신에게 되돌리는 것만으로 충분하다. 그리고 이 정신의 자기 자신에 대한 주시는 "항상 그리고 지속적으로" 일어나는 것이지 때에 따라 일어나는 것이 아니다. 즉 올리비에 따르면 영혼은 항상 지속적으로, 그것도 직접적으로 자기 자신을 인식하고 있다고 말할 수 있다.[9)]

그런데 이러한 방식의 자기 인식은 영혼의 본성 자체에 대한 인식을 제공하지는 않는다. 직접적 영혼의 주시는 영혼의 본질규정과 속성들을 파악할 정도로 충분히 명석하지 않기 때문이다. 그래서 영혼은 직접적 자기인식을 통해서 자기의 본질규

---

8) Petrus Iohannis Olivi, *Quaestiones in secundum librum Sententiarum*, q. 76, 146: "Et hoc modo indubitaliter sentit se esse et vivere et cogitare et velle et videre et audire et se movere corpus et sic de aliis actibus suis quorum scit et sentit se esse principium et subiectum. Et hoc in tantum quod nullum obiectum nullumque actum potest actualiter scire vel considerare, quin semper ibi sciat et sentiat se esse suppositum illius actus quo scit et considerat illa. Unde et semper in suo cogitatu format vim huius propositionis, scilicet 'ego scio vel opinor hoc vel ego dubito de hoc'."

9) Petrus Iohannis Olivi, *Quaestiones in secundum librum Sententiarum*, q. 76, 146: "Hanc autem scientiam sui habet anima per immediatam conversionem sui intellectualis aspectus super se et super suos actus. Quid quidem, quamdiu est in pervigili usu liberi arbitrii, semper et continue stat super eam conversus."

정과 속성들을 유와 종차를 가지고 규정하거나 다른 사물들의 유와 종차와 구별하지는 못한다. 이러한 종류의 자기인식은 두 번째 방식의 자기인식에게 유보되어 있다. 그러나 그럼에도 직접적인 자기인식을 통해서 인식되는 것이 오직 자기 자신이 존재한다는 사실, 자기가 발휘하는 작용들의 주체라는 사실만은 아니다. 비록 유와 종차를 통한 정의를 내림으로써 자기 자신의 본질을 인식하는데 이르지는 못하지만, 자기 자신이 인식의 주체라는 사실을 인식하는 것은 이미 자기 자신이 인식작용, 욕구작용 등을 발휘하지 못하는 존재가 아니라는 사실을, 즉 자기 자신이 생명이 없는 존재자들과 구별된다는 사실을 알고 있다는 것을 의미하기 때문이다.[10)]

경험적 자기 인식을 통해서 영혼은 자기 자신이 존재한다는 것과 인식한다는 것을 알며, 또한 자기 자신이 존재와 인식 및 자신이 발휘하는 다른 여타 작용들의 주체임을 알며, 더 나아가 자기가 그러한 작용들의 주체라는 인식을 통해서 이미 자기 자신이 그러한 작용을 발휘하지 못하는 존재와는 구별된다는 인식을 하게 된다. 다시 말해서 직접적 자기 인식을 통해서 영혼은 이미 자기 자신의 본성에 대한 인식을 어느 정도 소유하고 있다고 말할 수 있다.[11)]

올리비가 말하는 두 번째 방식의 자기인식은 첫 번째 방식의 자기인식이 제공하지 못하는 자기 자신에 대한 인식내용을, 즉 유와 종차를 제공한다.[12)] 그러나 경험적 자기인식과 추론적 자기인식 사이에는 인식내용뿐만 아니라 인식양태의 차이도 있다. 이성적 추론은 직접적인 양태의 인식이 아니라 일종의 매개를 통한 인식이기 때문이다. 그런데 올리비는 추론적 자기인식의 매개를 위해 영혼은 감각이나 감각적 표상에서 출발하지 않는다는 것을 강조한다. 물론 감각이 자기인식에서 완전히 배제되지는 않는다. 그럼에도 분명한 것은 그리고 강조해야할 것은 올리비에 따르면 추론적 자기인식의 출발점 또는 원리는 감각이 아니라, 직접적 자기인식이

---

10) Petrus Iohannis Olivi, *Quaestiones in secundum librum Sententiarum*, q. 76, 146: "Quia tamen non est sufficienter clarus ad omnes essentiales rationes et proprietates animae contuendas et discernendas: ideo, licet mens per ipsum immediate sentiat se et palpet, non tamen scit suam naturam per genera et differentias discernere ab omnibus aliis generibus et differentiis aliarum rerum. Bene tamen scit se differre ab omni non vivo et ab omni natura quae nullo modo potest in se habere actus apprehensivos et appetitivos et motivos quos ipsa se sentit habere."

11) Rode, Der Begriff der inneren Erfahrung bei Petrus Johannis Olivi, 130 참조.

12) Petrus Iohannis Olivi, *Quaestiones in secundum librum Sententiarum*, q. 76, 147: "Secundus modus se sciendi est per ratiocinationem per quam investigat genera et differentias quae per primum modum non novit."

라는 것이다. 직접적 자기인식을 통해서 자기 자신에 대해서 알려진 것은 추론적 자기인식에 대해서 이를테면 오류가 없고 의심할 수 없는 제일원리와 같이 기능한다. 이성적 추론을 통한 자기인식이 출발점으로 삼는 내용은 '영혼이 살아 있는 것이며 앞에서 언급한 모든 작용들의 원리이고 주체라는 것'이다. 이것은 모두 영혼이 직접적으로 자기 자신을 향하면서 알게 되는 인식내용들이다.[13] 이와 같이 직접적으로 알려진 인식내용들을 출발점 또는 원리로 삼아 그 안에 함축되어 있는 내용들을 이끌어내는 것이 이성적 추론을 통한 자기인식의 방법이다.

자기 자신이 살아 있는 존재이며 여러 종류의 인식작용을 수행하며 신체를 움직인다는 사실로부터 영혼은 자기 자신이 모든 물체적인 것을 초월한다는 것을 추론해낸다. 물론 이러한 추론이 가능하려면 영혼의 작용들의 본성에 대한 인식뿐만 아니라 물체들의 본성에 대한 인식을 가지고 있어야만 한다. 그럴 경우에만 양자를 비교하여, 물체는 결함 있는 본성을 가지고 있고 반면에 영혼 자신에게 속하는 작용들의 본성은 숭고하다는 것을 알게 되기 때문이다. 그런데 영혼이 물체들의 본성을 알기 위해서는, 즉 자기의 밖에 있는 것을 알기 위해서는 밖에 있는 것에 대한 정보를 제공해주는 역할을 하는 것이 필요하다. 바로 여기에서 감각과 상상력의 필요성이 대두된다. 감각과 상상력은 지성에게 외적인 대상들에 대한 정보를 전달하고 재현해주는 일종의 심부름꾼의 역할을 하게 된다.[14]

이성적 추론을 통한 자기인식을 설명하면서 올리비는 타자의 정신의 존재에 대해서 간략하게 언급한다. 올리비는 아우구스티누스가 철학사에서 최초로 제기했던 타인의 정신의 문제를[15] 역시 아우구스티누스의 방식으로 설명한다.[16] 그렇지만 여기에서 올리비의 의도는 정신의 〔자기〕 인식에서 감각의 역할을 더 자세히

---

13) Petrus Iohannis Olivi, *Quaestiones in secundum librum Sententiarum*, q. 76, 147: "Incipit ergo primo ab iis quae per primum modum sciendi tanquam prima et infallibilia ac indubitabilia principia de se novit et tenet, puta, quod ipsa est res viva et principium et subiectum omnium actuum praedicatorum."

14) Petrus Iohannis Olivi, *Quaestiones in secundum librum Sententiarum*, q. 76, 147: "Ex hoc autem, si est perspicax, arguit se transcendere omne corporeum. Quia tamen ad hoc recte et perspicaciter arguendum oportet se scire defectivam naturam corporum et corporalium et sublimem naturam praedictorum actuum animae ac deinde comparare sublimes perfectiones praedictorum actuum ad defectivam naturam corporalium: ideo oportet animam prius investigasse naturam corporum et praedictorum actuum. Et quia ad sciendas naturas corporum sunt nobis necessarii actus exteriorum sensuum et imagines, tanquam nuntii exteriora intellectui nuntiantes et praesentantes: ideo pro tanto sensus et imaginatio sunt necessarii ad hunc secundum modum sciendi quid est anima."

설명하기 위한 것으로 보인다. 즉 첫 번째 방식의 자기인식과 달리 두 번째 방식의 자기인식은 감각과 감각적 표상을 필요로 하며 첫 번째 방식을 통해서 단지 부정을 통해서만 인식되었던 ("자기 자신은 ...과 다르다") 자기의 본성을 두 번째 방식을 통해서는 유와 종차를 이용해서 본성에 따라 인식하게 된다.

2. 아리스토텔레스주의자의 자기인식이론에 대한 비판

올리비는 위에서 설명한 두 종류의 자기인식의 구분을 통해서 얻은 결과들을 토대로 "아리스토텔레스 숭배자들(cultores Aristotelis)의 오류"를 비판한다. 비판의 초점이 어디를 향하는지는 이미 『명제론집주해』제2권 제76문제의 제목이 시사해 준다. 아리스토텔레스주의자들의 잘못은 "영혼이 자기 자신을 어떻게 인식하는가, 즉 상(species)을 통해서 인식하는가 아니면 본질을 통해서 인식하는가, 그리고 자신의 주시를 자기 자신에 직접 향하게 함으로써 인식하는가 아니면 감각적 표상으로 먼저 향하게 하는가?"[17]라는 문제를 잘못 고찰하였다는데 있다. 그에 따르면 아리스토텔레스주의자들은 영혼이 자기 자신을 직접 인식하지 못하고 간접적으로, 즉 외적인 감각을 통해서 받아들여진 감각적 표상을 먼저 지향한 후 비로소 자기 자신을 인식한다고 생각했다는 것이다. 올리비가 정리한 아리스토텔레스주의자들의 논거는 크게 두 가지이다. 첫 번째 논거는 자기를 인식하지 못한다고 생각되는 유아와 광인의 경우에서 찾을 수 있다. 아리스토텔레스주의자들에 따르면 영

15) Augustinus, De trinitate, 8, 6, 9. G. Matthews, Introduction to *Augustine. On the Trinity Books 8-15*, Cambridge 2002, xiv 참조.

16) Petrus Iohannis Olivi, *Quaestiones in secundum librum Sententiarum*, q. 76, 147: "De animabus vero aliorum hominum scio hoc partim per sensus hoc colligendo, partim per internam inspirationem animi mei. Per sensus enim adverto in aliorum corporibus esse opera vitae et motus et sensus, et ex hoc animus meus per quandam fortem conspirationem aestimat et quasi sentit illos habere animum similem sibi." 참조.("타인의 영혼에 대해서 우리는 부분적으로는 감각을 통해서 ... 부분적으로는 내 영혼의 내적 성찰을 통해서 알게 된다. 나는 감각을 통해서 타자의 신체 속에 생명과 운동과 감각의 작용이 있다는 것을 주목하게 되고, 이로부터 내 영혼은 일종의 강력한 일치를 통해 그들이 자신의 것과 비슷한 영혼을 가지고 있다고 평가하고 지각하게 된다.")

17) Petrus Iohannis Olivi, *Quaestiones in secundum librum Sententiarum*, q. 76, 145: "... quomodo scilicet anima sciat se ipsam, an scilicet per speciem seu per essentiam et an per immediatam reflexionem sui aspectus super se aut primo dirigendo aspectum ad phantasmata, id est, ad species imaginarias per actus sensuum exteriorum acceptas."

혼이 다른 것을 통하지 않고 자기 자신을 통해서 자기 자신을 인식할 수 있다면 유아나 광인이 자기가 자신을 알지 못하는 상황은 벌어지지 않았을 것이라는 것이다. 올리비의 보고에 따르면 아리스토텔레스주의자들은 자기인식의 과정이 능동지성의 빛에 의한 감각적 표상으로부터의 가지적 형상의 추상으로부터 시작된다고 말한다. 이렇게 추상된 가지적 형상들을 통해서 먼저 감각적 사물들이 인식되고 그러고 난 후에야 추상작용의 원리와 주체 그리고 기체의 본성에 대한 탐구가 이루어지게 된다는 것이다. 자기인식은 감각적 표상에서 출발하여 자기 자신에 이르는 이성적 추론을 통한 간접적이고 매개적인 길을 걷는다는 것이다.[18]

올리비가 설명하는 아리스토텔레스주의자들의 두 번째 논거는 많은 사람들이 정신의 본성에 대해 잘못을 범하고 있다는 사실에서 출발한다. 사람들에 따라서 영혼을 물체로 보거나 연장성을 갖는 가멸적 형상으로 보거나 또는 물체 운동의 원동자로 보는 다양한 견해가 있다는 것을 우리는 경험을 통해서 확인할 수 있다. 그런데 이러한 의견의 다양성은 영혼이 매개를 통하지 않고 직접적으로 자신의 본질을 볼 수 있다면 일어날 수 없는 일이라고 올리비가 보고하는 아리스토텔레스주의자들은 주장한다. 영혼이 자신의 본성에 대해서 미리 알고 있다면 자신과 물체의 차이에 대해서 그리고 자신과 신체의 결합방식에 대해서 알 수 있을 것이라는 것이다.[19]

이에 대한 올리비의 비판의 핵심은 아리스토텔레스주의자들은 두 종류의 자기인식의 차이를 알지 못하고 추론적 자기인식만을 알고 있으며 그 결과 경험적 자기인식의 직접성으로부터 오는 확실성을 간과하는 잘못을 범했다는데 있다. 이 점은 『아르날두스 갈리아르두스의 논항들에 대한 비판』에서도 역시 잘 드러난다. 올리비는 영혼이 감각적 표상 없이는 인식할 수 없다는, 아리스토텔레스의 『영혼론』에 근거한 주장을 아우구스티누스의 『삼위일체론』을 인용하면서 거부하고 "영혼은 감각과 표상의 도움 없이 자기 자신 및 자신의 능력과 작용들을 인식한다"[20]고 말한다. 『명제론집주해』 제2권 제76문제에서와 같은 주장이다. 논거는 정신이 감각적 표상의 매개를 통해서만 자기를 인식한다면 결코 직접적으로 자기를 반성할

18) Petrus Iohannis Olivi, *Quaestiones in secundum librum Sententiarum*, q. 76, 145 참조.

19) Petrus Iohannis Olivi, *Quaestiones in secundum librum Sententiarum*, q. 76, 145 참조. 흥미롭게도 아우구스티누스는 같은 논거를 통해서 영혼이 '물체'가 아니라는 사실을 추론해 낸다.

20) Petrus Johannis Olivi. *Impugnatio quorundam articulorum Arnaldi Galliardi, articulus 19*, in: *Oliviana* 2 | 2006, mis en ligne le 27 juin 2006, Consulté le 31 mai 2010. URL: http://oliviana.revues.org/index56.html, n. 22.

수 없다는 것이다. 그러나 직접성이 결여된다고 해서 자기인식 자체가 불가능하다는 결론은 도출되지 않을 것처럼 보인다. 즉 정신이 자기 자신과 자신의 작용들을 간접적으로 인식한다고 해서, 그렇게 인식된 것이 자기 자신과 자기 자신의 작용들이 아니라는 것을 말해주는 것은 아닌 것처럼 보이기 때문이다. 그러나 올리비는 바로 이것을 문제 삼는다.

올리비는 인간이 자기 자신의 존재와 작용에 대해서 오류의 가능성 없이 확실성 있게 인식한다는 것은 의심할 수 없는 사실이라고 말한다. 그런데 이러한 확실성은 직접성으로부터 나온다는 것이 올리비의 주장이다. 그러나 만일 인간이 자기 자신의 존재와 생명에 대한 인식을 감각적 표상의 매개를 통해서만 갖게 된다면 의심이 생겨나게 될 것이다. 왜냐하면 감각적 표상은 직접적이고 단일한 방식이 아니라 간접적이고 불규칙하게 표상하며, 또한 그 자체로가 아니라 취합과 계산을 통해서 표상하기 때문이다. 그리고 바로 이것이 정신과 정신의 능력을 대상과 작용을 통해서 인식한다고 주장하는 사람들이 정신의 자기인식을 설명하는 방식인 것이다. 매개를 통해서 자기 자신과 자신의 작용을 인식하게 된다면, 우리가 확실성 있게 알 수 있는 것은 '작용들이 특정화될 수 없는 *어떤* 능력으로부터 나왔고 *어떤* 주체 안에 있다'는 사실뿐이다. 올리비는 그 경우에 과연 그 주체가 바로 '나 자신'이라는 것을 그리고 그 능력들이 '나'의 능력들이라는 것을 어떻게 알 수 있겠는가라고 반문한다. 직접적인 자기 자신에 대한 인식만이 그러한 인식의 확실성을 보장해 준다는 것이다.[21)]

올리비는 직접적인 자기인식의 확실성이 다른 모든 인식의 확실성의 기초가 된다고 말한다. 내가 어떤 것을 확실하게 인식하기 위해서는 먼저 그 인식이 나의 것이고, 내가 그 어떤 것을 인식하는 자라는 것을 알아야만 한다. 자기 확실성이 대상 인식의 확실성의 기초가 된다는 것이다. 그것은 또한 자신의 작용에 대한 인식의

---

21) Petrus Johannis Olivi. *Impugnatio quorundam articulorum Arnaldi Galliardi, articulus 19*, n. 10: "Scit enim homo se esse et vivere sic infallibiliter quod de hoc dubitare non potest. Si autem homo non sciret se esse et vivere nisi per fantasmata, posset inde non immerito dubitatio suboriri, cum illa non possint hoc representare directe et uniformiter, sed valde indirecte et difformiter, nec possint hoc per se et primo, sed solum per multiplicem collationem et ratiocinationem. Unde et auctores huius positionis dicunt quod nos devimus in cognitionem nostre mentis et nostre potentie intellective per actus eius, et in cognitionem actuum per cognitionem obiectorum. ... Licet enim certi simus quod illi actus manant ab aliqua potentia et sunt in aliquo subiecto, unde per hoc sciemus quod illud subiectum sumus nos et quod illa potentia est nostra?"

경우에도 해당된다. '내가 바로 그 작용의 주체이다'라는 인식이 선행해야만 나는 나의 작용들에 대한 인식에 이를 수 있다. 나의 '작용'들은 '나'의 작용으로서 나에게 귀속되는 한에서만, 나에 의해 나의 작용으로 파악될 수 있다는 것이다.[22] 그리고 올리비는 이러한 인식을 경험적 자기인식이 제공한다고 주장한다.

III. 올리비의 토마스 비판의 타당성 검토

위에서 살펴본 올리비의 비판은 아리스토텔레스(주의자)들을 향해있다. 이 점은 그가 텍스트에서 명시적으로 밝히고 있기에 논란의 여지가 없다. 그리고 이러한 비판은 분명히 아우구스티누스의 관점으로부터 취해지고 있다. 우리가 검토해야 할 문제는 이러한 비판의 타당성이다.

우선 올리비의 비판을 아리스토텔레스 자신에게 향하도록 한다면 이 비판은 타당할 것인가? 아리스토텔레스는 『형이상학』에서 정신의 자기 인식은 직접적인 것이 아니라 "부수적으로"(en parergo) 일어나는 것이라고 명확히 밝히고 있다.[23] 그런 점에서 올리비의 비판이 아리스토텔레스의 이론과 관계가 있다는 것은 분명하다고 할 수 있으며, 마찬가지 이유로 아리스토텔레스를 신봉하는 사람들이 – 만일 그들이 아리스토텔레스를 수정 없이 받아들이고 있다면 – 올리비 비판의 표적이 된다는 것도 분명하다. 그렇지만 과연 토마스 아퀴나스가, 적어도 자기인식과 관련해서 그러한 아리스토텔레스의 숭배자에 속한다고 할 수 있을까?

일단 우리가 살펴본 올리비의 텍스트에서 그가 비판하는 입장을 토마스 아퀴나스가 취하고 있다는 것은 분명하다. 예를 들어 올리비가 아리스토텔레스 숭배자의 것으로 돌린 '우리는 우리의 정신과 정신의 능력을 작용을 통해서, 그리고 작용은 대상을 통해서 인식한다'는 주장은 토마스 아퀴나스의 것이기도 하기 때문이다. 즉 토마스는 "어떤 것은 현실태에 있는 한에서 인식가능하다"는 원리에 기초해서 다음과 같이 말하고 있다. "인간의 지성은 가지적 사물들의 유에서 가능태에 있는 존재자와 같다. ... 그래서 인간 지성은 자기 자신으로부터는 인식할 수 있는 힘을

22) 여기에서는 올리비는 '지성' 또는 '영혼'이라는 3인칭 명사가 아니라, '나(ego)'라는 1인칭을 사용한다. 이 점에 주목해서 올리비를 데카르트의 선구자로 평가하기도 한다. 이에 대해서는 Rode, Der Begriff der inneren Erfahrung bei Petrus Johannis Olivi, 124 참조.

23) Aristoteles, *Metaphysica*, ed. W. Jaeger, Oxford 1992[12], XII, 1074b35f.

가지고 있지만, 현실태에 놓이지 않는다면 인식될 수 있는 힘은 없다. ... 우리의 지성은 ... 능동지성의 빛에 의해서 감각대상들로부터 추상된 가지적 형상들에 의해 현실태에 놓이게 되는 한에서 자기 자신을 인식할 수 있다는 결론이 나온다. ... 따라서 우리 지성은 본질을 통해서가 아니라 작용을 통해서 자기를 인식한다."[24)]

사실 토마스 아퀴나스가 인간지성에게 직접적이고 무매개적인 양태의 자기인식을 부여하지 않았다는 비판 또는 평가는 올리비 만의 것이 아니다. 올리비에 앞서 같은 교단의 아쿠아스파르타의 마태우스(Mathaeus ab Aquasparta)도 그러한 평가를 내렸다. 그에 따르면 토마스 아퀴나스는 인간의 영혼이 신체와 결합된 한에서 자기 자신과 자신의 습성(habitus)에 대해 직접적인 인식을 하지 못하고, 오직 작용을 통해서만 자신이 존재한다는 것과 습성이 자신에게 내속한다는 것을 지각할 뿐이라고 주장한다. 인간 지성은 대상에서 출발해서, 가지상, 습성, 능력(potentia) 그리고 마지막으로 자신의 본질의 순서로 인식을 하게 된다. 또한 마태우스는 토마스가 그러한 주장을 첫째, 인간 영혼의 신체와의 결합, 둘째 현실태와 가지성의 비례관계에 근거를 두고 있다고 설명한다.[25)] 이러한 설명들은 바로 위에서 인용한 토마스 아퀴나스의 주장에 부합된다. 또한 로저 마스톤(Roger Marston)도 같은 텍스트를 인용하면서 토마스 아퀴나스가 인간 지성의 자기인식을 매개적 양태의 인식으로 환원했다는 비판을 한다.[26)]

아쿠아스파르타의 마태우스나 로저 마스톤 그리고 올리비는 모두 아우구스티누스적 성향의 철학자들로 분류될 수 있다. 이들은 모두 공통적으로 토마스 아퀴나스가 자기 인식의 문제에 있어서 간접적이고 매개적인 인식만을 인정했다고 비판한다. 그리고 이 비판에 이어 자신들의 고유한 입장으로 모두 아우구스티누스에 의존해서 – 세부적인 차이를 도외시하면 – 일종의 직접적–무매개적이고 직관적

---

24) Thomas Aquinas, *Summa Theologiae*, ed. P. Caramello(Marietti), Rome–Turin 1952–1962, Pars I, q. 87, a. 1: "unumquodque cognoscibile est secundum quod est in actu, et non secundum quod est in potentia. ... Intellectus autem humanus se habet in genere rerum intelligibilium ut ens in potentia tantum. ... Unde ex seipso habet virtutem ut intelligat, non autem ut intelligatur, nisi secundum id quod fit actu. ... consequens est ut sic seipsum intelligat intellectus noster, secundum quod fit actu per species a sensibilibus abstractas per lumen intellectus agentis, quod est actus ipsorum intelligibilium, et eis mediantibus intellectus possibilis. Non ergo per essentiam suam, sed per actum suum se cognoscit intellectus noster."

25) Putallaz, *la connaissance de soi au xiii^e siecle*, 34–36 참조.

26) 마스톤의 토마스 비판에 대해서는 Putallaz, *la connaissance de soi au xiii^e siecle*, 144–161 참조.

양태의 자기인식을 제안한다. 위의 인용문에서 분명히 알 수 있듯이 토마스는 가지성에 있어서 가능태에 있는 인간 지성은 자기인식을 위해서 먼저 현실태에 도달해야만 하며 이를 위해서 감각적 표상으로부터의 가지적 형상의 추상과 그것을 통한 매개가 필수적이라고 주장한다. 그렇다면 그들의, 특히 올리비의 토마스 아퀴나스 비판은 타당하다고 할 수 있을 것이다.

그러나 토마스 아퀴나스의 이론을 이렇게만 해석하는 것은 문제를 지나치게 단순화하는 것처럼 보인다. 왜냐하면 토마스 아퀴나스는 자기인식의 문제를 올리비가 – 또는 언급된 철학자들 모두가 – 정리한 것과 같이 그렇게 단순한 형태로 다루지 않았기 때문이다. 이제 토마스 아퀴나스의 자기인식에 관한 이론을 먼저 정리해 보고, 올리비의 비판의 타당성을 보다 자세히 검토해 보기로 하자.

1. 토마스 아퀴나스의 자기인식이론

토마스 아퀴나스의 자기인식에 관한 이론의 고전적인 텍스트는 『진리론』제10문제 제8절, 그리고 앞에서 인용한 『신학대전』제1부 제87문제 제1절이다. 특히 『진리론』제10문제 제8절은 토마스 아퀴나스가 자기인식의 양태를 4종류로 상세히 구분하고 설명을 하고 있어 올리비의 비판과 관련해서 더욱 중요하다.[27] 여기에서 토마스는 "정신은 자기 자신을 본질을 통해서 인식하는가 아니면 어떤 상을 통해서 인식하는가?"라는 물음에 답하기 위해서 먼저 "본질을 통하여"라는 말은 인식대상이 아니라 인식의 원리와 관계가 있다고 말함으로써 문제의 의미를 분명히 한다. 그러고 나서 그는 정신 또는 영혼에 관한 지식을 "어떤 개별자의 영혼이 그 개별자에게 고유한 것의 관점에서 인식되는 경우와 모든 영혼들에 공통적인 것의 관점에서 영혼이 인식되는 경우"로 나눈다. 전자는 다시 "현실적인 인식(cognitio actualis)"과 "습성적 인식(cognitio habitualis)"으로 세분되며, 후자도 다시 "이해(apprehensio)"와 "판단(iudicium)"이라는 인식의 두 양태의 구별에 따라 세분된다.

---

27) 이에 대한 자세한 설명은 이상섭, 「자기인식에 대한 아우구스티누스와 토마스 아퀴나스의 이론비교」, 『범한철학』제45집(2007), 99–129, 특히 109–114, 119–124 참조. 토마스 아퀴나스의 자기인식론에 대해서는 J. Brachtendorf, "Selbsterkenntnis: Thomas von Aquin als Kritiker Augustins", in: *Philosophisches Jahrbuch* 109(2002), 255–270; R. Lambert, *Self Knowledge in Thomas Aquinas: The Angelic Doctor on the Soul's Knowledge of Itself*, Bloomington 2007; Y. Nagamachi, *Selbstbezüglichkeit und Habitus. Die latente Idee der Geistmetaphysik bei Thomas von Aquin*, St. Ottilien 1997; F.-X. Putallaz, *Le Sens de la Réflexion chez Thomas d'Aquin*, Paris 1991 참조.

현실적 인식을 통해서 각 개별자는 자기 자신이 영혼을 가지고 있고, 살아 있으며, 존재한다는 사실을 알게 된다. 이러한 인식은 자기 자신의 작용(actus)을 통해서 일어난다. 즉 자기 자신이 지각하고 인식하며, 그 밖의 다른 생명활동을 수행한다는 것을 앎으로써 자기 자신이 영혼을 가진 살아 있는 존재자라는 것을 알게 된다. 그런데 이러한 인식은 대상에 대한 인식을 전제한다. 왜냐하면 어떤 것을 인식하기 이전에는 자기 자신이 인식한다는 것을 알 수 없기 때문이다. 습성적 인식은 영혼의 본질의 자기 현전성(sibi praesens)을 의미한다. 영혼의 본질은 영혼에게 현전하기 때문에 자기 자신에 대한 인식 작용으로 나아갈 수 있다. 습성적 인식에 대해서는 나중에 다시 더 자세히 살펴보게 될 것이다. 다만 여기에서는 습성적 인식을 위해서는 영혼의 자기 현전으로 충분하며, 영혼의 본질 외에 다른 것이 필요 없기 때문에 이러한 방식의 자기인식에서 영혼은 자기 자신을 "본질을 통해서" 인식한다고 말할 수 있다는 토마스의 주장만을 지적하기로 하자.

파악의 관점에서는 영혼의 보편적이고 본성적 특성이 알려지게 된다. 예를 들어 영혼은 비물질적인 것으로 질료에 의존하지 않는다는 것 등이 알려진다. 그런데 이러한 측면에서의 영혼의 인식은 그 자체로 직접적으로 알려지는 것이 아니라 감각대상으로부터 추상된 가지적 형상을 매개로 해서 이루어진다. 그 이유는 인간의 지성이 어떤 것을 인식하기 이전에는 마치 제일질료처럼 순수한 가능태에 있기 때문에, 그리고 스스로의 힘에 의해서 현실태에 이르지 못하게 때문에 대상에 의해 형상화될 필요가 있다. 그러므로 파악의 관점에서 인간 영혼은 본질을 통해서가 아니라 감각적 표상으로부터 추상된 가지적 형상을 매개로 인식된다고 말해야만 한다. 판단의 관점에서의 영혼의 본성에 대한 인식은 파악의 관점에서 얻은 영혼의 보편적 본성에 대한 인식이 사실에 부합되는 인식이라는 것이 알려지고, 그럼으로써 영혼에 대한 보편적이고 필연적인 정의를 내릴 수 있게 된다.[28)]

이상의 간략한 요약적 설명을 통해서 우리는 이미 적어도 두 가지 점에서 올리비의 토마스 비판이 적절하지 못한 것처럼 보인다는 것을 알 수 있다. 첫째, 올리비의 비판에 따르면 토마스 아퀴나스를 비롯한 "아리스토텔레스 숭배자들"은 영혼 또는 정신의 자기인식을 오직 매개적인 양태의 인식으로만 이해하고 있다. 그러나 토마스 아퀴나스는 위에서 볼 수 있듯이 네 가지 종류의 자기인식을 말하고 있다. 따라서 올리비는 토마스의 네 가지 구분을 하나로 환원해서 비판을 하고 있는 것

28) 이상의 내용은 Thomas Aquinas, *Quaestiones disputate De veritate*, ed. R. M. Spiazzi(Marietti), Rome–Turin 1964, q. 10, a. 8 c. 의 요약임.

처럼 보인다. 둘째, 보다 결정적으로 토마스는 매개되지 않은 직접적인, 자기 자신을 통한 자기 자신에 대한 정신의 인식을 인정하고 있다. 자기 자신에 대한 '습성적 인식'이 그것이다. 토마스 아퀴나스의 습성적 자기인식과 올리비의 '경험적 자기인식'은 특히 직접성이라는 면에서 비교가능하다. 그렇다면 올리비가 아리스토텔레스 숭배자들의 오류를 수정하기 위해서 제시한 '직접적 자기인식'은 적어도 토마스와 관련해서는 비판의 논거가 될 수 없을 것처럼 보인다. 결국 우리는 올리비는 토마스를 잘못 이해하였다고 말하거나 또는 그가 비판하는 아리스토텔레스 숭배자에 토마스는 포함되지 않는다고 말해야 할 것이다.

환원을 통한 비판은 Putallaz가 보여주고 있듯이 1275년 이후의 토마스 비판가들의 한결같은 사유태도로서, 앞서 보았듯이 로저 마스톤, 아쿠아스파르타의 마태우스도 이 점에서 올리비와 같은 태도를 보이며 심지어 토마스 아퀴나스의 옹호자로 분류되는 토마스 수톤(Thomas Sutton)도 토마스의 구분을 충실히 고려하고 있지 않은 것으로 밝혀졌다. 물론 토마스 아퀴나스의 비판자인 프라이베르크의 디트리히는 더 말할 필요도 없다.[29)]

이러한 환원적 태도에 대해서 여러 가지 가능한 설명방식이 있을 수 있다. 위에서 잠깐 언급했듯이 아리스토텔레스의 경우에는 올리비의 비판이 타당하다고 할 수 있다. 왜냐하면 아리스토텔레스는 '부수적인' 자기인식만을 인정하고 있기 때문이다. 그런데 올리비가 어떤 사람들을 '아리스토텔레스 숭배자들'이라고 불렀을 때, 만일 그들을 아리스토텔레스와 다른 의견을 가진 사람들로 파악했다면 그렇게 부르지는 않았을 것이다. 한편 올리비는 토마스를 열렬한 아리스토텔레스주의자 내지는 숭배자로 보았다고 한다. 따라서 올리비는 토마스의 이론이 세부적으로 아리스토텔레스의 이론과 차이를 보인다 하더라도 그 차이를 – 어쩌면 의도적으로 – 고려하지 않았을 가능성도 있다.[30)] 숭배자들의 의견을 그들이 숭배하는 사람의 의견에 맞춰 조정하는 것은 "숭배자들"이라는 명칭에 부합되는 파악방식이라고 할 수 있기 때문이다. 이와 같이 본다면 아마도 올리비는 – Putallaz의 설명에 따르면 – 아리스토텔레스의 이론을 매개로 간접적으로 고려된 토마스 아퀴나스의 이론을 비판하고 있다고 볼 수 있다.[31)] 이러한 설명은 철학적이지는 않지만 어느 정도 개연성은 갖는다.

29) Putallaz, *la connaissance de soi au xiii^e^ siecle*, 127 참조.
30) Putallaz, *la connaissance de soi au xiii^e^ siecle*, 129 참조.
31) Putallaz, *la connaissance de soi au xiii^e^ siecle*, 128 참조.

가능한 또 다른 설명으로 토마스의 텍스트가, 특히 『진리론』이 올리비에게 알려지지 않았거나 또는 무시되었을 가능성을 생각해볼 수 있다. 토마스 아퀴나스는 『진리론』에서와는 달리 『신학대전』에서는 자기인식의 양태를 네 종류가 아닌 두 종류로 단순화하고 있다. 『신학대전』에서 토마스는 먼저 인간 지성이 자기 자신을 인식하기 위해서는 능동지성의 빛을 통해서 감각적 대상들로부터 추상한 가지적 형상들을 통해서 현실화되어야할 필요성을 강조한 후, 바로 그러한 이유로 인간 지성은 본질을 통해서가 아니라 작용을 통해서 자기 자신을 인식한다고 말한다. 그리고 작용을 통한 정신의 자기 인식은 첫째, 개별적인 방식으로, 둘째 보편적인 방식으로 일어난다고 말한다. 전자를 통해서 소크라테스와 플라톤과 같은 개별자들이 자기 자신이 인식한다는 것을 지각함으로써 자기 자신이 지성혼을 가지고 있다는 것을 지각하게 되며, 후자의 인식을 통해서는 영혼의 보편적 본성을 이해하게 된다. 그런데 영혼의 보편본성을 인식하기 위해서는 조심스럽고 부지런한 탐구가 요구되지만, 개별자들이 자기 자신이 지성혼을 가지고 있다는 것을 지각하기 위해서는 정신의 현전함만으로 충분하다고 토마스는 덧붙인다. 정신의 자기에게 현전함은 정신이 자기 자신을 인식하는 작용의 원리로서 기능한다.[32)]

『신학대전』의 이 구분은 올리비의 '경험적 자기인식'과 '추론적 자기인식'의 구분과 비교 가능해 보인다. 왜냐하면 앞서 보았듯이 전자를 통해서는 개별자가 자신이 존재하고 사유한다는 것을 알게 되고, 후자를 통해서는 영혼의 보편 본성이 정의를 통해서 알려지기 때문이다. 그러나 이것은 표면적 차이일 뿐이다. 올리비의 경험적 자기인식은 존재와 작용에 대한 이해 뿐 아니라 비록 정의를 통한 인식은 아니더라도 영혼 본성에 대한 이해를 제공하는데 반해서, 토마스의 개별적인 자기인식은 '자기 자신이 지성혼을 가지고 있다'는 사실만을 알 수 있을 뿐이기 때문이다. 결정적으로 올리비의 경험적 자기인식은 직접적인 인식인데 반해 토마스의 경우는 매개적인 인식이다. 그러므로 올리비의 구분와 『신학대전』의 토마스의

32) Thomas Aquinas, *Summa Theologiae*, Pars I, q. 87, a. 1: "Et hoc dupliciter. Uno quidem modo, particulariter, secundum quod Socrates vel Plato percipit se habere animam intellectivam, ex hoc quod percipit se intelligere. Alio modo, in universali, secundum quod naturam humanae mentis ex actu intellectus consideramus. ... Est autem differentia inter has duas cognitiones. Nam ad primam cognitionem de mente habendam, sufficit ipsa mentis praesentia, quae est principium actus ex quo mens percipit seipsam. Et ideo dicitur se cognoscere per suam praesentiam. Sed ad secundam cognitionem de mente habendam, non sufficit eius praesentia, sed requiritur diligens et subtilis inquisitio."

구분 간의 유사성은 단지 표면적일 뿐이다.[33)]

『신학대전』의 구분에서는 『진리론』의 습성적 자기인식과 판단의 관점에서의 보편적 본성의 인식이 제외된 것처럼 보인다. 물론 정신의 자기 자신에게 현전함을 습성적 자기인식으로 볼 수 있지만[34)], 토마스의 명시적인 구분은 『진리론』의 관점에서 보면 개별자의 현실적인 자기인식과 파악에 따르는 영혼의 보편 본성에 대한 이해로 국한되어 있다. 그러므로 만일 올리비가 어떤 이유에서이든『신학대전』을 토마스의 표준적인 사상이 담겨 있는 저작으로 인식한다면, 토마스 아퀴나스에게 직접적인 양태의 자기인식에 대한 이해가 결여되어 있다는 비판은 타당해 보인다.

그러나 이러한 결론을 내리기 위해서는 두 가지 가정을 해야만 한다. 첫째, 토마스 아퀴나스 사상의 발전론적 이해이다. 즉 토마스 아퀴나스는 초기저작과 후기저작에서 근본적인 변화는 아니더라도 어떤 방식으로든 사상의 변화를 겪었다는 것이다. 토마스 아퀴나스의 사상이 전기와 후기에 변화를 겪었다는 것은 많은 학자들에 의해 주장되었다.[35)] 더 자세한 논의는 이 논문의 범위를 넘어서는 일이지만, 위에서 살펴 본 것처럼 적어도 자기인식에 관해서는 어느 정도의 변화가 있는 것처럼 보인다. 둘째, 올리비는 『신학대전』만을 알고 있었거나 또는 『진리론』을 알고 있으면서도 『신학대전』만을 고려했다고 생각해야만 한다. 토마스의 『신학대전』이 후대에 미친 영향력을 생각해보면 올리비를 포함한 후대의 학자들이 『신학대전』을 토마스 아퀴나스의 표준적인 이론을 담고 있는 저작으로 보고 이것만을 고려했을 개연성은 있다. 만일 토마스의 자기인식 이론이 『진리론』과 『신학대전』에서 차이가 나고 올리비는 후자만을 고려했다고 가정한다면, 비록 여전히 올리비가 단순화의 오류를 범했다는 비판은 가능하지만, 적어도 토마스 아퀴나스가 명시적으로 직접적 양태의 자기인식을 인정하고 있지 않았다는 올리비의 비판 자체는 타당해 보인다.

그러나 올리비와 토마스간의 시대차를 고려하면 올리비가 『신학대전』만을 알고

---

33) Rode, Der Begriff der inneren Erfahrung bei Petrus Johannis Olivi, 130 참조. 그러나 Rode는 『진리론』의 '습성적 인식'과 『신학대전』의 '개별자에게 고유한 자기인식'의 차이에 주목하지 않고 있으며, 비교를 후자와 올리비의 경험적 자기인식에 국한시키고 있다. 그런 점에서 그의 비교는 충분하지 않다.

34) 그 경우 『신학대전』의 구분은 둘이 아니라 셋이 될 것이다.

35) 초기와 후기에서 차이 나는 주장들의 목록은 G. Meersseman (ed.), *Gerardus de Monte, Decisionum S. Thomae, quae ad invicem oppositae a quibusdam dicuntur, Concordantiae*, Rome 1934 참조, 필자도 몇몇 문제, 특히 인식론의 문제와 관련해서 그러한 변화를 인정한다.

있었다는 가정은 그리 개연적이지 않다. 오히려 올리비는 토마스의 저작들에 정통했던 것으로 보인다.[36] 그러므로 자기인식에 관한 올리비의 토마스 비판을 전면적으로 검토하기 위해서는, 올리비가 『진리론』도 알고 있었다고 가정하고 토마스와 올리비의 이론을 다시 한 번 면밀히 비교해서 왜 올리비가 토마스가 일종의 직접적인 자기인식을 말하고 있음에도 그에게서 직접적인 자기인식에 대한 이해의 결여를 보았는지 살펴볼 필요가 있다. 따라서 비교의 초점은 습성적 자기인식과 경험적 자기인식의 유사성과 차이에 맞춰지게 될 것이다.

3. 습성적 자기인식과 경험적 자기인식

위에서 강조했듯이 올리비의 경험적 자기인식은 '직접성'에 근본적인 특징이 있다. 자기인식의 네 가지 양태에 대한 토마스 아퀴나스의 구분에서 직접성을 갖는 것은 '습성적 인식' 뿐이다. 습성적 자기 인식을 통해서 정신은 자기 자신이 존재한다는 것을 지각하는데, 다른 나머지 세 양태의 인식과 달리 습성적 자기 인식은 감각적 표상으로부터의 추상을 필요로 하지 않는다. 오히려 이것은 감각적 표상 이전의 인식양태이다.[37] 습성적 인식은 선행하는 작용을 매개로 하지 않는다. 즉 직접적이다. 그리고 바로 이 습성적 인식을 통해서 정신(mens)은 자기가 존재한다는 것을 지각한다(percipere). 직접성과 자기 존재의 지각을 특징으로 한다는 점에서 토마스 아퀴나스의 습성적 자기인식은 분명히 올리비의 경험적 자기인식과 충분히 비교가능하다. 그렇다면 올리비의 비판은 적어도 토마스 아퀴나스의 이론에 대한 비판이 아니거나 또는 잘못된 비판이라고 말해야만 할 것인가?

그러나 올리비의 경험적 자기인식에는 토마스의 습성적 자기인식에서는 발견되지 않는 중요한 요소가 있다. 올리비의 경험적 자기인식은 감각적 표상의 매개를 요구하지 않는다는 점에서 무매개적이고 그런 한에서 직접적이지만, 그럼에도 '반성적 인식'이며 또한 '현실적 인식작용(actus)'이다. 올리비는 경험적 자기인식을 구성하는 세 요소로 "정신 자체인 대상의 현전성(praesentia obiecti)", "정신의 자기 자신으로 되돌아 향하는 주시(aspectus)", 그리고 "인식작용(actus sciendi)"을 들고 있다. 즉 정신은 자기 자신에게 현전하는(praesentia), 반성적 주시(reflexus

---

36) Putallaz, *la connaissance de soi au xiii^e siecle*, 94, 각주 39 참조.

37) Thomas Aquinas, De veritate q. 10, a. 8, ad 1: "et ideo mens, antequam a phantasmatibus abstrahat, sui notitiam habitualem habet qua possit percipere se esse."

aspectus)로서 자기 자신을 인식하는 작용(actus sciendi)을 한다.[38] 그런데 이 자기 자신을 향하는 정신의 반성적 주시가 실제의 인식작용으로 나아가기 위해서 감각적 표상으로부터의 추상이 필요하지 않다는 것이다. 주시의 기능이 정신으로 하여금 대상을 향하게 하고, 대상에 의해 인식작용이 형상화되게 함으로써 대상과 지향적 관계를 맺도록 하는 것임에는 틀림이 없다. 그러나 여기에서 대상은 단지 "기회원인(occasio)" 의 기능만을 할 뿐이다.[39] 대상의 자극에 앞서 정신은 자기 자신의 힘에 의해서(자유의지에 의해서) 자기외에 다른 어떤 것을 요구하지 않고 자기 자신에게로 향할 수 있고 그럼으로써 자기 자신을 인식할 수 있다.[40] 정신은 바로 그러한 주시에 의해 자기 자신을 실제로 인식할 뿐 아니라 자기 아닌 외적인 대상에 대한 사유도 가능해진다. 이와 같이 올리비는 전통적인 아리스토텔레스의 인식론과 달리 의지뿐 아니라 지성의 능동성을 강조함으로써 수동성과 수용성으로 특징지어지는 아리스토텔레스〔주의〕적 인식론과 거리를 두고 있다.[41]

토마스 아퀴나스의 습성적 자기인식은 현실적 자기 인식의 출발이고 '원리'로서, 현실적 자기인식에 선행한다.[42] 습성적 자기인식은 그것으로부터 인간의 모든 양태의 인식이 흘러나오는 정신의 근원적인 존재양태로서의 근원적 자기 관계를 가리킨다. 이 영혼의 근원적 자기 관계로서의 습성적 자기인식은 존재론적으로 영혼의 본질과 동일하며[43] 그런 한에서 현실적 자기인식과 달리 영원하고 부단하다.[44] 그러나 이것은 이름과는 달리 현실화되기 위한 습성을 먼저 획득할 필요가 있는 것은 아니다. 처음부터 그러한 습성을 소유하고 있는 것처럼 보이며[45] 그런 한에서 전반성적이고, 선천적인 인식의 원리라고 할 수 있다. 그러나 습성적 자기

38) Petrus Iohannis Olivi, *Quaestiones in secundum librum Sententiarum*, q. 76, 148 참조.

39) Petrus Iohannis Olivi, *Quaestiones in secundum librum Sententiarum*, q. 73, 89 참조. 이에 대해서는 Kobusch, Petrus Johannis Olivi, 111 참조.

40) Petrus Iohannes Olivi, *Quaestiones in secundum librum Sententiarum*, q. 76, 146: "Qui quidem, quamdiu est in pervigili usu liberi arbitrii, semper et continue stat super eam conversus."

41) 이에 대해서는 Kobusch, Petrus Johannis Olivi, 110–111참조. 또한 D. Perler, *Theorien der Intentionalität im Mittelalter*, Frankfurt a. M. 2002, Teil II. 참조.

42) 습성적 인식의 이러한 선험적 원리로서의 특성에 대해서는 이상섭, 「자기인식에 대한 아우구스티누스와 토마스 아퀴나스의 이론비교」; Nagamachi, *Selbstbezüglichkeit und Habitus*; M. Städtler, "Der Begriff des Selbstbewußtsein bei Thomas von Aquin. Begriffliche Konstruktion und praktischer Konsequenzen, in: G. Mensching(ed.), *Selbstbewußtsein und Person im Mitteralter*, Würzburg 2005, 19–37 등이 주목하였다.

43) F.-X. Putallaz, *Le Sens de la Réflexion chez Thomas d'Aquin*, Paris 1991, 98.

44) Putallaz, *Le Sens de la Réflexion*, 95.

인식은 감각적 표상의 매개를 통하지 않은, 즉 외적 대상에 의해 조건지어지지 않은 자기 자신의 자기 자신에 대한 직접적인 관계이고 그런 한에서 직접적인 자기 '인식'임에 분명하지만, 현실적인 인식이 아니라는 의미에서 단지 '습성적'인 인식일 뿐이다. 즉 적어도 현실적인 인식의 관점에서 보자면 실제적이지 않은 인식이다.[46] 그런 한에서 올리비의 관점에서 보자면 토마스 아퀴나스의 습성적 인식은 자기인식을 위한 세 요소 중에서 대상의 현전이라는 하나의 조건에 불과한 것으로 보일 것이다. 즉 습성적 인식은 단지 영혼이 자기현전에 의거해서 자신이 사유하고, 감각한다는 것을 파악할 준비가 되어 있고 태세를 갖추고 있다는 사실만을 의미할 뿐이라고 볼 수 있다.[47]

그렇다면 올리비의 경험적 자기인식은 습성적 자기인식이 아니라 현실적인 개별자의 자기인식과 비교되어야만 할 것이다. 올리비의 경험적 자기인식이 반성적이고 현실적인 인식이고, 토마스의 현실적인 개별자의 자기인식도 현실적이면서 반성적이기 때문이다.[48] 그런데 토마스에 따르면 현실적(실제적) 인식이 가능하기 위해서는 대상의 현전과 현전하는 대상에로의 지향적 관계, 그리고 지향적 관계에 따르는 대상의 인식이 필요하다. 정신은 그 자체로 비물질적인 한에서, 감각적 표상을 매개로 하는 가지상의 추상이 필요하지 않고 직접 그 자신에게 현전하지만, 현전하는 대상으로서의 자기 자신을 향해 현실적으로 반성적 지향을 하려면 먼저 현실태로 이행되어야만 한다. 정신은 자기 자신이 현실태에 있는 한 – 이것은 다름 아닌 자신이 현실적 인식작용(actus)을 수행하는 것을 의미하므로 – 즉, 자기 자신이 외적 대상을 인식하는 것을 아는 한에서 자기 자신이 존재한다는 것을 인식하게 된다. 토마스에 따르면 개별적 인식주체들은 자기 자신이 지각하고 인식하고

---

45) Thomas Aquinas, De veritate q. 10, a. 8: "Ad hoc autem quod percipiat anima se esse, et quid in seipsa agatur attendat, non requitur aliquis habitus." D. Black, "Consciousness and Self-Knowledge in Aquinas's Critique of Averroes's Psychology", in: *Journal of the History of Philosophy* 31/3(1993), 349–385, 여기에서는 360 참조.

46) Putallaz, *Le Sens de la Réflexion*, 98.

47) Thomas Aquinas, De veritate q. 10, a. 8: "... ex hoc ipso quod essentia sua est sibi praesens, est *potens exire in actum cognitionis sui ipsius*." (강조는 필자); Thomas Aquinas, Summa Theologiae Pars I, q. 87, a. 1: "Nam ad primam cognitionem de mentem habendam, sufficit ipsa mentis praesentia, quae est principium actus ex quo mens percipit seipsam." 이와 비슷한 견해로는 Black, Consciousness and Self-Knowledge, 359–360 참조.

48) 토마스는 반성을 표현하기 위해 reditio라는 용어를 자주 사용한다.

그러한 종류의 다른 생명작용을 발휘한다는 것을 인식할 수 있으며, 그럼으로써 자기 자신이 영혼을 가지고 있고, 살아 있으며, 존재한다는 것을 알게 된다. 이를 통해서 모든 개별자들은 자기 자신이 인식하는 주체임을 경험하게 된다.[49] 그러나 현실적인 개별자의 자기인식은, 위에서 말했듯이, 감각적 표상으로부터 추상된 가지적 형상에 의해 현실화된 정신의 작용을 통한 인식이라는 점에서, 무매개적이고 직접적인 인식이 아니라 매개된 인식이다. "어느 누구도 어떤 것을 인식하지 않고서는 자기 자신이 인식한다는 것을 지각할 수 없다: 자기 자신이 인식한다는 것을 인식하는 것보다 어떤 다른 것을 인식하는 것이 선행하기 때문이다; 그래서 영혼은 인식하고 감각하는 것을 통해서 자기 자신이 존재한다는 것을 현실적으로 지각한다."[50]

따라서 토마스의 개별자의 현실적인 자기인식은 그것을 통해서 개별자들이 다양한 종류의 생명활동을 발휘한다는 것을 인식하고 자기 자신이 그러한 활동의 주체임을 인식하게 되는 인식이지만, 감각적 표상으로부터 추상된 가지상을 매개로 이루어진다는 점에서, 올리비가 경험적 자기인식 개념을 통해서 비판하고 수정하려고 했던 바로 그 자기인식의 양태라고 말할 수 있다.

IV. 결론

본문을 통해서 살펴본 바와 같이 우리는 올리비의 아리스토텔레스주의자 비판은 토마스도 함께 겨냥하고 있으며, 그 비판은 올리비의 관점에서는 타당하다는 것이 밝혀졌다.

자기인식과 관련하여 올리비의 아리스토텔레스주의 비판의 키워드는 직접성이라 할 수 있다. 정신은 외적인 감각을 통하여 받아들인 감각자료로 구성된 감각자료를 매개로 하여 자기 자신을 현실화시킬 필요 없이 자기 자신의 주시를 자기 자신에게로 향하게 할 수 있다는 것이다. 이러한 직접적인 자기인식을 통해서 정신

49) Thomas Aquinas, Summa Theologiae, Pars I, q. 76, a. 1: "experitur enim unusquisque seipsum esse qui intelligit."

50) Thomas Aquinas, De veritate, q. 10, a. 8: "Nullus autem percipit se intelligere nisi ex hoc quod aliquid intelligit: quia prius est intelligere aliquid quam intelligere se intelligere et ideo pervenit anima ad actualiter percipiendum se esse, per illud quod intelligit, vel sentit."

은 자기 자신이 존재와 인식의 작용을 수행한다는 것, 그리고 다름 아닌 바로 자기 자신이 그러한 작용들의 주체임을 인식하며, 그러한 정신작용을 수행하는 주체인 자기 자신이 정신작용을 발휘하지 못하는 존재자와 다르다는 것을 인식하게 된다. 그리고 이렇게 확보된 자기인식의 확실성이 다른 종류의 인식의 확실성의 근거가 된다는 것이 올리비의 주장이었다.

올리비가 아리스토텔레스주의를 비판하는 요점은 아리스토텔레스주의가 그러한 직접성의 요구의 필연성을 깨닫지 못했다는 것이다. 아리스토텔레스주의의 자기인식 이론은 감각적 표상으로부터 추상된 가지적 형상을 매개로 한 지성의 현실화의 요구에서 전형적으로 표현된다. 토마스 아퀴나스는 자기인식과 관련하여 아리스토텔레스주의를 받아들이면서도 아우구스티누스적 기반을 완전히 떠나지는 않고 경험에 매개되지 않은 '습성적 자기인식'을 인정함으로써 올리비의 비판을 벗어나는 것처럼 보인다. 그러나 올리비의 관점에서 토마스의 '습성적 자기인식'은 엄밀한 의미의 인식이 아니라 정신의 존재론적 상태를 의미할 뿐이다. 습성적 자기인식은 정신의 자기 자신에게의 현전성, 즉 자기관계성을 의미한다. 그러나 올리비의 직접적 자기인식에서 자기 자신의 존재와 본성에 대한 반성적이고 현실적인 인식의 직접성이 문제가 되고 있는 한에서, 토마스의 습성적 자기인식은 비록 직접성이라는 기준을 충족시키고 있지만 엄밀한 의미에서의 비교대상이 될 수 없다.

그렇다면 문제는 토마스가 자기 자신의 존재와 작용에 대한 현실적 인식이 문제가 될 경우에 직접성이 확보될 수 있는지의 여부인데, 이와 관련하여 토마스가 아리스토텔레스주의의 입장에 서 있다는 것은 분명하다. 감각적 표상으로부터 추상된 가지적 형상에 의해 현실화된 '작용'을 매개로한 자기인식이기 때문이다. 그런 점에서 토마스는 올리비의 비판을 피해갈 수 없다.

우리는 이 글에서 올리비의 자기인식 이론 자체의 타당성을 문제 삼지 않았으며, 토마스의 자기인식이론을 평가하지도 않았다. 다만 올리비의 관점에서 아리스토텔레스주의의 비판을 살펴보았고, 그 비판이 과연 토마스 아퀴나스에게도 적용되는가를 물었다. 그리고 올리비의 관점에서 아리스토텔레스주의자로서의 토마스 아퀴나스에 대한 비판은 타당하다는 것이 밝혀졌다.

참고 문헌

Aristoteles, *Metaphysica*, ed. W. Jaeger, Oxford 1992[12].

Augustinus, *De Trinitate*, ed. W. J. Mountain, Turnhout 1968(Corpus Christianorum. Series Latina. 50/50a).

Black, D., "Consciousness and Self-Knowledge in Aquinas's Critique of Averroes's Psychology", in: *Journal of the History of Philosophy* 31/3(1993), 349–385.

Brachtendorf, J., "Selbsterkenntnis: Thomas von Aquin als Kritiker Augustins", in: *Philosophisches Jahrbuch* 109(2002), 255–270.

Kobusch, Th., "Petrus Johannis Olivi", in: M. Knapp/Ders.(ed.), *Querdenker. Visionäre und Außenseiter in Philosophie und Theologie*, Darmstadt 2005, 106–116.

____, "Person-die verkörperte Selbstreflexivität. Grundstrukturen der Personlehre des Petrus Johannis Olivi", in: G. Mensching(ed.), *Selbstbewußtsein und Person im Mitteralter*, Würzburg 2005, 67–79.

Lambert, R., *Self Knowledge in Thomas Aquinas: The Angelic Doctor on the Soul's Knowledge of Itself*, Bloomington 2007.

Matthews, G., Introduction to: *Augustine. On the Trinity Books 8–15*, Cambridge 2002.

Meersseman, G. (ed.), *Gerardus de Monte, Decisionum S. Thomae, quae ad invicem oppositae a quibusdam dicuntur, Concordantiae*, Rome 1934.

Nagamachi, Y., *Selbstbezüglichkeit und Habitus. Die latente Idee der Geistmetaphysik bei Thomas von Aquin*, St. Ottilien 1997.

Perler, D., *Theiorien der Intentionalität im Mittelalter*, Frankfurt a. M. 2002.

Petrus Iohannis Olivi, *Quaestiones in secundum librum Sententiarum*, ed. B. Jansen, vol. III, Quaracchi 1926.

____, *Impugnatio quorundam articulorum Arnaldi Galliardi, articulus 19*, in:

Oliviana 2|2006, mis en ligne le 27 juin 2006, Consulté le 31 mai 2010. URL: http://oliviana.revues.org/index56.html.

Piron, P., "Petrus Johannis Olivi. Impugnatio quorundam articulorum Arnaldi Galliardi, articulus 19. Présentation", in: *Oliviana* 2|2006, mis en ligne le 27 juin 2006, Consulté le 09 septembre 2010. URL: http://oliviana.revues.org/index52.html.

Putallaz, F.-X., *la connaissance de soi au xiii*[e] *siecle. De Matthieu d'Aquasparta à Thierry de Freiberg*, Paris 1991.

____, *Le Sens de la Réflexion chez Thomas d'Aquin*, Paris 1991.

Rode, Chr., "Der Begriff der inneren Erfahrung bei Petrus Johannis Olivi", in: *Bochumer Philosophisches Jahrbuch für Antike und Mittelalter* 13(2008), 123-141.

Städtler, M., "Der Begriff des Selbstbewußtsein bei Thomas von Aquin. Begriffliche Konstruktion und praktischer Konsequenzen, in: G. Mensching(ed.), *Selbstbewußtsein und Person im Mitteralter*, Würzburg 2005, 19-37.

Thomas Aquinas, *Summa Theologiae*, ed. P. Caramello(Marietti), Rome-Turin 1952-1962.

____, *Quaestiones disputate De veritate*, ed. R. M. Spiazzi(Marietti), Rome-Turin 1964.

A. 마우러, 『중세철학사』, 조홍만 역, 서광사 2007.

이상섭, 「자기인식에 대한 아우구스티누스와 토마스 아퀴나스의 이론비교」, 『범한철학』 제45집(2007), 99-129.

Thomas Aquinas vs. Petrus Johannes Olivi on Self–Knowledge

Lee, Sang-Sup

Abstract

This article has as its objective to examine the validity of Petrus Olivi's criticism against Thomas Aquinas's theory of self–knowledge without discussing the validity of their own theories. According to Olivi there are two modes of self–knowledge: the direct and experiential self–knowledge, and the inferential self–knowledge. He argues that through the former human mind can perceive that it itself exists and knows, and that it is the subject of such activities, while through the latter it knows its own nature. On the basis of this distinction, Olivi criticizes *cultores Aristotelis* who argue that the self–knowledge of human mind can take place only indirectly and mediated. The problem this articles means to discuss is whether Thomas Aquinas actually takes the position which Olivi ascribes to *cultores Aristotelis*. For it seems that Thomas, like Olivi, makes the distinction between various modes of self–knowledge, and recognizes the existence of immediate self–knowledge, which Aquinas calls 'habitual self–knowledge'. This articles shows that from the Olivi's perspective, thomistic habitual self–knowledge is not a cognition in its strict sense, but just one of three elements which are necessary for self knowledge. By the direct mode of self–knowledge Olivi understands an actual, reflexive knowledge of the mind about its own nature as well as its own existence. But according to Aquinas, human mind can know its own existence and nature, only insofar as it is actualized through its knowing act, because it is only in a state of potentiality before knowing something other than itself. But for human mind to actually know, it needs to be informed through the intelligible form which is abstracted from phantasm. Accordingly it can be concluded that Olivis criticism against Aquinas's theory of self knowledge is valid.

keywords: cultores Aristotelis, direct self-knowledge, habitual self-knowledge, inferential self-knowledge, Petrus Johannes Olivi, self presence of mind, Thomas Aquinas, experiential self-knowledge

정의와 자비

– 안셀무스의 대속이론을 중심으로

이 재 경

요약문

윤리적 덕목 가운데 정의는 형벌과 연관되는 한편 자비는 용서와 연관된다. 정의롭다는 것은 사악한 이들을 벌하고 착한 이들에게 상주는 것이다. 반면, 자비롭다는 것은 악을 벌하지 않고 용서하는 것이다. 이런 정의와 자비를 인간이 저지른 죄와 연관시켜 신에게 적용해 보면 신의 자비는 처벌을 받지 않아도 되는 성향을 드러내지만, 신의 정의는 그 죄가 반드시 처벌되어야 함을 요구한다.

안셀무스는 대속이론을 제시하는 『왜 신은 인간이 되었는가』에서 신의 정의에 대한 요구가 충족되었을 경우에만 비로소 신의 자비가 행사될 수 있다는 주장을 한다. 이 주장에 초점을 맞추어 모순적인 것처럼 보이는 두 가지 속성인 정의와 자비가 신에게 양립할 수 있는가라는 물음을 던지고 안셀무스의 답변이 타당한지를 살펴보고자 한다.

● 주요어 : 안셀무스, 정의, 자비, 대속, 보속

I. 문제제기

일반적으로 정의(正義, justice)와 자비(慈悲, mercy)는 모두 윤리적 덕목으로 간주된다. 정의는 형벌과 연관되는 한편 자비는 용서와 연관된다. 정의롭다는 것은 사악한 이들을 벌하고 착한 이들에게 상주는 것이다. 반면, 자비롭다는 것은 악을 벌하지 않고 용서하는 것이다. 이런 정의와 자비를 인간이 저지른 죄와 연관시켜 신에게 적용해 보면 두 덕목이 잘 어울리지 않음을 관찰할 수 있다. 인간이 저지른 죄에 대해 신의 자비는 처벌을 받지 않아도 되는 성향을 드러내지만, 신의 정의는 그 죄가 반드시 처벌되어야 함을 요구한다. 이 글은 그리스도교 사상사에서 획기적인 대속(代贖, atonement)이론을 주창한 안셀무스(Anselm of Canterbury, 1033-1109)[1]의 저작 『왜 신은 인간이 되었는가』[2](*Cur Deus Homo*)[3]를 통해 모순적인 것처럼 보이는 두 가지 속성인 정의와 자비가 신에게 양립할 수 있는가라는 물음을 던지고 그의 답변이 타당한지를 살펴보고자 한다.

『왜 신은 인간이 되었는가』는 제자이면서 같은 수사인 보소(Boso)가 질문을 던지고 스승인 안셀무스가 답변을 하는 대화체로 이루어진다. 보소는 대속에 대한 안셀무스의 논변이 정의의 요구가 충족되었을 경우에만 비로소 자비가 행사될 수 있다는 견해에서 도출되기 때문에 신의 자비가 설명되기 힘들다고 비판한다. 이 글은 "인간이 죄로 인해 진 빚을 갚지 못하는 한, 신이 그 죄를 용서하지 않을 경우 어떻게 신이 자비를 통해 인간을 구원한단 말인가"[4]라는 보소의 문제제기에 천착할 것이다. 안셀무스의 답변에 따르면 죄라는 빚을 진 자는 그 죄 값을 반드시 치러야 한다. 왜냐하면 죄를 용서하는 것은 신에게 합당하지 않기 때문이다.[5] 더욱이, 신의 정의가 충족될 경우에만, 즉 빚을 되갚을 경우에만 용서는 효과를 발휘할 수

1) 안셀무스의 생애에 대해서는 안셀무스, 박승찬 옮김, 『모놀로기온 & 프로슬로기온』, 아카넷, 2002, 역자 해제(279-295쪽) 참조.

2) 이 저작의 제목은 통상적인 영미권의 제목을 따라 『왜 신은 인간이 되었는가』(Why God Became Man)로 옮겼다. 하지만 신-인간, 즉 강생이라는 화두를 다루는 이 저작의 성격상 『왜 신-인간』으로도 옮길 수 있을 것이다. 손은실, 「하나님은 왜 그리스도의 죽음을 통해 인류를 구원하기를 원하셨는가?」, 『중세철학』 제13호, 2007, 각주 5번 참조.

3) 이 저작을 포함한 모든 안셀무스 저작의 라틴어 판본으로 S. Anselmi Cantuariensis Archiepiscopi Opera Omnia, ed. F. S. Schmitt, 6 vols., Friedrich Fromann Verlag, 1968을 참고했다. 한글번역본으로 안셀무스, 이은재 옮김, 『인간이 되신 하나님』, 한들출판사, 2007을 참조했지만, 인용구절의 우리말 번역은 모두 필자의 것이다.

4) 『왜 신은 인간이 되었는가』(이하 CDH로 약칭), Bk. 1, Ch. 25.

5) CDH, 1,12.

있게 된다는 것이다.

안셀무스의 생각처럼 신이 무상(無償)으로 죄를 용서할 수 없다면 신의 자비를 드러내기 힘들 것처럼 보인다. 신의 두 가지 속성이 전적으로 모순된다면 그의 논변은 신의 본성 안에 정의와 자비의 이원론을 설정했다고 비판받게 될 수 있다. 혹자는 안셀무스의 논변이 『성경』과 위배된다고 주장할 수 있다. 『성경』에는 빚으로서의 죄가 갚아야 하는 것이 아니라 용서받아야 할 것으로 기술되기 때문이다.[6] 그렇다고 해서 필자의 문제제기는 안셀무스의 대속이론이 전적으로 성경의 가르침 밖에 있는지 여부와 연관되지 않는다. 왜냐하면 그의 의도는 『성경』에 계시된 대속의 사실과는 별도로 오직 이성에 바탕을 둔 채로 자신의 논변을 입증하고자 하는 것이기 때문이다.

> 첫째 권에는 그리스도교 신앙을 거부하는 불신자들의 반론들과 신자들의 답변이 포함되어 있다. 첫째 권은 인간이 그리스도 없이는 구원받는 것이 불가능하다는 점을 필연적 이성을 통해 입증함으로써 끝을 맺는다.[7]

따라서 필자의 초점은 안셀무스의 논변이 순수 합리적인 방식에 의해 정의와 자비가 양립할 수 있는지에 대해 맞추어져 있다. 이런 목적을 위해 두 가지 점에 주안점을 둔다. 첫째, 속전(贖錢, ransom) 이론[8]에 대한 안셀무스의 비판을 살펴보겠다. 안셀무스의 대속이론은 그리스도의 죽음을 사탄의 지배에서 인간을 빼내기 위해 사탄에게 지불한 속전으로 이해하는 교부들의 구원론, 즉 속전이론을 극복한다고 평가된다. 속전이론은 신과 사탄이라는 상호 적대적인 능력을 설정한다는 점에서 이원론적이라고 비판받는다. 그러나 안셀무스가 속전 이론을 극복하더라도 자비와 정의를 조화하기 위한 노력이 실패한다면 신의 본성 안에 또 다른 이원론을 설정하게 될 것이다.

둘째, 안셀무스의 대속이론에서 정의가 어떻게 이해되는지 살펴볼 것이다. 신과 우주에 대한 안셀무스의 생각은 당대의 법 이론에 의해 영향을 받았다는 사실을

---

6) 마태오 복음서(6:12)에 "저희에게 잘못한 이를 저희도 용서하였듯이, 저희 잘못을 용서하시고"라는 구절 참조.

7) CDH, Preface: "Quorum prior quidem infidelium Christianam fidem, quia rationi putant illam repugnare, respuentium continet obiectiones et fidelium responsiones. Ac tandem remoto Christo, quasi numquam aliquid fuerit de illo, probat rationibus ne nessariis esse impossibile ullum hominem saluari sine illo."

8) 때때로 '사탄-속전 이론'(devil-ransom theory)이라는 명칭으로도 사용된다.

부정하기는 힘들다. 그러나 정의개념이 단지 법적 은유에 바탕을 둔 신의 인과응보의 정의[9]만을 가리킨다면 문제를 해결하려는 그의 시도는 무의미하게 될 것이다.

II. 안셀무스의 대속이론

안셀무스의 논변에서 신의 두 가지 속성, 즉 자비와 정의 개념은 그의 대속이론에서 등장하는 것이다. 정의와 자비의 긴장관계를 살펴보기 전에 그의 대속이론에 주목해 보자.

『왜 신은 인간이 되었는가』에서 안셀무스는 신이 죄인들을 아무런 대가 없이 용서할 수 없었는가라는 물음에 주안점을 둔다. 그의 대속이론은 이 물음에 대한 답변이다. 문제 상황은 다음과 같다. 신은 인간으로 하여금 행복을 누리도록 창조했다. 하지만 인간이 저지른 죄로 인해 그 행복은 이승에서 획득될 수 없게 된다. 따라서 죄가 용서되기 전에 어느 누구도 행복을 누릴 수 없다.

그렇다면 죄란 무엇인가? 안셀무스에 따르면, 죄란 신과 함께 영원한 지복을 누리도록 창조된 인간이 신에게 마땅히 주어야 할 명예(honor)를 신에게서 빼앗은 것이다. 다시 말해, 죄는 인간을 창조한 신에게 복종을 거부함으로써 본질적으로 신이 마땅히 받아야 할 것을 신에게 주지 않는 것이다.

> 이런 명예를 신에게 주지 못하는 사람은 신에게 속한 것을 신에게 빼앗는 것이고, 신을 불명예스럽게 하는 것이고, 이런 행위가 바로 죄를 짓는 것이다.[10]

인간이 신에게 빚지고 있는 것을 항상 갚았다면 어느 누구도 죄를 범하지 않았을 것이다. 따라서 안셀무스는 죄를 짓게 되면 신에게 빚을 갚지 못하게 된다고 말한다. 여기서 그의 대속이론에서 핵심 개념인 보속(補贖, satisfactio)[11]이라는 용어가 도입된다.

---

9) 이런 정의를 '신의 본성의 불쾌한 진노의 원리'(the offended wrath-principle of God's nature)와 연관시키기도 한다. Horace Bushnell, Vicarious Sacrifice, Grounded in Principles of Human Obligation, The Regina Press, 1975, 19쪽 참조.

10) CDH, 1,11: "Hunc honorem debitum qui deo non reddit, aulert deo quod suum est, et deum exhonorat; et hoc est peccare."

> 죄를 짓는 이는 누구나 빼앗아 온 명예를 신에게 되갚아야 한다. 이것은 모든 죄인이 신에게 해야만 하는 보속이다.[12]

빼앗은 명예는 되돌려주어야 하기 때문에 죄인은 신의 자비나 의지에 의해 빚을 면하게 될 수는 없다. 빚을 청산하지 않은 채로 면제하는 것은 신에게 합당하지 않기 때문이다. 또 죄가 형벌을 받지 않는다면 의인(義人)과 죄인과의 구별이 없어지게 될 것이다.[13]

신의 명예를 되찾을 수 있는 방법은 무엇인가? 인간은 행복을 누리기 위해서 신에게 완전하고 자발적인 복종을 해야 한다. 그러나 인간은 이런 복종을 거부했다. 신에게 다시 복종하는 것으로는 신의 명예를 되찾을 수 있는가? 물론 그럴 수 없다. 비록 우리가 죄를 범하지 않았다고 하더라도 여전히 신에게 명예를 드높여야 하는 빚을 지고 있다. 하지만 우리는 죄를 범했기 때문에 우리가 애당초 지고 있는 정상적인 빚 이상을 빚지게 된다.[14] 그렇다면 명예는 '형벌'을 통해서든 '보속'을 통해서든 두 가지 선택지 가운데 하나를 통해 회복될 수 있을 것이다. 보속의 방법은 신에게서 뺏어 온 것보다 더 많이 돌려준다는 것이다. 왜냐하면 신에게서 뺏어 온 것을 신에게 돌려 줄뿐만 아니라 손실에 동반하는 손해까지 배상해야 하기 때문이다. 예를 들어, 철수가 영희의 차를 훔친 경우 철수는 차를 돌려주어야 할뿐만 아니라 영희가 차를 사용할 수 없었을 때 입은 손실을 배상해야만 한다. 그런데 보속과 형벌이라는 대안 가운데 형벌은 유효하지 않다. 신이 인간의 죄를 벌한다면 신의 창조를 완전히 파괴하게 되므로 창조의 목적을 무화시키는 결과를 낳게 될 것이다. 따라서 나머지 대안인 보속이 인간의 죄를 위해 필요하게 된다.

---

11) 종종 '만족'이라고 번역되기도 한다. '보속'이라는 개념과 아울러 '빚'과 '명예'라는 개념을 이해하기 위해서는 안셀무스가 활동하던 중세 봉건제에 대한 이해가 선행되어야 한다. 중세 사회는 상호 권리와 의무의 체계였고, 그 체계 안에서 엄격하게 계급사회로 이루어져 있었다. 영주에게 어떤 의무를 다하고 그 대가로 보호를 제공받는다. 그런 의무를 위반한다면 정상적인 관계가 회복될 수 있기 이전에 영주의 손상된 명예에 대해 그 자신이든 아니면 자신의 가족으로부터 배상이 요구되었다. 보속은 그러한 배상을 가리키는데 사용되는 통상적인 용어였다. David Brown, "Anselm on Atonement", in Brian Davies and Brian Leftow, eds., The Cambridge Companion to Anselm, Cambridge University Press. 2004, 286-287쪽 참조.

12) CDH, 1,11: "Sic ergo debet omnis qui peccat, honorem deo quem rapuit solvere; et haec est sasifactio, quam peccator deo bebet facere."

13) 같은 곳.

14) 같은 책, 1, 20.

그렇다면 인간은 자신의 죄를 보속할 수 있는가? 그럴 수 없다. 신에게 복종하지 않는 행위는 엄청난 죄이기 때문에 그 죄에 대한 대가 역시 엄청나게 클 수밖에 없다.[15] 더욱이, 인간은 죄를 짓지 않을 때에도 신에게 무한한 복종을 해야만 하는 빚을 지고 있기 때문에 죄를 지은 인간에게 죄에 대한 대가를 치를 능력이 없다.

> 비록 내가 죄를 짓지 않을 때에도 죄를 짓지 않도록 내 자신의 존재와 내가 할 수 있는 모든 것을 신에게 빚지고 있다면 나는 신에게 죄 값을 치를 그 무엇도 가지고 있지 않다.[16]

인간에게 보속을 해야만 하는 의무는 있지만 그렇게 할 수 있는 능력이 없다. 그러나 신에게는 보속을 해야만 하는 의무는 없지만 오직 신에게만 그렇게 할 수 있는 능력이 있다. 이런 이유로 인해, 신은 인간이 되었다. 이런 강생(降生, incarnatio)[17]이야말로 죄인들이 결코 할 수 없는, 죄에 대한 완전한 보속을 위한 유일한 방법이다. 따라서 안셀무스는 다음과 같이 강생의 필요성을 역설한다.

> 신만이 이 보속을 줄 수 있다. 〈…〉 그러나 인간을 제외한 어느 누구도 보속을 해서는 안 된다. 그렇지 않다면 인간은 보속을 못하게 된다. 〈…〉 만일 그렇다면 천상의 도시가 반드시 인류의 구성원들로 이루어져 완전하게 되어야 하지만 이것은 앞서 말한 보속이 주어지지 않는다면 일어날 수 없다.[18]

인간과 달리, 신-인간, 즉 그리스도는 죄가 없기 때문에 죽을 운명이 아니다. 그리스도가 자발적으로 죽음을 선택하는 것은 신이 아닌 그 어떤 것보다도 더 큰 가치가 있다. 따라서 그처럼 큰 희생은 죄인들을 위해 보속을 제공할 수 있다는 것이다. 이것이 대속이론의 개요다.

---

15) 같은 책, 1, 21.
16) 같은 책, 1, 20: "Si me ipsum et quidquid possum, etiam quando non pecco, illi debeo ne peccem, nihil habeo quod pro peccato reddam."
17) 때때로 '성육신', '육화'(肉化)로 번역되기도 한다.
18) CDH, 2, 6: "Non ergo potest hanc satisfactionem facere nisi deus. 〈…〉 Sed nec facere illam debet nisi homo. Alioquin non satisfacit homo. 〈…〉 Si ergo, sicut constat, necesse est ut de hominibus perficiatur illa superna ciuitas, nec hoc esse ualet, nisi fiat praedicta satisfactio."

III. 정의 개념

안셀무스의 대속이론은 교부 신학에 만연되어 있던 '속전 이론'을 극복하기 위한 것이다. 그는 대화 상대인 보소의 입을 빌어 인간의 타락으로 인해 사탄은 인간에 대한 지배권을 얻었고 대속은 사탄에게 치루는 속전의 형식을 취해야 한다는 이론을 드러낸다. 이 속전이론에 따르면 인간은 타락 이후에 신의 종이 아니라 사탄의 합법적인 종이 되었고, 신은 사탄에게 빚을 지게 된 것이다. 안셀무스는 속전이 사탄에게 지불될 필요가 없다는 점을 분명히 한다. 사탄에게는 인간과 마찬가지로 신의 피조물로서 인간을 벌할 권리가 없기 때문이다.

> 사탄과 인간은 신에게만 속하고 어느 누구도 신의 권능 밖에 있지 않다. 그렇다면 무슨 근거로 신은 그 자신의 일에서 자신의 피조물에 관해 자신의 피조물에게 부탁을 해야만 했는가?[19]

사탄이 어떤 점에서는 형벌을 가한다고 생각하는 것이 옳을 수 있다. 하지만 그 형벌은 신의 허락을 얻지 않고서는 가해질 수 없으므로 사탄을 독립적이고 독자적인 작용주체로 여길 필요가 없다. 따라서 안셀무스는 인간에 대한 사탄의 지배권을 제거함으로써 신과 사탄을 대립시켰던 속전이론과 달리 신과 인간의 관계에 초점을 맞춘다.

사탄이 인간에게 대한 아무런 지배권을 가지지 않는다면 그 무엇도 신으로 하여금 인간의 죄를 자유롭게 용서하는 것을 막을 수가 없는 것처럼 보인다. 그러므로 자비로운 본성을 지닌 신은 어떠한 대가 없이도 용서해야 한다는 주장이 논리적으로 가능할 것이다. 그렇다면 신이 보속 없이 자비에 의해 죄를 용서할 수는 없다는 논변의 근거는 무엇인가? 정의를 무시하고서 자비에만 기초를 두는 무상의 용서는 신의 정의와 상반된다는 것이 안셀무스의 생각이다.[20] 신이 정의를 실행하지 않고서 용서한다면 신의 본성을 위반하게 될 것이고 더 이상 신이 아니게 된다. 결국 신은 자비를 통해서만, 즉 무조건적으로 그리고 어떠한 매개도 없이 용서할 수는 없다는 것이다.

---

19) 같은 책, 1, 6: "Cum autem diabolus aut homo non sit nisi dei et neuter extra potestatem dei consistat: quam causam debuit agere deus cum quo, de quo, in suo."

20) 같은 책, 1, 12.

신에게서 빼앗은 명예에 대해 대가를 지불하지 않은 채 오직 자비에 의해서만 죄를 용서하는 것이 신에게 합당한지 다시 살펴보자. 〈…〉 이런 방식으로 죄를 용서하는 것이 형벌을 주지 않는 것과 같게 된다. 보속이 없이도 죄를 제대로 다루는 것은 형벌을 주는 것과 같다. 그러므로 죄에 대해 형벌이 주어지지 않는다면 통제되지 않은 채로 용서되는 것이다.[21)]

무조건적인 용서는 죄가 있는 사람과 죄가 없는 사람 사이에 차별을 두지 않게 되므로 신에게 합당하지 않다. 결국 죄가 어떠한 법의 지배도 받지 않는다고 생각하는 것은 불합리하다는 것이다. 여기서 신과 인간의 관계는 법적 관계로 다루어진다. 그렇다고 해서 안셀무스는 자신의 논변을 인과응보의 정의와 연관되는 법적 질서에만 토대를 두는 것이 아니다.[22)] 그는 회개하지 않는 죄인에 대한 신의 형벌을 설명하는 대목에서 형이상학적 또는 우주론적 질서를 강조한다.

잘못된 행위들이 올바른 질서를 어지럽히고자 하는 곳 어디에서나 신의 지혜가 이런 요건들을 덧붙이지 않았다면 신이 규제해야 하는 우주 자체 내에 질서의 아름다움이 훼손됨으로 빚어지는 추함이 생기게 될 것이며, 신은 세계를 인도하는데 실패하는 것처럼 보이게 될 것이다.[23)]

무상의 용서를 하는 것은 죄로 인해 생긴 우주의 질서와 아름다움을 방해하는 요소를 교정하기 위해 아무런 역할도 하지 않는다. 무질서를 용납함으로써 신의 왕국에 무질서가 더 크게 판을 치게 되고 우주의 아름다움을 파괴하게 될 것이다. 여기서 안셀무스는 정의를 완전히 질서 정연한 우주의 아름다움과 연관시킨다.

한편, 안셀무스는 『진리론』(*De veritate*)에서 정의를 진리 자체뿐만 아니라 의지

---

21) 같은 책, 1, 15: "Redeamus et uideamus utrum sola misericordia, sine omni solutione ablati sibi honoris deceat deum peccatum dimittere. 〈…〉 Sic dimittere peccatum non est aliud quam non punire. Et quoniam recte ordinare peccatum sine satisfactione non est nisi punire: si non punitur, inordinatum dimittitur."

22) 안셀무스의 모든 체계에서 인간과 신의 관계는 본질적으로 법적인 관계라고 해석하는 학자들이 있다. Gustaf Aulén, Christus Victor: An Historical Study of the Three Main Types of the Idea of the Atonement, trans., A. G. Herbert, Macmillan, 1969, 106쪽 참조.

23) CDH, 1, 15: "Quas si diuina sapientia, ubi peruersitas rectum ordinem perturbare nititur, non adderet, fieret in ipsa uniuersitate quam deus debet ordinare, quaedam ex uiolate ordinis pulchritudine deformitas, et deus in sue dispositione uideretur deficere."

의 옳음이나 올바름과도 동일시한다.[24] 이런 의지의 올바름이 형이상학적 함의를 가진 것으로 본다는 사실은 『왜 신은 인간이 되었는가』에 잘 드러난다.

> 그것〔=이성적 피조물〕이 마땅히 바라는 바를 바란다면 이는 신에게 명예를 주는 것이다. 이는 이성적 피조물이 신에게 무엇인가를 선사하기 때문이 아니라 신의 뜻과 인도하심에 기꺼이 따르고 우주 만물의 질서와 아름다움을 유지하기 때문이다.[25]

신의 정의는 신이 바라는 바이고, 인간의 정의나 의지의 올바름은 이성적 피조물이 신의 의지에 대해 자발적으로 복종하는데 있다.[26] 정의의 본질적 내용은 신에게 원천을 가지는 질서의 올바름이다. 또 정의는 창조의 모든 질서를 아우르고, 인간과 신의 관계나 인간들 사이의 관계를 규제한다.[27] 따라서 안셀무스에게 정의 개념은 법적인 측면에 기초하는 인과응보의 정의를 지칭하지는 않는다. 사정이 이러하다면 그가 법적인 은유를 사용하긴 하지만 우주론적, 그리고 형이상학적 본성에 의해 대속이론을 개진한다는 사실을 확인할 수 있다. 이런 전제 위에서 안셀무스가 정의와 자비를 어떻게 조화시키는지 살펴보자. 『신은 왜 인간이 되었는가』에서 보소는 다음과 같은 물음을 던진다.

> 하지만 우리가 신에게 "우리의 죄를 용서해 주십시오"라고 말하는 것은 어떻게 된 일인가? 모든 민족이 자신이 믿는 신에게 죄를 용서해 달라고 기도하는 것은 어떻게 된 일인가? 우리가 빚진 것을 갚는다면 우리가 신에게 용서를 구하는 이유는 무엇인가? 신이 정의롭지 못해서 이미 갚은 것을 다시 달라고 요구하는 것인가? 한편, 우리가 갚지 않는다면 왜 우리는 신이 할 수 없는 것을 해 달라고 헛되이 기도하는 것인가?[28]

여기서 안셀무스의 답변은 그리 분명치 않다. 그는 논점을 피하고 있는 것처럼 보이기 때문이다.

---

24) De veritate, Ch. 12.

25) CDH 1, 15: "Quae cum uult quod debet, deum honorat; non quia illi aliquid confert, sed quia sponte se eius uoluntati et dispositioni subdit, et in rerum uniuersitate ordinem suum et eiusdem uniuersitatis ulchritudinem, quantum in ipsa est, seruat."

26) 같은 책, 1, 11.

27) 안셀무스가 세계를 이해하는 방식은 신의 본성에 기초하는 동시에 인간의지의 올바름에 드러나는 존재론적, 지성적인, 도덕적 질서에 의존한다. 신의 정의는 법적인 측면보다 자신의 본성과 일치하여 작용하는 것으로 보아야 한다.

그러나 나는 지금 너에게 이 질문에 대해 대답할 필요가 없다. 그리스도가 왜 죽었는지에 대해 알 때 아마 너 혼자 힘으로 대답을 발견할 것이다.[29)]

그가 대답하는 것은 단지 다음과 같다.

갚지 않는 자가 "용서해 주소서"라고 말하는 것은 헛되다. 하지만 갚는 자가 기도하는 까닭은 기도 자체가 갚음의 일부이기 때문이다. 신은 그 누구에게도 빚을 지지 않는다. 하지만 모든 피조물은 대등한 이들의 채무관계처럼 신에게 빚을 지기 때문이다.[30)]

여기서 안셀무스는 용서가 그저 주어지는 것이 아니라 바로 보속을 통해서 일어난다는 그의 주장을 반복하고 있을 뿐이다. '정의'라는 단어의 사용법이 인과응보의 정의에만 국한되지 않다고 하더라도 문제는 여전히 남아있다. 안셀무스는 빚을 반드시 갚아야 한다는 사실이 자비의 가능성을 제거한다는 반론에 대답해야 한다. 그는 "그러한 자비를 신에게 귀속시키는 것은 엉터리"[31)]며 "신이 이런 방식으로 자비로운 것은 불가능하다"[32)]고 말한다. 왜냐하면 자비의 형태인 용서가 신의 정의와 상반되기 때문이다. 그럼에도 보소는 다음과 같이 반박한다.

신이 정의의 규칙을 따른다면 가련한 하찮은 사람은 탈출하는 길을 발견할 수 없고, 신의 자비는 허사가 되고 마는 것처럼 보인다.[33)]

---

28) CDH, 1, 19: "Sed quid est quod dicimus deo: "dimitte nobis debita nostra", et omnis gens orat deum quem credit, ut dimittat sibi peccata? Si enim soluimus quod debemus: cur oramus ut dimittat? Numquid deus iniustus est, ut iterum exigat quod solutum est? Si autem non soluimus: cur frustra oramus ut facial, quod, quia non conuenit, facere non potest?"

29) 같은 책, 1, 19: "Sed de hoc non opus est tibi nunc respondere. Cum enim cognosces cur Christus est mortuus, forsitan per te uidebis quod quaeris."

30) 같은 곳, 1, 19: "Qui non soluit, frustra dicit: "dimitte". Qui autem soluit, supplicat, quoniam hoc ipsum pertinet ad solutionem ut supplicet. Nam deus nulli quicquam debet, sed omnis creatura illi debet; et ideo non expedit homini ut agat cum deo, quemadmodum par cum part."

31) 같은 책, 1, 24.

32) 같은 곳.

33) 같은 곳: "Si rationem sequitur deus iustitiae, non est qua euadat miser homuncio, et misericordia dei perire uidetur."

안셀무스의 논변 전체가 정의 개념에 집중한다면 신의 자비를 필요 없는 것으로 만들었다는 보소의 비판에 대해 어떻게 답변하는가? 다시 말해, 대속행위가 정의와 부합된다는 점을 입증하는데 모든 노력을 기울인다면, 안셀무스는 자비를 둘 장소를 마련할 수 있을까? 안셀무스는 신의 자비가 있다는 점을 인정한다. 그의 말을 들어보자.

> 나는 신이 자비롭다는 점을 부정하지 않는다. 신이 자신의 '자비'를 크게 증대시켜 '사람과 짐승'을 구원하기 때문이다. 하지만 우리가 말하고 있는 것은 현세의 삶 이후에 신으로 하여금 인간을 복되게 하는 궁극적인 자비다.[34)]

신의 자비는 인간을 궁극적으로 복되게 만드는데 발휘된다는 것이다.[35)] 이런 생각은 이 세계를 창조한 신의 목적을 설명하는 대목에 잘 드러난다.[36)] 신의 자비는 이성적 존재자로서의 인간을 복되게 만들고자 한 의지에 나타난다는 것이다. 『성찰』 제 2 권에서 다음과 같이 말한다.

> 정의롭고 사랑의 신이시여, 당신은 자비롭고 나의 창조주며 구원자라는 점을 기억하소서. 선한 주님, 당신의 죄인에 대한 정의로운 보상을 기억하지 마시고 당신의 피조물을 향한 자비를 기억하소서. 당신의 피고인에 대한 진노를 기억하지 마시고 자비가 필요한 이에 대해 연민을 가지소서.[37)]

그러므로 안셀무스의 논변 전체는 정의 개념에 기초하더라도 신의 자비를 위한

---

34) 같은 곳: "Misericordem deum esse non nego, qui "homines et iumenta" saluat, "quemadmodum" multiplicauit "misericordiam" suam. Nos autem loquimur de illa ultima misericordia, qua post hanc uitam beatum facit hominem."

35) 이 대목에서 안셀무스는 신의 정의에만 강조점을 둠으로써 신의 자비를 감소하거나 부정하려고 했다는 반론이 자신의 논변에 그렇게 치명적이지 않다고 본다. 왜냐하면 신의 자비는 반론과 달리 실상은 더 크다고 생각하기 때문이다.

36) 인간이 창조된 목적은 인간으로 하여금 최고선인 신을 선택하고 향유할 수 있도록 하는 것이다. 그렇다고 해서 무조건적으로 신을 선택하기만 하지는 않는다. 왜냐하면 신은 인간을 이성적 본성을 가진 존재자로 만들었기 때문이다. 인간의 이성적 본성은 인간에게 선과 악을 구별할 능력이 주어졌다는 뜻이다. 따라서 이런 능력은 인간으로 하여금 현실적으로 선만을 선택하고 악을 거부할 수 없게 한다. 결국 신이 인간을 이성적 본성을 가진 것으로 창조했다는 전제는 이성적 본성은 신 자신의 복된 향유 안에서만 실현할 수 있다는 불가피한 결론에 이르게 된다. CDH, 2, 1 참조.

자리를 만들기 위해 창조를 항상 언급한다는 것을 볼 수 있다. 하지만 자신의 죄가 완전히 사함을 받은 이를 제외한 어느 누구도 이런 축복을 얻을 수 없다는 것이 안셀무스의 주장이다. 그리고 죄 사함은 단지 갚아야 할 죄의 대가를 갚아야만 비로소 얻게 된다는 것이다.

> 이러한 지복(至福)은 자신의 죄를 완전히 용서받은 사람을 제외하고는 그 누구에게도 주어질 수 없으며, 이 죄를 사함은 죄의 크기에 따라 그에 합당한 대가를 치렀을 때에만 주어지게 된다.[38)]

사정이 이러하다면 안셀무스의 설명은 이성적 인간을 복되게 하는 신의 의지라는 개념을 통해 신의 자비에 적법한 장소를 주기 위해 노력하지만 신의 정의와 자비 사이의 문제에 대한 분명한 해결책을 주기에는 충분치 않다고 볼 수 있다.

『왜 신은 인간이 되었는가』에서 안셀무스는 그리스도의 역할, 즉 구속(救贖, redemptio)에 초점을 맞추어서 이런 난점을 극복하고자 한다. 구속은 인간을 영속적인 지복으로 이르게 하고 신의 정의를 만족시킬 뿐만 아니라 신의 자비를 표현한다는 것이다. 신의 정의의 측면에서 인간의 죄는 용서받아서는 안 되고 속죄를 반드시 필요로 한다. 신의 자비에 관해서는 신의 의지는 신-인간, 즉 그리스도를 통해 죄인들을 구원한다. 더욱이, 안셀무스는 그리스도의 구속 안에서 자비와 정의의 통일성을 발견한다. 그는 다음과 같이 말한다.

> 왜냐하면 영원한 고통을 선고받고 그 고통에서 자신을 면할 능력이 없는 죄인에게 성부 하느님이 "나의 독생자를 받으라 그리고 너희를 대신하여 그를 내놓아라"라고 말씀하시며, 성자 하느님께서 "나를 받으라 그리고 너희를 구원하라" 고 말씀하실 때에 이 보다 더 자비로운 것을 생각할 수 있겠는가?[39)]

---

37) Meditationes, II (Schmitt, vol 3, p. 83): "Memento, iuste deus et benigne deus, memento quia misericors es, et creator et recreator meus. Ne ergo memineris, bone domine, iustitiae tuae adversus peccatorem tuum; sed memor esto benignitatis tuae erga creaturam tuam. Ne memineris irae adversus reum, sed memor esto miserationis erga miserum."

38) CDH, 1, 24: "Hanc beatitudinem nulli dari debere nisi illi, cui penitus dimissa sunt peccata, nec hanc dimissionem fieri nisi debito reddito, quod debetur pro peccato secundum magnitudinem peccati, supra positis rationibus puto me sufficienter ostendisse. Quibus si quid tibi uidetur posse rationibus obici, dicere debes."

그렇다면 왜 신은 죄인들을 위해 그렇게 큰 희생을 치르면서 구속을 제공하는가? 신은 자신이 시작한 일을 인간 본성과 더불어 완성해야 하기 때문이라는 것이 안셀무스의 답변이다.[40] 그렇지 않다면 신은 자신의 일에서 실패하는 것처럼 보일 것이고, 이것은 신에게 합당하지 않다. 여기서 안셀무스는 신의 정의와 자비를 조화시키기 위해 대속과 창조의 목적을 결합시키고자 한다. 신의 정의는 보편적 법칙의 위반을 간과할 수 없기에 신의 자비는 정의의 요구가 충족되고서야 효력이 생길 수 있다. 즉, 용서는 죄의 크기에 따라 치러야 하는 빚을 갚고 나서야 받아야 한다. 하지만 창조의 목적을 완수하기 위해 신은 그리스도를 통해 큰 대가를 치를지라도 인간을 복되게 할 것이고 창조를 무화시키지 않을 것이다.[41]

안셀무스가 죄의 문제를 해소하는 데 신의 자비보다 정의에 더 강조점을 두는 한 이런 두 가지 설명은 잘 결합되지 않는다. 더욱이, 대속이론의 체계에서 두 속성은 분리되고 모순적인 것처럼 보인다. 이유인즉, 신은 대속체계에서 죄를 그냥 용서할 수 없다고 주장하기 때문이다. 결과적으로 안셀무스는 신을 '최고의 정의'(summa iustitia)라고 규정짓는다.[42]

IV. 『프로슬로기온』의 경우

신의 정의와 자비가 양립할 수 있는가라는 물음은 안셀무스의 『프로슬로기온』(*Proslogion*) 제9장에도 등장한다.[43] 그는 신이 최고로 정의롭다면 어떻게 영원한 죽음이 마땅한 사악한 이들을 구원하는가라는 물음을 다루면서 다음과 같이 대답한다.

당신은 최고로 선하시므로 자비로우시고, 단지 최고로 정의로우시므로 최고로 선하

39) CDH, 2, 20: "Nempe quid misericordius intelligi ualet, quam cum peccatori tormentis aeternis damnato et unde se redimat non habenti deus pater dicit: accipe unigenitum meum et da pro te; et ipse filius: tolle me et redime te."

40) 같은 책, 2, 4.

41) George S. Heyer, "St. Anselm on the Harmony between God's Mercy and God's Justice", in Robert E. Cushman and Egil Grislis, eds. *The Heritage of Christian Thought*, Harper & Row, 1965, 38쪽 참조.

42) CDH, 1, 13.

43) 이 문제에 대한 상세한 설명은 Gregory B. Sadler, "Mercy and Justice in St. Anselm's *Proslogion*", *American Catholic Philosophical Quarterly* 80, 2006, 41-61쪽 참조.

시다면 그렇게 당신은 최고로 정의로우시므로 참으로 자비로우십니다.

저를 도우소서, 정의롭고 자비로우신 하느님, 당신의 빛을 제가 찾고 있사오니, 저를 도우소서, 제가 말하는 것을 이해할 수 있도록. 그러므로 당신은 진실로 정의로우시기 때문에 자비로우십니다.[44)]

여기서 안셀무스는 자비와 정의의 긴장관계를 해소하기 위해 자비와 정의를 동일한 작용의 서로 다른 측면이라고 주장하는 것처럼 보인다. 신의 본성이 사랑과 진노, 자비와 정의와 같은 모순적인 속성을 지니는 것처럼 보일지라도 신은 본성의 측면에서 다면적이라는 것이다.[45)] 이런 측면에서 자비와 정의를 조화하려는 안셀무스의 시도는 다음과 같이 해석될 수 있다. 정의에 측면에서 우주의 합리적 질서는 타락한 인간이 영원히 벌을 받게 될 것이라는 점을 요구한다. 그러나 자비의 측면에서 우주의 합리적 질서는 인간이 영원히 축복을 누리게 될 것이라는 점을 요구한다. 왜냐하면 우주가 창조된 것은 바로 이 목적을 위해서기 때문이다. 그러므로 창조된 질서 안에서 자비와 정의는 신의 창조에 대한 합리적 기획에서 도출된다. 더욱이, 인간에게 약속된 축복은 죄의 결과인 지옥살이보다 논리적으로 선행한다. 이런 의미에서 자비는 인과응보의 정의보다 선행한다.[46)]

그럼에도 아직 풀리지 않은 문제가 남아 있다. 앞선 인용구에서 신의 선성에서 자비와 정의 모두를 도출할지라도 안셀무스의 논변은 주로 신의 정의에 의존한다. 마치 삼단논법과 같다.

신은 선하기 때문에 자비롭다.
하지만 신은 정의롭기 때문에 선하다.
그러므로 신은 정의롭기 때문에 자비롭다.

엄밀히 말해, 자비는 선성이 아니라 정의에서 나온다. 더욱이, 자비뿐만 아니라 선성도 신의 정의에서 나온다.

---

44) 『프로슬로기온』 제8장. 『프로슬로기온』의 우리말 번역은 안셀무스, 박승찬 옮김, 『모놀로기온 & 프로슬로기온』을 따랐다. 단, 박 승찬 교수의 경우 iustus를 '의롭다'로 옮기고 있지만, 이 글의 일관성을 위해 '정의롭다'로 바꾸었다.

45) John D. Hannah, "Anselm on the Doctrine of Atonement", *Bibliotheca Sacra* 135, 1978, 340쪽.

46) 이런 해석은 Richard Southern, *Saint Anselm: A Portrait in a Landscape*, Cambridge University Press, 1990, 213-214쪽을 따랐다.

한편, 모순적으로 보이는 신의 본성들이 어떻게 양립할 수 있는지에 대한 안셀무스의 답변은 신이 어떻게 자비로우면서 영향을 받지 않을 수 있는가(Quomodo sit misericors et impassibilis)라는 물음을 다루는 『프로슬로기온』 제8장에서 실마리를 찾을 수 있다.[47] 신은 우리와 달리 감정을 지니지 않는다. 신에게 동정심이 있다는 말은 신이 우리의 가련한 상황에 대해 감정적인 반응을 한다는 뜻이 아니다. 신에게 어떤 변화가 일어난다는 것이 아니라 단지 우리의 감정에 따라 신의 동정적인 행위에 의해 동정적이라고 느낄 뿐이라는 것이다.

> 그래서 당신은 우리의 느낌에 따라서는 자비로운 것이고, 당신의 느낌에 따라서는 그렇지 않은 것입니다. 당신이 불쌍한 우리를 바라보시면 우리는 자비로운 자의 작용을 경험하고, 당신은 감정에 사로잡힘을 겪지 않으시기 때문입니다.[48]

이런 설명은 『프로슬로기온』 제9장에서 신을 '가까이 다가갈 수 없는 빛 속에 있는 것'으로 묘사하는 대목과 연관된다.

> 당신의 선함은 파악할 수 없기 때문에 이것은 당신이 머무시는 가까이 갈 수 없는 빛 속에 감추어진 것입니까?[49]

우리는 빛을 통해서 볼 수는 있지만 그 빛을 직접 볼 수는 없다. 그렇다면 신이 자비로우면서 동시에 정의롭다는 것 역시 이런 방식으로 읽어야 한다. 신은 정의로울 때에도 자비로울 수 있다. 하지만 우리는 단지 신의 정의로운 행위를 경험할 뿐이다. 우리의 관점에서 정의가 자비를 능가하는 것처럼 보인다. 그러나 우리가 정의와 자비가 어떻게 양립되는지 알 수는 없더라도 신의 관점에서는 아무런 문제없이 양립된다는 것이다.

『프로슬로기온』 제 9장에 드러난 자비와 정의의 조화를 시도하는 곳을 통해 볼 때 안셀무스는 자비와 정의가 신의 선성에서 비롯되고 그 선성에서 상위의 통일성이 발견된다고 주장하는 듯하다. 하지만 그는 자비와 선성이 궁극적인 원천인 정의에서 생긴다고 주장한다. 여기서 신의 속성이 동일한 작용의 상이한 측면이라는

47) 이 문제에 대해서는 Brian Leftow, "Anselm's Perfect-Being Theology", in *The Cambridge Companion to Anselm*, 152-153쪽 참조.

48) 『프로슬로기온』 제8장.

49) 같은책 제9장.

주장을 감안하더라도 안셀무스의 해결책은 여전히 자비에 대한 정의의 우월성을 강조하는 것처럼 보인다. 더욱이, 우리에게는 알려질 수 없지만 신에게 정의와 자비는 양립될 수 있다는 주장은 이성적인 논변에 입각한 것이 아니라 종교적인 믿음의 대상인가?

V. 사족

우리는 안셀무스가 신의 자비를 제거하거나 무시하지 않는다고 하더라도 신의 정의에 더 강조점을 둔다는 점을 인정해야 한다. 이 점은 『왜 신이 인간이 되었는가』는 물론 『프로슬로기온』에서도 다르지 않다. 안셀무스는 에덴동산에서 추방되면서부터 사탄은 신에게서 인간에 대한 지배권을 획득했다는 개념을 부정한다.[50] 따라서 그리스도가 십자가에서 치른 수난이 바로 사탄에게 치른 속전이라는 생각은 안셀무스 이론체계에는 들어설 자리가 없다. 그러나 대속을 설명하는 구도에서 사탄이 제거되고 인간과 신이 직접적으로 만나게 되면 문제가 생긴다. 신은 죄를 그저 용서할 수는 없단 말인가? 그럴 수 없는 이유는 무엇인가? 인간은 신에게 갚을 수 없고 신은 사탄에게 갚을 필요가 없다면, 대가를 치루는 것이 강생의 목적은 아니지 않은가? 그러나 안셀무스는 보속이론에서 사탄을 제거할지라도 대가를 지불할 필연성에 대해서는 일관적으로 주장한다. 결과적으로 인간과 신의 간격을 메우는 중재자 없이 서로 직면하고 있는 것으로 둔다고 할지라도 신에게 진 빚을 경감할 수는 없다. 더욱이, 그는 신이 정의롭다는 바로 그 이유 때문에 자비롭다는 주장을 반복한다.

여기서 우리는 아벨라르두스(Abelardus, 1079-1142)의 대안을 언급할 수 있다. 그는 강생의 근거를 신의 자비가 아니라 신의 사랑에서 찾는다. 보속의 필요성은 신의 정의 때문이 아니라 신의 사랑에 대한 인간의 앎 때문이다.

> 우리는 그리스도의 피에 의해 의롭게 되었고 이런 방식으로 신과 화해된 것처럼 보인다. 우리에게 드러내 보인 이런 은총의 특별한 행위를 통해 신은 사랑에 의해 우리를 그 자신과 더 완전히 묶었다. 그 결과 우리의 가슴은 그러한 신의 은총의 선물에 의해 불붙게 될 것이고, 진정한 사랑은 신을 위해 그 무엇을 참는 것을 꺼리지 않게 될 것이다.[51]

---

50) CDH, 1, 7.

그러므로 강생이 유효하게 되는 것은 신의 정의로운 요구를 만족시키는데 있는 것이 아니라 사랑의 율법의 본보기를 통해 가르치는데 있다. 이는 죄를 신에게 갚아야 하는 배상이라는 생각 전체를 제거하며 신에 대한 인간의 사랑을 재생하는 능력에 강생의 중요성을 둔다.

아벨라르두스의 견해를 통해서 보자면, 안셀무스의 논지는 인간에 대한 사랑이 아니라 신적 정의의 요구라는 점이 분명하다. 결과적으로 안셀무스는 인간에 대해 좀 더 여지를 두거나 신에 대한 인간의 빚을 감면하기 위해 사탄을 제거한 것은 아니다. 그 반대로, 신을 명예롭게 하기 위해 빚을 더 크게 만들었다. 실상 『신은 왜 인간이 되었는가』에서 필연적 이성을 통해 무한하고 완전한 존재자인 신의 개념을 가지고 작업한다. 그 개념은 『프로슬로기온』의 존재론적 증명의 기본 전제다.[52] 그렇다면 안셀무스에게 신은 맹목적이거나 어쩔 수 없는 능력의 화신이 아니다. 오히려 그저 단적으로 완전하며, '그보다 더 큰 것을 생각할 수 없는 존재자'다. 그러므로 인간이 아니라 신을 확대하는 안셀무스의 목표는 바로 신에 대한 이러한 이해의 맥락에서 고려되어야 할 것이다.

51) Abelard, Exposition on the Epistle to the Romans (Commentaria in Epistolam Pauli ad Romanos), in Eugene Fairweather ed. & trans, *A Scholastic Miscellany: Anselm to Ockham*, The Westminster Press, 1956, 282–283쪽.

52) 『프로슬로기온』, 2–4장 참조.

참고 문헌

손은실, 「하나님은 왜 그리스도의 죽음을 통해 인류를 구원하기를 원하셨는가?」, 『중세철학』 제13호, 2007.

안셀무스, 이은재 옮김, 『인간이 되신 하나님』, 한들출판사, 2007.

_____, 박승찬 옮김, 『모놀로기온 & 프로슬로기온』, 아카넷, 2002.

Abelard, *Exposition on the Epistle to the Romans*. in ed. and trans. Eugene Fairweather, *A Scholastic Miscellany: Anselm to Ockham*, The Westminster Press, 1956.

Aulén, Gustaf, *Christus Victor: An Historical Study of the Three Main Types of the Idea of the Atonement*, trans. A. G, Herbert, Macmillan, 1969.

Anselm, *S. Anselmi Cantuariensis Archiepiscopi Opera Omnia*, ed. F. S. Schmitt, 6 vols, Friedrich Fromann Verlag, 1968.

Brown, David, "Anselm on Atonement", in eds., Brian Davies and Brian Leftow, *The Cambridge Companion to Anselm*, Cambridge University Press. 2004.

Bushnell, Horace, *Vicarious Sacrifice, Grounded in Principles of Human Obligation*, The Regina Press, 1975.

Hannah, John, "Anselm on the Doctrine of Atonement", *Bibliotheca Sacra* 135, 1978.

Heyer, George, "St. Anselm on the Harmony between God's Mercy and God's Justice", in eds., Robert E. Cushman and Egil Grislis, *The Heritage of Christian Thought*, Harper & Row, 1965.

Leftow, Brian, "Anselm's Perfect-Being Theology", in eds., Brian Davies and Brian Leftow, *The Cambridge Companion to Anselm*, Cambridge University Press. 2004.

Sadler, Gregory, "Mercy and Justice in St. Anselm's *Proslogion*", *American*

Catholic Philosophical Quarterly 80, 2006.

Southern, Richard, *Saint Anselm: A Portrait in a Landscape*, Cambridge University Press, 1990.

Justice and Mercy in Anselm's *Cur Deus Homo*

Lee, Jaekyung

Abstract

Both justice and mercy are not only moral virtues but also the attributes of God. To be just means to punish the evil and reward the good. On the other hand, to be merciful means to forgive, that is, not to punish evil. In *Cur Deus Homo*, Anselm is charged by his interlocutor, Boso with abolishing God's mercy for the theory of atonement leads to the idea that mercy can be exercised only when the demands of justice have been fulfilled. This paper aims to deal with Boso's question of how God saves mankind by mercy when God does not forgive a person for his sin, if the person in question does not give back what he owes on account of that sin. Anselm's reply is that sin as debt necessitates payment by the debtor because it is not fitting for God to forgive sin. Futhermore, forgiveness is not effective unless God's justice is satisfied, that is, the debt is repaid. I wish to whether God's justice is reconciled with God's mercy in Anselm's account of atonement,

keywords: Anselm, justice, mercy, atonement, satisfaction

MacIntyre의 반(反)계몽주의에 대한 교육사상사적 검토*

조 상 식

요약문

18세기 서구 계몽주의는 근대교육학의 형성에 결정적인 영향을 끼쳤다. 이념적으로 보았을 때, 계몽주의는 인간이성, 계몽, 성숙, 해방 등과 같은 개념을 통해 인간 교육의 풍부한 아이디어를 제공해주었다. 반면에 최근 교육철학 연구에서 자주 논의된 바 있는 MacIntyre의 관점이 근대교육학의 토대인 계몽주의를 비판한다는 점에서 교육학자에게 적지 않은 당혹감을 던진다. 아울러 그의 『덕의 상실』에 나타나는 반(反)계몽주의는 포스트모더니즘과 달리 반(反) 근대성의 요소를 포함하고 있어 더욱 흥미롭다. MacIntyre의 반계몽주의의 핵심은 목적론(teleology)의 몰락으로 특징지어지는 계몽주의 이후의 서구 지성사를 겨냥하고 있다. 본 논문은 그의 주장대로 계몽주의 시기를 기점으로 서양교육사상사에서 탈목적론의 주요한 징후들을 확인할 수 있다는 가정에서 출발했다. 특히 Humboldt의 Bildung 이론의 등장에 주목해 보면, MacIntyre가 주장하는 목적론의 퇴조를 분명히 읽을 수 있다. 논문은 그 흔적을 추적하면서 MacIntyre의 주장을 교육사상사적으로 검토할 수 있었다. 비록 그가 주목하고 있는 탈목적론적 계몽주의 흐름을 18세기 근대교육학에서도 확인할 수는 있었지만, 계몽주의 유산에 많은 부분 의존하고 있는 교육학의 학문적 토대에서 그의 반계몽주의를 받아들이기엔 부담이 적지 않다.

● 주요어 : MacIntyre의 반계몽주의, Humboldt의 Bildung이론, 목적론, 근대교육학

I. 문제 제기

18세기 서구 계몽주의의 이념은 근대교육학을 형성하는 데 결정적인 영향을 끼쳤으며, 그 시기는 학교로 대표되는 교육의 제도화가 급격히 팽창하던 시기이다. 교육 이념사의 관점에서 보았을 때 계몽주의는 "모든 인간을 교육을 통해 개선하고 정신적으로 성숙시키겠다는 생각에 열광했으며" (Reble, 1993: 141), 교육 제도사의 관점에서 보았을 때, 역사상 처음으로 '보편교육'의 원칙 아래에 국민교육을 도입하였다. 그래서 이 시기를 "교육의 세기"로 부를 만도 하다.

당시 계몽주의의 시대정신이 전파한 인간해방, 성숙, 이성, 자율성, 자유 등과 같은 긍정적인 구호의 이면에는 인간능력의 사회적 유용성 강조, 보편이성 아래에서 개성의 상실, 교육의 강제성 증대라는 부정적인 수사들이 동시에 놓여있었다.[1)] 사회사적으로 분명히 이 시대는 점점 복잡해지는 사회조직과 급격히 발전하는 자본주의 경제가 인간 주체를 사회적 재생산 기제에 편입시키는 상황이었다 (Blankertz, 1982: 21). 이 때문에 계몽주의가 안고 있는 이율배반적 측면("계몽의 변증법")에 대한 동시대적 비판은 이미 존재했다. 이를 교육적으로 표현하자면, 인간의 보편적 이성에서 출발한 계몽주의적 기획이 불가피하게 인간을 사회적 기능성과 유용성이라는 표준에 따라 형성하게 되는 불행한 귀결이다. "이러한 시대 상황에 반발하면서 등장한 신인문주의는 인간의 개별성을 보편성에 희생시키지 않으면서, 동시에 교육의 대상이요 목표인 보편적 이성을 곧장 추상화하지 않는 방안을 모색했다." (조상식, 2003: 49) 과연 이러한 신인문주의적 인간 교육의 이상이 성

* 본 논문은 한국교육학회 2007년 추계학술대회에 발표한 것을 대폭 수정, 보완한 것임을 밝힌다.

1) 계몽주의적 낙관론의 그늘을 극단적으로 고발하는 "교육 누아르적 흐름" (조상식, 2002)을 독일 교육학에서는 "검은 교육학(Schwarze Pädagogik)" (Rutschky, 1977)이라고 부른다.

공적이었는가 하는 문제는 별도의 논의 주제이지만, 18세기를 주도했던 시대정신 속에 이미 내적인 모순을 품고 있었다는 점에 주목할 만하다.

근대교육학의 토대가 계몽주의에 있다는 점에서, 현재의 교육 담론에도 그러한 내적 모순이 남아 있다. Pongratz는 이를 "긴장 영역"(1989: 231)이라고 부르고, 세 개의 개념적 대립인 상상력-이성, 육체성-추상성, 감성-지성 등을 들고 있다. 그의 주장에 따르면 이 개념쌍은 이미 근대교육학이 태동하던 시기에 병존했으며 이후 교육학의 분화발전 과정에서도 상이한 관점을 형성하는 데에 결정적인 영향을 끼쳤다는 것이다. 이처럼 특정한 시대 상황이 이율배반적인 특성을 지니고 있는 만큼, 그것이 배태하는 교육 이념도 상호 모순되는 이론적 요소들을 내포하고 있다.

이러한 계몽주의 시대상황의 특성과 그 이념사적인 변동과정을 자신의 철학적 반성의 주제로 삼고 있는 MacIntyre의 관점은 교육사상사에 비추어 흥미로운 관심의 대상이 될 수 있다. 지금까지 MacIntyre에 관한 우리 교육철학 분야에서의 연구는 적지 않았다. 먼저 그동안 우리 교육철학을 지배했던 자유교육(liberal education)의 한계를 지적하고 그 이론적 보완 및 대안적 탐색에 주목하는 연구들(유재봉, 2000 ; 홍은숙, 2002, 2006)이 있다. 이 방면의 연구들은 MacIntyre의 "사회적 실제(social practice)" 개념의 함의를 통해 전통적인 '선험적 정당화론'이 안고 있는 "지식교육의 추상성"과 "교육 실천적 무기력성"을 비판적으로 극복하는 데에 주력한다. 한편 MacIntyre의 도덕철학에서 핵심적인 '패러다임 전환'이라고 할 수 있는 덕(德 virtue)이론의 부활에 힘입어 그 교육철학적 시사점과 도덕교육론의 실천적 측면에 주목한 연구(김철중, 2003: 2006)가 있다. 이 방면의 연구는 계몽주의 기획에 대한 MacIntyre의 비판이 아리스토텔레스적 목적론의 부활에 있다고 보고 오늘날 학교교육론의 다양한 주장을 비판하는 데에 초점을 둔다. 이 두 방면의 연구들은 아마도 지금까지 MacIntyre의 관점으로 대표되는 이른바 '공동체주의(communitarianism)'에 대체로 호의적인 교육철학적 담론에 해당된다. 우리의 교육철학적 담론이 공동체주의에 상대적인 친숙함을 가지는 이유에 대해 깊이 논의해 보아야 하겠지만, 자유주의적 관점에 대한 지나친 '홀대'도 기이한 현상으로 보인다. 이러한 점에서 공동체주의 교육론에 대한 비판적 검토가 소수의 목소리로 등장하고 있다는 점(목영해, 2007)은 주목할 만하다.

지금까지 우리 교육철학 분야에서 논의된 MacIntyre에 관한 연구들은 그 연구의 질과 양에 있어서 높이 평가할 만하지만, 다음과 같은 점을 고려한다면 반성의 여지가 있다. 첫째, MacIntyre는 다른 공동체주의자들과 달리 특정한 정치, 도덕, 교육 및 사회이론에 초점을 두고 비판적 분석을 한다기보다는, 도덕과 문화의 역사를 일반적이고 광범위하게 다루고 있다. 그의 분석틀이 "서구 도덕 · 정치 문화의 기원과 흥망성쇠에 초점"(Mulhall & Swift, 1997: 109)을 두고 있다는 점에서, 특정한 이론적 관심에서 그 시사점을 도출하려는 시도는 '원전'이 지니고 있는 이론과 개념에 비추어 '넓은 간극'을 전제할 수밖에 없는 문제점을 가진다. 특히 현재 교육현장에 그의 이론이 주는 실천적 함의가 무엇인지에 관심을 가지는 경우, MacIntyre의 인식틀을 지나치게 축소하는 오류를 범할 수도 있다고 본다. 둘째, 첫 번째 지적과 관련지어 MacIntyre의 이론적 전망은 서구 계몽주의의 거대한 흐름을 비판하면서 새로운 문제해결을 위한 질서를 아리스토텔레스적 전통에 둔다는 점에서 일종의 '거대 담론'의 유형을 띤다. 그는 아리스토텔레스적 존재론을 현대적으로 적극 수용하고 있기 때문에 이론적으로도 강력한 형이상학적 재구성을 목표로 한다. 이러한 점에서 그의 이론을 수용하는 데 있어서 보이는 '부분 이론적' 적용이나 '아이디어 도출적' 시도는 지양되어야 한다.

본 연구는 이러한 비판적 반성으로부터 MacIntyre의 이념사적 가정을 교육사상사적 지평에서 '병렬적으로' 검토해 보고자 한다. 그가 분석의 출발로 삼고 있는 거대한 서구 이념사적 변동과정은 바로 계몽주의이다. 이와 대응하는 교육사상사적인 공간도 근대교육학의 이론적 토양으로서 계몽주의 시대이다. 이에 본 논문은 그러한 이념사적 전환기에 대한 MacIntyre의 해석이 교육사상사적 관점에서 타당한지, 그의 해석이 옳다면 그러한 교육사상사적 증거가 있는지 그리고 철학적 논의와 구분되면서 MacIntyre가 놓치고 있는 교육사상적 특이성이 있는지 등에 초점을 두고자 한다.

II. MacIntyre의 반(反)계몽주의

MacIntyre의 계몽주의 비판은 근대교육학의 유산을 물려받은 우리 현대 교육학자를 적지 않게 당혹스럽게 한다. 그의 반(反)계몽주의가 오늘날 우리에게 너무도 친숙한 포스트모더니즘과 비판의 대상은 동일하지만 그 지향점이 반대이기 때문에 더욱 그러하다. 그가 '계몽주의의 기획'을 비판하고 대안으로 제시하는 것이 전(前)근대적 전통이라는 점은 그의 이념사적 관점이 반(反)근대주의임을 보여준다.

MacIntyre는 오늘날 우리가 겪고 있는 도덕적 불일치를 "불가공약성(incommensurability)"(MacIntyre, 1981: 10. 이하 AV로 약함)이라고 규정한다. 이는 각각의 주장의 전제가 전혀 다른 규범적 혹은 가치 평가적 개념을 사용하는 것을 뜻하는데, 이로 인해 논쟁은 계속되고 대립하는 주장들 중 하나를 결정할 수 있는 방법이 없게 된다. 따라서 "이처럼 우리를 동요시키는 사적인 자의성 현상은 끊임없이 계속되는 공적 논쟁의 무한성과 상응한다."(AV, 8) 아마도 이러한 현상을 극복하기 위해 등장한 대안은 바로 의사소통이론 및 화용론(話用論, Pragmatik)일 것이다. 이 이론에 따르면, 다원주의 사회에서 개인의 의견들은 사적인 영역으로부터 제3의 질서인 "담론(discourse)"의 질서로 편입되고 그 속에서 공동체(구체적으로 학문공동체)의 장기적이고 지속적인 논의를 통해 합의가 도출된다.[2] 하지만 이러한 희망적인 전망의 근거는 모든 개인이 합리적인 논증 능력을 지니고 있으며, 궁극적으로 진리에 이르도록 노력을 경주해야 한다는 규제적 이념을 모든 개인이 공유하고 있어야 한다는 점이다. Habermas의 용어로 이것이 바로 "반사실성(Kontrafaktualität)" 개념이다(Habermas, 1981: 25쪽 이하). MacIntyre는 그러한 논증의 타당성을 지향하는 현대인의 가능성을 근본적으로 부정한다. 그의 생각에 따르면 개인의 내부에서 행해지는 논증인 경우에도 자신의 입장을 정당화하는 과정에서 '타당한 근거를 가져야 한다'는 비합리적인 결정이 작용한다는 것이다(AV, 8).

그가 보기에 우리가 흔히 사용하는 덕이니 정의니 하는 개념들도 본래 그것이 생겨났던 콘텍스트로부터 오늘날의 문화로 수용되는 과정에서 예전과 다른 것이 되었다는 것이다. 그러한 변질과정을 특징짓는 현대를 흔히 다원주의라고 부르지만, MacIntyre에게 그것은 도덕적 언어가 질서의 상태에서 무질서의 상태로 전환되는 데에 토양일 뿐이다. 오늘날 우리는 다원주의를 "교차하는 관점들의 질서 있는 대화"(AV, 11)라고 규정하면서 그 건강성에 동의하지만, MacIntyre는 다원주의를 "잘 분류되지 않은 단편들의 조화롭지 않은 혼합"(Ibid)이라고 단정한다. 그러한 무한한 불일치와 혼란으로 특징지어지는 도덕적 태도를 MacIntyre는 정의주의(情意主義 emotivism)라고 규정한다. 정의주의는 "모든 가치 평가적 판단 또는 모든 도덕적 판단이 단지 선호(preference)의 표현들과 태도 및 감정의 표현들에 불과하다는 학설"(AV, 11-12)이다. 이러한 정의주의에 도덕이론이 기반을 가지게 된다면, 명제의 의미에 관한 이론으로서 세 가지 측면에서 실패한다는 것이다(AV, 13-14). 첫째, 특정한 유형의 명제의 의미를 해명하기 위해 감정 및 태도를 확인하고 규정짓게 된다면 공허한 순환논증에 빠지게 된다. 둘째, 개인적 선호의 표현과 가치 평

---

2) 이러한 이론적 전통은 미국의 초기 프래그머티스트인 Peirce와 Mead의 아이디어를 언어학과 의사소통이론의 관점에서 수용한 K.-O. Apel의 화용론(話用論)과 Habermas의 의사소통행위이론(Theorie des kommunikativen Handelns)에 정립되어 있다.

가적 판단의 의미를 동일시하는 것은 처음부터 불가능한 과제이다. 말하자면 선호의 표현은 발언의 개인적 맥락에 의존하는 반면, 가치 평가적 표현은 맥락에 거의 의존하지 않는다. 셋째, 감정 및 태도를 표현한다는 설명은 명제의 의미를 말하는 것이 아니라 그 명제가 사용되는 기능을 설명한다. MacIntyre는 이러한 정의주의를 특정한 역사적 상황에서 등장한 이론으로서 살펴볼 수 있다고 주장하면서 영국의 도덕이론에 지대한 영향을 끼친 G. E. Moore의 직관주의에 주목한다. Moore의 직관주의는, Hume 전통의 극단적 회의주의로 인한 도덕적 논증에 소모적으로 빠지지 말고 도덕원리를 인간 특성의 객관적 차원에 둘 것을 제안한다. MacIntyre가 보기에 그 결과 개인들의 일시적인 기분 표현을 자신들의 발언과 해석을 통해 정당화하는 당시의 정의주의적 도덕관에 폭넓게 활용되기에 이르렀다는 것이다. 즉 객관성이 없는 것에 객관성이 부여되었다는 것이다(AV, 15–18). 그래서 많은 사람들은 정의주의가 마치 참인 것인 양 간주하고 그것이 우리의 문화에 구현되어 있다는 것이 MacIntyre의 주장이다. 그러면서 정의주의를 대표하는 인간 및 성격유형(characters)으로서 심미주의자(aesthete), 경영자(manager), 심리치료사(therapist)를 든다(AV, 27–31). 심미주의자는 사회를 오직 자신의 쾌락을 추구하기 위한 만남의 장소로 보고 목적 달성을 위해 타인을 얼마든지 도구화하고, 관료적인 경영자는 가치탐구를 완전히 배제한 채 오직 경제적 효율성만을 추구하며, 심리치료사는 자신의 기술적 전문성을 신봉하면서 사회적으로 적응하지 못한 사람을 그 자체로 받아들이지 않고 단지 에너지가 잘못 배분된 신경증적 징후로 간주한다. 이러한 인간 및 성격유형은 사회적 맥락을 완전히 상실한 현대의 정의주의적 자아(emotivist self)의 특성을 대표한다. 이에 MacIntyre는 그러한 정서적 자아를 낳은 역사적 과정에서 도덕적 담론의 형식과 언어의 변화에 관심을 가진다. 변화된 도덕적 담론의 유래를 찾기 위한 MacIntyre의 접근 방식은 발생론적이다. 여기서 그에게 관심의 초점이 되고 있는 서양사적 공간이 바로 계몽주의이다. 그에 따르면 현대사회는 사실과 가치의 영역이 엄격하게 구분되어 있어서, 도덕의 영역에서 개인들은 자유롭고 자의적인 선택이라는 주체적 삶의 양상이 주어지고, 반면에 효율성이 지배하는 사실의 영역에서는 관료주의가 개인의 자유로운 선택을 제한하는 삶의 양식이 지배한다. 이것이 바로 관료주의적 개인주의 문화의 풍토인데(AV, 35), 그것을 낳은 역사적, 철학적 사건이 바로 계몽주의라는 것이다.

오늘날 우리에게 도덕 및 도덕적이라는 낱말의 어원에 해당되는 그리스어 ethikos와 라틴어 moralis는 "하나의 특정한 방식으로 일관성 있게 행동하고 하나의 특정한 방식으로 살고자 하는 주어진 성향"(AV, 70)을 의미했다. 이러한 잔재가 남아있는 영어의 moral도 "실천적 교훈"을 의미했다. 하지만 17-18세기의 계몽주의는 '도덕적'이라는 단어를 제한적인 의미로 사용하면서 "도덕을 합리적으로 정당화하려는 체계적인 시도"(Ibid)를 했다. MacIntyre는 그러한 도덕을 합리화하는 계몽주의의 기획이 실패했음을 보여주기 위해 철학사적 순서를 따르지 않으면서 Kierkegaard, Kant, Diderot, Hume의 도덕이론을 비판적으로 분석한다. 연대기적으로 다시 재구성한다면, 먼저 Diderot와 Hume은 개인들의 도덕적 판단을 감정과 정념의 표현으로 이해한다. 필자가 보기에 MacIntyre의 관점에 따르면, Diderot의 '유물론적 세계관'이 필연적으로 인간의 욕망을 '계몽'으로 재조명하게 했으며, Hume으로 대표되는 영국 전통의 '도덕감(moral sense)' 이론이 욕망을 도덕적 기준으로 삼게 했다. 이와 반면에 Kant는 영국의 도덕감 이론이 가지는 "주관주의적, 개인주의적 회의론"[3]을 비판하고 "보편적 윤리법칙의 토대"를 확립하려고 했다. 그에 따르면 실천이성은 보편적, 정언적, 즉 그 자체로 일관성 있는 원리들을 설정함으로써 보편화된 도덕적 준칙을 확립할 수 있다는 것이다. 그러나 MacIntyre가 보기에 Kant의 도덕의 합리화 시도는 논리적 일관성에 있어서는 성공했지만 그 정당화에서는 실패했다는 것이다(AV, 44). 이러한 해석으로부터 확인할 수 있는 점은, MacIntyre의 정의주의의 범주에 Kant의 기획은 포함되지 않는다는 것이다. 그가 범주화한 정의주의 도덕이론에 비해 Kant는 도덕법칙의 객관성과 보편성 확보를 추구하고 있다. 하지만 뒤이은 Kierkegaard가 Kant의 도덕철학을 출발점으로 삼았다는 데에서 실패의 필연적 요소를 지니고 있다는 것이다(AV, 40-43). 말하자면 Kierkegaard가 윤리적인 것의 토대를 개인이 내리는 절대적인 선택에서 찾고자 하는 것은, Kant 도덕철학이 가정하고 있는 '추상적 자아'의 절대적 도덕적 자율성 및 선택의 자유에 그 기원을 두고 있다. Kant 도덕철학에 대한 MacIntyre의 입장은 그의 철학적 기반을 이해하는 데에 결정적이다. 미리 말하자면 Kant의 도덕의 합리화 시도는 인간과 존재일반의 문제에 대한 근대적 이해를 적극 반영하고 있는 반면에, MacIntyre의 철학적 기반은 근대 이전 형이상학의 기본적인 가정인 목적론(teleology)이다.

이러한 결정적인 차이는 『덕의 상실』의 제5장에서 분명하게 드러난다. 그에 따르면 도덕적 논증의 실패는 분명 역사적 기원에 근거하고 있다. 구체적으로 인간

3) Kant는 영국의 도덕감 이론가들을 염두에 두고 "도덕성과 의무와의 개념은 〔심리적〕 만족을 돌보기에 앞서 있어야 하며, 이 만족이 있으므로 비로소 그런 개념이 도출되는 것은 아니니다"라고 하면서, 합리적 도덕법칙을 심리적 만족에 논리적으로 선행되는 것으로 분명히 밝힌다.(Kant, 1788/1990: 45쪽 참조.)

본성에 관한 개념과 도덕규칙 및 계율에 관한 서로 상이한 개념은 역사적 지평에 비추어 확인된다는 것이다(AV, 51). MacIntyre는 분명한 어조로 근대의 인간 본성에 관한 온갖 시도는 목적론의 관점을 배격했는데, 이는 Aristotels주의에 대한 "과학적-철학적 거부"로 나타나 "목적을 실현하면 가능한 인간 관념"(AV, 53)을 제거했다는 것이다. MacIntyre에 따르면, 아리스토텔레스가 『니코마코스 윤리학』에서 분석한 윤리학의 기본 구조는 전형적인 목적론적 구도(teleological scheme)(AV, 52-54)를 갖추고 있다. 그 구도는 먼저, 우연히 존재하는 인간(man-as-he-happens-to-be)인 교육되지 않은 상태의 인간본성, 자신의 본성을 실현하면 있을 수 있는 인간(man-as-he-could-be-if-he-realized-his-essential-nature)인 목적을 실현할 수 있는 인간본성, 마지막으로 전자에서 후자로 이행할 수 있게 하는 도덕적 계율이다(김철중, 2003: 49쪽 참조). 이러한 구도에 따르면, 윤리학은 전자와 후자의 관계를 가능태와 현실태에 입각하여 그 이행을 이해하고 인간 목적을 해명하는 학문이 된다. 이러한 목적론에 입각해 있는 윤리학의 토대는 프로테스탄티즘과 얀센주의 카톨릭에 의해 붕괴되면서 근대 윤리학의 탈목적론이 진행되었다는 것이다(AV, 54). 따라서 계몽주의의 도덕적 기획은 실패할 수밖에 없다는 것이다.

III. Humboldt의 Bildung 이론에 나타난 목적론의 쇠퇴 과정[4)]

인간, 도덕, 사회, 정치, 교육 등에 대한 철학적 해명의 기초엔 항상 형이상학적 가정이 놓여있다. 그러한 형이상학은 일체의 존재자(즉 세계)에 대한 궁극적인 해명을 추구하기 때문에 구체적으로 철학적 대상을 해석하는 데에 준거로 작용한다. 따라서 특정한 철학적 관점을 이해하는 데 있어서 형이상학적 전제는 일종의 '메타 범주'가 될 수 있다. MacIntyre의 반(反)계몽주의를 이해하기 위해서도 이러한 형이상학적 전제를 검토하는 것이 유익하다. 앞에서 MacIntyre가 현대 도덕 및 가치관의 혼란을 초래한 역사적 기원을 추적하는 데 기반으로 삼고 있는 형이상학 및 존재론적 가정이 바로 목적론이었다. 구체적으로 계몽주의에 의한 Aristotels주의의 폐기는 이념사적 전환을 낳은 거대한 철학적 변동인 셈이다.

4) 훔볼트의 Bildung 이론에 대한 부분은 필자의 선행연구(2004)에 많이 의존하고 있다. 이 후속 연구에서는 훔볼트의 Bildung 개념에서 확인할 수 있는 목적론의 퇴조 움직임에 초점을 두고자 한다.

근대교육학이 태동하던 계몽주의 환경에서 MacIntyre가 진단하는 탈(脫)목적론적인 인간교육이론이 확립되고 있었다는 점은 흥미롭다. 바로 계몽주의 시대 환경에서 독일의 Wilhelm von Humboldt(1767-1835)에 의한 Bildung 이론의 근대적 확립이 그 대표적인 사례이다. 주목해야만 하는 점은, Humboldt가 정립한 Bildung 개념이 탈(脫)목적론적 인간이해에 기초한 순수한 근대적 특성을 가진 것이 아니라, Aristoteles주의적 잔재인 목적론과 근대적 인간관이 혼재된 특이한 내용을 지니고 있다는 것이다. 따라서 Humboldt의 Bildung 이론은 이념사적 변동과정의 과도기적 성격을 이해하는 데에 좋은 증거이다. 그러한 혼재된 특성은 Humboldt의 Bildung 개념에 대한 대립되는 해석도 낳았는데, 그것은 Leibniz적 이해와 Kant적 이해로 구분된다. 전자가 복고적이고 전통적인 스콜라적 잔재를 의미한다면, 후자는 세계개방성과 인간능력에 대한 무한한 가능성으로 특징지어지는 근대적 인간교육론을 의미한다. 교육학 문헌에서 독일어 개념인 Bildung은 맥락에 따라 교육, 도야, (자기)형성 등과 같이 다양하게 번역되고 있다. 이러한 개념적 이해에 대한 복잡한 이념사적 과정을 별도로 탐구해야겠지만[5], 여기에서는 일단 Bildung이라고 지칭하고 이념사적 변동과정을 고스란히 간직하고 있는 내용적 측면에 초점을 맞추기로 하겠다.

Humboldt의 Bildung 이론을 적절하게 요약하자면, '자아와 세계 사이의 상호작용'이다. Humboldt의 Bildung 이론의 불분명한 측면과 그에 대한 해석의 다양성에도 불구하고, 대부분의 연구자들은 인간과 세계를 결합시키는 것이 Humboldt의 Bildung 이론의 핵심이라고 동의한다. 여기서 세 요소인 인간, 세계, Bildung를 중심으로 이 이론을 설명해보도록 하겠다.[6] 자아와 세계 사이의 관련성이 Humboldt의 Bildung 개념에서 차지하는 중요성은, Humboldt가 이 개념을 통해 비로소 고전적인 Bildung 개념을 근대교육학의 핵심 개념으로 새로이 정립시켰다는 데에 있다. Bildung 개념은 자신의 역사를 갖고 있으리만큼 복잡하고 다의적이지만,[7] 특히 'Humboldt 시대'에 결정적인 전환을 겪는다. 요컨대 고전적

5) 선행 연구로서 정영근(1991, 2004)를 참조.

6) 이 논문에서 필자는 다음과 같은 Humboldt의 원전에 초점을 두었다. 논문에서 인용하고 있는 글의 출처는 A. Flitner가 편집한 책(1956)의 면수를 따랐다. Humboldt 논문의 원제목과 필자가 앞으로 사용하고 있는 약어는 다음과 같다. 국가의 효력의 한계를 규정하려는 시도에 관한 이념들(Ideen zu einem Versuch, die Grenzen der Wirksamkeit des Staates zu bestimmen)(1792, I). 인간 Bildung 이론(Theorie der Bildung des Menschen)(1793, T), 인간성의 정신에 관하여(Über den Geist der Menschheit)(1797, G)

7) 그 개념사적 개관으로 Lichtenstein(1966)을 참조.

인 Bildung 개념은 폐쇄적인 자아 속에 깃든 신성(神性)을 모사하거나 혹은 보이지 않는 가능태(Entelechie)가 현실태로 변환되는 것을 의미했지만, Humboldt에 이르러서는 인간형성의 과정을 자아와 세계 사이의 대결로 파악한다. "이 개념〔Bildung〕에서 결정적인 교육학적인 관심은 교육적 과제 설정을 확인하려는 지점을, 세계의 보편적인 다양성이라는 전제에서 스스로 존재하는 개별 인간의 형성과정의 욕구 구조와 결합시키는 것이다." (Blankertz, 1982: 102) Humboldt의 Bildung 개념에 나타나는 목적론의 쇠퇴 흔적을 추적하기 위해 아래에서는 인간 규정, 자유, 세계와 자아 사이의 관계 그리고 Leibniz와 Kant의 영향사를 중심으로 Bildung 이론을 검토하기로 한다.

먼저 Bildung 개념의 근거로서 인간 규정이다. Humboldt는 논문 「인간 Bildung 이론」에서 Bildung 이론의 기본적인 윤곽을 보여준다. 이 단편의 앞 부분에서 그는 인간 능력의 본질을, "인간다움을 전체로서 형성하면서 다양한 분야의 개별 학문을 다루는 참된 정신이요, 모든 학문 분야를 서로 긴밀하게 연결하는 결속체" (T 27)라고 규정한다. 그는 특정한 능력에만 관여하는 것이 아닌, 다양한 교과 능력을 '관통하는' 어떤 것을 찾고 있는 것으로 보인다. 이는 당시 계몽주의의 '범지론적(汎智論的) 흐름'이기도 하다. "어떤 개별적인 교과목만을 배타적으로 고르지 않고 모든 교과목으로부터 우리의 교육에 유익한 것을 이끌어내려는 노력이 필요하다." (T 28) Humboldt는 인간의 본질을 "인간에 근원적이고 인간 존재를 규정하며 이를 각인하고 담지하는 것" (Menze, 1965: 96)으로 규정한다. 그러한 인간의 본질이 바로 "능력" (Kraft) 개념이다. "어떤 특별한 인간 활동이든 간에 그 중심엔 언제나 개별적인 어떤 것으로의 의향 없이도 본성의 능력들을 강화 · 고양시키면서 자신의 존재에 가치와 영속성을 부여하려는 인간의 의지가 놓여 있다." (T 28) Humboldt에게 능력이란 인간 내면에 들어있는 최종적이며 근원적인 것을 의미한다. 즉 "그 뒤로는 더 이상 도달할 수 없는 아프리오리" (Ibid: 6)이다. '능력' 개념 말고도 Humboldt는 "에네르기아(energia)", "활동", "생(生)" 등과 같은 다양한 개념들을 사용하기도 한다. 이 개념들은 당시 철학적 전통인 라이프니츠의 잔재를 보여준다. 이렇게 Humboldt의 Bildung 개념 속에 전근대적인 요소와 근대적 요소가 공존한다는 해석은 이미 Menze(1965, 1972, 1975, 1996)에 의해 연구된 바 있다. Humboldt의 능력 개념은 인간 교육에 필연적 속성을 부여해주는데, 능력의 활동이 교육충동(Bildungstrieb)을 낳을 수밖에 없는 것이다. "능력 개념은 살아있는 존재의 원리이면서 그것은 무형식적 소재를 규정, 제압하는 일종의 교육충동으로 특징지을 수 있다." (Menze, 1965: 97)[8] Buck에 따르면, 목적론적 인간 이해는 아리스토텔레스의 형이상학에까지 소급될 수 있지만, 근대에 이르러 Hobbes의 논의에서 구체적으로 읽을 수 있다. 즉 Hobbes의 자연법 사상에 따르면, "개별 인간의 본성은 동물의 그것과 비교했을 때 마치 잉여분에 해당하는 어떤 것을 갖고 있다."(Buck, 1984: 207) 이에 홉스는 "호기심(curiosity)"을 "인간 주체가 본질적으로 불안해하고 자기이탈적으로 구성하려는 욕구의 원천"(Ibid)으로 간주한다.

둘째, Humboldt의 Bildung 이론에서 자유 개념은 다음과 같이 두 가지 의미를 가진다. 먼저 그의 자유 개념은 초기 저작인 「국가의 효력을 제한하려는 시도에 관한 이념들」에 잘 드러나 있다. 여기서 그는 자유주의 국가관에 기초하여 프랑스 혁명 이후에 존재하는 절대주의 국가를 비판한다. Humboldt에게 당시 시대 흐름에서 인간 자유의 확대는 긍정적이고 피할 수 없다. "내가 생각하건대 (…) 우리 주변의 거의 모든 국가에서 자유를 덜 구속하는 추세가 점차 확대되고 있는 것은 고무적이다."(I 9) 현재의 문화 단계를 한층 고양시키기 위해서는, "오직 개인의 교육"이 필요하다는 것이다. 그러나 그가 보기에 당시의 계몽주의는, "개인 교육을 방해하고 개별 인간을 군중으로 몰아넣는 오늘날의 모든 시설들은 고대보다 훨씬 해롭기조차 하다."(Ibid) 그는 공(公)교육이 "가능한 한 최고로 다양한 방식으로 인간을 교육하는 것"(T 10)이어야 한다고 주장한다. 여기서 최고의 다양성이란, 모든 인간에게 동일하게 경험되는 자유롭고 개방된 세계를 의미한다. 즉 "가장 자유로운 인간 교육, 즉 가급적이면 시민사회로의 편입에 맞추어지지 않는 교육이 선행되어야만 한다"(Ibid)는 데에서, Humboldt가 이미 공교육이 빠질 수도 있는 딜레마를 인식하고 있음을 알 수 있다. "모든 공교육 속에는 언제나 '정부(政府)의 정신'이 지배하고 있기에, 그러한 교육을 받는 사람들은 누구나 시민적 형식을 부여받는다."(I 10-11. 강조는 인용자) 다른 한편 Humboldt의 자유 개념은 인간 존재의 내면적 성격(Charakter)에 대한 규정에서 볼 수 있다. Lichtenstein에 따르면, "Humboldt에게 자유란 모든 개별 인간의 내면에 존재하는 에너지 형식이다. 그것은 조화롭게 미리 기초해 있으면서, 창조적, 능동적이며 인간 스스로 의식할 수 없는 정신적 성격"(Lichtenstein, 1966: 24)이라는 것이다. 마찬가지로 Menze도 "자유는 근원적인 개성, 즉 역동적인 근본원리 속에 처음부터 주어져있다."(Menze, 1965: 114)고 해석한다. Menze는 Humboldt의 자유에 대한 이해를 Leibniz적 관점에서 해석한다.

---

8) Menze에 따르면, 이 교육충동 개념이 Blumenbach의 ninus formativus 개념에서 유래하는 것으로 그 이후에 오랜 동안 유럽 인문학에서 사용되었다는 것이다. 자세한 내용에 대해 같은 책 312쪽 각주 4번을 참조.

“능력 개념은 자유 없이는 생각조차 할 수 없다. 왜냐하면 능력은 내용적으로 미리 고정된 가능태(Telos)에 입각하여 실행되는 인과적-기계적 발달이 아니기 때문이다. 오히려 능력은 근원적이며 창조적인 자기활동으로서 그 어떠한 것으로 환원되지 않는 것이다.” (Ibid) 요컨대 Menze의 해석에 따르면, Humboldt의 Bildung 개념이 여전히 목적론적 이해의 연장선상에 있다.

셋째, 세계와 자아 사이의 관계이다. ‘왜 인간이 자신을 둘러싼 외부 세계를 필요로 하는가?’라는 질문에 대해 Menze는 Leibniz적 전통에서 능력의 내적 원리에 주목한다. 그에 따르면, “어떠한 능력도 자기 스스로 규정되지는 않는다.” (Menze, 1965: 113) 능력은 자기 활동성으로 규정되긴 하지만, 언제나 외부를 필요로 한다. Humboldt에 따르면, “능력은 스스로 작동할 수 있는 대상을 필요로 하며 동시에 이를 통해 내적으로 순수한 형식이 (…) 계속 지속될 수 있다. 이를 위해 인간은 자신의 외부(대상)로서 세계를 필요로 한다.” (T 28) 이처럼 세계는 우리의 내적 존재에 어떠한 원인이 될 수 없다는 Menze의 해석과 달리, Benner는 자아와 세계 사이의 동등성을 강조한다. 그에 따르면, “오히려 Bildung은 개별 인간의 실존과 사회적 인간들의 공존을 중개하는 것을 목표로 한다. 이러한 중개를 통해 우리 실존의 이 두 측면은 제3의 차원에서 화해를 이루지 않는다. 개인의 자유는 공동의 인간 삶이라는 상황의 다양성과 결부된다.” (Benner, 1990: 77) 말하자면 Benner는 “인간과 자연 사이의 관계를 목적론적으로 규정하려는 것” (Ibid: 98)이라는 Menze와 달리, Humboldt의 Bildung이론의 근대성을 부각시킨다. 능력으로 규정되는 인간은 외부 세계를 필요로 하지만, 세계는 “우연적이고 비(非)본래적인 것들로 구성” (Menze, 1965: 148-149에서 재인용)되어 있다. 이렇게 “흐트러진 힘들의 혼동 속에서 끊임없이 변화하는 거대함” (Ibid: 136) 때문에, 인간은 “공허하고 무용한 방식으로 무한의 나락” (T 30)에 빠질 수 있다. Humboldt는 이러한 사태를 ‘외화’(外化, Entäußerung) 혹은 “소외” (疎外, Entfremdung)라고 불렀다.[9] 이러한 인간의 세계 의존성을 따른다면, 인간 Bildung은 “자연의 모든 측면을 알기 위해 세계로부터 특정한 작품을 산출해 내는 것이 아니라, 오히려 관점의 다양성을 통하여 인간의 내면에 들어있는 능력을 강화하는 것” (T 29)이 된다. 따라서 “인간이 소외 상태에서 자기 자신을 잃지 않고 자신이 외부에 있는 모든 것으로부터 밝은 빛과 따스한

9) “이 모든 외적인 요구들이 오로지 인간의 내적 본질로만 제한된다면, 인간의 본성은 이제 계속 자기 자신으로부터 대상을 향하도록 압박한다. 이제 문제는 이러한 소외 속에서 자기 자신을 잃지 않는 것이다.” (T 29)

온기를 자신의 내부로 다시 가져오는 것"(Ibid)이 중요하다. 여기서 "밝은 빛과 따스한 온기를 자신의 내부로 가져온다"함은, 인간과 외부 세계와의 '따스한 친화성'을 획득한다는 것을 의미한다. 이를 위해서 "인간은 대상의 덩어리들을 자기 가까이로 가져와서 그 소재에 정신의 형태를 표현함으로써 이 둘을 서로 유사하게 만들어야만 한다."(Ibid) 결국 Bildung 과정은 자아와 세계 사이의 상호작용인 것이다.

마지막으로 Leibniz적 잔재와 Kant적 근대성에 관한 것이다. Humboldt의 Bildung 이론에 끼친 사상가로서 Leibniz, Herder 그리고 Kant가 대표적이다. Humboldt 사상 속에는 전통적인 잔재와 근대적인 측면이 함께 들어있다고 보는 것이 옳다. 그래서 Humboldt의 Bildung 개념을 특히 그의 초기 사상에 초점을 두면서 Leibniz의 단자론에서 해석하는 시도가 있는 반면, Kant적 전통에서 이론적 근대성을 강조하는 시도가 있다. 요컨대 Humboldt의 Bildung 이론 속에는 당시의 이념사적 변동과정의 과도기적 특성을 고스란히 간직하고 있다. Lichtenstein의 연구에 의거하여 Humboldt의 Bildung 이론에서 핵심적인 개념적 장치들을 각각 Leibniz와 Kant적 전통으로 대비해볼 수 있다(Lichtenstein, 1966: 25-26).[10]

앞서 언급했듯이 Menze의 접근방식은, Humboldt의 Bildung 개념을 Leibniz

〈표〉 Humboldt의 Bildung 개념에 나타난 상이한 철학적 전통

Leibniz 전통	Kant 전통
엔텔레키(Entelechie)	자유 행위
과정의 산물	행동의 산물
형태화(形態化, Gestaltwerdung)	상(像)기획(Bildentwurf)
계발(啓發, Entfaltung)	개조(改造, Umschaffung)
능력(Kraft)	이념(Idee)
자기완성(Selbstvollendung) *아리스토텔레스의 자연목적론(Naturteleologie)	재탄생(Wiedergeburt) *플라톤의 변증법(Dialektik)

*인용자가 추가

의 능력 개념에 입각하여 해석하는 대표적인 연구이다. 반면에 Benner는 Humboldt의 Bildung 개념 속의 능력 개념을 근대의 교육가능성(Bildsamkeit)으

10) 이 개념 대조표는 조상식(2004: 240)에서 재인용했다.

로 이해하고자 한다. Menze에 따르면, Humboldt의 능력 개념에 따른 인간 규정은 Leibniz의 『단자론』(§17)에 기초해 있다는 것이다. "우리가 인간을 아무리 내적으로 관찰하더라도 완전히 해명될 수 없으며 발견되는 것이라곤 단지 인간 존재에 대한 단편적인 조각일 뿐이다."(Leibniz, 1994년판: 16) Humboldt에게 있어서 능력 개념은 우주 만물을 규정하고 담지하며 결합시키는 실체라는 것이다. 이렇게 이해된 능력 개념은 Leibniz와 관련지어 모든 살아있는 존재의 원리이면서 "형성 충동(Bildungstrieb)"이며, 이렇게 모든 존재를 산출해내고 관통하는 능력으로서 본체(本體 Substanz) 개념과 다르지 않다. 또한 이 능력은 필연적으로 특정한 능력들로 쪼개진다. 기본능력과 특정능력들의 구분은 Chr. Wolf 철학에 나오는 기본능력(vis)과 그로부터 도출되는 능력들(facultates) 사이의 구분에 각각 대응한다. 한편 Benner는 Humboldt의 Bildung 이론의 '근대적' 성격을 강조하는데, Benner는 인간의 규정에 관한 문제에 주목한다. 「인간성의 정신에 관하여」(G)(1797)에서 Humboldt는 인간의 정신을 "미지(未知)의 것(ein unbekanntes Etwas)"이라고 규정하고 있는데, Benner에게 이는 "개별 인간의 Bildung을 본체론적인 관점에서 전체로부터 설명하거나 인간 교육의 본질을 단순히 나열적으로 규정 가능한 총합으로 간주하는"(Benner, 1990: 85) 것이 아니라, 자기 자신에 몰두하는 주체라는 점에서 인간을 '개별적인 형성욕구'로부터 이해하고 있다는 증거라는 것이다. 이러한 의미에서 능력 개념은 지나간 과거와 다가올 미래 사이의 중개로서 이해되어야 한다는 것이다. Benner는 이렇게 해석한 능력(들) 개념을 Herbart와 Fichte의 생각과 관련지어 그 근대적 특성을 부각시킨다(1990: 77). Bildung 개념은 "인간이 행동 자체를 계획하며 실행된 행동에 대해 반성하면서 자신의 규정을 스스로에 의해 산출된 것으로 경험하는 과정"(Benner, 100–101)이라는 것이다. 여기서 Bildung 과정이란 단자론적 능력으로서 인간 본성에 기초해 있는 것이 아니라 언제나 우리 자신의 활동을 매개로 일어난다.[11]

IV. 종합논의

11) Benner는 이를 Fichte의 자아 이론에 비추어 설명한다. 즉 인간의 Bildung은 사고활동(Denktätigkeit)과 세계활동(Welttätigkeit) 사이의 변증법적인 관계로 파악되고, 그 속에서 비아(非我)로서 세계는 언제나 인간행위에 의해 중개되면서 인간의 자기규정에 영향을 끼치게 된다.

MacIntyre의 반(反)계몽주의론에 비추어 특정한 근대 교육사상사의 궤적을 검토하기 전에 그의 철학적, 도덕 이론적 성격을 다음과 같은 몇 가지 점에서 평가해 볼 수 있다.

첫째, MacIntyre의 근대성 비판과 그에 대한 대안적 기획은 모더니즘만큼이나 거대한 담론 유형에 속한다. 그가 『덕의 상실』의 초두에 묘사하고 있는 "우리를 불안하게 하는 제안(disquieting suggestion)"은 자연적 재난에 비할 정도로 도덕적 파국을 가정하는 일종의 사유실험인데, 이는 서구 모더니즘이 인류에게 약속한 희망과 그 이면에 병존해 왔던 근대의 부작용 및 예기치 않은 결과들 모두를 가정(假定) 속에 집어넣으면서 우리에게 '전혀 다른 선택'을 강요한다. 그러한 '종말론적' 사유실험은 근대를 넘어서는 탈(脫)근대적 전망을 제시하기보다 오히려 상실한 '전근대성'을 복원하려는 그의 시도를 상징적으로 보여준다. 그에게 대안은 지나온 근대성의 여정을 되돌이키는 유형이기에 우리를 난처하게 만든다.

둘째, 계몽의 실패를 지적하면서 MacIntyre가 의지하고 있는 철학적 기반은 Aristoteles적 전통의 목적론이며, 여기에 근거하여 현대의 도덕적 파국을 치유하기 위한 대안은 목적론적 윤리학에 기반을 둔 덕 윤리이다(AV, 53). 여기에 인간목적이 핵심적인 범주이다.

> 그것은 고대 그리스 전통의 이론가들이 표현한 사회적 삶의 형식에 뿌리를 두고 있다. 그 전통에 의하면 사람이 된다는 것은 가족 구성원, 시민, 군인, 철학자, 사제 등 제각기 목적을 지닌 일련의 역할을 완수하는 것이기 때문이다. 사람은 모든 역할에 선행하여 그와 독립된 개인으로 간주될 때에만 그 '사람'이라는 개념은 기능을 잃게 된다(AV, 56).

Aristoteles에게 인간 목적은 '형이상학적 생물학'에 근거하고 있다. 사실상 근대 계몽주의는 그러한 형이상학의 폐기를 목표로 하고 있다. 물론 17-18세기 계몽주의자들이 비판의 표적으로 삼은 것은 종교(기독교)적 세계관이었으며 독립적이며 자율적인 도덕개념을 만드는 것이었기에 직접 Aristoteles주의를 표적으로 삼은 것이 아닐 수도 있다. Aristoteles에게서도 도덕적 자율성은 핵심적인 목표였기에 계몽주의적 도덕관도 고대적 도덕개념의 부활을 의미하다는 해석도 가능하다(Lamore, 1987: 22-39). 하지만 도덕과 좋은 삶의 관계에 대한 Aristoteles와 근대 윤리학의 근본적인 차이가 인간적 성취에 대한 Aristoteles의 일원론(monism)에 있음은 부정할 수 없다. 즉 아리스토텔레스에 따르면, 좋은 삶에는 철저한 위계가 있는데, 이론적 관조로서 도덕적 삶이 최선으로 발휘된 정치적 활동이 여기에 속한다. 이와 달리 계몽주의는 일원론적 삶의 위계화에 반대하고 다원성과 관용을 추구했다고 볼 수 있다(Mulhall & Swift, 1993: 118–120). 계몽주의는 어떤 단일한 삶이 다른 삶의 형식보다 우위에 있다는 주장에 반대한다. 이러한 점에서 계몽주의는 인간 삶과 세계의 개방성에 기초해있다. 마찬가지로 근대교육학에서 가정하고 있는 인간 행동 및 그 변화가능성도 Leibniz적 목적론보다는 Kant적 개방성에 있다.

셋째, MacIntyre가 계몽주의의 기획의 산물이요 그 실패한 도덕이론의 특성을 지칭하는 용어로 제시한 정의주의(emotivism)는 17세기부터 19세기 후반에 전개되는 서구 이념사의 복잡한 변동과정을 포괄하기엔 부족한 면이 없지 않다. 그가 명명한 정의주의는 단어 emotion에서 왔는데, 그것으로 포괄하고자 하는 도덕 이론적 시도들은 프랑스 백과사전학파의 유물론적 인간학과 Shaftesbury, A. Smith, F. Hutcheson, Hume으로 이어지는 영국 전통의 도덕감(moral sense) 이론에는 적합할 수 있다. 즉 심미적 차원과 동일한 근거를 가지는 도덕적 판단이 개인적 감정(정념)과 욕구체계에 의존한다는 가정은 애초 MacIntyre가 비판하는 탈목적론적 도덕이론의 '심리화'의 결과로 간주할 만하다. 이를테면 존재와 당위가 과학적, 중립적 태도에 입각하여 절묘하게 분리된 후('목적론의 탈피'), 도덕적 판단 및 행동은 개인의 정념 및 욕망의 분출로 설명('도덕적 근거의 심리화')되기에 이른 것이다(Darwall, 2003). 반면에 Kant의 Hume 비판과 도덕법칙의 보편화 시도는 그러한 방향과는 정반대로 진행된 도덕 이론적 시도로 보인다. 이러한 이유에서 MacIntyre도 Kant 윤리학에 대해 평가하면서 언어 이론적 논증의 문제 이외에 분명한 정의주의적 혐의를 지적하지 못한다. 다만 Kierkegaard의 도덕적 결단주의가 Kant의 도덕 이론으로부터 출발했기에 실패했다는 다소 '우회적인' 비판에 머물고 말았다.

이러한 MacIntyre의 근대성 비판 및 대안제시가 가지는 관점을 교육사상사적 맥락과 나란히 둔다면 양면적인 평가가 가능하다. 그가 규정하는 탈목적론적 경향으로서 계몽주의는 분명히 근대교육학의 발전 방향과 일치하고 있음을 확인했다. 하지만 그러한 일치점에도 불구하고 이념사적으로 간단히 대응시킬 수 없는 복잡한 문제가 있다. 근대 교육사상의 변동과정과 MacIntyre가 기술한 이념사적 변동과정과의 일치점과 함께 불일치점은 다음과 같은 맥락에서 검토해볼 수 있다.

첫째, MacIntyre가 계몽주의 사조의 등장을 목적론의 퇴조로 본 것과 근대교육학의 이론적 전개과정은 일치한다. Leibniz의 스콜라적 잔재, 즉 아리스토텔레스적 형이상학 및 존재론은 분명히 근대 유럽의 인간교육을 대표하는 Humboldt의

Bildung 개념 속에 여전히 꺼지지 않고 있음을 확인했지만, Kant적 근대성이라는 전진과정도 병존한다. 이러한 과도기적 특성은 MacIntyre의 이념사적 규정이 틀리지 않음을 증명해주긴 하지만, 그가 복잡하고 거대한 이념사적 변동과정을 너무 단순하게 분석했다는 측면도 보여준다. 근대 교육학이 분명 계몽주의의 주도적인 이념을 이론적으로 수용했던 것은 사실이다. 계몽주의의 이상을 이어받고 있는 개인의 주체성, 자율성, 행동의 책임, 성숙, 해방 등과 같은 개념들은 오늘날 여전히 교육 이론적 및 실천적 목표요 준거로 간주되고 있다. 하지만 18세기 계몽주의의 정점에서 이미 신인문주의로 대표되는 이념적 대항흐름이 병존함으로써 "역사적 모순구조"(Tenorth, 1988: 126)가 형성되었다는 사실은 간과되어서는 안 된다. 이러한 측면은 이념사적 변동과정이 그 만큼 복잡하고 장기 지속적이었음을 보여준다. Humboldt의 Bildung 개념의 성립과정도 이를 잘 보여주고 있다.

둘째, MacIntyre의 '전통'에 대한 강조는 각 개인이 속한 부분적, 개별적 전통 및 사회적 맥락에서 출발하기 때문에, 전통 특수적이다. 반면에 계몽주의는 역사적 이해방식, 미래지향적 기획 의지, 인간관 등을 강조했다는 점에서 보편적 특징을 지닌다. 이에 Humboldt의 Bildung 개념에 내재된 자아-세계 관계는 분명히 맥락적-전통적 범위를 넘어서려는 측면을 가진다. 인간과 세계 사이의 상호작용 원칙은, 특수한 이해관계에서 규정되기보다 보편적 적용이 가능한 이론적 외연을 지니고 있기 때문에 전통으로부터 독립된 새로운 사회적 질서를 모색하려는 의도를 충분히 반영하고 있다. 근대 교육이론도 이러한 방향으로 전개되어 왔음은 분명하다. 그러한 보편화 기획을 뒷받침해주는 사회적 실제는 다원성이고, 특수적-맥락적 '혼란'은 관용이라는 규범적 원칙으로 보완된다. 이렇게 본다면 MacIntyre의 전통 구속성 및 맥락 의존성은 Humboldt 이후의 근대 인간교육론에 비해 이론적 타당성과 그 응용력에 있어서 허약한 기반을 지니고 있다고 볼 수 있다.

마지막으로 MacIntyre의 반(反)계몽주의 관점은 근대교육학의 그늘에 있는 우리의 교육적 이론과 실천을 혼란스럽게 한다. 오늘날 포스트모더니즘이 계몽의 부작용 혹은 근대성의 어두운 이면을 교정해주면서 근대성에 대한 고민과 재도약에 창조적인 상상력을 제공해주는 반면, MacIntyre의 반(反)모더니즘은 전혀 다른 문제제기를 한다. 그것은 모더니즘적 질서의 전개과정 자체를 뒤엎고 목적론의 부활을 통해 새로운 질서의 도출을 희망하는 거대한 담론으로서의 부담도 안고 있으며, 무엇보다도 근대교육학 자체를 위태롭게 할 정도로 근대적 지반을 너무 급진적으로 부정하고 있다는 점에서 이론적으로 크나큰 도전이다. 심대하고 조망할 수 없을 정도로 복잡하게 전개되어온 사회적 분화과정과 동일한 과정을 밟아온 교육

제도, 생산 및 업무의 분업화를 반영한 인간능력의 전문화 그리고 과학적 세계이해를 통해 축적된 지식체계 등을 고려해본다면, MacIntyre의 복고적 기획이 근대교육학의 성과와 전망을 송두리째 부정할 수 있다는 걱정이 앞선다. 이에 MacIntyre도 덕의 부활 이후에 공동체주의의 모습이 현대 국가 모델에는 적용될 수 없고, 소규모 지역적 결사체 형식으로 실현 가능하다고 입장으로 선회했지만,[12] 성(聖) 베네딕트가 도래하여 암울한 근대를 밝혀줄 것이라는 희망은 여전히 품고 있는 듯하다.

12) "진정 Aristoteles적인 공동체 관점은 ... 상대적으로 소규모이며 지역적인 형태의 정치적 결사체이다. 그리고 실천에 기초한 형태의 Aristoteles적 공동체가 현대세계에서 생겨날 경우엔, 그런 공동체는 언제나 소규모이자 지역적이며 또 그럴 수밖에 없다." (MacIntyre, 1994: 302)

참고 문헌

김철중, 「맥킨타이어의 목적론 부활 논의에 대한 고찰」, 『교육철학』, 제30집(한국교육학회 『교육철학』 연구회, 2003).

_____, 「자유주의적 덕 교육의 가능성」, 『교육학연구』, 제44권, 제1호(한국교육학회, 2006).

목영해, 「공동체주의 교육론에 대한 비판적 고찰」, 『교육철학』, 제38집(한국교육학회 『교육철학』 연구회, 2007).

유재봉, 「맥킨타이어의 '사회적 실제' 개념에 대한 논의」, 『교육철학』, 제24집(한국교육학회 『교육철학』 연구회, 2000).

정영근, 「독일 신인본주의 교육사상과 인간 도야의 이념」, 『교육철학』, 제9호(한국교육학회 『교육철학』 연구회, 1991).

_____, 「교육학에 "도야"(Bildung) 개념이 필요한가?」, 『교육철학』, 제32호(한국교육학회 『교육철학』 연구회, 2004).

조상식, 「'교육 누아르', 허무주의적 교육담론에 대한 검토」, 『교육비평』, 제10호(서울: 한울, 2002).

_____, 「보편논쟁과 교육학. 계몽주의와 신인문주의의 논쟁에 나타난 인간 주체형성의 문제」, 『한독교육학연구』, 제8권, 제1호(한독교육학회, 2003).

_____, 「훔볼트의 'Bildung' 개념에 대한 교육학적 이해」, 『헤겔연구』(서울: 한길사, 2004).

홍은숙, 「공동체주의 교육의 개념 연구: '사회적 실제'에의 입문으로서 교육」, 『교육철학』, 제27집(한국교육학회 『교육철학』 연구회, 2002).

_____, 「자유주의적 지식교육관에 대한 비판적 고찰」, 『교육철학』, 제36집(한국교육학회 『교육철학』 연구회, 2006).

Benner, D., *Wilhelm von Humboldts Bildungstheorie. Eine Problemgeschichtliche Studie zum Begrändungszusammenhangneuzeitlicher Bildungsreform.* (Weinheim & München: Juventa, 1990)

Blankertz, H., *Die Geschichte der Pädagogik. Von der Aufklärung bis zur*

Gegenwart. (Welter: Büchse der Pandora, 1982)

Buck, G., *Rückwege aus der Entfremdung. Studien zur Entwicklung der deutschen humanistischen Bildungsphilosophie*. (Paderborn/München, 1984)

Darwall, S., *Virtue Ethics*. (Oxford: Blackwell, 2003)

Habermas, *Rheorie des kommunikativen Handelns. I.II*. (Frankfurt a.M.: Suhrkamp, 1981/1987)

Humboldt, W. von., *Schriften zur Anthropologie und Bildungslehre*, hrsg. von A. Flitner. (Düsseldorf, 1956)

Kant, I., *Kritik der praktischen Vernunft*. (Hamburg: Felix Meiner Verlag, 1788/1990)

Lamore, Ch. E., *Patterns of Moral Complexity*. (Cambridge University Press, 1987)

Leibniz, G. W., *Monadologie*, Reclam Nr. 7853. (Stuttgart, 1994)

Lichtenstein, E., *Zur Entwicklung des Bildungsbegriffs, Von Meister Eckhard bis Hegel*. (Heidelberg, 1966)

MacIntyre, A., *After Virtue : A study in moral theory*(2nd ed.). (NotreDame : University of Notre Dame Press, 1981). 이진우 역, 『덕의 상실』, (서울: 문예출판사, 1997)

_____, "A Partial Response to my Critics", in *After MacIntyre*, eds. J. Horton/S. Mendus. (Oxford: Polity Press, 1994)

Menze, Cl., *Wilhelm von Humboldts Lehre und Bild vom Menschen*. (Düsseldorf, 1965)

_____, "Grundzüge der Bildungsphilosophie von Humboldts", in: *Bildung und Gesellschaft zum Bildungsbegriff von Humboldt bis zur Gegenwart*, Steffen, H.(Hg.). (Göttingen, 1972)

_____, *Die Bildungsreform Wilhelm von Humboldts*. (Hannover, 1975)

_____, "Überlegungen zur Kritik am humanistischen Bildungsverständnis in unserer Zeit", in: *Pädagogische Rundschau* 20. (1996)

Mulhall, S. & Swift. A., *Liberals and Communitarians*. (Oxford : Blackwell, 1997). 김혜성, 조영달 역, 『자유주의와 공동체주의』. (서울: 한울, 2001)

Pongratz, L., "Vergessene Zukunft? Notizen über Pädagogik und Postmoderne", In : *Neue Sammlung* 29. (1989)

Reble, A., *Geschichte der Pädagogik*. (Stuttgart: Klett-Cotta, 1993)

Rutschky, K., *Schwarze Pädagogik. Quellen zur Naturgeschichte der bürgerlichen Erziehung*. (Frankfurt a. M. & Berlin: Ullstein, 1977)
Tenorth, H. E., "Die Aufklärung", R. Winkel(Hg.). *Pädagogische Epochen*. (Düsseldorf: Schwann Handbuch, 1988)

An Educational-Historical Research of the Anti-Enlightenment of Alasdair MacIntyre

Cho, Sang-Sik

Abstract

The western Enlightenment of the eighteenth century greatly influenced the formation of the modern pedagogy, so thus we can call it the 'century of education' not only in the educational institutional aspect but also in the aspect of educational ideas. In particular, the educational ideas that the Enlightenment provided are fruitful for human education with their basic categories of education such as reason, enlightenment, maturity, emancipation, etc. But there were various counter strategies against its ideas which were derived from its self-antinomic character. MacIntyre's argument from recent educational articles debases our pedagogists because he criticizes the Enlightenment as a basis of modern pedagogy. It is very interesting that he developed his anti-Enlightenment position in his main work 『After Virtue』which contains the elements of anti-modernity in contrast to postmodernism as a contemporary trend. The essence of his anti-Enlightenment comes in contact with a great stream of western history of ideas that are characterized as the downfall of teleology. This article accepts his main assumptions of anti-Enlightenment, and show that there would be few various traces for this around eighteenth century. Turning our attention to the process of establishment of Humboldt's theory of 'Bildung', we can find out evidently the low-tide tendency of teleology, as MacIntyre had insisted. In addition, the paper discusses some points at issue.

Although we can recognize that MacIntyre's main position corresponds to the de-teleological tendency in German modern pedagogy, his argument falls heavily on our modern pedagogists, as his theoretical assumptions could break down the modern ground on which our modern pedagogy still depends.

keywords: MacIntyre's anti-Enlightenment, Humboldt's 'Bildung' theory, teleology, modern pedagogy.

학자의 사명과 학문의 태도

윤 병 태

1. 머리말
2. 학자와 학문에 대한 반성적 태도: 피히테
3. 학자와 학문에 대한 비판적 태도: 니체
4. 맺음말

요약문

이 글은 피히테와 니체의 학자의 사명과 학문의 태도에 대한 서로 다른 관점을 소개한 것이다. 오늘 이 나라 학자와 학문의 태도 정립에 참고로 삼으려는 의도이다. 피히테는 1794년 한편으로는 프랑스 혁명의 열기가 독일을 휩쓸 것을 내심 기대하면서도, 다른 편으로는 강력한 프랑스 문화의 강제적 유입에 대한 우려를 하는 터에서 '학자의 사명'이라는 주제로 대학에서 강연회를 몇 차례 한다. 그 후 한 세기를 훨씬 지난 후의 니체는 1870년 이래 보불전쟁에서 승리한 독일 학계와 문화예술계의 자만과 우월 의식이 우수한 프랑스 문화의 창조적 수용조차 막아버린다는 것, 또 이것은 궁극적으로 전쟁 승리자인 독일 민족정신의 몰락을 초래할 수도 있다는 것을 경고하려고 한다. 필자는 이 두 경우 모두, 전쟁에서의 패전(또는 패전 가능성)과 승전이라는 극단적 문화 교류의 상황에서, 자신이 속한 나라에 실존적으로 예속될 수밖에 없는 학자와 학문의 태도가 어떻게 정립되어야 하는가의 문제에 대한 철학적 고민으로 이해한다.

● 주요어 : 관념론, 문화, 민족, 승전과 패전, 예술, 전쟁, 정신, 학문, 학자, 학문의 태도

1. 머리말

문화는 교류한다. 어떤 한 지역 또는 한 집단의 문화는 다른 지역 또는 다른 집단의 문화와 서로 영향을 주고받는다. 신화, 종교, 언어, 습관, 도구, 기술 등의 공유는 일정 지역의 집단을 통일하여 고유의 독창적 문화권을 형성하지만 그 독창성은 이미 타 신화, 타 종교, 타 언어, 타 습관, 타 도구, 타 기술과의 교류 속에서 만들어진 것이다. 순수 독자적으로 자생, 성장, 번영하는 문화는 사실상 불가능하다. 교류는 우연적으로 생길 수도, 필연적 사건에 의해 유발될 수도 있다. 교류는 실용적 필요에 의해, 혹은 이주나 이민에 의해, 혹은 침략과 정복에 의해 일어나기도 한다. 문화 교류를 통해 문화는 성장하기도하고 쇠망하기도 한다. 평화시의 여행이나 상거래, 이민과 같은 수평적 교류에서 타 문화 수용의 객관적 지표는 유용성과 기능성 및 효율성이고 그 주관적 지표는 호기심과 관심이다. 자타 문화의 비교에서 유용성과 효율성과 기능성이 객관적으로 우수하다고 생각되면 열등한 것을 버리고 우수한 것을 받아들이는 것은 인지상정이다. 대체로 도구적 학문과 과학적 기술 등이 여기에 속하며 이 수용에서 그 독창성이나 고유성은 문제되지 않는다. 이질 문화에 대한 호기심이나 호의적 관심은 우열과 고저를 따지기 힘든 풍습이나 예절 또는 예술과 신화와 같은 것들에 대한 태도에서 나타난다.[1] 이 영역은 주관적이지만 고유성과 독창성에 고저우열을 따질 수 없다는 점에서, 또 심각한 갈등을 수반하지 않는다는 점에서 문화 교류의 생산적 측면이라 하겠다. 이와 달리 정복과 피정복 사이의 교류 관계는 강제적이며 일방적이다. 강자 문화는 약자에게 일방적 강제적으로 흘러들어 간다. 이때 약자의 저항이 강하면 강할수록 강제성의 강도는 약화되고 그 반대의 경우 일방적 유입의 속도는 빨라진다. 흥미 있는 것은 약자 문화를 지키기 위한 저항의 가장 강력한 무기는 고유 언어와 풍습과 전통과 종교라는 것이다. 이 중 풍습과 전통과 소속 개인들을 하나로 통일하는 최상최선의 것은 고유 언어, 즉 모국어이다. 결국 문화는 교류와 간섭을 통해 변형되어 발전하기도 하고 쇠퇴하기도 하며, 주체 의식이나 종교 그리고 언어의 힘이 강하면 강할수록 고유문화를 지켜낼 수 있고 그렇지 못하면 고유문화의 소멸과 더불어 민족정신도 사라진다.[2]

---

1) 믿음의 절대성에 토대한 종교는 비록 그 체계의 주관적 특징에도 불구하고 그 갈등은 어떤 것보다 파괴적이라는 점에서 특수 분야이다.

2) 윤병태, 「다문화와 학문의 태도」, 국제언어인문학회, 2010년 학술대회 발표논문집, 7쪽이하 참조.

문화 교류의 가장 극단적 형태는 전쟁이다. 다양한 종류의 전쟁과 그 결말이 있으나 그 결과의 극단적 형태는 패전과 승전의 두 경우이다. 패전은 민족과 민족정신의 소멸, 즉 자국 문화 일반의 몰락 위험성의 본원적 강제적 계기가 된다. 패전국에서 뜻있는 철학자들과 지사들이 자국민을 일깨우기 위해 노력하는 것은 당연하고도 자연스러운 일이다. 고유의 정신을 일깨워 패전의 열등감을 극복하고 미래의 역사를 새로 쓰기 위해 해야 할 일과 해서는 안 되는 일을 자국민에게 교육하기 위해 철학자는 어떤 사명감을 가지고 학문에 임해야 하는지를 깊이 반성하는 것은 망국의 소멸에서 벗어나는 첩경이다. 반대로 승전은 민족과 민족정신의 확장, 즉 자국 문화 일반을 타국과 타 영역으로 확대하는 번영의 자연적 · 필연적 계기가 된다. 국가기관의 관료와 정치인은 물론 온갖 매체들과 속물들이 합심하여 자국 문화의 우월성을 구두선처럼 외치고 선전선동하는 것 또한 승전국의 특권이기도 하다. 그러나 승전의 이러한 오만은 강인했던 고유 정신의 안이와 부패를 초래할 수 있다. 민족과 민족문화와 나라의 미래는 눈앞의 승전에 대한 단순한 열광적 환호가 아니라, 자문화의 단점과 야만성을 비판적으로 반성하고 타 문화의 독창성을 객관적으로 평가하고 겸허하게 수용하는 열린 태도에 달려 있다. 다음은 피히테와 니체의 학자의 사명과 학문의 태도에 대한 서로 다른 관점을 소개함으로써 오늘 이 나라 학자와 학문의 태도 정립에 참고로 삼으려는 의도로 쓴 글이다. 피히테는 1794년 한편으로는 프랑스 혁명의 열기가 독일을 휩쓸 것을 내심 기대하면서도 다른 한편으로는 강력한 프랑스 문화의 강제적 유입에 대한 우려를 하는 터에서 '학자의 사명'이라는 주제로 대학에서 강연회를 몇 차례 한다. 이와 달리 니체는 당시 강단 철학적 학자와 학문의 풍토에 대한 비판을 통해, 1870년 이래 보불전쟁에서 승리한 독일 학계와 문화예술계의 자만과 우월의식이 우수한 프랑스 문화의 창조적 수용조차 막아버린다는 것, 또 이것은 궁극적으로 전쟁 승리자인 독일 민족정신의 몰락을 초래할 수도 있다는 것을 경고하려고 한다. 필자는 이 두 경우 모두 전쟁에서의 패전(또는 패전 가능성)과 승전이라는 극단적 문화 교류에서 자신이 속한 나라에 실존적으로 예속될 수밖에 없는 학자와 학문의 태도가 어떻게 정립되어야 하는가의 문제에 대한 철학적 고민으로 이해한다.

2. 학자와 학문에 대한 반성적 태도 : 피히테

"학문의 본질은 진리와 자유이고, 자유는 인간의 본질이다. 따라서 인문학의 위기는 인간성의 위기이며, 인간 자유의 훼손이다."[3]

학자는 사회의 다양한 인간 집단들 중 특정 직종에 종사하는 이들을 일컫는 말이다. 이것은 학자가 인간과 사회를 떠나서는 존재할 수 없으며 그것도 사회적 실존으로서 특정 사명을 가진 계층임을 뜻한다. 따라서 학자는 학자이기 전에 우선 인간이어야 하며 인간의 본분을 지키는 실천가여야 한다. 인간은 동물이지만 그러나 동물이어서는 안 된다. 본분을 지킨다 함은 인간 안에 있는 동물성을 지양하여 인간 자신을 찾는 것이다. 다시 말해 인간의 목적은 인간이며 이 목적은 교육과 도야를 통해 도달된다. 감정이 중요하지만 동물적 야만에 매인 감정이어서는 안 되며 인간의 감정, 즉 이성과 조화하는 감정이어야 한다. 요컨대 이성과 교육에 의해 문화로 이전되는 그런 감정이어야 한다. 문화는 도야이며 인간 본성을 발견하고 창조하는 노력 이외에 다른 것이 아니다. 각 개인마다 문화의 수준이 다르고 정도가 다르듯이 각 집단과 민족에 있어서도 서로 다른 수준과 단계가 있는 것은 그것이 바로 도야이며 교육이기 때문이다.[4] 문화 수준과 단계는 이성과 감정의 조화와 통일의 단계, 즉 교육과 도야의 단계이다. 이것은 자연과 인간에 대한 지식 수준의 단계라고도 할 수 있다. 이 지식에서 물론 기술로의 응용이 가능한 오성지의 영역을 제외해서는 안 된다. 다만 오성지만으로는 인격 도야와 인간 본성의 발견에 도달할 수 없다는 한계가 있다. 최고선은 도덕적 · 종교적 절대자가 아니라 이성적 존재자인 인간이 그 자신의 본성과 완전히 일치한 상태이다.[5] 이 일치에서 인간으로서의 행복이 얻어진다. "비이성적인 모든 것을 자신에게 종속시키고 고유의 법칙에 따라 비이성적인 모든 것을 자유롭게 지배해 나가는 것, 이것이 바로 인간의 궁극적 최종 목적입니다."[6] 이성적이지만 유한하고 감성적이지만 자유로운 존재자 인간에게 완전한 자기동일성을 이루고 비이성적 모든 것을 이 자기에 예속시키는 것은 이루어질 수 없는 꿈이라 해도 그것을 목표로 하지 않는다면 인간은 동물성을 벗어날 수 없다.

3) 피히테, 『학자의 사명에 관한 몇 차례의 강의』, 1794, 서정혁 역, 책세상, 2002, 11쪽. 피히테는 '학자의 사명'이라는 주제로 예나 대학, 에어랑겐 대학, 베를린 대학에서 세 번 강의했다. 프랑스 혁명 이념을 학문을 추구하는 학자의 기본 이념으로 설정하고 독일 교육계를 어떻게 개혁할 것인가를 학생과 교수들에게 강연한 것이다. 이 강연들은 나폴레옹의 독일 침공 후, 그러니까 프로이센의 패전에서 위기에 처한 민족의식을 고취하기 위한 강연 '독일 국민에 고함' (1808년)보다 14년 앞서 한 것이다. 서정혁, 위의 책, 11쪽.

4) 피히테, 서정혁 역, 29쪽 참조.

5) 같은 책, 30 쪽.

6) 같은 책, 31 쪽.

인간은 사회적 동물이다. 인간은 인간관계 속에서 태어나고 그 안에서 살고 또 그 안에서 죽는다. 사회는 개인 자신의 본성과 사명을 똑같이 가진 다른 사람들과의 관계의 장이며 이 관계의 특성은 사회를 '우리'라는 인륜적 이성, 이성적 인륜으로 실재화한다. 사회는 우리에 의해 형성되지만 반대로 이 우리를 만들고 도야하는 문화의 원형이기도 하다. 어느 경우든 비이성적 요소들을 제거하는 것이 인간과 사회 모두의 과제요 교육과 도야의 과제이다. 현실적 인간도 사회도 완전한 자유 존재가 아니라 자유 존재라는 목표를 완성하려고 노력하는 주체이며 따라서 완전한 사회 건설이 자유의 목적이며 이상이다. 이상이 없으면 인간이 아니며 자유가 없으면 인간 사회가 아니니다. 비록 도달할 수 없는 꿈이라 해도 그것을 현실화하려고 노력하는 것, 이것이 사회적 인간 본연의 자세이다. 그렇다고 사회 속의 인간 개개인들이 모두 다 동일한 조건과 실존에 처해 있는 것은 아니다. 누구나 태어난 지리적·문화적 조건이 다르고 자질과 가정과 교육의 조건이 다르므로 이성의 수준이나 자유의 단계 역시 동일하지 않다. 못난이와 잘난 이가 있고 똑똑한 이와 멍청한 이가 있으며 지혜 있는 자와 그렇지 못한 자가 뒤섞여 있는 곳이 또한 사회이다. 그러나 사회와 그 이념은 잘난 이가 못난이로, 탁월한 군자가 변덕 많은 소인으로, 지혜로운 자가 아둔한 자로 부패해 가는 것이 아니라 그 반대이며 반대를 지향하고 노력하는 것, 이것이 사회 속에 사는 인간의 갈 방향이고 서로 다른 개인들을 묶어 놓은 사회의 지향 방향이다. 이것은 서로 다른 사람들의 인간관계가 지배예속이 아니라 서로의 인격과 위치와 직분을 인정하는 한에서만 인륜적 타당성을 갖는다. 인간의 상호관계는 수단과 목적의 관계가 아니라 목적과 목적의 관계이어야 하기 때문이다. 제대로 된 사회는 그 안에서 타인들과의 작용에서 나를 완성해가며 나의 작용에서 타인들이 완성하는 과정이며 그 궁극에서 개개인 모두의 차이 속에서 같음을 실현하는 그런 곳이다. 다시 말해 삶과 경쟁의 끊임없는 투쟁 속에서 삶과 경쟁과 투쟁의 이성적 이념과 이상을 찾아내고 거기 도달하려고 노력하는 것, 이것이 사회적 개인의 소명이다.

인간의 재능과 육체적 차이는 그 근원이 자연에 있지만 신분과 사회적 차이와 같지 않음의 근원은 사회에 있다.[7] 개인의 실존적 차이와 경험적 삶의 차이나 재능의 차이는 자연과 사회를 받아들이는 소질과 수용 방식을 결정한다. 사람들이 각기 고유의 직업과 생활 방식을 사회 속에서 가지는 이유이다. 개인의 차이와 특성이 서로 다르고 이에 따라 고유의 생활 방식과 직업을 택하지만 이 차이가 자유에

7) 피히테, 57 쪽.

반하는 사회적 불평등을 야기해서는 안 된다. 이 불평등은 조정되기 어려운 갈등을 초래하고 이 갈등이 사회의 퇴보, 문화의 퇴보를 가져올 수 있기 때문이다. 이것은 개인들이 모두 서로 다른 소질들을 최선으로 발휘할 수 있도록 평등한 사회적 조건이 만들어져야 한다는 뜻이다. "…… '이성적 존재가 각자에게서 스스로 소질이 모두 균등하게 도야되어야 한다'는 요구 속에는, 동시에 '서로 다른 이성적 존재자 모두가 서로 균등하게 발전해야 한다'는 요구가 포함되어 있는 것입니다. 모든 사람의 소질은 단적으로 순수이성에 기초해 있기 때문에 이 소질들이 즉자적으로 동일하다면, 이 소질들은 모든 이성적 존재자에게서 동등한 방식으로 도야되어야 마땅합니다."[8] 개인들의 서로 다른 특성과 재능이 평등한 조건에서 평등 교육과 도야를 통해 최선의 능력을 발휘하도록 하는 것, 이것은 사회의 책무이고 교육의 목적이다.

사회 속의 개인은 그 소질 계발과 교육으로 스스로에 맞는 직업으로 생업에 종사한다. 학자는 배우는 학생 집단이며 학문으로 생업에 종사하는 직업 집단이다. 문제는 학문의 본질이 진리의 추구라는 데 있다. 진리는 즉자적으로는 가치중립적이다. 이것은 학자가 생업으로서 자리를 잃어도 진리 추구를 멈추어서 안 된다는 뜻이다. 겸손도 오만도 생계도 권력도 진리와 진리 추구의 활동을 방해해서는 안 된다. 이 점에서 학자는 영원한 중립적 학생이다. 이 중립적 태도가 진리에 대한 정열과 같은 것이라면, 그것은 "청년의 정신"이다. 왜냐하면 "청년은 아직까지 궁핍한 제한된 목적의 조직에 얽매이지 않으면서, 사심 없이 학문적인 일에 종사하는 자유를 누릴 수 있는 아름다운 시기이기 때문"이며 "또한 청년은 자만이라는 부정적 정신에도 아직 얽매이지 않고, 단지 비판만 하려는 악착같은 노력이 지닌 몰내용성에도 사로잡히지 않는 시기이기 때문"이다.[9] 하여간에 누가 발견했던 진리는 발견자만의 이익을 위한 것이 아니라 타인들과 사회 전체의 이익을 위한 것이다. 이익이라는 용어는 어폐가 있다. 진리의 근원은 이익이 아니라 알려고 하는 학문 본래의 마음가짐이며 그 앎의 내용은 자신의 것이 아니라 만인의 것이다. 학문에는 첫째 욕망과 욕망 충족의 방법에 관한 지식의 체계가 있으며 이 지식은 수용과 전달의 통일로 각 분야에 제공되고 확산되어 발전한다. 이 지식 체계는 경험과 체험, 타 문화와 타민족과의 교류를 통해 더욱 활성화되므로 배타적이면 배타적일수록 정체되고 시들어 간다. 일체의 기술과 기술로 응용 가능한 경험과학들이 이에

8) 피히테, 60 쪽 이하.
9) 헤겔, 교수 취임 연설문, 서정혁 역, 책세상, 2004, 27쪽.

속한다. 그러나 여기서 주의할 것은 이 지식들이 불의와 범죄에도 쓰일 수 있기 때문에 그 적용과 응용의 결과를 고려해야 한다는 것이다. 물론 이것은 경험과학의 영역을 넘어서는 철학적 인문학의 요구이다. 무익할 뿐 아니라 해롭고 사악한 지식이 분명 있고 중립적 지식도 사용과 응용에 따라 악한 결과를 가져올 수도 있는 것이다. 인문학적 교양 없이 경험과학에만 종사하는 학자들의 단계를 학문에서 오성의 단계라 한다면, 진리를 향한 순수 열정이 가득한 학자의 단계는 철학적 · 정신적 단계라 하겠다. 이 단계에서 학문은 인간의 실용적 · 기술적 · 경험적 지평을 뛰어넘으며, 진리의 가치중립성은 선악과 그 평가의 가치중립성이 아니라 진리 자체의 진리성의 의미로 나타난다. 사악한 지식은 지식일 수 있어도 진리는 아니며, 해로운 앎은 앎이긴 하나 그것을 모름만 못한 앎이다. 진리의 진리성은 생과 존재에 생기와 영혼을 불어넣는 강도에 의해 결정된다. 매사에 영리하고 박식하다고 학자가 아니듯 매사를 편리하게 하고 선악 구분 없이 상대화하는 것이 학문이 아니다. 따라서 지식의 유용성은 진리성에 기초하지 않으며 진리성에 기초하지 않은 지식은 비록 옳다고 해도 참은 아니다.

학자가 해야 할 또 하나의 중요한 과업은 자신이 속한 나라와 사회가 세계사적으로 어떤 위치와 단계에 있으며 국제적으로 어떤 수준과 상황에 있는지를 학문적으로 밝히고 사회에 알리는 것이다. 학문과 진리는 시대와 국적에 중립적이지만 학자와 그가 대상으로 하는 것은 그가 살고 있는 사회와 시대에서 본 대상이며 이 점에서 학자와 그가 본 대상은 국적이 있다. 이것을 무시하면 학자도 그의 학문도 모두 다 뜬구름 같아서 그의 죽음과 더불어 사라져 버린다. 수없이 국적을 바꾸고 탐구 대상을 바꾼다 해도 그 인격의 동일성마저 버리면 인격 분열 장애자가 되는 것처럼 자기 시대와 사회의 현재적 좌표를 제대로 모르면 진정한 학자가 될 수 없다. 마찬가지로 그의 시대와 사회에서 그런 학자의 실존을 절박하게 필요로 하지도 않는다. 자기가 속한 사회와 시대에 대한 인식과 교육은 그 시대와 사회의 진보와 진보를 통한 이상에 도달하려는 인본주의 이념을 보여 주는 것이다. 학자는 이상의 세 가지, 즉 진리 자체를 지향하는 순수한 철학적 열정으로 순수지, 순수진리, 인간의 현실적 삶에 실용적으로 도움이 되는 경험적 진리, 그리고 역사 속의 '지금 여기'의 좌표를 정확하게 추적하고 인식하고 자기 사회에 알리는 행동의 진리를 종합적으로 탐구하는 소명을 가진다. 학자가 궁극적으로는 학문을 밥벌이 수단으로서가 아니라 인간과 사회, 그리고 문화와 역사 진보를 지향하고 교육한다는 점에서 단순히 아는 것을 팔아 생계 수단으로 하는 삼류 직업군과는 물론 생업에 종사하는 일반인들과도 근본적으로 구분된다.

3. 학자와 학문에 대한 비판적 태도 : 니체

독일 이상주의는 현재가 미완이고 앞으로 (미래에) 진화와 진보를 거쳐 이상에 도달한다는 낙천주의 세계관을 내포한다. 이에 비해 역사주의는 현재 그 자체가 하나의 완성품이어서 과거와 미래는 더 이상 진보라는 이름으로 현재를 속박할 수 없고 또 그렇게 해서도 안 된다는 상대주의 세계관을 전제하는 경향이 있다. 이에 비해 주정주의(Voluntarismus)는 반이성의 실존적 세계관으로 역사와 문화의 진보를 거부하는 태도를 보이기도 한다. 근대에 문화와 역사의 진보와 발전이 실은 인간 본성의 오해에 기초한 착시 현상이라고 강조한 대표적인 이는 루소와 니체이다. 루소는 문화는 인간 본성을 타락시키는 동력이어서 문화의 진보는 인간 본성의 타락의 심화로 생각한다. 문화는 비인간본성적 학자들의 학문 탐구 결과에 대한 사회적 수용과 전달과 전승으로 형성되므로 학문의 발전 정도와 인간성의 퇴보는 비례한다. 결국 학자와 그들의 학문은 인간의 모든 궁핍과 타락의 원천이라는 것이다. "인간은 사악하다. 그러나 만약 그들이 불행하게도 학자가 되도록 태어났다면 그들은 더욱 사악해질 것이다. 그들이 추구하는 학문은 전혀 쓸모없는 것이요, 그 학문이 미치는 영향력 때문에 더욱 위험스러운 것이기도 하다. 학문은 한가한 무위도식에서 만들어졌기 때문에 무위도식을 조장한다."[10] 루소에 의하면 자연 상태의 인간, 즉 인간 본성의 상태는 선악과를 따먹기 이전의 인간의 황금 상태이며 신의 은총 속에 있는 상태이다. 이성이 생겨나 스스로와 타인을 분별하고 대상을 분별하면서 불행은 시작된다. 인간 본연의 감정에 의한 생활이야말로 최선이며 거기가 바로 인간의 진정한 고향이다. 이성이라는 미명으로 문명과 문화라는 것을 만들어 교육하고 전파하는 것, 이것은 인간에게 더러운 죄악이다. 죄악에서 벗어나기 위해, 다시 말해 인간 본연의 고향으로 돌아가기 위해, 이성의 잘못된 사용의 결과를 분명히 인식하기 위해 인간 본성에 대한 깨달음과 탐구가 요구되고 그 내용을 교육하고 전도해야 한다.[11]

루소에게 중요한 것은 진리와 선과 아름다움이 무엇이며 어떤 구조로 되어 있는가에 대한 논리적 이해가 아니라, 인간은 무엇을 원하고, 하고 싶어 하는지, 또 무

10) J-J Rousseau, *Discours sur les scienuce et les arts*, in: Euvres completes, Vol. 3. 15ff.

11) 피히테는 이런 루소의 생각이 자기모순이라고 비판한다. 한편으로는 학문과 문화와 교육을 부정하면서 다른 한편으로는 이것을 적극적으로 주장하기 때문이다(피히테, 98쪽). 요컨대 인간 본성으로 복귀하려면 학문적 탐구와 그를 위한 학자와 대중들에게 교육이 필요하다는 것은 잘못이라는 것이다.

엇을 싫어하고 무엇을 좋아하는지에 대한 감정의 종합 덩어리라는 사태에 대한 강조이다. 인간 본성은 개인이나 인류의 진보와 발전이 아니라 지금 이 상황에 있는 나의 의지와 감정의 호불호에서 분명하게 드러난다. 그는 이성과 지식, 문화와 전통이라는 것은 온갖 이름으로 무수한 가면을 감추고 상황에 따라 다른 가면을 만들어 내는 공장이며, 학문이라는 것은 다름 아닌 이 가면과 공장의 주인이라는 이해에 도달한다. 그에게 자연 상태는 동물로서 인간 실존 본래의 모습이다. 그러므로 학문이니 문화니 역사니 하는 가면극으로 인간 본래의 모습을 은폐하는 것을 과감하게 파헤쳐야 한다는 것이다. 이것이 새로운 학문과 문화 창조를 위한 또 하나의 과제이다.

후일 니체는 루소적 인간을 대중들에게 비친 "가장 위대한 불"로 묘사하면서[12] 자기 시대의 학문과 문화를 비판한다. 지금 우리를 둘러싸고 있는 인위적인 모든 것은 인간의 본성을 가리는 어두운 장막이다. 그중에서도 가장 사악한 것은 교육과 도야이다. 문화라는 이름의 교육과 도야로 비자연화된 인간, 비자연인을 만들어 내지만 거기에서 이득을 보는 이들은 소수의 반자연적 신분들이다. 교육과 학문은 소수로 하여금 정치경제적 권력과 사회적 지배권을 장악하는 데 이용되게 하고, 대다수의 비자연인, 즉 교육과 정치경제적 그늘에서 쫓겨난 대부분의 인간들을 그들에게 굴종시키도록 한다. 지배와 예속의 불평등과 부자유는 인간 본성의 자유와 평등에 위배된다는 것을 선포함으로써 거짓 장막에 큰불을 놓으며 어둠을 대낮처럼 밝힌다. 니체는 반학문과 반교육에 대한 열광적 옹호 태도에서, 그리고 정신이 아니라 의지가 인간의 자연이라는 우렁찬 주장에서 분명 루소의 후계자이다.

칸트 이래 학문은 무엇이며 진리는 어떻게 구성되고 체계화되는가에 대한 자유로운 탐구를 대학 이념으로 설정하여 한 세기도 지나기 전에 독일은 학문의 모든 분야에서 유럽의 어느 나라 보다도 탁월한 학적 성과를 얻는다. 복잡한 정치사회적 사건들이 뒤얽혀 있음에도 불구하고 19세기 중 · 후반경 독일의 산업화는 프랑스와 영국의 수준을 넘어서게 되는데 그 근본 원인은 초등학교부터 대학까지 철저한 민족교육과 철학적 인문학 교육을 한 데 있다. 교육의 내용은 학문의 진리성과 진선미 이념, 민족의 근면과 성실과 진취성 역사의 진보, 그리고 국민의 애국심이었는데 이런 교육을 받은 이들이 다시 학교의 교사, 국가의 공무원, 경찰과 군인 간부로 발탁된다. 교육의 이 같은 종합적 결과가 보불전쟁의 결과로 나타나고 학교와 언론 매체에서는 이 승리를 독일 교육의 승리로 대대적으로 선전하는 터였

12) Nietzsche, Schopenhauer als Erzieher, KGA. Bd., III-1, 365쪽.

다. 학자들의 강단 철학에 대한 자부심은 하늘을 찌를 듯했고 고등학교까지의 교육은 대학에서 제시한 이념들의 현실화 실험장이 되었다. 이것이 학계, 문화계, 예술계의 전폭적 지지로 강화 고착되는 상황이 나타난다. 이런 상황에서 니체의 루소적 교육관과 학문관이 선언된다.

오늘 우리의 상황은 당시 독일의 상황과 같은 것도 있고 다른 것도 있다. 같은 점은 당시 독일은 선진 프랑스와 영국의 학문과 문화를 복사하고 복제하면서 빠른 시일에 학문과 산업에서 이 두 나라 수준에 도달한다는 점이다. 우리 역시 산업화에 뛰어든 지 반세기도 되기 전에 복사와 복제와 모방을 통해 비록 최고 수준은 아니라 해도 우리보다 먼저 시작한 나라보다 탁월하게 빨리 본궤도에 올라선다. 다른 점은 독일은 당시 스스로 세계사의 최고 단계에 도달한 선민의식과 자부심을 회복하고 그 자부심을 훼손할 수 있는 일체의 것을 제거하는 데 교육과 문화 전체가 합심하는데, 우리는 그런 자부심도 없고 아직도 선진 문화의 힘없는 추종자라는 노예 의식을 한편으로 가지면서, 다른 한편으로 산업화 물결로 유입되는 문화 선진국에 비굴한 열등의식을 가지거나, 반대로 기술 후진 국민들에게 근거 없는 우월의식(결코 주인의식도 아닌)을 보인다는 것이다. 보다 더 큰 차이는 당시 독일 학계와 문화계의 독일어 사랑은 우리와는 비교할 수 없는 수준이었다. 학문적으로나 문학적으로 괴테에서 이미 당시 국제어로 인정되던 프랑스어를 능가한다고 믿고 대학의 모든 강의는 자국어로 행해지고 있었다. 경제 성장으로 빈부의 격차가 심해지자 사회 분열을 우려한 정치 세력에서는 재빨리 사회보장제도를 도입하여 국민 안정에 힘쓰며, 다양한 사회적 갈등을 하나로 통일하여 보불전쟁에서 승리한다. 전쟁 승리에 도취한 사회 전반 특히 사상계, 언론계, 문화계는 무엇보다 독일의 위대함을 학문에 대한 진리 추구의 성실성과 진리에 대한 의무의 복종성에서 찾으며 그런 논지를 확대 재생산하였다. 니체는 이런 분위기 속에서 학문은 무엇이며 거기에 어떤 태도를 취해야 하는지 묻게 된다. 이제 그의 학문에 대한 비판적 사유를 간단히 정리해 보자.

전통적으로 지식(학문)은 가치 중립적이라 여겨져 왔다. 가치 중립은 때와 장소에 상관없이 같은 진리 값을 가지며 누가 그 지식을 사용하든 손상되지 않는 것을 말한다. 그러나 이것은 학문이 감정 없는 비인간적인 본성을 가진다는 뜻이다. 일상인들은 이런 지식을 생활의 도구로서 쓸모 있는 경우는 이용하고 그렇지 않은 경우 망각하거나 버려 두므로 그들에게나 사회에서나 이것이 크게 문제될 것이 없다. 문제는 이 차갑고 불편부당하며 비인간적 지식을 추구하는 학자들 자신이 비인간적으로 차가운 습성을 가지게 된다는 것과 이런 습성으로 무장하고 학문 자체에는 노예이면서 인간들에게 주인으로 행세하려는 해괴한 경향이 있다는 것이다. 그러니 생각 있는 이들의 눈에는 자신들이 알고 있는 지엽적 지식의 노예로서 사회와 세상을 가르치고 살아 움직이는 문화를 지배하려는 그들이야말로 학문 전체를 위해서도 인간을 위해서도 필요하지 않다.

학자의 또 다른 특징 중 하나는 옛것과 옛 이론에 별나게 집착하는 것이다. (자연과학자들은 이와 반대로 지금 자기 감각에 또는 그렇게 보이는 것, 분명한 것에 집착하는 습성이 있어 그것이 무의미하거나 인간 생활에 도움은커녕 해로울 수 있다는 사실에는 전혀 개의하지 않는다.) 이것은 인문학자, 그중에서도 특히 철학자나 역사학자들에게서 보이는 특징이나 이런 태도는 새로운 문화를 창조하는 데도, 또 현재의 삶에 생기를 불어넣는 데도 방해가 될 뿐이다.

자기 전공만을 중시하고 오로지 그 대상에만 집착하는 것은 학문이 전문화, 세분화되면서 생겨난 필연적 결과이기는 하나, 여기에는 엄청난 위험이 도사리고 있다. 이것은 자기 집 정원의 나무는 보되 남의 집 정원의 나무는 물론 마을의 숲 전체를 보지 못하는 태도이다. 제 집 나무는 알되 그 개별성도 보편성도 또 그것과 관계된 특수성도 알지 못하는 전반적 근시인 것이다. 근시는 원시만큼이나 사물을 제대로 볼 수 없다. 타 전공, 타 분야를 연구하고 탐색해서 자기 분야와의 통일을 이루어야 하는 이유가 여기 있다. 학문에서 제 영역만 고집하는 두더지는 제 영역에서도 남의 영역에서도 별 쓸모가 없어 이곳저곳에서 쫓겨나게 마련이다. 다양한 전공에 대한 인문학적 통일 의식이 개별 학문 전체의 기초적 마음가짐이 되어야 하는 이유이다. 이것은 세상에 다양한 존재자가 각기 다른 존재 양태를 가지면서 서로 긴밀히 연결되어 있다는 사실을 깨닫는 데서 시작한다. 존재자의 양태만큼이나 다양한 학문이 가능하고 존재자의 양태만큼이나 다양한 문화도 가능하다는 사실을 받아들이면 오직 자신의 배타적 학문의 관점이 얼마나 협소하고 어리석고 비창조적인지를 이해할 수 있다. 가령 어떤 문화권에서 개는 인간의 친구이지만 다른 문화권에서는 인간의 가축이며, 또 다른 데에서는 친구이면서 가축이기도 하다. 어떤 문화권에서 코카인은 마약 원료이지만 다른 문화권에서는 영약의 원료이며, 또 다른 문화권에서는 마약도 영약도 아니다. 이런 의식의 차이는 단지 관점의 차이나 의미의 차이가 아니라 사실의 차이요 존재자의 차이이다. 의학에 종사하는 이들 중 전부는 아니지만 대부분은 인간 자체를 질병의 실체로 보고 생로병사를 싣고 움직이는 육체적 기계로 여긴다. (치과학을 하는 이들은 오직 이빨과 직접 관계된 부분만 관찰할 뿐 다른 부위는 물론 생명체로서의 인간에게는 관심조차 없다.) 게다가 그들은 인체의 온갖 개별적 부위들이 마치 독립적이기나 한 것처럼, 심장과 혈관과 내장과 위와 간장과 눈과 뼈를 독립적인 것으로 간주하고 분석하고 뒤적거린다. 이런 태도로는 심장의 본질이나 뼈의 본질은 물론 이 모든 지체를 한 몸에 가진 하나의 생명체로서 인간을 이해하는 것이 불가능하다. 이러한 태도는 이해만 불가능하기만 한 것이 아니라 인간에게 그리고 학문 자체에게 매우 범죄적으로 위험하다. 각 기관의 모든 지체가 하나의 생명체의 부분이고 이 부분은 제각기뿐 아니라 그 전체의 통일 속에서 이해해야 하는 학문의 각 전공 분야도 이와 같다. 각 전공 분야의 탐구는 그 부분의 전문 지식을 제공하지만 이 지식이 단지 지엽적 앎이 아니라 학문적 인식으로 확립되려면 전체적 통일의 체계와의 관계를 알아야 한다. 미국사가 중국인뿐 아니라 우리에게 의미 있으려면 한국사와의 관계 및 역사 전 체계와의 통일 속에 비춰 봐야 한다. 중국만의 역사는 중국사를 위해서도 중국인을 위해서도 위험하고 해롭다. 반역사적 왜곡의 가능성조차 알아차리지 못하기 때문이다. 하나의 그릇이 밥이나 반찬에게는 그것들이 거주하고 담기는 집이고, 도기공에게는 생산물이고, 그릇 가게 진열대에서는 보여 주기 위한 전시물이고, 상인에게는 하나의 상품이며, 부부 싸움을 하는 이들에게는 협박 무기가 될 수 있다. 이것은 그 용도의 다양성이나 관점의 상대성 때문에 그러한 것이 아니라 현존재의 양태의 다양성 때문에 그러하다. 양태는 언제나 지금 여기라는 유일성을 가지면서 그 지금 여기의 변화라는 다양성을 가지므로, 따라서 다양을 하나 속에, 또 하나를 다양 속에 인식하는 반성적 사유가 필요하다. 이것이 다문화와 단일 문화 관계의 역동성을 이해하는 최소한의 전제 조건이다.

마치 작업에 매몰된 노동자처럼 한 분야에 모든 노력과 시간을 투자하는 것이 학문의 진정한 태도인지는 곰곰이 따져 보아야 한다. 몰두하는 것은 대상의 물리적 본성을 찾아내는 데 중요한 성과를 거두고 따라서 학자의 중요한 덕목임에는 틀림없지만 이 태도가 학자 자신의 창의적 열정을 훼손할 수도 있다. 위대한 철학자나 창조적 학자들은 자유로움과 여유, 넉넉함과 여가를 즐기면서 학문 활동을 했다는 것은 역사가 입증하고 있다. 천체와 별의 운행 궤적에 대한 밤잠 없는 관찰과 기록과 분석이 위대한 천문학자가 되는 조건이 아니라, 여가를 즐기면서 그 결과들이 사실인지 이리저리 알아보고, 왜 그런 관찰 결과가 나오는지 사색하는 것이 위대한 천문학자의 조건일 수 있다. 한가로움을 안절부절못하고 한여름 해변에서 파라솔을 펼치고도 그 아래서 전공 서적을 읽는 사람 중에 위대한 학자가 없는 것은 자연의 이치이며 법칙이다.

예나 지금이나 밥벌이 수단으로 학문을 택하는 부류가 있고, 고대의 소피스트의 예에서처럼 분명 밥벌이의 절박성이 학문에서 괄목할 만한 성과를 내기도 한다.

오늘날은 제도권, 비제도권을 가리지 않고 학문을 직업으로 하는 대부분의 학자들은 진리에 대한 호기심과 요청 때문이 아니라 생계를 위해서 지정된 분야를 지정된 방향으로 추구하고 교육한다. 서양 속담에 '돈을 낸 이는 신청곡을 선택할 권리가 있다'라는 말이 있다. 직장을 준 주체, 즉 임금을 주는 주체가 학문 분야와 방향을 명령할 권리가 있는 것은 어쩌면 당연하다. 하지만 이런 주종 관계에 얽매이면 학자의 학문적 재능은 소멸될 수밖에 없다. 주인의 구미에 맞는 것만을 작곡하고 연주하는 음악가는 독창성도 진취성도 쓸데없다. 그는 오직 아부하고 보수를 올리는 데에만 재주를 부리게 되기 때문이다. 진선미를 탐구하는 것을 학문의 목적으로 하지 않고 학문을 직업의 수단으로 하면 그는 더 이상 학자가 아니라 직장인이다. 진리 탐구 자체를 목적으로 하고 그 밖의 모든 것을 수단으로 하는 것이 진정한 학자의 태도이지만, 오늘날 학교와 학업에 종사하는 대부분이 진정한 학자이기보다는 지식을 교육하는 직업 교사의 역할에 머무르는 것은 이 시대 본성상 어쩌면 당연할지 모른다.

학문에 종사하는 이들이 느끼는 만족감 중 하나는 열심히 주제를 탐구하면서 수수께끼가 풀리는 기쁨과 희열을 경험한다는 것이다. 이 희열은 진리 추구의 중요한 원동력이 틀림없다. 학문 추구에서 고통과 지루함과 재미없음이 엄습하면 그런 이는 다른 일을 하는 것이 현명하다. 그렇다고 이 희열이 놀이와 재미 충동에 기초하고 있다면 그런 사람 역시 학문에 잘못 들어선 것이다. 놀이 기분에서 유래하는 재미는 놀이가 아니라 노동이라고 느끼는 순간 사라지며 따라서 이런 재미가 지속되는 동안만 추구하고 그 내용은 천박한 경우가 허다하기 때문이다. 진리 발견 그 자체에서, 그 과정과 성과와 자기의 노력 이 모든 것에서 희열을 느낄 때 그는 진정한 학자이다.

4. 맺음말

일찍이 헤겔은 생기 있는 학문의 태도는 자유로운 철학 정신의 토대 위에서만 수립될 수 있다고 강조한 적이 있다. 생기 있는 학문의 태도란 유용성이나 취향으로부터도 자유로운 입지점을 가지며, 이것은 계획에 따라 한 주일을 노동하고 난 후 휴식하는 일요일의 마음가짐에 비유할 수 있다. "철학과의 소통은 삶의 주일로 간주될 수 있습니다. 가장 훌륭한 제도 중 하나는, 일상의 시민생활에서 인간의 유한한 현실성 속에 갇혀 있다가도, 주일이 되면 일상에서 벗어나 자신의 시선을 지상에서 천상으로 고양시키면서 자신의 이성성과 영원성과 본질을 스스로 의식하게 되는 일입니다. 인간은 주일을 위해 한 주를 열심히 일하지 한 주 동안 할 일을 위해 주일을 가지지는 않습니다."[13] 진정한 학문으로서 철학은 세속의 일시적 요구나 필요에 따른 봉사가 아니라, 진리 자체에 대한 탐구 행위에 그 목적이 있으며 이를 통해 문화와 사회와 국가를 자유의 본성으로 완전하게 삼투시키는 것이다. 때문에 이 자유는 결코 현실과의 단절일 수 없다. 자유는 아무것도 하지 않거나 모든 것을 다 하려는 의지가 아니라, 현실에서 해야 할 것은 어떤 일이 있어도 하고, 해서 아니 될 것은 무슨 일이 있어도 하지 않는 결단의 자유이며, 그것을 참되게 알고 행동하는 학자적 삶의 태도이며 또한 학문적 태도이다.

문화와 역사 진보의 가능성은 정신이 현실 속에만 안주하지 않는 현실 극복의 필연성을 찾는 자유에 뿌리박고 있다. 현실과 삶에 단순히 안주하는 것은 자유로운 학문의 태도도, 삶의 태도도 아니다. 진정한 학적 태도는 일상적 삶의 뿌리와 지향점에 대한 깨달음과 확증, 지금 여기라는 구체적 현재가 가진 유한성과 제한성을 지속시키고자 하는 안이한 자연적 태도에 대한 경고와 교육과 도야 이외에 다른 것이 아니기 때문이다.

진선미에 대한 통일성의 진리 추구가 고전적 의미에서 학문이라면 이것은 동과 서가 동일하다. 고대 희랍에서 사물 자체의 본성을 밝히는 것이 진리이고 이 진리의 최고 위치는 선의 본질 규명과 그 실천이며 그 규명과 실천의 진실한 태도가 아름다움의 극치라 한 것은 주지의 사실이다. 물론 여기서 사태의 본질 규명이라는 인식론적 · 논리적 태도를 학문의 기초로 삼은 것은 동양과 다르다 할 수 있다. 동양, 특히 유학에서 수신제가 치국평천하는 학자와 학문의 목적이다. 학자 개인의 몸과 마음을 올바르게 하고 그러기 위해 천문 지리를 터득하는 것이며, 그 기본이 확립될 때 타인과 조화하고 상생하며 집과 가정의 화평과 화목에 도달한다. 물론 이에 이르기 위해 피나는 지적 · 실천적 노력과 훈련이 필요하다. 이 기초가 확립되었다고 여겨질 때, 다시 말해 학문이 최상의 수준에 도달했다고 여겨질 때 사회와 국가의 통치에 일조하여 세계 평화를 이루도록 이끌어 나가는 것, 이것이 학문의 목적이다. 여기 동서고금에 무슨 큰 차이가 있는가?

13) 헤겔, 「베를린 대학 교수 취임 연설문」, 『교수 취임 연설문』, 서정혁 역, 책세상, 2004, 39쪽.

참고 문헌

헤겔, 『교수 취임 연설문』, 서정혁 역, 책세상, 2004.

피히테, 『학자의 사명에 관한 몇 차례의 강의』, 서정혁 역, 책세상, 2002.

Fichtes Werke, hrsg. v. I. H. Fichte, Bd. 1, 8Bde., Berlin, 1845/56.

Hegels Werke, hrsg. v. Nordrhein-Westfälischen Akademie der Wissenschaften, Bd.18, hrsg. v. W. Jaeschke, Hamburg, 1995.

Nietzsche, Schopenhauer als Erzieher, KGA. Bd. III-1, 1972, Berlin/N.Y.

J-J Rousseau, *Discours sur les sciences et les arts*, ed., D. Musset-Pathay, in: Oeuvres completes, Vol. 3, Paris, 1823.

Die Bestimmung des Gelehrten und sein wissenschaftliches Verhalten

Yoon, Byoeng Tae

Zusammenfassung

Dieser Text beinhaltet die unterschiedlichen Ansichten von Fichte und Nietzsche zur Bestimmung zum Gelehrten und deren Verhalten zur Wissenschaft. Der Text wurde mit der Hoffnung geschrieben, eine Hilfestellung für die Wissenschaftler zur Errichtung ihrer Einstellung zur Wissenschaft zu sein.

Fichte war erfüllt mit der Erwartung dass der Geist der französischen Revolution von 1794 auch Deutschland ergreifen würde. Jedoch war er auch besorgt, dass eventuell die französiche Kultur gewaltsam eindringen könne und folgend hielt er einige Vorträge in Universitäten zum Thema "Bestimmung des Gelehrten". Mehr als ein Jahrhundert später warnte Nieztsche im Jahre 1874, dass nach dem Sieg über Frankreich die überheblich gewordene deutsche Gesellschaft der Wissenschaft, Kunst und Kultur selbst die kreative Einführung der ausgezeichneten französichen Kultur verhindern könne.

Der Verfasser versteht diese beiden extremen Situationen, nämlich Kulturaustausch durch Niederlage oder Sieg im Krieg, als philosophisches Anliegen für einen Wissenschaftler, der praktisch in seiner zugehörigen Nation untergeordnet, seine Einstellung zur Wissenschaft zu errichten hat.

Schlagwörter: Gelehrte, Geist, Idealismus, Krieg, Kultur, Kunst, Verhalten, Wissenschaft.

제5부

부록

편집 후기

알 권리와 모를 권리

윤병태

군부 독재가 와해된 지 사반세기도 되기 전에 우리는 서구가 수 세기 동안 쌓아 올린 민주주의를 한꺼번에 누리는 듯하다. 기본권과 생존권의 미세한 부분들에까지 법적 · 제도적으로 만족할 만한 민주주의가 명실상부 정착했다고 감히 단언하는 철학자는 없음에도 불구하고 겉보기에 우리나라의 민주화 수준은 대단하다. 그 대표적인 것이 언론의 행태이다. 언론이 우리나라의 민주화 수준을 이 정도로까지 발전시킨 원동력이 되었다고 믿는 이는 거의 없다. 일제에서 군부독재를 거쳐 지금에 이르도록 제도권 언론은 민족의 독립과 민주주의를 위해 알려야 할 것을 알렸다기보다, 알려서 안되는 것을 기사화하는 데 더 많은 힘을 쏟아왔고 그런 전통은 오늘날이라 해서 크게 바뀐 것 같지 않다. 아마도 그들은 나라와 민족의 위기를 극복하는 데 때로는 기꺼이 투쟁하다 죽음을 택하는 것이 구차하게 살아남는 것보다 더 생명성과 영혼성이 고결하게 평가된다는 것을 모르는 듯하다. 연명을 최고 덕목으로 여긴 때문일 것이다. 수많은 이들의 목숨을 담보로 얻게 된 군부독재의 와해는 아이러니하게도 제도권 언론들을 갑자기 늙고 병들게 만들어버린다. 사실을 말하자면 제도권 언론의 노쇠는 1990년대 민주주의의 출현 때문이 아니라 우연히 이 시기에 나타난 인터넷 매체 때문이다.

인터넷 매체는 종이 신문의 종말을 고한다. 요즈음 구독료를 내면서 신문을 보는 이들은 대부분 인터넷에 익숙하려고 하지도 않는 노인들뿐이다. 그들은 새것을 받아들이는 데 시간이 많이 걸리거나 거부감을 갖기 때문에 보수적이고, 버려야 할 것임에도 옛것이라는 이유로 고수하므로 고루하며 반동적이다. 그렇다고 전자신문에만 매달리는 것이 문화 발전에 좋은 효과를 주는 것인지도 의심스럽다. 단순히 구미에 맞는 기사만 선택적으로 본다는 것 때문만이 아니라, 선택을 강요하는 자극적 선전 광고에 자신도 모르게 말려들어 가기 때문이다. 게다가 익명적 정보 교환이 가능하므로 사실에 관해서도 사태에 관해서도 무책임한 보도와 진술과 평가가 난무하며 때문에 독자는 사실 자체에 대한 기사조차도 믿을 수 없는 상황에까지 이르게 된다. 나 역시 구세대여서 인터넷 신문보다 종이 신문과 대중매체를 선호하나, 시대에 뒤처져서 안 된다는 강박관념으로 컴퓨터를 가까이하려고 노력하면서 생활한다. 연예인이나 광대들의 사생활에 대해서는 별 관심이 없긴 하지만 그들의 팬클럽도 있고 반대 그룹도 있어 온갖 사안에 대해 이러쿵저러쿵 하다가 자살자도 생기고 고발자도 생기는 것을 어렴풋이 느끼나 단순한 일시적 사회문제로 보고, 큰 관심을 갖지 않는 수준이다. 그러다가 천안함 사건이 터지고 그것은 남북 관계와 한반도의 운명이 걸린 문제라 여기면서 우선은 대중매체들에 유심히 귀를 기울이게 되었다. 내 나이 또래가 그렇듯이 일간지와 지상파 방송이 일차적 정보소식 매체인데 그 보도는 한결같아 의심의 여지가 없었고 그 매체를 통해 세상과 접하는 나 또한 보도 내용을 그대로 수용하게 되었다. 그러다가 몇 주 후 우연히 인터넷에서 정부 발표에 대해, 그리고 그 발표 내용을 그대로 보도한 매체들과는 전혀 반대되는 익명 또는 실명의 무수한 분석 기사들을 접하고 '사실이란 무엇인가, 그리고 어떻게 그것을 알 수 있는가' 하는 고루한 문제를 다시 되새기게 된다.[1)]

---

1) 분명 평가나 해석과 무관한 물리적 사건으로서 사실과 그 체계는 하나이고 그것은 인과적 계기의 산물일 것이다. 직접 보지 않아도 자명한 것은 남한의 군함 한척이 강력한 충격력에 의해 두 동강이 나고 그 안에 있던 병사들이 죽음을 당했다는 것이다. 이것을 자명하다고 여기는 것은 이 진술에 이해 당사자의 어떤 이념적 평가도 개입하지 않았다는 믿음 때문이다. 그러나 사건에 대한 이 정도의 진술로 그 전모가 밝혀졌다고 판단하는 이는 없을 것이다. 누가, 왜, 무엇으로 등의 이유와 물음이 모두에게 의심의 여지 없이 드러나야만 사실의 전모에 가깝게 다가갈 수 있기 때문이다. 그런데 이 사실 발견이 객관적 길이라기보다 해석의 주관적 평가의 길의 성격을 강하게 가지고 있다는 데 문제가 있다. 또 비록 이것이 객관적 방법이며 이를 통해 사실을 정확하게 발견해낸다고 해도 거기에 직접 참여하지 않은 대부분의 사람들이 전적으로 그 결과를 객관적 사실로 인정할 수도 없고 그렇게 하지도 않는다. 이해관계를 달리하거나 정치적 입장을 달리하는 이들에게 이런 대립각은 더욱 강하게 나타나고 중립적 성향의 집단에게도 보도 내용을 객관적으로 믿지 않는 흐름은 약화되지 않는다. 이런 의심과 불신은 사실이나 사건 그 자체의 접근이 애초부터 불가능할 수 있다는 불가지론을 만난다. 대부분은 자신과의 직접적 이해관계가 없는 사안에 대해서는 무관심하거나 관심을 갖는 경우도 오직 흥미를 위한 소일거리로의 잡담에 참여하는 것이 전부일 뿐이다. 이 잡담은 사태의 진실 발견에도 자신의 인격 도야에도 쓸모없는 한가한 시간 때우기라는 점에서 허무주의 생활 태도의 속성 중 하나이다. 이런 우리의 사회 분위기는 권력과 언론에 대한 불신, 인간과 인간 사이의 불신, 남과 북, 이데올로기와 이데올로기 사이의 불신 위에서 확산되는 것이다.

권력과 그것에 유착해 연명하는 습성의 기존 언론의 보도를 곧이곧대로 믿어도 되는지의 회의와, 그렇다고 명백한 것처럼 제시되는 소위 과학적 물증들을 믿지 않을 근거는 있는지에 대한 반성의 후유증인 셈이다. 아마도 다음의 사실만이 이 증세를 치료하는 첩경일 것이다. 시민 개개인은 자신들이 위임한 국가권력에서 자신들의 생명과 재산을 어떻게 보호하는지, 또 이에 영향을 미치는 어떤 일이 결정되고 일어나는지에 대해 알 권리를 갖는다는 것, 국가는 시민의 생명과 재산에 관한 결정 사항이나 그것의 위태로운 사태에 대해 사실 그대로, 가능한 한 최대한(법으로 정한 국가 기밀 사항을 제외한)을 국민에게 알릴 의무가 있다는 것, 언론은 시민의 알권리와 국가의 알릴 의무를 위탁받은 매개이되 시민의 기구이어야 한다는 것이 사회의 문화적 교양으로 확립되어야 한다.

일상인들에게 중요한 것은 생계이다. 그들에게 필요한 것은 생계에 요구되는 정보와 기술과 지식이며 이에 방해되는 일체의 것에 그들은 강력 저항한다. 학문에 대한 전문 지식이나 예술에 대한 심미안은 대부분 일상인들에게 필요하다기보다 거추장스럽거나 사치이거나 해로운 것이다. 생활의 최소한의 요구를 충족하기 위한 도덕과 윤리와 교양과 상식 이상을 바라지 않는 것은 그들에게 당연한 것이며 이들의 전체가 그 사회의 문화 수준을 결정한다. 시민공동체 기구인 국가가 개개인의 생계를 생존권의 토대로 확립하고 신앙 공동체인 교회로부터 권력을 양도받게 된 것은 근대 계몽주의 확산의 당연한 귀결이다. 국가권력은 개인의 생존권 보호의 의무를 지는 대신 개개인들에게 국가 존립과 보호의 의무를 부과하고 대학과 학자 계층은 이 계약의 균등과 조화를 검토하고 교육하는 임무를 띠는 것이 당시 자연권 이론의 핵심이다. 국가는 겉으로는 시민을 위하는 것처럼 위장하고 안으로는 법과 행정의 실무자들이 실력자와 결탁하여 절대권력화하면서 이것으로 다시 시민의 권리와 이익을 침해하는 일이 발생할 수 있고, 또 이런 일이 역사 속에서 실제로 일어나고 있었다. 그래서 삼권분립의 요구가 당연히 제기되고 또 제도화된다. 근대과학 발전과 자본주의의 가동은 개인들의 생활 속도를 가속시키면서 대의제도를 도입할 수밖에 없는 처지에 놓인다. 특히 법과 제도를 정립해야 하는 의회는 다양한 계층과 직업 단체들의 이익을 대변할 수 있어야 하고 그것을 위한 최선은 모든 시민이 직접 참여하는 직접민주주의이지만, 현실적으로는 시민들의 선거로 선출된 대의원들에 의해 구성될 수밖에 없게 된다. 문제는 서로 다른 직업과 집단의 이익을 대변할 의무를 지닌 대의원들이 자신을 선출한 개인 및 직업 집단의 이익에 정면으로 대치되는 법안을 비밀리에 결탁하고 입법화할 여지가 있다는 것이다. 이것을 방지하기 위한 최선은 권력기관, 특히 입법부에서 대의원들의 일체의 언사와 행동과 표결 등을 투명하게 공개해야 한다는 원칙의 확립과 그에 대한 이행이다. 이 원칙과 이행이 17세기 근대 시민사회에서 제시되는 알 권리(Recht zu Kennen)이다.

오늘날의 자본주의 사회의 뿌리인 근대 시민사회는 욕망과 이익을 추구하는 개인들의 각축장이다. 이 각축장에서 각자는 오직 자기 자신만이 목적이며 타인을 포함한 일체의 것은 이 사적 목적(私的目的) 실현의 수단일 뿐이다.[2] 게다가 욕망과 이익의 대상은 상품으로 물화하고 질적 양적으로 무수히 분화하고 증대한다. 욕망의 수만큼 상품의 수가 생겨나고 욕망의 종류만큼 상품의 종류도 생겨나며 이에 따라 직업의 수 또한 한없이 늘어난다. 이익 추구에 실패하는 상품이나 공장은 몰락하며 살아남은 것은 경쟁한다. 경쟁에서 패자는 사라지고 소수화되는 승자는 독점으로 이익을 더욱 극대화한다. 이 와중에서 동일 업종 및 그 종사자들은 생존을 위해 한편으로는 경쟁하고 또 한편으로는 결속하여 직업 단체를 결성하고 그 대표를 선출하여 의회로 보낸다. 직접 민주주의의 불가능성과 직업인 모두가 참여하는 정치 결사의 현실적 불가능성은 개인들이 선출한 대의원과 그들이 모여 있는 의회에서 어떤 사안이 논의되고 의결되는지 알아야 할 권리 확립의 필연성을 요청한다. 밀실에서 대의원들이 유권자의 이익이 아니라 스스로의 사익을 위해 서로 결탁하여 은밀하게 법안을 만들고 의결하고 유포할 가능성이 언제나 상존하기 때문이다. 또 유권자와의 약속과 달리 유권자의 권익이 무시되거나 논의조차 없이 묻혀버릴 수도 있기 때문이다. 이것이 근대 시민국가의 출현에서 의회 공개의 원칙이 무엇보다 시급했던 이유이다.[3]

의회 공개는 시민의 알 권리의 직접적 형식이다. 게다가 의회 공개는 의원들의 자질과 인격과 교양을 검증하는 토대이기도 하고 자신과 대립되는 다른 이익들과의 관계와 갈등 및 그 조정 방안까지 생각게 하는 사회 교육의 기초이기도 하다. 자기들의 이익을 조리 있게 대변하고 타자 이익을 최대한 배려하며 사적 개인들의 상호 이익뿐 아니라 국가 전체의 안위를 위해 이익의 질과 양이 어느 정도에서 제한되는지를 설득력 있게 보여주는 이는 큰 정치가로서의 명성을 얻지만, 오로지 자기의 사익만을 주장하는 이는 소인으로 낙인찍혀 다음번 선거에서 기회가 박탈된다. 의회의 공개는 소수의 무시도 다수의 횡포도 쉽게 용납되지 않도록 감시하며 그렇게 함으로써 시민사회의 문화는 도야된다. "의회의 독특한 사명은 국정 전

2) 헤겔에게 이 타자는 단순히 목적 실현의 수단이라기보다 차라리 "무(Nichts)"이다.
3) 헤겔, 법철학, §315 참조.

반에 관하여 함께 일하고 함께 결의하는 가운데 정치에 관여하지 않는 시민사회의 성원으로 하여금 형식적 자유의 권리를 실감하도록 하는 데 있으니, 이렇게 되면 일단 의사 진행의 공개를 통하여 논의된 내용이 널리 알려진다는 것은 의미 있는 일이 될 것이다. …… 이러한 공개는 여론이 이를 통하여 처음으로 국가와 국가의 업무 상태와 개념에 관하여 올바른 사고와 통찰력을 지니고, 동시에 이를 통하여 이성적으로 판단할 능력을 갖게 된다는 한층 더 일반적인 의미를 지니는 것이 된다. …… 의원들의 재능이 그와 같은 공개를 통하여 발전을 향한 획기적인 기회와 큰 명성을 떨칠 수 있는 무대가 마련되기도 하는데, 동시에 그러한 공개는 개개인이나 대중의 자만심을 교정하고 그들을 교육하기 위한 수단, 그것도 가장 강력한 수단이기도 하다."[4)]

의회의 공개는 단순히 대의제에 대한 국민의 감시기능과 감시에 따르는 의회정치의 효과만 있는 것이 아니다. 이것은 시민의 계도와 교육 그리고 여론 조성의 계기를 함축한다. 자신의 사익이나 공익에 우둔하여 현실 정치에 무관심한 사람들일지라도 의회에서 일어나는 사안에 대해 지나치게 귀머거리요 벙어리일 경우 그는 교양인 취급을 받기 어렵다. 더구나 직 · 간접적으로 자신과 사회 및 국가의 존립에 중대한 영향을 끼칠 사안일 경우, 그것에 문외한이 되면 사회적 비난과 질시를 받게 된다. 좋든 싫든, 원하든 원하지 않든 주위에서 들리는 반복적 말들과 주장들을 듣게 마련이고 그런 주장들에 어떤 식으로든 자신의 견해를 덧 씌우게 된다. 이때 자연스럽게 자신의 평가와 비판과 동의가 추가되고 이런 것들이 익명성을 타고 사회 전체에 확산되어 여론을 형성한다. 여론 형성의 본질적 위력은 표현의 자유이다. 사람들은 국가권력 및 의회에서 일어나는 모든 사안에 대해 능동적으로 평가하고 비판할 수 있어야 하고, 이 능동성이 여론을 적극적으로 형성한다. 수동적으로 세론을 확산시키는 경우 그 익명성 때문에 사실이 왜곡되기도 하고 부풀려지기도 한다. 이 두 측면이 합쳐져서 여론은 사회와 개인에게 막강한 위력을 발휘한다.

여론은 개인의 이익과 관련되는 사안에 대한 개개인의 의견과 제안과 판단의 전체인 것만은 아니다. 여론은 자신이 속한 사회 전체, 정치체제 전체, 국가와 국가권력에 관계되는 대내외적 전체에 대한 개인들의 공개적 의견의 전 영역이다. 여론의 내면적 기초가 알 권리를 실체로 하는 의회 공개의 원칙이라면 그 외면적 기초는 개개인의 표현의 자유이다. 그런데 의회 내의 일이나 사회 및 국가 안팎의 온갖 사안에 개인은 직접적으로 접근하여 사안 자체의 전모를 알 수 있는 경우는 거의

4) 헤겔, 법철학, § 314~315.

없거나 있다 해도 극히 제한된 범위일 수밖에 없다. 여론은 개인과 시민이 바라는 것과 생각하는 것을 공론화하여 의회의 정책 입안자에게 알릴 뿐 아니라 그 실현을 요구하며 사회 전반의 흐름을 보여준다는 점에서 개인과 사회 정의의 배경을 형성하는 위력이다. 그러나 다른 한편, 여론은 사안 자체에 대한 접근의 제한성 때문에 소문과 풍문, 선입견과 억측이 혼합된 형태로 확산되어 사회와 개인 모두에 올바른 방향과 판단을 그르치는 측면을 가진다. 그래서 고래로 여론은 "영원한 근본적 정의의 원리"요 헌법과 입법에 있어서나 사회 전체에 필요한 것들을 건전한 상식으로 알리는 기관이며, 동시에 온갖 무지와 편견과 그릇된 지식과 판단이 하나가 되어 상식의 건전성을 방해하는 통로이기도 하다고 한 것이다.[5] 이것은 민중의 소리인 여론이 '신의 목소리'이면서 또한 '악마의 목소리'이기도 한 이유이며 보편적 지혜이면서 또한 보편적 어리석음이기도 한 이유이다.

사실에 대한 직접 관찰과 직관이 차단된 여론은 그것을 대중에게 연결하는 매개자에 의해, 또 그 매개자를 효과적으로 이용할 수 있는 실력 있는 개인 또는 계층에 의해 조작되기도 한다. 여기서 매개자는 전통적으로 언론이며, 조작 주체는 그 사회 또는 집단의 권력자가 대부분이나, 언론기관이 권력화된 오늘날에는 언론기관이기도 하다. 물론 여론 조작은 그 조작을 통해 사적 이득을 챙길 목적으로 수행되는 것이 일반적이지만 때로는 사회와 국가 안위를 위해 필요하다고 여겨지는 경우에도 일어난다. 1778년 프리드리히 2세가 '국민을 기만하는 것은 용납될 수 있는가?'라는 제목으로 베를린 학술원 현상 논문을 공모한 적이 있다. 응모자 대부분은 국가의 외교 안보 및 왕실의 권위에 관련되는 경우 여론 조작과 국민 기만은 큰 문제가 될 것이 없다는 주장을 폈다. 오늘날 국가 안보 및 권위의 구체적 내용을 문제삼을 수 있지만 이 고전적 주장은 오늘날에도 모범 답안인 것처럼 보인다. 물론 이성적 관점에서 이런 기만과 조작이 영구히 은폐되는 경우가 드물며 언젠가 들통이 나면 지키려던 안위와 권위가 전적으로 와해된다는 점을 명심해야 할 것이다.

세상일이 복잡해지고 언론 매체가 다양하게 분화 발전하는 요즘 여론에서 허와 실, 진과 위를 가리는 것은 참으로 난감한 일이기도 하다. 먹고살기 바쁜 일상인들이 여론의 사실 여부나 진위를 따질 겨를이 없다. 알 권리와 사실 보도를 구두선처럼 내세우는 언론 매체 역시 공기업이든 사기업이든 일정한 생존 법칙에 매여 있어서 근원적으로 실체적 사실에 접근하는 것이 쉽지 않다. 의회 공개의 원칙과 알 권리를 충족시키는 것은 일어나는 일들에 대해 외부로 알리는 것, 그리고 알고 있

5) 헤겔, 법철학, §317.

는 사실들을 평가하고 비판하고 표현하고 출판하는 자유를 요청한다. 근대 시민사회에서 이 일을 일선에서 수행한 매체는 신문이며, 신문은 전업 기자와 기술진만으로 운영된 것이 아니다. 사회의 저명인사는 물론 일반인들도 정치, 경제, 사회, 문화에 대한 나름의 생각을 자유로이 표명하고 아는 바를 기사화하여 전달하면서 표현의 자유는 서서히 정착되어간다. 상시에도 무고나 악의에 찬 평가, 뜬소문 등이 여과 없이 기사화되기도 하고 또 그런 기사들에 대한 비판도 활기 있게 진행된다. 19세기 들어서면서 공적 전달 사명을 기치로, 의회 공개와 시민의 알 권리와 의사 표시권의 실현을 내세워 얻어낸 출판의 자유는 신문을 서서히 산업화 궤도에 올려놓는다. 의회와 시민에 대한 정보 전달과 매개에서 비교적 중립적 입장을 취하면서 국가 이익에 관해 건전한 제안과 비판적 평가를 하던 신문은 세월이 흐르면서 권력자와 구독자의 비위를 맞추는 쪽으로 변질된다. 독자가 늘어나고 신문사가 커지면서 공적 전달의 의무는 전달의 자유로 선전된다. 신문은 의회와 권력의 비리를 공개하여 힘겨운 싸움을 하는 대신, 그런 것을 덮거나 우회적으로 표현하여 힘을 비축하면서 온갖 풍문과 자극적 사건과 폭력과 연애담과 여행기 같은 흥밋거리로 지면을 채워나간다. 19세기 중반에 이르기도 전에 유럽의 전 신문은 공적 전달의 의무와 언론 출판의 자유의 본질을 뒤로 감추고 판매 부수 경쟁에서 이기기 위해 온갖 잡사에 뛰어든다. 절도, 살인, 폭력과 연애와 여행담 같은 흥미 기사를 전문으로 하는 신문도 생겨나고 폭동과 혁명을 교사하는 신문도 생겨나지만 어떤 신문이든 재원만큼만의 수명을 갖게 된다. 이것은 가장 넓은 독자층을 가진 신문이 최고의 신문임을 입증한다는 뜻이다. 이때쯤은 신문은 권력기관과 시민을 연결하는 앎의 매개 기능보다, 인간의 원초적 흥미와 재미를 유발하는 배설적 기능을 중시하게 된다. 자본주의가 확고해진 것이다. 그러자 당연히 권력기관과 시민 사이의 불화와 갈등이 아니라 개개인이 사적 영역에서의 침해와 명예훼손과 갈등이 언론 매체가 겪어야 할 새로운 문제로 등장한다.

근대에서 오늘에 이르기까지 언론은 단지 공적 전달의 역할만 한 것은 아니고 이성적 계몽의 선봉에서 문화 전반을 가르치고 도야하는 교육자적 공헌을 수행해왔다. 그러면서 언론은 또한 건전한 여론을 형성하기도 하고 폭정과 결탁하여 조작에 앞장서기도 했다. 두 세기를 훨씬 넘긴 서양 언론 역사에서 언론은 이윤 추구라는 생존 조건을 충족시키면서도 권력과 시민시회를 매개하는 데 일정한 기준과 좌표를 설정한다. 때로는 시대의 등불이라는 찬사도 듣고, 때로는 시대의 매춘부라는 비난도 들으면서 나름의 역사를 일구어온 것이다. 그 역사가 한 세기를 넘은 우리 신문도 계몽과 선도의 역할에서부터 매국 매족의 역사, 시민의 몽둥이 역할을 서슴지 않고 행하면서 오늘까지 명맥을 유지한다. 다행인 것은 이 와중에 라디오도 생겨나고 TV도 생겨나고 인터넷 매체도 생겨났다는 사실이다. 더욱 다행인 것은 매체학과도 생겨나고 신문방송학과도 도입해서 매체 자체에 대한 비판과 방향 설정을 스스로 할 수 있는 능력을 교육한다는 사실이다. 한 가지 우려할 것은 알 권리와 표현의 자유에 대한 고전적 이해가 결여된 매체 산업의 논리와 이데올로기에 매여 무엇을 왜 어떻게 알리고 표현해야 하는지에 대한 최소한의 윤리도 좌표도 심각하게 고려하지 않는다는 점이다.

일제 이래 군부 독재까지 우리의 언론은 오직 살아남는 것 이외에 어떤 것도 목적으로 하지 않았다는 비판을 겸허하게 받아들여야 한다. 군사독재의 몰락은 언론의 공적 전달의 성실한 의무 수행의 열매가 아니라 국민적 저항의 결과로 얻어졌고 그 성과에 힘입어 권력의 통제에서 언론기관의 자율도 얻게 된다. 1992년 헌법재판소는 "헌법 제21조에 언론 출판의 자유, 즉 표현의 자유를 규정하고 있는데, 이 자유는 전통적으로 사상 또는 의견의 자유로운 표명과 그것을 전파할 자유를 의미하는 것으로서 개인이 인간으로서의 존엄과 가치를 유지하고 행복을 추구하며 국민주권을 실현하는 데 필수 불가결한 것으로 오늘날 민주 국가에서 국민이 갖는 가장 중요한 기본권의 하나로 인식되고 있다"라고 판시한다. 이것은 실제야 어떻든 언론 출판의 자유와 표현의 자유를 형식적으로나마 사회 구성원 개인의 권리로 재확인한 중요한 사건으로 평가된다. 게다가 "모든 국민은 언론 · 출판의 자유와 집회 · 결사의 자유를 가진다"라는 헌법 21조가 이 시기와 맞추어 강조되고 확대 재해석 되면서 우리는 전에 한 번도 누려보지 못한 언론과 표현의 자유주의를 경험하게 된다. 과거에 그렇게도 개인과 시민의 자유와 국가권력의 잘못된 사용에도 소극적이고 침묵하던 언론 매체들이 제 세상을 만난 것도 이때부터로 여겨진다. 이제 언론 · 출판의 자유와 집회 · 결사의 자유가 '표현의 자유'라는 한 통에 넣어져서 같은 것으로 주장하기도 하고, 언론 · 출판의 자유는 국가권력에 대한 방어와 감시의 역할을 하며 이것은 의사 표현과 여론 형성과 정보 전달을 통해 가능하다고 주장하기도 한다. 어느 경우든 표면적으로는 민주주의 확립의 중요 기틀이 되지만 다른 편으로는 언론 산업의 발전을 위한 초석이 되는 표상이다. 그러나 진정한 민주주의를 확립하려면, 경우에 따라 표현의 자유는 제한되어야 한다. 어느 나라나 국가 안보상 필요한 경우의 군사 관련 사안을 비밀로 하는 것은(숨길 권리) 상식으로 되어 있다. 다만 국가 안보상 필요한 비밀 영역이 분명하게 조문화되지 않으면 끊임없이 위헌 논란에 휘말릴 수 있다. 국가는 국가대로 비밀 유지의 범위를 확대하고 언론 또는 개인은 알 권리를 내세워 공개의 필요 범위를 확대하려 하기 때문이다. 음란물이나 폭력물 혹은 미풍양속을 해치는 것에 대한 묘사 역시 마찬가지로, 이 역시 대부분의 나라에서 표현을 제한한다. 이 이외에도 국가와 사회의 존립과 건전한 문화 발전을 위해 필요한 것으로 정해진 경우는 물론 개인의 사생활이나 인격 보호를 위한 필요하고도 충분한 논의를 거치지 않을 경우 개인 및 언론과 권력기관 또는 개인과 언론기관 사이의 심각한 갈등을 초래할 수 있다. 국가의 기밀은 개인의 기본권을 손상하는 내용을 포함해서도 안 되고 시민의 알 권리가 국가의 안위나 사회적 미풍양속 또는 개인의 인격권을 손상하는 무절제한 폭로이어서도 안 된다.

알 권리는 개인이 국가(의회)로부터 정보를 얻거나 받을 권리라는 점에서 국가는 국민에게 알릴 의무가 있는 것이다. 분명 국가는 개인의 권익에 관련되는 사항을 제정하거나 결정한 내용뿐 아니라 그 과정을 투명하게 시민 개개인에게 알려야 한다. 반대로 개인은 국가기관에서 자신의 권익에 관해 어떤 논의가 있었고 무엇이 결정되었는지를 알아야 한다. 이것은 국민의 알 권리가 국가의 고지 의무와 하나라는 뜻이다. 그러나 개인들은 대부분 자신의 생업에 모든 것을 걸어도 부족한 상황에서 살고, 국가기관 역시 업무와 비용과 관리의 효율 때문에 최소한만을 고지하거나 그마저 고지하지 않는 습성을 가진다. 양쪽의 권리, 의무 이행의 이러한 부조화를 매개하는 것은 국가기관에도 개인에도 이익이 되며 매개 당사자는 매개의 대가를 판매하므로서 생계를 유지할 수 있다. 언론은 이처럼 공적 전달을 상품화하는 특수 직업의 장이다. 언론의 이런 특성이 그들로 하여금 때로는 권력에, 때로는 개개인의 집합체인 시민에 유착하며 이득을 취하면서 산업화되어 간다. 또 이 특성을 제도화하여 '알 권리'를 확립하면서 시민사회 제4의 권부 자리를 획득한다.

요즈음 알 권리를 내세워 개인들이 알고 싶어 하지 않을 것까지 보도하는 언론기관의 행태는 흥미와 호기심을 자극하여 정보를 팔기 위한 잡상인처럼 보인다. 고전적 의미의 개인의 알 권리와 국가권력의 공시 의무가 크기에 있어 같거나 내용에 있어 반드시 일치하는 것은 아니다. '정부의 숨길 권리'라는 말이 나오는 것은 이 때문이다.[6] 앞에 언급한, 국가의 안위와 군사 기밀 등과 행정적 목적을 손상할 수 있는 사안에 대한 숨길 권리(기밀 유지권)가 때로는 개개인들의 권익에 위배될 경우가 있다. 이 위배가 일시적인 것이 아니라 항구적일 때 기밀 유지는 해제되어야 하지만 그렇지 않을 경우 지속될 수 있다. 국가 기밀의 누설은 국가 조직에 의

6) 양건, 「國民의 '알 권리'와 政府의 '숨길 권리'」, 『한국논단』, 7월호 참조.

해 행해질 수도 있고 언론에 의해 행해질 수도 있다. 게또 누설이나 폭로는 기밀로 지정된 사안이 공개했을 때보다 개인이나 사회에 더 나쁜 결과를 가져올 수 있다고 믿는 양심적 조직 구성원이나 언론에 의해 이루어지기도 하고, 상품 가치가 있다고 믿는 사람에 의해 이루어지기도 한다. 후자의 경우는 행정 규제와 비난의 대상이 되기도 하나, 전자는 알 권리에 의해 정당한 것으로 옹호될 수 있다. 권력 내부에서나 사회적으로나 비밀로 해야 할 것과 공개해야 할 것에 대한 철저한 분석 · 검토와 논의가 필요한 이유이다. 비밀과 공개의 기본 원칙은 손익 계산이다. 자본주의적 민주주의는 이익을 추구하는 개인의 집합으로서의 사회와 사회 갈등 조정자로서 국가의 합리적 관리이기 때문이다.

자본주의에서 언론은 사적 기업이다. 사적 기업의 목적은 이윤 추구이지 민주주의 발전이나 공익의 확립이 아니다. 그들의 보도를 객관적 사실로 받아들일 수 없는 중요한 이유 중 하나이다. 그렇다고 민주주의 확립에 기여한 언론의 공로를 과소평가해서도 안 된다. 권력기관의 공지 의무와 국민의 알 권리를 매개하여 알리는 것은 민주주의 헤르메스적 전령 기능과 상업적 이윤 추구의 상품 기능이 종합될 때 효과적일 수도 있기 때문이다. 개인은 자신의 권익을 위임한 의회와 국가가 언제 무엇을 왜 논의하고 결정하는지를 알아야 제구실을 하지만 시민 각자는 그 정보에 직접 참여할 수 없다는 딜레마가 있다. 언론은 국가의 알릴 의무를 알릴 권리로 바꾸고 이것을 시민 개개인의 알 권리에 결합시켜 이 딜레마를 해소하고 그 대가로 성장한다. 언론의 순기능과 역기능이 동시에 있는 소이이다. 언론이 시민에게 알릴 권리가 아니라 알 권리를 강조하는 것은 단순한 영리 추구의 상기업이 아닌 심리적 공기업임을 보여주는 것이다. 그럴 경우에만 알릴 권리가 아니라 알릴 의무를, 또 알릴 의무를 위한 알 권리를 권력기관에 정당하게 요구할 수 있다. 개인들의 호기심과 재미를 유발하여 판매를 목적으로 하면서도 알 권리를 구두선처럼 외치는 것은 보도라는 명목으로 광고를 하면서 이것을 알아야 할 사실인 것으로 믿도록 하는 기만술인 것이다.

앞에서 충분히 암시했듯이 알 권리의 기원은 근대 시민사회, 근대 시민국가론이다. 신앙 공동체가 세속을 지배하던 중세에 일체의 권리는 교회에 속해 있었고, 개인에게는 믿음과 교회 보존의 의무만이 부과 되었다. 봉건적 영주들 역시 교회로부터 정통성을 인정받고 그 값으로 교회 재정과 방위를 맡았지만 그 내막은 한 통속이었다. 르네상스 이후 종정의 분리가 가속화하면서 세속에 대한 통치권이 교회에서 영주와 그들의 정치적 연합으로 넘어가게 된다. 지방의 토호들은 상호 연합하기도 하고 대립하기도 하면서 세력을 넓혀간다. 영주와 토호들은 실존 경쟁에 뛰어들면서 치안과 국방을 위한 상비군의 필요를 절감하고 그 경제적 비용의 마련에 심혈을 기울인다. 16세기 말 더 이상 강제 노역과 징세가 먹혀들지 않을 정도로 개화되자 강력한 국가의 필요성이 제기되고, 17세기 초 시작되는 30년 전쟁과 그 결과는 이 필요성을 현실화하는 계기가 된다. 강력한 국가가 중앙집권적 절대왕정으로는 한계가 있음을 드러내고 토지를 매개로 한 불평등 계약은 저항에 부딪히면서 자유 부르주아 계층과 시민이 도시와 상업 및 시장을 활성화하면서 권력의 추는 이들로 옮겨간다. 근대 시민국가론과 민주주의는 이런 사회적 배경으로 형성되며 알 권리는 이 민주주의론에 입각해서 나타난다. 벤담과 밀, 루소와 볼테르는 공공의 이익과 복리 증진이 국가의 계약적 의무이며 이 의무 수행을 담보로 국가는 자기 보존과 지속의 권리를 강조하고 이를 위해 시민들에게 조세의 의무를 부과하고 정당화한다. 시민들은 대의제를 택하고 선출된 대의원들에게 자신의 권익을 보호할 것을 위임하는 대신, 의회는 물론 권력기관 내에서 자신의 권익에 위배되는 일들이 일어나지 않는지 감시하기 위해, 가령 어떤 이유로 세금을 내며 낸 세금은 어떻게 쓰이는지 등의 알 권리와 알고 있는 사실들과 나아가야 할 방향에 대해 적극적으로 평가하고 표현하는 자유권을 요구할 수 있다.

결국 알 권리는 기본권으로서 생존권을 지키고 확대하기 위한 참정권의 성격을 가진다 하겠다. 알 권리는 개인의 문화적 · 도덕적 인격 발전이 아니라 시민의 정치 · 경제적 권익 보호와 감시의 본성 때문에 그에 위배되는 어떤 것도 알아서는 안 되며 안다 해도 표현해서는 아니 되고 표현한다 해도 정당화해서는 안 되는 이른바 '모든 의무'를 수반한다. 다시 말해 시민이 잘못된 권력 사용을 통제하고 올바른 정책 결정을 유도하여 시민 전체에 책임 있는 국가를 형성하는 데 알 권리의 본질이 있다면, 이에 역행하는 사실이나 평가나 그에 대한 표현은 알 권리가 아니라 알 권리의 부정, 즉 권리 손상으로서 불법이다. 이것이 국가 또는 정부에서 지켜야 할 비밀은 지키는 비밀의 의무가 있으며, 개인에게는 모를 의무가 논의되는 소이이다. 다만 권력기관은 그 자체가 정당하지 않은 이유로도 직간접적 강제력을 동원할 수 있어서 개인과 공익 모두를 침해할 수 있으므로 비밀의 권리와 의무에 대한 최소한의 원칙을 법제화해야 한다. 이것은 공익과 개인 권익에 조금이라도 배치되는 일체의 내용에 대한 정보 공개를 대상으로 해야 한다는 말이다. 사회가 복잡해지고 언론이 상업화되면서 개인의 사생활과 국가 권력기관의 기밀조차 상품화가 가능해지게 된다. 일어날 수 있는 모든 사안을 법제화할 수 없고 정보 공개의 예외 조항을 모조리 열거하여 법조문화하기 어렵다는 현실은 건전한 민주주의를 확립하기 힘든 여건을 말해준다. 대중매체는 역시 나름의 보도 지침을 정해놓고 있으나 법적 강제력이 있는 것이 아니므로 개인의 인격 침해와 국가 안위를 해치는 비밀의 폭로는 어제오늘의 일이 아니다. 개인의 사생활 보호권과 국가의 기밀 보호권이 효과적으로 보장되기 위해서는 공적 전달을 권리가 아니라 의무로 인식하는 언론 매체의 자기 성찰과 교육이 필요하다. 일어나는 모든 것은 다 알아야 한다거나 알 수 있다는 생각은 잘못된 것이다. 다섯 살짜리가 알아야 할 것과 알아서는 안 되는 것이 있듯이 열다섯 살짜리 역시 알아야 할 것과 알아서는 안 되는 것이 있으며, 이것은 남녀도, 세대도 마찬가지이다. 알아야 할 것은 확산시키되, 알아서는 안 되는 것은 비록 알고 있다고 해도 표현해서는 안 되고 표현한다 해도 정당화해서는 안 된다. 엽기적 살인 사건이나 미성년 대상 성범죄 사건은 터지자마자 대중매체가 몇 날 며칠이고 시간마다, 마치 제 눈으로 직접 보기나 한 것처럼, 또 신나는 잔치처럼 보도하는 것이 알 권리이며 알릴 의무인지는 따져보아야 한다. 놀음에서 남의 패를 미리 아는 것은 알 권리가 아니라 사기이며, 경매에서 남의 의도를 미리 아는 것은 알 권리가 아니라 야합이다. 생각한 대로 말하는 것, 본 대로 말하는 것이 표현의 자유라고 믿고 그렇게 하다가는 천수를 누리기 어렵다. 흑인이 백인보다 더 검다고 말하거나 뚱뚱한 사람을 뚱뚱하다고 표현하다 맞아 죽은 예는 얼마든지 있다. 다섯 살배기에게 남녀의 성관계를 상세하게 묘사하는 것은 표현의 자유가 아니라 성범죄이고, 순진한 청년에게 인간의 급소와 단검의 효능에 대해 상세하게 설명하는 것은 그 의도를 의심받아 마땅하다. 절대로 알아서 안 되는 것, 안다 해도 말해서는 안 되는 것에 대한 교육이 행해지는 곳은 비단 고급 사교계 만은 결코 아니다. 개인과 공공의 이익에 위배되는 지식은 아는 것보다 모르는 것이 좋고, 듣는 것보다 아니 듣는 것이 좋으며 안다고 해도 표현하지 않는 것이 현명하다. 의미와 의미의 역사도 모른 채 알 권리를 구두선처럼 외치는 이들에게 알 권리만큼 중요한 모를 권리도 있고 모를 의무도 있다는 것을 말하고 싶다.

컴퓨터가 생활화되면서 알 권리와 알릴 의무를 상품화하던 늙은 대중매체들이 기력을 잃어가고 있다. 정보 접근과 수집과 보도의 전 과정을 독립하여, 권력기관에 대해서도 개인에 대해서도 절대권력을 휘두르던 우리나라의 늙은 매체들이 민주주의 확립 공과를 내세우면서 제4권력으로 등극한 지 사반세기도 되기 전에 극도로 노쇠한 것처럼 보인다. 특히 종이 신문은 이제 50대 이후의 세대에게만 자기 존재를 과시할 뿐이다. 인터넷에 익숙한 대부분의 청장년층은 자연스럽게 컴퓨터와 스마트폰을 이용하면서 늙은 매체를 외면하고 정보 수집과 전달 기능을 그것으로부터 얻는다. 이제 상업적 대중매체가 아니라 각자가 알려는 사실을 알고 전달하고 싶은 사안을 전달한다. 요즈음 길거리에서 노년층을 붙들고 일정 기간 종이 신문을 보는 대가로 수만 원의 지폐를 주겠다는 이들을 보면 치사한 늙은 신문의 죽음이 임박했다는 느낌이 든다. 라디오나 TV라 해서 사정이 크게 나을 것도 없다. 시력 나쁜 노인들이나 바쁜 업무에 있는 이들이 아니고 무엇인가 알기 위해 이런 물건을 사용하는 이들은 이제 흔치 않다. 게다가 인터넷이나 트위터는 일방적이고 독재적인 정보 유통을 용납하지 않는다. 이 새로운 매체는 정보의 접근 수집에서부터 보도와 평가에 이르기까지 만인이 공유하게 한다는 점에서 직접민주주의의 진정한 권력 의지 가능성을 가진다. 여기서 앎은 상품이 되기도 하고 무주물(無主物)이 되기도 하며 주목을 받기도 하고 무시되기도 한다. 더 이상 앎은 권리도 아니고 의무도 아니니, 알릴 의무를 알 권리와 혼동하여 이익을 챙기지도 않는다. 공적 전달의 의무도 없고 권리도 없으니 자유이며 그 규제의 한계 또한 모호하게 열려 있으니 방종이다. 세월이 지나면 이 방종은 진정한 자유의 실현태로 자리 잡을 것이며, 직접민주주의의 현대적 교조로 추앙될 수도 있을 것이다. 그러나 아직 이 젊은 매체는 자유를 빙자한 무정부적 무법자의 측면이 커서 개인의 인격과 사생활은 물론 권력기관의 정당한 규범들조차 심각하게 손상할 수 있다는 것을 우리는 주목해야 한다. 우선 지적되는 것은 이 매체는 사실과 사건에 직접 참여한 목격자들에 의해 정보가 유통되는 것이 아니라는 것이다. 사건의 직접 담지자라 해도 그가 겪은 것에 대한 사실의 객관적 보고가 아니라 주관적 평가를 갖춘 사건 정보를 유통시킨다. 게다가 이것이 여러 번 여러 곳으로 유통되면서 객관성이 아니라 주관성이 확대되고 그것이 일정한 여론을 조성한다. 주지하다시피 여론은 조작될 수도 있고 특정 개인 또는 집단의 이익 또는 손실에 맞추어져 왜곡될 수 있다. 여론의 주장은 늙은 매체에서뿐 아니라 젊은 매체에서도 극복해야 할 중요 사태 중 하나이다. 그러나 신매체에서의 왜곡의 질과 양은 구매체에 비해 훨씬 더 복잡 다양하고 많아서 사안이나 사실 자체의 파악을 근원적으로 불가능하게 할 수 있다. 이것은 또 다른 문제, 즉 사안 또는 사건과 직접 관계가 없다고 여기는 개인들, 요컨대 무관심층이 점점 두터워진다는 결과를 낳는다. 이렇게 되면 정보와 평가의 홍수에서 깊이 생각하는 대신 슬쩍 훑어보는 습성을 고착시키고 이 습성은 눈앞의 정보와 평가가 실제에는 자기 자신과 사회 변화에 심각한 영향을 줄 수 있음에도 이것을 반성하는 대신 무시하고 버리게 한다. 이 결과는 여론 조작보다 더 무서운 개인 의식의 부패를 가져온다. 이 부패를 막기 위해서는 신매체의 순기능과 역기능에 대한 심층 분석과 연구가 주의 깊게 진행되어야 한다. 뿐만 아니라 현대적 삶의 풍요를 위해 필요하고도 충분한 교육과 토론으로 매체 이용자의 건전한 윤리와 철학을 확립해야 한다.

필자 약력(가나다순)

권정임

홍익대 서양화과와 동대학원 미학과를 졸업했다. 독일 보훔대학교 철학과에서 수학했으며, 하겐대학교에서 철학 박사 학위를 받았다. 현재 강원대학교 문화예술대학 미술학과 부교수이며, 한국미학예술학회 학술이사 및 편집위원, 미술사학연구회 및 한국미학회 종신회원, 강원대학교 조형예술연구소 운영위원, 강원공예문화연구소 자문위원 등을 역임하고 있다. 주요 저서로는 *Hegels Bestimmung der Kunst. Die Bedeutung der symbolischen Kunstform in Hegels Ästhetik*이 있고, 헤겔 미학에 관한 여러 편의 논문들이 있다.

김옥경

독일 튀빙엔 대학교에서 헤겔 논리학에 관한 연구로 박사학위 취득. 벨기에 루벤 대학교 철학과에서 박사후 과정. 현재 연세대 철학과 강사. 주요 논문으로는 「헤겔에게서 윤리, 이성 그리고 주체성」, 「헤겔에게서 운동으로서의 동일성」, 「헤겔 『정신현상학』에 나타난 사물과 사태의 구분」 외에 다수가 있다.

나종석

독일 에센 대학교 철학박사. 현재 연세대학교 국학연구원 HK연구교수. 대표 저서로는 『차이와 연대』(길, 2007)가 있고, 역서로는 『존재와 가상』(용의 숲, 2008) 등이 있다. 「민족주의와 세계시민주의」, 「탈민족주의 담론에 대한 비판적 성찰」, 「신자유주의적 시장 유토피아에 대한 비판」, 「학회를 통해 본 공공성과 학문성의 결합 가능성-한국사회와 철학연구회를 중심으로」 등 여러 편의 논문을 발표하였다.

남기호

연세대학교 철학과 학사 및 석사 졸업. 독일 보쿰 루르 대학 철학박사. 현재 가톨릭대 서울여대 시간강사. 주요논문으로는 *Hegels Begriff der Sittlichkeit in dessen*

Genese und in den Jenaer Systementwürfen(박사논문), 「헤겔의 사랑개념과 그 철학적 위상 변화」, 「헤겔 법철학에서의 범죄와 형벌의 근거」, 「헤겔 철학에서의 이성의 교지 개념」, 「칸트의 자연법 이론과 국가 기초의 문제」 등이 있으며, 역서로는 빅토르 프랑클의 『삶의 물음에 '예'라고 대답하라』, 한스 프리드리히 풀다의 『헤겔』 등이 있다.

서정혁

연세대학교 철학과를 졸업하고, 동대학원에서 칸트 철학으로 석사 학위를, 헤겔 철학으로 박사 학위를 받았다. 현재 숙명여자대학교 교양교육원 조교수로 재직 중이다. 저서로 『철학의 벼리』, 『논술 교육, 읽기가 열쇠다–선생님을 위한 읽기 교육의 방법과 활용』, 『논증과 글쓰기』(공저) 등이 있고, 역서로 『헤겔 예나 시기 정신철학』, 헤겔의 『법철학 강요』, 헤겔의 『미학 강의』, 헤겔의 『세계사의 철학』, 헤겔의 『교수 취임 연설문』, 피히테의 『학자의 사명에 관한 몇 차례의 강의』, K. 뒤징의 『헤겔과 철학사』가 있다. 그 외 독일 관념론과 교양교육 및 사고와 표현 교육에 관한 다수의 논문이 있다.

양태범

성균관대학교 불어불문학 학사, 연세대학교 철학과 대학원 석사, 독일 마인츠 대학 철학 전공, 그리스, 라틴고전학 부전공, 철학박사. 현재 연세대학교 인문학 연구원 전문연구원, 한양대학교, 상명대학교 출강. 박사학위논문 *Platon in der philosophischen Geschichte des Problems des Nichts*, Königshausen & Neumann, Würzburg 2005 이외에 저서로 *Das Problem des Nichtseienden in Platons Parmenides–Zur neuen Interpretation des Platonischen Dialogs Parmenides*, Königshausen & Neumann, Würzburg 2008이 있으며, 그밖에도 「파르메니데스에게 있어서 "있다"와 "있지 않다"의 문제 – 고대 희랍철학의 존재–신–논리적 구조와 관계해서」, 「플라톤의 『국가』편에서 "좋은 것"(善)의 이데아와 『파르메니데스』편에서 "하나인 것"(一者) 사이의 관계에 관하여」, 「역사적인 제논으로부터 플라톤의 『파르메니데스』편에 나타난 제논에로의 발전과 수용에 대한 연구」 등 다수의 논문이 있다.

양희진

한남대학교 철학과를 졸업하고, 연세대 대학원 철학과에서 석사 학위(논문명: 「"판단력의 반성과 쾌의 관계": 칸트의 『판단력비판』 〈분석론〉을 중심으로」)를 받았다. 현재 동 대학원 철학과 박사과정을 수료했으며, 한남대 및 그리스도 신학대에 출강하고 있다, 주요논문으로는 「"취미판단의 특이성에 대한 정당화": 칸트의 『판단력 비판』 §§30–38 사례분석을 중심으로」가 있다.

연효숙

연세대학교 교육학과를 졸업하고 동대학원 철학과에서 석, 박사(논문명: 헤겔에서의 노동과 목적론)학위를 받았다. 서울시립대 책임연구원, 이화여대 책임연구원, 아주대 인문과학연구소 연구교수를 역임했고, 현재 연세대 인문학연구원 전문연구원으로 있다. 주요 논문으로는 「헤겔에서의 시간과 기억의 형이상학」, 「헤겔, 스피노자, 들뢰즈의 욕망론에 대한 한 해석」, 「차이의 존재론과 그 여성주의적 함축」, 「헤겔과 들뢰즈에서의 기억의 형이상학과 주체의 문제」, 「헤겔과 들뢰즈에서의 욕망의 형이상학과 그 사회철학적 함축」 등이 있으며, 주요 저서로는 『생각하고 토론하는 서양철학이야기-근대』, 『철학으로 과학하라』(공저), 『철학, 문화를 읽다』(공저) 등이 있다.

유헌식

독일 프랑크푸르트 괴테 대학 철학박사. 현재 단국대학교 교양학부 교수. 주요 저서로 『통합적으로 철학하기』 1권 고독, 2권 성장, 3권 죽음아 날 살려라, 『역사이성과 자기혁신』, 『한국인의 일상행위에 나타난 의미구조 연구』 등이 있다.

윤병태

연세대학교 철학과 교수. 연세대학교 철학과 졸업. 독일 마부르크대학교 졸업. 괴팅겐대학교 철학박사. 저서 『개념 논리학』, 『삶의 논리』, 『청년기 헤겔철학』, 『칸트 그리고 헤겔』 외 다수의 논문이 있다.

이광모

숙명여자대학교 의사소통센터 조교수. 성균관대 철학과와 같은 대학교 대학원 석사과정을 졸업하고, 독일 빌레펠트 대학에서 철학박사학위를 받았다. 주요 논문으로 「헤겔 논리학, 범주론인가 아니면 신지학인가」, 「개념이란 무엇인가-객관적 논리학과 주관적 논리학의 관계에 대하여」, 「철학적 증명에 관하여-칸트로부터 헤겔로의 전개를 중심으로」, 「철학의 원리에 관하여-아리스토텔레스와 헤겔을 중심으로」, 「그리스 비극의 공동체적 의사소통기능」 등이 있고, 저서로는 『헤겔철학과 학문의 본질』 등이 있다.

이동희

독일 하이델베르크대학 철학박사, 한신대학교 학술연구교수, 한국학중앙연구원 연구기획실장 역임, 현재 한국학중앙연구원 고전학 연구소 선임연구원, 『*Der in die Natur versenkte Geist*』, 『헤겔과 자연』 ,『변증법과 해석학의 대화 』, 『세상에서 가장 흥미로운 철학이야기1, 2』 등 저서와 『슐라이어마허의 해석학』, 『라이프니츠가 만난 중국』 등의 역서와 「헤겔에 있어 자연과 정신의 통일」, 「사변적 변증법 형성을 위한 플라톤 변증법에 대한 헤겔의 해석」 등 논문 다수가 있다.

이상섭

독일 보쿰의 루르 대학교 철학과에서 박사학위를 취득하였고, 현재 서강대학교 철학과 부교수로 재직중이다. 저서로는 *Wirklichsein und Gedachtsein*, 역서로 『신학대전 14』, 『마이스터 에크하르트』가 있으며, 주요논문으로 「보편학으로서의 형이상학과 지성의 존재」, 「중세스콜라철학의 지향성, 지향의 대상 및 지향적 존재에 대한 연구」, 「자기인식의 역설」, 「신 존재 증명의 타당성에 관한 하나의 고찰」 등이 있다.

이재경

연세대 철학과 부교수, 연세대학교 및 동대학교 철학과 졸업. 캐나다 토론대학교 철학박사. 주요논문으로는 「보에티우스 다치아와 이중진리」, 「르네상스철학자 폼포나치의 아리스토텔레스 읽기」, 「14세기 오캄을 통해서 본 중세철학과 근대철학의 연속성」, 「아비첸나의 "진공속의 인간"」외 여러 편이 있고, 역서로는 『결정적 논고』, 『지성 단일성』이 있다.

이정은

연세대학교에서 학사, 석사, 박사 학위 취득. 현재 사단법인 한국철학사상연구회 전문연구원, 연세대학교 인문학연구원 전문연구원이다. 그리스도대, 백석대, 상명대, 연세대, 한양대에 출강하고 있다. 박사논문은 『헤겔 대논리학의 자기의식 이론』(한국학술정보주식회사에서 출간)이다. 저서로는 『사랑의 철학』, 『사람은 왜 인정받고 싶어하나』가 있다. 그 외 공저가 다수 있다. 헤겔 법철학, 역사철학, 여성철학 관련 논문들을 계속 생산하고 있다.

정대성

연세대 철학과 학사, 석사. 동대학원 박사과정 수료. 독일 보쿰에 소재한 루르대학교 졸업(철학박사). 현재 연세대학교 언어정보 연구원 HK연구교수로 재직 중이다. 주요 역서로는 『청년 헤겔의 신학론집』, 벤하비브의 『비판, 규범, 유토피아』 등이 있고, 「근대적 사유의 권위적 특성과 대안적 사유의 가능성에 대하여 - 근대적 합리성의 한계와 '권위 없는 권위'」 등 헤겔 및 사회철학에 관한 다수의 논문이 있다.

정현철

연세대학교와 동 대학원에서 학사와 석사. 독일 국가장학생(DAAD)으로 독일에 유학하여 베를린 자유대학을 거쳐 프랑크푸르트 괴테대학에서 철학 박사과정 수료. 그 후 연세대학교 대학원에서 철학박사 학위 취득. 이화여자대학교에서 한국연구재단 후원으로 박사 후 과정. 현재는 연세대학교 인문학연구원 철학연구소 상임연구원으로 있으면서 한국연구재단 단독 연구 과제를 수행 중. 연세대와 성균관대 등에 출강. 여러 차례 최우수강사상 수상. 박사학위 논문인 『하버마스의 담론적 이성과 이성적 담론』 외에 「아도르노의 미학적인 이론에 있어서의 부정성 개념」, 「이성 비판의 니체적 근거설정에 관한 일 고찰」 등 다수의 논문 발표.

조대호

연세대학교 철학과 부교수. 연세대학교 철학과 및 동대학원 철학과 석사 졸업, 독일 Freiburg 대학교 철학박사. 현재는 Humboldt Foundation의 Research Fellow(2010–2011)로서 Mainz대학교의 Seminar für Klassische Philologie에서 연구하고 있다. 주요 저술로는 *Ousia und Eidos* in der Metaphysik und Biologie des Aristoteles, 『아리스토텔레스의 형이상학』, 『지식의 통섭』(공저) 등이 있고, 주요 논문으로는 'Drei Aspekten des aristotelischen Begriffs der Essenz', 「카오스와 헤시오도스의 우주론」, 「소크라테스 윤리의 그리스적 전통에 대한 연구」, 「형상의 개별성과 보편성」, 'Beständigkeit und Veränderlichkeit der Spezies in der Biologie des Aristoteles' 등 다수가 있다.

조상식

서울대학교 교육학과 졸업. 독일 괴팅겐 대학교에서 석사와 박사(교육철학 전공)를 취득. 현재 동국대학교 교육학과 부교수로 재직하고 있음. 주요 저역서로 『윌리엄 제임스 – 교육론』, 『독일 교육학의 이해』, 『쉽게 읽는 칸트 판단력 비판』 등이 있으며, 주요 관심 분야는 서양 근대교육사상사, 미학교육론, 도덕교육론, 비판이론 등이다.

조종화

고려대학교 심리학과(학사)와 동 대학교 대학원 철학과(석사)를 졸업하고, 독일 마인츠-요한네스 구텐베르크 대학과 본-프리드리히 빌헬름 대학에서 철학을 수학하였으며, 베를린-훔볼트 대학에서 철학 박사 학위를 받았다. 현재 동덕여자대학교 지식융합연구소에서 학술연구교수로 재직 중이며, 주요 논문으로는 「헤겔의 반성개념–헤겔 논리학의 학에서 본질논리학과 관련해서」(박사학위논문, 2006) 이외에 「헤겔 모순개념의 객관성과 구조」, 「플라톤의 관여의 변증법과 헤겔의 모순의 변증법–상이성 또는 타자성 개념을 중심으로–」 등 다수가 있다.

조창오

연세대학교 국문학과와 동 대학원 철학과 석사졸업. 현재 뤼네부르크대 박사과정 중. 논문으로 「회화를 통해 본 헤겔의 예술규정」, 「'비극적인 것'의 탄생과 '희극적인 것'으로의 이행」 등이 있다.

『헤겔연구』 목차 _제20호부터 27호까지

제20호 낭만주의 쟁점과 헤겔(2006. 12. 용의 숲)

제21호 철학의 고전적 담론들(2007. 6. 용의 숲)

제22호 로고스인가 사튀로스인가(2007. 12. 용의 숲)

第23호 오늘 우리에게 헤겔철학은 무엇인가(2008. 6. 용의 숲)

第24호 주체와 타자(2008. 12. 용의 숲)

제25호 개인과 사회(2009. 6. 용의 숲)

제26호 헤겔의 이해(2009. 12. 용의 숲)

제27호 헤겔의 이해(2009. 12. 용의 숲)

한국헤겔학회 윤리 장전

한국헤겔학회의 회원은 학술 연구를 수행함에 있어 연구 윤리를 준수하고 바람직한 연구 문화 정착에 앞장 서 나갈 것이다. 이를 위해 아래와 같이 연구 윤리 장전을 실천해 나갈 것을 서약한다.

1. 학회 임원진 및 모든 회원은 회칙에서 규정한 연구윤리 규정을 성실히 이행한다.

2. 학회 회원은 연구 활동 및 그 결과 발표에 있어서 학자의 본분과 양심에 따라 거짓 없이 진실되게 행동한다.

3. 학회 회원은 타인의 연구 성과를 존중하며, 표절 금지 원칙에 준하여 어떤 경우에도 표절하지 않는다.

4. 학회 편집위원은 학회지 〔헤겔 연구〕의 제반 업무를 학회 규정에 의거하여 공평하고 공정하게 집행한다.

5. 학회 회원은 각종 논문 및 연구 관련 심사시 학자의 양심에 따라 공정하게 심사한다.

2007년 12월 30일

한국헤겔학회

한국헤겔학회 윤리 규정

제1조(목적 및 구성)

한국헤겔학회(이하 학회)의 윤리 규정은 학회의 모든 회원이 연구, 결과물 발표, 심사를 포함한 모든 학술적 행위에서 준수해야 할 연구윤리의 원칙과 기준을 제시한다. 본 윤리규정은 학회의 모든 회원이 학문 연구의 가치를 상호 인정하고, 학문의 진보와 윤리문화 정착에 기여하려는 목적으로 마련된 것이다. 본 윤리규정은 학회의 윤리위원회 구성 및 운영에 관한 조항, 연구 윤리에 관한 조항, 심사 윤리에 관한 조항, 편집위원회에 관한 조항, 그리고 윤리규정 시행지침으로 구성된다.

제2조(윤리위원회 구성 및 운영)

1. 학회는 윤리 규정의 목적을 달성하기 위해 '윤리위원회'를 설치한다.
2. 윤리위원회는 위원장을 포함하여 5명으로 구성하며, 이사회의 추천을 받아 학회장이 임명한다.
3. 윤리위원의 임기는 2년으로 하며, 재임에 관한 제한은 없다.
4. 윤리위원장은 윤리위원들의 호선으로 선출한다.
5. 윤리위원회는 윤리규정 위반으로 제소된 사안에 대해 제보자, 피조사자, 증인, 참고인 및 증거자료 등을 포괄적으로 심의하고 의결하는 권한을 지닌다.
6. 윤리위원회는 제소된 사안에 대해 접수된 날로부터 30일 이내에 심의 결과를 의결하여 회장에게 통보한다.
7. 윤리위원회의 징계 건의가 있을 경우, 학회장은 이사회를 소집하여 징계 여부 및 내용을 결정한다.

제3조(연구 윤리)

1. 타인의 연구 결과물(저서, 논문 게재 및 학술대회 발표 등)을 자신의 것처럼 보이게 하는 모든 행위는 원칙적으로 '표절'로 간주한다.
2. 어떤 이유에서건 인용 및 참고 여부를 밝히지 않는 행위는 '표절'로 간주한다.

3. 타인의 연구 결과물을 직, 간접적으로 인용할 때 학회가 제시한 원고 작성 요령에 준하여 인용 및 참고 여부를 분명히 밝혀야 한다.
4. 이미 발표된 연구 결과물을 중복해서 발표하는 것도 '표절'로 간주한다. 다만, 특별한 사정에 의해 중복 발표할 경우, 이전에 발표한 연구 결과물의 출처를 명확히 밝혀야 한다.

제4조(심사 윤리)

1. 모든 회원은 학회가 규정한 심사 규정에 의거 모든 심사를 객관적이고 공정하게 심사해야 한다.
2. 심사자는 연구자 및 심사 결과에 대한 비밀을 준수해야 한다.
3. 심사자는 심사 대상물의 표절 여부를 면밀히 판정하여야 한다.
4. 만일 심사자의 심사 결과에 대해 추후 문제가 제기될 경우, 윤리위원회의 심의를 거쳐 차후 심사 자격을 박탈할 수 있다.
5. 모든 회원은 각종 심사 결과를 통보받은 후 1주일 내로 재심을 의뢰할 수 있다.
6. 연구 결과물 재심은 기존 심사자를 제외한 3인 이상의 심사자에게 의뢰해야 한다.

제5조(편집위원회)

1. 편집위원회는 학회의 〔헤겔 연구〕지 편집 및 발행에 관련된 모든 일에 책임있는 결정을 내려야 할 의무가 있다.
2. 편집위원회는 투고논문의 공정한 심사를 위해 관련 전문 분야의 심사자 3인 이상에게 심사를 의뢰해야 한다.
3. 편집위원회는 투고논문의 심사결과 및 그 사유를 반드시 정해진 기한 내에 투고자에게 통보하여야 한다.
4. 재심을 의뢰받은 경우, 편집위원회는 기존 심사자를 제외한 3인 이상의 심사자에게 재심을 의뢰하고, 재심 결과를 의뢰자에게 정해진 기한 내에 통보하여야 한다.

제6조(시행지침)

1. 모든 회원은 연구 윤리 위반으로 제소되었을 경우 윤리위원회의 조사에 성실히 임할 의무가 있다.
2. 윤리 규정 위반으로 제소된 회원에게는 충분한 소명 기회가 주어져야 한다. 소명 방식은 당사자의 의견을 수렴하여 윤리위원회가 결정한다.
3. 윤리위원회는 모든 심의 및 의결과정에서 회원의 신원을 노출해서는 안된다.
4. 윤리 규정을 위반한 회원에 대해서는 윤리위원회의 결정에 따라 경고, 투고 및 발

표 제한, 임원 해촉, 회원 자격 정지 및 박탈 등의 징계를 할 수 있고, 이 조치를 여타 개인 기관과 공유할 수 있다.

5. 윤리 규정의 수정은 본 학회의 회칙 개정 절차에 준하여 정기 총회에서 결정한다.

부칙

본 규정은 2008년 1월 1일부터 시행한다.

『헤겔연구』 논문 투고 및 심사 규정

I. 『헤겔연구』 논문 투고 규정

1. 발간 시기 : 연 2회(6월 15일 여름호, 12월 15일 겨울호)
   원고 접수 : 연중 수시

2. 원고 종류

1) 철학(哲學)과 사상사(思想史) 전반에 관련된 자유 주제, 특히 독일 관념론 및 헤겔 사상과 관련성이 있는 미발표 논문(특별 주제의 경우 별도로 공고한다.)
2) 서평 : 최근 3년 이내에 출간된 국문 저서 혹은 번역서, 연구사적 의의가 있는 외국문 저서
3) 논문평 : 최근 2년 이내에 발표된 국내외 주요 연구 성과, 특히 이미 『헤겔연구』에 수록된 논문 및 국내 주요 연구 동향에 대한 논쟁적 언급
4) 번역 : 헤겔 및 독일관념론 전반과 관련 있는 원서(분량 등 기준은 일반 논문 투고의 기준에 따른다.)

3. 분량

1) 논문 기본 게재료 : 참고 문헌을 포함하여 200자 원고지 80매 이상 130매 이하, 전임 이상 회원 : 20만원, 비전임 회원 : 13만원.
2) 131매 이상의 초과분에 대해서는 원고지 장당 3,000원의 초과 게재료를 납부한다.(정해진 게재료 미납시 편집위원회의 결정에 따라 논문 게재를 보류할 수 있다.)
3) "… 연구비 지원에 의한 연구 결과물임" 이 표시된 투고 논문에 대해서는 게재료 30만원을 징수하고, 게재료 수납 때 영수증을 발부함.
4) 서평 : 200자 원고지 50매 내외
5) 논문평 : 200자 원고지 30매 내외

4. 투고 요령
1) 워드프로세서(아래아 한글 프로그램)로 작성
2) 디스켓과 함께 출력 원고 4부 제출: 디스켓과 출력물에는 반드시 논문 제목(한글/외국어), 저자 성명(한글/외국어), 저자 약력, 주요 검색어(한글/외국어), 논문 요약문(한글/외국어), 논문, 참고 문헌 순서로 포함되어 있어야 한다.
3) 저자 약력에는 투고자의 소속, 주소, 전화번호, 이메일 주소를 정확하게 명기해야 한다.

5. 접수처
– 서울특별시 서대문구 신촌동 134 연세대학교 외솔관(제1인문관) 508호 윤병태 교수 연구실 (한국헤겔학회 편집위원회)
– 전화: 02–2123–2399 / 휴대폰: 010–3885–6267
e–mail: seocrates@hanmail.net

6. 투고 시 주의 사항
1) 논문 투고의 기본 자격은 본 학회의 회원으로 한다.(회원이 아닌 경우 투고 전 회원에 가입해야 한다. 회원이더라도 회비 미납 사실이 있을 경우에는 회비를 완납한 후 투고할 수 있다.)
2) 동일 제목의 논문을 1, 2, 3 등의 형태로 연속적으로 투고할 수 없다.
3) 외국어로 작성된 논문은 편집위원회의 심사를 거쳐 번역 게재한다.
4) 분량이나 주제가 본 연구지의 기준이나 취지에 전혀 부합하지 않을 경우 심사 대상에서 제외한다.
5) 다른 학술지나 출판 등록된 저서에 이미 게재된 논문은 심사 대상에서 제외한다.

7. 원고 작성 시 주의 사항
– 원고를 투고할 때에는 반드시 다음 사항을 주의하여 작성하여야 한다.
1) 투고자는 논문 작성 시 단독연구인지 공동연구인지를 명기해야 한다. 접수 시 1명의 성명이 기재되어 있을 경우, 이를 단독연구로 접수한다. 공동연구의 경우, 책임연구자와 공동연구자를 구분하여 명기해야 한다.
2) 논문의 마지막 부분에 참고 문헌을 반드시 첨가하여야 한다. 참고 문헌의 수록 순서는 국한문 문헌 다음에 외국 문헌을 싣되, 각각 저자 이름의 가나다와 알파벳 순서로 기재한다.

참고 문헌 작성법 예

Hegel, G. W. F., *Phänomenologie des Geistes,* in: *Gesammelte Werke,* Bd. 9, hrsg. von W. Bonsiepen & R. Heede, Hamburg 1980.
Hegel, G. W. F., 임석진 옮김, 『정신현상학』 지식산업사, 1988.
Gadamer, H. G., Hegel und die antike Dialektik, in: *Hegel-Studien,* Bd. 1, hrsg. von F. Nicolin & O. Pöggeler, Bonn 1961.
홍길동, 「헤겔의 자유개념」, 『헤겔연구』, 제9호, 한길사, 2001.

3) 각주의 경우 다음과 같은 작성법의 예를 따른다.

각주 작성법 예

G. W. F. Hegel, *Phänomenologie des Geistes,* in: *Gesammelte Werke,* Bd. 9, hrsg. von W. Bonsiepen & R. Heede, Hamburg 1980, 13-14쪽 참조.
G. W. F. Hegel, 임석진 옮김, 『정신현상학』, 지식산업사, 1988, 17쪽.
H. G. Gadamer, Hegel und die antike Dialektik, in: *Hegel-Studien,* Bd. 1, hrsg. von F. Nicolin & O. Pöggeler, Bonn 1961, 10쪽 이하 참조.
홍길동, 「헤겔의 자유개념」, 『헤겔연구』, 제9호, 한길사, 2001, 18쪽.

4) 각주에서 이미 앞에서 인용된 논문에는 〈저자 이름, 같은 글, 쪽수〉로 표기하고, 저서에는 〈저자 이름, 같은 책, 쪽수〉로 표기한다. 만일 동일한 저자의 논문이나 저서 등이 중복될 경우에는 〈저자, 논문명 혹은 저서명, 쪽수〉로 표기한다. 그리고 바로 이전의 각주와 동일한 논문이나 저서가 인용될 경우에는 〈같은 곳, 같은 글 혹은 같은 책, 쪽수〉로 표기한다.
5) 주요 저작의 경우 필자가 약호 규정을 사용하여 본문이나 각주에서 표기할 수 있다. 가능한 한 각주 1에서 약호 규정을 구체적으로 명기해야 한다.
6) 편집의 일관성을 위하여 가능한 한 장, 절, 항, 목을 I, 1, 1), ①로 표시한다.
7) 강조는 ' ' 부호로 표기하고, 인용문에서 가운데 단어나 구절의 일부 생략은 '…'

로 표기하고, 완전한 문장의 생략은 '(……)'로 표기한다.

8) 논문 투고 시에는 본 학회에서 정한 작성 요령에 따라 논문 요약문 및 주요 검색어를 함께 제출하여야 한다. 외국어(영문 및 독문) 요약문 및 주요 검색어는 국문에 준해 함께 제출하여야 한다.

논문 요약문 및 주요 검색어 작성 요령

- 요약문 원고는 주제 분류(학술진흥재단에서 제공하는 학문 분류표 참조), 5단어 이내의 주요 검색어, 논문의 요약문으로 구성된다.
- 분량은 500자 정도(원고지 3매 정도)
- 주요 검색어는 논문에서 논의되는 주요 개념들이나 주제들 또는 인물들을 언급하되, 다섯 개념 이내로 한다.
- 요약문은 논문 전체의 핵심 내용을 논문 내용에 부합하게 작성한다.

9) 투고된 원고와 디스켓은 반환하지 않는다.

II. 『헤겔연구』 논문 심사 규정

1. 논문 심사 및 게재 원칙

1) 투고 논문 심사는 원고 마감 후 4월과 10월 연 2회 실시한다.

2) 각 논문은 편집위원회에서 위촉한 심사위원 2~3인이 심사한다.

3) 심사 시 논문 투고자의 성명과 소속 등을 알 수 없도록 한다.

4) 각 심사위원은 투고 논문들을 본 편집위원회에서 규정한 아래의 '개별 심사 항목'에 따라 종합적으로 검토 평가한다.

개별 심사 항목

- 논문의 주제 의식이 명확하며 논리적이고 타당한 근거들이 제시되었는가?
- 창의적이고 비판적인 논제, 개념, 논거, 관점 등이 제시되었는가?
- 관련 분야에 대한 기초 문헌과 2차 문헌에 대한 적절한 논의가 이루어졌는가?
- 국내의 선행 연구 논저들에 대한 논의가 이루어졌는가?
- 논문의 형식적 요건(각주 인용, 참고 문헌 표기, 분량 등 본 학회에서 요구한 논문 작성에 관련된 사항)을 정확히 갖추었는가?〔논문 요약문 및 주요 검색어 작성 요령〕

5) 종합 평가는 개별 항목에 대한 평가를 근거로 '게재 가', '수정 후 게재 가', '게재 불가'로 판정한다.
6) 2인 이상으로부터 '게재 가' 판정을 받은 논문은 수정 없이 바로 게재할 수 있다.
7) 심사에서 수정이 요구된 사항은 필자에게 〈심사 결과 통보서〉에 첨부된 〈수정 요구서〉를 통해 고지하여 반드시 수정 후 게재한다.

2. 편집위원 선정 기준과 절차
1) 본 학회의 편집위원회는 위원장 1명, 위원 15명 이내로 구성한다.
2) 편집위원은 반드시 본 학회의 정회원이어야 하며, 학회 발전에 공이 많은 자로 학회 이사들의 추천으로 후보가 된다.
3) 추천된 후보들 중 학회 이사들의 과반수 이상의 찬성으로 선정한다.
4) 가급적 지역 안배를 고려하여 각 도에 최소 1명씩 위원을 두며, 다양한 연구 분야를 고려하여 선정한다.
5) 편집위원의 임기는 2년으로 하며 연임할 수 있다.

한국헤겔학회 임원 명단

헤겔연구 제28호

역사와 예술 그리고 이성

윤병태 교수 회갑 기념 논총

1판 1쇄 인쇄 2010년 12월 7일
1판 1쇄 발행 2010년 12월 15일

편집 한국헤겔학회
펴낸이 윤병태
펴낸곳 도서출판 용의 숲
주소 서울시 서대문구 신촌동 134 연세대학교
제1인문관 508호 한국헤겔학회 편집위원회
전화 02-2123-2399
휴대폰 010-3885-6267
E-mail seocrates@hanmail.net
출판등록 2004년 3월 29일 제 313-2004-00078호

주문처 한국출판협동조합
전화 070-7119-1741 | 팩스 031-944-8234~6

ISSN 1598-9410(28)
가격 20,000원